Questões Subjetivas Comentadas

Paulo Torres

Questões Subjetivas Comentadas

Contém 801 questões comentadas –
mais de 250 inéditas

2ª edição
revista, atualizada e ampliada

2019

EDITORA JusPODIVM
www.editorajuspodivm.com.br

EDITORA *Jus*PODIVM
www.editorajuspodivm.com.br

Rua Território Rio Branco, 87 – Pituba – CEP: 41830-530 – Salvador – Bahia
Tel: (71) 3045.9051
• Contato: https://www.editorajuspodivm.com.br/sac

Copyright: Edições *Jus*PODIVM

Diagramação: Maitê Coelho *(maitescoelho@yahoo.com.br)*

Capa: Ana Caquetti

ISBN: 978-85-442-2875-3

Dedico esta obra à minha esposa, Carolina, minha principal incentivadora e fonte de inspiração.

À minha família, por tudo que fizeram e fazem por mim.

Aos amigos que diariamente dividem comigo as aventuras de estudar para concurso público por meio do Instagram @direitodiretoblog

Apresentação da obra

Em agosto de 2016, declaradamente inspirado no trabalho do Professor Márcio André (*@dizerodireito*), exemplo maior de desprendimento nesse mundo tão cheio de vaidades, iniciei um despretensioso projeto no Instagram denominado @direitodiretoblog, com o objetivo de abordar temas jurídicos mais aprofundados por meio de questões subjetivas.

Um ano e meio depois, o projeto cresceu bastante. No momento em que escrevo esse texto, já são mais de 25 mil seguidores e 1 milhão de visualizações mensais. Com o tempo, passei a ser "cobrado" por muitos alunos para elaborar um compilado das questões do Instagram, como forma de facilitar a consulta e a revisão do tema. É verdade que a internet tem suas vantagens, mas nada substitui o bom e velho livro, como eu viria a perceber com o tempo.

Foi a partir desse imenso incentivo, disfarçado de cobrança, que nasceu esta obra. Um compilado de mais de 800 questões, divididas por assunto, para facilitar a consulta e a revisão de vocês. Agradeço de coração a todos os seguidores que me incentivaram ao longo dos últimos meses. Essa obra é de vocês.

Por fim, caro amigo, digo-lhe que essa obra foi a realização de um sonho. Tenho certeza que ela irá ajudar na realização do seu.

Brasília, maio de 2018.

Abraços,

Paulo

Apresentação da obra

Sumário

1

Constitucional

46 questões

I. CONSTITUIÇÃO: CLASSIFICAÇÃO, APLICABILIDADE, PODER CONSTITUINTE, MÉTODOS DE INTERPRETAÇÃO. DIREITOS FUNDAMENTAIS.

01 Derrotabilidade das normas jurídicas. Que negócio é esse?

A derrotabilidade ("defeasibility") ou superabilidade das normas consiste na possibilidade de, em um caso concreto, uma norma seja afastada ou tenha sua aplicação negada, em razão de uma exceção relevante, **embora essa norma continue válida e aplicável.**

A derrotabilidade difere, portanto, do controle de constitucionalidade. O controle de constitucionalidade faz uma análise da validade da norma. Já a derrotabilidade trabalha com uma norma que é válida e continua válida, sendo apenas afastada naquele caso concreto em razão de uma exceção fática relevante.

O fundamento da derrotabilidade é a impossibilidade fática de o legislador, quando da elaboração da norma, prevê todas as situações que poderiam em tese excepcioná-la.

Segundo a doutrina (Dirley da Cunha Jr.) a rigor, não é propriamente a norma que é derrotada ou excepcionada, embora a teoria difundida seja a derrotabilidade da norma; o que é derrotado ou superado é o enunciado normativo.

Por isso, é mais tecnicamente correto afirmar que a derrotabilidade incide sobre os textos normativos e não sobre as normas jurídicas, exatamente porque o texto normativo não contém imediatamente e integralmente a norma, não se confundindo com ela. **A norma é o resultado da interpretação do texto, diante do caso concreto.**

Um exemplo concreto de derrotabilidade foi o julgamento da ADPF 54, que tratou da possibilidade de aborto nos casos de fetos anencéfalos. Na ocasião, o STF derrotou a norma que tipifica o crime de aborto para essa situação, embora o tipo penal de aborto continue válido em nosso ordenamento.

02 Poder Constituinte Difuso. Que negócio é esse?

O poder constituinte difuso não possui previsão constitucional, sendo um poder de fato que se manifesta através da **mutação constitucional.**

Por meio da mutação constitucional, são dadas novas interpretações aos dispositivos da Constituição, mas sem alterações na literalidade de seus textos, **que permanecem inalterados.**

Trata-se, portanto, de alterações informais, decorrentes de fatos e transformações políticas, econômicas e sociais.

Assim, o poder constituinte difuso é o poder de realizar mudanças no conteúdo, alcance, sentido das normas constitucionais, sem haver alteração do texto constitucional, desde que sejam respeitadas as limitações impostas pelo poder constituinte originário durante seu exercício.

03 Diferencie os seguintes termos: Constituição Normativa, Nominal e Semântica

Constituição normativa: é aquela cuja as normas efetivamente dominam o processo político. Trata-se de uma constituição na qual o processo de poder se adapta e se submete às suas normas.

Constituição nominal: é aquela que, apesar de válida sob o ponto de vista jurídico, não consegue conformar o processo político às suas normas, carecendo de uma força normativa adequada. Suas normas são dotadas de eficácia jurídica, mas não tem realidade existencial, pois a dinâmica do processo político não se adapta às suas normas.

Muitos doutrinadores afirmam que a nossa Constituição se enquadra nessa hipótese.

Constituição semântica: é a utilizada pelos dominadores de fato, visando a sua perpetuação no poder. A constituição se destina não a limitação do poder político, mas a ser um instrumento para estabilizar e eternizar a intervenção destes dominadores.

04 Em relação aos direitos fundamentais, diferencie os seguintes termos: eficácia vertical, horizontal e diagonal.

Na doutrina clássica, os direitos fundamentais são compreendidos como limitações ao exercício do Poder Estatal, restringindo-se ao âmbito das relações entre o particular e o Estado (direitos de defesa). Por esta relação jurídica ser hierarquizada (de cima para baixo), de subordinação, utiliza-se a expressão **eficácia vertical dos direitos fundamentais.**

Com a evolução social, passou-se a constatar que a opressão e a violência contra os indivíduos são oriundas não apenas do Estado, mas também de diversos atores privados, o que fez com que se defendesse a extensão dos direitos e deveres fundamentais para o âmbito **das relações entre particulares**. A projeção dos direitos fundamentais as relações particulares, nas quais estes se encontram em uma hipotética relação de coordenação (igualdade jurídica), vem sendo denominada **eficácia horizontal** ou privada dos direitos fundamentais.

Por fim, **eficácia diagonal** é aquela que ocorre em relações particulares que envolvem, naturalmente, uma relação de desequilíbrio ou desproporcionalidade (Relação de trabalho, de consumo etc.). Trata-se de uma evolução da eficácia horizontal, onde supostamente os particulares estão em uma relação de igualdade (coordenação), defendendo que se deve dar uma maior proteção as relações particulares diagonais, **onde há uma preponderância de uma parte sobre a outra.**

05 Conceitue a teoria do impacto desproporcional, esclarecendo se ela já foi aplicada no Brasil.

A teoria do Impacto Desproporcional deriva diretamente do princípio da proporcionalidade.

Segundo essa teoria, devem ser rechaçadas práticas empresariais ou governamentais que, embora em sua formulação inicial **não tenha tido a intenção discriminatória**, quando de **sua execução** acarretam efeitos nocivos e desproporcionais a uma certa categoria de pessoas.

É dizer, a norma ou prática condenada não nasceu discriminatória, mas a forma como ela é aplicada afronta a igualdade material. Trata-se daquilo que a doutrina chama de **"descriminação indireta"**.

No Brasil, o caso mais emblemático de aplicação dessa teoria ocorreu quando do julgamento da ADI 1.946/DF, em que se examinava a constitucionalidade da incidência do limite dos benefícios previdenciários (na época, R$ 1.200 reais), sobre o salário-maternidade, estabelecido pela EC nº 20.

A consequência prática da aplicação desse limite ao salário-maternidade seria a transferência para o empregador da responsabilidade pelo pagamento da diferença entre o salário da empregada e o teto durante o período da licença maternidade.

O argumento que prevaleceu no STF foi o de impedir a incidência do teto dos benefícios a licença maternidade, já que isso teria como consequência o aumento da discriminação contra a mulher no mercado do trabalho.

Outro exemplo de sua aplicação na jurisprudência do STF foi quando do julgamento da ADI 4.424, que versou sobre a Lei Maria da Penha. Na ocasião, o STF julgou inconstitucional qualquer interpretação tendente a exigir a representação da ofendida para fins de processamento do crime de lesão corporal, uma vez que isso poderia resultar em constrangimento a ela, acabando por enfraquecer o combate a violência doméstica e familiar contra a mulher.

06 O que são Constituições silenciosas?

As constituições silenciosas, também chamadas de **constituições fixas**, são aquelas que somente podem ser alteradas por um poder de competência igual àquele que as criou, é dizer, o poder constituinte originário.

São conhecidas como Constituições Silenciosas, porque não estabelecem, expressamente, o procedimento de reforma

07 Discorra sobre o princípio do juiz natural, em seu aspecto formal e substancial.

Por esse princípio, o cidadão tem direito de saber, previamente, a autoridade que irá processá-lo e julgá-lo caso venha a praticar uma conduta definida como infração penal pelo ordenamento jurídico.

Juiz natural, ou juiz legal, dentre outras determinações, em seu **aspecto formal**, é aquele constituído antes do fato delituoso a ser julgado, mediante regras taxativas de competência estabelecidas pela lei.

Em seu **aspecto substantivo**, o princípio do juiz natural não se satisfaz apenas com o juízo competente e objetivamente capaz: exige imparcialidade e independência dos magistrados.

08 É possível inciativa popular para propositura de proposta de emenda a constituição (PEC)?

A constituição foi omissa quanto ao tema, somente prevendo iniciativa popular para projetos de lei. Diante da omissão constitucional, a doutrina se divide:

José Afonso da Silva, **em posicionamento minoritário**, defende a possibilidade de iniciativa popular para a propositura de emendas por meio de uma interpretação sistemática da Constituição, aplicando-se, por analogia, o procedimento previsto para a iniciativa popular de leis (**Art. 61, § 2º, CF).**

Baseando-se na ponderação de que o povo, sendo o titular do poder constituinte originário, pode se dar uma nova Constituição, podendo, da mesma maneira, deflagrar a atuação do poder de reforma por meio da apresentação de uma proposta de modificação ao texto constitucional. O argumento estrutura-se na regra basilar de que todo o poder emana do povo

A doutrina majoritária, contudo, entende que não é possível, baseado nos seguintes motivos:

a) por ser uma exceção à regra geral de iniciativa de leis (Art. 61, CF) é incabível uma interpretação extensiva do rol de legitimados, tendo em vista o postulado de que normas excepcionais devem ser interpretadas restritivamente;

b) diversamente das leis em geral, instrumentos de veiculação da vontade da maioria, as constituições rígidas são autênticos mecanismos antimajoritários voltados precipuamente à proteção de direitos fundamentais, não se justificando a aplicação analógica no caso dos legitimados, por serem razões distintas.

Apesar de o posicionamento até então majoritário na doutrina ser no sentido de impossibilidade de iniciativa popular para a propositura de proposta de emenda constitucional, o STF, em recente julgado, **entendeu que norma do Amapá que permite iniciativa popular para proposta de emenda à Carta estadual é constitucional (ADI 825).**

Na ocasião, o STF afirmou que, embora a Constituição Federal não autorize proposta de iniciativa popular para emendas ao próprio texto, mas apenas para normas infraconstitucionais, não há impedimento para que as constituições estaduais prevejam a possibilidade, ampliando a competência constante da Carta Federal. Essa sistemática para a proposição de emenda constitucional nada mais é que uma das formas de exercício da soberania popular.

09 Qual é a dupla acepção do direito à vida?

O direito à vida costuma ser compreendido em uma dupla acepção.

Em uma acepção negativa (direito de permanecer vivo) consiste no direito assegurado a todo e qualquer ser humano de permanecer vivo. Trata-se, aqui, de um direito de defesa que confere ao indivíduo um status negativo (em sentido amplo), ou seja, um direito à não intervenção em sua esfera de existência física por parte do Estado e de particulares.

A acepção positiva costuma ser associada ao direito a uma existência digna, no sentido de ser assegurado ao indivíduo o acesso a bens e utilidades indispensáveis para uma vida em condições minimamente dignas.

10 O Estado pode determinar que os programas somente possam ser exibidos em determinados horários?

Amigos, o ECA previu a seguinte infração administrativa:

> **Art. 254.** Transmitir, através de rádio ou televisão, espetáculo em horário diverso do autorizado ou sem aviso de sua classificação:
>
> **Pena** - multa de vinte a cem salários de referência; duplicada em caso de reincidência a autoridade judiciária poderá determinar a suspensão da programação da emissora por até dois dias.

Nos termos do aludido artigo, as emissoras de televisão e rádio possuíam dois requisitos legais:

a) Avisar aos espectadores qual a recomendação etária do programa (Ex.: Esse programa não é recomendável para menores de 16 anos).

b) Apenas transmitir os programas nos horários compatíveis com sua classificação (Ex.: se o programa não é recomendável para menores de 12 anos, ele somente poderia passar após as 20hs).

Caso descumprisse alguns dos deveres previstos no ECA a emissora poderia ser punida administrativa com multa e até mesmo com suspensão da sua programação, por até dois dias.

Diante dessa situação, foi proposta ADI **(ADI 2.404/DF)** contra esse artigo do ECA, ocasião em que o STF entendeu inconstitucional a expressão **"em horário diverso do autorizado"**. Em outras palavras, agora as emissoras somente têm obrigação de informar sobre a classificação etária do programa.

⊛ Qual foi o fundamento?

Para tanto, o STF informou que, o artigo 220 da Constituição, estabelece que a manifestação do pensamento, a criação, a expressão e a informação, sob qualquer forma, processo ou veículo **não sofrerão qualquer restrição, observado o disposto nesta Constituição**.

Nesse sentido, o que a própria Constituição fez para compatibilizar o direito de liberdade de expressão e a proteção aos menores foi criar um sistema de classificação indicativa dos programas (**Arts. 21, XVI e 220, § 3º**).

Assim, os programas devem ser classificados de acordo com a faixa etária e essa classificação deve ser divulgada aos espectadores a fim de que eles tenham as informações necessárias para decidir se permitem ou não que os menores assistam aquele determinado programa. Contudo, em nenhum momento o texto constitucional estabeleceu que as empresas sejam obrigadas a veicular os programas em determinados horários, sob pena de punição.

Em suma, o Estado não pode determinar que os programas somente possam ser exibidos em determinados horários. O Poder Público pode apenas recomendar os horários adequados. A classificação dos programas é indicativa (não obrigatória).

➔ **Quer dizer então que as emissoras não podem ser responsabilizadas por seus conteúdos?**

Não. O que o STF disse é que não pode haver uma imposição prévia do Estado, no sentido de os programas somente possam ser exibidos em determinados horários. Contudo, caso haja abuso de direito, com veiculação de cenas de sexo ou de violência reiteradamente em horários inapropriados, é possível pleitear a responsabilização civil da emissora, por meio de ação judicial. O que não pode haver é responsabilização administrativa estatal.

11 O poder constituinte decorrente abrange as Leis Orgânicas dos Municípios e do DF?

No Brasil reconhecemos a União, os Estados-membros, o Distrito Federal e os Municípios como entes federados, estes últimos incluídos pela Constituição de 1988. Em sendo autônomas, estas entidades federadas possuem autogoverno, isto é, a capacidade de editarem seus próprios diplomas organizatórios.

E é aqui que surge a divergência doutrinária que nos interessa: o poder decorrente atua somente na elaboração das Constituições estaduais ou é igualmente responsável pela elaboração dos documentos de organização do Distrito Federal e dos Municípios?

Sobre o tema, temos duas correntes. A corrente minoritária (Michel Temer) defende a tese de que o poder decorrente atua também nos Municípios e no DF, sob o argumento de que, apesar de a Constituição ter se valido da locução "lei orgânica", os documentos principais desses dois entes são efetivas "Constituições em sentido material.

A posição majoritária entende que o poder decorrente também se aplica a Lei Orgânica do Distrito Federal, mas não nos Municípios. Isso porque o DF possui as mesmas a competências legislativas reservadas aos Estados-membros, dentre as quais se situa a atribuição estadual de elaborar sua própria Constituição.

Em relação aos Municípios, tem-se que a sua lei orgânica é condicionada simultaneamente à Constituição estadual e à Constituição Federal, é dizer, **sujeitam-se a uma dupla subordinação.** Isso significa que um eventual poder decorrente municipal seria um poder de terceiro grau, vez que decorreria do poder decorrente estadual, que por sua vez já é um poder de segundo grau. Em conclusão, o poder decorrente deve extrair sua legitimidade diretamente do texto da Constituição, o que não ocorreria se vislumbrássemos um poder decorrente municipal, sujeito a duas ordens de normatização constitucional.

12 Deslegalização. Que negócio é esse?

Conforme o entendimento doutrinário (Diogo de Figueiredo Moreira Neto), deslegalização, também chamada de delegificação, significa a retirada, pelo próprio legislador, de certas matérias do domínio da lei, passando-se ao domínio do regulamento.

Em termos mais simples, é o fenômeno que ocorre quando o Poder Legislativo **rebaixa** hierarquicamente determinada matéria (anteriormente regulada por lei) para que ela possa ser tratada por regulamento, por exemplo.

Essa expressão foi expressamente citada pela Ministra Cármen Lúcia, no julgamento da ADI 4.568, que analisava a possibilidade de uma norma permitir reajuste e aumento do salário-mínimo por decreto. Isso porque a Lei 12.382/11 possibilitava que os reajustes do salário-mínimo fossem regulamentados por meio de decretos executivos, entre os anos de 2012 e 2015.

Estava-se, assim, analisando-se a possibilidade de deslegalização do reajuste e aumento do salário-mínimo, que até então eram feitos mediante lei. O **STF entendeu que o procedimento foi constitucional.**

13 Prefeito itinerante. Que negócio é esse?

O STF considerou que a figura do prefeito itinerante ou prefeito profissional, **caracterizada pela alteração do domicílio eleitoral com a finalidade de burlar a regra que tolera apenas uma reeleição,** incompatível com o princípio Republicano.

Segundo o tribunal, o princípio Republicano, ao exigir temporariedade e a alternância do exercício do poder, obsta a terceira eleição não apenas no mesmo município, mas também em outras municipalidades da federação. Com base nesse entendimento, ficou decidido que o prefeito, após eleger-se por duas vezes consecutivas, só pode se candidatar para outro cargo se for de parlamentar, governador ou presidente e desde respeitado o prazo para a descompatibilização **(RE 637.485).**

14 Brasileiro nato, titular do chamado "green card", que adquire nacionalidade norte-americana, perderá a nacionalidade brasileira?

A Constituição estabeleceu o seguinte:

> **Art. 12.** São brasileiros:
>
> **§ 4º** - Será declarada a perda da nacionalidade do brasileiro que:
>
> **II** - adquirir outra nacionalidade, salvo nos casos:
>
> **b)** de imposição de naturalização, pela norma estrangeira, ao brasileiro residente em estado estrangeiro, como condição para permanência em seu território ou para o exercício de direitos civis;

Assim, em regra, o brasileiro que adquire nova nacionalidade perderá sua nacionalidade brasileira. A perda, contudo, não vai ocorrer se a naturalização for decorrente de imposição de naturalização, pela norma estrangeira, ao brasileiro residente em estado estrangeiro, como condição para permanência em seu território ou para o exercício de direitos civis

Se um brasileiro nato que mora nos EUA e possui o *green card* decidir adquirir a nacionalidade norte-americana, **ele irá perder a**

nacionalidade brasileira. Não se pode afirmar que a presente situação se enquadre na exceção prevista na alínea "b" do § 4º do art. 12 da CF/88. Isso porque, como ele já tinha o *green card*, **não havia necessidade de ter adquirido a nacionalidade norte-americana** como condição para permanência ou para o exercício de direitos civis.

O estrangeiro titular de *green card* já pode morar e trabalhar livremente nos EUA. Dessa forma, conclui-se que a aquisição da cidadania americana ocorreu por livre e espontânea vontade.

Vale ressaltar que, perdendo a nacionalidade, ele perde os direitos e garantias inerentes ao brasileiro nato. Assim, se cometer um crime nos EUA e fugir para o Brasil, poderá ser extraditado sem que isso configure ofensa ao art. 5º, LI, da CF/88 (MS 33864/DF).

15 Pode haver a entrega de brasileiro nato?

⊖ Qual é o contexto?

A Constituição proibiu a extradição do brasileiro nato em qualquer hipótese:

> **Art. 5º** (...)
>
> **LI** - nenhum brasileiro será extraditado, salvo o naturalizado, em caso de crime comum, praticado antes da naturalização, ou de comprovado envolvimento em tráfico ilícito de entorpecentes e drogas afins, na forma da lei;

Nesse sentido, pode-se conceituar a extradição como a entrega de um indivíduo a um Estado estrangeiro em razão da prática de um delito praticado neste. Em face do princípio da especialidade, o extraditando só pode ser processado e julgado, no país estrangeiro, pelo crime objeto do pedido de extradição.

⊖ É possível entrega de brasileiro nato?

Em que pese as semelhanças, a extradição também não se confunde com a hipótese de entrega (surrender), prevista no Estatuto do Tribunal Penal Internacional. Os dois institutos possuem natureza e finalidades diversas, não havendo impedimento a entrega de um brasileiro não ao TPI. Nos termos do Estatuto, **o surrender** consiste na entrega de uma pessoa por um Estado ao Tribunal, enquanto a extradição consiste na entrega de uma pessoa por um Estado a outro Estado, conforme previsto em um tratado, em uma convenção ou no direito interno (Estatuto de Roma, art. 102).

Caso haja concorrência de pedidos, a entrega deverá ter preferência sobre a extradição (Estatuto de Roma, art. 90,2). Outro aspecto que evidencia a diferença entre os dois institutos é a possibilidade de a execução penal ocorrer no próprio Estado que fizer a entrega, caso haja acordo entre este e o TPI, hipótese impensável em se tratando de extradição.

No que se refere à sua finalidade, a vedação da extradição de nacionais costuma ser estabelecida basicamente por duas razões. A primeira é evitar o risco de julgamento de um nacional pela justiça de outro Estado sem a imparcialidade e as garantias penais e processuais adequadas, o que não é o caso das normas previstas no Estatuto.

A segunda, para impedir que o nacional seja processado e julgado com base em uma legislação construída sem a sua participação. Este obstáculo não pode ser levantado em relação ao TPI, por se tratar de uma jurisdição internacional do qual o próprio Brasil faz parte e para qual manifestou voluntariamente sua adesão.

Assim, é possível a entrega de brasileiro nato.

16 As universidades públicas podem cobrar mensalidade por cursos de especialização?

➔ Qual é o contexto?

A polêmica aqui é saber se a garantia da gratuidade do ensino público em estabelecimentos oficiais **(Art. 206, IV, da CF)** permite que se cobre mensalidade de curso de pós-graduação oferecidos pelas universidades públicas.

Ao analisar o tema, o STF **(RE 597.854/GO),** em sede de repercussão geral, decidiu que é sim possível a cobrança de mensalidades, tendo fixado a seguinte tese: "a garantia constitucional da gratuidade de ensino não obsta a cobrança por universidades públicas de mensalidade em curso de especialização.".

⊖ Qual foi o fundamento?

O argumento utilizado para tanto foi que os dispositivos constitucionais sobre o direito social à educação não incluem cursos "lato sensu". Isso porque tais cursos têm objetivos que dizem respeito aos interesses individuais dos estudantes, como aprimoramento profissional e a reciclagem.

Ademais, os recursos adquiridos nos cursos de especialização podem ser utilizados na graduação, atividade essa que realmente deve ser gratuita. Assim, não há sentido em se proibir a cobrança no "lato sensu".

⊖ Isso vale para cursos de mestrado e doutorado?

Não. A decisão atinge somente cursos "lato sensu", como especialização. Os cursos de mestrado e doutorado ("stricto sensu") não foram afetados pela decisão, continuando gratuitos.

17 É válida a recusa do paciente, por motivos religiosos, em submeter-se, havendo risco de morte, a transfusão de sangue?

A negativa a transfusão de sangue por parte do indivíduo, com ou sem risco de morte, envolve o confronto de dois valores constitucionais: o direito à vida e a inviolabilidade de crença.

Sobre o tema, há forte doutrina que considera válida a recusa em se submeter a transfusão de sengue, desde que presente os seguintes **requisitos cumulativos:**

a) capacidade civil plena, excluído o suprimento pelo representante ou assistente;

b) manifestação de vontade livre, consciente e informada; e

c) oposição que diga respeito exclusivamente à própria pessoa do declarante.

> **Enunciado nº 403 da V Jornada:** O Direito à inviolabilidade de consciência e de crença, previsto no art. 5º, VI, da Constituição Federal, aplica-se também à pessoa que se nega a tratamento médico, inclusive transfusão de sangue, com ou sem risco de morte, em razão do tratamento ou da falta dele, desde que observados os seguintes critérios: a) capacidade civil plena, excluído o suprimento pelo representante ou assistente; b) manifestação de

> vontade livre, consciente e informada; e c) oposição que diga respeito exclusivamente à própria pessoa do declarante.

Percebe-se, assim, que há, no direito brasileiro, a possibilidade de recusa a tratamento médico por questões religiosas, mesmo que implique na morte de quem se recusa. Contudo, essa possibilidade é limitada a comprovação da capacidade jurídica plena da pessoa, de modo que apenas aqueles que forem considerados capazes e estiverem em pleno gozo de suas faculdades mentais poderão efetuar licitamente tal recusa.

O direito à autodeterminação do indivíduo é uma das maiores conquistas da contemporaneidade. Substanciada no reconhecimento à dignidade da pessoa humana e à autonomia privada.

Havendo capacidade civil plena e liberdade na escolha, ninguém pode ser submetido a tratamento. É preciso lembrar sempre que a vida é um direito, não um dever.

18 A dignidade da pessoa humana é um princípio, um postulado ou uma regra?

A dignidade da pessoa humana pode ser conceituada como a qualidade intrínseca e distintiva de cada ser humano, que o faz merecedor do mesmo respeito e consideração por parte do Estado e da comunidade, implicando, neste sentido, um complexo de direitos e deveres fundamentais que asseguraram a pessoa proteção contra todo e qualquer ato de cunho degradante e desumano, como venha a lhe garantir as condições existenciais mínimas para uma vida saudável, além de propiciar e promover sua participação ativa e corresponsável nos destinos da própria existência e da vida em comunhão com os demais seres humanos.

A doutrina não é pacífica sobre a sua natureza. Nesse sentido, temos os seguintes posicionamentos:

A dignidade como um postulado: postulados normativos são normas de segundo grau que auxiliam na interpretação de outras normas. Em sendo ela o valor constitucional supremo, será ela também que vai informar a interpretação de todas as normas, principalmente as de direitos fundamentais.

A dignidade como um princípio: princípio é uma norma que vai apontar um fim ser alcançado. Enquanto princípio, a dignidade da pessoa humana vai apontar uma diretriz de atuação para o estado, impondo a ele o dever de promover os meios necessários para uma vida humana digna. Neste sentido, a dignidade da pessoa humana costuma ser associada ao chamado mínimo existencial, que consiste no conjunto de bens e utilidades indispensáveis a vida humana digna. Para Ricardo Torres, não há um conteúdo específico para a consecução do mínimo existencial, já que ele dependeria da sociedade em que a pessoa vive.

A dignidade como regra: baseada na obra de Kant, a dignidade como regra também é conhecida como fórmula do objeto. Para Kant, o que diferencia o ser humano dos demais seres é que ele possui dignidade. A dignidade é violada quando o ser humano é tratado não como um fim em si mesmo, mas como um meio (objeto) para se atingir determinado fim.

19 A autoridade tributária pode requisitar das instituições financeiras informações bancárias sobre o contribuinte, sem autorização judicial?

⊖ Qual é o contexto?

Nos termos da Lei Complementar nº 105/2001, em seu artigo 6º, as autoridades e os agentes fiscais tributários da União, dos Estados, do Distrito Federal e dos Municípios, desde que já tenham instaurado processo administrativo ou haja procedimento fiscal em curso, podem requisitar diretamente aos bancos, sem autorização judicial, informações financeiras sobre determinadas pessoas. Essa determinação é chamada de **"requisição de informações sobre movimentação financeira" (RMF).**

Os contribuintes, contudo, passaram a afirmar que esse dispositivo era inconstitucional, uma vez que ele representaria uma violação ao direito sigilo bancário, previsto no artigo 5º, X e XII, da Constituição.

⊖ O STF aceitou esse argumento?

Não. O STF decidiu que o art. 6º da LC 105/2001 **é constitucional (ADIs 2390, 2386, 2397 e 2859 e RE 601.314).** O fundamento utilizado pelo STF foi no sentido de que o art. 6º não representa uma "quebra de sigilo bancário" sem autorização judicial. No caso, as informações são passadas para a Autoridade Fiscal (ex.: Receita Federal) de forma sigilosa, permanecendo assim dentro da Administração Tributária. Assim, o que a lei estabelece **é uma tramitação sigilosa** entre os bancos e o Fisco e, por não ser acessível a terceiros, não pode ser considerado violação (quebra) do sigilo.

Em outras palavras, o que a lei determina é uma "**transferência de sigilo**" (decorem esse termo, pois ele é o mais importante da explicação) dos dados, pois os dados saem das instituições financeiras sob sigilo **e assim permanecem dentro do Fisco.**

O mero fato de o Fisco ter acesso aos dados bancários do contribuinte não viola a garantia do sigilo bancário. Apenas se pode falar em violação se esses dados "vazarem" para pessoas estranhas ao órgão fazendário. Apenas nesse caso haveria quebra do sigilo bancário por ter sido exposta a intimidade do contribuinte para terceiros. Contudo, para evitar tal situação, em casos de vazamento, a LC 105/2001 prevê punições ao responsável, que estará sujeito à pena de reclusão, de 1 a 4 anos, mais multa, além de responsabilização civil, culminando com a perda do cargo (art. 10).

O STF também afirmou que o mecanismo previsto na LC 105/2001 é comum em vários países desenvolvidos e a declaração de inconstitucionalidade do dispositivo questionado seria um retrocesso diante dos compromissos internacionais assumidos pelo Brasil para combater ilícitos como a lavagem de dinheiro e evasão de divisas e para coibir práticas de organizações criminosas.

Ademais, a identificação de patrimônio, rendimentos e atividades econômicas do contribuinte pela administração tributária **dá efetividade ao princípio da capacidade contributiva,** que, por sua vez, sofre riscos quando se restringem as hipóteses que autorizam seu acesso às transações bancárias dos contribuintes.

Por fim, o STF afirmou que art. 6º da LC 105/2001 é taxativo e razoável ao facultar o exame de documentos, livros e registros de instituições financeiras somente se houver processo administrativo instaurado ou procedimento fiscal em curso e tais exames sejam considerados indispensáveis pela autoridade administrativa competente.

20 Enquanto não editada a lei exigida pela Constituição, as normas de eficácia limitada possuem algum efeito jurídico?

⊝ Normas de eficácia limitada. Que negócio é esse?

São normas que só manifestam a plenitude de seus efeitos jurídicos pretendidos pelo legislador constituinte após a edição de atos normativos previstos ou requeridos por ela, possuindo uma eficácia limitada ou reduzida.

A aplicabilidade dessas normas é indireta, mediata e reduzida, pois só incidem totalmente sobre os interesses objeto de sua regulamentação jurídica, após uma normatividade ulterior que lhes desenvolva a eficácia, conquanto tenham uma incidência reduzida e surta outros efeitos não essenciais.

⊝ Elas possuem algum efeito?

Apesar de não possuírem desde sua entrada em vigor uma eficácia positiva, **são dotadas de eficácia negativa**, ab-rogando a legislação precedente que lhe for incompatível e **impedido que o legislador edite normas em sentido oposto ao assegurado pela constituição.**

21 Cabe indenização por dano moral em favor de pessoa jurídica de direito público?

⊝ As pessoas jurídicas de direito público são destinatárias de direitos fundamentais?

Amigos, de início, cumpre esclarecer que os direitos fundamentais, tais como o reconhecimento do dano moral, são assegurados primordialmente para proteger os particulares da atuação do Estado. Apesar disso, atualmente, a doutrina majoritária (Ex.: Marcelo Novelino, Dirley da Cunha Jr) entende que as entidades estatais gozam de direitos fundamentais do tipo procedimental (devido processo legal, ampla defesa, contraditório etc.).

⊝ Então cabe indenização?

Vejam que a doutrina entende que o Estado goza de direitos fundamentais do tipo procedimental, o qual não se inclui o dano moral.

Foi justamente por isso que o STJ entendeu que não cabe indenização por dano moral em favor de pessoa jurídica de direito público **(REsp 1.258.389-PB)**.

Ao analisar a situação, o STJ ressaltou que ele admite apenas que pessoas jurídicas de direito PRIVADO possam sofrer dano moral, especialmente nos casos em que houver um descrédito da empresa no mercado pela divulgação de informações desabonadoras de sua imagem.

Ademais, não se pode admitir o reconhecimento do direito de indenização por dano moral do Estado contra o particular, considerando que isso seria uma completa subversão da essência dos direitos fundamentais. Seria o Poder Público se valendo de uma garantia do cidadão contra o próprio cidadão.

22 Entrincheiramento (*Entrenchment*). Que negócio é esse?

Entrincheiramento (*Entrenchment*) é sinônimo de **proibição ao retrocesso ou efeito "cliquet"**.

Trata-se de um instrumento apto a vedar qualquer medida normativa ou política com objetivo de supressão ou enfraquecimento dos direitos fundamentais.

Segundo Dirley da Cunha Júnior, a proibição ao retrocesso é um postulado que serve de orientação para a evolução dos Direitos Fundamentais, notadamente os Direitos Sociais, estabelecendo que eles, uma vez reconhecidos na ordem jurídica, não podem ser suprimidos ou enfraquecidos, sob pena de inconstitucionalidade.

Para o referido doutrinador, a proibição ao retrocesso deve ser analisada em dois planos:

a) No plano normativo, ela serve como um escudo protetor dos Direitos Fundamentais, vedando sua a revogação ou substituição por outras normas que não ofereçam garantias com eficácia equivalente.

b) No plano concreto, a proibição do retrocesso obsta a implementação de políticas estatais de enfraquecimento ou flexibilização dos Direitos Fundamentais.

No Brasil, esse postulado foi adotado expressamente pela Constituição, como uma cláusula pétrea, no momento em que o legislador constitucional vedou ao poder constituinte reformador suprimir os Direitos e Garantias Fundamentais, admitindo-se apenas ampliá-lo.

Trata-se de um postulado que já foi adotado pelo STF (**ARE 639337 AgR**).

23 Silêncio eloquente. Que negócio é esse?

O silêncio eloquente (no direito alemão "beredtes Schweigen"), pode ser conceituado como a omissão intencional do legislador constitucional sobre um determinado assunto. Em outras palavras, o silêncio eloquente ocorre quando o legislador constitucional, de forma consciente, não tratou de determinada matéria, deixando um vazio normativo sobre um determinado assunto.

A principal consequência do reconhecimento de um silêncio eloquente **é o afastamento da analogia**, aplicável apenas quando na lei houver lacuna **(RE 130552/SP)**.

Notem que, implicitamente, os silêncios eloquentes acabam por ser uma **norma proibitiva,** já que, ao não regular intencionalmente determinado tema, implicitamente o legislador Constitucional acabou por proibi-lo, vedando qualquer tentativa de utilização de analogia por parte do intérprete.

O silêncio eloquente já foi utilizado como fundamento de diversas decisões do STF, como, por exemplo, quando o Tribunal declarou inexistência de previsão de imunidade à prisão cautelar e a qualquer processo penal por delitos estranhos à função governamental, no artigo 86, parágrafos 3º e 4º, da Constituição Federal, aos Governadores dos Estados **(STF ADI 978)**.

Na ocasião, o STF entendeu que, tendo previsto a Constituição esse direito apenas ao Presidente, foi porque o legislador Constitucional não quis assegurar essa prerrogativa para os demais chefes do executivo.

24 É constitucional a reunião de pessoas para defender a legalização das drogas ou de qualquer entorpecente específico, inclusive por meio de manifestações e eventos públicos?

⊖ Qual o contexto?

No Brasil, é comum a realização das chamadas "marcha da maconha". Trata-se da reunião pública de pessoas com o objetivo de se manifestar pela descriminalização do uso da maconha. Por muito tempo, esse tipo de marcha foi alvo de polêmicas judiciais, uma vez que havia quem quisesse criminalizá-la, imputando aos participantes o cometimento do tipo penal de apologia o crime (Art. 287, CP).

⊖ O que decidiu o STF?

O caso em questão chegou ao STF, que decidiu **(ADPF 187/DF)** dar interpretação conforme a Constituição ao artigo 287 do Código Penal, de forma a excluir qualquer interpretação que possa ensejar a criminalização da defesa da legalização das drogas, ou de qualquer substância específica, inclusive através de manifestações e eventos públicos.

⊖ Qual o fundamento?

A Suprema Corte entendeu que o caso envolvia a interconexão ente dois direitos fundamentais: o direito de reunião (direito meio) e o direito de manifestação de pensamento (direito fim). Ambos os direitos são dignos de amparo do Estado, cujas autoridades deveriam protegê-los e revelar tolerância por aqueles que, no exercício do direito à livre expressão de suas ideias e opiniões, transmitirem mensagem de abolicionismo penal quanto à vigente incriminação do uso de drogas ilícitas.

Dessa forma, o STF entendeu que seria nociva e perigosa a pretensão estatal de reprimir a liberdade de expressão, fundamento da ordem democrática, haja vista que não poderia dispor de poder algum sobre a palavra, as ideias e os modos de sua manifestação.

Esclareceu ainda que, embora a livre expressão do pensamento não se revista de caráter absoluto, ela tem por objetivo proteger qualquer pessoa cujas opiniões pudessem conflitar com as concepções prevalecentes, em determinado momento histórico, no meio social.

Assim, a mera proposta de descriminalização de determinado ilícito penal não se confundiria com ato de incitação à prática do crime, nem com o de apologia de fato criminoso.

Nesse contexto, o STF concluiu que a defesa, em espaços públicos, da legalização das drogas ou de proposta abolicionista a outro tipo penal, não significaria ilícito penal, mas, ao contrário, representaria o exercício legítimo do direito à livre manifestação do pensamento, propiciada pelo exercício do direito de reunião.

➔ Existe algum parâmetro a ser avaliado para considerar a legitimidade da reunião?

Na ocasião do julgamento da ADPF, o Min. Luiz Fux ressalvou que deveriam ser considerados os seguintes parâmetros quando da realização da marcha:

1) que se trate de reunião pacífica, sem armas, previamente noticiada às autoridades públicas quanto à data, ao horário, ao local e ao objetivo, e sem incitação à violência;
2) que não exista incitação, incentivo ou estímulo ao consumo de entorpecentes na sua realização;
3) que não ocorra o consumo de entorpecentes na ocasião da manifestação ou evento público.

25 É constitucional norma que proíbe proselitismo em rádios comunitárias?

➔ Proselitismo. Que negócio é esse?

Proselitismo é a ação ou empenho de tentar converter uma ou várias pessoas em prol de determinada causa, doutrina, ideologia ou religião.

➔ Qual é a polêmica aqui?

A Lei nº 9.612/98 criou o chamado Serviço de Radiodifusão Comunitária. Trata-se de uma concessão outorgada pelo Governo para que fundações e associações comunitárias desenvolvam serviços de rádio, em baixa potência e com cobertura restrita, sem fins lucrativos, com sede na localidade de prestação do serviço.

A referida legislação proibiu, no âmbito da programação das emissoras de radiodifusão comunitária, a prática de proselitismo, ou seja, a transmissão de conteúdo tendente a converter pessoas a uma doutrina, sistema, religião, seita ou ideologia:

> **Art. 4º (...) § 1º** É vedado o proselitismo de qualquer natureza na programação das emissoras de radiodifusão comunitária.

O caso chegou ao STF, que decidiu que **é inconstitucional** o § 1º do art. 4º da Lei nº 9.612/98 **(ADI 2566/DF).**

⊖ Qual o fundamento?

O STF entendeu que essa norma viola os seguintes dispositivos constitucionais:

> **Art. 5º (...)**
>
> **IV** - é livre a manifestação do pensamento, sendo vedado o anonimato;
>
> **VI** - é inviolável a liberdade de consciência e de crença, sendo assegurado o livre exercício dos cultos religiosos e garantida, na forma da lei, a proteção aos locais de culto e a suas liturgias;
>
> **IX** - é livre a expressão da atividade intelectual, artística, científica e de comunicação, independentemente de censura ou licença;
>
> **Art. 220.** A manifestação do pensamento, a criação, a expressão e a informação, sob qualquer forma, processo ou veículo não sofrerão qualquer restrição, observado o disposto nesta Constituição.

Segundo os ministros do STF, a liberdade de pensamento inclui o discurso persuasivo, o uso de argumentos críticos, o consenso e o debate público informado e pressupõe a livre troca de ideias e não apenas a divulgação de informações. Ademais, o art. 220 da CF consigna, expressamente, a liberdade de expressão sob qualquer forma, processo ou veículo. A rádio ou serviço de radiodifusão comunitária se insere nessa hipótese

Por último, o dispositivo impugnado ofende o artigo 134 do Pacto de San Jose da Costa Rica (Convenção Americana sobre Direitos Humanos), segundo o qual o exercício do direito à liberdade de pensamento e de expressão não pode estar sujeito a censura prévia, mas a responsabilidades ulteriores.

26 É constitucional a previsão de idades mínimas para ingresso na educação infantil e no ensino fundamental, bem como a fixação de uma data limite para que a idade esteja completada?

⊖ Qual é o contexto?

O Conselho Nacional de Educação, órgão ligado ao Ministério da Educação, editou duas resoluções que foram alvo de muita polêmica:

a) **Resolução 01/2010:** essa resolução exigiu que os alunos tivessem 06 anos completos até 31 de março, como condição para ingresso no primeiro ano do ensino fundamental.

b) **Resolução 06/2010:** por sua vez, essa resolução exigiu que os alunos tivessem de 4 anos completos até 31 de março, como condição para ingresso no primeiro ano da educação infantil.

⊖ Qual é a polêmica?

A Procuradoria-Geral da República ingressou com uma ADPF contra essas resoluções, argumentando que elas constituam uma burla ao dispositivo da Constituição que determina a oferta da educação básica obrigatória e gratuita dos 4 aos 17 anos de idade:

> **Art. 208.** O dever do Estado com a educação será efetivado mediante a garantia de: I - educação básica obrigatória e gratuita dos 4 (quatro) aos 17 (dezessete) anos de idade, assegurada inclusive sua oferta gratuita para todos os que a ela não tiveram acesso na idade própria;

Isso porque se a criança completa 04 anos após o dia 31 de março, ela ficaria sem acesso ao primeiro ano da educação infantil, somente podendo se matricular no ano seguinte.

A PGR também fundamentou a seu pedido em um tratamento discriminatório dado as crianças nascidas depois de 31 de março, já que elas somente poderão ingressar no ensino infantil com 5 anos.

Por outro lado, foi ajuizada uma ADC (17), com o objetivo de declarar a constitucionalidade do art. 32, da Lei nº 9.394/96 (Lei de Diretrizes e Bases da Educação):

> **Art. 32.** O ensino fundamental obrigatório, com duração de 9 (nove) anos, gratuito na escola pública, iniciando-se aos 6 (seis) anos de idade, terá por objetivo a formação básica do cidadão, mediante:

⊖ O que o STF decidiu?

O STF julgou improcedente a ADPF e julgou o procedente a ADC. Assim, o STF entendeu que **são constitucionais a exigência de idade mínima de quatro e seis anos para ingresso, respectivamente, na educação infantil e no ensino fundamental, bem como a fixação da data limite de 31 de março para que referidas idades estejam completas.**

Ademais, é constitucional a exigência de 6 (seis) anos de idade para o ingresso no ensino fundamental, cabendo ao Ministério da Educação a definição do momento em que o aluno deverá preencher o critério etário **(ADPF 292/DF e ADC 17/DF).**

⊖ Qual foi o fundamento?

Inicialmente, o Tribunal entendeu que os arts. 24, II, 31 e 32, *caput*, da Lei nº 9.394/96, que tratam sobre a idade mínima de 6 anos para ingressar no ensino fundamental são constitucionais. Nesse sentido, a Lei 9.394/96 não previu de forma expressa momento em que deveria ser provada essa idade mínima. Assim, **cabe ao Ministério da Educação definir esse instante exato.** Com base nesse raciocínio, o STF entendeu que a Resolução que estabelece que essa idade mínima de 6 anos deverá ser completada até 31 de março é constitucional.

Quanto a ADPF, o STF entendeu que o fato de ela estabelecer um critério único e objeto para o ingresso nas séries iniciais da educação infantil e do ensino fundamental (04 e 06 anos, respectivamente) não constitui nenhuma violação aos princípios da isonomia, da proporcionalidade e do acesso à educação.

O que a Constituição determinou é que fosse assegurado ao aluno entre 4 e 17 anos o acesso à educação, de acordo com a sua capacidade.

Nesse contexto, cabe ao Poder Público promover políticas educacionais, desde que respeitadas às balizas constitucionais. A adoção do critério etário não é a única solução constitucionalmente possível. **Contudo a escolha por esse ou aquele critério está dentro um poder discricionário do Poder Público, desde que respeitada a Constituição.**

Assim, o uso de regras objetivas relativas a datas e números não são desproporcionais, pois elas asseguram mais segurança jurídica e previsibilidade às políticas públicas educacionais.

27 Qual é o critério utilizado para determinar se uma área pode ser considerada "terra tradicionalmente ocupado pelos índios"?

⊖ Qual é o contexto?

A Constituição de 1988 estabeleceu o seguinte:

> **Art. 231.** São reconhecidos aos índios sua organização social, costumes, línguas, crenças e tradições, e os direitos originários sobre as terras que tradicionalmente ocupam, competindo à União demarca-las, proteger e fazer respeitar todos os seus bens

Assim, a Constituição reconheceu o direito dos índios sore as terras que tradicionalmente ocupam. Havendo a comprovação de que a terra é tradicionalmente ocupada pelos índios, a Constituição estabeleceu que compete a União a sua demarcação.

⊖ O que são as chamadas "terras tradicionalmente ocupadas pelos índios"?

O conceito de terras tradicionalmente ocupadas pelos índios foi dado pela própria Constituição:

> **Art. 231.** (...)
>
> **§ 1º** - São terras tradicionalmente ocupadas pelos índios as por eles habitadas em caráter permanente, as utilizadas para suas atividades produtivas, as imprescindíveis à preservação dos recursos ambientais necessários a seu bem-estar e as necessárias a sua reprodução física e cultural, segundo seus usos, costumes e tradições.

Vejam que, nos termos do § 1º do art. 231 da CF/88, são tradicionalmente ocupadas pelos indígenas as seguintes terras:

a) As que eles habitam em caráter permanente.

b) As utilizadas para suas atividades produtivas.

c) As imprescindíveis à preservação dos recursos ambientais necessários a seu bem-estar.

d) E as necessárias à sua reprodução física e cultural (segundo seus usos, costumes e tradições).

➔ **Qual foi o critério utilizado pelo STF para determinar se a terra pode ser classificada como tradicionalmente ocupada pelos índios?**

Segundo o STF, para que um local possa ser considerado "terras tradicionalmente ocupadas pelos índios" é preciso a observância de dois critérios:

a) **Requisito temporal:** a área deve estar habitada por eles na data da promulgação da CF-88.

b) **Requisito material:** deve haver a efetiva relação dos índios com a terra (marco da tradicionalidade da ocupação).

Dessa forma, se na data da promulgação da Constituição de 1988 (em 05/10/1988), a área não estava mais ocupada por índios (exemplo: o aldeamento estava extinto há muitos anos), em regra, ela não será considerada como "terra tradicionalmente ocupadas pelos índios", mesmo que fique comprovado que, no passado, o local já fora habitado por populações indígenas:

> **STF - Súmula 650:** Os incisos I e XI do art. 20 da Constituição Federal **não** alcançam terras de aldeamentos extintos, ainda que ocupadas por indígenas em passado remoto.

➔ **Existe alguma exceção a essa obrigatoriedade de os indígenas estarem habitando a terra no momento da promulgação da Constituição para fins de reconhecimento do local como terra tradicional?**

Sim, essa regra é excepcionada no caso de **renitente esbulho.** Segundo o STF, o renitente esbulho se caracteriza pelo efetivo conflito possessório, iniciado no passado e persistente até o marco demarcatório temporal da data da promulgação da Constituição de 1988, materializado por circunstâncias de fato ou por controvérsia possessória judicializada.

Assim, ocorre o renitente esbulho quando os índios foram expulsos de suas terras e, apesar disso, continuaram a lutar pela posse do local até a data da promulgação da Constituição. A comprovação dessa luta pode ser feita tanto por meio judicial (Ex.: a comprovação de que eles ingressaram com ações possessórias) ou mesmo por circunstâncias de fato, como a comprovação de que, mesmo expulsos, eles continuaram lutando pela terra, movimento que perdurou até chegar ao fim o processo de demarcação.

Foi o que aconteceu, por exemplo, no caso da reserva "Raposa Serra do Sol" **(Pet 3388).** Durante o processo de demarcação dessa terra indígena, os fazendeiros locais passaram a afirmar que os índios não habitavam as terras quando da promulgação da Constituição, daí não ser possível a demarcação.

Restou comprovado, contudo, que a posse dos fazendeiros era fruto de esbulho, uma vez que eles teriam expulsado os índios daqueles locais, conforme demonstrado no laudo e parecer antropológicos. Ademais, os estudos técnicos demonstraram ainda que eles, antes de serem expulsos, os índios lutaram e tentaram resistir, bem como que, mesmo após serem obrigados a sair do local, continuaram lutando pela terra, movimento que perdurou até chegar ao fim o processo de demarcação.

Por outro lado, conforme já relatamos, o **renitente esbulho não se confunde com ocupação passada ou com desocupação forçada no passado.**

Assim, o STF negou a demarcação de uma área em que os estudos técnicos concluíram que a última ocupação indígena na área teria ocorrido no ano de 1953, data em que os índios foram expulsos da região.

A Suprema Corte entendeu que não estava caracterizado o renitente esbulho, mas sim "a desocupação forçada ocorrida no passado" já que, no momento da promulgação da CF/88, **já havia se passado muitos anos da saída dos índios do local e eles não mais estavam em conflito possessório por aquelas terras (ARE 803462 AgR/MS).**

28 O ensino religioso nas escolas públicas brasileiras pode ter natureza confessional?

⊕ Ensino religioso de natureza confessional. Que negócio é esse?

Ensino religioso de natureza confessional é aquele vinculado a uma religião específica (Ex.: catolicismo).

⊕ Qual é a polêmica?

O Brasil assinou um acordo com a Santa Sé. O referido acordo foi aprovado pelo Decreto Legislativo 698/2009, sendo posteriormente promulgado por meio do Decreto nº 7.107/2010.

Nos termos do artigo 11, § 1º desse acordo, temos o seguinte:

> **Artigo 11**
>
> A República Federativa do Brasil, em observância ao direito de liberdade religiosa, da diversidade cultural e da pluralidade confessional do País, respeita a importância do ensino religioso em vista da formação integral da pessoa.
>
> **§ 1º** O ensino religioso, católico e de outras confissões religiosas, de matrícula facultativa, constitui disciplina dos horários normais das escolas públicas de ensino fundamental, assegurado o respeito à diversidade cultural religiosa do Brasil, em conformidade com a Constituição e as outras leis vigentes, sem qualquer forma de discriminação.

Vejam que o § 1º estabeleceu a possibilidade de ensino de natureza confessional em escolas públicas.

Diante disso, foi ajuizada uma ADI pela PGR. Na ocasião, o órgão ministerial afirmou que não é possível o estabelecimento de ensino religioso de natureza confessional nas escolas públicas, uma vez que o Estado Brasileiro é laico. Assim, o ensino religioso somente pode ser voltado para a história e a doutrina das várias religiões, ensinadas sob uma perspectiva laica.

⊕ O STF concordou com a tese?

Não, o STF afastou a tese **e entendeu ser possível o ensino de natureza confessional nas escolas públicas. (ADI 4439/DF).**

Segundo o Tribunal, de fato, o Brasil é um Estado Laico, nos termos da própria Constituição:

> **Art. 19.** É vedado à União, aos Estados, ao Distrito Federal e aos Municípios:
>
> **I** - estabelecer cultos religiosos ou igrejas, subvencioná-los, embaraçar-lhes o funcionamento ou manter com eles ou seus representantes relações de dependência ou aliança, ressalvada, na forma da lei, a colaboração de interesse público;

Por outro lado, o STF também afirmou que a Constituição assegura a liberdade religiosa:

> **Art. 5º (...)**
>
> **VI** - é inviolável a liberdade de consciência e de crença, sendo assegurado o livre exercício dos cultos religiosos e garantida, na forma da lei, a proteção aos locais de culto e a suas liturgias;

Ademais, ela também previu a possibilidade de ser oferecido ensino religioso na rede pública de ensino:

> **Art. 210. (...)**
>
> **§ 1º** O ensino religioso, de matrícula facultativa, constituirá disciplina dos horários normais das escolas públicas de ensino fundamental.

Assim, do cotejo entre o binômio da Laicidade do Estado e a Liberdade Religiosa, o STF entendeu que o Estado deverá assegurar o cumprimento do art. 210, § 1º da CF/88, autorizando na rede pública, em igualdade de condições, o oferecimento de ensino confessional das diversas crenças, mediante requisitos formais previamente fixados pelo Ministério da Educação.

Diante disso, deve ser permitido o acesso ao ensino religioso confessional, como disciplina dos horários normais das escolas públicas de ensino fundamental, ministrada de acordo com os princípios de sua confissão religiosa, por integrantes da mesma, devidamente credenciados a partir de chamamento público.

O STF ressalvou, contudo, **que esse direito deverá ser assegurado aos representantes de qualquer religião.**

Assim, ele entendeu que a Constituição não proíbe o ensino confessional de uma religião específica em escolas públicas, **desde que se garanta oportunidade a todas as doutrinas religiosas.**

Por fim, o STF **também esclareceu que a matrícula dos alunos, nesse caso, deverá ser facultativa.**

29 Eventuais novos direitos e garantias individuais criados pelo poder constituinte reformador são considerados cláusulas pétreas?

O tema é controverso. Segundo Gilmar Mendes, por exemplo, devemos ter em mente que as cláusulas pétreas "se fundamentam na superioridade do poder constituinte originário sobre o de reforma", de maneira que somente o primeiro pode criar obstáculos de conteúdo à atuação do segundo.

Justamente por isso, o referido doutrinador alega que, do ponto de vista lógico, não faria sentido permitir que o poder reformador crie limites para ele mesmo.

Assim, Gilmar Mendes defende que não é cabível que o poder de reforma crie cláusulas pétreas. Apenas o poder constituinte originário pode fazê-lo. Ele, contudo, distingue a seguinte situação. O poder constituinte reformador não pode criar novos direitos e garantias fundamentais. Contudo, é possível que uma emenda constitucional incremente o rol de direitos e garantias individuais, sem criar algo. A emenda, nesse caso, apenas especificaria, detalharia um direito já criado.

O tema, contudo, não é pacífico na doutrina. Bernardo Gonçalves, por exemplo, entende que eventuais novos direitos criados por emenda são sim cláusulas pétreas, não podendo ser excluídos posteriormente.

Isso porque, segundo Bernardo Gonçalves, os direitos fundamentais se relacionam ao princípio da dignidade da pessoa humana e não podem ser objeto flutuações momentâneas majoritárias, que permitam a supressão desses direitos, ainda que por meio de emendas constitucionais.

30 Qual é a natureza jurídica do preâmbulo constitucional?

Entre os posicionamentos existentes acerca da natureza jurídica do preâmbulo, três concepções podem ser apontadas como principais:

a) tese da eficácia idêntica à de quaisquer disposições constitucionais

Aqui, o preâmbulo é equiparado as demais normas constitucionais.

b) tese da relevância jurídica específica ou indireta

O preâmbulo pode ser usado como norma hermenêutica. Assim, essa teoria defende que o preâmbulo se situa em situação intermediária entre a relevância jurídica direta e irrelevância jurídica total.

c) tese da irrelevância jurídica (STF)

Para essa teoria, o preâmbulo não se situa no domínio de direito, mas da política ou da história, possuindo apenas um caráter político-ideológico destituído de valor ou força cogente, motivo pelo qual não pode ser invocado como parâmetro para o controle de constitucionalidade.

O STF adotou esse posicionamento quando do julgamento da ADI 2.076/AC.

➔ Então o preâmbulo não tem nenhuma eficácia jurídica?

Apesar do entendimento do STF ser no sentido da irrelevância jurídica, o tema não é tão pacífico. Bernardo Gonçalves, por exemplo, entende que o preâmbulo é dotado de relevância jurídica direta e imediata, devendo ser obedecido como qualquer outra norma. Isso porque ele sintetiza toda a normatividade constitucional posteriormente desenvolvida.

Dentro do próprio STF já houve vozes dissonantes. Por exemplo, no julgamento do MS 26.071/DF o STF já invocou o preâmbulo na interpretação de norma constitucional, ao decidir que candidato portador de doença visual chamada "ambliopia" tem direito a concorrer nas vagas reservadas aos portadores de necessidades especiais.

Na ocasião, o Ministro relator Carlos Brito afirmou que "a reparação ou compensação dos fatores de desigualdade factual com medidas de superioridade jurídica constitui política de ação afirmativa que se inscreve nos quadros da sociedade fraterna que se lê desde o preâmbulo da Constituição de 1988".

No mesmo sentido, no julgamento da ADI 2.649 a Ministra Cármen Lúcia defendeu que o preâmbulo deve ser dotado de relevância jurídica.

31 As alterações na jurisprudência do Tribunal Superior Eleitoral se submetem ao princípio da anterioridade da legislação eleitoral?

⊖ Princípio da anterioridade da legislação eleitoral. Que negócio é esse?

O princípio da anterioridade da legislação eleitoral é previsto na própria Constituição:

> **Art. 16.** A lei que alterar o processo eleitoral entrará em vigor na data de sua publicação, não se aplicando à eleição que ocorra até um ano da data de sua vigência.

Assim, com base nesse princípio, a lei que alterar o processo eleitoral, não tem aplicabilidade no caso de eleições que ocorram até um ano da sua vigência. Visa a Constituição, com isso, garantir o mínimo de segurança jurídica ao processo eleitoral.

Vejam que a Constituição não vedou mudanças nas regras eleitorais, mas apenas determinou que essas alterações não são aplicáveis às eleições que serão realizadas até um ano após o início de sua vigência.

⊖ Esse princípio se aplica às jurisprudências do TSE?

Embora a Constituição se refira à lei, o STF entendeu que a segurança jurídica advinda desse princípio deve ser exigida não apenas do legislador, mas também da normatividade do TSE em seu entendimento jurisprudencial.

Nesse sentido, o STF decidiu que, em razão do caráter especialmente peculiar dos atos judiciais emanados do Tribunal Superior Eleitoral, os quais regem normativamente todo o processo eleitoral, é razoável concluir que a Constituição também alberga uma norma, ainda que implícita, que traduz o postulado da segurança jurídica como princípio da anterioridade ou anualidade em relação à alteração da jurisprudência do TSE.

Assim, as decisões do Tribunal Superior Eleitoral que, no curso do pleito eleitoral (ou logo após o seu encerramento), impliquem mudança de jurisprudência (e dessa forma repercutam sobre a segurança jurídica), **não têm aplicabilidade imediata ao caso concreto e somente terão eficácia sobre outros casos no pleito eleitoral posterior (RE 637.485).**

32 Diferencie o princípio da legalidade do princípio da reserva legal.

A doutrina entende que o princípio da legalidade possui uma abrangência mais ampla que o princípio da reserva legal.

Nesse contexto, o princípio da legalidade consiste na submissão a todas as espécies normativas elaboradas em conformidade como o processo legislativo constitucional (leis em sentido amplo). O princípio da reserva legal, por sua vez, incide apenas sobre campos materiais específicos, submetidos exclusivamente ao tratamento do Poder Legislativo (leis em sentido estrito).

33 Diferencie os seguintes termos: reserva legal relativa, reserva legal absoluta, reserva legal simples e reserva legal qualificada.

O princípio da reserva legal, como visto anteriormente, possui uma abrangência mais restritiva do que o princípio da legalidade, uma vez que ele incide apenas em campos materiais específicos, submetidos de forma exclusiva ao Poder legislativo.

Nesse sentido, a doutrina afirma que quando a Constituição exige a regulamentação integral de sua norma por lei em sentido formal, **temos a chamada reserva legal absoluta.** Por outro lado, quando a Constituição exige a edição de lei em sentido formal, mas permite que ela apenas fixe parâmetros de atuação, que serão futuramente complementados por ato infralegal, **temos o que a doutrina chama de reserva legal relativa.**

Finalmente, fala-se ainda em **reserva legal simples,** quando a Constituição se limita a autorizar a intervenção legislativa sem fazer qualquer exigência quanto ao conteúdo ou finalidade da lei.

Por sua vez, temos a chamada **reserva legal qualificada,** quando as condições para restrição vem fixados na própria Constituição, que estabelece os fins a serem perseguidos e os meios a serem utilizados.

Por exemplo, a doutrina afirma que o seguinte dispositivo é uma reserva legal qualificada:

> **Art. 5º.** (...)
>
> **LX** - a lei só poderá restringir a publicidade dos atos processuais quando a defesa da intimidade ou o interesse social o exigirem;

Vejam que a própria Constituição permitiu a atuação do legislador na restrição dos atos processuais, quando exigiu que essa restrição deve ser feita para a defesa da intimidade ou do interesse social. Assim, a própria Constituição já fixou as condições da atuação do legislador.

34 Princípios constitucionais sensíveis. Que negócio é esse?

Os princípios constitucionais sensíveis são aqueles previstos no artigo 34, VII, da Constituição Federal:

> **Art. 34.** A União não intervirá nos Estados nem no Distrito Federal, exceto para:
>
> **VII** - assegurar a observância dos seguintes princípios constitucionais:
>
> **a)** forma republicana, sistema representativo e regime democrático;
>
> **b)** direitos da pessoa humana;
>
> **c)** autonomia municipal;
>
> **d)** prestação de contas da administração pública, direta e indireta.
>
> **e)** aplicação do mínimo exigido da receita resultante de impostos estaduais, compreendida a proveniente de transferências, na manutenção e desenvolvimento do ensino e nas ações e serviços públicos de saúde.

São assim chamados pela doutrina porque representam a essência da organização constitucional da federação brasileira e estabelecem limites autonomia organizatória dos Estados-membros.

Nesse sentido, seu descumprimento autoriza a intervenção federal nos Estados.

35 Elementos da Constituição. Que negócio é esse?

⊛ Qual é o contexto?

A Constituição, em que pese represente um todo unitário e orgânico, tem em seu corpo normas que tratam dos mais variados assuntos.

Não há consenso na doutrina quanto ao número e a caracterização desses elementos, contudo, a classificação mais adotada é a proposta por José Afonso da Silva, que agrupa os elementos da Constituição de 1988 da seguinte maneira:

a) **Elementos Orgânicos:** manifestam-se em normas reguladoras da estrutura do Estado e do Poder, como nas consagradas no Título III (Da organização do Estado) e no Título IV (Da Organização dos Poderes e do Sistema de Governo).

b) **Elementos Limitativos:** estão consubstanciados nas normas definidoras dos direitos e garantias fundamentais (título II), as quais impõem limites à atuação dos poderes públicos (caráter negativo). Por exigirem prestações materiais e jurídicas do Estado (caráter positivo), e não uma abstenção, os direitos sociais não se incluem nessa categoria.

c) **Elementos Socioideológicos:** revelam a ideologia que permeia o conteúdo constitucional, podendo ser identificados nas normas que consagram direitos sociais (Capítulo II, Título II) e que integram a ordem econômico-financeira (Título VII) e a ordem Social (Título VIII).

d) **Elementos de Estabilização Constitucional:** encontram-se consubstanciados nas normas destinadas à solução dos conflitos constitucionais (arts. 34 a 36, CF), à defesa da Constituição (arts. 102 e 103, CF) e das instituições democráticas (Título V). Encontram-se contemplados, ainda, nas normas que estabelecem os meios e técnicas para a alteração da CF (art. 60).

e) **Elementos Formais de Aplicabilidade:** são os consagrados nas normas que estabelecem regras de aplicação da Constituição, como o Preâmbulo, o ADCT e o § 1º do art. 5º.

36 A chamada inelegibilidade reflexa tem caráter objetivo ou subjetivo?

⊖ Qual é o contexto?

A Constituição, em seu artigo 14, estabeleceu o seguinte:

> § 7º - **São inelegíveis,** no território de jurisdição do titular, o cônjuge e os parentes consanguíneos ou afins, até o segundo grau ou por adoção, do Presidente da República, de Governador de Estado ou Território, do Distrito Federal, de Prefeito ou de quem os haja substituído dentro dos seis meses anteriores ao pleito, **salvo se já titular de mandato eletivo e candidato à reeleição.**

Sobre o tema, temos que o § 7º cuida da inelegibilidade reflexa, que é aquela que busca impedir a formação de monopólios políticos por grupos hegemônicos e familiares.

Segundo a jurisprudência, a inelegibilidade reflexa aplica-se também a quem viva maritalmente, mesmo que na hipótese de relação homoafetiva ou casamento apenas no religioso **(TSE – RESPE 24.564).**

⊖ Essa inelegibilidade continua a existir mesmo nos casos de dissolução da sociedade conjugal no curso do mandato?

Para tentar burlar a inelegibilidade era comum a dissolução fraudulenta de sociedades conjugais. Diante disso, o STF editou a seguinte súmula vinculante:

> **STF – Súmula Vinculante nº 18:** A dissolução da sociedade ou do vínculo conjugal, no curso do mandato, não afasta a inelegibilidade prevista no § 7º do artigo 14 da Constituição Federal.

⊖ A súmula vinculante se aplica no caso de a dissolução ocorrer em virtude de falecimento?

Não. O STF considerou que a Súmula Vinculante nº 18 não se aplica quando houver falecimento do chefe do executivo, com regular sucessão do vice-prefeito, não havendo impedimento a eleição do cônjuge sobrevivente.

Isso porque a súmula vinculante foi editada para combater a dissolução fraudulenta das sociedades conjugais, com o único objetivo de burlar o texto constitucional.

No caso de falecimento, por motivos óbvios, não é possível afirmar que houve fraude. **Assim, a súmula não tratou do caso da dissolução conjugal por morte (Ac 3298 Agr/PB).**

➔ **Essa vedação é de natureza subjetiva ou objetiva?**

A vedação contida na norma em comento é considerada **de natureza objetiva**, não podendo ser excepcionada com base na alegação de notória inimizade política entre os parentes **(TSE – RESPE 140.71).**

➔ **E se o cônjuge, companheiro ou parente já ocupa mandato?**

Conforme deixa claro o final do § 7º, a vedação não se aplica se o cônjuge, companheiro ou parente do chefe do executivo já for titular de mandato eletivo e candidato à reeleição.

Assim, no caso do cônjuge, parente ou afim já possuir mandato eletivo, não haverá nenhum impedimento para que concorra à reeleição (candidatura ao mesmo cargo).

II. CONTROLE DE CONSTITUCIONALIDADE

01 Efeito repristinatório indesejado. Que negócio é esse?

A declaração de inconstitucionalidade uma lei torna a legislação anterior novamente aplicável. Contudo, quando a legislação anterior também estiver eivada de inconstitucionalidade, **vai ocorrer aquilo que a doutrina chama de efeito repristinatório indesejado.**

Nesse caso, o trabalho do STF acaba sendo inútil, já que a lei atual será declarada inconstitucional, mas "voltará" uma lei com semelhante mácula. No caso de efeito repristinatório indesejado, ou seja, quando a lei revogada também for eivada do vício de inconstitucionalidade, a doutrina (Marcelo Novelino) defende que é necessário que o autor da

ADI realize pedidos sucessivos de declaração de inconstitucionalidade, tanto do diploma ab-rogatório quanto das normas por ele revogadas.

Tradicionalmente, o STF entendia que a falta de pedidos sucessivos, no caso de efeito repristinatório indesejado, era causa de não conhecimento da ADI. Isso porque o controle de constitucionalidade não poderia ser responsável por restaurar norma inconstitucional e a inconstitucionalidade de normas não poderiam ser declaradas de ofício em ações diretas, sob pena de julgamento *extra petita*. Também não seria o caso de inconstitucionalidade por arrastamento da norma revogada, já que não há que relação de dependência ou prejudicialidade entre elas.

Contudo, após o julgamento da ADI 3.660, o STF entendeu que a falta do pedido sucessivo não impede ao STF conhecer de ofício normas anteriores a Constituição. Isso porque, em sendo a ADI destinada a impugnar normas pós constitucionais, não se poderia exigir a impugnação de normas anteriores a Constituição.

Dessa forma, o STF pode conhecer, por meio de pedidos sucessivos ou de ofício, a não recepção de normas pré-constitucionais.

No mesmo julgado, o STF avançou ainda mais em seu entendimento, entendendo que a própria exigência de pedidos sucessivos é desnecessária, pois o STF pode agir de ofício para, incidentalmente, apreciar a norma anterior não impugnada para fins de modulação dos efeitos no controle da norma posterior **(Art. 27, da Lei 9.868/99).**

Assim, as mais recentes decisões da Suprema Corte sobre o efeito repristinatório indesejado têm caminhado contra sua tradicional posição de extinção do feito quando da ausência de pedido sucessivo. **Embora seja obrigação do autor fazer o pedido sucessivo,** sua falta não impede que o STF conheça de ofício o tema **(ADI 3660).**

02 A União Nacional dos Estudantes (UNE) possui legitimidade para propor Ação Direta de Inconstitucionalidade – ADI?

A Constituição assegurou legitimidade para propositura de ADI/ADC as entidades de classe de âmbito nacional **(CF, Art. 103, IX).**

Ao analisar o dispositivo, o STF entendeu que ele somente se aplica a entidade que guarda relação com classe ou categoria de **cunho profissional.**

Justamente em razão disso, ao analisar a legitimidade de ADI proposta pela União Nacional dos Estudantes - UNE, o STF entendeu que ela NÃO tem legitimidade para propor a ADI/ADC.

Em que pese seja uma entidade de âmbito nacional, a UNE não pode ser considerada entidade de classe, uma vez que estudante **não é profissão (ADI-MC 894/DF).**

Assim, embora o ingresso na chamada "classe estudantil" vise, sem dúvida, ao preparo para o exercício da cidadania e a qualificação para o trabalho, não se cuida, entretanto, do exercício de uma profissão.

Assim, a UNE **não pode** ingressar com ADI/ADC.

03 Os requisitos de urgência e relevância de uma medida provisória podem ser controlados pelo Poder Judiciário?

Nos termos da constituição, são requisitos **cumulativos** para a edição de medida provisória a urgência e relevância do tema tratado. Não havendo urgência e relevância, a medida provisória editada **é inconstitucional**.

⊖ Mas qual o conceito de relevância e urgência para fins de edição de uma medida provisória?

Segundo o STF, a definição do que seja relevante e urgência está inserida em um juízo político e discricionário do Presidente da República, **cabendo ao poder legislativo o seu controle.**

Dessa forma, os requisitos de urgência e relevância possuem nítido caráter político, cabendo sua apreciação, em princípio, aos Poderes Executivo e Legislativo.

Conforme a Constituição, antes de iniciada a votação do mérito da medida provisória, cada casa do Congresso Nacional deverá deliberar acerca da presença ou não dos requisitos de relevância e urgência da medida **(CF, Art. 62, § 5º).**

Dessa forma, não compete ao Judiciário, em regra, o controle dos requisitos de edição da medida provisória (urgência e relevância), sendo esse um controle realizado pelo Executivo e pelo Legislativo.

Somente nos casos de **notório abuso** por parte do Chefe do Executivo é que o Poder Judiciário poderá analisar se uma medida provisória possui urgência e relevância **(ADI 4.627/DF e 4.350/DF).**

04 O Senado é obrigado a suspender a execução, no todo ou em parte, de lei declarada inconstitucional por decisão definitiva do STF (Art. 52, X, da CF)?

No âmbito do controle difuso de constitucionalidade, a doutrina clássica defende que as decisões proferidas produzem efeitos apenas "inter partes". Contudo, a própria Constituição previu um procedimento para que uma decisão do STF em sede de controle difuso possa atingir terceiros.

Nos casos em que houver deliberação feita por maioria absoluta do STF nos julgamentos em sede de controle difuso, o Regimento Interno do STF estabelece que, logo após o trânsito em julgado, será dada comunicação do feito ao Senado Federal, para fins do Art. 52, X, da CF:

> **Art. 52. (...) X** - suspender a execução, no todo ou em parte, de lei declarada inconstitucional por decisão definitiva do Supremo Tribunal Federal;

A suspensão, nesse caso, se dá por meio de Resolução e possui efeitos "erga omnes", é dizer, passará a atingir terceiros.

➔ **Sobre o tema, questiona-se: após a comunicação do STF, o Senado é obrigado a suspender os efeitos da lei?**

NÃO. Prevalece que o Senado não é obrigado a suspender a execução de lei declarada inconstitucional por decisão definitiva do STF. Trata-se de uma **discricionariedade política**, tendo o Senado total liberdade para cumprir ou não o disposto no art. 52, X. Caso o contrário, haveria uma afronta ao princípio da separação dos poderes.

05 No âmbito da Ação Declaratória de Inconstitucionalidade (ADC), o critério para verificação da controvérsia judicial relevante é quantitativo ou qualitativo?

Nos termos do artigo 14 da Lei 9.869/99, a propositura de uma Ação Declaratória de Constitucionalidade - ADC, depende da comprovação da existência de controvérsia **judicial** relevante sobre o tema objeto da ação.

Inicialmente, cumpre destacar que a lei exigiu que a controvérsia sobre o tema fosse **judicial**. Assim, caso a controvérsia se restrinja ao campo **doutrinário**, não será possível o manejo da ADC.

Outro ponto que merece destaque é saber se o critério para que exista controvérsia judicial relevante é quantitativo ou qualitativo. Explico: é necessário que haja diversas decisões judiciais conflitantes sobre o tema (critério quantitativo) ou basta que a matéria tratada na lei seja relevante e haja o risco de diversas decisões judiciais contrárias à sua constitucionalidade?

Ao analisar o tema, o STF **(ADI 5313/MC/DF)** decidiu que o critério para a configuração da controvérsia judicial relevante é **qualitativo**, é dizer, para verificar se existe a controvérsia não se examina apenas o número de decisões judiciais.

Mesmo havendo ainda poucas decisões julgando inconstitucional a lei já pode ser possível o ajuizamento da ADC se o ato normativo impugnado for uma emenda constitucional ou mesmo em se tratando de lei se a matéria nela versada for relevante e houver risco de decisões contrárias à sua constitucionalidade se multiplicarem.

06 O Poder Executivo pode recusar o cumprimento de lei ou ato normativo que ele repute inconstitucional?

Antes da Constituição de 1988, em razão de a legitimidade para a propositura da ADI ser assegurada apenas ao Procurador-Geral da República, era pacífico na doutrina que os chefes do poder executivo, em todas as esferas, poderiam deixar de aplicar uma lei por entendê-la inconstitucional, cabendo-lhe baixar, na condição de superior hierárquico, determinação para seus subordinados também não cumpram a lei.

Após a constituição de 1988, em razão de ter sido assegurada legitimidade ao presidente e aos governadores do estado, houve doutrinadores que defenderam que a possibilidade de descumprimento da lei inconstitucional teria sido assegurada apenas aos prefeitos, em razão de sua ausência de legitimidade para propositura de ADI.

Tal entendimento, contudo, não prosperou.

Dessa forma, mesmo após a constituição de 1988, poderá o Chefe do Poder Executivo, **de qualquer das esferas federativas,** deixar de aplicar uma lei por entendê-la inconstitucional, cabendo-lhe baixar, na condição de superior hierárquico, determinação para seus subordinados também não cumpram a lei.

Para tanto, a doutrina entende (Pedro Lenza) que, como o julgamento no âmbito do controle concentrado de constitucionalidade vincula a administração, a contrário sensu, não havendo medida judicial em sentido contrário, poderá o chefe do poder executivo determinar a não aplicação de lei flagrantemente inconstitucional.

Em suma, o controle de constitucionalidade repressivo não é exclusivo do poder judiciário, embora a ele caiba a palavra final sobre o tema. Nesse sentido, existem posicionamentos tanto do STF, quanto do STJ **(RESP 23.121/GO).**

07 É possível a interposição de ação de controle concentrado de constitucionalidade assinada apenas pelo Procurador-Geral do Estado ou Advogado-Geral da União?

Somente os partidos políticos com representação no Congresso, as confederações sindicais ou entidades de classe de âmbito nacional deverão ajuizar ação por meio de advogado. Todos os outros legitimados possuem capacidade postulatória plena, que decorre da própria Constituição.

Nesse sentido, cumpre ressaltar que a Constituição não assegurou aos Estados, Distrito Federal e a União, na condição de pessoa jurídica de direito público, legitimidade para propositura de ADI. Essa legitimidade foi assegurada aos governadores e ao presidente.

Segundo o STF, trata-se de uma legitimação **intuito personae,** razão pela qual a eles se reconhece, inclusive, excepcional capacidade postulatória.

Dessa forma, nas ações de controle concentrado de constitucionalidade, cabe ao próprio Governador ou ao Presidente, subscrever a petição inicial, sendo facultado fazê-lo isoladamente ou em conjunto com o Procurador-Geral do Estado ou Advogado-Geral da União, ou até mesmo outro advogado, desde que legalmente habilitado.

Assim, caso a petição inicial esteja assinada somente pelo Procurador-Geral do Estado ou pelo Advogado-Geral da União, será causa de indeferimento da petição inicial, por ilegitimidade ad causam (ADI 5.084/RO).

08 Quem pode ser considerado legitimado para a propositura de representação por inconstitucionalidade no âmbito estadual (art. 125, § 2º)?

O controle abstrato no âmbito estadual é realizado pelo Tribunal de Justiça dos Estados-membros ou do Distrito Federal, por meio da chamada representação de inconstitucionalidade, prevista no art. 125, § 2º, da CF/88.

Em que pese a CF/88 tenha utilizado o termo "representação de inconstitucionalidade", a doutrina também utiliza o termo "ação direta de inconstitucionalidade estadual" (ADI estadual).

Havia uma dúvida se a Constituição estadual, ao prever os legitimados para a ação, deveria seguir o mesmo parâmetro utilizado para a ADI no art. 103 da CF/88. Em outras palavras, havia uma corrente que defendia que o constituinte estadual deveria apenas adaptar os cargos previstos no art. 103 da CF/88 para o âmbito dos Estados. Exemplo: o art. 103, I, fala em Presidente da República; logo, um dos legitimados seria o Governador do Estado; o inciso VI menciona o Procurador-Geral da República, de forma que o Procurador-Geral de Justiça seria outro legitimado.

Sobre o tema, o STF já decidiu (**ADI 119**) que a Constituição estadual poderá instituir outros legitimados que não encontram correspondência no art. 103 da CF/88. Exemplo: o Defensor Público-Geral do Estado poderá ser um dos legitimados mesmo essa carreira não estando contemplada no art. 103 da CF/88.

Isso porque a única exigência que a Constituição fez foi vedar a existência de um único legitimado, como era antes da CF/88 (Ex.: só o Procurador-Geral de justiça ter legitimidade)

09 É constitucional a adoção de critérios de heteroidentificação no sistema de cotas para concurso público?

A Lei 12.990/2014 instituiu aos negros a reserva de 20% das vagas em concursos públicos para provimento de cargos efetivos e empregos públicos no âmbito da Administração direta e indireta federal. Ademais, tem prevalecido que essa reserva se aplica aos três poderes, ao MPU e a DPU.

Como critério de identificação dos cotistas, a referida lei adotou o chamado critério da autodeclaração:

> **Art. 2º** Poderão concorrer às vagas reservadas a candidatos negros aqueles que se autodeclararem pretos ou pardos no ato da inscrição no concurso público, conforme o quesito cor ou raça utilizado pela Fundação Instituto Brasileiro de Geografia e Estatística - IBGE.

Ademais, a referida Lei também previu as seguintes punições para quem for flagrado fazendo declarações falsas:

> **Art. 2º. (...)**
>
> **Parágrafo único.** Na hipótese de constatação de declaração falsa, o candidato será eliminado do concurso e, se houver sido nomeado, ficará sujeito à anulação da sua admissão ao serviço ou emprego público, após procedimento administrativo em que lhe sejam assegurados o contraditório e a ampla defesa, sem prejuízo de outras sanções cabíveis.

Contudo, o sistema de autodeclaração previsto pela lei é bastante suscetível a abusos. Diante disso, a própria Administração passou a adotar um critério heterônomo, é dizer, realizado pela própria Administração, para verificar a veracidade da declaração feita pelo candidato cotista (Ex.: exigência de entrevista pessoal com a comissão do concurso, formação de bancas com pessoas especializadas para realização de entrevista com os candidatos, encaminhamento de fotos etc.).

O STF entendeu que o critério de autodeclaração é constitucional. Segundo a Corte Suprema, deve-se respeitar as pessoas tal qual elas se percebem. Contudo, é possível também que a Administração adote um controle heterônomo, sobretudo, quando existirem fundadas razões para se acreditar que houve abuso na autodeclaração.

Por fim, esclarece que, embora seja constitucional a adoção do critério de heteroidentificação, é preciso que a Administração, ao realizar esse controle, respeite a dignidade da pessoa humana e garanta o contraditório e a ampla defesa **(ADC 41/DF).**

10 Tribunal de Justiça pode exercer controle abstrato de constitucionalidade de lei municipal utilizando como parâmetro normas da Constituição Federal?

Em regra, isso não é admitido em nosso ordenamento. Isso porque compete apenas ao Supremo Tribunal Federal o exercício do controle de constitucionalidade de leis em face da Constituição Federal.

Aos Tribunais de Justiça até é permitido o controle de constitucionalidade, mas ele tem como parâmetro a Constituição Estadual, nos termos do artigo 125 da Constituição Federal:

> **Art. 125.** Os Estados organizarão sua Justiça, observados os princípios estabelecidos nesta Constituição.
>
> **§ 1º** - A competência dos tribunais será definida na Constituição do Estado, sendo a lei de organização judiciária de iniciativa do Tribunal de Justiça.
>
> **§ 2º** - Cabe aos Estados a instituição de representação de inconstitucionalidade de leis ou atos normativos estaduais ou municipais **em face da Constituição Estadual,** vedada a atribuição da legitimação para agir a um único órgão.

Excepcionalmente, contudo, os Tribunais de Justiça, ao julgarem a representação de inconstitucionalidade proposta contra lei municipal, poderão declará-la inconstitucional utilizando como parâmetro dispositivos da Constituição Federal, **desde que eles sejam normas de observância obrigatória pelos Estados (RE 650898-RS).**

Nesse caso, em se tratando de normas de reprodução obrigatória, **da decisão do Tribunal de Justiça é cabível recurso extraordinário para o STF (RE 246903 AgR).**

11 A possibilidade de o Poder Público pedir o ressarcimento dos planos de saúde quando um usuário desse plano utilizar o SUS é constitucional?

⊖ Qual o contexto?

A Lei nº 9.656/98, em seu artigo 32, previu que, quando uma pessoa que possui plano de saúde for atendida pelo SUS, o Poder Público tem direito de cobrar do plano o ressarcimento que ele teve com as despesas realizadas no atendimento dessa pessoa. Isso é conhecido pela doutrina como "ressarcimento ao SUS".

As operadoras de plano de saúde se insurgiram contra essa cobrança, afirmando que ela era inconstitucional. Para tanto, usaram dois argumentos:

a) a participação dos planos de saúde na saúde tem caráter suplementar, pois o dever primário de assegurar o acesso à saúde é atribuído pela Constituição Federal aos entes políticos. Assim, como o Poder Público possui a obrigação legal de prestar saúde a quem procurar, não devem os planos de saúde ser obrigados a ressarcir tais despesas.

b) o segundo argumento é que o art. 32 representa a instituição de uma nova fonte de custeio para a seguridade social, o que somente poderia ocorrer por meio de lei complementar, nos termos do art. 195, § 4º, da CF/88.

⊖ O que decidiu o STF?

O STF entendeu que o art. 32 da Lei nº 9.656/98 é constitucional **(RE 597064/RJ).** Para tanto, o STF entendeu que:

a) o dispositivo legal não criou uma nova fonte de receitas para seguridade social, sendo apenas um desdobramento normal do contrato firmado entre as operadoras de saúde e seus clientes. As operadoras de saúde atuam em um serviço regulado pelo Poder Público, devendo cumprir as condições impostas.

b) o dispositivo em questão visa evitar o enriquecimento ilícito das operadoras de plano de saúde, pois, se o cliente tivesse buscado tratamento em um hospital particular, as operadoras deveriam ressarcir tal hospital. Portanto, as operadoras devem ressarcir ao Poder Público caso um de seus clientes busquem um hospital público.

Por fim, o STF entendeu, contudo, que a regra do art. 32 somente é aplicável aos procedimentos ocorridos após 04/06/1998, data em que foi publicada a Lei nº 9.656/98.

12 O Estado-membro possui legitimidade para recorrer contra decisões proferidas em sede de controle concentrado de constitucionalidade?

⊝ Qual é o contexto?

Amigos, o rol de legitimados a propor ações de controle concentrado de constitucionalidade é previsto expressamente no artigo 103 da Constituição. Dentre os legitimados, destaca-se:

> **Art. 103. (...)**
>
> **V** - o Governador de Estado ou do Distrito Federal;

Percebam que a Constituição assegurou legitimidade **ao governador** e não ao próprio ente. Com isso, o STF entendeu que o Estado-membro não possui legitimidade para recorrer contra decisões proferidas em sede de controle concentrado de constitucionalidade, ainda que a ADI tenha sido ajuizada pelo respectivo Governador.

A legitimidade para recorrer, nestes casos, é do próprio Governador (previsto como legitimado pelo art. 103 da CF/88). Os Estados-membros não se incluem no rol dos legitimados a agir como sujeitos processuais em sede de controle concentrado de constitucionalidade.

Dessa forma, caso haja a interposição de recurso de embargos de declaração contra ADI, interposto em nome do Estado-membro e não pelo Governador, tal recurso não será conhecido pelo STF, em razão da ausência de legitimidade **(ADI 4420 ED-AgR).**

13 Estado de coisas inconstitucionais. Que negócio é esse?

⊕ Qual é o contexto?

O conceito de Estado de Coisas Inconstitucionais surgiu na Colômbia, por ocasião do julgamento da Sentencia de Unificación – SU 559, de 6/11/1997. Na época, a Corte Constitucional Colombiana analisou um processo em diversos professores tiveram seus direitos previdenciários, de forma sistemática, violados pelas autoridades públicas. Em razão disso, a Corte Colombiana declarou o Estado de Coisas Inconstitucional e determinou às autoridades envolvidas a superação do quadro de inconstitucionalidades em prazo razoável.

⊕ Quais são os pressupostos de reconhecimento do Estado de coisas inconstitucionais?

Segundo a Corte Colombiana, o reconhecimento dessa teoria demanda a presença dos seguintes requisitos:

a) a violação grave, permanente e massiva de direitos fundamentos de um número amplo e indeterminado de pessoas.

b) o reconhecimento da omissão reiterada de diversos e diferentes órgãos estatais no cumprimento de suas obrigações para garantia e promoção dos direitos fundamentais, os quais não adotam as medidas administrativas, orçamentárias e legislativas, necessárias para evitar e superar a violação. Vejam, portanto, que não basta para o reconhecimento do estado de coisas inconstitucional a omissão de apenas um órgão, poder ou autoridade. É preciso que haja uma violação de diversos órgãos e poderes, de forma que se comprove uma verdade falha estrutural.

c) a superação dessa falha demanda a atuação conjunta dos diversos órgãos, autoridades e poderes, tendo em vista que ela demanda mudanças estruturais, as quais, em regra, necessitam da alocação de recursos públicos, correção das políticas públicas existentes ou formulação de novas políticas, dentre outras medidas; e

d) a existência do risco potencial de congestionamento da justiça, se todos os que tiverem os seus direitos violados acorrerem individualmente ao Poder Judiciário.

➔ O Brasil adota essa tese?

Sim. No julgamento do pedido liminar na ADPF 347, que teve como objeto a crise do sistema carcerário brasileiro, **o STF reconheceu a existência do Estado de Coisas Inconstitucional no sistema penitenciário brasileiro,** ante as graves, generalizadas e sistemáticas violações de direitos fundamentais da população carcerária.

Na ocasião, o STF deferiu parcialmente o pedido liminar requerido na ADPF, determinando o seguinte:

a) a proibição de o Poder Executivo de contingenciar os valores disponíveis no Fundo Penitenciário Nacional – FUNPEN. A decisão determinou que a União libere o saldo acumulado do Fundo Penitenciário Nacional para utilização com a finalidade para a qual foi criado, abstendo-se de realizar novos contingenciamentos; e

b) determinou aos Juízes e Tribunais que passem a realizar audiências de custódia para viabilizar o comparecimento do preso perante a autoridade judiciária, num prazo de até 24 horas do momento da prisão.

Até o momento a referida ADPF não teve seu mérito julgado. Recomendo que seja acompanhado o seu desenrolar.

14 A alteração do parâmetro constitucional prejudica o conhecimento da ADI?

➔ Qual é o contexto?

Quando um dos legitimados ingressa com uma ação direta de inconstitucionalidade, ele deve apontar na inicial a norma de referência, sobre a qual será analisado se o ato normativo é ou não inconstitucional.

Por qual exemplo, imaginem que alguém entra com uma ADI alegando que determinada norma provocou a vinculação remuneratória de determinada carreira. Nesse caso, o parâmetro para verificar a inconstitucionalidade da norma será o artigo 37, XIII, da Constituição:

> **Art. 37.** (...)
>
> **XIII** - é vedada a vinculação ou equiparação de quaisquer espécies remuneratórias para o efeito de remuneração de pessoal do serviço público.

⊖ Qual é a polêmica?

Imaginem que, após a propositura da ADI, há uma emenda constitucional suprimindo essa vedação. Assim, tendo em vista que o parâmetro foi alterado, o STF terá que julgar a ADI?

SIM, o STF entendeu que a alteração do parâmetro constitucional, quando o processo ainda está em curso, **não prejudica o conhecimento da ADI (ADI 145/CE).** Isso porque **o nosso ordenamento não admite a figura da constitucionalidade superveniente**. É dizer, se uma lei nasce inconstitucional, a alteração superveniente não poderá corrigi-la.

Assim, mesmo que haja a alteração do parâmetro, **a ADI deverá ser analisada**. Nesse caso, contudo, o STF precisará fazer uma dupla análise:

a) analisar se o ato normativo é constitucional em relação ao parâmetro inicial.

b) analisar se houve ou não a recepção da norma com o novo parâmetro. Nesse caso, haverá recepção porque o texto constitucional que serve de parâmetro é posterior ao ato normativo impugnado.

15 Nas ações de controle abstrato de constitucionalidade a causa de pedir é aberta?

⊖ Qual é o contexto?

No âmbito de uma Ação Direta de Constitucionalidade, o pedido do autor é a declaração de inconstitucionalidade da lei. Já a causa de pedir são os fundamentos jurídicos invocados pelo autor para consegui a declaração de inconstitucionalidade (Ex.: a lei é inconstitucional porque viola o princípio da legalidade tributária, previsto no artigo 150, I, da Constituição).

Sobre o tema, cumpre ressaltar que o STF entende que a causa de pedir nas ações de controle abstrato de constitucionalidade é aberta. Isso significa que, ao julgar o pedido, **o STF não está vinculado aos fundamentos jurídicos invocados pelo autor (ADI 3796/PR).**

Assim, todo e qualquer dispositivo do bloco de constitucionalidade poderá ser utilizado pelo STF como fundamento jurídico para declarar uma lei ou ato normativo inconstitucional.

No nosso exemplo, o STF poderá entender que a lei não violou o princípio da legalidade tributária. Contudo, poderá declarar essa lei inconstitucional porque violou o princípio da anterioridade tributária, **mesmo que esse fundamento não tenha sido invocado pelo autor.**

Em razão da causa de pedir ser aberta, caso o STF julgue improcedente uma ADI, **isso quer dizer necessariamente que o ato normativo é constitucional,** não tendo a lei violado nenhum dispositivo da Constituição Federal, **quer tenha sido invocado pelo autor ou não (RE 372535 AgR-ED).**

Contudo, é preciso que fique bem claro para vocês que o fato de a causa de pedir ser aberta **não dispensa o legitimado de apresentar a fundamentação do pedido**. Em outras palavras, o legitimado ativo está obrigado a apresentar a fundamentação do seu pedido, sob pena de, não o fazendo, a Corte não conhecer a ação direta. Contudo, a Corte pode julgar com base em fundamentos diversos.

16 Contrabando legislativo. Que negócio é esse?

⊖ Qual é o contexto?

Durante o processo legislativo de tramitação de medida provisória permite-se que os parlamentares apresentem emendas legislativas ao texto. Contudo, essas emendas deverão ter pertinência temática com o objeto da medida provisória.

Ocorre que, não raras vezes, os parlamentares apresentam emendas parlamentes incluindo na medida provisória assuntos que nada tem a ver com o objeto do respectivo ato normativo.

A essa prática, de inserção, por meio de emenda parlamentar, de assunto diferente do que é tratado na medida provisória que tramita no Congresso Nacional é chamada de "contrabando legislativo".

⊝ **Essa prática é permitida?**

Não, segundo o STF, é incompatível com a Constituição a apresentação de emendas sem relação de pertinência temática com medida provisória submetida à sua apreciação **(ADI 5127/DF).**

17 Qual é o critério para verificar se uma entidade de classe tem âmbito nacional?

⊝ **Qual é o contexto?**

As entidades de classe são uma das legitimadas à propositura de ação declaratória de inconstitucionalidade:

> **Art. 103.** Podem propor a ação direta de inconstitucionalidade e a ação declaratória de constitucionalidade:
>
> **IX** - confederação sindical ou entidade de classe de âmbito nacional.

Por entidade de classe, deve-se entender a entidade que gurde alguma relação com classe ou categoria de cunho profissional. Ademais, a Constituição também exigiu que as entidades de classe tivessem âmbito nacional.

Nesse sentido, o STF entendeu que, para que uma entidade seja considerada de âmbito nacional, **ela precisa estar representada em pelo menos 1/3 dos Estados da Federação (equivalente a 09 estados).**

Para tanto, o STF utilizou a Lei 9.096/95 (Lei dos Partidos Políticos), a qual exige a votação em pelo menos 1/3 dos estados da federação para atribuir o caráter nacional ao partido **(ADI 4473/PA).**

18 É cabível algum recurso em face da decisão que admite ou inadmite *amicus curiae*?

⊝ ***Amicus curiae.* Que negócio é esse?**

O *amicus curiae* (do latim "amigo da corte") é a pessoa ou entidade que, mesmo sem ser parte na demanda, é chamada ou se oferece voluntariamente a intervir no processo, com o fim de trazer informações relevantes sobre o objeto discutido na demanda.

Trata-se de uma espécie de intervenção de terceiro, que visa a ampliar o debate sobre um determinado assunto.

⊖ O *amicus curiae* tem previsão legal?

Sim, atualmente o instituto é disciplinado pelo NCPC:

> **Art. 138.** O juiz ou o relator, considerando a relevância da matéria, a especificidade do tema objeto da demanda ou a repercussão social da controvérsia, poderá, **por decisão irrecorrível**, de ofício ou a requerimento das partes ou de quem pretenda manifestar-se, solicitar ou admitir a participação de pessoa natural ou jurídica, órgão ou entidade especializada, com representatividade adequada, no prazo de 15 (quinze) dias de sua intimação.
>
> **§ 1º**A intervenção de que trata o *caput* não implica alteração de competência nem autoriza a interposição de recursos, ressalvadas a oposição de embargos de declaração e a hipótese do § 3º.
>
> **§ 2º** Caberá ao juiz ou ao relator, na decisão que solicitar ou admitir a intervenção, definir os poderes do *amicus curiae*.
>
> **§ 3º** O *amicus curiae* pode recorrer da decisão que julgar o incidente de resolução de demandas repetitivas.

Vejam, meus amigos, que o próprio NCPC estabeleceu que a decisão que admite o ingresso do *amicus curiae* no processo é irrecorrível.

⊖ E a decisão que inadmite?

O STF entendia inicialmente que era possível recorrer da decisão que não admitia o ingresso do *amicus curiae* no processo, por meio de agravo interno. Contudo, o STF **alterou seu posicionamento,** passando a entender que a decisão do Relator que **ADMITE ou INADMITE** o ingresso do *amicus curiae* **é irrecorrível (RE 602584 AgR).**

⊖ Qual foi o fundamento?

O fundamento utilizado pelo STF foi no sentido de que, como mero agente colaborador, o *amicus curiea* não possui direito subjetivo de ser admitido pelo Tribunal.

19 Cláusula de reserva de plenário. Que negócio é esse?

⊖ Qual é o contexto?

A chamada cláusula de reserva de plenário, também conhecida por "full bench", "full court" encontra-se prevista no artigo 97 da Constituição:

> **Art. 97.** Somente pelo voto da **maioria absoluta** de seus membros ou dos membros do respectivo órgão especial poderão os tribunais **declarar a inconstitucionalidade de lei ou ato normativo do poder público.**

A referida cláusula tem aplicação em sede de controle difuso de constitucionalidade e vale para qualquer tribunal. Isso ocorre porque, em nosso sistema, qualquer tribunal pode realizar o controle difuso de constitucionalidade.

Assim, embora possam fazer o controle de constitucionalidade difuso, a Constituição estabeleceu que os tribunais somente podem declarar a inconstitucionalidade de lei ou de ato normativo pelo voto da maioria absoluta do Plenário ou do órgão especial deste Tribunal.

O objetivo da cláusula de reserva de plenário é assegurar uma maior segurança jurídico ao sistema, evitando que dentro de um mesmo tribunal haja decisões conflitantes sobre a constitucionalidade de um dispositivo.

Ao longo dos anos, diversos órgãos fracionários de tribunais passaram a criar um mecanismo para burlar a cláusula de reserva de plenário. O mecanismo consistia em não declarar expressamente a inconstitucionalidade de uma lei ou ato normativo, mas simplesmente afastar sua aplicação no caso concreto.

O STF entendeu que essa técnica viola a cláusula de reserva de plenário, editando súmula vinculante para proibir a prática:

> **STF Súmula Vinculante nº 10** - Viola a cláusula de reserva de plenário (CF, artigo 97) a decisão de órgão fracionário de tribunal que, embora não declare expressamente a inconstitucionalidade de lei ou ato normativo do poder público, afasta sua incidência, no todo ou em parte.

20 É constitucional a cobrança de mensalidade em colégios militares?

⊖ Qual é o contexto?

No Brasil, existem colégios militares. As escolas fazem parte do sistema de ensino militar, gerido pelo Exército. Essas escolas cobram mensalidades de seus alunos. Por outro lado, a nossa Constituição estabeleceu o seguinte:

> **Art. 206.** O ensino será ministrado com base nos seguintes princípios:
>
> **IV** - gratuidade do ensino público em estabelecimentos oficiais;

Em razão do disposto no artigo 206, IV, da Constituição, foi ajuizada ADI 5.082, contra a cobrança de mensalidades em colégios militares.

⊖ O STF concordou como tema?

Não, o STF entendeu que **é constitucional a norma que prevê a cobrança de contribuição obrigatória de alunos matriculados em colégios militares.**

⊖ Qual o fundamento?

O STF entendeu que não há ofensa ao artigo 206, IV, da Constituição. Isso porque a sistemática de custeio da educação pública não se aplica às instituições de ensino mantidas pelas Forças Armadas, já que o aporte financeiro que as mantém provém do Ministério da Defesa e de receitas extraordinárias, como as mensalidades pagas pelos alunos. Assim, considerando que não há no sistema militar utilização de transferências obrigatórias previstas no artigo 212 da Constituição, não há que se falar aqui em sistema público propriamente dito. Assim, não é o caso de aplicação da Súmula Vinculante 12.

Por fim, o STF também ressaltou que o pagamento das mensalidades em questão não possui natureza de tributo, já que o ingresso nos colégios militares é uma faculdade.

III. PODER LEGISLATIVO

01 A CPI instaurada em âmbito municipal pode decretar diretamente a quebra de sigilo bancário, fiscal e telefônico de investigado?

Nos termos do Art. 58, § 3º, da CF, as Comissões Parlamentares de Inquérito (CPI) possuem **poderes de investigação próprios das autoridades judiciais.**

Em razão disso, as CPI's PODEM, diretamente, quebrar o sigilo bancário, fiscal e telefônico, bem como o sigilo de dados de investigado. Ademais, podem ainda notificar testemunha e determinar sua condução coercitiva, além de determinar a prisão em flagrante.

Não poderão, contudo, as CPI'S realizarem os seguintes procedimentos sujeitos a **cláusula de reserva constitucional de jurisdição,** que somente se submetem as decisões do próprio poder judiciário: **a)** invasão de domicílio; **b)** intercepção telefônica; **c)** decretar prisão, salvo em flagrante; **d)** retirar sigilo imposto a processo judicial

Também **não** poderá decretar medidas acautelatórias: **a)** indisponibilidade de bens; **b)** proibição de ausentar-se do país; **c)** arresto; **d)** sequestro; **e)** hipoteca judiciária. **Todas essas medidas se submetem ao devido processo legal.**

Feito isso, vamos ao tema:

Com fundamento no **princípio da simetria**, tem sido reconhecida a possibilidade instauração de CPI pelas Câmaras Municipais, desde que nos moldes estabelecidos pela CF. No que se refere aos poderes investigatórios, não se deve admitir a mesma amplitude conferida as CPI's federais e estaduais.

Em face da inexistência de poder judiciário municipal, não podem ser atribuídos a uma CPI instaurada em um Município poderes próprios de autoridade judicial, sob pena de ser atribuída ao município uma competência que a Constituição não lhe outorga.

Assim, a quebra do sigilo bancário, fiscal e telefônico no âmbito de CPI municipal **deve ser precedida de autorização judicial.**

02 Pode uma CPI determinar a condução coercitiva de uma indígena?

O STF entendeu que a CPI não pode exigir a presença do indígena no Congresso Nacional, o que não impede de se ouvi-lo dentro de sua própria comunidade (pois a CF contém vários dispositivos que protegem os índios, dentre os quais o que determina que deve haver um respeito aos hábitos e tradições indígenas).

Portanto, a CPI não pode determinar a condução coercitiva dos indígenas. **(HC 80.240)**.

03 Ativismo congressual. Que negócio é esse?

Segundo a doutrina, o ativismo congressual consiste na participação mais efetiva e intensa do Congresso Nacional nos assuntos constitucionais.

O principal instrumento do ativismo congressual é a chamada **reação legislativa ou reversão jurisprudencial.** Trata-se de um comportamento do Congresso Nacional que tem por objetivo reverter situações de autoritarismo judicial ou de comportamento antidialógico por parte do STF, amparado no princípio da separação dos poderes.

Nesse sentido, temos que é sabido que as decisões proferidas pelo STF em sede de controle concentrado de constitucionalidade possuem efeitos vinculantes e "erga omnes" (contra todos). Contudo, esses efeitos **não atingem o Poder Legislativo em sua função típica de legislar.**

Assim, as decisões do STF não impedem que o Legislativo edite leis ou emendas constitucionais em sentido contrário ao que a Corte já decidiu, já que não há impedimento prévio a tais atos normativos.

O legislador pode, tanto por emenda constitucional quanto por lei ordinária, superar a jurisprudência do STF. A esse comportamento do legislador dá-se o nome de reação legislativa ou reversão jurisprudencial.

No caso de a reação legislativa ocorrer por meio de **emenda constitucional,** ela somente poderá ser declarada inválida se ofender uma cláusula pétrea ou o processo legislativo para edição de emendas.

Caso ela ocorra por meio de **lei ordinária,** essa lei já nasce com uma presunção de inconstitucionalidade, cabendo ao legislador o ônus de comprovar que as premissas fáticas e jurídicas sobre as quais se fundou a decisão do STF no passado não mais subsistem. O Poder Legislativo, assim, promoverá verdadeira hipótese de mutação constitucional pela via legislativa (Ex.: Lei da Ficha Limpa).

Essas conclusões foram feitas pelo Ministro Luiz Fux no julgamento da ADI 5105/DF.

04 Qual a natureza do parecer do tribunal de contas que julga as contas do Prefeito?

O artigo 31 da Constituição determina o seguinte:

> **Art. 31.** A fiscalização do Município será exercida pelo Poder Legislativo Municipal, mediante controle externo, e pelos sistemas de controle interno do Poder Executivo Municipal, na forma da lei.
>
> **§ 2º** - O parecer prévio, emitido pelo órgão competente sobre as contas que o Prefeito deve anualmente prestar, só deixará de prevalecer por decisão de dois terços dos membros da Câmara Municipal.

Veja que, pela redação da Constituição, a prestação de contas do prefeito deverá ser julgada pela Câmara Municipal. O parecer técnico do Tribunal de Contas, é meramente opinativo, podendo ser afastado, desde que haja um *quorum* qualificado de 2/3 dos vereadores.

Ocorre que, na prática, após receberem o parecer do Tribunal de Contas, algumas Câmaras Municipais levam muitos anos para julgar as contas dos prefeitos. Em razão disso, passou-se a questionar acerca da natureza jurídica do parecer:

1ª Corrente: em função de a própria Constituição ter afirmado que o parecer prévio do TC só deixará de prevalecer por decisão de 2/3 dos membros da Câmara Municipal, ele produzirá efeitos até que haja decisão expressa da Câmara pela aprovação das contas do prefeito.

A consequência prática dessa corrente é que, enquanto não fosse julgada pela Câmara, o prefeito permaneceria com as contas reprovadas e, com isso, estaria impedido de concorrer em função da Lei da Ficha Limpa (LC 64/90).

2ª Corrente: o parecer técnico do Tribunal de Contas tem natureza meramente opinativa. Logo, enquanto não houver o julgamento pela Câmara municipal rejeitando as contas do Prefeito, não existe nenhum impedimento para que ele concorra às eleições.

O STF adotou a 2ª Corrente. Segundo a Corte Suprema, o parecer técnico elaborado pelo Tribunal de Contas tem natureza meramente opinativa, competindo exclusivamente à Câmara de Vereadores o julgamento das contas anuais do chefe do Poder Executivo local, sendo incabível o julgamento ficto das contas por decurso de prazo **(RE 729.744/MG).**

05 O trancamento da pauta por conta de medida provisória não votada abrange a votação de todas as espécies legislativas?

A Constituição determinou o seguinte:

> **§ 6º** Se a medida provisória não for apreciada em até quarenta e cinco dias contados de sua publicação, entrará em regime de urgência, subsequentemente, em cada uma das Casas do Congresso Nacional, ficando sobrestadas, até que se ultime a votação, todas as demais deliberações legislativas da Casa em que estiver tramitando.

Esse sobrestamento previsto no artigo 62, § 6º, é chamado de **"trancamento de pauta"**. Como o desejo do constituinte é ver a MP votada antes de perder a validade, ele determinou que, caso ela não seja votada em 45 dias, ficam suspensas as votações das demais deliberações legislativas, até que a MP seja votada.

A polêmica aqui é saber o alcance da expressão "demais deliberações legislativas" previstas no § 6º. Ela proibiria a votação de toda e qualquer espécie legislativa (Ex.: emenda constitucional) ou só alcança projetos de lei que versem sobre temas passíveis de serem tratados por MP?

O STF analisou o caso e entendeu que ficam sobrestados (paralisados) apenas as votações de projeto de leis ordinárias que versem sobre temas que possam ser tratados por medidas provisórias **(MS 27.931/DF).**

Assim, ainda que a casa legislativa esteja com a pauta trancada, ainda assim poderá votar normalmente propostas de emenda constitucional, projetos de lei complementar, projetos de resolução, projetos de decreto legislativo e até mesmo projetos de lei ordinária que tratem de um dos temas previstos no art. 62, § 1º.

Isso porque a MP somente pode tratar sobre assuntos próprios de lei ordinária e desde que não incida em nenhuma das proibições do art. 62, § 1º.

06 A perda do mandato do Deputado ou Senador condenado criminalmente pelo STF por decisão transitada em julgado ocorre automaticamente ou é necessário a confirmação da casa legislativa a qual o congressista faz parte?

Existe uma grande controvérsia doutrinária acerca dos efeitos da condenação transitada em julgado sobre o mandato dos congressistas. Sobre o tema, há três correntes:

1ª Corrente: para essa corrente, o Deputado ou Senador somente perderá o cargo após decisão da maioria absoluta da respectiva casa legislativa, o qual pertence (Câmara ou Senado). Para tanto, baseiam-se no seguinte artigo 55, § 2º:

> § 2º Nos casos dos incisos I, II e VI, a perda do mandato será decidida pela Câmara dos Deputados ou pelo Senado Federal, por maioria absoluta, mediante provocação da respectiva Mesa ou de partido político representado no Congresso Nacional, assegurada ampla defesa.

O STF, em julgado antigo, já adotou essa corrente **(AP 565/RO)**.

2ª Corrente: nos casos em que o STF condena o parlamente, e não decisão determina a perda do cargo, a perda do cargo é automática, devendo a casa legislativa a qual pertence o condenado apenas formalizar a perda, a qual já aconteceu.

Veja que essa corrente permite duas situações:

a) Nos casos em que o STF condena e na própria condenação já determina a perda do mandato, a casa legislativa apenas formaliza a perda, não se aplicado o artigo 55, VI, § 2º.

b) Nos casos em que o STF condena, mas não se manifesta na condenação sobre a perda do cargo, a perda do mandato somente poderá ocorrer se a maioria absoluta da Câmara ou do Senado assim votar (Art. 55, § 2º, da CF).

3ª Corrente: para uma terceira corrente, existem duas situações:

a) Se o Deputado ou Senador for condenado a mais de 120 dias de regime fechado: a perda do cargo será uma consequência lógica da condenação. Neste caso, caberá à Mesa da Câmara ou Senado apenas declarar que houve a perda (sem poder discordar da decisão do STF), nos termos do art. 55, III, § 3º, da CF.

b) Se o Deputado ou Senador for condenado a uma pena no regime semiaberto ou aberto: a condenação criminal não gera a perda automática do cargo. O plenário da Câmara ou do Senado irá deliberar, nos termos do art. 55, § 1º, se o condenado deverá ou não perder o mandato.

O fundamento dessa corrente é o seguinte: o inciso III, do art. 55, da CF prevê a perda do mandato ao parlamentar que, em cada sessão legislativa, faltar a 1/3 das sessões ordinária. Isso equivale a 120 dias. Logo, se o parlamentar irá ficar preso durante mais de 120 dias, ele não poderá comparecer às sessões neste período e, portanto, deverá ser declarada a perda do seu mandato. Ademais, esse inciso estabelece que a perda do mandato é declarada pela mesa diretora.

Nesse sentido, declaração não é o mesmo que deliberação (decisão). Assim, ocorrendo a situação descrita no inciso III do art. 55 a Mesa da Casa respectiva não tem o poder de decidir se o parlamentar irá perder ou não o mandato.

⊖ E por qual motivo o parlamentar condenado a regime semiaberto e aberto não perde o cargo?

Nesses casos, existe a possibilidade de autorização de trabalho externo. Assim, o parlamentar pode sair para trabalhar como parlamentar durante o dia e retornar para o presídio a noite. É o que ocorreu com o deputado Celso Jacob (PMDB -RJ).

O STF caminhava para adotar 3ª corrente **(AP 694/MT e AP 863/SP)**. Contudo, em maio de 2018, a 2ª turma do Tribunal abriu divergência, adotando a primeira corrente, ao entender que a perda não é automática. A Casa é que deliberará **(AP 996)**.

Assim, atualmente, há divergência dentro do próprio STF. Sugiro que o tema seja acompanhado.

07 Quais são os requisitos para a União faça a delegação de matéria legislativa de sua competência legislativa privativa para os Estados?

O artigo 22 da Constituição Federal cuida das competências legislativas privativas da União. Nos termos do parágrafo único, lei complementar poderá autoriza os Estados a legislar sobre questões específicas das matérias de competência legislativa privativa da União.

> **Parágrafo único.** Lei complementar poderá autorizar os Estados a legislar sobre questões específicas das matérias relacionadas neste artigo.

O dispositivo aponta a necessidade do preenchimento de três requisitos para que haja delegação válida em favor dos Estados e do DF: um de ordem formal, outro material e o terceiro está implícito na redação do parágrafo. Vejamos cada um deles:

a) **requisito formal:** segundo este requisito a União somente poderá efetivar a delegação por meio da edição de uma lei complementar.

b) **requisito material:** a União não poderá delegar toda a matéria contida no inciso, mas tão somente questões específicas das matérias ali relacionadas. Como exemplo: na LC nº 103/2000 a União delegou aos Estados e ao Distrito Federal a possibilidade de legislarem não sobre toda a matéria "direito do trabalho", mas sim relativamente a uma questão específica da matéria, qual seja, o "piso salarial";

c) **requisito implícito:** não pode a delegação beneficiar somente um ou alguns Estados, deve se estender a todos eles e também alcançar o Distrito Federal, por força do princípio isonômico, que veda tratamento diferenciado entre os entes federados.

> **Art. 19.** É vedado à União, aos Estados, ao Distrito Federal e aos Municípios:
>
> **III** - criar distinções entre brasileiros ou preferências entre si.

Interessante destacar que na vigência da nossa Carta de 1937 (Constituição dos Estados Unidos do Brasil) existia a possibilidade de a delegação beneficiar somente um ou alguns Estados, conforme preceituava o art. 17 do referido diploma.

08 É possível a edição de medida provisória nos Estados e Municípios?

Em razão do princípio da simetria, a edição de MP pelo governador do Estado é admitida, desde que observados dois aspectos:

a) Previsão na respectiva constituição estadual;

b) observância das regras básicas do processo legislativo estabelecidas pela Constituição Federal.

O STF, sobre o tema, afirmou que, embora não haja na CF/88 autorização expressa para edição de MP pelos estados, essa possibilidade foi indicada no art. 25, § 2º, da CF/88, que prevê que cabe aos Estados explorar diretamente, ou mediante concessão, os serviços locais de gás canalizado, na forma da lei, vedada a edição de MP para sua regulamentação.

No âmbito municipal, também deve ser admitida a edição de MP pelo prefeito, com fundamento no princípio da simetria. Aqui, além da observância das normas básicas previstas na Constituição e da previsão na Lei Orgânica, é necessário que a Constituição do respectivo Estado consagre a possibilidade deste instrumento pelo prefeito, em face da exigência de observância, pela lei orgânica municipal, dos princípios estabelecidos na Constituição do respectivo Estado (CF, art. 29).

09 Diferencie, no âmbito da imunidade parlamentar material, as opiniões proferidas dentro do parlamento e as opiniões proferias fora dele.

A imunidade material (*freedom of speech*) **exclui a responsabilidade dos congressistas por opiniões, palavras e votos.** Em que pese o dispositivo constitucional exclui expressamente apenas a responsabilidade penal e civil, parte da doutrina sustenta que ela alcança também a política e administrativa.

Nesse sentido, se as opiniões foram proferidas **dentro** do parlamento, tem prevalecido que a imunidade **é absoluta.** O parlamentar é imune mesmo que a manifestação não tenha relação direta com o exercício de seu mandato.

Já se as opiniões foram feitas **fora** do parlamento **a imunidade é relativa.** Para que o parlamentar seja imune, é necessário que a manifestação feita tenha relação com o exercício do seu mandato **(STF - Inq 1.958 e RE 463671 AgR).**

Quando as palavras e votos forem proferidas fora do recinto da respectiva casa legislativa, exige-se que o ato esteja relacionado ao exercício da atividade parlamentar. No caso da ofensa proferida em plenário, as responsabilidades civil e penal serão ilididas independentemente de conexão com o mandato, devendo eventuais excessos serem coibidos ela própria casa a que pertencer o parlamentar.

No caso de utilização de meios eletrônicos para divulgar mensagens ofensivas à honra de alguém, deve haver vinculação com o exercício parlamentar para que seja afastada a responsabilidade, ainda que a mensagem tenha sido gerada dentro do gabinete. **Entendimento diverso daria margem ao exercício abusivo desta prerrogativa, que é da instituição e não do parlamentar** (STF – INQ 2.130).

10 O objeto inicial da Comissão Parlamentar de Inquérito pode ser ampliado?

⊕ Quais são os requisitos de instauração de uma CPI?

Toda CPI se submete a três requisitos básicos para sua criação e validade:

a) requerimento de 1/3, no mínimo, dos membros da casa.

Nos casos de CPI mista, será necessário 1/3 em cada casa. Por se tratar de uma prerrogativa das minorias, uma vez tendo sido conseguido o 1/3 das assinaturas, a instauração da CPI não pode ser obstada pelo bloco majoritário.

b) a CPI deve ser criada para investigar fato determinado.

Além disso, exige-se que o objeto da apuração fique restrito aos assuntos de competência fiscalizatória do Congresso (não poderá haver, assim, por exemplo, para investigar a aplicação de ICMS por um Estado).

Assim, em razão do princípio federativo, uma CPI federal só tem competência para investigar fatos de interesse público geral ou da União.

Além disso, não se permite a instauração de CPI para a investigação de assuntos exclusivamente privados. É dizer, não se admite a instauração de uma CPI apenas com o objetivo de curiosidade sobre determinado negócio privado, que não possua nexo causal com a gestão da coisa pública.

Finalmente, a doutrina da separação dos poderes limita o poder investigatório do Congresso, não sendo lícito investigar, por exemplo, os fundamentos de uma sentença. É possível, porém, investigar a autoridade judiciária quando ela atua na seara administrativa.

c) toda CPI deve possuir prazo certo.

Toda CPI é temporária, devendo ser extinta nas seguintes hipóteses:

a) com a conclusão dos trabalhos;

b) ao término do respectivo prazo;

c) ao término da sessão legislativa em que foi instaurada.

É lícito a comissão que não tenha concluído a sua tarefa requerer a prorrogação do respectivo prazo, desde que não ultrapasse o período da legislatura em que for criada.

Esses três requisitos **são normas de observância obrigatória no âmbito estadual e municipal.**

➔ **O objeto inicial da Comissão Parlamentar de Inquérito pode ser ampliado?**

Sim, em que pese toda CPI tenha que ser instaurado para apurar um fato determinado, **isso não impede a ampliação do objeto** para outros fatos conexos ao principal ou fatos inicialmente desconhecidos e revelados durante a investigação. Nesses casos, **será necessário o aditamento do objeto inicial da CPI.**

Nesse sentido, o STF, no âmbito do MS 23.652, entendeu que outros fatos, inicialmente imprevistos, também podem ser aditados aos objetivos da CPI, já em ação ou em andamento, **desde que sejam certos, indiscutíveis, de evidente constatação.**

IV. PODER EXECUTIVO E COMPETÊNCIAS

01 Aplica-se o princípio da simetria em caso de dupla vacância do Chefe do Poder Executivo Municipal?

O tema proposto gira em torno de se saber se o disposto nos artigos 80 e 81 da Constituição Federal são normas de reprodução obrigatória nos Municípios. Os aludidos artigos constitucionais dispõem o seguinte:

> **Art. 80.** Em caso de impedimento do Presidente e do Vice-Presidente, ou vacância dos respectivos cargos, serão sucessivamente chamados ao exercício da Presidência o Presidente da Câmara dos Deputados, o do Senado Federal e o do Supremo Tribunal Federal.
>
> **Art. 81.** Vagando os cargos de Presidente e Vice-Presidente da República, far-se-á eleição noventa dias depois de aberta a última vaga.
>
> § 1º Ocorrendo a vacância nos últimos dois anos do período presidencial, a eleição para ambos os cargos será feita trinta dias depois da última vaga, pelo Congresso Nacional, na forma da lei.

Ao analisar o tema, o STF **(RE RE 655647 AgR e ADI 3.549/GO)** entendeu que os aludidos dispositivos **não são de observância obrigatória pelos municípios**, não se aplicando aqui o princípio da simetria, competindo as respectivas leis orgânicas a disciplina do procedimento a ser adotado em caso de dupla vacância do chefe do Poder Executivo, **uma vez que se trata de assunto de interesse local** (Art. 30, I, CF). Inclusive, o tema não poderá sequer ser disciplinada de forma subsidiária pela Constituição Estadual.

Assim, por exemplo, em relação a ordem das autoridades a serem chamadas em caso de vacância (Art. 80, CF), nada impede que a Lei Orgânica do município determine que o primeiro substituto ao cargo de Chefe do Executivo Municipal seja o vereador mais votado na última eleição, ao invés do presidente da Câmara de Vereadores Local.

Da mesma forma, nada impede que a mesma Lei Orgânica discipline que havendo vacância nos três primeiros anos de mandato, haverá eleições diretas, ao contrário dos dois anos previstos na CF.

02 A inciativa de lei para inclusão de município em região metropolitana é exclusiva do Chefe do Poder Executivo?

Nos termos do art. 25, § 3º, da Constituição, os Estados poderão, **mediante lei complementar**, instituir regiões metropolitanas, aglomerações urbanas e microrregiões, constituídas por agrupamentos de municípios limítrofes, para integrar a organização, o planejamento e a execução de funções públicas de interesse comum.

Sobre o tema, o STF entende que **não incide em violação da reserva de iniciativa legislativa do chefe do poder executivo (art. 61, § 1º, II, e, CF)** lei complementar estadual que inclui novo município em região metropolitana. A simples inclusão de município em região metropolitana **não implica, per se, a alteração da estrutura da máquina administrativa do estado (ADI 2803/RS).**

03 De quem é a competência para a fixação do horário de funcionamento de estabelecimentos comerciais?

O STF entendeu que os Municípios são competentes para fixar, por meio de lei, o horário de funcionamento dos estabelecimentos comerciais, uma vez que se trata de assunto de interesse local.

> **STF - Súmula Vinculante 38:** é competente o município para fixar o horário de funcionamento de estabelecimento comercial.

Como cada cidade tem suas peculiaridades, tem seu modo de vida, umas são mais cosmopolitas, com estilo de vida agitado, muitos serviços, turistas. Por outro lado, existem aquelas menos urbanizadas, com costumes mais tradicionais etc. Assim, o horário de funcionamento dos estabelecimentos comerciais deve atender a essas características próprias, análise a ser feita pelo Poder Legislativo local.

Contudo, esse entendimento possui uma exceção, que ocorre no caso do horário de funcionamento dos bancos. Tanto o STF quanto o STJ entendem que as leis municipais não podem estipular o horário de funcionamento dos bancos.

A competência para definir o horário de funcionamento das instituições financeiras é da União. Isso porque esse assunto (horário bancário) traz consequências diretas para transações comerciais intermunicipais e interestaduais, transferências de valores entre pessoas em diferentes partes do país, contratos etc., situações que transcendem (ultrapassam) o interesse local do Município. Enfim, o horário de funcionamento bancária é um assunto de interesse nacional (**STF RE 118363/PR**).

O STJ possui, inclusive, um enunciado que espelha esse entendimento:

> **STJ – Súmula 19:** A fixação do horário bancário, para atendimento ao público, é da competência da União.

Contudo, em que pese as legislações municipais não possam legislar sobre o horário de funcionamento dos bancos, a Legislação municipal poderá tratar sobre outros aspectos relacionados com os serviços bancários disponibilizados aos clientes

Nesse sentido, o STF já entendeu que os Municípios podem legislar sobre medidas que propiciem segurança, conforto e rapidez aos usuários de serviços bancários (**ARE 691591 AgR/RS**). Ex.: tempo máximo de espera na fila ("Lei das Filas"), instalação de banheiros e bebedouros nas agências, colocação de cadeiras de espera para idosos, disponibilização de cadeiras de rodas, medidas para segurança dos clientes etc. Tais assuntos, apesar de envolverem bancos, são considerados de interesse local e podem ser tratados por lei municipal.

Resumindo. Lei municipal pode dispor sobre:

a) Horário de funcionamento de estabelecimento comercial: SIM (SV 38).

b) Horário de funcionamento dos bancos (horário bancário): NÃO (Súmula 19 do STJ).

c) Medidas que propiciem segurança, conforto e rapidez aos usuários de serviços bancários: SIM

04 Os temas de inciativa privativa do Chefe do Executivo podem ser regulados por meio de emenda constitucional?

A polêmica aqui é saber se as matérias de iniciativa privativa do Chefe do Executivo podem ser reguladas por meio de emenda constitucional, que como é de conhecimento geral, são de iniciativas parlamentar. Isso ocorre porque o § 1º do artigo 61 da Constituição estabelece expressamente que são de iniciativa privativa do Presidente da República **as leis**, o que abriria espaço para a regulamentação dos dispositivos por meio de emenda.

Ao analisar a situação, o STF deu duas soluções distintas para a situação, a depender de o caso tratar de emendas a Constituição Federal e emendas a Constituição Estadual e Lei Orgânicas. Vamos analisar cada uma das situações:

a) **Reserva de iniciativa e emendas à Constituição Estadual e Leis Orgânicas:**

Em que pese o § 1º se refira textualmente a "leis" o STF entende que se houver uma emenda constitucional tratando sobre algum dos assuntos listados no art. 61, § 1º, da CF/88, essa emenda deve ter sido proposta pelo chefe do Poder Executivo.

Assim, é incabível que os parlamentares proponham uma emenda constitucional dispondo sobre o regime jurídico dos servidores públicos, por exemplo (art. 61, § 1º, II, "c").

Se isso fosse permitido, seria uma forma de burlar a regra do art. 61, § 1º, da CF/88. Em suma, "matéria restrita à iniciativa do Poder Executivo não pode ser regulada por emenda constitucional de origem parlamentar" (ADI 2.966 e ADI 3848).

Cumpre ressaltar, contudo, que esse entendimento aplica-se apenas nos casos de emendas constitucionais, assim consideradas como expressão do Poder Constituinte Derivado.

Não há que se falar em violação à inciativa privativa quando uma norma originária da Constituição versa sobre tema de iniciativa privativa do Chefe do Executivo.

Nesse sentido, o STF já decidiu que é constitucional norma originária da lei orgânica do DF que preveja que "a direção superior das empresas públicas, autarquias, fundações e sociedades de economia mista terá representantes dos servidores".

A Lei Orgânica do DF é uma manifestação do poder constitucional derivado decorrente, ou seja, ela possui o mesmo status jurídico ostentado pelas Constituições estaduais. Segundo o STF, a norma em questão, por ser oriunda do poder constituinte originário decorrente, não sofre vício de reserva de iniciativa legislativa do chefe do Poder Executivo (**ADI 1.167/DF**).

b) Reserva de iniciativa e emendas à Constituição Federal:

Aqui, o entendimento do STF é oposto ao anteriormente apresentado. Diversamente do que ocorre no caso de emendas à Constituição Estadual, o STF entende que é possível que emenda à Constituição Federal proposta por iniciativa parlamentar trate sobre as matérias previstas no art. 61, § 1º, da CF/88.

O fundamento para tanto é o seguinte: o poder constituinte estadual é desde sua origem mais limitado do que o poder constituinte federal. Com isso, as Assembleias Legislativas se submetem a limites mais rigorosos quando pretendem emendar as Constituições Estaduais do que o Congresso Nacional quando da reforma da Constituição Federal, uma vez que os limites para este poder de reforma estão dispostos no art. 60 da CF.

Nesse sentido, destaca-se o seguinte julgado do STF:

> 1. No plano federal, o poder constituinte derivado submete-se aos limites formais e materiais fixados no art. 60 da Constituição da República, a ele não extensível a cláusula de reserva de iniciativa do Chefe do Poder Executivo, prevista de modo expresso no art. 61, § 1º, apenas para o poder legislativo complementar e ordinário – poderes constituídos. 2. Impertinente a aplicação, às propostas de emenda à Constituição da República, da jurisprudência do Supremo Tribunal Federal quanto à inconstitucionalidade de emendas às constituições estaduais sem observância da reserva de

> iniciativa do Chefe do Poder Executivo, fundada na sujeição do poder constituinte estadual, enquanto poder constituído de fato, aos limites do ordenamento constitucional federal. **(ADI 5296 MC)**

Assim, importante aprender que, segundo entendimento do STF, a emenda à Constituição Estadual proposta por parlamentares estaduais deve respeitar a iniciativa reservada ao chefe do Poder Executivo (art. 61, § 1º, da CF/88), enquanto o mesmo não ocorre no âmbito das emendas à Constituição Federal.

05 O recebimento de denúncia criminal contra Governador de Estado depende de prévia autorização da Assembleia Legislativa?

No âmbito da União, a Constituição Federal determinou que o julgamento do Presidente da República por crimes comuns ou de responsabilidade está condicionada a prévia autorização de 2/3 da Câmara dos Deputados (Art. 86). Enquanto não houver essa autorização, fica o STF impedido de analisar os termos de eventual denúncia contra o Presidente.

Em razão disso, várias Constituições Estaduais passaram a replicar a norma, estabelecendo que os Governadores somente poderiam ser processado por crimes comuns perante o STJ se houvesse autorização da respectiva Assembleia.

A situação em questão chegou ao STF que entendeu **(ADI 4.798, ADI 4.764, 4.797)** que é vedado as unidades da federação instituírem normas que condicionem a instauração de ação penal contra governador, por crime comum, à prévia autorização da Assembleia local.

Assim, é inconstitucional previsão de Constituição Estadual que condicione a prévia existência de autorização da Assembleia local a instauração de ação penal contra os Governadores.

06 Uma vez aceita a denúncia contra Governador de Estado, ele fica automaticamente suspenso do cargo?

No âmbito da União, o artigo 86 da Constituição estabelece que, uma vez aceita a denúncia contra o Presidente, ele fica automaticamente suspenso do cargo pelo prazo de 180 dias, de forma que muitas Constituições Estaduais copiaram essa disposição.

Ao analisar a situação, o STF entendeu **(ADI 4.798, ADI 4.764, 4.797)** inconstitucional todas as disposições nesse sentido. Isso porque o recebimento de uma denúncia é um ato de baixa densidade decisória, não podendo importar em afastamento automático do governador.

Esse afastamento somente poderá ocorrer se o STJ, no ato do recebimento da denúncia, entender que há elementos para justificar a medida. Em suma, o governador até pode ser afastado, mas não como uma decorrência automática do recebimento da denúncia.

07 É possível afirmar que os Estados-membros da federação brasileira são autônomos e soberanos?

Os estados são autônomos, **mas não são soberanos. Soberania** consiste em uma autodeterminação plena, nunca dirigida por determinantes jurídicas extrínsecas à vontade soberana do povo, ao passo que a **autonomia** pressupõe, ao mesmo tempo, uma zona de autodeterminação, que é o propriamente autônomo, e um conjunto de limitações e determinantes jurídicos extrínsecos, que é o heterônomo.

Os estados-membros do estado federal não são soberanos, **soberano é o Estado Federal, constituído pela pluralidade de estados não soberanos.**

Todos os entes da federação brasileira possuem autonomia política e administrativa, as quais consistem, respectivamente, na capacidade para inovar na ordem jurídica em determinada matéria e para executar o estabelecido por um núcleo central.

08 Ao exercer a competência legislativa concorrente, pode o Estado-membro simplesmente determinar que devem ser observadas as regras previstas na lei federal?

⊖ Qual o contexto?

No Brasil, a Constituição adotou um sistema de repartição das competências legislativas baseado no federalismo cooperativo. Nesse sentido, a repartição de competências na Constituição de 1988 adotou como princípio informador o princípio da predominância do interesse.

Assim, em regra, a competência para estabelecer normas de interesse geral foi atribuída à União. Por sua vez, a competência para tratar de assuntos de interesse local foi atribuída aos Municípios. Por fim, os assuntos de interesse regional tiveram a competência atribuída aos Estados.

Na hipótese de conflito de normas editadas por entes federativos diversos, a prevalência de um sobre a outra não será determinada pela origem de sua emanação, mas da competência constitucionalmente atribuída para sua edição.

⊖ Quais são as competências legislativas concorrentes?

As competências legislativas concorrentes estão previstas no artigo 24 da Constituição:

> **Art. 24.** Compete à União, aos Estados e ao Distrito Federal legislar concorrentemente sobre:
>
> **I** - direito tributário, financeiro, penitenciário, econômico e urbanístico;
>
> **II** - orçamento;
>
> **III** - juntas comerciais;
>
> **IV** - custas dos serviços forenses;
>
> **V** - produção e consumo;
>
> **VI** - florestas, caça, pesca, fauna, conservação da natureza, defesa do solo e dos recursos naturais, proteção do meio ambiente e controle da poluição;
>
> **VII** - proteção ao patrimônio histórico, cultural, artístico, turístico e paisagístico;
>
> **VIII** - responsabilidade por dano ao meio ambiente, ao consumidor, a bens e direitos de valor artístico, estético, histórico, turístico e paisagístico;
>
> **IX** - educação, cultura, ensino, desporto, ciência, tecnologia, pesquisa, desenvolvimento e inovação;
>
> **X** - criação, funcionamento e processo do juizado de pequenas causas;

> **XI** - procedimentos em matéria processual;
>
> **XII** - previdência social, proteção e defesa da saúde;
>
> **XIII** - assistência jurídica e Defensoria pública;
>
> **XIV** - proteção e integração social das pessoas portadoras de deficiência;
>
> **XV** - proteção à infância e à juventude;
>
> **XVI** - organização, garantias, direitos e deveres das polícias civis.

Sobre o tema, é certo que a Constituição adotou a técnica de atribuir a legislação federal **a edição de normas gerais e diretrizes essenciais**, cujo preenchimento deverá ser feito pela legislação estadual conforme as peculiaridades e exigências de cada estado federado.

Na repartição da competência legislativa concorrente, o legislador constituinte optou pela consagração de competências não cumulativas, cabendo à União estabelecer normas gerais:

> **§ 1º** No âmbito da legislação concorrente, a competência da União limitar-se-á a estabelecer normas gerais.

Por sua vez, cabe aos Estados e ao DF a criação de normas específicas, por meio do exercício de competência suplementar:

> **§ 2º** A competência da União para legislar sobre normas gerais não exclui a competência suplementar dos Estados.

Ademais, estabeleceu-se ainda que a inexistência de lei federal estabelecendo normas gerais autoriza o exercício de competência legislativa plena pelos Estados:

> **§ 3º** Inexistindo lei federal sobre normas gerais, os Estados exercerão a competência legislativa plena, para atender a suas peculiaridades.

Sobre o tema, a doutrina costuma classificar a competência suplementar em duas espécies:

a) **complementar,** quando depende da prévia existência de lei federal a ser especificada (CF, art. 24, § 2º); e

b) **supletiva,** quando surge em virtude da inércia da União para editar as normas gerais (CF, art. 24, § 3º).

No ponto, a própria Constituição estabelece que a superveniência de lei federal sobre normas gerais suspende a eficácia da lei estadual, no que lhe for contrário.

> **§ 4º** A superveniência de lei federal sobre normas gerais suspende a eficácia da lei estadual, no que lhe for contrário.

Notem que o dispositivo não determina a revogação da norma, **mas apenas suspende naquilo em que for contrária a norma geral.**

Por fim, os Municípios, apesar de não estarem elencadas entre os entes federativos com competência concorrente, poderão suplementar a legislação federal e estadual no que couber (CF, art. 30, II), como no caso de assuntos de interesse local (CF, art. 30, I).

➔ Ao exercer a competência legislativa concorrente, o Estado pode simplesmente estabelecer que devem ser observadas as regras previstas na lei federal?

Amigos, imaginem que determinando Estado-membro edite lei estadual, estabelecendo que a disciplina de um determinado tema deva observar as regras previstas na lei federal. Nesse caso, essa lei é constitucional?

O STF entendeu que não, declarando que **é inconstitucional lei estadual que, ao realizar o regramento de um determinado tema, simplesmente determina que devem ser observadas as regras previstas na lei federal (ADI 2303/RS).**

➔ Qual o fundamento?

Segundo nossa Suprema Corte, ao editar uma legislação com esses termos, o Estado-membro realizou uma verdadeira renúncia ao exercício da competência legislativa concorrente prevista no art. 24, da Constituição, abrindo mão de sua competência suplementar prevista no art. 24, § 2º da CF/88.

Para o STF, o **ente federado não pode se recusar a implementar as providências impostas a ele pelo legislador constituinte.** Sobre o tema, o Tribunal também ressaltou que o Brasil adotou o modelo de **federalismo cooperativo.**

Nesse modelo, compete o estabelecimento de normas gerais pela União e à atuação dos Estados no atendimento das peculiaridades regionais. Ao editar uma lei simplesmente fazendo remissão à legislação federal, o Estado se exime de cumprir o dever constitucional de providenciar a implementação, harmoniosa e atenta aos interesses regionais, de valores consagrados na Lei Fundamental.

Com essa conduta o Estado prejudica, consequentemente, até mesmo a elaboração de políticas públicas específicas à realidade local.

Por fim, o STF afirmou que o atendimento às necessidades regionais é condição de viabilidade da Federação. Em termos mais simples, **somente é possível a existência de uma Federação com a autonomia dos Estados-membros sendo exercida de forma efetiva.**

09 É constitucional lei municipal que proíba a conferência de mercadorias levadas com a nota fiscal?

⊖ Qual é o contexto?

É prática comum em alguns estabelecimentos brasileiros a presença de um funcionário na saída do local, com a função de verificar se os itens que estão sendo levados pelos clientes são os mesmos da nota fiscal.

O STJ entende que essa prática, por si só, não é abusiva. Para o Tribunal, se a revista dos bens adquiridos é realizada em observância aos limites da urbanidade e civilidade, constitui mero desconforto, a que atualmente a grande maioria dos consumidores se submete, em nome da segurança **(REsp 1120113/SP).**

⊖ Lei municipal pode vedar essa prática?

Inicialmente, ressalta-se que os municípios podem legislar sobre direito do consumidor, desde que no interesse local, pois, embora eles não constem expressamente do artigo 24 da Constituição, que versa sobre competência legislativa concorrente, a própria Lei Maior permite que eles legislem sobre assuntos de interesse local.

Assim, o STF vem reiteradamente afirmando a competência dos municípios para legislar sobre matéria consumerista quando sobreleva o interesse local **(RE 818550 AgR).**

Portanto, ao analisar o fato, a Suprema Corte entendeu que os Municípios podem sim vedar essa prática.

Para o STF, a norma local questionada se insere na competência legislativa municipal, porque diz respeito à proteção das relações de consumo dos seus munícipes. Ela tem por objetivo evitar o constrangimento dos particulares e de lhes proporcionar maior conforto, haja vista que impede a dupla conferência das mercadorias e evita o enfrentamento de várias filas. Assim, trata-se de um assunto de interesse local.

Ressaltou, ainda, que o bem-estar dos consumidores não tem relação com a atividade-fim das instituições, razão pela qual não se constata a violação do art. 22, I, da CF. Em outras palavras, não se pode dizer que a lei trata sobre direito civil ou direito comercial.

Frisou inexistir, de fato, um critério objetivo que possa balizar de maneira absolutamente segura se a matéria normatizada transcende o interesse local. Nessas circunstâncias, há de se prestigiar o legislativo local, que bem conhece a realidade e as necessidades da comunidade **(RE 1.052.719 AgR/PB).**

2

Administrativo

76 questões

I. PODERES DA ADMINISTRAÇÃO E ATOS ADMINISTRATIVOS

01 É possível a delegação do poder de polícia a entidades privadas?

O STF já decidiu que o exercício do poder polícia não pode ser delegado a entidades privadas (ADI 1.717/DF). Contudo, essa posição do STF não parece ser a mais indicada para concursos, especialmente os de advocacia pública.

Ao nosso sentir, a melhor resposta para o tema é a que aborda o chamado "ciclo de polícia". Segundo a doutrina, com base em julgado do STJ, o poder de polícia se desenvolve em 04 fases:

a) **ordem de polícia:** corresponde à legislação que estabelece os limites e condicionamentos ao exercício de atividades privados.

b) **consentimento de polícia:** traduz-se na prévia anuência da Administração, quando exigida, para a prática de determinadas atividades privadas ou para determinado exercício de poderes concernentes à propriedade privada.

c) **fiscalização de polícia:** é a atividade mediante a qual a administração pública verifica-se se está havendo o adequado cumprimento das ordens de polícia pelo particular a elas sujeito, ou, se for o caso, verifica-se se o particular que teve consentida, por meio de licença ou autorização, a prática de alguma atividade privada está agindo em conformidade com as condições e os requisitos estipulados naquela licença ou autorização.

d) **sanção de polícia:** é a atuação administrativa coercitiva por meio da qual a administração, constatando que está sendo violada uma ordem de polícia, ou que uma atividade privada previamente consentida está sendo executada em desacordo com as condições e os requisitos estabelecidos no ato de consentimento, aplica ao particular infrator uma medida repressiva (sanção), dentre as previstas na lei de regência.

Apesar do entendimento do STF ser contrário a delegação, o STJ, possui importante precedente em que afirma que as fases de "consentimento de polícia" e "fiscalização de polícia" podem ser delegadas a entidades com personalidade jurídica de direito privado **integrantes da administração pública** e que, diferentemente, as fases de "ordem de polícia" e "sanção de polícia", por implicarem coerção, não podem ser delegadas a tais entidades **(Resp 817.534/MG).**

02 Convalidação involuntária dos atos administrativos. Que negócio é esse?

A convalidação pode ser conceituada como o salvamento de um ato administrativo que possui **vícios sanáveis**. Em razão disso, o ato de convalidação produz efeitos retroativos ("ex tunc"), uma vez que visa a preservação de um ato já editado.

A doutrina majoritária entende que os vícios sanáveis são apenas os relacionados à competência, a forma e ao objeto (mas apenas quando o ato possuir mais de um objeto).

Os vícios relacionados a finalidade, ao motivo e ao objeto (se ele for único) são insanáveis, não admitindo convalidação.

Em relação as espécies de convalidação, a doutrina (Rafael Oliveira) assim divide o instituto:

a) **convalidação voluntária:** é aquela que decorre de manifestação expressa da Administração.

b) **convalidação involuntária**: é aquela que ocorre sem a manifestação da Administração, pelo mero decurso do tempo. **Trata-se da decadência administrativa.** Aqui, o ato, ainda que possua vício insanável, não mais pode ser anulado em razão de já se ter passado o prazo decadencial para tanto. Dessa forma, é possível se afirmar que ele foi convalidado.

03 Os guardas municipais podem emitir multas de trânsito?

⊖ Qual é a polêmica?

Muitos municípios brasileiros passaram a prever que seus guardas municipais teriam a atribuição de fiscalizar o trânsito. Em razão disso, houve quem afirmasse que essas previsões eram inconstitucionais, pois a competência para fiscalizar o trânsito e impor multas seria da Polícia Militar já que cabe a este órgão (PM) realizar o policiamento ostensivo e a preservação da ordem pública, nos termos do § 5º do art. 144 da CF/88:

> **Art. 144.** A segurança pública, dever do Estado, direito e responsabilidade de todos, é exercida para a preservação da ordem pública e da incolumidade das pessoas e do patrimônio, através dos seguintes órgãos:
>
> **§ 5º** Às polícias militares cabem a polícia ostensiva e a preservação da ordem pública; aos corpos de bombeiros militares, além das atribuições definidas em lei, incumbe a execução de atividades de defesa civil.

Ao analisar a situação, o STF entendeu que **a fiscalização do trânsito está incluída dentro do chamado poder de polícia,** o qual não se confunde com segurança pública. O exercício do poder de polícia **não é prerrogativa exclusiva das entidades policiais,** a quem a CF outorgou com exclusividade apenas as funções **de promoção da segurança pública (art. 144).**

A fiscalização do trânsito, com aplicação das sanções administrativas (multas), embora possa se dar ostensivamente, constitui mero exercício de poder de polícia, não havendo, portanto, proibição de que seja exercida por entidades não-policiais (como é o caso das guardas municipais).

Ademais, o Código de Trânsito Brasileiro estabeleceu que a competência para o exercício da fiscalização de trânsito é comum, cabendo tanto a União, como aos Estados/DF e Municípios. A receber essa competência do CTB, o Município pode determinar, por meio de lei, que esse poder de polícia (fiscalização do trânsito) seja exercido pela guarda municipal.

➔ **Mas a Constituição, ao tratar das atribuições dos guardas municipais, nada falou sobre trânsito?**

Nos termos da Constituição, os municípios podem:

> **Art. 144. (...)**
>
> **§ 8º** Os Municípios poderão constituir guardas municipais destinadas à proteção de seus bens, serviços e instalações, conforme dispuser a lei.

O STF, ao analisar o dispositivo, entendeu que o art. 144, § 8º, da CF/88 define as atribuições da guarda municipal, **mas não de forma exaustiva**. Assim, esse dispositivo não impede que a guarda municipal receba funções adicionais a ela outorgadas por meio de lei. Em outras palavras, o § 8º do art. 144 da CF/88 traz um mínimo de atribuições que são inerentes às guardas municipais, sendo possível, no entanto, que a lei preveja outras atividades a esse órgão, desde que de competência municipal.

Assim, é constitucional a atribuição às guardas municipais do exercício do poder de polícia de trânsito, inclusive para a imposição de sanções administrativas legalmente previstas **(RE 658570/MG).**

04 A recusa à expedição de CNH definitiva depende de prévio procedimento administrativo?

Amigos, como é de conhecimento geral, a aprovação nos exames exigidos pelo DETRAN garante ao interessado a expedição da chamada "Permissão Para Dirigir". Somente após o prazo de um ano com a permissão e desde que não tenha cometido nenhuma infração de natureza grave ou gravíssima ou seja reincidente em infração média, é que o interessado receberá a chamada Carteira Nacional de Habilitação - CNH **(art. 148, § 3º, CTB).**

Caso o interessado pratique falta grave ou gravíssima ou então seja reincidente em infração média, ele não receberá a CNH e terá que se submeter a um novo processo de habilitação, com novos exames **(art. 148, § 4º, CTB).**

A polêmica aqui é saber se, uma vez que o portador da permissão pratique falta grave ou gravíssima ou seja reincidente em infração média, o DETRAN precisa instaurar um procedimento administrativo para que a CNH seja negada ou se ele pode negar a expedição da CNH independentemente de qualquer procedimento?

Ao analisar a situação, o STJ entendeu que **não depende de prévio procedimento administrativo** a recusa à expedição da CNH definitiva motivada pelo cometimento de infração de trânsito de natureza grave durante o prazo anual de permissão provisória para dirigir (art. 148, § 3º, do CTB).

O direito à obtenção da habilitação definitiva somente se perfaz se o candidato, após um ano da expedição da permissão para dirigir, não tiver cometido infração de natureza grave ou gravíssima e não for reincidente em infração média, segundo disposto no § 3º do art. 148 do CTB.

Assim, a expedição da CNH **é mera expectativa de direito**, que se concretizará com o implemento das condições estabelecidas na lei. Havendo o cometimento de infração grave, revela-se desnecessária a instauração de prévio processo administrativo, considerando que a aferição do preenchimento dos requisitos estabelecidos pela lei para a concessão da CNH definitiva se dá de forma objetiva **(REsp 1.483.845-RS).**

05 As empresas públicas e sociedades de economia mista se sujeitam a falência?

De início, a resposta parece simples, tendo em vista o disposto na Lei 11.101/05:

> **Art. 2º** Esta Lei não se aplica a:
>
> **I** – empresa pública e sociedade de economia mista;

O tema, contudo, não é tão pacífico assim. Na doutrina administrativa há, pelo menos, três posicionamentos sobre ele:

1º Posicionamento: o disposto no art. 2º, inciso I, da Lei 11.101/2005, é inconstitucional, por violar o art. 173, § 1º, inciso II, da Constituição Federal. Isso porque a Constituição determina a submissão das empresas públicas e sociedades economia mistas ao regime jurídico próprio das empresas privadas, inclusive quanto aos direitos e obrigações civis, comerciais, trabalhistas e tributários;

2º Posicionamento: o disposto no art. 2º, inciso I, da Lei 11.101/2005, deve ser interpretado conforme a Constituição. Assim, somente as empresas públicas e sociedades de economia mista que prestem serviços públicos não poderiam falir. As empresas públicas e sociedades de economia mista que explorem atividade econômica não se submeteriam ao disposto na Lei de falências, tendo em vista a imposição constitucional de elas se submeterem ao mesmo regime das empresas privadas, inclusive em relação as obrigações comerciais. Esse é o posicionamento de Carvalho Filho, Maria Sylvia Zanella di Pietro e Celso Antônio Bandeira de Melo.

3º Posicionamento: defende a constitucionalidade do art. 2º, inciso I, da Lei nº 11.101/2005 e a sua aplicabilidade a todas as empresas estatais, independentemente de serem prestadoras de serviços públicos ou exploradoras de atividade econômica em sentido estrito. Esse, por exemplo, é o posicionamento de Rafael Oliveira, para quem as empresas públicas e sociedades de economia mista não podem falir. O fundamento é que elas são criadas por autorização legal para atender relevante interesse social ou imperativo de segurança nacional. Assim, os motivos que fundamentaram sua criação não podem ser simplesmente afastados por causa de interesses puramente privado dos credores. Caso a empresa não consiga cumprir suas dívidas, a solução não é a decretação de sua falência, mas a responsabilização subsidiária do Ente federado controlador.

06 Em que consiste o risco de captura das agências reguladoras?

⊖ Qual é o contexto?

A doutrina afirma que as agências reguladoras são entidades administrativas com alto grau de especialização técnica, as quais integram a estrutura formal da Administração Pública. São instituídas como uma autarquia sob regime especial, cuja função é regular, fiscalizar e normatizar as atividades de interesse social que são prestadas por particulares.

As agências reguladoras têm, portanto, como uma de suas principais funções a regulação, fiscalização e normatização dos serviços públicos ou atividades econômicas em sentido amplo, realizadas por particulares.

➔ Em que consiste o risco de captura?

O risco de captura consiste na situação em que a agência reguladora, não tendo sido capaz de resistir ao imenso poder econômico do setor que deveria regular, passa a atuar tendenciosamente em favor dos interesses deste.

07 É possível a aplicação do regime de precatório às sociedades de economia mista?

➔ Qual é o contexto?

O sistema de precatórios é uma prerrogativa própria da Fazenda Pública, isso porque se trata de um regime mais vantajoso de pagamento de decisões judiciais. Por outro lado, a Constituição estabelece que em regra as sociedades de economia mista e empresas públicas não podem gozar de benefícios não extensíveis ao setor privado,

Assim, em regra, as empresas e sociedades de economia mista não se submetem ao regime de precatório, por não se amoldarem ao conceito de Fazenda Pública.

➔ É possível a aplicação do regime de precatório às sociedades de economia mista?

Em regra, não. Contudo, de forma excepcional, o STF tem entendido ser possível a extensão da prerrogativa do precatório as sociedades de economia mista, **quando prestadoras de serviço público próprio do Estado e de natureza não concorrencial (ADPF 387/PI).**

Isso porque, nesse caso, a atuação da sociedade de economia mista se confunde com a próprio Estado.

II. SERVIDORES PÚBLICOS E CONCURSOS PÚBLICOS

01 Qual é a justiça competente para decidir sobre a abusividade da greve de servidores públicos?

Para entender melhor esse julgado, é preciso ficar claro o seguinte: a constituição, em seu artigo 39, determinou que a administração adotasse o regime jurídico único para administração direta, autárquica e fundacional.

Isso não quer dizer, contudo, que a administração esteja obrigada a adota o regime estatutário para administração direta. Ela pode adotar o regime da CLT, desde que esse regime seja único, é dizer, valha para todas as suas admissões.

Diante disso, é preciso ficar claro para vocês, que existe alguns entes, especialmente pequenos municípios, que possuem servidores públicos regidos pela CLT.

Voltando a nossa pergunta inicial. O STF entendeu, em sede de repercussão geral, que compete a justiça comum, federal ou estadual, julgar a abusividade de greve de servidores públicos, sejam eles estatutários ou celetistas, desde que eles pertençam a administração pública direta, autarquias e fundações públicas **(RE 846854/SP).**

Assim, ainda que os servidores sejam regidos pela CLT, compete a justiça comum, e não a trabalhista, julgar abusividade da greve dos servidores da Administração Pública Direta, Autarquias e Fundações Públicas.

Por fim, é preciso ficar bem claro que esse entendimento **não** alcança os chamados empregados públicos, pertencentes as sociedades de economia mista e empresas públicas, cujo julgamento da abusividade ou não da greve é da competência da justiça do trabalho.

02 É possível a aplicação analógica da Lei 8.112/90 a servidores públicos municipais e estaduais?

Em regra, não é possível a utilização de dispositivos da Lei 8.112/90 em situações envolvendo servidores estaduais ou municipais.

Não há que se falar em analogia, porque, segundo decisão do STJ (**RMS 46.438-MG**), a analogia somente **pode ser utilizada entre normas do mesmo ente da federação** (exemplo: norma municipal integrada analogicamente por outra norma municipal), e não entre normas de entes diversos (exemplo: norma municipal, integrada analogicamente por norma federal).

Excepcionalmente, contudo, o STJ tem admitido a utilização das disposições federais em situações envolvendo servidores estaduais ou municipais.

Segundo o STJ, a analogia das legislações estaduais e municipais com a Lei n. 8.112/90 somente é possível se houver omissão **no tocante a direito de cunho constitucional, que seja autoaplicável, bem como que a situação não dê azo ao aumento de gastos**; em suma, ela precisa ser avaliada caso a caso e com parcimônia.

Por exemplo, o STJ já decidiu pela aplicação, por analogia, das regras da Lei n.º 8.112/90 sobre licença para acompanhamento de cônjuge a determinado servidor estadual cuja legislação não prevê esse afastamento **(RMS 34.630/AC)**. Nesse exemplo, o STJ reconheceu que a analogia se justificava para proteção da unidade familiar, valor protegido constitucionalmente **(art. 226 da CF/88).**

03 É possível a instauração de PAD por meio de denúncia anônima?

Segundo o STJ, não há ilegalidade na instauração de processo administrativo com fundamento em denúncia anônima, por conta do poder-dever de autotutela imposto à Administração e, por via de consequência, ao administrador público **(AgRg no REsp 1307503/RR).**

O poder-dever de autotutela imposto à administração é princípio que não só permite, **como também obriga**, a apuração das irregularidades que chegam ao conhecimento da autoridade competente, sob pena de procedimento desidioso do gestor público, de modo que a instauração do processo disciplinar na hipótese de existência de indícios suficientes para tal – ainda que fundados em denúncia anônima – não é, só por si, causa de nulidade **(MS 20.053/DF).**

Ao receber uma denúncia anônima, como a Administração deverá proceder? Segundo o STJ (**MS 18.664/DF**), ao receber uma denúncia anônima imputando ilícitos ao um servidor, não deve o Administrador, desde logo, determinar a instauração do PAD.

Assim, após o recebimento de denúncia anônima, faz-se necessário uma investigação preliminar, com as cautelas necessárias, para que se averígue a sua plausibilidade, e, uma vez constatado indícios suficientes dos fatos, seja determinado a instauração de sindicância ou PAD. Com isso, visa evitar eventuais danos ao servidor inocente.

Por fim, o STJ editou súmula sobre o tema, que sintetiza tudo o que foi defendido até o momento:

> **STJ - Súmula 611:** Desde que devidamente motivada **e com amparo em investigação ou sindicância,** é permitida a instauração de processo administrativo disciplinar com base em denúncia anônima, em face do poder-dever de autotutela imposto à Administração.

04 Qual é o termo inicial da prescrição administrativa da ação disciplinar de servidor público federal?

Com base no § 1º, do artigo 142, da Lei 8.112/90, é correto afirmar que a prescrição não tem início da data em que o fato é praticado, mas sim na data em que ele se tornou conhecido. A grande controvérsia doutrinária e jurisprudencial nesse ponto é a seguinte: o fato tem que ser conhecido por quem? Sobre o tema, há duas correntes:

1º) No âmbito de ação disciplinar de servidor público federal, o prazo de prescrição da pretensão punitiva estatal começa a fluir na data em que a irregularidade praticada pelo servidor tornou-se conhecida por alguma autoridade do serviço público, e NÃO, necessariamente, pela autoridade competente para a instauração do processo administrativo disciplinar. O STJ, em alguns julgados antigos, já chegou a adotar essa corrente **(MS 20.162-DF).**

2º) No âmbito de ação disciplinar de servidor público federal, o prazo de prescrição da pretensão punitiva estatal começa a fluir na data em que a irregularidade praticada pelo servidor tornou-se conhecida pela autoridade competente para instauração do PAD, e não a data em que alguma autoridade do serviço público tomar conhecimento da irregularidade praticada. **Esse é o posicionamento atual do STJ (AgRg no AgRg no Resp 1.535.918/RS).**

05 A Administração Pública pode proceder ao desconto dos dias de paralisação decorrentes do exercício do direito de greve pelos servidores públicos?

O STF, em sede de repercussão geral **(RE 693.456/RJ),** fixou a seguinte tese que permite o corte do ponto dos servidores em greve: "A administração pública deve proceder ao desconto dos dias de paralisação decorrentes do exercício do direito de greve pelos servidores públicos, em virtude da suspensão do vínculo funcional que dela decorre, permitida a compensação em caso de acordo. O desconto será, contudo, incabível se ficar demonstrado que a greve foi provocada por conduta ilícita do Poder Público".

O fundamento dessa decisão foi o seguinte:

a) aplica-se no que couber, as greves realizadas pelo serviço público, a Lei 7.783/89, que regula a greve no serviço privado. A aludida lei determina que o exercício do direito de greve é causa de **suspensão do contrato de trabalho** (Art. 7º).

b) no direito do trabalho, ocorre suspensão do contrato quando não há trabalho e, portanto, não há pagamento dos salários.

c) Segundo asseverou o STF, "por definição a greve é uma opção de risco", uma vez que a suspensão dos pagamentos constitui um "risco inerente ao mecanismo de greve, o qual normalmente há de resolver-se mediante negociação". Em verdade, esse risco de suspensão do pagamento pelos dias de greve constitui em um importante instrumento necessário à ponderação de interesses em choque a fim de chegar-se ao fim da paralisação. Sem a possibilidade de descontos dos dias parados, os servidores poderiam adiar as negociações indefinidamente, até que seus pleitos fossem plenamente atendidos.

Com a possibilidade de se descontar os dias parados, é possível que, em uma ponderação de interesses, eles voltem ao trabalho ao terem suas demandas parcialmente atendidas, privilegiando-se, assim, o princípio da continuidade do serviço público. Assim, em razão de a greve ser uma causa de suspensão do contrato de trabalho é que o STF entendeu ser possível proceder aos descontos dos salários dos dias parados. Pensar ao contrário, segundo o STF é legitimar o enriquecimento ilícito dos servidores, que receberiam seus salários sem ter efetivamente trabalhado.

➔ Quer dizer então que sempre que houver greve os servidores terão seus salários descontados?

Não. O STF excepcionou o desconto em dois casos:

a) em caso de acordo com a Administração, para que os dias parados sejam pagos em determinado período. Trata-se de pratica comum na Administração, na qual ela estabelece um determinado tempo para que os servidores compensem as horas paradas (Ex.: os servidores têm 06 meses para fazer horas a mais e assim pagar as horas paradas durante a greve. Findo esse prazo, caso não haja compensação, o salário do servidor é descontado);

b) também não haverá desconto se ficar demonstrado que a greve foi motivada por ato ilegal do Poder Público (Ex.: atrasos de salários).

➔ Existe alguma forma de os servidores se protegerem do risco de terem os salários cortados?

Sim, normalmente na iniciativa privada existem os chamados "fundos de greve". Cuida-se de uma contribuição cobrada pelos sindicatos de seus filiados para a formação de um fundo destinado a cobrir as despesas daqueles servidores que eventualmente tiverem seus pontos cortados, sofrendo, assim, descontos salariais.

➔ É possível realizar o desconto dos dias parados de forma parcelada?

Sim. Segundo o STJ (**RMS 49.339/SP**), não se mostra razoável a possibilidade de desconto em parcela única sobre a remuneração do servidor público dos dias parados e não compensados provenientes do exercício do direito de greve. Assim, a Administração Pública não pode obrigar que os descontos dos dias parados pela greve sejam feitos de uma só vez, é dizer, em parcela única.

Antes disso, ela deve oportunizar a possibilidade de que o pagamento seja feito em parcelas. Segundo o STJ, é preciso atentar-se para o fato de que a remuneração possui natureza alimentar e o referido desconto em parcela única causaria um dano desarrazoado ao servidor. Ademais, para fundamentar o pleito de parcelamento, o STJ se utilizou do artigo 46 da Lei 8.112/90:

> **Art. 46.** As reposições e indenizações ao erário, atualizadas até 30 de junho de 1994, serão previamente comunicadas ao servidor ativo, aposentado ou ao pensionista, para pagamento, no prazo máximo de trinta dias, podendo ser parceladas, a pedido do interessado.
>
> § 1º O valor de cada parcela não poderá ser inferior ao correspondente a dez por cento da remuneração, provento ou pensão.

Ressalta-se que, mesmos nos casos de servidores públicos estaduais ou municipais, o STJ tem aplicado a Lei 8.112/90 por analogia.

06 Os servidores que atuem diretamente na área de segurança pública possuem direito de greve?

O STF entendeu (**RE 654.432**) que o exercício do direito de greve, sob qualquer forma ou modalidade, é **vedado aos policiais civis e a todos os servidores públicos que atuem diretamente na área de segurança pública**.

Segundo o STF, existem dispositivos constitucionais que vedam a possibilidade do exercício do direito de greve por parte de todas as carreiras policiais. No confronto entre o direito de greve e o direito da sociedade à ordem pública e paz social, deve prevalecer o interesse público em relação interesse individual de uma determinada categoria.

Para tentar atenuar os efeitos sobre as carreiras que atuam diretamente na área de segurança, o STF entendeu que, em que pese não possam fazer greve, podem os sindicatos acionar o Poder Judiciário para que seja feita uma mediação sobre o tema, de forma a garantir que a categoria tenha uma forma de vocalizar suas reivindicações, nos moldes do artigo 165 do Código de Processo Civil.

Ademais, o STF também entendeu que é obrigatória a participação do Poder Público em mediação instaurada pelos órgãos classistas das carreiras de segurança pública, nos termos do artigo 165 do Código de Processo Civil, para vocalização dos interesses da categoria.

07 Os servidores públicos possuem direito à conversão do tempo especial em comum?

No âmbito do regime geral, para que o segurado faça jus à aposentadoria especial ele deve trabalhar integralmente em condições especiais.

Para evitar algumas situações de injustiça, caso o segurado trabalhe em condições especiais durante algum tempo e, posteriormente, migre para uma atividade normal, embora não possa mais se aposentar de forma especial, o tempo que ele trabalhou em condições especiais, ao ser convertido em comum, terá um acréscimo de tempo.

Por exemplo, em algumas atividades, será aplicado o fato 1.2. Assim, caso o segurado trabalhe 1 ano (366 dias) em condições especiais de tempo, esse tempo, ao ser convertido em comum, será multiplicado por 1.2 (366 x 1,2 = 439,2). Ao final, o tempo que ele trabalhou em condições especiais (366 dias) vai valer 1 ano e dois meses em tempo comum (439 dias).

Em termos práticos, em que pese não possa se aposentar de forma especial, o segurado vai precisar trabalhar menos tempos para se aposentar de forma comum, em razão das condições mais benéficas usadas na conversão do tempo especial em comum.

O STF entendeu que o direito a essa conversão não é assegurado aos servidores públicos. Para ele, não se extrai da norma contida no art. 40, § 4º, III, da Constituição, que existe o dever constitucional que o Presidente da República e o Congresso Nacional editem uma lei, em favor dos servidores públicos, prevendo contagem diferenciada para quem trabalhou parte da sua vida em atividades insalubres e, ao final, averbe (registre e some) este período para fins de aposentadoria.

Em outras palavras, para o STF, o art. 40, § 4º, III, da Constituição **não garante necessariamente aos servidores este direito à conversão com contagem diferenciada de tempo especial em comum**. O que este dispositivo garante é apenas o direito à aposentadoria especial, com critérios e requisitos diferenciados (**MI 3.788 AgR e MI-AgR 1.508/DF**).

08 Os especialistas em educação fazem jus a aposentadoria especial do artigo 40, § 5º, da Constituição?

Nos termos do § 5º, os requisitos de idade e tempo de contribuição serão reduzidos em cinco anos para os professores que comprovem exclusivamente tempo de efetivo exercício das funções de magistério na educação infantil e no ensino fundamental e médio.

Contudo, ao longo dos anos, chegou ao STF a discussão acerca do alcance da expressão "funções de magistério". Tal expressão abrangeria apenas o efetivo exercício "dentro da sala de aula", ou compreenderia também atividades correlatas, como a de diretoria escolar, por exemplo? E mais, apenas fariam jus à aposentadoria especial os professores, ou estariam abarcados pela norma também pessoas com formação específica na área pedagógica, inclusive com grau de pós-graduação, os chamados "especialistas em educação".

Ao analisar o tema na ADI 3772-2, o STF deu interpretação conforme ao artigo 67, parágrafo 2º, da Lei n. 9.394/1996, que dispõe:

> **Art. 67.** Os sistemas de ensino promoverão a valorização dos profissionais da educação, assegurando-lhes, inclusive nos termos dos estatutos e dos planos de carreira do magistério público: (...)
>
> § **2º** Para os efeitos do disposto no § 5º do art. 40 e no § 8º do art. 201 da Constituição Federal, são consideradas funções de magistério as exercidas por professores e especialistas em educação no desempenho de atividades educativas, quando exercidas em estabelecimento de educação básica em seus diversos níveis e modalidades, incluídas, além do exercício da docência, as de direção de unidade escolar e as de coordenação e assessoramento pedagógico.

De acordo com a mencionada decisão do Supremo, o dispositivo acima deve ser considerado constitucional desde que as atividades de exercício de direção de unidade escolar e as de coordenação e assessoramento pedagógico sejam exercidas por professores. Ou seja, os "especialistas em educação" não fazem jus à aposentadoria especial, **exceto, obviamente, no caso de também serem professores.**

09 Qual é o prazo para ação de revisão de aposentadoria no serviço público?

Havia na doutrina duas correntes sobre o tema:

1ª Corrente: entendia que o prazo para propor ação de revisão de aposentadoria no serviço público era de 10 anos, com fundamento no art. 103, *caput*, da Lei nº 8.213/91:

> **Art. 103.** É de dez anos o prazo de decadência de todo e qualquer direito ou ação do segurado ou beneficiário para a revisão do ato de concessão de benefício, a contar do dia primeiro do mês seguinte ao do recebimento da primeira prestação ou, quando for o caso, do dia em que tomar conhecimento da decisão indeferitória definitiva no âmbito administrativo

Aqui, cumpre esclarecer que, em que pese a lei refira-se a prazo decadencial, trata-se na verdade de um prazo prescricional. Isso porque a ação de revisão da aposentadoria tem como objetivo obrigar a Administração Pública a fazer uma nova aposentadoria e a pagar as parcelas pretéritas. Assim, é uma ação que veicula uma pretensão (obrigação de fazer e pagar), de forma o prazo é prescricional.

2ª Corrente: entende que o prazo é quinquenal (5 anos), com fulcro no art. 1º do Decreto 20.910/32:

> **Art. 1º** As dívidas passivas da União, dos Estados e dos Municípios, bem assim todo e qualquer direito ou ação contra a Fazenda Federal, Estadual ou Municipal, seja qual for a sua natureza, prescrevem em cinco anos contados da data do ato ou fato do qual se originarem.

Ao analisar o tema, **o STJ adotou a segunda corrente.** Para o STJ, a pretensão de revisão do ato de aposentadoria tem como termo inicial do prazo prescricional a concessão do benefício pela Administração. Após se passarem mais de 5 anos entre a aposentadoria do servidor e o ajuizamento da ação, ocorre a prescrição do fundo de direito **(Pet 9.156-RJ).** Para tanto, o STJ argumentou o seguinte:

a) O prazo previsto no art. 103 da Lei 8.213/91 é aplicável às aposentadorias concedidas pelo Regime Geral da Previdência Social (RGPS), não se aplicando para os benefícios concedidos nos regimes próprios dos servidores públicos (RPPS).

b) A CF/88 estabelece que os requisitos e critérios fixados para o RGPS serão aplicáveis ao regime de previdência dos servidores públicos apenas no que couber (§ 12 do art. 40). Em outras palavras, as regras de previdência dos trabalhadores em geral só serão aproveitadas para a previdência dos servidores públicos de forma subsidiária, ou seja, quando não houver regramento específico sobre determinado tema. Por isso, o constituinte utilizou a expressão "no que couber".

No caso do prazo para a ação de revisão, existe uma norma específica que prevê o prazo prescricional de 5 anos para as demandas que envolvem relações de cunho administrativo, tais como as ações propostas pelos servidores públicos contra a Administração Pública.

Assim, não se pode dizer que exista lacuna, razão pela qual se afasta a adoção do prazo decenal previsto no art. 103 da Lei 8.213/91.

É extremamente importante para os candidatos de provas de advocacia pública a seguinte informação: **o STJ afirmou que, passados os cinco anos, haverá a prescrição do próprio fundo de direito.**

Isso porque o STJ entendeu que a aposentadoria do servidor público é concedida por um único ato (ato complexo) e que, a partir dessa concessão, inicia-se a pretensão do aposentado de exigir a sua revisão.

Superado esse prazo de 5 anos, extingue-se não apenas a pretensão de receber as parcelas em atraso, mas também o próprio "fundo de direito", ou seja, não há mais como fazer a revisão. Logo, nesse caso, não se aplica o raciocínio exposto na súmula 85 do STJ:

> **STJ – Súmula nº 85:** Nas relações jurídicas de trato sucessivo em que a Fazenda Pública figure como devedora, quando não tiver sido negado o próprio direito reclamado, a prescrição atinge apenas as prestações vencidas antes do quinquênio anterior à propositura da ação

10 A servidora comissionada possui direito a estabilidade gravídica?

A nomeação e a exoneração de servidora pública para cargo comissionado são atos amplamente discricionários, razão pela qual por muito tempo se discutiu a possibilidade de se conceder a estabilidade gravídica a servidoras comissionadas.

O STF, pondo fim a polêmica, entendeu que as servidoras públicas e empregadas gestantes, inclusive as contratadas a título precário, como no caso das servidoras comissionadas, independentemente do regime jurídico de trabalho, têm direito à licença-maternidade de cento e vinte dias e à estabilidade provisória desde a confirmação da gravidez até cinco meses após o parto **(AI-AgR 804574 e RE-AgR 420839)**

A interpretação dada pelo Supremo Tribunal Federal ao art. 10, II, b, do ADCT foi a de que a estabilidade provisória instituída a favor da gestante visa proteger a maternidade e o nascituro, sendo irrelevante para esse específico efeito a forma de contratação, pois se trata de garantia de caráter social.

11 O servidor público que toma posse mediante liminar e no decorrer da vigência da liminar atinge os requisitos para aposentadoria, vindo a se aposentar, pode ter sua aposentadoria cassada nos casos em que a liminar é posteriormente revogada?

Amigos, já falamos aqui na parte sobre concurso público, que o STF entendeu que não se aplica a teoria do fato consumado aos casos de candidato que toma possa em cargo por meio de liminar **(RE 608.482).**

Assim, mesmo que tenham se passado muitos anos da posse mediante liminar, o candidato, no caso de o processo ter sido julgado improcedente ao final, terá sua nomeação tornada sem efeito.

Contudo, recentemente chegou ao STJ um caso inusitado. Determinado servidor tomou posse mediante liminar. O processo envolvendo o servidor demorou tanto a ser julgado, que o servidor conseguiu alcançar o tempo de contribuição necessário para se aposentar. Contudo, ao final, o processo do servidor foi julgado improcedente. Diante disso, a Administração tornou sem efeito a nomeação do servidor e cassou sua aposentadoria.

Ao analisar a situação, o STJ entendeu que, de fato, a nomeação do servidor deve ser tornada sem efeito, diante da inaplicabilidade da teoria do fato consumado. Contudo, o mesmo não se pode dizer da aposentadoria.

Isso porque o servidor efetivamente recolheu as contribuições necessárias para a aposentadoria, em razão de efetivamente ter prestado o serviço. Nesse sentido, da mesma forma que a Administração não pode exigir a devolução dos valores recebidos a título de remuneração, sob pena de enriquecimento ilícito, ela não pode ignorar o tempo de contribuição do servidor.

Assim, considerando que, embora ele estivesse de forma precária no cargo, o vínculo previdenciário, após as contribuições previdenciárias ao regime próprio, consolidou-se com a reunião dos requisitos para a concessão de aposentadoria.

Dessa forma, a legislação federal estabelece a cassação da aposentadoria apenas nos casos de demissão do servidor e acumulação ilegal de cargos (Arts. 133, § 6º e 134 da Lei 8.112/90), **não havendo, portanto, respaldo legal para impor a mesma penalização quando o exercício do cargo é amparado por decisões judiciais precárias e o servidor se aposenta por tempo de contribuição durante esse exercício após legítima contribuição ao sistema (MS 20.588/DF).**

12 De quem é a competência para julgar o processo administrativo disciplinar de servidor público cedido a outro órgão?

A legislação permite que um servidor seja cedido de um órgão para outro (Ex.: Fulanilson é servidor do Ministério Público da União e é cedido para o STF).

Nesse sentido, caso o servidor cedido cometa uma infração administração administrativa no órgão que o recebeu, o STJ entendeu o seguinte:

a) **Instauração do PAD:** deverá ser feita preferencialmente pelo STF (órgão no qual foi praticada a infração). O Fundamento para tanto é que essa providência facilita a colheita das provas, já que o ilícito lá foi praticado.

b) **Julgamento do servidor e aplicação da sanção:** deverão ser realizados obrigatoriamente pelo órgão ao qual o servidor está vinculado (No nosso exemplo, pelo MPU), uma vez que é com este órgão que o servidor possui o vínculo jurídico.

A instauração de processo disciplinar contra servidor efetivo cedido deve ocorrer, preferencialmente, no órgão em que tenha sido praticada a suposta irregularidade. Contudo, o julgamento e a eventual aplicação de sanção só podem ocorrer no órgão ao qual o servidor efetivo estiver vinculado **(STJ - MS 21.991-DF).**

13 O rol de doenças que permitem a aposentadoria por invalidez do servidor público, com proventos integrais, é taxativo ou exemplificativo?

A aposentadoria por invalidez permanente será proporcional ao tempo de contribuição, salvo nos casos em que a invalidez decorrer de acidente de serviço, moléstia profissional ou doença grave, contagiosa ou incurável, na forma da lei. Nesse último caso, a aposentadoria será por proventos integrais.

Assim, somente nos casos em que a invalidez for decorrente de acidente em serviço, moléstia profissional ou doença grave, contagiosa ou incurável, especificada em lei, é que a aposentadoria será com proventos integrais.

Em razão dessa exigência de a doença estar especificado em lei, chegou na jurisprudência a seguinte discussão: o rol das doenças previstas em lei é taxativo ou exemplificativo?

Prevaleceu que esse rol é taxativo. Isso porque o art. 41, § 1º, I, da CF/88 é bastante claro ao exigir que a lei defina as doenças e moléstias que ensejam aposentadoria por invalidez com proventos integrais. Logo, esse rol legal deve ser tido como exaustivo (taxativo) **(RE 656.860/MT).**

Em razão disso, o STJ tem decidido que serão PROPORCIONAIS (e não integrais) os proventos de aposentadoria de servidor público federal diagnosticado com doença grave, contagiosa ou incurável que não esteja prevista no art. 186, § 1º, da Lei nº 8.112/1990 nem indicada em lei **(REsp 1.324.671-SP).**

14 Na portaria de instauração de processo administrativo disciplinar é indispensável a descrição minuciosa da imputação para a garantia do exercício do contraditório e da ampla defesa?

NÃO. Segundo entendimento do STJ, a Portaria de instauração do Processo Administrativo dispensa a descrição minuciosa da imputação, **exigida após a instrução do feito, na fase de indiciamento,** o que é capaz de viabilizar o exercício do contraditório e da ampla defesa (**MS 2256 /DF**).

Isso ocorre porque a finalidade principal deste ato é **dar publicidade à designação dos agentes responsáveis pela instrução do feito.**

Assim, somente após a instrução, momento no qual a Administração coligirá todos os elementos probatórios aptos a comprovar possível conduta delitiva do investigado, a comissão processante será capaz de produzir um relato circunstanciado dos ilícitos supostamente praticados.

15 É válida a previsão de exame psicotécnico em concursos públicos?

Para a validade da realização de exames psicotécnicos em concursos públicos, os Tribunais Superiores entendem que é necessário o cumprimento dos seguintes pressupostos, cumulativamente:

a) Autorização em lei em sentido material e no edital do certame;

> **STF – Súmula Vinculante nº 44:** Só por lei se pode sujeitar a exame psicotécnico a habilitação de candidato a cargo público.

b) Estabelecimento de critérios objetivos, de reconhecido caráter científico para avaliação dos candidatos. Ademais, faz-se necessário um mínimo de publicidade sobre os critérios a serem utilizados no exame;

c) Possibilidade de recurso administrativo.

> **AGU - Súmula 35:** O exame psicotécnico a ser aplicado em concurso público deverá observar critérios objetivos, previstos no edital, e estará sujeito a recurso administrativo.

Presente todos esses requisitos é possível a realização de exame psicotécnico em caráter eliminatório.

16 A teoria do fato consumado se aplica a posse liminar em concurso público?

Segundo o STF a posse ou o exercício em cargo público por força de decisão judicial de caráter provisório não implica a manutenção, em definitivo, do candidato que não atende a exigência de prévia aprovação em concurso público (CF, art. 37, II), valor constitucional que prepondera sobre o interesse individual do candidato, que não pode invocar, na hipótese, o princípio da proteção da confiança legítima, pois conhece a precariedade da medida judicial.

Em termos mais simples, não se aplica a teoria do fato consumado para candidatos que assumiram o cargo público por força de decisão judicial provisória posteriormente revista **(RE 608482/RN).**

17 O Poder Judiciário tem legitimidade para controlar o mérito das questões de concurso público?

O STF entende que, em regra, não é possível o controle de mérito das questões de concurso público. Assim, os critérios utilizados pela banca examinadora não podem ser revistos pelo Poder Judiciário, uma vez que não compete ao Poder Judiciário substituir a banca examinadora para reexaminar o conteúdo das questões e os critérios de correção utilizados.

Excepcionalmente, contudo, em casos de flagrante ilegalidade ou inconstitucionalidade, a Justiça poderá ingressar no mérito administrativo para rever critérios de correção e de avaliação impostos pela banca examinadora **(RE 632853/CE).**

Com relação aos casos de conteúdos cobrados fora do edital, o STF tem outro entendimento. Nesse caso, é sim possível a anulação da questão. Aqui, o Judiciário não estará entrando no mérito da questão, mas apenas averiguando se houve violação ao edital do concurso.

18 É possível a execução provisória de penalidade aplicada a servidor público federal por meio de processo administrativo disciplinar – PAD?

A jurisprudência entende que é possível que a sanção aplicada em PAD, **inclusive a de demissão,** seja desde logo executada mesmo que ainda esteja pendente recurso administrativo.

Em outras palavras, não há qualquer ilegalidade na imediata execução de penalidade administrativa imposta em PAD a servidor público, ainda que a decisão não tenha transitado em julgado administrativamente **(STJ - MS 19.488/DF).**

Para tanto, o STJ utilizou dois fundamentos:

1º) Os atos administrativos gozam de auto-executoriedade, possibilitando que a Administração Pública realize por meios próprios, a execução dos seus efeitos materiais, independentemente de autorização judicial ou do trânsito em julgado da decisão administrativa.

2º) Ademais, a execução dos efeitos materiais de penalidade imposta ao servidor público não depende do julgamento de recurso interposto na esfera administrativa, uma vez que ele, em regra, não possui efeito suspensivo, nos termos do art. 109 da lei nº 8.112/90 **(STJ - MS 14.425/DF):**

> **Art. 109.** O recurso poderá ser recebido com efeito suspensivo, a juízo da autoridade competente. O recurso administrativo é recebido, via de regra, apenas no efeito devolutivo, o que permite a execução imediata da decisão tomada no processo administrativo.

19 A vedação ao nepotismo é absoluta?

⊖ Nepotismo. Que negócio é esse?

O nepotismo consiste na prática de favorecer parentes na nomeação de cargos públicos.

No Brasil, o nepotismo, em regra, é vedado.

⊖ Essa vedação exige a edição de uma lei?

Não. A prática do nepotismo é vedada em todos os poderes. Essa vedação decorre dos princípios da impessoalidade, eficiência, igualdade e moralidade. Estando esses princípios previstos na própria Constituição, **é desnecessário a edição de uma lei formal (STF. Rcl nº6.702/PR-MC-Ag).**

⊕ Qual é o alcance dessa vedação?

Nesse sentido, o STF possui a seguinte súmula vinculante:

> **STF - Súmula Vinculante nº 13:** A nomeação de cônjuge, companheiro ou parente em linha reta, colateral ou por afinidade, até o terceiro grau, inclusive, da autoridade nomeante ou de servidor da mesma pessoa jurídica investido em cargo de direção, chefia ou assessoramento, para o exercício de cargo em comissão ou de confiança ou, ainda, de função gratificada na administração pública direta e indireta em qualquer dos poderes da União, dos Estados, do Distrito Federal e dos Municípios, compreendido o ajuste mediante designações recíprocas, viola a Constituição Federal.

⊕ Essa vedação se aplica a nomeação de servidores de provimento efetivo?

Sobre o tema, considerando que o que se busca vedar no nepotismo são práticas de apadrinhamento, onde o sujeito é nomeado para cargo público em função de um vínculo familiar, a súmula vinculante nº 13 não se aplica nos casos em que o servidor foi aprovado anteriormente em concurso público.

Em outras palavras, caso uma pessoa tenha sido aprovada em concurso público para cargo efetivo, é possível que ela assuma o cargo, mesmo que na direção imediata esteja seu cônjuge ou parente. Isso porque, neste caso, este cônjuge ou parente não teve influência na contratação, que se deu em virtude de aprovação em concurso público.

Assim, norma que impede nepotismo no serviço público não alcança servidores de provimento efetivo **(ADI 524/ES).**

⊕ Essa vedação se aplica aos chamados cargos de natureza política?

A jurisprudência do Supremo Tribunal Federal tem majoritariamente afastado a aplicação da Súmula Vinculante 13 aos cargos de natureza política, conceito no qual se incluem os secretários municipais ou estaduais **(Rcl 29.099)**. Assim, ressalvada a situação de fraude à lei, a nomeação de parentes para cargos públicos de natureza política não desrespeita o conteúdo normativo do enunciado da Súmula Vinculante 13 **(RE 825.682 AgR).**

Excepcionalmente, contudo, o STF ressalvou que poderá ficar caracterizado o nepotismo mesmo em se tratando de cargo político caso fique demonstrada a inequívoca falta de razoabilidade na nomeação **por manifesta ausência de qualificação técnica ou inidoneidade moral do nomeado (Rcl 28024 AgR/SP)**.

Embora a jurisprudência majoritária do STF já tenha se pronunciado pela inexistência de violação do enunciado da Súmula Vinculante 13 na nomeação de parentes para cargos de natureza política, o tema deverá ser definitivamente resolvido no julgamento do RE 1.133.118/SP, o qual foi submetido a sistemática da repercussão geral. Sugiro acompanhar.

20 É possível a acumulação lícita de cargos públicos quando a jornada de trabalho ultrapassar 60 horas semanais?

⊖ Qual é o contexto?

A Constituição Federal de 88 permite, em algumas hipóteses, a acumulação lícita de cargos públicos. Ao analisar a situação, o Tribunal de Contas da União passou a entender que a acumulação, mesmo nas hipóteses previstas no âmbito da Constituição, não poderia ultrapassar as 60 horas semanais **(TCU 2.133/2005 e ACÓRDÃO 2242/2007).**

O fundamento do TCU foi no sentido de que cargas horárias superiores a 60 horas semanais comprometem a saúde do servidor, além de comprometer a qualidade do serviço a ser prestado, o que acaba violando o princípio da eficiência constitucional.

Esse também era o posicionamento no âmbito da Advocacia-Geral da União **(Parecer GQ 145/98).**

Ocorre que essa limitação não está contida no âmbito da Constituição, a qual exige apenas que haja a compatibilidade de horário entre os dois cargos. Assim, inicialmente o STJ afastou o entendimento do TCU, entendendo que, desde que haja compatibilidade de horários, é permitida acumulação lícita de cargos, mesmo nos casos em que a jornada é superior a 60 horas semanais, pois não há qualquer limitação expressa na Constituição **(AgRg no AREsp 291.919-RJ).**

Posteriormente, contudo, o STJ alterou seu entendimento, passando a adotar o posicionamento do TCU e da AGU, no sentido de ser vedado a acumulação de dois cargos públicos quando a soma da carga horária referente aos cargos ultrapassar o limite máximo de 60 horas semanais **(STJ - MS 19.336/DF e AgInt no MS 22.862/DF).**

Mais recentemente, contudo, o STF entendeu de forma diferente, afirmando que não há limitação de carga horária para a acumulação lícita de cargos públicos, pois essa limitação não foi prevista na Constituição. Em outras palavras, o STF entendeu que a acumulação de cargos públicos de profissionais da área de saúde, prevista no art. 37, XVI, da CF/88, não se sujeita ao limite de 60 horas semanais, previsto em norma infraconstitucional, pois inexiste tal requisito na Constituição Federal **(RE 1.094.802 AgR).**

Em razão desse novo entendimento do STF, o STJ alterou, novamente, seu entendimento, passando a defender o mesmo entendimento do STF. É dizer, o STJ também entendeu que a acumulação de cargos públicos de profissionais da área de saúde, prevista no art. 37, XVI, da CF/88, não se sujeita ao limite de 60 horas semanais, previsto em norma infraconstitucional, pois inexiste tal requisito na Constituição Federal **(REsp 1.746.784-PE).**

Assim, resumindo o assunto para você que se perdeu: o último posicionamento dos Tribunais Superiores é no sentido que o único requisito a ser analisado na acumulação lícita de cargos é a compatibilidade de horários, **não importando a carga horária dos cargos.**

Por tudo que foi visto, denota-se que a jurisprudência sobre o tema não é muito estável. Assim, recomendo que ele seja acompanhado, especialmente para os que fazem concurso da advocacia pública federal.

21 Aplica-se a teoria do crime continuado no Processo Administrativo Disciplinar?

➔ Qual é o contexto?

O crime continuado é uma ficção jurídica criada para ajudar o réu. Embora faticamente ele tenha praticado mais de um crime, a lei considera que ele cometeu apenas um. Assim, ao contrário de somar a pena dos crimes, ela aplica apenas a pena de um crime, com um aumento de pena previsto na lei. Isso faz que, ao final, a pena do réu seja menor.

No âmbito administrativo, a relevância prática da aplicação do crime continuado é a seguinte. Caso o servidor pratique duas ou mais condutas passíveis de aplicação da pena de suspensão, ele já poderá ter contra si aplicada a pena de demissão. Contudo, se aplicamos a teoria do crime continuado, teríamos que considerar que ele só cometeu um ilícito passível de suspensão, de forma que não é possível aplicar a pena de demissão.

➔ O STJ adota essa teoria no âmbito do PAD?

O STJ possui precedente negando a aplicação dessa teoria em sede administrativa **(RMS 19.853/MS)**.

Em outro precedente, afirmou que, mesmo que se entendesse pela aplicação da teoria do crime continuado, seria preciso analisar os requisitos para sua aplicação, que são os seguintes:

1º Requisitos objetivos: o crime deve ter sido praticado nas mesmas condições de tempo, lugar e modo de execução do delito, conforme prevê expressamente o art. 71; e

2º Requisitos de natureza subjetiva: é a unidade de desígnio, ou seja, o liame volitivo entre os delitos, a demonstrar que os atos criminosos se apresentam entrelaçados (a conduta posterior deve constituir um desdobramento da anterior). O agente queria cometer um só crime, mas escolheu fazer isso de forma parcelada.

No caso concreto em análise, o STJ afirmou que os requisitos não estavam preenchidos. Isso porque os ilícitos foram praticados em condições de tempo, lugar e modo de execução diferentes, estando também ausente a unidade de desígnios ou vínculo subjetivo entre as condutas **(REsp 1.471.760-GO).**

Assim, o STJ tem afastado a aplicação da teoria do crime continuado em sede administrativa.

22 É possível a eliminação de candidatos na sindicância de vida pregressa ou investigação social, em razão de inquéritos policiais ou decisões judiciais não transitada em julgada?

⊝ Qual o contexto?

Amigos, em diversos concursos, é comum haver a fase da sindicância de vida pregressa ou investigação social. Na maioria das vezes, essa análise é feita por meio da apresentação de certidões de antecedentes penais do candidato, emitidas em locais em que ele já fixou residência.

⊝ Essa fase pode ter caráter eliminatório?

Sim. Como a maioria das leis que regulam as carreiras do serviço público exigem como requisito para a posse a chamada idoneidade moral, é possível que ela tenha o caráter eliminatório. Contudo, não se aceita que ela tenha caráter classificatório. É dizer, ela não pode interferir na pontuação dos candidatos.

⊝ É possível a eliminação de candidatos na sindicância de vida pregressa ou investigação social, em razão de inquéritos policiais ou decisões judiciais não transitada em julgada?

A questão central aqui é saber se o candidato pode ser eliminado sem o trânsito em julgado de uma condenação ou se isso fere o princípio da não culpabilidade.

O STJ entende que, em regra, é ilegítima a exclusão de candidato de concurso público, na fase de investigação social, apenas em virtude de existência de ação penal sem trânsito em julgado, em observância ao princípio da presunção da inocência **(AgRg no AREsp 418345/DF).**

Ocorre que **o próprio STJ tem admitido exceções,** aceitando a eliminação de candidatos sem o trânsito em julgado, especialmente quando se tratar de "cargos sensíveis", normalmente envolvendo a área militar. Assim, o STJ já decidiu (**RMS nº 37331/DF, AgRg no RMS 23819/RO**), que a existência de inquéritos em andamento pode pesar como mau comportamento para fins de sindicância de vida pregressa em concurso público para provimento de cargos de soldado de polícia militar.

Já **o STF não admite essa exceção**, entendendo que é inconstitucional a exclusão de certame público de candidato que responda a inquérito policial ou ação penal sem trânsito em julgado da sentença condenatória, por nítida violação ao princípio da presunção de inocência (**ARE 1099974/SP**).

⊖ **É possível que um candidato seja eliminado na fase de sindicância por possuir débitos registrados nos sistemas de proteção ao crédito (Ex.: SPC e SERASA)?**

O STJ entendeu que não.

Segundo o Tribunal da Cidadania, destoa dos princípios da proporcionalidade e razoabilidade o ato que exclui do certame candidato que possui nome negativado em cadastro de restrição creditícia, já que nem ações penais ou inquéritos policiais em curso como regra possuem o condão de eliminar o candidato, com maior razão a simples inscrição no SPC/SERASA também não detém essa capacidade. (**RMS 30.734/DF**).

III. LICITAÇÕES, CONTRATOS E SERVIÇOS PÚBLICOS

01 No âmbito da concessão de serviços públicos, a decretação de intervenção demanda a observância do contraditório e da ampla defesa?

No âmbito das concessões e permissões de serviços públicos, caso haja indícios de má prestação do serviço, o poder concedente tem a prerrogativa de intervir na concessão ou permissão.

Dessa forma, conforme o art. 32 da Lei 8.987/95, o poder concedente poderá intervir na concessão, com o fim de assegurar a adequação na prestação do serviço, bem como o fiel cumprimento das normas contratuais, regulamentares e legais pertinentes. O mesmo artigo esclarece ainda que a intervenção se dará por meio de decreto do poder concedente.

No ponto, convém ressaltar que a intervenção, por si só, **não é uma sanção**. Na realidade, ela consiste em um mero procedimento acautelatório, mediante o qual poder concedente assume a gestão direta do serviço público, visando a assegurar a prestação de serviço, adequado, sem quebra de continuidade, enquanto apura as irregularidades eventualmente havidas na sua prestação pela concessionária, bem como as responsabilidades respectivas.

Por isso, a intervenção é decretada desde logo, sem contraditório e ampla defesa prévios. Depois de decretada a intervenção, **já durante o procedimento administrativo**, é que são plenamente garantidos o contraditório e a ampla defesa.

02 A aplicação da sanção de "declaração de inidoneidade para contratar e licitar com Administração Pública" (Art. 86, da Lei 8.666/93) permite a rescisão automática dos contratos já existentes?

O cerne da questão é o seguinte: caso uma empresa leve a pena de suspensão ou declaração de idoneidade (Art. 87, incisos III e IV, da Lei 8.666/93) podem ser considerados automaticamente extintos os contratos que ela possui junto ao poder público?

A jurisprudência do STJ **(MS 13.964/DF)** firmou entendimento pela inexistência de efeito rescisório automático como decorrência da aplicação das sanções de suspensão e declaração de inidoneidade.

Significa dizer que essas penalidades **somente têm efeitos prospectivos ("ex nunc")**, obstando, enquanto a sanção perdurar, a celebração de contratos futuros. Elas **não** autorizam que se considere **automaticamente** rescindidos os contratos já em execução.

Ressalta-se, contudo, que a inexistência de efeito rescisório automático **não impede que a administração promova medidas específicas necessárias para rescindir os contratos nos casos em que alguns deles se enquadrem nas hipóteses legais de rescisão**, observando-se sempre o contraditório e a ampla defesa

03 Diferencie, em relação a natureza jurídica, permissão de uso de bem público e permissão de serviço público.

Até a edição da Lei 8.987/95, tanto a permissão de serviço quanto a permissão de uso de bem público possuíam a natureza de ato administrativo unilateral. Com o advento da Lei 8.987/95, previu-se que a permissão de serviço deve ser feita por contrato.

Celso Antônio, contudo, mesmo após a Lei 8.987/95, afirma que a permissão de serviço tem natureza de ato administrativo unilateral. Para ele, não pode haver precariedade em uma permissão realizada por contrato.

O STF, contudo, entende que após a edição da Lei 8.987/95 a permissão possui natureza contratual. A natureza jurídica da concessão é a mesma da permissão, ambas possuem a natureza contratual.

Em suma, permissão de uso de bem público tem natureza de **ato.** Permissão de serviço tem natureza de **contrato.**

04 Diferencie, no âmbito dos contratos de concessão de serviços públicos, reajuste de revisão.

Para a administração, a expressão **reajuste** deve ser empregada para reportar àquelas alterações de valor que representam mera atualização, com periodicidade preestabelecida, segundo índices que reflitam a variação dos preços dos insumos relacionadas à prestação do serviço, definidos previamente no contrato, destinando-se simplesmente manter o valor real da tarifa.

Já a expressão **revisão (ou recomposição)** deve ser usada para os casos de alteração no valor da tarifa que visem a restabelecer o equilíbrio econômico financeiro; quando fatores pontuais alteram de modo extraordinário as condições inicialmente existentes. O legislador, adotando a diferenciação doutrinária, estabeleceu o seguinte (Lei 8.987/95):

> **Art. 29.** Incumbe ao poder concedente:
>
> V - **HOMOLOGAR** reajustes e **PROCEDER** à revisão das tarifas na forma desta Lei, das normas pertinentes e do contrato;

No reajuste a função é só **homologar**, porque forma de se calcular, os índices e a periodicidade, já estão previamente definidos no contrato.

No caso de revisão, o poder concedente deve **proceder** porque não há um cálculo preestabelecido que possa ser efetuado pela própria concessionária, devendo o poder concedente instalar procedimento administrativo para comprovar formalmente a superveniência de circunstâncias que tenham alterado o equilíbrio financeiro econômico do contrato.

05 Em quais hipóteses de extinção do contrato de serviço público o concessionário tem direito a indenização dos bens reversíveis não amortizados ou depreciados (Art. 36, da Lei 8.987/95)?

Os bens utilizados na prestação do serviço pelo concessionário, ao final do contrato, voltam para o poder público (poder concedente). Para incentivar que a concessionária continue a fazer investimentos até o fim do contrato, com vistas a assegurar a continuidade e atualidade do serviço concedido, o art. 36 da Lei 8.987/95 estabeleceu que o concessionário tem direito a indenização dos bens não amortizados e depreciados.

De forma bem resumida, a amortização consiste na recuperação, por meio dos valores recebidos na exploração do próprio serviço concedido, por parte do concessionário, dos valores investidos em bens e serviços vinculados aos contratos de concessão (Ex.: compra de trem do metrô se pagou com a venda das passagens). Afirmar que os bens não foram amortizados ou depreciados significa, em suma, que o concessionário não recuperou o valor investido naqueles bens.

Muita gente é levada a crer que nos casos de caducidade, em que a extinção do contrato ocorre por culpa do concessionário, ele não teria direito a indenização dos bens reversíveis ainda não amortizados ou depreciados. Contudo, isso não é verdade.

Essa regra de indenização dos bens reversíveis ainda não amortizados ou depreciados **aplica-se a todas as hipóteses de extinção**. A diferença é que encampação a indenização **deve ser prévia** e na caducidade a administração **desconta do valor a indenizar os prejuízos causados pela concessionária e as multas por elas devidas.**

06 É válida a interrupção do serviço público por razões de ordem técnica se houve prévio aviso por meio de rádio?

⊝ É possível interromper a prestação de um serviço público?

Tendo em vista a essencialidade dos serviços públicos, em regra, os serviços públicos não podem ser interrompidos, nos termos do princípio da continuidade dos serviços públicos. Excepcionalmente, contudo, a lei geral dos serviços públicos (Lei 8.987/95) permite a interrupção, nas seguintes hipóteses:

> **Art. 6º** Toda concessão ou permissão pressupõe a prestação de serviço adequado ao pleno atendimento dos usuários, conforme estabelecido nesta Lei, nas normas pertinentes e no respectivo contrato.
>
> **§ 3º** Não se caracteriza como descontinuidade do serviço a sua interrupção em situação de emergência ou após prévio aviso, quando:
>
> **I** - motivada por razões de ordem técnica ou de segurança das instalações; e,
>
> **II** - por inadimplemento do usuário, considerado o interesse da coletividade.

Assim, a lei previu 03 hipóteses onde os serviços públicos podem ser interrompidos, quais sejam: **a)** Em caso de emergência (mesmo sem aviso prévio); **b)** Por razões de ordem técnica ou de segurança das instalações, desde que o usuário seja previamente avisado; **c)** Por causa de inadimplemento do usuário, desde que ele seja previamente avisado.

➔ O aviso prévio que a lei exige pode ser dado mediante rádio?

Ao analisar uma situação concreta, onde o aviso da interrupção foi dado mediante divulgação em rádio, o STJ entendeu que a divulgação da suspensão no fornecimento de serviço de energia elétrica por meio de emissoras de rádio, dias antes da interrupção, satisfaz a exigência de aviso prévio, prevista no art. 6º, § 3º, da Lei nº 8.987/95 **(REsp 1.270.339-SC).**

Na ocasião, deixou claro o STJ que a Lei nº 8.987/95 não explicita a forma como deva ocorrer o aviso de interrupção do fornecimento do serviço, razão pela qual a divulgação em emissoras de rádio com cobertura no Município dias antes da suspensão satisfaz a exigência prevista na lei.

Nesse sentido, o rádio é um dos meios mais populares e o de maior alcance público, e por estas razões há que se reconhecer a ocorrência de aviso prévio válido e apto a produzir efeitos. Em sendo assim, não há que se falar em descumprimento do aviso prévio exigido pela lei se a informação foi transmitida via rádio.

07 Qual é o termo inicial da punição de contratar com a União, Estados, Distrito Federal ou Municípios pelo prazo de até 5 anos, prevista no artigo 7º da Lei do Pregão?

⊖ Pregão. Que negócio esse?

É a modalidade de licitação destinada à aquisição de bens e serviços comuns, que pode ser utilizada para qualquer valor de contrato, sempre se utilizado do tipo de licitação menor preço.

O pregão é regulado pela Lei 10.520/2002, a qual estabeleceu a seguinte regra:

> **Art. 7º** Quem, convocado dentro do prazo de validade da sua proposta, não celebrar o contrato, deixar de entregar ou apresentar documentação falsa exigida para o certame, ensejar o retardamento da execução de seu objeto, não mantiver a proposta, falhar ou fraudar na execução do contrato, comportar-se de modo inidôneo ou cometer fraude fiscal, ficará impedido de licitar e contratar com a União, Estados, Distrito Federal ou Municípios e, será descredenciado no Sicaf, ou nos sistemas de cadastramento de fornecedores a que se refere o inciso XIV do art. 4º desta Lei, pelo prazo de até 5 (cinco) anos, sem prejuízo das multas previstas em edital e no contrato e das demais cominações legais.

Assim, temos que o artigo 7º pune as seguintes condutas, em relação ao licitante que for convocado dentro do prazo de validade de sua proposta e: **a)** não celebrar o contrato; **b)** deixar de entregar a documentação; **c)** apresentar documentação falsa; **d)** retardar a execução do que contratado; **e)** não mantiver a proposta; **f)** falhar ou fraudar na execução do contrato; **g)** comportar-se de modo inidôneo; ou **h)** cometer fraude fiscal.

As referidas condutas sujeitam o infrator as seguintes sanções: **a)** Ficará impedido de licitar e contratar com a União, Estados, Distrito Federal ou Municípios por 05 anos; **b)** Será descredenciado no SICAF, ou nos sistemas de cadastramento de fornecedores; **c)** Pagará multa prevista no edital ou contrato.

➔ Qual é o termo inicial da sanção?

Discutiu-se qual era o termo inicial da punição, se a publicação no Diário Oficial ou o dia em que é feito o registro negativo sobre a empresa no SICAF? Isso é importante porque a inserção dessa informação no SICAF normalmente demora um tempo para acontecer. Assim, é mais benéfico para o infrator que seja a data da publicação no DO.

A União entendia que o prazo seria com o registro sobre a empresa no SICAF. Isso porque, somente após seu registro, é que os órgãos federais poderiam tomar ciência da punição.

O STJ, contudo, entendeu **(MS 20.784-DF)** que termo inicial para efeito de contagem e detração (abatimento) da penalidade prevista no art. 7º da Lei 10.520/2002, aplicada por órgão federal, coincide com a data em que foi publicada a decisão administrativa no Diário Oficial da União – e não com a do registro no SICAF.

O fundamento do STJ é que a própria Lei 8.666/1993, em seu art. 6º, XIII, estabelece que os atos relativos aos procedimentos licitatórios federais serão divulgados no DOU. Assim, se a publicação se dá em órgão da imprensa oficial, nos termos do que prevê o art. 37, *caput*, da CF, seria contraditório e artificial se supor que, a partir dali, não haveria ciência do ente federal, e, consequentemente, não seria capaz de dar início ao cômputo da detração.

08 Para fins de abertura de uma licitação, o ente licitante deve comprovar a disponibilidade orçamentária desde o início?

Amigos, a Lei 8.666/93 estabelece o seguinte requisito para a realização de uma licitação:

> **Art. 7º** As licitações para a execução de obras e para a prestação de serviços obedecerão ao disposto neste artigo e, em particular, à seguinte sequência:
>
> **§ 2º** As obras e os serviços somente poderão ser licitados quando:
>
> **III** - houver previsão de recursos orçamentários que assegurem o pagamento das obrigações decorrentes de obras ou serviços a serem executadas no exercício financeiro em curso, de acordo com o respectivo cronograma;

Assim, temos que um dos requisitos para a realização de uma licitação é a previsão de recursos orçamentários que assegurem o seu pagamento. O que se discute aqui é se a lei exigiu apenas a mera previsão orçamentária ou se deve haver a efetiva disponibilidade orçamentária.

O tema é importe porque a mera previsão orçamentária não significa que os recursos efetivamente existam. Isso porque o orçamento é realizado a partir da previsão de arrecadação de receitas para determinado exercício, arrecadação essa que pode não ocorrer. Assim, o fato de haver a previsão de determinada despesa no orçamento não significa que haja efetivamente recursos para ela.

Ao analisar o tema, o STJ entendeu que a Lei 8.666/93 se contenta com a mera previsão da despesa no orçamento, não sendo necessária a efetiva disponibilidade dos recursos.

Segundo o STJ, a Lei de Licitações exige, para a realização de licitação, a existência de previsão de recursos orçamentários que assegurem o pagamento das obrigações decorrentes de obras ou serviços a serem executados no exercício financeiro em curso, de acordo com o respectivo cronograma, ou seja, a lei não exige a disponibilidade financeira (fato de a Administração ter o recurso antes do início da licitação), mas, tão somente, que haja previsão desses recursos na lei orçamentária **(REsp 1.141.021-SP).**

09 Relicitação. Que negócio é esse?

➔ Qual é o contexto?

Por meio da Lei 13.344/16, criou-se o Programa de Parcerias de Investimentos – PPI, com o objetivo de fomentar grandes obras. Ocorre que diversas concessionárias que celebraram contratos de parceria nos setores rodoviário, ferroviário e aeroportuário não estavam conseguindo cumprir suas obrigações.

Em razão disso, foi editada a Lei nº 13.448/2017, a qual passou a prever o instituto da relicitação nos setores rodoviário, ferroviário e aeroportuário da administração pública federal.

➔ Mas final, que negócio é essa relicitação?

A Relicitação pode ser conceituado como a extinção amigável do contrato de parceria (Lei nº 13.334/2016) e a celebração de novo ajuste negocial para o empreendimento, em novas condições contratuais e com novos contratados, mediante licitação promovida para esse fim.

Para tanto, deverá o concessionário que estiver em dificuldade de cumprir com as suas obrigações contratuais ou financeiras formular requerimento ao Poder Público solicitando a relicitação, a qual poderá ou não concordar com o pedido.

Uma vez aceita a relicitação, a concessionária que terá o contrato extinto receberá uma indenização, a ser definida por meio de arbitragem ou outro mecanismo privado de resolução de conflitos admitido na legislação aplicável (art. 15, III, da Lei nº 13.448/2017).

➔ Qual é a vantagem da relicitação?

Se a concessionária não está cumprindo os termos do contrato celebrado com a Administração, ela fica sujeita a penalidade de cassação, que constitui uma forma de extinção do contrato. Ademais, ela se sujeita ainda a penalidade de inabilitação de contratar com a Administração Pública.

Caso seja adotado o procedimento da relicitação, a indenização ao concessionário será paga pelo novo contratado, nos termos e limites previstos no edital da relicitação. Ademais ela não se sujeita a nenhuma penalidade, somente não podendo participar do edital de relicitação.

10 Diferencie licitação fracassada de licitação deserta.

Quando todos os licitantes forem desclassificados, ocorre a chamada **licitação fracassada.** Nesse caso, antes de haver a dispensa da licitação, a administração poderá ser utilizar da providência prevista no artigo 48, § 3º:

Assim, quando todos os licitantes forem inabilitados ou todas as propostas forem desclassificadas, a administração poderá fixar aos licitantes o prazo de oito dias úteis para a apresentação de nova documentação ou de outras propostas escoimadas das causas referidas neste artigo, facultada, no caso de convite, a redução deste prazo para três dias úteis.

Já quando não aparece interessados na licitação, ocorre a chamada **licitação deserta,** que é causa de dispensa da licitação.

11 Efeito Carona. Que negócio é esse?

➔ Qual é o contexto?

Para entender o efeito carona, é preciso primeiro entender o que é sistema de registro de preços, previsto no artigo 15 da Lei 8.666/93.

O Sistema de Registro de Preços (SRP) pode ser definido como procedimento administrativo por meio do qual a Administração Pública seleciona as propostas mais vantajosas, mediante concorrência ou pregão, que ficarão registradas perante a autoridade estatal **para futuras e eventuais contratações.**

O objetivo do registro de preços é racionalizar as contratações e efetivar o princípio da economicidade. Assim, em vez de promover nova licitação a cada aquisição de produtos e serviços, necessários para o dia a dia da máquina administrativa, **a administração realiza uma única licitação para registrar os preços e realizar, futura e discricionariamente, as contratações.**

➔ Efeito carona. Que negócio é esse?

Os "caronas" são os órgãos e entidades administrativas que **não** participaram do registro, mas que pretendem utilizar a ata de registro de preços para suas contratações, mediante a anuência do órgão gerenciador. (Ex.: o INSS faz um registro de preços. Posteriormente o IBAMA resolve usar o sistema de registro de preços do INSS. Veja que o IBAMA está pegando carona no sistema de registro de outro órgão).

Isso gera muitas críticas, porque, no exemplo supracitado, primeiro, o IBAMA está celebrando contrato sem licitar. Além disso, ele já vê nas atas quais são os preços ofertados e qual é o que ele quer. Na prática, há quem alegue que esse é um modo de fraude, pois o órgão acaba escolhendo qual é a ata que ele quer aderir.

➔ **É possível o aproveitamento da ata de registro de preços por órgãos e entidades de outros entes federativos diferentes daquele que realizou o Sistema de Registro de Preço (exemplo: carona de órgão do Estado por SRG feito pela União)?**

O tema é bem controverso. No âmbito federal, por exemplo, há entendimento da AGU vedando tal procedimento em relação aos órgãos federais:

> **Orientação normativa nº 21 da AGU: É VEDADA** aos Órgãos Públicos FEDERAIS a adesão à ata de registro de preços quando a licitação tiver sido realizada pela administração pública estadual, municipal ou do distrito federal, bem como por entidades paraestatais.

Da mesma forma, o Tribunal de Contas do Estado de São Paulo também não aceita o uso do efeito carona:

> **Súmula 33 do TCE/SP**: No sistema de registro de preços, é vedada a adesão à ata por órgão ou entidade que não participou da licitação ("carona"), excetuadas as hipóteses admitidas em lei federal.

Rafael Oliveira, por sua vez, entende que é possível. Para ele, a distinção entre os termos "Administração Pública" e "Administração", consagrada pela lei 8.666/1993, não é dotada de maior técnica (a doutrina não costuma fazer tal distinção) e não pode ser utilizada de maneira acrítica. Ademais, não se pode perder de vista que a licitação possui caráter instrumental, pois 02 de seus objetivos principais são garantir tratamento isonômico entre os interessados em contratar com a Administração e obter a proposta mais vantajosa. Para ele, na utilização da ata pelo carona, esses dois objetivos são alcançados.

12 Quais são os valores de referência para o uso das modalidades de licitação?

A Lei 8.666/93 estabelece o seguinte:

> **Art. 23.** As modalidades de licitação a que se referem os incisos I a III do artigo anterior serão determinadas em função dos seguintes limites, tendo em vista o valor estimado da contratação:
>
> I - para obras e serviços de engenharia:

a) convite - até R$ 150.000,00 (cento e cinqüenta mil reais);

b) tomada de preços - até R$ 1.500.000,00 (um milhão e quinhentos mil reais);

c) concorrência: acima de R$ 1.500.000,00 (um milhão e quinhentos mil reais);

II - para compras e serviços não referidos no inciso anterior:

a) convite - até R$ 80.000,00 (oitenta mil reais);

b) tomada de preços - até R$ 650.000,00 (seiscentos e cinqüenta mil reais);

c) concorrência - acima de R$ 650.000,00 (seiscentos e cinqüenta mil reais).

Ocorre que, por meio de decreto federal (Decreto nº 9.412/2018), os valores das modalidades de licitação foram reajustados em 120% (cento e vinte por cento) em relação aos patamares previstos na legislação.

As dúvidas sobre ele são as seguintes:

a) A atualização dos valores em questão poderia ser feita me/diante decreto?

Sim, pois nesse caso o Decreto apenas regulamenta o disposto na Lei 8.666/93:

> **Art. 120.** Os valores fixados por esta Lei poderão ser anualmente revistos pelo Poder Executivo Federal, que os fará publicar no Diário Oficial da União, observando como limite superior a variação geral dos preços do mercado, no período.

Vejam que a própria Lei 8.666/93 permitiu a atualização dos valores previsto na lei por meio de decreto, observado sempre o limite da variação do INPC do ano anterior. Assim, o decreto apenas cumpre o disposto na lei. Na realidade, não há que se falar em aumento, mas apenas de atualização de valores.

b) O decreto também afetou os valores de dispensa?

Sim, em que pese a redação do Decreto não trate, expressamente, da alteração dos limites para a contratação direta de pequeno valor (Art. 24, incisos I e II), eles também foram afetados, pois, na contratação direta, existe uma vinculação entre a dispensa e o valor limite da modalidade Convite. Assim, em tendo sido atualizado os valores previstos para a modalidade convite, automaticamente se atualizou o valor para a contratação direta de pequeno valor.

c) **Esses valores se aplicam aos Estados e Municípios?**

Sim, pois o art. 120 da Lei 8.666/93 somente permitiu ao Poder Executivo Federal o reajuste, negando tal direito aos demais entes. Com isso, parece razoável defender que quis o Legislador que o Decreto publicado pelo Executivo Federal valesse para todos os entes. Ademais, se trata apenas de mero reajuste de valores, não havendo que se falar em aumento.

Em resumo, os valores de referência para o uso das modalidades de licitação previstos em lei devem ser atualizados, nos termos do Decreto nº 9.412/2018.

13 O aumento dos encargos trabalhistas de um contrato administrativo, decorrente de um dissídio coletivo, autoriza a recomposição do equilíbrio econômico-financeiro do referido contrato administrativo?

Amigos, o particular, quando realiza um contrato administrativo, possui o direito de manutenção do equilíbrio econômico-financeiro do contrato. Esse direito, inclusive, tem previsão constitucional, no artigo 37, XXI, que estabelece a necessidade de manutenção das condições efetivas da proposta vencedora na licitação.

Uma das modalidades de manutenção do equilíbrio econômico-financeiro é a chamada revisão do contrato, que ocorre sempre que há fatos supervenientes e imprevisíveis (Ex.: caso fortuito e força maior) ou mesmo previsíveis, mas de consequências incalculáveis (Ex.: alteração unilateral do contrato).

Assim, em regra, para que haja a revisão do contrato, exige-se que o fato seja supervenientes e imprevisível (Teoria da Imprevisão).

Ao analisar a possibilidade de o aumento dos custos trabalhistas decorrentes de Convenção ou Acordo Coletivo possibilitarem a revisão do contrato, o STJ firmou compreensão no sentido de que o aumento de encargos trabalhistas determinado por dissídio coletivo de categoria profissional **é acontecimento previsível** e deve ser suportado pela contratada, não havendo falar em aplicação da teoria da imprevisão para a recomposição do equilíbrio econômico-financeiro do contrato administrativo **(REsp nº 827.635-AgRg/SP e REsp 1.139.284-AgRg/DF).**

14 Credenciamento. Que negócio é esse?

⊖ Qual é o contexto?

O credenciamento pode ser conceituado como um conjunto de procedimentos por meio do qual a Administração credencia, mediante chamamento público, todos os prestadores aptos e interessados em realizar determinados serviços, quando o interesse público for melhor atendido com a contratação do maior número possível de prestadores simultâneos.

Por exemplo, a Administração quer contratar pediatras para prestar serviços médicos. Assim, ela faz um chamamento público para cadastrar esses profissionais. Todos aqueles que cumprirem os requisitos mínimos estabelecidos no chamamento estão aptos a prestar o serviço.

Trata-se de procedimento muito usado na Administração Pública na prestação de serviços de saúde.

O credenciamento, portanto, é uma espécie de inexigibilidade de licitação.

⊖ Inexigibilidade? Como assim?

A inexigibilidade ocorre quando há inviabilidade de competição. Ao analisar o tema, a doutrina afirma que a inviabilidade de competição não é um conceito simples, que corresponda a uma ideia única, mas sim um gênero, que comporta várias modalidades, tais como: ausência de mercado concorrencial; impossibilidade de julgamento objetivo, ausência de definição objetiva da prestação.

As hipóteses de inexigibilidade encontram-se previstas no artigo 25 da Lei 8.666/93:

> **Art. 25.** É inexigível a licitação quando houver inviabilidade de competição, **em especial:**

> I- para aquisição de materiais, equipamentos, ou gêneros que só possam ser fornecidos por produtor, empresa ou representante comercial exclusivo, vedada a preferência de marca, devendo a comprovação de exclusividade ser feita através de atestado fornecido pelo órgão de registro do comércio do local em que se realizaria a licitação ou a obra ou o serviço, pelo Sindicato, Federação ou Confederação Patronal, ou, ainda, pelas entidades equivalentes;
>
> II - para a contratação de serviços técnicos enumerados no art. 13 desta Lei, de natureza singular, com profissionais ou empresas de notória especialização, vedada a inexigibilidade para serviços de publicidade e divulgação;
>
> III - para contratação de profissional de qualquer setor artístico, diretamente ou através de empresário exclusivo, desde que consagrado pela crítica especializada ou pela opinião pública.

Note que o legislador utilizou a expressão "em especial" no *caput* do artigo 25, o que induz **a não taxatividade** das hipóteses previstas pelo dispositivo, uma vez que seria impossível ao legislador a previsão de todas as situações em que a competição não seria aplicável.

Segundo esse raciocínio, embora não esteja previsto de forma expressa na Lei 8.666/93, uma hipótese de inexigibilidade de licitação que tem sido amplamente utilizada e reconhecida pela doutrina e pela jurisprudência, **é a aquela que consagra a figura do credenciamento.**

Note-se que a inviabilidade de competição decorre essencialmente da possibilidade de se contratar todos os que se enquadrarem nos requisitos estabelecidos pela Administração, indistintamente. Nos casos em que o credenciamento faz-se possível, não haverá como avaliar se um é melhor ou pior nem mais barato ou mais caro do que outro, **porque todos atendem perfeitamente ao interesse da Administração.**

Diante da impossibilidade de escolher um só, bem como da ausência de possibilidade de selecionar a melhor proposta, permite-se o credenciamento de todos, procedimento em que, a despeito de não se enquadrar como licitação nem buscar a melhor proposta, realiza os princípios da isonomia, da impessoalidade, da publicidade, da vinculação ao instrumento convocatório etc. Enquadra-se essa forma de contratação no *caput* do art. 25 da Lei 8.666/933, isto é, no dispositivo que arrola casos não específicos de inexigibilidade.

➔ Qual é então o critério de escolha no credenciamento?

Como no credenciamento todos, em tese, atendem perfeitamente o interesse da Administração, **o critério de escolha deverá ser objetivo.** Tem-se admitido, assim, o uso do sorteio ou mesmo que o próprio usuário faça a escolha. No nosso exemplo inicial, permite-se que o próprio paciente indique o pediatra de sua escolha dentre aqueles credenciados pela Administração. O que não se aceita aqui é que haja critérios subjetivos de escolha no credenciamento, uma vez que todos estão aptos a prestarem o serviço, daí porque a licitação é inexigível no caso.

15 A chamada emergência fabricada autoriza a contratação direta?

➔ Qual o contexto?

No Brasil, em regra, as contratações devem ser precedidas de licitação. Em algumas situações, contudo, o legislador autorizou a contratação direta, nas hipóteses previstas em lei. Uma dessas hipóteses é a seguinte:

> **Art. 24.** É dispensável a licitação:
>
> **IV** - nos casos de emergência ou de calamidade pública, quando caracterizada urgência de atendimento de situação que possa ocasionar prejuízo ou comprometer a segurança de pessoas, obras, serviços, equipamentos e outros bens, públicos ou particulares, e somente para os bens necessários ao atendimento da situação emergencial ou calamitosa e para as parcelas de obras e serviços que possam ser concluídas no prazo máximo de 180 (cento e oitenta) dias consecutivos e ininterruptos, contados da ocorrência da emergência ou calamidade, vedada a prorrogação dos respectivos contratos.

Temos, assim, que o legislador permitiu a contratação direta em situações emergenciais.

➔ O que pode ser considerado uma situação emergencial?

O conceito de situação emergencial é aberto. A doutrina costuma afirmar que haverá uma situação emergencial sempre que, considerando que a licitação pressupõe certa demora, a submissão do assunto à licitação ocasione prejuízo ao próprio interesse público.

⊝ O que é emergência fabricada?

A emergência fabricada é a situação de emergência que decorre da ação dolosa ou culposa do administrador. Em outras palavras, a própria Administração, seja por falta de planejamento, desídia ou má gestão, cria a situação emergencial, é dizer, **a emergência é "fabricada" pelo próprio agente público responsável.**

Por exemplo, é muito comum a situação em que um gestor de um contrato essencial para Administração deixe o contrato chegar ao seu prazo máximo de duração, sem promover a competente licitação para a formalização de um novo contrato. O procedimento adotado é totalmente equivocado, pois o que se espera de um gestor diligente é que ele, antes mesmo do encerramento do contrato atual, já promova a licitação para a continuidade dos serviços, de forma que o serviço não sofra soluções de continuidade.

Percebam que nesses casos existe uma situação emergencial, já que o serviço previsto no contrato expirado deve ser prestado, pois se trata de serviço essencial. Percebam ainda que situação emergencial foi fabricada, pois ela somente ocorreu em razão de culpa ou dolo do gestor.

⊝ Nesse caso, considerando que o serviço é essencial, é possível a contratação direta?

Sim. A doutrina tem admitido à contratação direta nesses casos. Nesse sentido, destaca-se a orientação de Marçal Justen Filho:

> "Atualmente, prevalece a orientação de que a falha administrativa, que possa ter conduzido à situação de emergência, não legítima o sacrifício de direitos e interesses cuja satisfação dependa de uma contratação imediata. Deve ser realizada a contratação direta, com a punição dos responsáveis pela ausência de adoção tempestiva das providências pertinentes à licitação". **(Comentários à Lei de Licitações e contratos administrativos: 17ª Edição. São Paulo: Revista dos Tribunais, 2016. P. 480).**

No mesmo sentido, temos o posicionamento da Advocacia-Geral da União:

> **Orientação Normativa 11/2009 da AGU**: A contratação direta com fundamento no Inc. IV do art. 24 da lei nº 8.666, de 1993, exige que, concomitantemente, seja apurado se a

> situação emergencial foi gerada por falta de planejamento, desídia ou má gestão, hipótese que, quem lhe deu causa será responsabilizado na forma da lei.

Por último, esse também tem sido o posicionamento do Tribunal de Contas da União (**Acórdão nº 1.876/2007**).

Assim, atualmente prevalece que é possível a contratação direta mesmo nos casos de emergência fabricada. Contudo, nos termos das decisões do TCU e do posicionamento da AGU citado, exige-se que, concomitantemente a contratação direta, seja apurado se a situação emergencial foi gerada por falta de planejamento, desídia ou má gestão, hipótese que, quem lhe deu causa será responsabilizado na forma da lei.

16 No âmbito do contrato administrativo é legal reter o pagamento devido a fornecedor em situação de irregularidade perante o Fisco?

⊖ Qual é o contexto?

De acordo com a inteligência do artigo 55, inciso XIII, da Lei nº 8.666, de 1993, a contratada deverá manter, durante a execução do contrato, todas as condições de habilitação e qualificação que foram exigidas quando da contratação:

> **Art. 55.** São cláusulas necessárias em todo contrato as que estabeleçam:
>
> **XIII** - a obrigação do contratado de manter, durante toda a execução do contrato, em compatibilidade com as obrigações por ele assumidas, todas as condições de habilitação e qualificação exigidas na licitação.

Assim, a regularidade jurídico-fiscal da contratada perante o fisco é uma obrigação não apenas no momento da contratação, mas também durante a execução contratual.

⊖ Caso a contratada possua dívidas com a Administração que a contratou, pode o Poder Público descontar o valor do débito dos créditos que ela tem a receber pelos serviços prestados no contrato?

Não, segundo o STJ, é ilegal reter o pagamento devido a fornecedor em situação de irregularidade perante o Fisco. Essa prática não é permitida, considerando que não existe autorização na Lei para que seja feita (viola o princípio da legalidade) **(REsp 1.313.659- RR).**

⊖ Existe alguma consequência para a empresa devedora?

Sim, no caso de falta de regularidade fiscal durante a execução do pacto, a Lei de Licitações autoriza que o Poder Público imponha penalidades ao contratado (art. 87) ou até mesmo rescinda o contrato.

17 Nos contratos administrativos, é possível realizar a compensação entre os acréscimos e as reduções sofridas no contrato?

⊖ Qual é o contexto?

No âmbito privado, em regra, uma vez assinado o contrato, as cláusulas passam a ser imutáveis. É possível, contudo, que as partes deliberem de comum acordo a alteração do conteúdo do contrato.

No direito administrativo a questão é um pouco diferente, já que aqui a modificação contratual foi institucionalizada por lei e não caracteriza rompimento dos princípios aplicáveis. Trata-se de uma aplicação concreta do princípio da supremacia do interesse público.

Nos termos da lei 8.666/93, as modificações unilaterais podem envolver a adequação do projeto ou a variação quantitativa do objeto:

> **Art. 65.** Os contratos regidos por esta Lei poderão ser alterados, com as devidas justificativas, nos seguintes casos:
>
> **I - unilateralmente pela Administração:**
>
> a) quando houver modificação do projeto ou das especificações, para melhor adequação técnica aos seus objetivos;
>
> **b) quando necessária a modificação do valor contratual em decorrência de acréscimo ou diminuição quantitativa de seu objeto, nos limites permitidos por esta Lei;**

A hipótese do inciso I, "b", cuida daquilo que a doutrina chama de alteração quantitativa do contrato, sendo complementada pelo § 1º do mesmo artigo:

> **§ 1º** O contratado fica obrigado a aceitar, nas mesmas condições contratuais, os acréscimos ou supressões que se fizerem nas obras, serviços ou compras, até 25% (vinte e cinco por cento) **do valor inicial atualizado do contrato**, e, no caso particular de reforma de edifício ou de equipamento, até o limite de 50% (cinqüenta por cento) para os seus acréscimos.

Assim, é permitido que a Administração altere o contrato, mesmo contra a vontade do particular, inserindo modificação (acréscimo ou supressões), desde que respeitado os limites legais.

Sobre o tema, é bastante controvertida a (im)possibilidade de compensação entre acréscimos e supressões realizadas no contrato, com o intuito de se manter dentro do percentual de 25%.

Por exemplo, suponha-se que determinado contrato tenha sido assinado no valor de 100. Esse contrato tem um acréscimo de 25, totalizando 125. Pouco tempo depois, a Administração nota que irá precisar de outro acréscimo de 25 e que é possível suprimir determinados elementos do contrato em 25. Se compensarmos o valor dos acréscimos com a supressão chegaríamos aos mesmos 125, respeitando formalmente os limites legais.

Ocorre que essa prática tem sido reprovada pelos órgãos de controle, que consagraram o entendimento de que os acréscimos e as reduções não podem ser examinados em conjunto. Cabe a aplicação do limite de 25% de forma isolada para os acréscimos e reduções, sem a possibilidade de compensações:

> As reduções ou supressões de quantitativos decorrentes de alteração contratual devem ser consideradas de forma isolada, ou seja, o conjunto de reduções e o conjunto de acréscimos devem ser sempre calculados sobre o valor original do contrato, aplicando-se a cada um desses conjuntos, individualmente **e sem nenhum tipo de compensação entre eles,** os limites de alteração estabelecidos no art. 65, § 1º, da Lei 8.666/1993. **(TCU – Acórdão 50/2019).**

> Como regra geral, para atendimento dos limites definidos no art. 65, §§ 1º e 2º, da Lei 8.666/1993, os acréscimos ou supressões nos montantes dos contratos firmados pelos órgãos e entidades da Administração Pública **devem ser considerados de forma isolada**, sendo calculados sobre o valor original do

> contrato, **vedada a compensação entre acréscimos e supressões (TCU – Acórdão 2554/2017 – Plenário).**

Da mesma forma entende a Advocacia-Geral da União, nos termos do enunciado de orientação normativa a seguir descrita:

> **AGU - Orientação Normativa nº 50:** os acréscimos e as supressões do objeto contratual devem ser sempre calculados sobre o valor inicial do contrato atualizado, aplicando-se a estas alterações os limites percentuais previstos no art. 65, § 1º, da lei nº 8.666, de 1993, **sem qualquer compensação entre si.**

IV. RESPONSABILIDADE CIVIL E CONTROLE DA ADMINISTRAÇÃO

01 A União tem legitimidade para figurar no polo passivo de ação de responsabilidade civil por erro médico ocorrido em hospital privado durante tratamento custeado pelo SUS?

De acordo com o entendimento do Superior Tribunal de Justiça **(EREsp 1388822/RN)**, a União **não tem legitimidade** para figurar no polo passivo de ação de responsabilidade civil por erro médico ocorrido em hospital da rede privada durante tratamento custeado pelo SUS.

Isso porque, de acordo com a descentralização das atribuições previstas na Lei nº 8.080/90, **a responsabilidade** pela fiscalização dos hospitais credenciados ao SUS **é do Município**, a quem compete responder em tais casos.

⊖ **Mas a saúde não é dever do Estado, sendo a obrigação de fornecê-la solidária entre os entes federativos?**

A saúde é sim dever do estado, sendo uma obrigação solidária dos entes, contudo, conforme ressaltado pelo STJ, **no caso em questão não se discute o direito à saúde,** mas sim a responsabilidade civil do Estado por danos causados por terceiros.

Aqui, o interessado não busca o fornecimento de remédios ou qualquer outra obrigação de fazer decorrente do art. 196 da CF, mas tão somente **busca uma reparação econômica pelos prejuízos sofridos**, de modo que a obrigação de indenizar se sujeita à comprovação da conduta, do dano e do respectivo nexo de causalidade, nos termos do art. 37, § 6º, da CF.

Portanto, a obrigação de indenizar surge a partir da identificação do causador do dano ou do seu responsável e do respectivo nexo de causalidade

Dessa forma, não há qualquer elemento que autorize a responsabilização da União, seja porque a conduta não foi por ela praticada, seja em razão da impossibilidade de aferir-se a existência de culpa *in eligendo* ou culpa in vigilando, **porquanto cumpre à direção municipal realizar o credenciamento, controlar e fiscalizar as entidades privadas prestadoras de serviços de saúde no âmbito do SUS.**

02 No âmbito as ações de fornecimento de medicamentos, é possível a utilizado do chamamento ao processo?

A Constituição, em seu artigo 196, estabeleceu que a saúde é dever do estado. Aqui, a palavra estado foi utilizada em seu sentido amplo, abrangendo todos os entes da federação (União, Estados, DF e Municípios).

Exatamente por ser um dever de todos os entes, é pacífico que na jurisprudência que a obrigação de fornecimento de remédios é solidária entre todos os entes.

Diante disso, passou a se questionar se era possível a utilização do instituto do chamamento ao processo, espécie intervenção de terceiros, prevista no art. 130, III, do CPC (é admissível o chamamento ao processo, requerido pelo réu: III - dos demais devedores solidários, quando o credor exigir de um ou de alguns o pagamento da dívida comum.)

Ao analisar o tema, o STJ **entendeu que não (RESP 1.203.244/SC)**. Para tanto, utilizou-se de dois fundamentos:

a) o artigo 130, III, é um instituto típico das obrigações de pagar quantia, enquanto o fornecimento de medicamento é obrigação de entregar coisa certa;

b) na prática, o chamamento ao processo constitui medida meramente protelatória por parte da fazenda pública, não trazendo qualquer benefício a parte, além de atrasar a resolução do feito, revelando-se verdadeira medida inconstitucional para evitar o acesso da parte aos remédios necessários ao seu restabelecimento.

➔ **Mas e se a obrigação é solidária, pode a parte demandar contra mais de um ente em litisconsórcio?**

Sim, a parte pode perfeitamente ingressar com ação contra mais de um ente, caso assim entenda. O que não pode é ele ser obrigado a litigar contra os demais entes federativos, caso assim não queira.

03 Qual o prazo prescricional da ação de reparação de danos movida contra pessoa jurídica de direito privado concessionária de serviço público?

Dentro do próprio STJ há uma certa controvérsia, embora em vias de ser superada.

Em seus julgados mais antigos, o STJ entendia que o prazo aplicável ao caso era o de 03 anos, nos termos do art. 206, § 3º, V do Código Civil **(AgRg no Ag 1.195.710/RS e AgRg nos EDcl no Ag n. 1.386.124/SP).**

Contudo, **em seu julgado mais recente**, o STJ entendeu **(Resp 1.277.724/PR)** que o prescricional nesse caso **é de 05 anos, conforme artigo 1º-C da Lei 9.494/97**, que assim se encontra regido: "Prescreverá em cinco anos o direito de obter indenização dos danos causados por agentes de pessoas jurídicas de direito público e de pessoas jurídicas de direito privado prestadoras de serviços públicos". Para tanto, o STJ utilizou 03 argumentos:

a) o primeiro argumento foi a incidência do princípio da especialidade das leis, pela qual a lei especial prevalece sobre a geral.

b) Ademais, o artigo 97 da CF estabelece que somente pelo voto da maioria absoluta de seus membros ou dos membros do respectivo órgão especial poderão os tribunais declarar a inconstitucionalidade de lei ou ato normativo. Assim, não tendo sido declarado a inconstitucionalidade do art. 1º-C da Lei 9.494/97, não poderá o Tribunal deixar de aplicá-lo.

c) Por fim, a Súmula Vinculante 10 do STF proíbe o julgador de negar a aplicação de norma que não foi declarada inconstitucional. Assim, não há como deixar de aplicar a lei especial ao caso.

A título de curiosidade, embora não conste no dispositivo do recurso, foi ventilado em "obiter dictum" que também se aplicaria ao caso o disposto no art. 27 do CDC, que também estabelece o prazo prescricional de 05 anos. Portanto, embora não conste da ementa do recurso, é interessante também citar esse entendimento.

04 As ações indenizatórias de tortura e morte de presos são imprescritíveis?

A resposta para a questão é depende.

Somente as ações decorrentes de casos de perseguição, tortura e morte de presos, por motivos políticos, ocorridas **durante o regime militar** são imprescritíveis (**Resp 1.374.376/CE).**

No caso em que o fato tenha ocorrido **após o regime militar,** as ações possuem o prazo prescricional de 05 anos, com fundamento no Decreto 20.910/32, art. 1º, contados:

a) **Se tiver sido ajuizada ação penal contra os autores do crime:** o termo inicial da prescrição será o trânsito em julgado da sentença penal.

b) **Se o inquérito policial tiver sido arquivado (NÃO FOI AJUIZADA AÇÃO PENAL):** o termo inicial da prescrição da ação de indenização é a data do arquivamento do IP.

➔ Por qual motivo a jurisprudência faz essa distinção?

Para o STJ, as ações decorrentes de fatos ocorridos durante o regime militar devem ser imprescritíveis porque se referem a um período (regime militar) em que a ordem jurídica foi desconsiderada, com legislação de exceção, tendo havido, sem dúvida, incontáveis abusos e violações dos direitos fundamentais, mormente do direito à dignidade da pessoa humana (**AgRg no Ag 1.391.062/RS**).

05 O estado sempre responde pela morte de um detento?

O STF **(RE 841.526/RS)** fixou a tese de que em caso de inobservância do seu dever específico de proteção, previsto no Art. 5º, XLIX, da CF, o estado é responsável pela morte de um detento.

Ressalta-se que nos termos da jurisprudência do STF, a responsabilidade nesse caso é objetiva. Isso porque o Estado responde objetivamente pelas suas omissões, desde que ele tenha obrigação legal específica de agir para impedir o resultado danoso. A isso se chama de "Omissão específica" do Estado.

É preciso ficar claro, contudo, que embora o estado possa a vir ser responsabilizado objetivamente pela morte de um detento, em razão da inobservância do seu dever específico, previsto no Art. 5º, XLIX, da CF, não é toda morte de detento que ensejará a responsabilização estatal.

Conforme o STF, o dever constitucional de proteção ao detento somente se considera violado quando possível a atuação estatal no sentido de garantir seus direitos fundamentais, pressuposto inafastável para a configuração da responsabilidade civil estatal, na forma do artigo 37, § 6º, da Constituição.

Assim, nos casos em que não é possível agir para evitar a morte do detento (que ocorreria mesmo que ele estivesse em liberdade), rompe-se o nexo de causalidade, afastando a responsabilidade do poder público.

Por exemplo, caso a morte do detento ocorra em razão de uma doença hereditária, que poderia ocorrer em qualquer lugar, não há responsabilidade estatal. Da mesma forma, caso o preso nunca tenha demonstrado anteriormente que poderia praticar suicídio, sendo o ato completamente repentino e imprevisível, o Estado não será responsabilizado porque não houve qualquer omissão atribuível ao poder público.

Por fim, cumpre ressaltar que é do Poder Público o ônus de provar a excludente de responsabilidade.

06 A aplicação do entendimento consubstanciado na Súmula Vinculante nº 03 se submete a algum prazo temporal?

A SV n° 03 estabelece o seguinte:

> **STF – Súmula Vinculante nº 03:** Nos processos perante o Tribunal de Contas da União asseguram-se o contraditório e a ampla defesa quando da decisão puder resultar anulação ou revogação de ato administrativo que beneficie o interessado, excetuada a apreciação da legalidade do ato de concessão inicial de aposentadoria, reforma e pensão.

Portanto, conforme o STF, na apreciação da legalidade do ato de concessão inicial de aposentadoria, reforma ou pensão, o TCU não precisa observar o contraditório e a ampla defesa.

O fundamento dessa SV é que os aludidos atos são considerados **complexos**, de forma que eles somente consideram-se perfeitos com a manifestação do TCU. Assim, como eles nem sequer estão perfeitos, não precisam observar o contraditório e a ampla defesa.

Apesar do consubstanciado na SV 03, o STF firmou o entendimento de que o TCU **tem prazo de 05 anos para efetuar a apreciação da legalidade**, para fins de registro, do ato de concessão inicial de aposentadoria, reforma ou pensão, **sem conceder ao interessado a oportunidade ao contraditório e a ampla defesa**, nos termos da súmula vinculante nº 03.

O referido prazo de 05 anos é contado a partir da data de entrada, no TCU, do processo administrativo de concessão de aposentadoria, reforma ou pensão **(MS nº 24.448 e MS nº 24.781).**

Passando o prazo de 05 anos, o TCU ainda pode exercer a competência para apreciar a legalidade do ato concessivo e, se for o caso, declará-lo ilegal e recusar o registro, **mas deverá assegurar ao beneficiário, previamente, o exercício do contraditório e da ampla defesa (RESP 1.615.640/RS).**

07 Diferencie recurso hierárquico próprio e impróprio.

Recurso hierárquico próprio é aquele dirigido à autoridade ou ao órgão imediatamente superior, **dentro da mesma pessoa jurídica** em que o ato foi praticado. Para que o recurso seja hierárquico próprio, é necessário que o ato controlado provenha de agente ou de órgão **subordinado** ao agente controlador ou ao órgão controlador. Trata-se de uma decorrência da hierarquia e, em razão disso, **não precisa de previsão legal.**

Os recursos hierárquicos impróprios, ao seu turno, são os dirigidos à autoridade de outro órgão, **não integrante da mesma hierarquia daquele que produziu o ato**. O termo "impróprio" traduz a noção de que entre o órgão ou autoridade que proferiu o ato recorrido e o órgão a quem se endereça o recurso **não há relação de hierarquia.**

É uniforme na doutrina o entendimento de que os recursos hierárquicos impróprios, não decorrendo de hierarquia, **somente são cabíveis quando exista lei que expressamente os prevejam**, designando a autoridade ou órgão com competência para apreciar e decidir o recurso e as hipóteses em que ele pode ser interposto.

A hipótese mais comum de recurso hierárquico impróprio é o controle dos atos praticados por presidente de autarquia perante o Ministério que elas se acham vinculados ou mesmo ao Chefe do Poder Executivo.

Em relação a necessidade de haver previsão legal para o cabimento do recurso hierárquico impróprio, a doutrina cita uma exceção, denominada de **tutela extraordinária.**

A tutela extraordinária é aquela que ocorre no âmbito do controle finalístico (ou tutela administrativa) exercido pelos entes da Administração Direta sobre os entes da administração indireta.

Trata-se de um controle limitado, já que ele analisa apenas o enquadramento da entidade controlada no programa geral de governo e o cumprimento dos fins para qual foi instituída. Em regra, esse controle depende da edição de uma lei que estabeleça os aspectos a serem controlados, as ocasiões de realização de controle e os meios a serem utilizados no controle.

Celso Antônio, contudo, entende que excepcionalmente, **nos casos de condutas flagrantemente ilegais por parte dos entes da administração indireta**, é possível o controle dos entes da Administração Direta mesmo quando não haja lei expressa nesse sentido, naquilo que o autor chama de tutela extraordinária. Nesse sentido, seria cabível o manejo de recurso hierárquico impróprio, mesmo sem previsão legal.

08 De quem é a legitimidade para executar as condenações impostas pelos Tribunais de Contas?

O STF e o STJ entenderam que **o Ministério Público não possui legitimidade** para ajuizar a execução de título executivo extrajudicial decorrente de condenação proferida pelo Tribunal de Contas.

Para ambos os tribunais, a legitimidade para executar as condenações é atribuída exclusivamente ao ente público beneficiário (Ex.: uma condenação imposta pelo TCU por mau uso do dinheiro da União deve ser executada apenas pela União).

O Ministério Público, atuante ou não junto às Cortes de Contas, seja federal, seja estadual, é parte ilegítima. Essa é a posição tanto do STF **(RE 823347)**, como do STJ **(REsp 1.464.226).**

Com base nesse entendimento, o STF vem sustentando que o TCU não tem legitimidade para executar diretamente seus julgados, pois o art. 71, § 3º, da CF/88 não outorgou ao TCU legitimidade para executar suas decisões das quais resulte imputação de débito ou multa. **A competência para tal é do titular do crédito constituído a partir da decisão, ou seja, o ente público prejudicado (AI 826676 AgR).**

09 A pessoa que é presa preventivamente durante um processo, vindo a ser inocentada ao final, tem direito a indenização do Estado?

Em regra, não há que se falar em responsabilidade do Estado por atos judiciais, uma vez que esta responsabilidade é dirigida aos agentes públicos no exercício de funções administrativas.

Nesse sentido, em se tratando de atos emanados da função jurisdicional, estes são protegidos da responsabilidade civil do Estado por dois princípios básicos:

a) princípio da soberania do Estado: sendo atos que traduzem uma das funções estruturais do Estado, refletem o exercício da própria soberania.

b) princípio da recorribilidade dos atos jurisdicionais: se um ato do juiz prejudica a parte no processo, tem ela os mecanismos recursais e até mesmo outras ações para postular a sua revisão. Assegura-se ao interessado, nessa hipótese, o sistema do duplo grau de jurisdição.

Excepcionalmente, contudo, a própria Constituição previu hipótese de responsabilidade civil do estado por ato jurisdicional:

> **Art. 5º (...)**
>
> **LXXV** - o Estado indenizará o condenado por erro judiciário, assim como o que ficar preso além do tempo fixado na sentença;

Diante do comando constitucional, passou-se a questionar se haveria responsabilidade do Estado no caso em que uma pessoa seja presa de forma cautelar (prisão em flagrante, temporária ou preventiva) e posteriormente absolvida por falta de provas no processo.

Vem prevalecendo, contudo, que não há direito indenização nesses casos. Isso porque a apuração de infrações penais e o respectivo ajuizamento de ação penal caracterizam-se como atos legítimos e lícitos dos órgãos responsáveis pela persecução penal, verdadeiro exercício regular do direito e cumprimento do dever legal e, em consequência, eventual absolvição por insuficiência de provas no processo penal não gera, por si só, a responsabilidade civil do Estado.

É de se esclarecer ainda que o mero fato de a parte ter sido absolvida no processo não significa que houve erro judiciário, **até mesmo porque os requisitos para as prisões cautelares (flagrante, temporária e preventiva) são diversos daqueles exigidos para as prisões penas, baseadas em sentença transitada em julgado**.

Em sendo assim, não se pode falar em responsabilidade civil pelo simples de o agente ter sido preso e posteriormente absolvido por falta de provas no processo.

O STJ, contudo, excepcionalmente vem admitindo a responsabilidade nesses casos, na modalidade de subjetiva, quando a parte demonstrar que as autoridades públicas responsáveis pela sua prisão (Delegado, Agente de Polícia, Membro do MP ou Juiz) agiram com abuso de poder, com má-fé, de forma temerária (AREsp 182.241/MS, ARE 752.938 AgR/RS).

10 O Estado deve indenizar preso que se encontre em situação degradante?

⊖ Qual é o contexto?

No Brasil, é de conhecimento público que grande parte dos nossos presídios se encontram em péssimas condições físicas, submetendo, não raro, os presidiários a péssimas condições de higiene e a superlotação.

Diante desse fato, questiona-se se o Estado tem o dever de indenizar os presos que se encontram encarcerados em situação degradante.

Ao analisar a situação, o STJ chegou a concluir, no julgamento do embargos de divergência no EREsp 962.934/MS, pela impossibilidade de se conceder indenização individual a cada preso submetido a condições degradantes.

Na ocasião, o Tribunal chegou a afirmar que isso acabaria por criar um "pedágio masmorra" ou "bolsa indignidade". Ademais, o STJ não considerou razoável indenizar individualmente um preso, o que acabaria por provocar a redução dos recursos disponíveis para melhoria do sistema e, portanto, agravaria a situação do próprio detento. Para o referido Tribunal, não haveria lógica em punir o estado dessa maneira, nem mesmo invocando uma suposta função "pedagógica".

Segundo o STJ, a situação do sistema prisional é grave e merece solução global, não apenas pontual, razão pela qual deve ser afastado o chamado "pedágio masmorra".

Acabou prevalecendo, contudo, o entendimento do STF, no sentido de que o **Estado deve indenizar preso que se encontre em situação degradante.**

⊖ Qual foi o fundamento?

Considerando que é dever do Estado, imposto pelo sistema normativo, manter em seus presídios os padrões mínimos de humanidade previstos no ordenamento jurídico, é de sua responsabilidade, nos termos do art. 37, § 6º, da Constituição, a obrigação de ressarcir os danos, inclusive morais, comprovadamente causados aos detentos em decorrência da falta ou insuficiência das condições legais de encarceramento **(RE 580252/MS).**

11 O Judiciário pode obrigar o Poder Público a fornecer medicamentos não previsto na lista de medicamentos fornecidos pelo SUS?

⊖ Qual é o contexto?

O Sistema Único de Saúde – SUS não tem condições de fornecer todo e qualquer remédio. Em razão disso, existe uma lista de remédios que o SUS fornece, estando eles previstos por meio de portaria.

Ocorre que, muitas vezes, o médico receita ao paciente um medicamento que não se encontra na lista do SUS. Em razão disso, é muito comum o ingresso de ações com o objetivo de obrigar o Poder Público a fornecer medicamentos que não estão previstos na lista do SUS.

⊖ Nesse caso, o Judiciário pode obrigar o Poder Público a fornecer medicamentos não previsto na lista de medicamentos fornecidos pelo SUS?

Ao analisar essa situação, o STJ entendeu **(Resp 1.657.156/RJ)** que constitui obrigação do poder público o fornecimento de medicamentos não incorporados em atos normativos do SUS, desde que presentes, **CUMULATIVAMENTE**, os seguintes requisitos:

1 – Comprovação, por meio de laudo médico fundamentado e circunstanciado expedido por médico que assiste o paciente, da imprescindibilidade ou necessidade do medicamento, assim como da ineficácia, para o tratamento da moléstia, dos fármacos fornecidos pelo SUS;

2 – Incapacidade financeira do paciente de arcar com o custo do medicamento prescrito; e

3 – Existência de registro do medicamento na Agência Nacional de Vigilância Sanitária – ANVISA, observados os usos autorizados pela agência.

⊖ Essa obrigatoriedade abrange o uso "off label" dos medicamentos?

Em sua redação original, o Resp 1.657.156/RJ falava apenas na existência de registro do medicamento na Agência Nacional de Vigilância Sanitária (Anvisa). Posteriormente o STJ deu provimento a embargos de declaração, acrescentando a frase "observados os usos autorizados pela agência" dentre os requisitos cumulativos para obrigação de fornecimento de medicamentos fora da lista do SUS. Com isso, o STJ buscou evitar que o sistema público seja obrigado a fornecer medicamentos que, devidamente registrados, tenham sido indicados para utilizações *off label* que não sejam reconhecidas pela Anvisa nem mesmo em caráter excepcional.

➔ Tá, mas o que seria esse negócio de uso "off label" dos medicamentos?

No Brasil, exige-se, para que haja a comercialização de um determinado medicamento, que ele tenha sido aprovado pelo Poder Público, o que ocorre nesse caso pela Agência Nacional de Vigilância Sanitária (Anvisa).

Ao ser aprovado, o medicamento recebe aprovação da Anvisa para uma ou mais indicações, as quais passam a constar na sua bula, e que são as respaldadas pela Agência.

Uma vez comercializado, contudo, é possível que alguns médicos desejem prescrever tratamentos com esse medicamento para situações que não foram indicadas na sua bula quando da sua aprovação pela Anvisa.

Por exemplo, determinado medicamento foi aprovado pela Anvisa como sendo indicado para problemas cardíacos. Contudo, pesquisas indicam que ele também pode ser usado no tratamento de problemas no estômago, havendo, inclusive, aprovação nesse sentido em outros países.

Contudo, essa indicação ainda não consta expressamente em sua bula, normalmente porque a Anvisa ainda não terminou os estudos relacionados a essa nova função do medicamento.

Nesse caso, quando se busca usar o medicamento para um tratamento não expressamente indicado na bula, temos aquilo que se chama de medicamentos "uso *off label*".

12 O Tribunal de Contas pode determinar a anulação ou a sustação de um contrato administrativo?

➔ Qual é o contexto?

A Constituição estabelece o seguinte:

> **Art. 71.** O controle externo, a cargo do Congresso Nacional, será exercido com o auxílio do Tribunal de Contas da União, ao qual compete:
>
> **IX** - assinar prazo para que o órgão ou entidade adote as providências necessárias ao exato cumprimento da lei, se verificada ilegalidade;
>
> **X** - sustar, se não atendido, a execução do ato impugnado, comunicando a decisão à Câmara dos Deputados e ao Senado Federal;
>
> **§ 1º** - No caso de contrato, o ato de sustação será adotado diretamente pelo Congresso Nacional, que solicitará, de imediato, ao Poder Executivo as medidas cabíveis.

Vejam, meus amigos, que a Constituição fez uma clara distinção entre a atuação do Tribunal de Contas relacionada a atos e contratos administrativos.

No caso do ato, o próprio TC pode sustar sua execução. No caso de contrato, não foi conferida, inicialmente, essa competência ao TC, uma vez que a sustação deve ser feita diretamente pelo Congresso Nacional.

➔ **E se o Tribunal de Contas achar que determinado contrato é irregular, o que ele pode fazer?**

Em que pese não possa sustar a execução de um contrato ou determinar sua anulação, a própria Constituição, no artigo 71, IX, da Constituição, permite que os Tribunais de Contas assine prazo para que órgão público adote as providências necessárias para que contrato declarado irregular deixe de produzir efeitos **(STF - MS 23.550).**

V. BENS PÚBLICOS E INTERVENÇÃO DO ESTADO NA PROPRIEDADE PRIVADA

01 Qual é o prazo prescricional da pretensão indenizatória por desapropriação indireta?

A desapropriação indireta, também chamada de apossamento administrativo, não está prevista como uma modalidade de desapropriação, pois não decorre de um procedimento regular e legítimo do Poder Público.

De certa forma, essa conduta abusiva do ente público encontra respaldo legal no art. 35 do Decreto-Lei nº 3.365/41, que veda ao particular a propositura de demandas que busquem a reivindicação do bem expropriado, determinando a solução da questão em perdas e danos.

Nesses casos, cabe ao particular ingressar com ação de desapropriação indireta pedindo a condenação do Poder Público a pagar a mesma indenização que pagaria numa desapropriação direta ou regular.

Com relação ao prazo prescricional para propositura da ação de desapropriação indireta, o STJ entendia, sob a égide do Código Civil de 1916, que o prazo prescricional para propositura de ação desapropriação era de 20 anos (Súmula 119 do STJ).

Isso porque esse era o prazo de usucapião extraordinário no antigo código. Assim, como a ação de desapropriação indireta tem natureza REAL, não se aplicaria o prazo de 05 anos próprio das ações propostas contra o Poder Público.

Contudo, como o advento do novo Código Civil de 2002, o prazo de usucapião extraordinária foi reduzido para 15 anos. Ocorre que o Código estabeleceu (Art. 1.238, parágrafo único) que o prazo de 15 anos da usucapião extraordinária é reduzido para 10 anos se o possuidor houver realizado obras ou serviços de caráter produtivo.

Assim, como a desapropriação indireta pressupõe a realização de obra pelo Poder Público ou sua destinação em função da utilidade pública, o STJ entendeu que no atual Código Civil o prazo prescricional aplicável a ação de desapropriação indireta **É DE 10 ANOS, encontrando-se superada a Súmula 119 (Resp 1.300.442/SC).**

02 Na desapropriação, a imissão provisória na posse implica na transferência do bem?

O ente público não necessita esperar até o fim do processo para acessar o bem e promover o interesse público. O procedimento de desapropriação comporta antecipação de tutela em favor do ente público, para que ele seja imitido provisoriamente na posse do imóvel.

Isso, em regra, não implica na imediata transferência da propriedade, mas tão somente a permissão para que o ente público ingresso no bem e exerça a posse. Contudo, nos termos do artigo 34-A, do DL 3.365/41, incluído pela Lei 13.465/17, se houver concordância, reduzida a termo, do expropriado, a decisão concessiva da imissão provisória na posse implicará a aquisição da propriedade pelo expropriante com o consequente registro da propriedade na matrícula do imóvel.

A concordância escrita do expropriado não implica renúncia ao seu direito de questionar o preço ofertado em juízo.

Em virtude da alteração, seria cabível indagar: o expropriado vai concordar com quê? A concordância incide apenas sobre o processo expropriatório promovido pelo Estado. É que o proprietário, conformado com a desapropriação, e ciente de que não poderá mesmo evitá-la, já que a ele só se assegura a indenização, adquire a consciência de que o melhor mesmo é dar a sua anuência relativamente ao poder conferido ao expropriante.

Em consequência dessa faculdade conferida ao expropriado, torna-se imperioso distinguir **renúncia à discussão sobre a desapropriação**, de um lado, **e renúncia ao questionamento sobre a indenização, de outro.** O que a lei permite é apenas a primeira, considerando a inevitabilidade do processo, por mais demorado que seja. Contudo, o exercício dessa faculdade não subtrai do expropriado o direito a discutir o valor indenizatório ofertado em juízo pelo expropriante, até porque se trata de garantia constitucional.

03 Discorra sobre as hipóteses de incidência de juros compensatórios e moratórios nas ações de desapropriação, esclarecendo se é possível sua cumulação.

Amigos, nas desapropriações, os **juros compensatórios** são devidos em razão da perda da posse pelo particular **em virtude de imissão provisória da posse pelo ente público.**

Por sua vez, com relação aos **juros moratórios, sua incidência decorre do atraso no pagamento do valor da indenização**. Cumpre esclarecer aqui, que, conforme art. 15-B do Dl 3.365/41, os juros moratórios são devidos a partir de 1° de janeiro do exercício financeiro seguinte ao que o valor deveria ter sido efetuado (Ex.: o pagamento deveria ser feito em 2017. Caso não seja feito, os juros só vão ocorrer no dia 1º de janeiro de 2018).

Tem-se, assim, que os juros compensatórios e os moratórios incidem na desapropriação, **cada qual em seu momento específico**, uma vez que suas naturezas são distintas.

Os **juros compensatórios** se prestam ao ressarcimento do particular pela perda antecipada da posse em razão da imissão provisória, sendo computados até a data de expedição do precatório. Já os **juros moratórios** são devidos em razão do atraso no pagamento do valor da indenização pelo expropriante.

O STJ possui antigo enunciado sumular afirmando que é possível a cumulação dos juros compensatórios e moratórios, em sede de desapropriação.

> **STJ – Súmula 12:** Em desapropriação, são cumuláveis juros compensatórios e moratórios.

Ocorre que, posteriormente, por ocasião do julgamento do Recurso Especial nº 1.118.103/SP, submetido à sistemática do recurso repetitivo, o STJ entendeu que as espécies de juros ora analisadas **não são exatamente cumulativas**, pois se referem a momentos diferentes.

Ao final, o STJ entendeu o seguinte: "Segundo jurisprudência assentada por ambas as Turmas da 1ª Seção, os juros compensatórios, em desapropriação, somente incidem até a data da expedição do precatório original".

Sendo assim, o STJ tem entendido que, no atual quadro normativo, não ocorre hipótese de cumulação de juros moratórios e juros compensatórios, eis que se tratam de encargos que incidem em períodos diferentes: os juros compensatórios têm incidência até a data da expedição de precatório, enquanto que os moratórios somente incidirão se o precatório expedido não for pago no prazo constitucional.

04 É possível a requisição administrativa de bens e serviços públicos?

A requisição administrativa é o instrumento de intervenção estatal na propriedade pelo qual, em situação de perigo iminente, o Estado utiliza bens e serviços, com indenização ulterior, no caso de haver dano. O instituto em tela encontra-se primordialmente previsto no art. 5º, XXV, da CF/88, o qual determina que o Poder Público pode requisitar bens e serviços **particulares** em caso de iminente perigo público.

Percebe-se, assim, que o art. 5º, XXV, previu apenas a possibilidade de requisição de bens e serviços **particulares.**

➔ **Que dizer então que não é possível a requisição administrativa de bens e serviços públicos?**

Depende. A Constituição até previu essa possibilidade, **mas somente durante o estado de defesa (art. 136, § 2º, II) e no estado de sítio (art. 139, VI e VII).**

Em razão disso, o STF **(MS 25.295/DF)** ao analisar a constitucionalidade do pedido de requisição administrativa de hospitais públicos do Município do Rio de Janeiro pela União, **entendeu que isso somente pode ocorre após a observância do procedimento constitucionalmente previsto para a decretação formal do estado de defesa ou estado sítio.**

Não havendo esse procedimento, não seria possível a requisição de bens e serviços públicos.

No caso concreto, além de ter sido julgada inconstitucional a requisição por ausência do procedimento formal para decretação do Estado de Defesa ou de Sítio, o STF também entendeu que a medida era inconstitucional **em razão dela se constituir em uma intervenção federal disfarçada** no Município do Rio de Janeiro, o que é proibido pela Constituição, que somente permite a intervenção da União em Municípios localizados em Territórios Federais (Art. 35).

05 O particular pode alegar a posse de bem público?

Até o ano de 2016, a resposta para a pergunta era bem simples. Contudo, nesse ano tivemos duas importantes decisões do STJ que precisam ser abordadas em uma questão sobre o tema, para que sua resposta seja considerada completa. Vamos lá:

O STJ tem jurisprudência pacífica no sentido de que não há que se falar em posse de bens públicos quando ela é alegada em face da Fazenda Pública.

Isso porque, em razão de o ordenamento jurídico vedar a usucapião (**Art. 183, § 3º, CF**), não haveria como o particular alegar posse, **mas mera detenção de bem público.**

A consequência prática disso, além da impossibilidade de usucapir bem público, é que o mero detentor não tem direito a retenção ou indenização das benfeitorias, além de não poder fazer uso das ações possessórias em sua defesa (**Resp 850.970/DF**).

Posteriormente, inclusive, o STJ sumulou esse entendimento:

> **STJ - Súmula 619:** A ocupação indevida de bem público configura mera detenção, de natureza precária, insuscetível de retenção ou indenização por acessões e benfeitorias.

Contudo, no ano de 2016 o STJ, em dois julgamentos, proferiu entendimentos que precisam ser abordados em uma questão sobre o tema.

De início, decidiu que a existência de posse ou não em bem público depende que contra quem essa posse se alega. Se for contra o Poder Público, continua válido o entendimento anterior.

Contudo, a situação muda caso o invasor de terra pública alegue posse em sua defesa em uma ação contra **outro particular.** Para o STJ, a detenção ou a posse do bem público seriam relativas, a depender de contra quem figure na relação jurídica. Assim, em face do Poder Público, o invasor ostenta mera detenção. Por sua vez, em face de outro particular, ele pode ser considerado possuidor e fazer uso das ações possessórias em sua defesa **(Resp 1.484.304/DF).**

Ademais, o STJ também entendeu que o particular é considerado, juntamente com o Poder Público, copossuidor dos bens públicos de uso comum (Art. 1.199 do CC/02). Dessa forma, **pode o particular se utilizar de ações possessórias para defender um bem público de uso comum do povo da ação irregular de outros particulares (Resp 1.582.176/MG).**

Por fim, cumpre esclarecer que o entendimento consubstanciado no Resp 1.582.176/MG **somente se aplica aos bens de uso comum do povo**. Isso porque, em relação aos bens de uso especial e dominicais, não é possível se falar em composse. Assim, não seria possível ao particular se utilizar de ações possessórias para defender a correta utilização desses bens.

06 É possível haver bem público pertencente à pessoa jurídica de direito privado?

Em uma interpretação literal do art. 98 do Código Civil, somente os bens pertencentes a pessoas jurídicas de direito público interno podem ser considerados bens públicos:

> **Art. 98.** São públicos os bens do domínio nacional pertencentes às pessoas jurídicas de direito público interno; **todos os outros são particulares, seja qual for a pessoa a que pertencerem.**

A doutrina, contudo, entende que o critério indicado no art. 98 não exaure a classificação dos bens públicos, **podendo ainda ser classificado como tal o bem pertencente a pessoa jurídica de direito privado que esteja afetado à prestação de serviços públicos.**

> **Enunciado 287 da IV Jornada:** O critério da classificação de bens indicado no art. 98 do Código Civil não exaure a enumeração dos bens públicos, podendo ainda ser classificado como tal o bem pertencente a pessoa jurídica de direito privado que esteja afetado à prestação de serviços públicos.

07 O ordenamento jurídico brasileiro admite a figura do tombamento de uso?

Pelo tombamento de uso, o Poder Público poderia restringir o uso de determinado bem imóvel a uma certa destinação. Por exemplo, o tombamento de uso visa que determinado bem somente possa ser usado para atividades culturais, não podendo funcionar no local um restaurante.

O STF (RE 219. 292/MG) analisou o tema e decidiu que **o ordenamento brasileiro não previu o chamado tombamento de uso.** Caso o Poder Público queira vincular determinado imóvel a uma destinação específica deverá desapropriá-lo.

08 Até quando o Poder Público pode desistir da ação de desapropriação?

Na doutrina, há uma certa divergência sobre o tema. Rafael Oliveira, por exemplo, entende que o Poder Público somente pode desistir até o trânsito em julgado da sentença, sob pena de transformar o pedido de desistência em sucedâneo da ação rescisória.

Por outro lado, Carvalho Filho e Leonardo Carneiro da Cunha entendem que a desistência é possível mesmo após o trânsito em julgado, desde que o ente público não tenha feito o pagamento integral do preço.

O STJ tem adoto a segunda corrente, entendendo que é possível a desistência da desapropriação após o trânsito em julgado da sentença, desde que observado os seguintes requisitos:

a) somente é possível enquanto não houver o pagamento integral do preço **(Agrg no Resp 1.090.549/SP).**

b) o imóvel possa ser devolvido sem que ele tenha sido alterado de forma substancial (que impeça sua utilização como antes era possível). Essa exigência somente tem sentido nas desapropriações em que houve imissão provisória da posse.

Por fim, compete ao particular provar a existência de fato impeditivo do direito de desistência da desapropriação **(REsp 1.368.773/MS).**

Rafael Oliveira defende que a desistência da desapropriação acarreta ainda duas importantes consequências:

a) O Poder Público deve indenizar o proprietário por meio de ação de indenização autônoma;

b) A sentença de extinção do processo de desapropriação deve condenar o Poder Público ao pagamento das despesas processuais e dos honorários advocatícios, na forma do artigo 90 do CPC.

09 De quem é a propriedade dos terrenos de marinha situadas em ilhas costeiras que são sedes de Municípios?

⊖ Qual é o contexto?

Os bens da União estão previstos no artigo 20 da Constituição. Dentre eles, está previsto os chamados terrenos de marinha, que podem ser conceituados como aqueles banhados pelas águas do mar ou dos rios e lagoas navegáveis. O fundamento da sua propriedade ser atribuída a União é que se trata de uma região estratégica em termos de defesa e de segurança nacional, pois é por onde entram em nosso país os navios mercantes ou de guerra.

Outro bem de propriedade da União são as ilhas costeiras, salvo as que contenham a sede de Municípios (Ex.: Florianópolis, Vitória). Essa exceção com relação às ilhas costeiras que sejam sede de municípios surgiu apenas com a Emenda Constitucional 46/2005. Antes da EC 46/2005, presumia-se que toda a ilha costeira pertencia à União.

Com a EC 46 a propriedade das ilhas costeiras com sede de município passou a ser municipal. Contudo, surgiu outra discussão, uma vez que houve quem defendesse que, por força da EC 46/2005, se o terreno de marinha estiver situado dentro da ilha costeira, então neste caso ele teria deixado de ser terreno de marinha e teria passado a pertencer ao Município.

⊖ O STF adotou essa tese?

Não. Para o STF a EC 46/2005 não interferiu na propriedade da União, nos moldes do art. 20, VII, da Constituição Federal, sobre os terrenos de marinha e seus acrescidos situados em ilhas costeiras sede de Municípios **(RE 636199/ES).**

O fundamento do STF foi que, uma interpretação sistemática do texto constitucional conduz à conclusão de que a alteração introduzida no inciso IV do art. 20 pela EC 46/2005 não teve a intenção de mudar a propriedade dos terrenos de marinha que continuaram previstos normalmente no inciso VII como sendo bens da União.

Ademais, os terrenos de marinha e seus acrescidos, do ponto de vista histórico, já integravam o rol de bens da União, mesmo antes de as ilhas costeiras passarem a compor o patrimônio federal. Em outras palavras, algumas Constituições não previram as ilhas costeiras como sendo bens da União. No entanto, já diziam que os terrenos de marinha pertenciam ao ente federal.

10 Qual é o valor dos juros compensatórios nas desapropriações?

Os juros compensatórios, na desapropriação, são devidos em razão da perda da posse pelo particular em virtude de imissão provisória da posse pelo ente público. Com relação ao seu valor, ao longo da história, ele foi fixado à razão de 12% ao ano, conforme súmula do STF:

> **STF - Súmula 618:** Na desapropriação, direta ou indireta, a taxa dos juros compensatórios é de 12% (doze por cento) ao ano.

Ocorre que por meio da medida provisória 2.183-56, foi inserido o art. 15-A no Decreto-Lei 3.365/41, que deu nova disciplina aos juros compensatórios, fixando-lhes em 6% ao ano. Tal dispositivo foi objeto de ADI e, em sede de **medida cautelar**, o STF suspendeu a sua eficácia **(ADI nº 2.332/DF)**. Com isso, retornou-se ao modelo antigo, onde o percentual era de 12% ao ano.

Contudo, como a medida cautelar possui eficácia "ex nunc", apenas suspendendo a eficácia da norma impugnada, tem-se que a regra do art. 15-A, que fixou os juros em 6% ao ano foi eficaz e produziu efeitos no ordenamento jurídico durante certo período de tempo. Sobre o tema, o STJ elaborou a seguinte norma:

> **STJ - Súmula 408:** Nas ações de desapropriação, os juros compensatórios incidentes após a Medida Provisória n. 1.577, de 11/06/1997, devem ser fixados em 6% ao ano até 13/09/2001 e, a partir de então, em 12% ao ano, na forma da Súmula n. 618 do Supremo Tribunal Federal.

Recentemente, contudo, o STF julgou o mérito da ADI 2.3232/DF, **ocasião em que alterou seu entendimento,** entendendo pela Constitucionalidade do artigo 15-A, do Decreto-Lei 3.365/4. Segundo entendeu o STF, a jurisprudência construída pelo próprio Tribunal, que estabeleceu como devidos os juros compensatórios e, posteriormente, fixou o percentual de 12% (Súmulas 164 e 618), justificou-se dentro de uma conjuntura de instabilidade econômica e inflacionária em que, por largo período, sequer havia previsão de correção monetária.

Além disso, tais processos de desapropriação duravam décadas sem previsão de correção monetária, mas hoje isso não se justifica, a despeito de a duração de tais processos continuar sendo longa.

Ademais, a taxa de 6% é perfeitamente compatível com as aplicações que existem no mercado financeiro. No ponto, **o STF declarou a inconstitucionalidade da expressão "até"**, prevista no artigo 15-A, que permitiria a fixação de valores menores que 6%. **Em outras palavras, o valor não poderá ser menor que 6%**

Quanto à base de cálculo, foi dada interpretação conforme a Constituição ao *caput* do artigo 15-A do Decreto-Lei 3.365/1941, de maneira a incidir juros compensatórios sobre a diferença entre 80% do preço ofertado pelo ente público e o valor fixado na sentença judicial.

11 Em ação possessória entre particulares é cabível o oferecimento de oposição pelo ente público?

⊕ Qual o contexto?

Amigos, é muito comum a situação em que particulares invadem terras públicas e passam a discutir a posse da terra com outros particulares por meio de ações possessória. Nessa situação, também era muito comum a situação onde o ente público que teve a terra invadida ingressava com uma oposição, procedimento regulado pelos arts. 682 a 686 do NCPC, afirmando ser o verdadeiro titular do domínio.

Havia no STJ uma grande controvérsia sobre a possibilidade do cabimento da oposição nesse caso, pois em ações possessórias não se discute domínio (Art. 557, NCPC) **(AgRg no AREsp 474701/DF)**. Por outro lado, havia decisões do STJ permitindo o cabimento de oposição **(AgRg no REsp 1282207/DF)**.

Ao analisar embargos de divergência sobre a situação, o STJ colocou fim à polêmica, entendendo que em ação possessória entre particulares **é cabível** o oferecimento de oposição pelo ente público, alegando-se incidentalmente o domínio de bem imóvel como meio de demonstração da posse **(EREsp 1.134.446-MT)**.

⊕ Qual o fundamento?

O fundamento utilizado pelo STJ é que o que o art. 557 do CPC/2015 proíbe é "propor ação de reconhecimento do domínio". Contudo, não há proibição em tal preceito normativo de se alegar incidentalmente o domínio em demanda possessória.

Ao proibir, na pendência de demanda possessória, a propositura de ação de reconhecimento do domínio, a norma processual teve como objetivo de manter restrito o objeto da demanda possessória ao exame da posse, não permitindo que se amplie o objeto da possessória para o fim de se obter sentença declaratória a respeito de quem seja o titular do domínio.

Assim, considerando que nesse caso o ente público na oposição alega o domínio do bem visando ter sua posse sobre ele assegurada, ele não incide na vedação do artigo 557 do NCPC. Conclusão em sentido contrário importaria chancelar eventual fraude processual e negar tutela jurisdicional a direito fundamental.

12 As intervenções do Estado na propriedade privada afetam que caráter da propriedade?

⊖ Quais são as características da propriedade?

A propriedade é um direito fundamental do indivíduo, assegurado constitucionalmente. Sobre a propriedade, o Código Civil de 2002 estabelece o seguinte:

> **Art. 1.228.** O proprietário tem a faculdade de usar, gozar e dispor da coisa, e o direito de reavê-la do poder de quem quer que injustamente a possua ou detenha.
>
> **Art. 1.231.** A propriedade presume-se plena e exclusiva, até prova em contrário.

Com base nesses dois dispositivos, a doutrina tem afirmando que a propriedade possui as seguintes características:

a) **caráter absoluto:** a propriedade assegura ao proprietário o direito de dispor da coisa como bem entender. O caráter absoluto, contudo, hoje é limitado, uma vez que o direito a propriedade deve ser exercido de acordo com o seu fim social.

Nesse sentido:

> **Art. 1.228. (...)**
>
> **§ 1º** O direito de propriedade deve ser exercido em consonância com as suas finalidades econômicas e sociais e de modo que sejam preservados, de conformidade com o estabelecido

em lei especial, a flora, a fauna, as belezas naturais, o equilíbrio ecológico e o patrimônio histórico e artístico, bem como evitada a poluição do ar e das águas.

b) **caráter Perpétuo:** a propriedade, em regra, não se extingue pelo não uso ou pela não fruição do bem. Assim, somente por lei ou pela vontade do titular é que o direito à propriedade chega ao fim, não sendo ele afetado pelo não uso.

c) **caráter exclusivo:** o proprietário tem o poder sobre a coisa, podendo excluir quaisquer terceiros que pretendam se opor ao seu direito.

d) **caráter elástico:** pela elasticidade, proprietário pode ampliar ou diminuir seus poderes referentes à propriedade (Ex.: concessão de usufruto).

⊖ As intervenções do Estado na propriedade privada afetam que caráter da propriedade?

As limitações administrativas e o tombamento afetam o caráter absoluto da propriedade, já que o uso da propriedade fica condicionado às regras impostas pelo Poder Público.

Já a servidão administrativa, a requisição e a ocupação temporária afetam o caráter exclusivo. Por fim, a desapropriação afeta o caráter perpétuo da propriedade.

13 Os bens imateriais podem ser objeto de tombamento?

⊖ Qual é o contexto?

Existe na doutrina intensa controvérsia acerca da possibilidade de tombamento dos bens imateriais. O núcleo da controvérsia é saber se os bens imateriais serão alvo de tombamento ou registro.

⊖ O que são bens imateriais?

O conceito de patrimônio imaterial encontra-se na **Convenção para a Salvaguarda do Patrimônio Imaterial da Unesco, de 2003.**

Segundo o artigo 2º da Convenção, o patrimônio cultural consiste "nas práticas, representações, expressões, conhecimentos e técnicas

– junto com os instrumentos, objetos, artefatos e lugares culturais que lhes são associados – que as comunidades, os grupos e, em alguns casos, os indivíduos reconhecem como parte integrante de seu patrimônio cultural. Este patrimônio cultural imaterial, que se transmite de geração em geração, é constantemente recriado pelas comunidades e grupos em função de seu ambiente, de sua interação com a natureza e de sua história, gerando um sentimento de identidade e continuidade e contribuindo assim para promover o respeito à diversidade cultural e à criatividade humana".

⊖ Qual é a polêmica?

Inicialmente, esclarecemos que ambos os institutos estão previstos na Constituição:

> **Art. 216.** Constituem patrimônio cultural brasileiro os bens de natureza material e imaterial, tomados individualmente ou em conjunto, portadores de referência à identidade, à ação, à memória dos diferentes grupos formadores da sociedade brasileira, nos quais se incluem:
>
> **§ 1º** O Poder Público, com a colaboração da comunidade, promoverá e protegerá o patrimônio cultural brasileiro, por meio de inventários, **registros**, vigilância, **tombamento** e desapropriação, e de outras formas de acautelamento e preservação.

Diante da previsão constitucional de ambos os institutos, duas correntes doutrinárias surgiram:

a) o tombamento pode atingir bens de qualquer natureza: móveis, imóveis, materiais ou imateriais, públicos ou privados. Esse é o posicionamento de Maria Sylvia Zanella di Pietro e Fernanda Marinela.

b) o tombamento deve atingir os bens materiais integrantes do patrimônio cultural. Já os bens imateriais deverão ser objeto de registro e não de tombamento. O tombamento não prestaria a proteção dos bens imateriais uma vez que eles são bens intangíveis, não tridimensionais, razão pela qual o tombamento não se mostra compatível. Assim, os bens imateriais deverão ser objeto de registro. **No Brasil, o registro é disciplinado pelo Decreto 3.551/2000.** É o posicionamento de Édis Milaré e Matheus Carvalho.

14 No âmbito do tombamento, aplica-se o disposto no art. 2º, § 2º, do Decreto-Lei 3.365/41?

⊖ Qual é o contexto?

O Decreto-Lei 3.365/41 disciplina a desapropriação por utilidade pública. Nos termos do art. 2º, § 2º, desse decreto, temos o seguinte:

> **Art. 2º** Mediante declaração de utilidade pública, todos os bens poderão ser desapropriados pela União, pelos Estados, Municípios, Distrito Federal e Territórios.
>
> **§ 2º** Os bens do domínio dos Estados, Municípios, Distrito Federal e Territórios poderão ser desapropriados pela União, e os dos Municípios pelos Estados, mas, em qualquer caso, ao ato deverá preceder autorização legislativa.

Vejam, meus amigos, que o referido decreto estabeleceu a seguinte regra: a União pode desapropriar de forma ampla, podendo desapropriar bens dos Estados, do Distrito Federal e dos Municípios. Os Estados podem desapropriar bens dos municípios que fiquem dentro dos seus territórios. E os Municípios nada podem. Em outras palavras, o ente maior pode desapropriar bens do ente menor, mas a recíproca não é verdadeira.

⊖ Esse dispositivo se aplica ao tombamento?

Apesar de existir certa controvérsia doutrinária, tem prevalecido que não. O dispositivo em questão não se aplica ao tombamento de bens. Com isso, nada impede, por exemplo, que o Município realize o tombamento de um bem da União.

O próprio STF já reconheceu que, **não havendo nenhuma previsão na legislação que vede explicitamente o tombamento de bem de ente de maior abrangência federativa por outro de abrangência menor**, prevalece a regra geral que atribui aos entes federados, de forma igualitária, a competência para "preservar o patrimônio público" e para "proteger os documentos, as obras e outros bens de valor histórico, artístico e cultural, os monumentos, as paisagens naturais notáveis e os sítios arqueológicos (Art. 23, I e III, da CF). **(STF ACO 2.176/RJ e ACO 1208/MT).**

No mesmo sentido, **temos decisão do STJ que autorizou o tombamento de bem do Estado do Rio de Janeiro pelo Município de Niterói (RMS 18.952/RJ).**

15 Os Municípios podem legislar sobre tombamento?

⊖ Qual é o contexto?

A Constituição estabeleceu competências administrativas a todos os entes para a proteção do patrimônio histórico brasileiro:

> **Art. 23.** É competência comum da União, dos Estados, do Distrito Federal e dos Municípios:
>
> **III** - proteger os documentos, as obras e outros bens de valor histórico, artístico e cultural, os monumentos, as paisagens naturais notáveis e os sítios arqueológicos;

Assim, todos os entes federativos podem realizar o tombamento de bens.

Com relação a possibilidade de os municípios legislarem sobre o tombamento, o tema é extremamente polêmico, tendo em vista que a Constituição somente previu, de forma expressa, essa competência a União, Estados e Distrito Federal:

> **Art. 24.** Compete à União, aos Estados e ao Distrito Federal legislar concorrentemente sobre:
>
> **VII** - proteção ao patrimônio histórico, cultural, artístico, turístico e paisagístico;

Em razão da omissão constitucional, parte da doutrina entende que os Municípios não têm competência legislativa, apenas possuindo competência material, devendo-se valer das legislações federais e estaduais.

Por outro lado, há quem defenda que, fazendo uma interpretação sistemática do ordenamento jurídico, deve ser reconhecida a possibilidade de o Município legislar sobre o tombamento.

Tendo em vista que a Constituição permitiu aos municípios legislar sobre assuntos de interesse local, admite-se a possibilidade de edição de leis municipais sobre o tombamento, desde que elas visem disciplinar as peculiaridades locais e não colidam com as leis federais e estaduais. Esse é o posicionamento de Rafael Oliveira.

16 Em que consiste a retrocessão?

A retrocessão consiste no direito que o particular possui de exigir a devolução do bem que não foi utilizado pelo Poder Público para atender o interesse público.

O instituto da retrocessão, assim, pressupõe necessariamente que tenha havido uma tredestinação do bem.

A tredestinação, ao seu turno, divide-se da seguinte forma:

a) **tredestinação lícita:** A Administração não satisfaz o interesse descrito no decreto expropriatório, mas satisfaz outro interesse público (Ex.: o decreto expropriatório foi para a construção de uma delegacia, mas acabou se construindo uma escola no local).

b) **tredestinação ilícita:** A administração, após expropriar o bem, não satisfaz nenhum interesse público (Ex.: após expropriar o bem, a Administração informa que vai vendê-lo).

Prevalece que somente a tredestinação ilícita possibilita a retrocessão.

17 O direito de extensão viola a limitação cognitiva prevista no art. 20 do DL 3.365/41?

⊖ Qual o contexto?

Apesar de ação de desapropriação seguir o rito ordinário, a amplitude da sua cognição não será a mesma do regime comum.

A cognição judicial pode ser analisada nos planos vertical e horizontal.

A **cognição vertical,** que está relacionada a profundidade da análise judicial, divide-se em cognição sumária e cognição exauriente. Enquanto a sumária constitui aquela cognição superficial, pouco aprofundada, que decorre de uma mera probabilidade ou verossimilhança, a cognição exauriente origina-se de juízo de certeza, em razão de uma incontrovérsia ou da produção de todas as provas possíveis no processo.

Embora possa parecer a princípio uma definição sem muita importância, essa distinção é essencial para diferenciar as tutelas de urgência das tutelas finais. Isso porque a cognição exauriente, ao contrário da sumária, faz coisa julgada material.

No **plano horizontal,** a cognição relaciona-se à matéria processual, condições da ação e ao mérito, classificando-se em limitada ou ampla.

Será limitada nos casos em que a lei restringir a amplitude da defesa, limitando as matérias que podem ser alegadas pela parte. Por sua vez, a cognição ampla, no plano horizontal, permite que as partes aleguem qualquer matéria de defesa.

Feito essa distinção, podemos afirmar que, no âmbito da ação de desapropriação, a cognição no plano vertical é exauriente, sendo apta a produzir coisa julgada material. No plano horizontal, contudo, ela é limitada, pois a lei restringe as matérias que podem ser alegadas na defesa do réu.

Com isso, ao ser citado, o réu possui o prazo de 15 dias para contestar. Em sua defesa poderá alegar apenas vício do processo judicial (ausências de condição da ação ou pressupostos processuais) ou impugnação do preço:

> **Art. 20.** A contestação só poderá versar sobre vício do processo judicial ou impugnação do preço; qualquer outra questão deverá ser decidida por ação direta.

Além dessas duas hipóteses, nada mais pode ser alegado, nem discutido. Qualquer outra questão, portanto, deve ser levada ao conhecimento do Poder Judiciário através de ação própria.

⊕ Direito de extensão. Que negócio é esse?

Direito de extensão é o direito assegurado ao proprietário de exigir que a desapropriação parcial se torne em total. Isso ocorre quando a parte que resta da desapropriação, isoladamente, não possui valoração ou utilidade econômica razoável.

Assim, é possível que na contestação o réu alegue também o chamado direito de extensão. O direito de extensão não viola a limitação cognitiva prevista no art. 20 do DL 3.365/41, **pois, em última análise, relaciona-se ao preço da indenização**. É, assim, matéria alegável na defesa do réu no processo de desapropriação.

18 Nos processos de desapropriação, possibilidade de imissão provisória na posse é constitucional?

⊖ Qual é o contexto?

A possibilidade de desapropriação encontra previsão constitucional:

> **Art. 5º** (...)
>
> **XXIV** - a lei estabelecerá o procedimento para desapropriação por necessidade ou utilidade pública, ou por interesse social, mediante justa e prévia indenização em dinheiro, ressalvados os casos previstos nesta Constituição;

Vejam que a Constituição permitiu a desapropriação, desde que haja prévia e justa indenização em dinheiro. Por outro lado, o Decreto-lei 3.365/41 permitiu a possibilidade de imissão provisória na posse em favor do ente público:

> **Art. 15.** Se o expropriante alegar urgência e depositar quantia arbitrada de conformidade com o art. 685 do Código de Processo Civil, o juiz mandará imití-lo provisoriamente na posse dos bens;

O procedimento, nesse caso, exige o preenchimento de dois requisitos:

a) **declaração de urgência:** aqui, basta que o poder público alegue a urgência, não sendo preciso comprovar a urgência.

b) **depósito prévio:** é preciso que o Poder Pública efetue o depósito prévio, nos termos do art. 15, § 1º, do Decreto-lei 3.365/41.

⊖ Esse dispositivo é constitucional?

Já houve questionamento acerca da constitucionalidade da imissão provisória na posse do imóvel expropriado, em razão da exigência constitucional de haver indenização prévia e em dinheiro. O STF, contudo, entendeu que é constitucional.

> **STF – Súmula nº 652:** Não contraria a Constituição o art. 15, § 1º, do Dec.-lei 3.365/41 (Lei da Desapropriação por utilidade pública).

O entendimento do STF fundamenta-se no fato de a imissão provisória **não acarretar a transferência da propriedade,** de forma que a imissão provisória na posse pode ser concedida mediante o depósito de valores que estejam abaixo da correta indenização a ser pago pelo expropriante. Naturalmente, deverá haver complementação do valor pago após a realização da perícia judicial.

Além disso, em casos de imissão provisória da posse, o réu faz jus ao recebimento de juros compensatórios, que objetivam recompor seu prejuízo pela perda antecipada da posse **(Decreto-Lei 3.365/41, art. 15-A).**

19 É possível falar em desapropriação indireta sem que haja efetivo apossamento da propriedade pelo ente público?

⊖ Desapropriação indireta. Que negócio é esse?

A desapropriação indireta, também chamada de apossamento administrativo, não está previsto como uma modalidade de desapropriação, pois não decorre de um procedimento regular e legítimo do Poder Público. Trata-se de um fato administrativo, consistente na apropriação indevida pelo Estado, o que caracteriza um verdadeiro esbulho possessório.

De certa forma, essa conduta abusiva do ente público encontra respaldo legal no art. 35 do Decreto-Lei nº 3.365/41, que veda ao particular a propositura de demandas que busquem a reivindicação do bem expropriado, determinando a solução da questão em perdas e danos.

> **Art. 35.** Os bens expropriados, uma vez incorporados à Fazenda Pública, não podem ser objeto de reivindicação, ainda que fundada em nulidade do processo de desapropriação. Qualquer ação, julgada procedente, resolver-se-á em perdas e danos.

Uma vez expropriado o bem pelo poder público, estaria caracterizado o fato consumado, a impedir o retorno do bem ao domínio particular. Nesses casos, cabe ao particular ingressar com ação de desapropriação indireta pedindo a condenação do Poder Público a pagar a mesma indenização que pagaria numa desapropriação direta ou regular.

É possível falar em desapropriação indireta sem que haja o efetivo apossamento da propriedade pelo Poder Público?

Não. O STJ entendeu que **não há desapropriação indireta sem que haja o efetivo apossamento da propriedade pelo Poder Público.**

Desse modo, as restrições ao direito de propriedade impostas por normas ambientais, ainda que esvaziem o conteúdo econômico, não constituem desapropriação indireta. A edição de leis ambientais que restringem o uso da propriedade caracteriza uma limitação administrativa, cujos prejuízos causados devem ser indenizados por meio de uma ação de direito pessoal, e não de direito real, como é o caso da ação contra a desapropriação indireta.

Qual é a consequência prática desse entendimento?

A consequência prática disso é que se aplica, aos casos de leis ambientais que restrinjam o uso da propriedade, ainda que lhe esvaziem totalmente o conteúdo econômico, a prescrição quinquenal, nos termos do art. 10, parágrafo único, do Decreto-Lei n. 3.365/41, e não o prazo de prescricional de 10 anos das ações de desapropriação indireta **(AgRg no REsp Nº 1.359.433/MG).**

3
Tributário

68 questões

I. ASPECTOS GERAIS

01 A Maçonaria faz jus à imunidade tributária religiosa?

Nos termos do artigo 150, VI, "b", da Constituição, os templos religiosos de qualquer culto são imunes aos impostos.

Diante disso, questiona-se se a maçonaria faria jus ao referido benefício.

Existe forte doutrina que entende que o conceito de religião, por ser algo aberto, abarcaria a maçonaria.

Neste aspecto, a maçonaria faria jus à imunidade religiosa prevista constitucionalmente, uma vez que, para eles, não se pode negar o caráter religioso ou a presença de um templo e da realização de cultos, o que a adéqua perfeitamente ao artigo 150, inciso VI, alínea "b", da Constituição Federal.

A loja maçônica, por revelar diversos elementos de religiosidade, deve ser vista como um templo, pois em seus cultos há a elevação espiritual, a profissão de fé e a prática de virtudes, razão pela qual deve ser abarcada pela imunidade religiosa.

Contudo, o STF entendeu que NÃO se aplica às organizações maçônicas a presente imunidade. A Maçonaria seria uma ideologia de vida e não uma religião (RE 562.351/RS).

02 O protesto de certidão de dívidas ativas (CDA) é capaz de interromper a prescrição tributária?

Amigos, as execuções fiscais promovidas pela Fazenda Pública possuem um índice de sucesso muito baixo, sendo raros os casos em que a Fazenda obtém sucesso na cobrança da dívida.

Em razão da baixa efetividade, a Lei 12.767/12 passou a prevê a possibilidade de protesto extrajudicial das certidões de dívida ativa.

Os contribuintes alegram que essa lei seria inconstitucional, constituindo-se sanção política. O STF, contudo, entendeu que o protesto das Certidões de Dívida Ativa (CDA) constitui mecanismo constitucional e **legítimo,** por não restringir de forma desproporcional quaisquer direitos fundamentais garantidos aos contribuintes e, assim, **não constitui sanção política (ADI 5135/DF).**

Em sendo constitucional, a questão que se propõe aqui é a seguinte: o protesto da CDA é apto para interromper a prescrição das dívidas tributárias?

Com relação a dívida **não tributária,** é certo que o protesto da CDA é apto a interromper a prescrição, em razão do disposto no Art. 202, III, do Código Civil ("A interrupção da prescrição, que somente poderá ocorrer uma vez, dar-se-á: por protesto cambial").

Com relação a prescrição tributária, a coisa muda de figura. Isso porque, nos termos do art. 146, III, 'b', da CF, a prescrição tributária deve ser regulada por **lei complementar.**

Assim, como a Lei 12.767/12 possui o status de lei ordinária, NÃO seria apta a interromper a prescrição tributária.

Embora não haja decisão do STJ nesse sentido, foi por esse mesmo motivo que ele entendeu que a suspensão da prescrição prevista na Lei 6.830/80 (LEF), não se aplica a dívida ativa tributária **(AI no Ag 1037765/SP).**

03 Qual a natureza jurídica do lançamento tributário?

A doutrina é controvertida sobre a natureza do lançamento.

Para Barros Carvalho, lançamento é **ato jurídico** administrativo e não procedimento, uma vez que consiste no resultado de um procedimento, mas com ele não se confunde. O procedimento não é da essência do lançamento, que pode ocorrer com base em um único ato isolado, independentemente de qualquer outro.

Para Hugo de Brito Machado, o lançamento é um **procedimento**, no sentido de atividade que, por afetar direitos dos administrados, há de ser desenvolvida com obediência a certas formalidades legalmente impostas.

Assim, há de ser sempre assegurado o direito de defesa ao contribuinte. Mesmo quando o lançamento é feito com base em único ato, há de ser o contribuinte notificado e a ele assegurado um prazo para defender-se. Assim, além dos atos ditos preparatórios, haverá sempre mais de um ato a compor o procedimento.

04 Os correios possuem imunidade quando atuam em atividades submetidas a regime concorrência? Em sua resposta aborde necessariamente o entendimento do STF acerca da política de subsídios cruzados.

Por ser detentor do privilégio de prestar o serviço público postal, o STF por diversas vezes já decidiu que a EBCT é beneficiária da imunidade recíproca, prevista no art. 150 da Carta Magna.

Sobre o tema, a grande dúvida que houve foi em relação às atividades prestadas pelos Correios que estão submetidas ao regime de concorrência.

Ao analisar a questão, o STF entendeu que as atividades realizadas pela EBCT em regime de concorrência **também estão submetidas a imunidade recíproca (RE 627051/PE).**

Para tanto, argumentou-se o seguinte:

a) Mesmo nessas atividades, **os correios se sujeitam a uma série de restrições que a iniciativa privada não se sujeita**, como a obrigação de licitar e contratar por concurso público.

b) A clientela dos serviços dos Correios é aquela que não possui acesso à moderna rede bancária brasileira. É dizer, os Correios prestam serviços onde a atividade privada não chega ou não quer chegar. Cumpre ressaltar que a EBCT é superavitária apenas em 04 estados, sendo deficitária em todas as demais, porém continua a ser obrigada a prestar o serviço.

c) A própria prestação do serviço postal vem passando por um grande declínio, e os Correios são obrigados a prestar. Assim, a própria manutenção desse serviço depende de uma política de **SUBSÍDIO CRUZADO.**

Desse modo, o exercício de atividades lucrativas não compreendidas no conceito de serviços postais e correio aéreo nacional gera recursos que subsidiam a prestação desses serviços, de forma que a desoneração tributária daquelas atividades como consequência da imunidade recíproca é fundamental para a manutenção dos citados serviços essenciais.

Assim, pode-se dizer que a política do subsídio cruzado consiste na utilização, pelos Correios, dos recursos obtidos em atividades lucrativas desenvolvidas em regime de concorrência, os quais são utilizados na prestação de serviços deficitários que os Correios são obrigados a prestar por imposição constitucional. Por isso, os Correios também gozam de imunidade em serviços prestados em situação de concorrência com a iniciativa privada.

05 Qual a natureza da presunção de fraude contida no artigo 185 do CTN?

O artigo 185 do CTN estabelece o seguinte:

> **Art. 185. Presume-se fraudulenta** a alienação ou oneração de bens ou rendas, ou seu começo, por sujeito passivo em débito para com a Fazenda Pública, por crédito tributário **regularmente inscrito como dívida ativa.**

A presunção do art. 185 **decorre da inscrição do débito em dívida ativa.** Uma vez inscrito, qualquer alienação de bens e rendas, ou seu começo, por parte do devedor, será legalmente considerada fraudulenta, **independentemente de ter havido, ou não, intenção de fraudar**.

Contudo, o CTN afasta essa presunção de fraude no caso de terem sido reservados, pelo devedor, bens ou rendas suficientes ao total pagamento da dívida inscrita (parágrafo único, art. 185).

Sobre o tema, ainda é necessário ressaltar que a presunção de fraude ora comentada não se confunde com os institutos da fraude contra credores e da fraude à execução, previstos no CC e no CPC.

É justamente por isso que o STJ entendeu **que tem natureza absoluta** a presunção de fraude a alienação realizada após a inscrição, **pois é dever do adquirente verificar a regularidade do alienante perante o fisco.**

Dessa forma, para o STJ, não vai incidir, em sede de execução fiscal, o disposto na Súmula 375 ("O reconhecimento da fraude à execução depende do registro da penhora do bem alienado ou da prova de má-fé do terceiro adquirente").

Com isso, a simples alienação ou oneração de bens ou rendas, ou seu começo, pelo sujeito passivo por quantia inscrita em dívida ativa, sem a reserva de meios para quitação do débito, **gera presunção absoluta ("jure et de jure") de fraude à execução (AgRg no REsp 1.341.624/SC).**

06 A União pode celebrar tratado concedendo isenção de tributos municipais e estaduais?

Questiona-se aqui se é possível a concessão de **isenção heterônoma** por meio de tratado.

Ocorre isenção heterônoma quando um ente da federação concede isenção de tributo pertencente a outro ente (Ex.: a União conceder isenção de IPTU). Trata-se de conduta que, em regra, é vedada pela Constituição (Art. 153, III), já que isso violaria a autonomia dos entes da Federação.

Contudo, é possível que a União celebre tratado internacional que acarrete isenções a tributos estaduais ou municipais. Isso porque, quando celebra tratados, **a União age como representante da República Federativa do Brasil,** que abrange todos os entes federativos. Assim, não se aplica a vedação do Art. 153, III, da Constituição **(RE 543.943-AGR).**

07 O princípio do "pecunia non olet" permite a tributação mais gravosa de um ilícito criminal?

O artigo 118, I, do CTN, consagra o chamado princípio do "pecunia non olet" segundo o qual o fato gerador do tributo independe da validade dos negócios jurídicos realizado pelo contribuinte.

Para que haja a tributação, basta que o contribuinte realize o fato definido em lei como fato gerador do tributo, não importando se esse fato tem validade para o direito privado ou mesmo que se constitua crime.

Contudo, o princípio do "pecunia non olet" não legitima a tributação mais gravosa de um fato ilícito.

Isso porque, por definição legal, o tributo não pode constituir sanção de ato ilícito (Art. 3º, CTN). Em que pese o princípio do "pecunia non olet" permita a tributação do produto do ato ilícito, a doutrina (Leandro Paulsen) defende que o legislador não pode colocar abstratamente o fato ilícito como fato gerador da obrigação tributária (Ex.: definir uma alíquota de Imposto Renda maior para traficantes).

Em suma, em que pese o princípio do "pecunia non olet" autorize a tributação do produto de fatos ilícitos, ele não permite que eles sejam tributados de forma mais gravosas, uma vez que o tributo não se presta para esse fim, dispondo o Estado de meios mais eficientes nas esferas penal, administrativa e cível para coibir a prática de atividades ilícitas.

08 O portador de cegueira monocular possui direito à isenção dos proventos de aposentadoria?

A Lei do Imposto de Renda (Lei 7.713/88, XIV) assegurou isenção dos proventos de aposentadoria recebidos pelos portadores de cegueira. Em razão do disposto na lei, muitos portadores de cegueira monocular (de apenas um olho) passaram a pleitear a isenção. A Fazenda Nacional, contudo, negou tal isenção, afirmando que a cegueira para fins de isenção do imposto de renda seria apenas a cegueira total (dos dois olhos).

Ao analisar o tema, o STJ entendeu que o portador de cegueira monocular fazia jus a isenção, já que a lei não fez distinção entre a cegueira total e a monocular **(AgRg no REsp 1517703/RS e REsp n. 1.196.500/MT)**. Ressalta-se que, ao fazer isso, o STJ não feriu o disposto no art. 111 do CTN, pelo contrário, apenas definiu os possíveis alcances literais da norma.

Portanto, é plenamente compatível com o CTN a interpretação de maneira ampla das hipóteses de interpretação literal, mas sempre dentro dos significados literalmente possíveis. Em outras palavras: é possível interpretação **extensiva** dos dispositivos legais que o CTN exige interpretação literal.

09 Para fins do artigo 106, II, do Código Tributário Nacional, até quando um ato é considerado não definitivamente julgado?

O CTN estabelece o seguinte:

> **Art. 106.** A lei aplica-se a ato ou fato pretérito:
>
> **II** – tratando-se de ato não definitivamente julgado:
>
> **a)** quando deixe de defini-lo como infração;
>
> **b)** quando deixe de tratá-lo como contrário a qualquer exigência de ação ou omissão, desde que não tenha sido fraudulento e não tenha implicado em falta de pagamento de tributo;
>
> **c)** quando lhe comine penalidade menos severa que a prevista na lei vigente ao tempo da sua prática.

Para aplicação do dispositivo ora em análise, é preciso determinar até quando um ato é considerado não definitivamente julgado.

O tema chegou ao STJ, o qual entendeu que, mesmo encerrada a esfera administrativa, ajuizada a execução fiscal, efetivada a penhora, oferecidos e rejeitados os embargos à execução, **enquanto não realizada a arrematação ou adjudicação, ainda não há julgamento definitivo, sendo possível à aplicação de nova legislação mais benigna (Resp 183.994/SP)**.

10 O Contribuinte de fato tem legitimidade para propor ação de repetição de indébito?

Quanto à legitimidade para o exercício da ação de repetição, o STJ, em sede de recurso repetitivo (artigo 543-A do CPC) entendeu que, via de regra, o contribuinte de fato não detém a legitimidade ativa para pleitear a restituição de indébito de tributos indiretos, adotando, portanto, o método formal (jurídico), ao estabelecer que o contribuinte de fato é figura estranha à relação jurídica tributária.

Deixou claro o STJ que a relação jurídico-tributária formal só existe entre a Fazenda e o contribuinte de direito. Ocorre que o próprio STJ **admite uma hipótese excepcionalíssima** na qual o contribuinte de fato pode ajuizar repetição de indébito de tributos indiretos.

Trata-se do caso de incidência de ICMS **no fornecimento de energia elétrica de demanda contratada e não utilizada**. Para a Corte Cidadã, a empresa concessionária de energia elétrica geralmente encontra-se em posição de quase total submissão, o que, no tocante à cobrança de tributo, faz com que a concedente e a concessionária se encontram lado a lado, ausente a possibilidade de conflitos.

Assim, a identificação de contribuinte de fato e de direito deve ser realizada à luz das normas referentes às concessões, que revelam uma relação ímpar envolvendo o Estado-concedente, a concessionária e o consumidor **(Resp 1.299.303/SC).**

11 É Constitucional a diminuição do valor repassado ao Fundo de Participação dos Municípios em razão de isenções concedidas pela União sobre o Imposto de Renda e Imposto sobre Produtos Industrializados?

O Imposto de Renda e o Imposto sobre Produtos Industrializados são impostos de titularidade da União. Apesar de serem impostos federais, o legislador constituinte determinou que parte do produto da arrecadação desses tributos fossem repartidos com os Estados e Municípios (Art. 159, I).

Ocorre que, por razões de política financeira, muitas vezes a União concede tributos, diminuindo a arrecadação, o que acaba por impactar no valor repassado aos estados e municípios, por meio do Fundo de Participação dos Estados – FPE e do Fundo de Participação dos Municípios – FPM.

Nesse sentido, diversos municípios brasileiros passaram a questionar as isenções dadas pela União, já que elas reduziam os valores por ele recebidos.

Argumentavam que, embora fosse possível a concessão de isenção pela União, essa isenção não poderia diminuir os repasses efetuados pela União aos municípios, é dizer, mesmo havendo isenção, o valor repassado aos municípios não poderia diminuir.

➔ **O STF concordou com os municípios?**

Não. Para o STF, o poder de arrecadar atribuído à União implica também no poder de isentar. Assim, quando a Constituição determina que o FPM será composto pelo produto dos dois impostos (IR e IPI) isso inclui o resultado das desonerações. De acordo com o inciso I do art. 159, da CF/88, a União deve entregar um percentual **sobre o produto da arrecadação** do IR e do IPI ao Fundo de Participação dos Municípios.

De fato, essas transferências efetuadas pela União são de suma importância para as finanças municipais e para manutenção de sua autonomia financeira. Contudo, aceitar a tese dos Municípios iria de encontro ao modelo de repartição de receitas previsto na Constituição Federal.

Assim, o STF entendeu que é constitucional a concessão regular de incentivos, benefícios e isenções fiscais relativos ao imposto de renda e imposto de produtos industrializados por parte da União em relação ao Fundo de Participação dos Municípios e respectivas e respectivas quotas devidas às municipalidades **(RE 705.423/SE).**

O mesmo raciocínio pode ser aplicado aos Estados.

12 Quando o termo de início do prazo para homologação de tributo sujeito a lançamento por lançamento?

Se o contribuinte **não antecipa o pagamento**, ou seja, se ele não paga nada, e nem declara nada, o prazo decadencial para que o Fisco faça o lançamento de ofício não será calculado com base no § 4º do art. 150, mas sim de acordo com o inciso I do art. 173 do CTN:

> **Art. 173.** O direito de a Fazenda Pública constituir o crédito tributário extingue-se após 5 (cinco) anos, contados:
>
> **I** - do primeiro dia do exercício seguinte àquele em que o lançamento poderia ter sido efetuado;

Nesse sentido, entende o STJ:

> **STJ - Súmula 555:** Quando não houver declaração do débito, o prazo decadencial quinquenal para o Fisco constituir o crédito tributário conta-se exclusivamente na forma do art. 173, I, do CTN, nos casos em que a legislação atribui ao sujeito passivo o dever de antecipar o pagamento sem prévio exame da autoridade administrativa.

Em caso de pagamento menor do que o devido, ou seja, **no caso em que há pagamento, mas em valores menores do que o devido**, o Fisco possui um prazo de 5 anos para apurar eventual diferença nos valores recolhidos e efetuar, de ofício, o lançamento suplementar daquilo que faltar. Esse prazo de 5 anos é contado do dia em que ocorreu o fato gerador, na forma do § 4º do art. 150:

> **Art. 150.** O lançamento por homologação, que ocorre quanto aos tributos cuja legislação atribua ao sujeito passivo o dever de antecipar o pagamento sem prévio exame da autoridade administrativa, opera-se pelo ato em que a referida autoridade, tomando conhecimento da atividade assim exercida pelo obrigado, expressamente a homologa.
>
> **§ 4º** Se a lei não fixar prazo a homologação, será ele de cinco anos, a contar da ocorrência do fato gerador; expirado esse prazo sem que a Fazenda Pública se tenha pronunciado, considera-se homologado o lançamento e definitivamente extinto o crédito, salvo se comprovada a ocorrência de dolo, fraude ou simulação.

Assim, o art. 173, I, do CTN, so**mente se aplica caso não haja nenhum pagamento ou declaração por parte do contribuinte.**

Caso haja somente a declaração, mas não haja pagamento, haverá a constituição imediata do crédito, nos termos da Súmula 436 do STJ. Caso haja a declaração, com o pagamento a menor, a diferença a ser apurada deverá seguir o disposto no § 4º do art. 150 do CTN, é dizer, a Fazenda terá o prazo de 05 anos, a contar da ocorrência do fato gerador.

13 O protesto de CDA é capaz de interromper a prescrição tributária?

As execuções fiscais promovidas pela Fazenda Pública possuem um índice de sucesso muito baixo, sendo raros os casos em que a Fazenda obtém sucesso na cobrança da dívida.

Em razão da baixa efetividade, a Lei 12.767/12 passou a prever a possibilidade de protesto extrajudicial das certidões de dívida ativa.

Os contribuintes alegaram que essa lei seria inconstitucional, constituindo-se sanção política. O STF, contudo, entendeu que o protesto de Certidões de Dívida Ativa (CDA) constitui mecanismo constitucional e legítimo, por não restringir de forma desproporcional quaisquer direitos fundamentais garantidos aos contribuintes e, assim, não constitui sanção política **(ADI 5.135/DF).**

Em sendo constitucional, a questão que se propõe aqui é a seguinte: o protesto da CDA é apto para interromper a prescrição das dívidas tributárias?

Com relação as dívidas **não tributárias**, é certo que o protesto da CDA é apto a interromper a prescrição, em razão do disposto no artigo 202, III, do Código Civil:

> **Art. 202.** A interrupção da prescrição, que somente poderá ocorrer uma vez, dar-se-á:
>
> **III** - por protesto cambial;

Com relação a **prescrição tributária**, a coisa muda de figura. Isso porque, nos termos do artigo 146, III, "b", da CF, a prescrição tributária deve ser regulamentada por lei complementar. Assim, como a Lei 12.767/12 possui o status de lei ordinária, não seria apta a interromper a prescrição tributária.

14 A imunidade tributária subjetiva é aplicada se a entidade imune for contribuinte de fato?

No caso de tributos que incidem em diversas fases, como, por exemplo, o ICMS e o IPI, existe a figura do contribuinte de fato e de direito. Contribuinte de direito é aquele que efetivamente calcula e paga o tributo, repassando o ônus desse tributo ao contribuinte de fato (tributação indireta).

Por sua vez, a imunidade tributária subjetiva é aquela que leva em conta o sujeito (Ex.: entidades assistenciais, entes federativos), diferenciando-se, assim, da imunidade objetiva, que leva em conta o objeto da tributação (Ex.: livros).

A imunidade tributária subjetiva aplica-se a seus beneficiários na posição de contribuinte de direito, mas não na de simples contribuinte de fato, **sendo irrelevante, para a verificação da existência do beneplácito constitucional, a repercussão econômica do tributo envolvido (RE 608872/MG)**

Por exemplo, se determinada entidade de assistência social possui uma loja, onde comercializa roupas, não vai precisar recolher ICMS sobre os produtos vendido, mesmo que ela repasse ao consumidor (contribuinte de fato), o valor do tributo. Isso porque, nesse caso, a entidade de assistência social ostenta a condição de contribuinte de direito, sendo, assim, imune.

Por outro lado, caso a mesma entidade realize a compra de uma geladeira, terá que arcar com o valor do ICMS, uma vez que, nessa situação, ele se contra como contribuinte de fato.

Da mesma forma, o STF já entendeu nos casos em que o ente público é o contribuinte de fato, não haverá a incidência da imunidade recíproca. Dessa forma, não poderá o Município (contribuinte de fato) alegar imunidade recíproca para deixar de pagar o ICMS cobrado na fatura da energia elétrica, uma vez que o contribuinte de direito concessionário **(STF, AI 6.714 e AGR no AI 736.6071).**

Em suma:

a) Se a entidade imune for contribuinte de direito: incide a imunidade subjetiva.

b) Se a entidade imune for contribuinte de fato: não incide a imunidade subjetiva.

15 Na substituição tributária progressiva, o contribuinte tem direito a restituição no caso em que a base de cálculo efetiva é menor do que a presumida?

Amigos, a substituição tributária progressiva é prevista na Constituição (Art. 150, § 7º). Trata-se de uma técnica que visa facilitar a fiscalização e arrecadação do estado em tributos em que incidem em diversas fases da cadeia produtiva, como o ICMS e IPI.

A substituição tributária progressiva ocorre da seguinte maneira: um produto passa por 03 contribuintes: A, B e C. A é onde o produto é feito inicialmente e C é onde ele é vendido ao consumidor. Embora o produto devesse ser tributado por 03 vezes (A, B e C), a lei, para facilitar, estabelecer que A já deverá recolher o tributo de todos da cadeia. Assim, "A" pagará o imposto por ele devido como contribuinte e também os impostos que irão incidir sobre as vendas futuras (nesse caso, pagará como substituto tributário/responsável tributário).

➔ Como é possível cobrar um tributo por algo que ainda não ocorreu?

Para conseguir realizar a tributação nesse caso, a Administração Fazendária presume uma base de cálculo (Ex.: o litro da gasolina será vendido por 4,50). Ocorre que, nem sempre, o produto é vendido de acordo com a base de cálculo presumida, sendo possível, em razão do contexto econômico, que o produto seja vendido com uma base de cálculo menor que a presumida (Ex.: a gasolina foi vendida por 4,30).

➔ Qual a polêmica aqui?

Quando a operação final não se realiza, a própria CF/88 determina expressamente que a Administração Pública deverá restituir a quantia paga, de forma imediata e preferencial (art. 150, § 7º). Contudo, ela foi omissa em relação a situação onde o fato gerador presumido se realiza, mas em valores menores que o presumido.

Inicialmente, o STF entendeu que era possível que a legislação estabelecesse que não era devida restituição quando o fato gerador real for menor que o presumido (ADI 1851). Posteriormente, contudo, o STF alterou seu posicionamento, entendendo que é devida a restituição da diferença do Imposto sobre Circulação de Mercadorias e Serviços (ICMS) pago a mais, no regime de substituição tributária para a frente, se a base de cálculo efetiva da operação for inferior à presumida (ADI 2675/PE e ADI 2777/SP e RE 593849/MG).

O fundamento do STF foi o seguinte: a substituição tributária, contida no art. 150, § 7º, da CF/88, tem como fundamento o princípio da praticidade. Com essa técnica, o Estado consegue comodidade, economicidade e eficiência na execução administrativa das leis tributárias.

Contudo, a praticidade tributária encontra freio nos princípios da igualdade, capacidade contributiva e vedação do confisco, bem como na arquitetura de neutralidade fiscal do ICMS. Desse modo, é papel do Poder Judiciário tutelar situações que extrapolem o limite da razoabilidade, como é o caso em tela, no qual o contribuinte paga um valor maior do que efetivamente devido, tendo, portanto, direito de ser restituído.

A tributação não pode se transformar em uma ficção jurídica, em uma presunção absoluta (*juris et de jure*) na qual o fato gerador presumido assuma um caráter definitivo e sejam desprezadas as variações decorrentes do processo econômico.

Não permitir a restituição nestes casos representaria injustiça fiscal inaceitável em um Estado Democrático de Direito, fundado em legítimas expectativas emanadas de uma relação de confiança e justeza entre Fisco e contribuinte. Desse modo, a restituição do excesso atende ao princípio que veda o enriquecimento sem causa, haja vista a não ocorrência da materialidade presumida do tributo.

16 O princípio da capacidade contributiva se aplica aos impostos reais?

⊝ Qual é o contexto?

Impostos reais são aqueles que incidem sobre algum elemento econômico de maneira objetiva, não levando em consideração a situação pessoal do contribuinte. Aqui, de modo geral, pouco importa a situação pessoal do contribuinte (Ex.: IPVA, IPTU). Já os impostos pessoais são aqueles incidem sobre a pessoa do contribuinte, em função de suas características pessoais (Ex.: Imposto de Renda).

Por sua vez, o princípio da capacidade contributiva é consagrado no artigo 145, § 1º, da Constituição da República, pelo qual "sempre que possível, os impostos terão caráter pessoal e serão graduados segundo a capacidade econômica do contribuinte, facultado à administração tributária, especialmente para conferir efetividade a esses objetivos, identificar, respeitados os direitos individuais e nos termos da lei, o patrimônio, os rendimentos e as atividades econômicas do contribuinte". Nesse sentido, o principal elemento que concretiza no mundo dos fatos o princípio da capacidade contributiva é a aplicação da chamada progressividade fiscal, por meio do qual as alíquotas de determinado tributo vão aumentando progressivamente, de acordo com a manifestação de riqueza do contribuinte.

A doutrina clássica, de forma geral, entendia pela não aplicação do princípio da capacidade contributiva aos impostos reais. O fundamento é que, como esses tributos incidem de forma objetiva, o legislador, ao instituir a carga tributária, não levaria em consideração a situação pessoal do sujeito passivo, mas apenas a realidade a ser tributada. Isso implica em dizer, por exemplo, que não seria possível o uso da técnica da progressividade fiscal nos impostos reais.

➔ E o STF?

Por muitos anos, o STF seguiu o entendimento clássico da doutrina. Assim, o STF entendia que a técnica da progressividade fiscal não era permitida em impostos reais, **salvo nos casos em era autorizada expressamente pela própria Constituição Federal (Ex.: IPTU extrafiscal)**. Esse, por exemplo, é o fundamento da Súmula 656 do STF:

> **STF - Súmula 656:** É inconstitucional a lei que estabelece alíquotas progressivas para o imposto de transmissão *inter vivos* de bens imóveis.

Ocorre que, posteriormente, o STF, **por meio do julgamento do RE 562045/RS**, que tratou da progressividade fiscal do ITCMD, **modificou o seu entendimento**. Na ocasião, a Corte Suprema considerou errada a suposição de que a CF/88 somente permite a progressividade para os impostos pessoais.

Na verdade, **todos os impostos estariam sujeitos ao princípio da capacidade contributiva, mesmo os que não tenham caráter pessoal.**

Segundo o STF, a Constituição determinou que os impostos, sempre que possível, deverão ter caráter pessoal, determinando ainda, na parte final do mesmo artigo, que os impostos (sem distinção) deverão observar a capacidade contributiva. Assim, o Supremo aceitou o caráter progressivo do ITCMD, independentemente de emenda constitucional.

Tendo em vista que a decisão do STF foi tomada em repercussão geral, é defensável entender que houve a revogação tácita da súmula 656. Contudo, **como não houve sua revogação formal,** é possível que ela seja cobrada ainda em provas, especialmente em se tratando de provas objetivas. Cuidado.

17 As multas tributárias de submetem ao Princípio do Não Confisco?

➔ Princípio do Não Confisco. Que negócio é esse?

O princípio do não confisco encontra-se na Constituição:

> **Art. 150.** (...)
>
> **IV** - utilizar tributo com efeito de confisco;

Esse princípio deve ser entendido como a vedação de utilização do tributo **com efeito de confisco** e não que o tributo configure confisco, pois esta segunda proibição já é decorrente da própria definição do tributo, uma vez que confisco, no Brasil, é punição e o tributo, por definição, não pode ser sanção por ato ilícito.

➔ Qual a diferença?

Basicamente, um tributo confiscatório seria um tributo que tem como fato gerador uma conduta indesejada, sendo usado como uma punição. Por outro lado, um tributo com efeito confiscatório é aquele tributo que incide de forma desproporcional, absorvendo parcela considerável da renda ou patrimônio dos contribuintes.

Ambas as situações são proibidas pelo ordenamento jurídico. O tributo confiscatório é vedado pela definição de tributo (CTN, art. 3°). Já o tributo com efeito de confisco é vedado pelo art. 150, IV, da CF/88.

➔ As multas tributárias se submetem a esse princípio?

Se aplicarmos literalmente o dispositivo constitucional, as multas não se submeteriam a esse princípio, **já que o texto se refere apenas a tributo**.

O STF **(ADI 551),** contudo, entendeu que, apesar da literalidade da Constituição referir-se apenas a tributo, o princípio do não confisco também é aplicável as multas tributárias.

⊖ Quando é que o tributo ou a multa possuem efeito confiscatório?

O conceito de efeito confiscatório é indeterminado, sujeito a alto grau de subjetividade. Assim, somente a análise do caso concreto pode dizer se há ou não efeito confiscatório.

Por exemplo, o STF já entendeu que viola o princípio do não confisco a imposição de multas que superem em duas vezes o valor do tributo em caso de não recolhimento no prazo previsto em lei e em 05 vezes no caso de sonegação.

18 Os requisitos para o gozo de imunidade tributária podem estar previstos em lei ordinária?

⊖ Qual é o contexto?

Amigos, a Constituição estabeleceu o seguinte:

> **Art. 195 (...)**
>
> § 7º - São isentas de contribuição para a seguridade social as entidades beneficentes de assistência social que atendam às exigências estabelecidas em lei.

Vejam que o § 7º do artigo 195 estabeleceu uma imunidade para as entidades beneficentes de assistência social em relação as contribuições para a seguridade social, desde que elas atendam às exigências legais. Por imunidade, temos a situação em que a própria Constituição delimita a competência do ente federativo, impedindo-o de definir determinadas situações como hipótese de incidência de tributo. A imunidade é uma limitação ao poder de tributar, **sendo sempre prevista na própria CF.**

⊖ Mas calma aí, o § 7º fala que essas entidades são isentas.

De fato, o § 7º textualmente fala em isenção. Contudo, prevalece que isso foi uma falha de redação do constituinte, uma vez que, **sempre que a limitação ao poder de tributar estiver na própria Constituição,** teremos uma imunidade e não uma isenção.

➔ As exigências legais a que se referem o § 7º do artigo 195 devem estar previstas em lei ordinária ou complementar?

Em regra, quando a Constituição quis que uma determinada matéria fosse regulada por lei complementar, ela assim o fez de forma expressa. Dessa forma, muita gente defendia que as exigências em questão poderiam ser reguladas por lei ordinária.

➔ O que decidiu o STF?

Em julgado mais antigo, o STF chegou a aceitar que as exigências fossem reguladas por lei ordinária **(RE 636941).** Contudo, **prevaleceu que os requisitos para o gozo de imunidade hão de estar previstos em lei complementar (RE 566622).**

O fundamento do STF foi que as imunidades são uma limitação ao poder de tributar do Estado. Assim, o artigo 195, § 7º, deve ser interpretado em conjunto com o artigo 146, II, da Constituição:

> **Art. 146.** Cabe à lei complementar: (...)
>
> **II** - regular as limitações constitucionais ao poder de tributar;

Assim, a Constituição exigiu sim lei complementar, mas não diretamente no § 7º do art. 195 e sim na previsão geral do art. 146, II.

Também alegou o STF que a imunidade de contribuições sociais serve não apenas a propósitos fiscais, mas também para a realização dos objetivos fundamentais da República, como a construção de uma sociedade solidária e voltada para a erradicação da pobreza.

Por isso, esta espécie de imunidade não pode ficar à mercê da vontade transitória de governos. As regras para gozar dessa imunidade devem ser respeitadas por todos os governos, não sendo recomendável que o regime jurídico das entidades beneficentes fique sujeito a flutuações legislativas constantes, muitas vezes influenciadas pela vontade de arrecadar.

Em suma, um tema tão sensível como esse não pode ser tratado por lei ordinária ou medida provisória.

➔ Existe alguma lei complementar regulamentando o artigo 195, § 7º?

Sim, trata-se do CTN, em seu artigo 14:

> **Art. 14.** (...)
>
> **I** – não distribuírem qualquer parcela de seu patrimônio ou de suas rendas, a qualquer título;
>
> **II** - aplicarem integralmente, no País, os seus recursos na manutenção dos seus objetivos institucionais;
>
> **III** - manterem escrituração de suas receitas e despesas em livros revestidos de formalidades capazes de assegurar sua exatidão.

Isso porque o CTN foi editado em 66, tendo sido recepcionado pela Constituição de 67 com status de lei complementar, o que foi mantido pela Constituição de 88. Assim, **o CTN possui status de lei complementar** e, portanto, atende o requisito do art. 146, II, da CF/88.

19 A interpretação mais benigna em matéria tributária se aplica aos juros?

⊕ Qual é o contexto?

O Código Tributário nacional estabelece o seguinte:

> **Art. 112.** A lei tributária que define infrações, ou lhe comina penalidades, interpreta-se da maneira mais favorável ao acusado, em caso de dúvida quanto:
>
> **I** - à capitulação legal do fato;
>
> **II** - à natureza ou às circunstâncias materiais do fato, ou à natureza ou extensão dos seus efeitos;
>
> **III** - à autoria, imputabilidade, ou punibilidade;
>
> **IV** - à natureza da penalidade aplicável, ou à sua graduação.

Temos, assim, que o art. 112 do CTN estabelece a chamada "interpretação benigna" no âmbito do direito tributário.

Podem ser extraídos desse dispositivo 02 requisitos para a aplicação dessa interpretação mais favorável, quais sejam:

a) Que haja DÚVIDA acerca da interpretação da norma tributária.

b) Que se trate de norma PUNITIVA, definidora de infrações tributárias ou relativa a penalidades.

Aplica-se a interpretação benéfica em caso de dúvida relativa à aplicação de JUROS? NÃO, porque os juros moratórios possuem caráter remuneratório do capital, **NÃO possuindo natureza punitiva.** Neste sentido já decidiu o STJ:

> TRIBUTÁRIO E PROCESSO CIVIL - EXECUÇÃO FISCAL - JUROS DE MORA - TAXA DE JUROS - HONORÁRIOS. (...) 3. **Em matéria de juros, NÃO se aplica a legislação mais benéfica ao contribuinte porque NÃO estão em discussão as hipóteses do art. 112 do CTN.** (...) Com efeito, NÃO tem aplicação na espécie o art. 112 do CTN, dispositivo específico para que se interpretem as normas que impõem penalidades ou definam infrações, o que não ocorre quando se questiona taxa de juros. O artigo em exame é reflexo do brocardo in dúbio pro reo. Em se tratando de consectários, tais como juros e correção monetária, deve se aplicar a lei que os fixa, vigente à época do pagamento". (**REsp 294.740/SC,** 2ª T., rel. Min. Eliana Calmon, j. em 09 -04 -2002)

20 As entidades imunes estão dispensadas do cumprimento das obrigações tributárias acessórias?

⊖ Qual é o contexto?

O Código Tributário Nacional estabelece o seguinte:

> **Art. 113.** A obrigação tributária é principal ou acessória.
>
> **§ 1º** A obrigação principal surge com a ocorrência do fato gerador, tem por objeto o pagamento de tributo ou penalidade pecuniária e extingue-se juntamente com o crédito dela decorrente.
>
> **§ 2º** A obrigação acessória decorre da legislação tributária e tem por objeto as prestações, positivas ou negativas, nela previstas no interesse da arrecadação ou da fiscalização dos tributos.
>
> **§ 3º** A obrigação acessória, pelo simples fato da sua inobservância, converte-se em obrigação principal relativamente à penalidade pecuniária.

Em uma simples leitura do dispositivo, temos que, no direito tributário, tanto o crédito quanto os respectivos juros e multas **são considerados obrigação principal,** pois o seu enquadramento como obrigação tributária principal depende exclusivamente do seu conteúdo pecuniário. Assim, em que pese uma multa não seja considerada tributo, ela tem natureza de obrigação principal, já que possui conteúdo pecuniário.

Já as **obrigações acessórias** são aquelas que possuem por objeto as prestações, positivas ou negativas, previstas no interesse da arrecadação ou fiscalização dos tributos.

Ao falar em prestações positivas ou negativas, o legislador tributário quis se referir às obrigações que os civilistas classificam como de fazer ou não fazer.

Por sua vez, obrigações de dar dinheiro sempre se classificam como principais, já que possuem conteúdo pecuniário.

➔ As entidades imunes são obrigadas a cumprir obrigações acessórias?

Sim, a imunidade apenas dispensa as entidades do pagamento da obrigação tributária principal (pagar o tributo), não as dispensando do cumprimento das obrigações acessórias.

Nesse sentido dispõe o próprio CTN, ao disciplinar os requisitos para o gozo das imunidades:

> **Art. 14.** (...)
>
> **III** - manterem escrituração de suas receitas e despesas em livros revestidos de formalidades capazes de assegurar sua exatidão.

Da mesma forma, **o STF já entendeu que o fato de a pessoa jurídica gozar da imunidade tributária não afasta a exigibilidade de manutenção dos livros fiscais (RE nº 250.844/SP).**

21 É possível a formação de CDA sem processo administrativo?

➔ Qual é o contexto?

O Código Tributário Nacional estabelece os requisitos essenciais para a formação da Certidão de Dívida Ativa Tributária:

> **Art. 202.** O termo de inscrição da dívida ativa, autenticado pela autoridade competente, indicará obrigatoriamente:

> **I** - o nome do devedor e, sendo caso, o dos co-responsáveis, bem como, sempre que possível, o domicílio ou a residência de um e de outros;
>
> **II** - a quantia devida e a maneira de calcular os juros de mora acrescidos;
>
> **III** - a origem e natureza do crédito, mencionada especificamente a disposição da lei em que seja fundado;
>
> **IV** - a data em que foi inscrita;
>
> **V - sendo caso, o número do processo administrativo de que se originar o crédito.**
>
> **Parágrafo único.** A certidão conterá, além dos requisitos deste artigo, a indicação do livro e da folha da inscrição.

Notem que o inciso V afirma que, em sendo o caso, a CDA deve indicar o número do processo administrativo em que o crédito se originou.

→ É possível a formação de CDA sem processo administrativo?

Sim, segundo o STJ, **a ausência de prévio processo administrativo não enseja a nulidade da Certidão de Dívida Ativa (CDA) nos casos de tributos sujeitos a lançamento de ofício.**

Com efeito, cabe ao contribuinte impugnar administrativamente a cobrança tributária e não ao fisco que, com observância da lei aplicável ao caso, lançou o tributo (**AgRg no AREsp 370.295/SC).**

Em outras palavras, nos tributos lançados de ofícios somente será necessário o prévio processo administrativo se houver impugnação do lançamento pelo contribuinte. Nos demais casos, ele é dispensado.

II. RESPONSABILIDADE TRIBUTÁRIA

01 O STJ entende que, em regra, não se aplica o benefício da denúncia espontânea aos tributos sujeitos a lançamento por homologação?

Isso porque, para o STJ, o benefício da denúncia espontânea tem como um dos objetivos "facilitar" o trabalho de fiscalização e arrecadação do Fisco, reduzindo os custos da Fazenda.

Dessa forma, caso o contribuinte faça a declaração de débito, mas não pague nada, o crédito tributário já estará constituído (já houve confissão de dívida). Logo, a nova confissão posterior do contribuinte não irá ajudar em nada o Fisco. Por essa razão, o contribuinte não terá direito aos benefícios da denúncia espontânea:

> **STJ - Súmula 360:** O benefício da denúncia espontânea não se aplica aos tributos sujeitos a lançamento por homologação regularmente declarados, mas pagos a destempo.

Percebam, contudo, que a própria súmula não afasta de modo absoluto a possibilidade de denúncia espontânea nos tributos sujeitos a lançamento por homologação. Se o crédito não foi previamente declarado pelo contribuinte, pode-se configurar a denúncia espontânea. Em tais casos, apenas não será possível beneficiar-se do instituto em relação ao montante declarado e não pago.

Ademais, o STJ também entende **(REsp 1149022/SP)** denúncia espontânea resta configurada na hipótese em que o contribuinte, após efetuar a declaração parcial do débito tributário (sujeito a lançamento por homologação) acompanhado do respectivo pagamento integral, retifica-a (antes de qualquer procedimento da Administração Tributária), noticiando a existência de diferença a maior, cuja quitação se dá concomitantemente.

02 Quais são os requisitos para a responsabilização do sócio-gerente? O fato de o nome do sócio constar na Certidão de Dívida Ativa tem alguma consequência jurídica?

Nos termos do art. 135 do CTN, os sócios-gerentes são pessoalmente responsáveis pelas obrigações tributárias resultantes de atos praticados com excesso de poderes ou infração de lei, contrato social ou estatutos.

De início, cumpre esclarecer que somente poderão responder de forma pessoal o sócio **que exerce poder de gestão na sociedade.**

Nesse sentido, o STJ pacificou que o simples inadimplemento da obrigação tributária não resulta na responsabilidade pessoal do sócio-gerente, é preciso demonstrar concretamente o excesso de poder ou infração de lei, contrato social ou estatutos:

> **STJ – Súmula 430:** o inadimplemento da obrigação tributária não gera, por si só, a responsabilidade solidária do sócio-gerente.

A dissolução irregular, contudo, autoriza o redirecionamento da execução fiscal para o sócio-gerente:

> **STJ – Súmula 435:** Presume-se dissolvida irregularmente a empresa que deixar de funcionar no seu domicílio fiscal, sem comunicação aos órgãos competentes, legitimando o redirecionamento da execução fiscal para o sócio-gerente.

Por fim, em relação a nome do sócio-gerente constar na CDA, temos o seguinte: para o STJ, se uma execução fiscal é ajuizada apenas contra a pessoa jurídica, **mas o nome do sócio consta na CDA**, a ele incumbe o ônus da prova de que não ficou caracterizada nenhuma das circunstâncias previstas no CTN, ou seja, que não houve a prática de atos com "excesso de poderes ou infração a lei, contrato social e estatuto".

Já se o nome do sócio **não constar da CDA**, ainda assim é possível o redirecionamento da execução fiscal para o sócio. Porém, nesse caso, incumbirá a Fazenda o ônus da prova de que o sócio incidiu em alguma das circunstâncias previstas no CTN (**AgRg no Resp 1.501.019/CE).**

03 É possível responsabilizar uma empresa pelos débitos tributários de outra, constituinte do mesmo grupo econômico?

Amigos, imaginem que o McDonald's e o Burger King sejam controlados pelo mesmo grupo econômico. Nesse caso, seria possível cobrar o McDonald's por dívidas tributárias do Burger King? Vamos analisar tal situação:

Os grupos econômicos consubstanciam-se em pessoas jurídicas coligadas ou controladas que atuam de forma coordenadas, nos termos do art. 243 e seguintes da Lei 6404/1976.

A Fazenda Pública tinha o entendimento de que a mera existência de interesse econômico, consistente na participação no resultado dos eventuais lucros auferidos pela outra empresa coligada ou do mesmo grupo econômico já era suficiente para atrair a responsabilidade tributária.

Contudo, **essa tese não prosperou na jurisprudência.** Ao contrário do disposto na CLT, em sede tributária a mera existência de grupo econômico não faz surgir responsabilidade tributária solidária para todas as empresas que o compõe.

Esse entendimento é pacífico no âmbito do STJ, o qual entende que a simples existência de interesse econômico não é suficiente para atrair responsabilidade tributária de pessoas jurídicas que fazem parte de um mesmo grupo econômico.

Assim, para que seja possível a responsabilização solidária de duas ou mais empresas pertencentes ao mesmo grupo econômico **é necessário que elas tenham realizado conjuntamente a situação configuradora do fato gerador da obrigação tributária**, sendo irrelevante a mera participação no resultado dos eventuais lucros auferidos pela outra empresa coligada ou do mesmo grupo econômico (**AgRg no AREsp 21.073/RS e AgRg no REsp 1340385/SC).**

04 Qual a natureza da responsabilidade do sócio-gerente por atos de infração à lei (CTN, Art. 135, III)?

Em uma interpretação literal do Art. 135, do CTN, a responsabilidade do sócio-gerente por infração à lei seria PESSOAL:

> **Art. 135.** São **pessoalmente** responsáveis pelos créditos correspondentes a obrigações tributárias resultantes de atos praticados com excesso de poderes ou infração de lei, contrato social ou estatutos:

A consequência prática dessa interpretação é que, nesses casos, o sócio-gerente responderia sozinho pelo crédito tributário, é dizer, o sócio-gerente deveria responder sozinho, com todo o seu patrimônio, **ficando afastada a responsabilidade do contribuinte**. O sócio-gerente, aqui, na dicção do Código, responderia de forma integral.

O STJ, contudo, fazendo uma interpretação sistemática, entende que a responsabilidade do sócio-gerente nesse caso **é solidária** e não pessoal.

Assim, em que pese o art. 135 do CTN falar em "responsabilidade pessoal", o STJ consolidou o entendimento de que essa responsabilidade do sócio-gerente, por atos de infração à lei, **é solidária** (não excluindo a responsabilidade da empresa). Logo, responderão pelo débito o sócio-gerente e a pessoa jurídica, figurando ambos na execução fiscal, em litisconsórcio passivo **(REsp 1.455.490-PR).**

No mesmo sentido a Súmula 430:

> **STJ - Súmula 430:** o inadimplemento da obrigação tributária não gera, por si só, **a responsabilidade solidária** do sócio-gerente.

05 Qual é o prazo prescricional para o redirecionamento da execução fiscal?

O Superior Tribunal de Justiça possui o firme entendimento de que a citação da sociedade executada interrompe a prescrição em relação aos seus sócios-gerentes para fins de redirecionamento da execução fiscal, que deverá ser promovida no prazo de cinco anos, prazo esse estipulado como medida de pacificação social e segurança jurídica, com a finalidade de evitar a imprescritibilidade das dívidas fiscais (**AgRg no Ag 1421601/SP**).

06 A pessoa jurídica de direito privado que resultar de fusão, transformação ou incorporação de outra ou em outra é responsável pelas multas tributárias devidas até à data do ato pelas pessoas jurídicas de direito privado fusionadas, transformadas ou incorporadas?

Vejamos o que dispõe o CTN:

> **Art. 132.** A pessoa jurídica de direito privado que resultar de fusão, transformação ou incorporação de outra ou em outra é responsável **pelos tributos** devidos até à data do ato pelas pessoas jurídicas de direito privado fusionadas, transformadas ou incorporadas.

Veja que numa interpretação literal do dispositivo, a responsabilidade somente abrangeria os tributos. Contudo, em que pese o art. 132 afirme que a responsabilidade é somente pelos tributos, o STJ entende que a responsabilidade abrange tanto os tributos como as multas dele decorrente, sejam elas de caráter moratório ou punitivo:

> **STJ - Súmula 554:** Na hipótese de sucessão empresarial, a responsabilidade da sucessora abrange não apenas os tributos devidos pela sucedida, **mas também as multas moratórias ou punitivas** referentes a fatos geradores ocorridos até a data da sucessão.

07 O alienante do imóvel continua responsável pelos débitos tributários cujo fato gerador ocorreram antes da alienação?

Qual é o contexto?

Amigos, imaginem que Fulanilson, no ano de 2018, aliena um imóvel de sua propriedade. Logo depois, ele é citado em uma ação de execução fiscal, onde o Município cobra dívidas relativas à IPTU do imóvel alienado, cujo os fatos geradores ocorreram no ano de 2015 a 2017.

Em sua defesa, Fulanilson afirma que, como alienou o imóvel, é parte ilegítima para a cobrança do tributo, devendo a dívida ser cobrada do atual proprietário. Como fundamento, utiliza artigo 130 do Código Tributário Nacional:

> **Art. 130.** Os créditos tributários relativos a impostos cujo fato gerador seja a propriedade, o domínio útil ou a posse de bens imóveis, e bem assim os relativos a taxas pela prestação de serviços referentes a tais bens, ou a contribuições de melhoria, subrogam-se na pessoa dos respectivos adquirentes, salvo quando conste do título a prova de sua quitação.

Nesse caso, assiste razão a Fulanilson?

Não. O STJ entendeu que o alienante possui legitimidade passiva para figurar em ação de execução fiscal de débitos constituídos em momento anterior à alienação voluntária de imóvel **(AgInt no AREsp 942.940/RJ).**

Qual o fundamento?

O STJ entendeu que a correta interpretação a ser dada ao artigo 130 do CTN é no sentido que ele estabelece uma responsabilidade solidária do alienante. Em outras palavras, o dispositivo em questão **não pretendeu desresponsabilizar o alienante, mas sim responsabilizar o adquirente na mesma obrigação do devedor original.**

Dessa maneira, o Município possui a prerrogativa de escolher contra quem ele vai cobra à dívida, uma vez que a responsabilidade prevista no artigo 130 do CTN é solidária.

08 Para fins tributários, o parcelamento se equipara a denúncia espontânea?

⊖ Qual é o contexto?

A denúncia espontânea pode ser conceituada como um instituto tributário que assegura ao devedor que, antes que o Fisco instaure contra ele qualquer procedimento administrativo ou medida de fiscalização, confessa para a Fazenda que praticou uma infração tributária e paga os tributos em atraso e os juros de mora, fique dispensado de pagar a multa:

> **Art. 138.** A responsabilidade é excluída pela denúncia espontânea da infração, acompanhada, se for o caso, do pagamento do tributo devido e dos juros de mora, ou do depósito da importância arbitrada pela autoridade administrativa, quando o montante do tributo dependa de apuração.

Notem, meus amigos, que o artigo 138 do CTN consagra 03 requisitos básicos para a denúncia espontânea, quais sejam:

a) a "denúncia" (confissão) da infração.

b) o Pagamento INTEGRAL do tributo devido com os respectivos juros moratórios.

c) a Espontaneidade (confissão e pagamento devem ocorrer ANTES do início de qualquer procedimento fiscalizatório por parte do Fisco relacionado com aquela determinada infração).

Por sua vez, o parcelamento tributário é uma das causas de suspensão da exigibilidade do crédito tributário e deve ser concedido nos termos de lei específica de cada ente:

> **Art. 155-A.** O parcelamento será concedido na forma e condição estabelecidas em lei específica.

Além disso, o próprio CTN já deixou bem claro que, salvo disposição de lei em contrário, o parcelamento do crédito tributário não exclui a incidência de juros e multas:

> **§ 1º** - Salvo disposição de lei em contrário, o parcelamento do crédito tributário não exclui a incidência de juros e multas.

Apesar da clareza do texto legal, muitos contribuintes insistiram na tese de que a confissão da dívida, acompanhada do pedido de parcelamento, era o equivalente a denúncia espontânea, razão pela qual estariam dispensados do pagamento da multa.

A tese, contudo, não prevaleceu e o STJ, por meio da sistemática dos recursos repetitivos, entendeu que **o instituto da denúncia espontânea (art. 138 do CTN) não se aplica nos casos de parcelamento de débito tributário (REsp 1102577/DF).**

⊖ Qual o fundamento?

Como vimos anteriormente, um dos requisitos da denúncia espontânea é o pagamento integral do tributo, com os respectivos juros de mora.

Ocorre que o parcelamento não é pagamento e a este não substitui, mesmo porque não há presunção de que, pagas algumas parcelas, as demais, igualmente, serão adimplidas, nos termos do art. 158 do CTN.

Em termos mais simples, **no parcelamento não há pagamento integral do tributo, com os respectivos juros de mora.**

09 O depósito judicial integral do débito tributário e dos respectivos juros de mora, mesmo antes de qualquer procedimento do Fisco tendente à sua exigência, configura denúncia espontânea?

⊖ Qual é o contexto?

Meus amigos, vimos anteriormente que a denúncia espontânea é um instituto tributário que assegura ao devedor que, antes que o Fisco instaure contra ele qualquer procedimento administrativo ou medida de fiscalização, confessa para a Fazenda que praticou uma infração tributária e paga os tributos em atraso e os juros de mora, fique dispensado de pagar a multa.

Ademais, vimo ainda que seu reconhecimento demanda três elementos, quais sejam:

a) a denúncia da infração;

b) o pagamento do tributo, se for o caso, e respectivos juros de mora;

c) espontaneidade, definida pelo parágrafo único do referido dispositivo como a providência tomada antes do início de qualquer procedimento administrativo ou medida de fiscalização relacionados com a infração.

Dito isso, imaginem o seguinte caso concreto: determinada empresa, antes de qualquer procedimento administrativo ou medida fiscalizatória, ingressa com ação declaratória, confessando o não pagamento do tributo, mas afirma que assim o fez por entender que a exigência era ilegal no seu caso. Com o objetivo de suspender a exigibilidade do crédito tributário, a empresa efetua o depósito em juízo do montante integral do valor que o Fisco entende devido (art. 151, II, do CTN).

Ao final, contudo, a ação da empresa foi julgada improcedente, tendo transitado em julgado.

Após o trânsito em julgado, a empresa pede a Fazenda que o depósito integral anteriormente realizado seja considerado como "denúncia espontânea", isentando-a do pagamento da multa.

➔ A tese da empresa pode ser acolhida?

Não. Segundo o STJ, o **depósito judicial integral do débito tributário e dos respectivos juros de mora, mesmo antes de qualquer procedimento do Fisco tendente à sua exigência, não configura denúncia espontânea (art. 138 do CTN) (EREsp 1.131.090-RJ).**

➔ Qual foi o fundamento?

Segundo o STJ, o benefício da denúncia espontânea tem dois fundamentos:

a) **Justificativa ética/axiológica:** a denúncia espontânea se justifica para valorizar o comportamento moral e adequado do infrator de adiantar-se de forma espontânea à Administração Tributária, denunciando-se e, se for o caso, pagando o tributo devido. Ou seja, a conduta ética é traduzida em arrependimento e sinceridade do contribuinte e traz a ele o benefício da exclusão da responsabilidade pela infração, em verdadeiro perdão concedido pela Lei.

b) **Justificativa econômica:** o segundo fundamento do benefício é que ele acaba por reduzir os custos para a Administração Tributária, uma vez que não precisará instaurar processo de fiscalização.

Dessa forma, para o STJ, somente é possível falar em denúncia espontânea **nos casos em que há uma efetiva redução dos custos administrativos para o Fisco.** Nesse sentido, em que pese à existência de depósito judicial integral do tributo devido e dos respectivos juros de mora, seja capaz de suspender a exigibilidade do crédito, na forma do art. 151, II, do CTN, ela não implica em uma relação de troca entre custo de conformidade e custo administrativo a atrair caracterização da denúncia espontânea prevista no art. 138 do CTN, sobretudo porque, constituído o crédito pelo depósito, pressupõe-se a inexistência de custo administrativo para o Fisco já eliminado de antemão.

Nesse contexto, **a denúncia espontânea somente se configura quando a Administração Tributária é preservada dos custos administrativos correspondentes** à fiscalização, constituição, administração, cobrança administrativa e cobrança judicial dos créditos tributários.

No caso em análise, além de não haver relação de troca entre custo de conformidade e custo administrativo a atrair caracterização da denúncia espontânea, **na hipótese, houve a criação de um novo custo administrativo para a Administração Tributária em razão da necessidade de ir a juízo para discutir o crédito tributário cuja exigibilidade encontra-se suspensa pelo depósito,** ao contrário do que ocorre, por exemplo, em casos ordinários de constituição de crédito realizado pelo contribuinte pela entrega da declaração acompanhada do pagamento integral do tributo.

III. CAUSAS DE SUSPENSÃO E EXTINÇÃO DO CRÉDITO TRIBUTÁRIO

01 Discorra sobre o uso de mandado de segurança para fins de compensação tributária.

Amigos, aqui, basicamente, quero que vocês demonstrem que sabem a diferença entre as súmulas 213 e 460 do STJ.

O direito a compensação tributária, nos termos do artigo 170 do CTN, **não é autoaplicável**. Ele depende que o ente tributante edite uma **lei ordinária disciplinando o instituto.**

Assim, caso o ente não tenha editado a lei ordinária, o contribuinte não possui direito líquido e certo a compensação, não sendo possível o uso de mandado de segurança.

Contudo, caso exista lei específica do ente disciplinando a matéria, o contribuinte passa a ter direito líquido e certo de ter o seu pleito analisado na seara administrativa.

Assim, caso a autoridade administrativa se negue a examinar o pedido do contribuinte, é cabível mandado de segurança. Esse é o fundamento da súmula 213 do STJ.

> **STJ – Súmula 213:** o mandado de segurança constitui ação adequada para a declaração do direito a compensação tributária.

Prosseguindo sobre o tema, temos que algumas leis ordinárias que versam sobre a compensação, tal como a Lei federal 8.383/91, permitem que o próprio contribuinte calcule e realize de ofício a compensação, **que posteriormente será confirmada pela autoridade administrativa, em situação análoga aos tributos sujeitos a lançamento por homologação.**

Ocorre que a autoridade administrativa, ao analisar a compensação, muitas vezes encontra erros e acaba lançando a diferença do tributo, o que levou muitos contribuintes a impetrarem mandado de segurança requerendo que o Poder Judiciário convalide seus cálculos iniciais.

O STJ, contudo, entendeu que não cabe MS nessa hipótese, uma vez que a lide demanda atividade probatória. Esse é o fundamento da súmula 460:

> **STJ – Súmula 460:** é incabível o mandado de segurança para convalidar a compensação tributária realizada pelo contribuinte.

02 É possível pagamento de tributos por meio de bem imóvel?

Ao estabelece que o tributo é uma prestação pecuniária o CTN quis dizer que, em regra, ele deverá ser pago em dinheiro. Diz-se que em regra o tributo só poderá ser pago em dinheiro porque o próprio CTN previu uma exceção:

> **Art. 156.** Extinguem o crédito tributário:
>
> **XI** – a dação em pagamento em bens imóveis, na forma e condições estabelecidas em lei.

Assim, o próprio CTN permitiu que o tributo seja pago por meio da dação em pagamento de bens imóveis. O CTN também exigiu que a forma e as condições do pagamento por meio da dação em pagamento de bens imóveis fossem estabelecidas por lei ordinária, o que, no âmbito Federal, foi feito pela Lei 13.259/16, posteriormente alterada pela lei 13.313/16.

Assim, nos casos de tributos federais é possível a utilização de dação em pagamento de bens imóveis.

Os demais entes que desejarem se utilizar da dação em pagamento de bens imóveis devem editar suas próprias legislações

03 Determinado contribuinte ingressa com mandando de segurança preventivo, para discutir determinado tributo, e consegue liminar suspendendo a sua eficácia. Nesse caso, pode a Fazenda realizar o lançamento do tributo?

A concessão de liminar em mandado de segurança é uma das causas de **suspensão da exigibilidade do crédito tributário (Art. 151, IV, CTN).** Especificamente em relação ao mandado de segurança preventivo, em regra, não há sequer crédito tributário constituído, de forma que incide nesse momento o prazo decadencial de 05 anos para o lançamento.

O prazo decadencial para a constituição do crédito tributário por meio do lançamento, conforme regra geral, **não se suspende ou interrompe pela decisão judicial em liminar**, a não ser que a própria decisão judicial impeça expressamente a constituição do crédito.

Assim, **o fisco não só pode efetuar o lançamento, como deve lançá-lo no prazo de 05 anos, sob pena de ocorrer a decadência**. Nesse sentido, a jurisprudência pacífica do STJ (**Resp 542.975/SC e AgRg no Resp 410.492)**.

O mesmo, contudo, não ocorre na **prescrição**, uma vez que a suspensão da exigibilidade do crédito tributário também suspende ou impede o início da fluência do prazo prescricional.

Dessa forma, temos duas situações:

a) as causas de suspensão da exigibilidade do crédito tributário, por não suspenderem a fluência do prazo decadencial, não impedem o lançamento do tributo;

b) por outro lado, já tendo havido o lançamento do tributo, sendo a situação regida pela prescrição, o fisco fica impedido de qualquer ato tendente a cobrança do tributo, tais como inscrição em dívida, execução e penhora **(AgRg no AREsp 356479/SP)**.

04 O manejo de reclamação contra ato de exclusão do contribuinte do parcelamento é capaz de suspender a exigibilidade do tributo? Fundamente.

Dentre as hipóteses de suspensão da exigibilidade do crédito tributário, o CTN (Art. 151, II) previu "as reclamações e os recursos, nos termos das leis reguladoras do processo tributário administrativo".

Assim, em uma análise literal do CTN a reclamação na situação em tela seria capaz de suspender a exigibilidade do crédito tributário. O STJ, contudo, entende que somente suspende a exigibilidade do crédito tributário **as reclamações e os recursos interpostos contra o próprio lançamento do tributo (Resp 1.372.368/PR).**

Sendo a reclamação contra o ato de exclusão do contribuinte do parcelamento, essa reclamação não discute o lançamento tributário, mas o ato de exclusão em si, de forma que ela não suspende a exigibilidade do crédito tributário.

05 Qual o efeito do parcelamento tributário sobre os bens objeto de penhora em sede de execução?

O parcelamento é uma das causas da suspensão da exigibilidade do crédito tributário, impedindo, portanto, novos atos executórios por parte do Estado.

A suspensão da exigibilidade, contudo, apenas impede a prática de **novos atos executórios**, não sendo apta a desconstituir os **atos já praticados**. Assim, para saber se o bem penhorado em execução fiscal deve ou não ser liberado, é preciso analisar o seguinte:

a) se a penhora ocorreu ANTES do parcelamento: NÃO;

b) Se a penhora ocorreu DEPOIS do parcelamento: SIM.

A fundamento disso é que se o mero parcelamento tivesse o condão de liberar os bens penhorados na execução, isso poderia ser utilizado como artifício malicioso para devedores aderirem ao parcelamento, pagarem a primeira parcela, terem liberado seus bens e depois deixarem de pagar as parcelas restantes (**AI no REsp 1.266.318/RN).**

06 A inscrição do crédito em dívida ativa suspende o prazo prescricional?

O § 3° do art. 1°, da Lei de Execuções Fiscais estabelece o seguinte:

> **§ 3°** - A inscrição, que se constitui no ato de controle administrativo da legalidade, será feita pelo órgão competente para apurar a liquidez e certeza do crédito e suspenderá a prescrição, para todos os efeitos de direito, por 180 dias, ou até a distribuição da execução fiscal, se esta ocorrer antes de findo aquele prazo.

Assim, temos que a LEF estabelece que a inscrição em Dívida Ativa induz a suspensão do prazo prescricional por 180 dias, ou até a distribuição da Execução Fiscal.

Ocorre que o STJ pacificou o entendimento que **a suspensão somente ocorre para as dívidas de natureza não tributárias (AgRg no AREsp 497580/SE),** não se aplicando aos débitos tributários, uma vez que a matéria afeta à prescrição dos créditos tributários encontra-se submetida pela Constituição (Art. 143, III, "b") à reserva de lei complementar, sendo atualmente regida pelo art. 174 do CTN (**STJ – AGR 933.059/SP**).

Em sentido contrário, em posição **totalmente minoritária**, a Fazenda Pública entende que, como tanto o CTN quanto a LEF, são anteriores a Constituição, que determina que as normas gerais tributárias estão sujeitas à reserva de lei complementar, a LEF, com relação a prescrição, também teria sido recepcionada com status de lei complementar e, sendo mais específica que o CTN, deveria ser aplicada. Contudo, esse entendimento não é aplicável, somente devendo ser mencionado em provas de advocacia pública, caso você tenha que defender a suspensão.

07 Em caso de extinção sem resolução do mérito, pode o contribuinte realizar o levantamento integral do depósito integral realizado para suspender a exigibilidade do tributo?

O depósito integral em juízo do montante do tributo discutido é uma das causas de suspensão do crédito tributário (Art. 151, II, CTN). Nesse sentido, realizado o depósito integral do montante do tributo para suspender a exigibilidade do crédito tributário, ele passa a ter uma função de garantia judicial do débito, semelhante à penhora, como preconiza o § 3º, do artigo 9º, da Lei 6.830/80.

Com isso, o contribuinte perde a disponibilidade sobre os valores depositados, não podendo mais levantá-los segundo sua livre vontade, devendo aguardar a solução da lide, conforme o artigo 32 da Lei 6.830/80.

⊖ E se o processo for extinto sem julgamento do mérito?

Para o STJ, **como as causas de extinção sem julgamento do mérito são imputadas ao autor da ação**, é incompatível com a sistemática da garantia do depósito judicial que se permita que o autor levante o depósito na extinção sem julgamento do mérito. Nesses casos, os valores depositados devem ser convertidos em renda em favor da Fazenda.

⊖ E se o contribuinte entender que a cobrança é indevida?

Na eventualidade de o contribuinte entender que a conversão em renda em favor do fisco foi incorreta, deverá buscar a restituição dos valores mediante a repetição do indébito tributário.

Assim, o depósito judicial realizado pelo sujeito passivo tributário somente poderá ser por ele levantado se vencedor no mérito da demanda.

Em caso de extinção sem julgamento do mérito, o valor é convertido em renda do fisco, ex**ceto na hipótese de o ente político não ser sujeito ativo da exação (AgRg nos Eag 1.300.823/DF e AgRg no Resp 1.575.714/SP).**

08 A revogação de benefício fiscal deverá obedecer ao princípio da anterioridade tributária?

A questão gira em saber se, uma vez revogada a isenção, a obrigação tributária passa a valer instantaneamente ou ela tem que aguarda o próximo exercício financeiro. O tema é polêmico, havendo duas correntes no âmbito do STF:

SIM. O ato normativo que revoga um benefício fiscal anteriormente concedido configura aumento indireto do tributo e, portanto, está sujeito ao princípio da anterioridade tributária. Precedente da 1ª Turma do STF (**RE 564225 AgR/RS**).

NÃO. A revisão ou revogação de benefício fiscal, por se tratar de questão vinculada à política econômica, que pode ser revista pelo Estado a qualquer momento, não está adstrita à observância das regras de anterioridade tributária. Precedente da 2ª Turma **do STF (RE 617389 AgR).**

IV. TRIBUTOS EM ESPÉCIE

01 Paulo é proprietário de um terreno na região metropolitana de Fortaleza, onde cria galinhas para venda de seus ovos. Paulo é contribuinte do IPTU? Fundamente.

Sobre o tema proposto, o STJ entende que é insuficiente para a incidência do IPTU a mera conjugação do critério de localização previsto no CTN (Art. 32).

Para a correta incidência do IPTU, é preciso analisar o critério da **destinação econômica** do imóvel, previsto no art. 15 do DL nº 57/66, o qual estabelece que, para a definição de imóvel urbano ou rural, não basta que o imóvel esteja localizado em zona urbana ou zona rural, é preciso analisar, ainda, a destinação econômica dada a ele.

Ex.: se um imóvel, dentro da cidade de São Paulo, é utilizado para a criação de vacas leiteiras, ele pagará ITR e não IPTU, porque, embora localizado numa zona urbana, sua destinação econômica é rural.

Isso ocorre porque o DL nº 57/66 é posterior ao CTN, tendo sido também recebido como norma geral de direito tributário pela CF/88.

Assim, no caso proposto, como a destinação econômica do imóvel é rural, **incidirá sobre ele ITR (Resp 1.112.646).**

02 Incide ISS sobre os serviços prestados por cartórios? Em caso positivo, qual é a base de cálculo?

Os serviços cartorários constam expressamente na lista de serviços tributáveis pelo ISS prevista pela LC nº 116/2003 (item 21-01).

Apesar disso, houve uma certa controvérsia acerca da tributação ou não dos cartórios. Isso porque os cartorários alegavam que a Constituição somente previu a tributação pelo ISS nos casos de serviços privados. Ademais, os cartórios estariam submetidos a imunidade recíproca prevista no art. 150, VI, "a" c/c § 2º da Constituição.

O STF analisou o tema na ADI 3.089/DF e rejeitou os argumentos dos cartorários, entendendo que **é constitucional** a cobrança de ISS sobre os serviços cartoriais. Isso porque circunstância de **desenvolverem os respectivos serviços com intuito lucrativo** invoca a exceção prevista no art. 150, § 3º, da CF/88.

É dizer, segundo orientação fixada no STF, é constitucional a incidência de ISS sobre os serviços de registros públicos, cartorários e notariais, prestados na forma do art. 236 da CF por delegação do poder público, posto que a atividade em questão NÃO se encontra ao abrigo da imunidade recíproca (art. 150, VI, 'a', da CF), uma vez que o serviço está compreendido em exceção constitucional, que afasta o benefício quanto às atividades desenvolvidas com intuito lucrativo.

Assim, apesar de essas atividades serem públicas, **NÃO** se transformam o exercente em agente do aparelho estatal. Assim, os serviços de registros públicos, cartorários e notariais **NÃO** gozam de imunidade tributária, devendo pagar, portanto, o ISS (**RE 756915).**

E qual será a base de cálculo do ISS sobre os serviços de cartório e registro? Inicialmente, devemos nos lembrar que a regra geral é que a base de cálculo do ISS é o preço do serviço (art. 7º, LC 116/2003), mas que há uma exceção para isso: o § 1º do art. 9º do DL nº 406/68 traz uma exceção a essa regra e prevê que os contribuintes que prestam serviço sob a forma de trabalho pessoal (pessoas físicas) têm direito ao regime do chamado "ISSQN Fixo", segundo o qual é fixada uma alíquota SEM relação com o preço do serviço.

Contudo, para o STJ, NÃO se aplica à prestação de serviços de registros públicos cartorários e notariais a sistemática de recolhimento de ISS prevista no § 1º do art. 9º do DL 406/68. Desse modo, os serviços notariais e registrais sofrem a INCIDÊNCIA do ISS e a base de cálculo do imposto é o preço do serviço, ou seja, o valor dos emolumentos.

Em suma: a cobrança desse ISS será não fixa, ou seja, a base de cálculo será o preço do serviço (Resp 1.187.464/RS).

03 É possível a cobrança de IPVA de aeronaves e embarcações?

O fato gerador do IPVA é a propriedade sobre veículos automotores. Por veículo automotor, entenda-se o meio de transporte de pessoas, mercadorias ou bens, que é dotado de propulsão por motor.

⊖ É possível, então, cobrar IPVA sobre a propriedade de embarcações e aeronaves?

Em sendo o fato gerador do IPVA a propriedade sobre veículos automotores, em tese, não haveria nenhum obstáculo.

Sendo assim, vários estados passaram a cobrar IPVA sobre a propriedade de aeronaves e embarcações.

⊖ Como entende o STF?

Os contribuintes não aceitaram a cobrança dos estados e o caso chegou ao STF. Ao julgar o caso, o STF **(RE 525382 AgR/SP)** consolidou o entendimento de que NÃO incide IPVA sobre a propriedade de embarcações e aeronaves.

Isso porque o IPVA foi criado para substituir a antiga Taxa Rodoviária Única – TRU, que excluía de sua incidência as embarcações e aeronaves. Assim, sendo o IPVA sucessor da TRU, também não será devida sua incidência em embarcações e aeronaves.

➔ A doutrina concorda com o STF?

Não. Esse entendimento é bastante criticado pela doutrina, uma vez que, ao não tributar a propriedade de aeronaves e embarcações, o Estado perde a chance de tributar a parcela da sociedade que mais possui capacidade contributiva, tendo em vista os valores envolvidos na compra de embarcações e aeronaves.

Assim, a decisão do STF beneficia apenas a parcela mais rica da população.

04 Os créditos de IPI podem ser corrigidos monetariamente?

O IPI é um tributo não cumulativo, de forma que em suas operações o contribuinte poderá ficar com débitos ou créditos, a depender de qual operação ele fez (compra ou venda).

Nesse sentido, cumpre esclarecer que os créditos do IPI são **escriturais**, significando dizer que **não podem ser corrigidos monetariamente,** a não ser que haja disposição legal assim determinando.

A não-cumulatividade garante apenas a compensação do IPI pago nas entradas com o IPI a ser recolhido nas saídas, não garantindo a correção monetária dos créditos excedentes (**AgRg no RE 351.754).**

O STF, contudo, entende que incide a correção monetária, mesmo que não haja lei assim determinando, nos casos em que o fisco, injustificadamente, se opôs ao aproveitamento dos créditos (**RE 445.119).**

Em sede de recursos repetitivos, o STJ fixou o entendimento de que a oposição constante de ato estatal, administrativo ou normativo, impedindo a utilização do direito de crédito oriundo da aplicação do princípio da não cumulatividade, descaracteriza o referido crédito como escritural, assim considerado aquele oportunamente lançado pelo contribuinte em sua escritura contábil. Ocorrendo a vedação ao aproveitamento desses créditos, com o consequente ingresso no Judiciário, posterga-se o reconhecimento do direito pleiteado, exsurgindo legítima a necessidade de atualizá-los monetariamente, sob pena de enriquecimento sem causa do fisco (**Resp 1.035.847**).

Posteriormente, o STJ editou súmula sobre o tema:

> **STJ – Súmula 411**: é devida a correção monetária ao creditamento do IPI quando há oposição ao seu aproveitamento decorrente de resistência ilegítima do Fisco.

05 Os descontos incondicionais integram a base de cálculo do IPI?

Antes de responder à pergunta, vamos entender a controvérsia em torno dela. Segundo o CTN, uma das bases de cálculo do IPI é o valor da operação (Ex.: se o valor da operação é 100 reais, esse vai ser o valor da base de cálculo). Ocorre que, muitas vezes, em razão de uma negociação, são concedidos descontos no valor do produto (Ex.: se houver um desconto de 10%, a operação no exemplo passado terá o valor de 90 reais). A controvérsia aqui então é saber se a base de cálculo do IPI vai ser o valor da operação + o desconto (100 reais) ou o valor sem o desconto (90 reais). Feita essa pequena introdução, vamos a resposta da questão:

Inicialmente, vamos conceituar o que são descontos incondicionais. Descontos incondicionais são aqueles concedidos pelo vendedor sem a necessidade de se indagar sobre a ocorrência de qualquer evento futuro. São descontos concedidos no momento da compra, já destacados do preço do produto.

Apesar de o valor da operação ser aquele já subtraído tais descontos, o artigo 14, § 2º, da Lei 4.502/64, alterado pela Lei 7.798/89, determina que "não podem ser deduzidos do valor da operação os descontos, diferenças ou abatimentos, concedidos a qualquer título, ainda que incondicionalmente".

O STF, contudo, em sede de repercussão geral **(RE 567.935/SC)**, declarou a inconstitucionalidade do art. 14, § 2º, da Lei 4.502/64. Entendeu o STF que o legislador ordinário, ao incluir os descontos incondicionais no cálculo do IPI, invadiu a competência da Lei Complementar, já que os fatos geradores, base de cálculo e contribuintes dos impostos previstos na Constituição estão fixados no CTN. Assim, os descontos incondicionais **não devem integrar a base de cálculo do IPI.**

06 Caso a pessoa aliene seu veículo e não comunique a alienação ao DETRAN, ela pode vir a ser responsabilizada por débitos de IPVA?

É muito comum no Brasil a situação em que a parte aliena um veículo e não comunica o fato ao DETRAN, não permitindo, assim, que o órgão proceda a atualização do verdadeiro proprietário.

Para tentar combater essa prática, o Código de Trânsito Brasileiro passou a exigir do antigo proprietário a comunicação, sob pena de responsabilidade solidária pelas penalidades impostas:

> **Art. 134.** No caso de transferência de propriedade, o proprietário antigo deverá encaminhar ao órgão executivo de trânsito do Estado dentro de um prazo de trinta dias, cópia autenticada do comprovante de transferência de propriedade, devidamente assinado e datado, sob pena de ter que se responsabilizar solidariamente pelas penalidades impostas e suas reincidências até a data da comunicação

Diante do dispositivo, a Fazenda passou a defender que haveria então uma responsabilidade solidária entre o antigo proprietário do veículo e o atual em relação ao pagamento do IPVA. O STJ, contudo, não aceitou essa tese, entendendo que a responsabilidade é só do atual:

> **STJ – Súmula 585:** A responsabilidade solidária do ex-proprietário, prevista no art. 134 do Código de Trânsito Brasileiro – CTB, não abrange o IPVA incidente sobre o veículo automotor, no que se refere ao período posterior à sua alienação.

O fundamento foi o seguinte:

a) O art. 134 é expresso ao se referir a "penalidades". Assim, a responsabilidade solidária prevista neste dispositivo abrange apenas as penalidades administrativas, ou seja, as infrações de trânsito, não sendo possível fazer uma interpretação ampliativa para criar uma responsabilidade tributária para o antigo proprietário, não prevista no CTN, em relação a imposto ou taxa incidente sobre veículo automotor, no que se refere ao período posterior à alienação. O art. 134 do CTB é norma relativa a trânsito e não pode ter seu âmbito de aplicação extrapolado para criar hipótese de responsabilidade tributária.

b) Propriedade não se transfere com a providência do art. 134. Vale ressaltar que a propriedade do veículo automotor não se transfere com a comunicação de que trata o art. 134 do CTB. Assim, a exigência de encaminhamento do comprovante de transferência não se caracteriza como condição nem como ato constitutivo da transferência da propriedade. Logo, mesmo sem a comunicação do art. 134, o domínio do carro já é do novo proprietário e, portanto, ele é o contribuinte do IPVA.

07 É possível o estabelecimento de alíquotas diferenciadas para veículos nacionais e importados?

O STF entendeu que não. Para tanto, utilizou os seguintes argumentos:

a) A circunstância de o veículo ser importado já é tributada pela União, por meio do imposto de importação. Assim, caso o Estado estabeleça alíquota a maior pela circunstância de o veículo ser importado, haveria bitributação, o que, em regra, não é permitido em nosso sistema.

b) não se admite alíquotas diferentes por ser o automóvel nacional ou importado, pois isso implicaria discriminação com base na procedência do destino, o que é proibido (CF/88, art. 152), bem como a cláusula de tratamento nacional, que prevê a equivalência no tratamento entre os produtos importados e os produtos nacionais **(RE 367.785)**.

08 É válida a notificação presumida nos tributos sujeitos a lançamento de ofício?

O CTN foi omisso em relação ao modo como o contribuinte deve ser notificado de que houve um lançamento de ofício e de que ele deverá pagar o tributo.

Em razão disso, a jurisprudência passou a entender que compete a legislação de cada tributo disciplinar a forma ocorrerá essa notificação, desde que ela seja idônea.

Na prática, a maioria dos entes adotam o sistema de "carnês", onde uma correspondência com a cobrança é enviada ao domicílio do contribuinte. Trata-se de procedimento legítimo, segundo o STJ:

> **STJ Súmula nº 397:** O contribuinte do IPTU é notificado do lançamento pelo envio do carnê ao seu endereço.

O envio do carnê, contudo, é somente um dos meios idôneos em que o contribuinte pode vir a ser notificado, não excluindo outros meios de notificação, mais convenientes para a Fazenda, como é o caso da divulgação de um calendário de pagamento, com instruções para os contribuintes fazerem o pagamento. Nesse sentido:

> "A cientificação do contribuinte para o recolhimento do IPVA pode ser realizada por qualquer meio idôneo, como o envio de carnê ou a publicação de calendário de pagamento, com instruções para o pagamento." **(Resp 1320825/RJ).**

É de se ressaltar, contudo, que o STJ ressalvou que essa espécie de notificação pessoal presumida (por meio da divulgação de "calendário de pagamento") **somente pode ser considerada válida em relação aos impostos reais,** cuja exigibilidade por exercício é de notório conhecimento da população. Isso porque, nos casos de IPTU e IPVA, por exemplo, é de conhecimento geral que eles deverão ser pagos anualmente.

09 O valor venal do imóvel apurado para fins de IPTU coincide, necessariamente, com aquele adotado para lançamento do ITBI?

Tanto o ITBI quanto o IPTU são impostos municipais. Ambos possuem também a mesma base de cálculo, qual seja: o valor venal (de venda) do imóvel (arts. 33 e 38 do CTN).

⊖ Qual a polêmica então?

É a seguinte: como em regra existem milhares de imóveis pela cidade, o município não tem condições de analisar o valor venal de cada imóvel de forma individualizada. Assim, o município atribui, por meio de algumas variantes, um valor de venda abstrato para os imóveis, para fins de incidência do IPTU.

Para evitar uma chuva de ações dos contribuintes, em regra, o município atribui um valor muito abaixo do verdadeiro valor venal dos imóveis. Diante disso, muitos contribuintes, quando realizavam a transmissão onerosa de um imóvel (fato gerador do ITBI) queriam utilizar como base de cálculo o valor venal atribuído ao IPTU.

Os municípios, contudo, não aceitaram essa tese. Isso porque, como vimos anteriormente, o valor venal do IPTU costuma ser bem mais baixo que o real valor venal do imóvel.

O caso foi parar no STJ, que proferiu o seguinte entendimento: "o valor venal do imóvel para fins de IPTU não coincide, necessariamente, com aquele adotado para fins de ITBI **(AgINT nos Edcl no Aresp 762.921/SP e Ag Int no Earesp 839.173/SP).**

O fundamento adotado pelo STJ foi o seguinte: apesar de ambos terem a mesma base de cálculo, a forma de apuração desse valor é diferente, uma vez que o IPTU é lançado de ofício e o ITBI é lançando por meio de declaração do contribuinte.

Assim, como a forma de apuração é diversa, é possível que o município atribua um valor venal maior para o ITBI do que aquele atribuído ao IPTU.

10 Incide IOF sobre os saques realizados na caderneta de poupança?

O IOF tem função preponderantemente extrafiscal, uma vez que serve como instrumento da União para regular o mercado financeiro. Trata-se de um eficiente instrumento a disposição da União destinado a moldar a conduta dos investidores no mercado financeiro, por razões de interesse público, podendo estimular a aplicação de recursos em certos investimentos mediante a concessão de isenção ou instituição de alíquotas baixas.

Nesse sentido, **o saque efetuado em caderneta de poupança não pode ser equiparado à operação de crédito.** Embora o art. 1°, V, da Lei 8.033/90, tenha definido o saque efetuado em caderneta de poupança como uma das hipóteses de incidência do IOF, o STF declarou a inconstitucionalidade desse dispositivo, sob o fundamento de que o saque em conta de poupança não representa uma promessa de prestação futura (RE 232.467).

Esse entendimento posteriormente foi cristalizado em verbete sumular.

> **STF - Súmula 664:** é inconstitucional o inciso v do art. 1º da lei 8033/1990, que instituiu a incidência do imposto nas operações de crédito, câmbio e seguros - IOF sobre saques efetuados em caderneta de poupança.

11 Para fins de cobrança da contribuição de melhoria, a melhoria a que se refere o tributo tem, necessariamente, haver com valorização pecuniária?

Discute-se aqui se o benefício que autoriza a cobrança de melhoria tem necessariamente haver com a valorização pecuniária do imóvel ou se é possível a cobrança se a obra trouxe benefícios de outra natureza.

A doutrina minoritária tem entendido que é possível a cobrança em caso de benefício de outra natureza, como, por exemplo, pela realização de obras de preservação da natureza, por aumentar o bem-estar coletivo, o que, por via reflexa, valoriza o imóvel.

Prevalece, contudo, que somente nos casos em que houver efetiva valorização pecuniária do imóvel é que será possível a cobrança. A valorização derivada de melhoria sem atributo financeiro, como conforto e higiene ou ambiente hígido, não é apta a autorizar a cobrança (STF - AI 741.694/RS).

O STF, inclusive, defende que a base de cálculo do tributo é a diferença entre o valor originário do imóvel eu o valor do imóvel após a valorização **(RE 335.944/RS).**

12 Qual é o tributo que incide sobre alienação de objetos salvados de sinistro pelas seguradoras?

Imagine a seguinte situação: Fulanilson sofre um acidente, ocasião em que foi declarada a perda total de seu veículo. Em razão disso, recebeu o pagamento do seguro e a seguradora ficou com o seu antigo veículo. Após algum tempo, a seguradora consegue reparar os danos causados no antigo veículo de Fulanilson e realiza sua alienação.

➔ Sobre essa alienação, vai incidir ICMS ou IOF?

Houve uma certa divergência sobre a incidência de ICMS ou IOF sobre alienação de objetos salvados de sinistro pelas seguradoras. Inicialmente, o STJ entendia que os salvados resultantes de sinistro eram tributáveis pelo ICMS, pois as operações de venda feitas pelas seguradoras eram feitas com habitualidade:

> **STJ – Súmula 152:** Na venda pelo segurador, de bens salvados de sinistros, incide o ICMS.

Posteriormente, o STJ, contudo, cancelou a referida súmula, entendendo que a alienação, pelas seguradoras, de bens salvados de sinistro integra a operação de seguro, **o que é fato gerado do IOF (Resp 72.204).**

O STF perfilha do mesmo entendimento, tendo inclusive editado uma súmula vinculante:

> **STF – Súmula Vinculante 32**: o ICMS não incide sobre alienação de salvados de sinistros pelas seguradoras.

Assim, para o STJ e para o STF, não compete aos Estados, mas à União tributar a alienação de salvados, que se integra à operação de seguro **(CF, art. 153, V).**

13 Incide ICMS sobre operações de leasing?

O arrendamento mercantil (também chamado de *leasing*) é uma espécie de contrato de locação no qual o locatário tem a possibilidade de, ao final do prazo do ajuste, comprar o bem pagando uma quantia chamada de valor residual garantido (VRG).

Conforme nos ensina o Professor Márcio André, existem três modalidades de "leasing":

Leasing FINANCEIRO	*Leasing* OPERACIONAL	*Leasing* DE RETORNO *(Lease back)*
Previsto no art. 5º da Resolução 2.309/96-BACEN.	Previsto no art. 6º da Resolução 2.309/96-BACEN.	Sem previsão na Resolução 2.309-BACEN
É a forma típica e clássica do *leasing*. Ocorre quando uma pessoa jurídica (arrendadora) compra o bem solicitado por uma pessoa física ou jurídica (arrendatária) para, então, alugá-lo à arrendatária.	Ocorre quando a arrendadora já é proprietária do bem e o aluga ao arrendatário, comprometendo-se também a prestar assistência técnica em relação ao maquinário.	Ocorre quando determinada pessoa, precisando se capitalizar, aliena seu bem à empresa de *leasing*, que arrenda de volta o bem ao antigo proprietário a fim de que ele continue utilizando a coisa. Em outras palavras, a pessoa vende seu bem e celebra um contrato de arrendamento com o comprador, continuando na posse direta.
Ex.: determinada empresa (arrendatária) quer utilizar uma nova máquina em sua linha de produção, mas não tem recursos suficientes para realizar a aquisição. Por esse motivo, celebra contrato de *leasing* financeiro com um Banco (arrendador) que compra o bem e o arrenda para que a empresa utilize o maquinário.	Ex.: a *Boeing Capital Corporation* (arrendadora) celebra contrato de arrendamento para alugar cinco aeronaves à GOL (arrendatária) a fim de que esta utilize os aviões em seus voos. A arrendadora também ficará responsável pela manutenção dos aviões.	Ex.: em 2001, a Varig, a fim de se recapitalizar, vendeu algumas aeronaves à *Boeing®* e os alugou de volta por meio de um contrato de *lease back*. O nome completo desse negócio jurídico, em inglês, é *sale and lease back* (venda e arrendamento de volta).
Normalmente, a intenção da arrendatária é, ao final do contrato, exercer seu direito de compra do bem.	Normalmente, a intenção da arrendatária é, ao final do contrato, NÃO exercer seu direito de compra do bem.	Em geral é utilizado como uma forma de obtenção de capital de giro.

No caso de leasing realizado dentro do território nacional ("leasing interno"), não há incidência do ICMS, salvo quando efetivada a venda do bem arrendado ao arrendatário (Art. 3º, inc. VII, da LC 87/96).

Já no caso de leasing internacional, que aquele que ocorre quando uma empresa situada no Brasil celebra contrato de leasing com um arrendador para trazer ao país um bem fabricado no exterior, **o STF entendeu que, em regra, não incide o ICMS importação na operação**

de arrendamento mercantil internacional uma vez que, no leasing, não há, necessariamente, a transferência de titularidade do bem. Em outras palavras, pode haver ou não a compra. Contudo, incidirá ICMS importação se ficar demonstrado que houve a antecipação da opção de compra. (RE 540829/SP - Repercussão Geral).

Dessa forma, para saber se haverá ou não incidência do ICMS importação, a Fazenda Pública deverá examinar o contrato de arrendamento no caso concreto, podendo perceber duas situações:

a) **Se existe a possibilidade de o bem ser restituído ao proprietário e o arrendatário não efetuou a opção de compra**: não incide o imposto considerando que ainda não ocorreu circulação de mercadoria.

Assim, não incide o ICMS quando o bem não tiver sido importado para integrar o ativo fixo da empresa, havendo possibilidade de ser devolvido ao final do contrato. Se, ao final do pacto, o bem for adquirido (ao invés de devolvido), neste momento ocorrerá a incidência do tributo. Ex.: no caso de leasing efetuado por companhias aéreas para arrendamento de aeronaves, equipamentos e peças. Isso porque a prática demonstra que, ao final do contrato, esses bens são devolvidos ao arrendador (indústria de aeronaves), não sendo uma compra e venda disfarçada.

b) **Se não existe a possibilidade de o bem ser restituído ao proprietário, seja por circunstâncias naturais (físicas) seja porque se trata de insumo:** INCIDE o imposto considerando que, nessa hipótese, o contrato tem apenas a forma (o "nome") de arrendamento, mas o seu conteúdo é de um contrato de compra e venda. Assim, incide o ICMS quando o bem for destinado ao ativo fixo da empresa.

14 Incide ICMS nas importações?

Originalmente, a Constituição Federal de 1988 previa que o ICMS incidiria também "sobre a entrada de mercadoria importada do exterior, ainda quando se tratar de bem destinado a consumo ou ativo fixo do estabelecimento, assim como sobre serviço prestado no exterior, cabendo o imposto ao Estado onde estiver situado o estabelecimento destinatário da mercadoria ou do serviço".

A redação dava ensejo a intermináveis discussões que giravam em torno, basicamente, dos seguintes pontos:

a) Se a incidência fosse somente sobre mercadoria, quando alguém importasse um bem para uso próprio, sem qualquer interesse comercial, a incidência seria legítima?

b) Como o dispositivo se referiu duas vezes à palavra estabelecimento, seria possível a cobrança de ICMS nas importações realizadas por pessoas físicas, visto que estas não possuem estabelecimento.

O STF entendeu que em ambos os casos não incidia ICMS, tendo, inclusive, sumulado o tema:

> **STF – Súmula 630:** Não incide ICMS na importação de bens por pessoa física ou jurídica que não seja contribuinte do imposto.

Posteriormente, contudo, a EC 32/2001 deu nova redação ao inciso IX, alínea "a", do § 2º, do art. 155, que passou a ter a seguinte redação:

> **Art. 155. (...)**
>
> **§ 2º (...)**
>
> **IX** - incidirá também:
>
> **a)** sobre a entrada de bem ou mercadoria importados do exterior por pessoa física ou jurídica, ainda que não seja contribuinte habitual do imposto, qualquer que seja a sua finalidade, assim como sobre o serviço prestado no exterior, cabendo o imposto ao Estado onde estiver situado o domicílio ou o estabelecimento do destinatário da mercadoria, bem ou serviço;

A menção à palavra "bem" ao lado da palavra "mercadoria" torna indiscutível a possibilidade de tributação de bens destinados a quaisquer finalidades, conforme se afirma na continuidade do novo texto. Ademais, as menções à pessoa física ou jurídica e ao domicílio ou estabelecimento afastam o argumento de quem vislumbrava algum empecilho às tributações realizadas por pessoas físicas.

Contudo, foi somente após a edição da Lei Complementar nº 114/2002, que deu novo redação ao inciso I, do § 1º da Lei Complementar nº 87/1996, que a legislação infraconstitucional passou a prever a incidência do ICMS "sobre a entrada de mercadoria ou bem importados do exterior, por pessoa física ou jurídica, ainda que não seja contribuinte habitual do imposto, qualquer que seja a sua finalidade".

Ocorre que, mesmo após a EC 32/2001, muitos contribuintes alegavam a inconstitucionalidade da cobrança de ICMS em importações, com base na Súmula 660 do STF, que não havia sido cancelada de forma expressa. O STF, contudo, ao julgar o tema, decidiu inicialmente o seguinte:

Após a EC 33/2001, **é constitucional** a instituição do ICMS incidente sobre a importação de bens, sendo irrelevante a classificação jurídica do ramo de atividade da empresa importadora. **Antes da EC 33/2001 essa prática era inconstitucional.**

Na ocasião, o STF entendeu também que as leis estaduais anteriores à LC federal 114/2002 que previam a cobrança de ICMS importação para pessoas que não fossem contribuintes habituais de imposto são inválidas, considerando que o sistema jurídico brasileiro não contempla a figura da constitucionalidade superveniente.

Para ser constitucionalmente válida a incidência do ICMS sobre operações de importação de bens, as modificações no critério material na base de cálculo e no sujeito passivo da regra-matriz deveriam ter sido realizadas em lei posterior à EC 33/2001 e à LC 114/2002. A súmula 660 do STF está superada. (RE 439796/PR; RE 474267/RS – Repercussão Geral).

Posteriormente, contudo, o STF **modificou seu entendimento,** entendendo que é **válida** lei estadual que dispõe acerca da incidência do ICMS sobre operações de importação editada após a vigência da EC 33/2001 (12/12/2001), **mas antes da LC federal 114/2002,** visto que é plena a competência legislativa estadual enquanto inexistir lei federal sobre norma geral, conforme art. 24, § 3º, da CF/88.

Nesse sentido, o STF julgou válida lei do Estado de SP, editada em 21/12/ 2001, que prevê a incidência de ICMS sobre importação de veículo por pessoa física e para uso próprio. Não há inconstitucionalidade uma vez que a lei foi editada após a EC 33/2001, que autorizou a tributação.

15 É possível a cobrança de Imposto Territorial Rural em relação a imóvel ocupado por movimentos sociais?

O STJ tem entendido **que não ocorre o fato gerador do ITR quando o imóvel foi objeto de invasão,** estando o proprietário, no plano fático, despido de qualquer poder de uso, gozo ou disposição sobre a coisa.

Se a propriedade é um dos fatos geradores do ITR, e essa propriedade não é plena quando o imóvel encontra-se invadido, não há que se falar em cobrança do ITR do proprietário que, na realizada, não tem qualquer poder sobre o imóvel invadido **(Resp 963.499).**

Assim, se o proprietário não detém o domínio útil ou a posse do imóvel, invadido pelo movimento sem-terra, a sua titularidade, tão somente, não configura fato gerador do ITR.

Ademais, o Estado tem o dever constitucional de proteger a propriedade, direito fundamental (Art. 5º, XXII, da Constituição), **não sendo justo ou razoável que o Estado cobre um tributo sobre uma propriedade que ele é incapaz de proteger.**

16 A chamada garantia estendida oferecida pelas lojas faz parte da base de cálculo do ICMS?

Amigos, atualmente, é muito comum o oferecimento da chamada garantia estendida pelas lojas. A garantia estendida é, na verdade, um seguro oferecido normalmente pela loja ao consumidor e, se este aceitar, irá pagar um valor extra (além do preço normal do produto/serviço) com o objetivo de ter um tempo de garantia superior à garantia legal e contratual.

Assim, se o adquirente pagar pela garantia estendida, ele continuará tendo direito de consertar ou trocar, gratuitamente, o produto/serviço que apresentar algum vício mesmo que isso ocorra após o fim do prazo de garantia contratual (estipulado pelo fabricante) e do término do prazo de garantia legal (fixado pelo CDC).

Ao analisar a possibilidade de o valor pago pelo consumidor final ao comerciante a título de "seguro de garantia estendida" integrar a base de cálculo do ICMS, o **STJ entendeu que, em regra, isso não é possível (REsp 1.346.749/MG).**

Inicialmente, o STJ ressaltou que o "seguro de garantia estendida" é um contrato de adesão voluntária estabelecido entre o consumidor (segurado) e uma sociedade seguradora, sendo rotineiramente oferecido e comercializado pela empresa que vendeu a mercadoria, que intermedeia o negócio.

Essa espécie de seguro tem por escopo fornecer ao segurado/consumidor a extensão e/ou complementação de garantia original da mercadoria adquirida. Segundo o STJ, o "seguro de garantia estendida" não integra a base de cálculo do ICMS pela s razões seguintes:

a) **O pagamento do prêmio dessa modalidade de seguro não deve ser exigido do comprador como condição indispensável para a aquisição da mercadoria.** Isso porque o seguro em questão é de adesão voluntária, podendo, ou não, ser contratado diretamente pelo consumidor final.

b) O seguro não é pago pelo vendedor para depois ser exigido do comprador, na composição do preço da operação, para o fechamento do negócio. Ele é pago diretamente pelo adquirente para a seguradora.

c) O seguro de garantia estendida pode ser contratado pelo consumidor quando da aquisição do bem ou posteriormente, durante o prazo de garantia do fabricante, o que demonstra que esse negócio jurídico, embora relacionado, é autônomo e subsequente à operação de compra, sendo possível a sua contratação depois de já circulada a mercadoria (fato gerador do ICMS), configurando, portanto, nova relação jurídica e, por isso, não pode compor o valor da operação anterior já concretizada.

d) Os valores pagos pelo consumidor ao comerciante devem ser repassados à companhia seguradora por força contratual da parceria, não configurando, portanto, receita do varejista (não é receita da loja, mas sim da companhia de seguro)

e) A garantia estendida é estabelecida entre o consumidor e a empresa seguradora, inexistindo relação jurídico-tributária entre o fisco e o comerciante que possa imputar ao último o dever de recolher tributo sobre receita pertencente a terceiro, sob pena de afronta ao princípio da capacidade contributiva.

O STJ, ressaltou, contudo, que se a cobrança da garantia estendida for obrigatória, nesse caso, poderá haver a tributação pelo ICMS, uma vez haverá simulação por parte da empresa, podendo a Receita estadual autuar essa conduta irregular do contribuinte com fundamento no princípio da realidade **(art. 116, I, do CTN).**

17 Incide ISS sobre a locação de bens móveis?

Ao analisar o caso, o STF considerou que a locação de bens é uma obrigação de dar ou entregar coisa certa, de forma que ela não configura um serviço, não sendo alcançada pelo ISS.

Em razão da insistência dos municípios em tributar a locação de bens, o STF editou súmula vinculante proibindo a sua cobrança:

> **STF – Súmula vinculante 31:** É inconstitucional a incidência do imposto sobre serviços de qualquer natureza - ISS sobre operações de locação de bens móveis.

18 Qual é a base de cálculo do ISS em caso de serviços pessoais?

Nos termos do artigo 7º, da LC 116/2003, a base de cálculo do ISS é o preço do serviço. Contudo, esse dispositivo é inaplicável aos casos de serviços prestados autonomamente pelo contribuinte ou sob a forma de agrupamento profissional (Ex.: sociedade de advogados), uma vez que nesse caso o valor do serviço corresponde exatamente a remuneração desses profissionais.

Assim, caso o ISS incidisse sobre a remuneração, haveria uma equiparação entre ele e o imposto de renda, de forma que haveria, assim, uma invasão da competência tributária da União (bitributação).

Diante dessa situação, os Tribunais Superiores consideram que continua aplicável o disposto no artigo 9º, §§ 1º e 3º, do Decreto-Lei 406/68, que estabelece um regime de tributação especial nesses casos.

> **STF – Súmula 663:** Os §§ 1º e 3º do art. 9º do Decreto-Lei 406/1968 foram recebidos pela Constituição.

O § 1º cuida do regime especial em relação aos serviços prestados individualmente de forma autônoma (Ex.: médico, advogado) e estabelece que a base de cálculo do ISS será calculada por meio de alíquotas fixas ou variáveis ou de outros fatores pertinentes, neste não compreendidos a importância paga a título de remuneração do próprio trabalho.

Em resumo, pode haver qualquer base de cálculo, menos a remuneração do trabalho, sob pena de invasão da competência da União.

Já o § 3º do artigo 9º, por sua vez, cuida da tributação das sociedades. Aqui, a sistemática é a mesma, com a particularidade de o tributo ser exigido e calculado em relação a cada profissional habilitado, sócio, empregado ou não, que preste serviços em nome da sociedade.

Nos casos das sociedades, o STJ exige ainda para a aplicação desse regime especial de tributação que sociedade seja uniprofissional (sociedades formadas por pessoas físicas que tem a mesma formação acadêmica, que prestam serviços em nome da sociedade de forma pessoal), sem caráter profissional, o que não se compatibiliza, por exemplo, com a adoção do regime de sociedade limitada. Em outras palavras, a sociedade deve ser constituída na forma de sociedade simples **(Resp 1.285.038/PR).**

19 Incide ICMS sobre a tarifa de assinatura básica mensal de telefonia?

Amigos, um dos fatos geradores do ICMS é a prestação onerosa de serviços de comunicação. Cumpre ressaltar aqui que o ICMS incide sobre a prestação de serviços em si e não sobre serviços acessórios prestados pelas operadoras de telefonia. Por exemplo, o Imposto sobre Circulação de Mercadorias (ICMS) não incide sobre o serviço de habilitação de telefone celular (STJ – Súmula 350).

O fundamento dessa súmula é que a Lei Geral de Telecomunicações prevê que o serviço de habilitação de telefonia móvel não é atividade-fim, mas sim atividade-meio para o serviço de comunicação. Assim, no ato de habilitação não acorre qualquer serviço de telecomunicação, razão pela qual se afasta a tributação do ICMS.

⊕ Assinatura básica mensal. Que negócio é esse?

No Brasil, é comum as operadoras cobrarem um valor fixo do usuário, a título de assinatura básica. O fundamento é que as operadoras precisam manter um enorme sistema de redes e equipamentos para conferir ao usuário do serviço de telefonia a possibilidade de originar e receber chamadas. Dessa forma, esta tarifa tem por objetivo remunerar o custo da manutenção dessa rede de equipamentos.

Em regra, essa assinatura dá direito a "x" minutos "grátis" de ligações telefônicas. Nesse caso, nunca houve muitas dúvidas sobre a incidência do ICMS. Contudo, é possível haver a cobrança dessa assinatura básica sem qualquer contraprestação, é dizer, o usuário, além de pagar a assinatura básica, não tem direito a minutos "grátis" de ligações, devendo pagar, ao final, a assinatura e os minutos eventualmente usados.

Nesse caso, as operadoras passaram a defender que não incidiria ICMS no caso em que a assinatura básica não desse direito a qualquer franquia de minutos. Isso porque, na verdade, esta tarifa mensal básica não representa serviço de comunicação, sendo a tarifa, aqui, apenas em uma atividade-meio para a prestação do serviço de telefonia, e não no próprio serviço, sendo, portanto, imune à tributação.

O STF, contudo, não aceito tal argumento. Assim, o Imposto sobre Circulação de Mercadorias e Serviços (ICMS) incide sobre a tarifa de assinatura básica mensal cobrada pelas prestadoras de serviço de telefonia, independentemente da franquia de minutos concedida ou não ao usuário **(RE 912888/SP).**

Para o STF, o pagamento da assinatura básica é o preço pago pela contraprestação de um serviço, consistente no oferecimento de condições para que haja a comunicação entre os usuários e terceiros. Assim, mesmo que a tarifa mensal básica não pague a ligação em si, ela remunera o oferecimento das condições para que haja a comunicação.

Desse modo, a tarifa de assinatura básica mensal é a contraprestação paga pelo usuário pelo serviço de comunicação propriamente dito prestado pelas concessionárias de telefonia e consistente no fornecimento, em caráter continuado, das condições materiais para que ocorra a comunicação entre o usuário e terceiro, o que atrai a incidência do ICMS.

O STF, inclusive, ressaltou que as próprias operadoras de telefonia já defenderam anteriormente que a assinatura básica remunerava um serviço. Isso ocorreu quando da edição da Súmula 356 (É legítima a cobrança da tarifa básica pelo uso dos serviços de telefonia fixa). Na ocasião, os consumidores defendiam que não deveriam pagar tarifa básica por um serviço que não era efetivamente prestado. As operadoras, naquela ocasião, sustentaram que ofereciam um serviço mensalmente, sendo devido, assim, que o usuário pague por ele.

Para o STF, as empresas entram em contradição ao afirmar, em um primeiro momento, que a tarifa remunera serviço, e, em outro, o contrário. Segundo afirmou o Ministro Teoria Zavascki, "não se pode querer o melhor de dois mundos: considerar legítima a cobrança porque é serviço, e considerar que não incide ICMS porque não é serviço. É uma contradição insuperável".

20 É constitucional a instituição de taxa para coleta de lixo?

Amigos, um dos fatos geradores das taxas é a prestação de serviços é a utilização, efetiva ou potencial, de serviços públicos, específicos e divisíveis, postos à disposição dos contribuintes.

Por serviços específicos, devem ser considerados aqueles que podem ser prestados em unidades autônomas. Por outro lado, são divisíveis quando suscetíveis de utilização, separadamente, por cada um dos usuários. Em suma, o serviço é específico quando o contribuinte souber pelo que está pagando e divisível quando o estado souber de quem ele pode cobrar a taxa.

Diante desse contexto, temos que não pode ser financiado por meio de taxa o serviço de limpeza de ruas e logradouros públicos, uma vez que ele não é divisível, já que beneficia a toda coletividade.

Por outro lado, é possível a instituição de taxa para a coleta, remoção e tratamento de lixo ou resíduos provenientes de imóveis. Isso porque se o lixo é proveniente de um determinado imóvel, é possível saber quem é o usuário do serviço. Esse é o fundamento da súmula vinculante 19 do STF:

> **Súmula Vinculante 19:** A taxa cobrada exclusivamente em razão dos serviços públicos de coleta, remoção e tratamento ou destinação de lixo ou resíduos provenientes de imóveis não viola o artigo 145, II, da Constituição Federal.

Percebam que o STF utilizou o termo exclusivamente na súmula vinculante. Isso foi porque somente é constitucional a taxa de coleta de lixo proveniente de imóvel, sendo inconstitucional a taxa instituída para limpeza e conservação de logradouros públicos.

21 É constitucional a instituição de taxa com fim de remunerar a manutenção do serviço de combate a incêndios?

⊕ Qual é a polêmica aqui?

O Município de São Paulo, por meio de lei municipal, instituiu Taxa de Combate a Sinistros, criada com o objetivo de ressarcir o erário municipal do custo da manutenção do serviço de combate a incêndios.

⊕ Qual é o fato gerador da taxa?

As taxas têm como fato gerador: **a)** o exercício regular do poder de polícia, ou **b)** a utilização, efetiva ou potencial, de serviço público específico e divisível, prestado ao contribuinte ou posto à sua disposição.

Com base nisso, temos que os serviços públicos gerais, tais como saúde, segurança ou educação não podem ser remunerados mediante taxa, uma vez que eles não são específicos, posto que são disponibilizados a toda a população. Se um determinado serviço é disponibilizado a toda a população, sem distinção, deverá ser remunerado por meio de impostos e não por taxa.

⊕ O combate a incêndios é um serviço específico?

Não. A prevenção e o combate a incêndios são atividades desenvolvidas pelo Corpo de Bombeiros, sendo consideradas atividades de segurança pública, nos termos do art. 144, V e § 5º da CF/88:

Diante disso, o STF **(RE 643247/SP)** julgou inconstitucional a taxa de sinistro criada pelo município de São Paulo. A segurança pública, presentes a prevenção e o combate a incêndios, faz-se, no campo da atividade precípua, pela unidade da Federação, e, porque serviço essencial, tem como a viabilizá-la a arrecadação de impostos, não cabendo ao Município a criação de taxa para tal fim.

Cumpre ressaltar, por fim, que o Estado também não pode criar taxa nesse sentido. Os serviços de segurança somente podem ser remunerados mediante impostos.

22 É possível a concessão unilateral de benefícios relativos ao ICMS?

A Constituição, ao tratar do tema, estabeleceu que as formas de concessão de benefícios fiscais no âmbito do ICMS devem ser regulamentadas por Lei Complementar:

> **Art. 155** (...)
>
> **§ 2º** (...)
>
> **XII** - cabe à lei complementar:
>
> (...)
>
> **g)** regular a forma como, mediante deliberação dos Estados e do Distrito Federal, isenções, incentivos e benefícios fiscais serão concedidos e revogados.

Nesse sentido, a concessão de benefícios fiscais no âmbito do ICMS foi regulamentada por meio da LC 24/75, a qual estabeleceu que as isenções somente podem ser concedidas após sua aprovação pelo chamado Conselho Nacional de Políticas Fazendárias – CONFAZ, instituído pela LC 24:

> **Art. 1º** As isenções do imposto sobre operações relativas à circulação de mercadorias serão concedidas ou revogadas nos termos de convênios celebrados e ratificados pelos Estados e pelo Distrito Federal, segundo esta Lei.

O CONFAZ é um órgão composto pelos Secretários da Fazenda dos Estados e do Distrito Federal. Qualquer benefício fiscal no âmbito do ICMS somente é legalmente válido se for por ele aprovado.

⊖ O que buscou o legislador com isso?

O ICMS é o tributo de maior arrecadação no Brasil. Diante disso, passou a ocorrer a chamada "guerra fiscal", pela qual vários estados passaram a conceder benefícios fiscais de ICMS com o fim de atrair indústrias ao local. O Estado esperava com isso que, após o fim da isenção, a empresa continuasse no local, de forma que o valor perdido com a isenção seria recuperado. Ocorre que, ao final dos benefícios fiscais, as empresas abandonavam o local e se instalavam em outros Estados, que ofereceram mais vantagens a ela. Isso era extremamente prejudicial aos cofres públicos.

Assim, **a concessão unilateral de benefícios fiscais relativos ao ICMS sem a prévia celebração de convênio intergovernamental é considerada inconstitucional pelo STF (ADI 4635 MC-AgR-Ref).**

Conforme o STF, é inconstitucional a concessão unilateral, por parte de Estado-membro ou do Distrito Federal, sem anterior convênio interestadual que a autorize, de quaisquer benefícios tributários referentes ao ICMS, tais como, exemplificativamente, (a) a outorga de isenções, (b) a redução de base de cálculo e/ou de alíquota, (c) a concessão de créditos presumidos, (d) a dispensa de obrigações acessórias, (e) o diferimento do prazo para pagamento e (f) o cancelamento de notificações fiscais.

23 Para fins de tributação de ITR diferencie os procedimentos para reconhecimento da área de reserva legal e da área de proteção permanente.

⊕ Qual é o contexto?

O Imposto sobre a Propriedade Territorial Rural - ITR é um imposto federal previsto no art. 153, VI, da CF/88, nos arts. 29 a 31 do CTN e na Lei nº 9.393/96.

Com relação à base de cálculo, ela é composta pelo valor da terra nua tributável, não importando construções, plantações e etc. Além delas, a Lei 9.393/96 estabeleceu uma isenção, excluindo da base de cálculo do ITR as áreas de preservação permanente e de reserva legal, previstas no Código Florestal (art. 10, § 1º, II, da Lei nº 9.393/96).

Ao interpretar o dispositivo, o STJ deu duas soluções distintas para o reconhecimento da isenção:

a) Com relação à **área de reserva legal** o gozo da isenção de ITR prevista no art. 10, § 1º, II, "a", da Lei nº 9.393/96 **depende de prévia averbação** da área de reserva legal no registro do imóvel ou no Cadastro Ambiental Rural - CAR **(REsp 1638210/MG).**

b) com relação à **área de preservação permanente, não se exige a prévia averbação.** As áreas de preservação permanente são instituídas por lei, sendo, por isso, desnecessário que se faça averbação no registro de imóveis (**REsp 1648391/MS**).

Em suma, não confunda:

a) **ÁREA DE RESERVA LEGAL:** é necessária a averbação no registro de imóveis ou inscrição no Cadastro Ambiental Rural - CAR para que haja isenção do ITR;

b) **ÁREA DE PRESERVAÇÃO PERMANENTE:** não é necessária a averbação no registro de imóveis ou inscrição no CAR para que haja isenção do ITR.

➔ Qual é a razão dessa diferença?

Diversamente do que ocorre com as Áreas de Preservação Permanente, cuja localização se dá mediante referências topográficas e a olho nu (margens de rios, terrenos com inclinação acima de quarenta e cinco graus ou com altitude superior a 1.800 metros – art. 4º, do Código Florestal), a fixação do perímetro da Reserva Legal carece de prévia delimitação pelo proprietário, pois, em tese, pode ser situada em qualquer ponto do imóvel. O ato de especificação faz-se tanto à margem da inscrição da matrícula do imóvel, como administrativamente, nos termos da sistemática instituída pelo novo Código Florestal (Lei 12.651/2012, art. 18).

24 O locatário possui legitimidade ativa para discutir a relação jurídico-tributária de IPTU e de taxas referentes ao imóvel alugado e para repetir indébito desses tributos?

➔ O locatário é contribuinte de IPTU?

Vejamos o que diz o CTN:

> **Art. 34.** Contribuinte do imposto é o proprietário do imóvel, o titular do seu domínio útil, ou o seu possuidor a qualquer título

Vejam que o CTN estabeleceu como contribuinte do IPTU o possuidor do imóvel a qualquer título, o que a princípio abrangeria o locatário, o qual é detentor da posse indireta do imóvel. O STJ, contudo, ao analisar o dispositivo, entendeu que a posse a que se refere à lei é aquela que exterioriza o domínio, **excluída, assim, a posse exercida pelo locatário ou pelo comodatário.**

Isso que dizer que o possuidor até pode ser considerado contribuinte do IPTU, mas para isso se exige que ele possua o imóvel com ânimo de dono, é dizer, **é a posse que gera direito a usucapião**, pois o possuidor se comporta como se proprietário fosse do imóvel.

Justamente em razão disso, o STJ editou verbete sumular excluindo o locatário da legitimidade de discutir em juízo o IPTU e as taxas referentes ao imóvel alugado e para repetir indébito desses tributos.

> **STJ - Súmula 614:** O locatário não possui legitimidade ativa para discutir a relação jurídico-tributária de IPTU e de taxas referentes ao imóvel alugado nem para repetir indébito desses tributos.

⊕ E se o contrato de locação estabelecer que compete ao locatário o pagamento dos tributos referentes ao imóvel?

Nesse caso, ainda assim faltaria legitimidade ao locatário, pois as convenções particulares não são oponíveis ao Poder Público, salvo disposição de lei em contrário:

> **Art. 123.** Salvo disposições de lei em contrário, as convenções particulares, relativas à responsabilidade pelo pagamento de tributos, não podem ser opostas à Fazenda Pública, para modificar a definição legal do sujeito passivo das obrigações tributárias correspondentes.

⊕ E se o locatário comprovar que foi ele quem arcou com o pagamento do tributo, seria possível pedir a repetição do indébito com base no artigo 166 do CTN?

O artigo 166 do CTN estabelece o seguinte:

> **Art. 166.** A restituição de tributos que comportem, por sua natureza, transferência do respectivo encargo financeiro somente será feita a quem prove haver assumido o referido encargo, ou, no caso de tê-lo transferido a terceiro, estar por este expressamente autorizado a recebê-la.

Vejam que o artigo 166 cuida da hipótese de repetição de indébito no caso de **tributos indiretos**, o que exclui o IPTU. Assim, o STJ possui entendimento de que o art. 166 do CTN não tem aplicabilidade aos tributos diretos, como via de regra, são o IPTU e as taxas incidentes sobre o imóvel, vez que referidas exações não podem ser enquadradas no rol de tributos que comportem, por sua natureza, transferência do referido encargo. **(AgRg no AgRg no REsp 1294961/PR).**

25 Para fins de cobrança de taxa de polícia é preciso que haja a efetiva fiscalização no estabelecimento?

➔ Taxa de polícia. Que negócio é esse?

A chamada "taxa de polícia" decorre do exercício do poder de polícia. Em outras palavras, é a taxa cobrada como contraprestação pelo fato de o Estado realizar uma atividade de fiscalização.

Nesse sentido, o poder polícia pode ser definido como a prerrogativa que a Administração tem de limitar a liberdade de particulares, a fim de, assim, resguardar o interesse público. Nesse sentido, temos o CTN:

> **Art. 78.** Considera-se poder de polícia atividade da Administração Pública que, limitando ou disciplinando direito, interesse ou liberdade, regula a prática de ato ou abstenção de fato, em razão de interesse público concernente à segurança, à higiene, à ordem, aos costumes, à disciplina da produção e do mercado, ao exercício de atividades econômicas dependentes de concessão ou autorização do Poder Público, à tranquilidade pública ou ao respeito à propriedade e aos direitos individuais ou coletivos.

➔ Qual é o contexto da pergunta?

Ao contrário das taxas de serviço, onde para a cobrança basta que o serviço seja potencialmente posto a disposição do contribuinte para a cobrança, nas taxas de polícia é preciso que haja o efetivo exercício do poder de polícia.

Nesse sentido, vários contribuintes passaram a questionar a cobrança de taxas quando, embora haja um órgão administrativo estruturado de fiscalização, não houve a fiscalização específica na empresa. Assim, como não houve uma fiscalização específica na empresa, não poderia haver cobrança da taxa.

⊝ O STF concordou com a tese?

Não. **O STF entende que o simples fato de existir um órgão estruturado que exerça permanentemente atividade de fiscalização já permite a cobrança da taxa de polícia de todos quantos estejam sujeitos a essa fiscalização.**

Assim, admite-se a cobrança periódica de todas as pessoas que estejam sujeitas à fiscalização, tenham ou não sido concretamente fiscalizadas, desde que o órgão fiscalizador esteja estruturado e a atividade de fiscalização seja regularmente exercida. Exemplo: no caso da taxa de controle e fiscalização ambiental - TCFA, o STF decidiu que era legítima a exigência dessa taxa a ser paga pelas empresas potencialmente poluidoras, independentemente de sofrerem fiscalização efetiva (**RE 416601).**

26 O indivíduo que renuncia a sua herança deve pagar ITCMD?

⊝ Qual é o contexto?

O Imposto sobre a Transmissão Causa Mortis e Doação (ITCMD) é um imposto de competência estadual, que incide sobre as transmissões causa mortis e doação (transmissões a título gratuito) de quaisquer bens ou direitos. Esse imposto, contudo, não incide sobre as transmissões originárias (como, por exemplo, por usucapião ou por acessão).

⊝ Qual é o fato gerador do ITCMD?

Nos termos do artigo 35 do CTN, o fato gerador do ITCMD é a transmissão, por causa mortis ou por doação, de quaisquer bens ou direitos.

> **Art. 35.** O imposto, de competência dos Estados, sobre a transmissão de bens imóveis e de direitos a eles relativos tem como fato gerador:
>
> **I** - a transmissão, a qualquer título, da propriedade ou do domínio útil de bens imóveis por natureza ou por acessão física, como definidos na lei civil;
>
> **II** - a transmissão, a qualquer título, de direitos reais sobre imóveis, exceto os direitos reais de garantia;
>
> **III** - a cessão de direitos relativos às transmissões referidas nos incisos I e II.

➔ Se alguém promove a renúncia da herança a ser recebida, ele deve pagar ITCMD?

Amigos imaginem que Fulanilson tenha falecido e deixado sua herança para seus 04 filhos. Um desses filhos resolve não aceitar a herança, fazendo uma renúncia em favor dos demais herdeiros.

Nesse caso, temos o que a doutrina chama de **renúncia abdicativa,** razão pela qual ele não pagará ITCMD.

Contudo, imaginem nessa mesma situação que um dos filhos de Fulanilson resolve renunciar a sua herança em favor de um irmão determinado. Nesse caso, temos o que doutrina chama de **renúncia translativa,** ocasião em que ele terá que pagar ITCMD. O motivo dele pagar ITCMD nesse caso é porque, como ele está renunciado sua herança em favor de uma pessoa específica, é como se ele estivesse fazendo uma doação a essa pessoa, razão pela qual incide ITCMD (lembrem-se que a doação é um dos fatos geradores do tributo).

Em resumo, temos o seguinte:

a) Se o herdeiro renunciou sua parte da herança para TODOS os demais herdeiros (renúncia abdicativa), NÃO pagará ITCMD.

b) Se o herdeiro renunciou sua parte da herança em relação a uma PESSOA ESPECÍFICA (renúncia translativa), terá sim que pagar ITCMD, porque se entende que houve uma doação.

27 É lícito ao comerciante de boa-fé aproveitar os créditos de ICMS decorrentes de nota fiscal posteriormente declarada inidônea, quando demonstrada a veracidade da compra e venda?

➔ Qual é o contexto dessa pergunta?

Meus amigos, o ICMS é um tributo não cumulativo, nos termos do artigo 155, § 2º, I, da Constituição.

➔ Tá, mas o que é que isso significa?

Pois bem, meus amigos, na prática, isso significa que, cada vez que um contribuinte adquire uma mercadoria tributada, ele registra como crédito o valor incidente na operação. Esse valor se torna um direito para o contribuinte, pois ele pode ser abatido do montante incidente nas operações subsequentes. Por sua vez, toda vez que o contribuinte realiza uma alienação tributada pelo ICMS, ele deve registrar como um débito o valor que incide na operação.

Periodicamente ele faz uma análise dos créditos e dos débitos que possui. Se os créditos forem maiores, essa diferença pode ser futuramente compensada ou mesmo objeto de ressarcimento. Contudo, caso os débitos forem maiores que os créditos, o contribuinte deve pagar a diferença.

Nossa, muito confuso...

Parece confuso e é. De todo modo, vamos tentar dar um exemplo: imaginem que um primeiro contribuinte recolha 14 reais de ICMS de uma determinada mercadoria.

Essa mercadoria é adquirida por um segundo contribuinte. Posteriormente, o segundo contribuinte faz a alienação dessa mercadoria. Nesse momento, ao aplicar alíquota do tributo, deveria pagar 16 reais. Contudo, como o primeiro contribuinte já recolheu 14 reais, ele pode usar esse crédito para abater do valor de 16 reais. Assim, na prática ele só precisa pagar 02 reais de ICMS nessa operação.

⊛ O comerciante de boa-fé pode aproveitar os créditos de ICMS decorrentes de nota fiscal posteriormente declarada inidônea?

Sobre o tema, inicialmente esclarecemos que a Lei Complementar 87/96 estabelece que o direito de creditamento anteriormente explicado está condicionado à idoneidade da documentação:

> **Art. 23.** O direito de crédito, para efeito de compensação com débito do imposto, reconhecido ao estabelecimento que tenha recebido as mercadorias ou para o qual tenham sido prestados os serviços, está condicionado à idoneidade da documentação e, se for o caso, à escrituração nos prazos e condições estabelecidos na legislação.

Pois bem, pegando o nosso exemplo anterior, imaginem que, posteriormente ao uso dos créditos pelo segundo contribuinte, as notas fiscais do primeiro contribuinte foram declaradas inidôneas pelo fisco. Após esse fato, o fisco passou a cobrar do segundo contribuinte o crédito (14 reais) que ele utilizou. Agiu certo o fisco?

Não, o STJ entendeu que o comerciante que adquire mercadoria, cuja nota fiscal tenha sido, posteriormente declarada inidônea, é considerado terceiro de boa-fé, o que autoriza o aproveitamento do crédito do ICMS pelo princípio da não-cumulatividade.

Nesse caso, contudo, o STJ ainda exige que seja demonstrada a veracidade da compra e venda efetuada **(art. 136, do CTN).**

O fundamento do STJ foi o seguinte: o ato declaratório da inidoneidade somente produz efeitos a partir de sua publicação. Assim, o direito ao creditamento somente pode ser afastado se as notas fiscais forem utilizadas após a declaração de inidoneidade.

Assim, o STJ editou a seguinte súmula:

> **STJ - Súmula nº 509:** É lícito ao comerciante de boa-fé aproveitar os créditos de ICMS decorrentes de nota fiscal posteriormente declarada inidônea, quando demonstrada a veracidade da compra e venda.

28 Incide imposto de renda em indenizações?

⊝ Qual é o contexto?

O Código Tributário Nacional estabelece o seguinte fato gerador para o imposto de renda:

> **Art. 43.** O imposto, de competência da União, sobre a renda e proventos de qualquer natureza tem como fato gerador a aquisição da disponibilidade econômica ou jurídica:
>
> **I** - de renda, assim entendido o produto do capital, do trabalho ou da combinação de ambos;
>
> **II** - de proventos de qualquer natureza, assim entendidos os acréscimos patrimoniais não compreendidos no inciso anterior.
>
> **§ 1º** A incidência do imposto independe da denominação da receita ou do rendimento, da localização, condição jurídica ou nacionalidade da fonte, da origem e da forma de percepção§
>
> **§ 2º** Na hipótese de receita ou de rendimento oriundos do exterior, a lei estabelecerá as condições e o momento em que se dará sua disponibilidade, para fins de incidência do imposto referido neste artigo.

Temos, assim, que a incidência do imposto de renda está condicionada a um **acréscimo patrimonial do contribuinte.**

Nesse sentido, o STJ pacificou o entendimento que não incide imposto de renda sobre as indenizações recebidas a título de **dano moral**, pois elas visam apenas recompor o patrimônio da vítima, não constituindo assim um acréscimo patrimonial:

> **STJ – Súmula 498:** Não incide Imposto de Renda sobre a indenização por danos morais.

⊖ E os danos materiais?

Com relação aos danos materiais, o assunto foi disciplinado pelo Código Civil da seguinte maneira:

> **Art. 402.** Salvo as exceções expressamente previstas em lei, as perdas e danos devidas ao credor abrangem, além do que ele efetivamente perdeu, o que razoavelmente deixou de lucrar.

Vejam que o Código Civil estabeleceu que a indenização por danos materiais engloba os seguintes valores:

a) **danos emergentes:** o prejuízo efetivamente sofrido.

b) **Lucros cessantes:** aquilo que o prejudicado deixou de lucrar em razão do dano sofrido.

Por exemplo, imaginem que um taxista sofra um acidente causado por um terceiro. Serão considerados danos emergentes tudo aquilo que ele gastar para consertar o veículo, bem como eventuais despesas médicas. Por sua vez, serão considerados lucros cessantes os valores que o taxista deixou de receber enquanto seu carro, que é seu instrumento de trabalho, estava sendo reparado.

Ao analisar essa situação, o STJ entendeu que o valor recebido a título de danos emergentes não é tributável pelo imposto de renda, tendo em vista que não há que se falar em acréscimo patrimonial nesse caso.

Por outro lado, **o STJ tem entendido que as quantias recebidas a título de lucros cessantes estão sujeitas ao pagamento de imposto de renda, já que constituem verdadeiro acréscimo patrimonial.**

Isso porque o Tribunal tem entendido que, como os lucros cessantes constituem aquilo que o indivíduo deixou de lucrar, é possível afirmar que nesse caso há um acréscimo patrimonial, apto a atrair a incidência do imposto de renda.

Assim, o STJ tem entendido que, mesmo que caracterizada a natureza indenizatória do quantum recebido, ainda assim incide Imposto de Renda, se der ensejo a acréscimo patrimonial, como ocorre na hipótese de lucros cessantes **(EREsp 695.499/RJ e REsp 1.464.786-RS).**

29 Qual é a natureza jurídica do pedágio?

Na doutrina, havia três correntes sobre o tema:

1ª - o pedágio tem natureza de taxa.

Essa teoria se baseia nos seguintes argumentos:

a) o pedágio foi tratado pela Constituição dentro das limitações constitucionais ao poder de tributar (Art. 150). É dizer, ele foi inserido pelo constituinte na parte que trata sobre os tributos.

b) o pedágio consubstanciaria no pagamento pela utilização de um serviço específico ou divisível, prestado ao contribuinte ou posto à sua disposição, é dizer, seria uma taxa.

c) os serviços públicos somente podem ser remunerados mediante taxa.

A consequência dessa teoria é que o pedágio seria um tributo, **somente podendo ser instituído e reajustado por lei.**

2º - o pedágio tem natureza de preço público.

Essa teoria se baseia nos seguintes argumentos:

a) o que a Constituição quis dizer é que não pode ser cobrado tributo sobre o tráfego de pessoas ou bens. A mesma Constituição, contudo, determinou que pode incidir pedágio. Logo, o pedágio não pode ter natureza tributária.

b) o pedágio somente pode ser cobrado mediante a utilização efetiva do serviço, enquanto as taxas se contentam com a utilização potencial.

c) é possível remunerar serviços públicos por meio de tarifa. O único requisito é que eles não sejam de utilização compulsória.

A consequência dessa teoria é que **não é necessário lei em sentido formal para a instituição ou reajuste do pedágio.**

3º - a natureza jurídica do pedágio depende da existência de via alternativa.

Caso haja uma via alternativa: o pedágio terá a natureza tarifa. Isso porque nesse caso a utilização do pedágio não é compulsória, pois o usuário tem outra alternativa. Caso não haja via alternativa: o pedágio terá a natureza de taxa. Aqui, o pedágio tem natureza de taxa, pois o usuário é obrigado a utilizar a via.

➔ **Qual é a corrente adotada pelo STF?**

O STF adotou a segunda corrente. É dizer, **o pedágio tem natureza de tarifa (ADI 800/RS).**

➔ **Qual o fundamento?**

O pedágio é tarifa em razão de ser uma **retribuição facultativa** paga apenas mediante o uso voluntário do serviço. Assim, o pedágio não é cobrado indistintamente das pessoas, mas somente daquelas que desejam trafegar pelas vias e somente naquelas em que é exigido esse valor a título de conservação.

Não é possível afirmar que ele se constitua um impedimento à circulação de mercadorias ou pessoas, **pois sempre irão existir outras opções de acesso que não seja o uso de veículos próprios (Ex.: ônibus).** O direito de ir e vir não será impedido por conta do pedágio.

Assim, o STF entendeu não é inconstitucional a cobrança de pedágio, **ainda que não exista nenhuma outra via alternativa gratuita para o usuário trafegar.**

30 Serviço, para fins de incidência do Imposto Sobre Serviços de Qualquer Natureza, significa, necessariamente, uma obrigação de fazer?

➔ **Qual é o contexto?**

A prestação de serviços, fato gerador do Imposto Sobre Serviços – ISS, é regulada pelo Código Civil, de forma que a lei tributária não poderia alterar sua definição, conteúdo ou alcance, nos termos do CTN:

> **Art. 110.** A lei tributária não pode alterar a definição, o conteúdo e o alcance de institutos, conceitos e formas de direito privado, utilizados, expressa ou implicitamente, pela Constituição Federal, pelas Constituições dos Estados, ou pelas Leis Orgânicas do Distrito Federal ou dos Municípios, para definir ou limitar competências tributárias.

Nesse sentido, segundo a concepção civilista, a prestação de serviços se configura em uma obrigação de fazer. Assim, houve quem defendesse que, para fins de tributação de ISS, serviço somente abarcaria as obrigações de fazer.

O STF, contudo, ao analisar a constitucionalidade da tributação de ISS sobre os serviços prestados pelos planos de saúde, entendeu que prestação de serviços, para efeitos de ISS, **é o oferecimento de uma utilidade para outrem, a partir de um conjunto de atividades imateriais, prestado com habitualidade e intuito de lucro, podendo estar conjugado ou não à entrega de bens ao tomador (RE 651703/PR).**

Assim, o conceito de prestação de serviços **não se restringe as obrigações de fazer.**

➔ **E o artigo 110 do CTN?**

Segundo o STF, o art. 110, do CTN, não veicula norma de interpretação constitucional, posto inadmissível interpretação autêntica da Constituição encartada com exclusividade pelo legislador infraconstitucional.

Em outras palavras, em uma interpretação sistemática do texto da Constituição, temos que a expressão "serviços" utilizada pelo legislador constituinte não teve o objetivo de abarcar apenas as obrigações de fazer.

Assim, **não pode uma norma infraconstitucional limitar o alcance do próprio texto da Constituição.**

4
Processo Civil

61 questões

I. PROCEDIMENTO COMUM

01 O valor das astreintes serve de base para o cálculo dos honorários advocatícios?

Qual é o contexto?

As astreintes são uma forma de execução indireta, na qual se busca piorar economicamente a vida do devedor, para que ele cumpra **voluntariamente** a obrigação, o que ocorre, nas astreintes, por meio da imposição de uma multa periódica.

A questão que chegou ao STJ foi a seguinte. No momento de se calcular os honorários advocatícios, o valor a ser considerado será o valor da condenação isoladamente ou o valor da condenação + astreintes. Por exemplo, determinado réu foi condenado a pagar 10 mil reais em uma ação. Na mesma ação, ele foi condenado em 50 mil reais pelo descumprimento das astreintes. O juiz fixou 10% de honorários. Esses honorários vão incidir sobre 10 mil ou 60 mil (valor da condenação + astreinte).

O STJ entendeu que o valor da multa cominatória (astreintes) não integra a base de cálculo da verba honorária **(REsp 1.367.212-RR).**

➔ Qual foi o fundamento?

O fundamento para tanto foi que o CPC afirma que os honorários serão calculados **sobre o valor da condenação,** o que exclui as astreintes do cálculo.

Embora esse julgado tenha tomado por base o CPC de 73, o NCPC repetiu a mesma redação em seu artigo 85. Assim, é provável que o entendimento se mantenha. Esse é o posicionamento Prof. Márcio André (@dizerodireito).

Posteriormente, o STJ **confirmou** o entendimento de que os honorários advocatícios, no âmbito do CPC de 2015, serão calculados **sobre o valor da condenação,** o que exclui as astreintes do cálculo **(REsp 1757033/DF).**

02 Em que consiste a regra ou teoria da gangorra?

A "regra ou teoria da gangorra" é aplicada no âmbito das tutelas de urgência e consiste basicamente no seguinte fenômeno: **quanto maior for o "periculum in mora", menos "fumus boni iuris" se exige para a concessão da tutela de urgência.**

Exemplificativamente, uma tutela de urgência onde se discuta a realização de uma cirurgia necessária para a sobrevivência da parte autora, para ser concedida, deverá ter menos exigências comprobatórias do direito que se alega ter do que uma tutela de urgência em que se discuta uma questão meramente patrimonial.

Isso porque, no caso da tutela de urgência relacionada a cirurgia, o perigo da demora é maior do que a tutela de urgência relacionada ao direito patrimonial.

Para grande parte dos processualistas, o Novo CPC adotou expressamente a regra da gangorra.

Isso porque, no antigo Codex, exigia-se para a concessão de tutela antecipada, **prova inequívoca do alegado** (Art. 273). O novo Código (art. 300), contenta-se com a presença de elementos que evidenciem a **probabilidade** do direito.

Dessa forma, no NCPC, a presenca do perigo da demora exige da parte menos requisitos para a concessão da tutela, já que o CPC exigiu apenas a probabilidade.

03 É válido em nosso ordenamento jurídico a denunciação da lide "per saltum"?

Amigos, antes de mais nada, farei uma pequena introdução para que possamos entender melhor o tema.

A denunciação da lide é uma forma de intervenção de terceiros, no qual a parte visa exercer um direito de regresso contra outra. A denunciação da lide é uma das principais formas de a parte exercer seu direito de regresso no caso de evicção.

A evicção, consiste na perda da propriedade ou posse da coisa em razão de uma decisão judicial ou administrativa. Nos contratos onerosos, a lei estabelece expressamente que o alienante responde pela evicção.

Feita essa introdução, vamos ao tema.

A denunciação da lide "per saltum" (por saltos) encontrava-se prevista no art. 456 do CC/02 e consistia na possibilidade de a vítima da evicção denunciar à lide tanto o alienante imediato como também os alienantes anteriores (mediatos), integrantes da cadeia de transmissão da coisa.

Ex.: Paulo vende um carro para Sofia, que por sua vez o vendeu para Victor. Victor vendeu para Carolina, que posteriormente foi citada em ação em que se discute a propriedade do carro, em razão de dívida com um banco. Nesse caso, Carolina poderia denunciar à lide tanto Victor (alienante imediato) quanto Paulo ou Sofia (alienantes mediatos).

A denunciação da lide por saltos era um exemplo de exceção ao princípio da relatividade dos contratos, de forma que a parte poderia atingir pessoas que não eram partes dos contratos, com fundamento na função social do contrato.

Apesar de o tema ser polêmico, prevalecia que era possível a denunciação da lide "per saltum" (Enunciado 29 da I jornada).

O novo CPC, contudo, afastou a possibilidade de haver denunciação da lide "per saltum".

De início, o CPC estabeleceu que a denunciação da lide deve ter como denunciado o alienante **imediato (Art. 125, II)**. Ademais, o CPC revogou o artigo 456 do Código Civil, que era considerado o fundamento da denunciação da lide por saltos.

Assim, atualmente **não mais subsiste no ordenamento jurídico pátrio a possibilidade de denunciação da lide "per saltum"**.

04 Diferencie coisa julgada e coisa soberanamente julgada.

Diante da possibilidade de ação rescisória da sentença, a doutrina defende que há dois graus de coisa julgada: a coisa julgada e a coisa soberanamente julgada.

A coisa julgada é aquela que ocorre após o trânsito em julgado do processo. Por sua vez, a coisa soberanamente julgada é a que ocorre quando se escoa o prazo decadencial de 02 anos de propositura da rescisória ou quando, acaso tenha sido proposta, a ação rescisória tenha sido julgada improcedente.

05 O réu perempto pode reconvir?

Ocorre perempção quando o autor der causa, **por três vezes**, à extinção do processo **por abandono**. Assim, proposta a mesma demanda pela quarta vez, é caso de extinção do processo em razão da perempção.

A perempção **não extingue o direito material**, nisso se distingue da decadência, **nem a pretensão de direito material**, nisso distinguindo-se da prescrição. Dessa forma, **A parte poderá alegar a matéria perempta em sede de defesa (contestação).**

Vimos que o réu perempto poderá alegar a perempção em sede de defesa, uma vez que a perempção não extingue o direito material e nem a pretensão, mas poderá o réu reconvir?

Não. O réu não poderá alegar a matéria perempta em sede de reconvenção, uma vez que a reconvenção possui **natureza de ação.**

Ainda que o NCPC tenha simplificado o procedimento da reconvenção, permitindo sua interposição na mesma petição da contestação, isso não retirou a natureza de ação da reconvenção.

Assim, se o réu não poderá propor nova ação em razão da perempção, de igual maneira não poderá apresentar reconvenção contra o autor, alegando a mesma matéria que já foi objeto da perempção.

06 A teoria da asserção ou "della prospettazione" é adota no Brasil?

Para os defensores da teoria da asserção, a presença das condições da ação deve ser analisada pelo juiz com base nos elementos fornecidos pelo autor em sua petição inicial.

Toma-se aquilo que foi afirmado pelo autor como verdade e, caso nesse momento já seja possível ao magistrado perceber a ausência de uma das condições da ação, deverá extinguir o feito sem resolução do mérito por carência de ação. Nesse momento, a teoria da asserção em nada difere da eclética.

Por outro lado, caso o juiz, após o regular andamento do processo, em cognição aprofundada, entenda que o feito não possui alguma das condições da ação, deverá extinguir o feito com resolução do mérito.

Assim, o que interessa para fins de existência das condições da ação para essa teoria são as alegações iniciais do autor, admitindo-se, provisoriamente, que elas são corretas. Se o processo tiver continuidade, as condições da ação se tornam matérias de mérito, não sendo mais cabível a extinção do processo sem a resolução do mérito.

Apesar do CPC ter adotado expressamente a teoria eclética, a teoria da asserção é amplamente adotada pelo STJ **(Resp 832.370/MG).**

07 Diferencie em relação a sentença, dispositivo direto e indireto.

O dispositivo é a conclusão da sentença, ou seja, é a parte da sentença responsável pela geração dos efeitos da decisão. A doutrina divide o dispositivo em duas espécies:

a) **dispositivo direto:** No dispositivo direto, o juiz indica expressamente o bem da vida obtido pelo autor. Exemplo: fixação dos danos morais em R$ 10.000,00 reais.

b) **dispositivo indireto:** No dispositivo indireto, o juiz acolhe o pedido do autor, mas sem a indicação do bem da vida obtido, limitando-se a julgar procedente o pedido e a fazer a remissão à pretensão do autor. Exemplo: "acolhe os pedidos do autor nos termos da petição inicial".

08 Para a aplicação da multa por litigância de má-fé exige-se a comprovação de dano?

A doutrina (Leonardo Carneiro da Cunha) entende que a indenização do artigo 81 exige necessariamente a comprovação de dano, pois não se indeniza danos hipotéticos.

O STJ, contudo, tem entendimento contrário. Para ele, o dano processual não é pressuposto para a aplicação da multa por litigância de má-fé prevista no art. 18 do CPC/1973 (art. 81 do CPC/2015) (REsp 1.628.065-MG).

➔ **E para que seja exigida a indenização prevista na segunda parte do art. 81 do CPC, é necessário que se prove que houve dano (prejuízo)?**

Da mesma forma, a doutrina entende que sim. O STJ, contudo, entende que NÃO.

A indenização prevista no art. 18, *caput* e § 2º, do CPC/1973 (art. 81, *caput* e § 3º do CPC/2015) tem caráter reparatório (ou indenizatório), decorrendo de um ato ilícito processual.

Apesar disso, é desnecessária a comprovação do prejuízo para que haja condenação ao pagamento da indenização prevista nesse dispositivo. Em outras palavras, é desnecessária a comprovação de prejuízo para que haja condenação ao pagamento de indenização por litigância de má-fé (art. 18, *caput* e § 2º, do CPC/1973; art. 81, *caput* e § 3º do CPC/2015) **(EREsp 1.133.262-ES).**

Para o STJ, uma vez reconhecida a litigância de má-fé, devem ser impostas a multa e a indenização (perdas e danos), sendo, no entanto, DESNECESSÁRIA a prova do prejuízo sofrido pela parte adversa.

A Corte entende que, em momento algum, o art. 18, *caput* e § 2º do CPC/1973 (art. 81, *caput* e § 3º do CPC/2015) exigem que haja prova do prejuízo para que a indenização seja fixada.

Segundo pensa o STJ, para a fixação da indenização, a lei só exige que haja um prejuízo, mas este pode ser potencial ou presumido (não precisando ser demonstrado em concreto).

Outro argumento do STJ é o de que se fosse exigida comprovação de prejuízo, essa demonstração seria extremamente difícil de ser feita, o que praticamente impossibilitaria a aplicação de tais sanções, comprometendo a sua eficácia.

09 O que são defesas peremptórias parcialmente dilatórias?

A doutrina divide as defesas **processuais** do réu em três tipos: dilatórias, peremptórias e defesas potencialmente peremptórias.

Nesse sentido, são consideradas **defesas dilatórias** aquelas cujo o acolhimento não determina o fim do processo, mas apenas prolongam a sua duração. As **defesas peremptórias**, ao seu turno, são as que, caso acolhidas, acarretam a extinção do processo.

Por fim, as **defesas dilatórias potencialmente peremptórias** são aquelas que, caso acolhidas, **permitem ao autor o saneamento do vício**, caso em que o processo poderá continuar e a defesa terá sido dilatória. **Havendo omissão do autor, contudo, haverá a extinção do processo**.

Nesse caso, entende-se que a defesa é apenas parcialmente peremptória porque somente haverá a extinção do feito se houver a omissão do autor. São os casos de: a) incorreção do valor da causa; b) incapacidade da parte, defeito de representação ou falta de autorização; c) ausência de legitimidade ou de interesse processual; d) falta de caução ou de outra prestação que a lei exige como preliminar; e) indevida concessão do benefício de gratuidade de justiça.

10 O ordenamento jurídico brasileiro permite o julgamento parcial de mérito?

No âmbito do CPC de 73, o STJ entendeu que o julgamento parcial de mérito não era permitido em nosso ordenamento jurídico **(Resp**

1.281.978/RS). Segundo o STJ, o CPC de 73 adotou a teoria da unidade estrutural da sentença, segundo a qual não é possível existir mais de uma sentença no mesmo processual ou na mesma fase processual de conhecimento ou de liquidação.

➔ Esse posicionamento ainda se mantém com o NCPC?

Não. O CPC de 2015 previu expressamente as sentenças parciais de mérito:

> **Art. 356.** O juiz decidirá parcialmente o mérito quando um ou mais dos pedidos formulados ou parcela deles:
>
> **I** - mostrar-se incontroverso;
>
> **II** - estiver em condições de imediato julgamento, nos termos do art. 355.

➔ Qual a natureza jurídica da decisão parcial de mérito?

Cumpre ressaltar que a decisão que decide parcialmente o mérito, nos termos do artigo 356, tem natureza jurídica de decisão interlocutória, e não de sentença, razão pela qual o próprio CPC previu que ela é impugnável por agravo de instrumento:

> **Art. 356. (...)**
>
> **§ 5º** A decisão proferida com base neste artigo é impugnável por agravo de instrumento.

11 "Translatio iudicii". Que negócio é esse?

A "translatio iudicii" é o instituto/princípio que permite a transferência, do juízo incompetente para o competente, de uma causa, conservando os efeitos das decisões proferidas pelo juízo incompetente até posterior decisão em contrário do juízo competente.

A "translatio iudicii" foi expressamente adotada pelo NCPC:

> **Art. 64.** A incompetência, absoluta ou relativa, será alegada como questão preliminar de contestação.
>
> **§ 4º** Salvo decisão judicial em sentido contrário, conservar-se-ão os efeitos de decisão proferida pelo juízo incompetente até que outra seja proferida, se for o caso, pelo juízo competente.

Assim, com base no disposto no artigo 64, § 4º, do NCPC, é possível afirmar que o legislador positivou a "translatio iudicii" em nosso ordenamento. Assim, atualmente, os atos decisórios deixam o juízo incompetente com a presunção de sua existência, validade e eficácia, até que seja proferida outra decisão em sentido contrário pelo juízo competente. Portanto, os atos decisórios proferidos pelo juízo incompetente somente perderão a existência, validade e eficácia se houver decisão expressa do juízo competente nesse sentido.

Em suma, se você se deparar com esse termo em uma prova, diga que a "translatio iudicii" é o princípio que assegura o aproveitamento de atos de definição e satisfação de direitos que provenham de órgãos incompetentes.

12 É possível a fixação de astreintes para forçar a genitora que está com a guarda da criança a respeitar o direito de visita do pai?

As astreintes são uma forma de **execução indireta**. Na execução indireta, busca-se, pela ameaça da piora na situação jurídica, é dizer, por meio de instrumentos de pressão psicológica, que o devedor de uma obrigação cumpra voluntariamente a obrigação.

No caso das astreintes, a pressão psicológica ocorre por meio da fixação de uma multa, em uma determinada periodicidade estabelecida pelo magistrado, para cada vez que houver o descumprimento voluntário de uma decisão judicial.

⊖ As astreintes podem ser utilizadas para obrigações não patrimoniais?

A doutrina (Maria Berenice Dias) entende que sim, afirmando que, "o direito de visitas gera uma obrigação de fazer infungível, obrigação personalíssima, que deve ser cumprida pessoalmente. Nada impede que seja buscado o adimplemento, mediante aplicação da chamada astreinte: tutela inibitória, mediante a aplicação de multa diária. Nada mais do que um gravame pecuniário imposto ao devedor renitente para que honre o cumprimento de sua obrigação. Instrumento de pressão psicológica, verdadeira sanção, destinada a desestimular a resistência do obrigado, de modo que ele se sinta compelido a fazer o que está obrigado."

Ao analisar o caso, o STJ adotou o posicionamento da doutrina, afirmando que **é válida** a aplicação de astreintes quando o genitor detentor da guarda da criança descumpre acordo homologado judicialmente sobre o regime de visitas.

A aplicação das astreintes em hipótese de descumprimento do regime de visitas por parte do genitor, detentor da guarda da criança se mostra como um instrumento eficiente e também, menos drástico para a criança **(REsp 1.481.531/SP).**

Segundo o STJ, o CPC/2015 **autoriza, de modo expresso**, a aplicação de multa em caso de descumprimento de obrigação de natureza não obrigacional ou existencial:

> **Art. 536.** No cumprimento de sentença que reconheça a exigibilidade de obrigação de fazer ou de não fazer, o juiz poderá, de ofício ou a requerimento, para a efetivação da tutela específica ou a obtenção de tutela pelo resultado prático equivalente, determinar as medidas necessárias à satisfação do exequente.
>
> **§ 6º** O disposto neste artigo aplica-se, no que couber, ao cumprimento de sentença que reconheça deveres de fazer e de não fazer **de natureza não obrigacional.**

Ademais, o STJ entendeu também que a fixação de astreintes no caso é medida que mais se amolda aos interesses do menor. Isso porque a outra medida disponível que poderia ser utilizado para que o não guardião da criança exercesse o seu direito de visitação seria a utilização da busca e apreensão.

Contudo, essa medida, levando-se em consideração sempre o melhor interesse da criança e do adolescente, pode se mostrar drástica e prejudicial para o menor, que poderia ser levado à força por uma ordem judicial, inclusive com a utilização da polícia para a sua efetivação.

Dessa forma, as astreintes se mostram como um meio muito mais eficaz e menos traumatizante para a criança.

13 Nulidade de algibeira. Que negócio é esse?

A nulidade de algibeira ou nulidade de bolso ocorre quando a parte permanece em silêncio no momento oportuno para se manifestar, deixando para suscitar a nulidade em ocasião posterior. Em outras palavras, guarda-se no bolso um vício existente para beneficiar o seu portador em tempo ulterior.

Em suma, nada mais é do que o caso em que a parte, embora tenha o direito de alegar a nulidade, mantém-se INERTE durante longo período, deixando para exercer seu direito somente no momento em que melhor lhe convier.

A nulidade algibeira não é admitida pelo STJ **(REsp 1372802)**. Não sendo alegada no tempo correto pela parte, a nulidade é convalidada, não podendo ser alegada posteriormente. É uma aplicação do princípio da boa-fé.

14 O curador especial tem legitimidade para propor reconvenção?

⊕ Curador especial. Que negócio é esse?

Em algumas situações, o ordenamento jurídico brasileiro não aceita que o réu fique sem defesa técnica. Nessas ocasiões, é nomeado um curador especial, que será o responsável por sua defesa. As hipóteses que autorizam a nomeação do curado especial foram previstas no artigo 72 do CPC:

> **Art. 72.** O juiz nomeará curador especial ao:
>
> **I** - incapaz, se não tiver representante legal ou se os interesses deste colidirem com os daquele, enquanto durar a incapacidade;
>
> **II** - réu preso revel, bem como ao réu revel citado por edital ou com hora certa, enquanto não for constituído advogado.
>
> **Parágrafo único.** A curatela especial será exercida pela Defensoria Pública, nos termos da lei.

Veja, portanto, que a lei autoriza a nomeação do curador em quatro situações: **a)** Quando o réu for incapaz e não tiver representante legal; **b)** Quando o réu for incapaz e tiver representante legal, mas os interesses deste (representante) colidirem com os interesses daquele (incapaz); **c)** Quando o réu estiver preso; **d)** Quando o réu tiver sido citado por edital ou com hora certa, enquanto não for constituído advogado.

➔ Quais são poderes do curador?

O curador tem a função principal de defender o réu. Para exercer essa defesa, a lei assegura a ele os mesmos poderes das partes, podendo apresentar contestação, inquirir testemunhas, recorrer. Obviamente, ele não poderá dispor do direito do réu.

➔ O curador especial poderá apresentar reconvenção?

Sim. O STJ entendeu que o conceito de "defesa" é amplo, de forma que ele inclui também a possibilidade apresentar reconvenção (**REsp 1.088.068-MG**). Assim, o curador especial tem legitimidade para propor reconvenção em favor do réu cujos interesses está defendendo.

15 O processo eletrônico, uma vez reconhecida a incompetência absoluta, o juiz tem o dever de encaminhar os autos ao juízo competente?

O CPC estabeleceu que, uma vez reconhecida a incompetência absoluta, o juízo tem o dever de encaminhar os autos ao juízo competente:

> **Art. 64.** (...)
>
> **§ 3º** Caso a alegação de incompetência seja acolhida, os autos serão remetidos ao juízo competente.

Apesar do disposto no CPC, houve quem defendesse que essa obrigação não subsiste no caso do processo eletrônico, em razão de ordem técnica, que fariam ser muito custoso para o juízo encaminhar os autos quando o juízo competente for de um tribunal diverso.

➔ O STJ concordou com essa tese?

Não. O argumento de impossibilidade técnica do Poder Judiciário em remeter os autos para o juízo competente, ante as dificuldades inerentes ao processamento eletrônico, não pode ser utilizado para prejudicar o jurisdicionado, sob pena de configurar-se indevido obstáculo ao acesso à tutela jurisdicional.

Assim, implica indevido obstáculo ao acesso à tutela jurisdicional a decisão que, após o reconhecimento da incompetência absoluta do juízo, em vez de determinar a remessa dos autos ao juízo competente, extingue o feito sem exame do mérito, sob o argumento de impossibilidade técnica do Judiciário em remeter os autos para o órgão julgador competente, ante as dificuldades inerentes ao processamento eletrônico **(REsp 1.526.914-PE).**

Em outras palavras, o dever de remessa dos autos ao juízo competente mesmo em caso de processo eletrônico.

16 É possível a relativização da coisa julgada nas ações de paternidade quando não foi realizado o exame de DNA?

A resposta para essa pergunta passa por duas situações:

1ª Situação: quando a ação foi julgada improcedente por falta de provas: nesse caso, é possível a flexibilização da coisa julgada material nas ações de investigação de paternidade, na situação em que o pedido foi julgado improcedente por falta de prova.

Para o STF **(RE 363.889)**, em sede de repercussão geral, deve ser relativizada a coisa julgada estabelecida em ações de investigação de paternidade em que não foi possível determinar-se a efetiva existência de vínculo genético a unir as partes, em decorrência da não realização do exame de DNA, meio de prova que pode fornecer segurança quase absoluta quanto à existência de tal vínculo.

Esse também é o entendimento do STJ **(AgInt no REsp 1417628/MG)**, o qual entende que, nas ações de investigação de paternidade, o STJ e STF admitem a relativização da coisa julgada quando, na demanda anterior, não foi possível a realização do exame de DNA, em observância ao princípio da verdade real.

2ª Situação: em razão da recusa do suposto pai em realizar o exame de DNA, o juiz julgou procedente a ação, reconhecendo a paternidade, com base na súmula 301 do STJ, que determina uma presunção relativa de paternidade caso o suposto pai se negue a realizar o exame.

> **STJ - Súmula 301:** Em ação investigatória, a recusa do suposto pai a submeter-se ao exame de DNA induz presunção juris tantum de paternidade.

Nesse caso, o STJ entendeu que **não cabe a relativização da coisa julgada (REsp 1.562.239/MS).**

O fundamento utilizado pelo tribunal foi que a relativização da coisa julgada não pode ser admitida quando a não realização da prova pericial (DNA) na ação investigatória anterior deveu-se, exclusivamente, à recusa de uma das partes em comparecer ao laboratório para a coleta de material biológico.

A parte que se recusou a fazer o DNA e que agora quer desconstituir a coisa julgada sob o argumento de que não foi realizado o referido exame e que este é essencial para a descoberta da verdade real **demonstra comportamento contrário à boa-fé objetiva, incidindo naquilo que a doutrina denomina de *venire contra factum proprium* (proibição de comportamento contraditório), sendo uma forma de abuso de direito.**

Dessa forma, tendo o autor se negado a produzir a prova que traria certeza à controvérsia nos autos da ação de investigação de paternidade que transitou em julgado, não pode, agora, utilizar-se, maliciosamente, da ausência da referida prova como fundamento para a propositura de ação negatória de paternidade e, com isso, buscar ver alterada a decisão que lhe foi desfavorável, sob pena de incorrer em violação da boa-fé objetiva.

17 Qual é o marco temporal para a fixação de honorários advocatícios no caso de processo iniciado antes da entrada em vigor do CPC de 2015?

Amigos, a questão aqui é saber qual é o diploma que se aplica na fixação dos honorários no caso de processos propostos no decorrer do CPC de 73, mas que somente transitaram em julgado após o CPC de 2015?

Ao analisar a situação, o STJ fixou **A DATA DA PROLAÇÃO** da sentença como marco temporal para determinar o regramento jurídico aplicável na fixação dos honorários advocatícios **(REsp 1683612/PR).**

Isso significa que, mesmo se proposta antes da entrada em vigor do NCPC, vão incidir sobre o processo as regras previstas para a fixação dos honorários advocatícios no NCPC, caso a sentença seja prolatada após a entrada em vigor do Novo Código.

18 Cabe renúncia em processo de homologação de sentença estrangeira?

A homologação de uma sentença estrangeira é o procedimento formal no qual se dá eficácia a uma decisão estrangeira. Na homologação, busca-se permitir a execução da decisão estrangeira. Trata-se, portanto, de um procedimento de caráter meramente processual, sem correlação direta com o direito material veiculado na ação original.

Nesse sentido, dispõe o NCPC:

> **Art. 961.** A decisão estrangeira somente terá eficácia no Brasil após a homologação de sentença estrangeira ou a concessão do *exequatur* às cartas rogatórias, salvo disposição em sentido contrário de lei ou tratado.

Por outro lado, a renúncia ocorre quando o titular de um direito abdica do próprio direito material em que se funda a ação. Com isso, a renúncia produz a extinção do feito **com** julgamento do mérito **(Art. 487, III, "c", CPC)**.

Diante do exposto, considerando que a homologação de uma sentença estrangeira possui caráter formal e a renúncia se funda no direito material, o STJ entendeu que é inadmissível a renúncia em sede de homologação de provimento estrangeiro **(SEC 8.542-EX).**

⊖ E desistência, é possível?

Na desistência, o autor abre mão do processo e não do direito material que eventualmente possua em desfavor do réu. Como a desistência envolve apenas aspectos formais, ela é feita **sem** resolução do mérito.

Assim, nesse caso seria possível a desistência dentro do processo de homologação estrangeira. Ressalta-se, contudo, que se a requerida já houvesse sido citada, para que houvesse a desistência é necessária a sua concordância:

> **Art. 485 (...)**
>
> **§ 4º** Oferecida a contestação, o autor não poderá, sem o consentimento do réu, desistir da ação

19 Com relação à causa de pedir qual foi a teoria adotada pelo NCPC?

⊖ Causa de pedir. Que negócio é esse?

Em conjunto com as partes e o pedido, a causa de pedir compõe os chamados **elementos da ação.** Nesse sentido, a causa de pedir é formada por dois elementos: pelo fato jurídico (fato da vida que gerou o direito) e pelo fundamento jurídico do pedido (direito que se afirma ter).

Com base no conceito acima apresentado, a doutrina divide a causa de pedir em: **a) causa de pedir remota:** fato gerador do direito; **b) causa de pedir próxima:** fundamento jurídico do pedido

⊖ Quais são as teorias que explicam a causa de pedir?

No âmbito processual, há duas teorias explicativas da causa de pedir:

a) **Teoria da Substanciação da Causa de Pedir:** para essa teoria, a causa de pedir é formada pelo conjunto dos fatos e fundamentos jurídicos do pedido. Uma vez adotada essa teoria, uma causa de pedir só será igual à outra causa de pedir se a causa de pedir remota e a causa de pedir próxima forem as mesmas.

b) **Teoria da Individualização da Causa de Pedir:** a causa de pedir é apenas o direito afirmado (o fato jurídico é irrelevante para figurar a causa de pedir, basta o fundamento jurídico do pedido).

⊖ Qual foi a teoria adotada no Brasil?

O NCPC **adotou a Teoria da Substanciação da Causa de Pedir.** Assim, a causa de pedir é formada pelo conjunto dos fatos e fundamentos jurídicos do pedido:

> **Art. 319.** A petição inicial indicará:
>
> **III** - o fato e os fundamentos jurídicos do pedido;

⊖ Qual é a consequência prática disso?

Imaginem que alguém tenha assinado um contrato e depois queira questioná-lo judicialmente. Assim, ele entra inicialmente com uma ação anulatória do contrato, afirmando que ele contém o vício do negócio jurídico da coação. Posteriormente, essa mesma pessoa entra com uma nova ação anulatória do contrato, afirmando que o contrato contém o vício do negócio jurídico do dolo. Diante disso, questiona-se: as causas de pedir dessas duas demandas são iguais?

Depende. Caso o nosso sistema tivesse adotado a teoria da individualização, essas causas de pedir seriam as MESMAS, porque estamos diante do mesmo direito afirmado: o direito de anular o contrato. Assim, estaríamos diante de duas ações iguais, de maneira que haveria litispendência nesse caso.

Por outro lado, adotando a teoria da substanciação, elas têm causa de pedir DISTINTAS. Isso porque as causas de pedir remotas são diferentes. Como nosso sistema adotou a Teoria da Substanciação, entende-se que estamos diante de dois fatos jurídicos para o pedido: um fundamentado no dolo e outro fundamentado na coação. Exatamente porque essas ações não são iguais, não há litispendência, há conexão.

20 Havendo revelia em uma ação indenizatória, o efeito da presunção de veracidade abrange os valores indicados pelo autor?

➔ Revelia. Que negócio é esse?

A doutrina conceitua a revelia como um estado de fato, gerado pela ausência jurídica de contestação, nos termos do artigo 344 do CPC.

> **Art. 344.** Se o réu não contestar a ação, será considerado revel e presumir-se-ão verdadeiras as alegações de fato formuladas pelo autor.

O fato de a revelia surgir da ausência **jurídica** de contestação possui um grande efeito na prática. Isso porque em alguns casos, ainda que a contestação exista faticamente, haverá revelia quando essa contestação não existe no mundo jurídico, como nos casos de contestação intempestiva.

Por fim, não se pode confundir a revelia com seus efeitos. A ausência jurídica de contestação já é suficiente para acarretar a revelia do réu, mas nem toda revelia terá como consequência, por exemplo, a presunção de veracidade dos fatos, conforme se verá adiante.

Quais são os efeitos da revelia?

A doutrina aponta três efeitos para a revelia, são eles:

a) **Presunção de veracidade dos fatos alegados pelo autor**

A ausência jurídica de contestação do réu faz com que o juiz repute como verdadeiros os fatos alegados pelo autor. A doutrina afirma que esse é o **efeito material da revelia.**

Cumpre ressaltar, contudo, que a presunção de veracidade atinge apenas os fatos alegados e não suas consequências jurídicas, sendo possível, assim, que haja o julgamento de improcedência do pedido do auto em face de réu revel, já que a presunção de veracidade não atinge a matéria jurídica.

Ademais, conforme a doutrina pátria, a presunção de veracidade dos fatos em questão é relativa, podendo ser afastada no caso concreto.

b) **Desnecessidade de intimação do réu revel**

> **Art. 346.** Os prazos contra o revel que não tenha patrono nos autos fluirão da data de publicação do ato decisório no órgão oficial.

Conforme estabelece o "*caput*" do artigo 346 do CPC, os prazos para o réu revel que não possua advogado constituído nos autos vão fluir da data de publicação no diário oficial, dispensando a intimação do réu. Cumpre ressaltar que para que haja a geração desse efeito não basta que o réu seja revel, exigindo a lei também que ele não possua patrono nos autos. A doutrina considere esse efeito como um **efeito processual da revelia.**

c) **Julgamento antecipado do mérito**

> **Art. 355.** O juiz julgará antecipadamente o pedido, proferindo sentença com resolução de mérito, quando:
>
> **II** - o réu for revel, ocorrer o efeito previsto no art. 344 e não houver requerimento de prova, na forma do art. 349.

Finalmente, o último efeito da revelia é o julgamento antecipado do mérito, o qual, contudo, somente poderá ocorrer nos casos em que houver presunção de veracidade dos fatos alegados pelo autor e ainda assim quando não houver requerimento de prova. A doutrina entende que também se trata de um **efeito processual da revelia.**

⊖ Havendo revelia em uma ação indenizatória, o efeito da presunção de veracidade abrange os valores indicados pelo autor?

Não, segundo já entendeu o STJ, em uma ação de indenização, se ocorrer a revelia, deve-se presumir a veracidade quanto aos danos narrados na petição inicial. No entanto, esta presunção de veracidade não alcança a definição do quantum indenizatório indicado pelo autor **(Resp 1.520.659-RJ)**.

21 É possível a compensação entre um título executivo judicial e um título executivo extrajudicial?

⊖ Qual é o contexto?

Nos termos do Código Civil:

> **Art. 368.** Se duas pessoas forem ao mesmo tempo credor e devedor uma da outra, as duas obrigações extinguem-se, até onde se compensarem.

A compensação é uma forma de extinção da obrigação em que as partes são, ao mesmo tempo, credoras e devedoras uma da outra.

Vale lembrar que não se deve confundir a compensação, em que duas partes são reciprocamente credoras e devedoras uma da outra, com o instituto da confusão, pois neste último caso, na mesma pessoa, reúnem-se as qualidades de credor e devedor.

⊖ Quais são os requisitos da compensação?

> **Art. 369.** A compensação efetua-se entre dívidas líquidas, vencidas e de coisas fungíveis.
>
> **Art. 370.** Embora sejam do mesmo gênero as coisas fungíveis, objeto das duas prestações, não se compensarão, verificando-se que diferem na qualidade, quando especificada no contrato.
>
> **Art. 371.** O devedor somente pode compensar com o credor o que este lhe dever; mas o fiador pode compensar sua dívida com a de seu credor ao afiançado.
>
> **Art. 372.** Os prazos de favor, embora consagrados pelo uso geral, não obstam a compensação.

Nos termos dos artigos citados, temos os seguintes requisitos para que haja compensação:

1º **Reciprocidade dos débitos**: haja a compensação legal, as partes devem ser reciprocamente credora e devedora uma da outra.

Mitiga esse primeiro requisito o art. 371, que autoriza o fiador (que não é parte recíproca da relação principal) a operar a compensação de um crédito do afiançado (devedor),

2º **Liquidez das dívidas recíprocas;**

3º **Vencimento das dívidas recíprocas:** ambas as dívidas devem ser exigíveis ou vencidas. Os prazos de favor, embora consagrados pelo uso geral, não obstam a compensação.

4º **Fungibilidade ou homogeneidade dos débitos:** só se pode compensar por força de lei débitos da mesma natureza, inclusive quanto a qualidade da coisa. Em respeito ao princípio da autonomia privada, se as partes convencionarem, poderão relativizar os requisitos da compensação.

⊖ **É possível a compensação entre um título executivo judicial e um título executivo extrajudicial?**

O STJ entendeu que não **(REsp 1677189/RS).**

Segundo o STJ, a compensação de créditos, nos termos do artigo 369 do Código Civil, não pode ser efetuada entre um título em fase de cumprimento de sentença, com liquidez comprovada, e outro amparado em título executivo extrajudicial, já que este último **ainda precisa de pronunciamento judicial acerca de sua liquidez.**

II. MEIOS DE IMPUGNAÇÃO JUDICIAL E RECURSOS

01 O reconhecimento pelo STF, da repercussão geral no "plenário virtual", impede sua rediscussão no plenário físico?

Nos termos do art. 102, § 3º, da Constituição, o conhecimento do recurso extraordinário depende da comprovação da repercussão geral.

A existência ou não de repercussão geral é apreciada exclusivamente pelo STF. Em razão do grande número de recursos extraordinários, o STF, por meio de seu Regimento Interno, criou o chamado "Plenário Virtual".

Funciona assim: o relator do recurso extraordinário submete a sua decisão acerca da existência ou não da repercussão geral ao sistema informatizado do STF ("Plenário Virtual").

Após esse fato, os demais Ministros possuem o prazo de 20 dias para se manifestar. Caso não se manifestem nesse prazo, haverá um reconhecimento tácito ou implícito da repercussão geral.

A questão que se propõe é a seguinte: após ter sido reconhecida pelo plenário virtual do STF a repercussão geral poderá ser ela novamente apreciada quando do julgamento do recurso pelo "plenário físico" do STF?

SIM. Segundo o STF, o reconhecimento da repercussão geral no Plenário Virtual **não impede sua rediscussão no plenário físico**, notadamente quando tal reconhecimento tenha ocorrido por falta de manifestações suficientes (**RE 584247/RR).**

Em outras palavras, não ocorre preclusão da decisão do plenário virtual que entende pela existência da repercussão geral, permitindo ao STF que, ao iniciar o julgamento no "plenário físico", possa novamente debater o tema, **não havendo preclusão "pro judicato" com relação aos ministros que ainda não votaram**, permitindo ainda aos Ministros que já votaram em plenário virtual a reformulação do seu voto enquanto não encerrada a votação da preliminar ou prejudicial da existência de repercussão geral.

02 A repercussão geral deve necessariamente ser demonstrada na preliminar do recurso?

No âmbito da codificação passada, o recorrente deveria arguir **obrigatoriamente** em preliminar de recurso extraordinário a existência da repercussão geral das questões constitucionais nele versada (**Art. 543-A, § 2º, CPC**). Nesse sentido, a não existência da preliminar **era causa de não conhecimento do recurso**.

Na atual codificação, o legislador **não** exige mais que a repercussão geral seja demonstrada por meio de preliminar no RE, de forma que é possível a demonstração da existência de repercussão geral na questão discutida no final do RE – o que é mais lógico, já que a repercussão geral é demonstrada pelas razões recursais.

É possível, portanto, concluir que, na prática, **o recorrente está dispensado de criar um tópico específico em sua peça recursal nesse sentido**, sendo admitido que as próprias razões recursais demonstrem a existência da repercussão geral.

> **Enunciado 224 do Fórum Permanente de Processualistas Civis:** A existência de repercussão geral terá de ser demonstrada de forma fundamentada, **sendo dispensável sua alegação em preliminar ou em tópico específico.**

03 Como se verifica a tempestividade de recurso encaminhado pelos correios?

Sob a égide do CPC de 73, o STJ editou a Súmula 216 do STJ, a qual afirmava que "a tempestividade de recurso interposto no Superior Tribunal de Justiça é aferida pelo registro no protocolo da secretaria e não pela data da entrega na agência do correio."

Ocorre que essa súmula é mais um exemplo de súmula tacitamente cancelada, uma vez que o NCPC estabeleceu que em sendo o recurso enviado pelos correios, a tempestividade é aferida **pela data da postagem:**

> **Art. 1.003. (...)**
>
> **§ 4º** Para aferição da tempestividade do recurso remetido pelo correio, será considerada como data de interposição a data de postagem.

04 A expressão "repercussão geral" para fins de interposição de recurso extraordinário, é considerada cláusula geral ou conceito jurídico indeterminado?

Segundo a Doutrina, Prof. Fredie Didier, Cláusulas gerais são normas com diretrizes indeterminadas, que não trazem expressamente uma solução jurídica (consequência). Assim, a **cláusula geral** é um conceito indeterminado em seu conteúdo (pressuposto) e nas suas consequências jurídicas (consequências).

Um exemplo dado pela doutrina de cláusula geral é o princípio do devido processo legal. Esse princípio existe desde 1215. Nessa época, o conteúdo (pressuposto) e suas consequências jurídicas (consequências), eram totalmente diferentes da atual.

Por sua vez, há um **conceito jurídico indeterminado**, quando palavras ou expressões contidas numa norma são vagas, de forma que a dúvida se encontra no seu significado (conteúdo/pressuposto), e não nas consequências legais de seu descumprimento.

Por exemplo, o conceito de repercussão geral para fins de interposição de recurso extraordinário **é um conceito jurídico indeterminado**, uma vez que a lei determina que para efeito de repercussão geral, será considerada a existência ou não de questões relevantes do ponto de vista econômico, político, social ou jurídico que ultrapassem os interesses subjetivos do processo. Resta claro, assim que a expressão "que ultrapasse os interesses subjetivos do processo" é vaga, havendo dúvidas em relação ao seu preenchimento.

Contudo, nesse caso não há dúvidas de suas consequências jurídicas, já que a própria lei determina a consequência da inexistência de repercussão geral, é dizer, o não conhecimento do RE (Art. 1035, CPC).

05 O que é prequestionamento implícito? Ele é aceito pelos Tribunais Superiores?

Há prequestionamento implícito quando o Tribunal de origem, apesar de se pronunciar explicitamente sobre a questão controvertida, NÃO menciona expressamente o texto ou o número do dispositivo legal/constitucional tido como afrontado (Ex.: numa discussão sobre imunidade tributária, a decisão aborda explicitamente o tema, mas não diz qual foi o artigo da Constituição que entendeu ter sido violado).

Os Tribunais Superiores admitem o prequestionamento implícito?

O Supremo Tribunal Federal NÃO admite o prequestionamento implícito da questão constitucional. Nesse sentido salientou o Ministro Sepúlveda Pertence que sendo o RE um instrumento de revisão in jure

"NÃO investe o Supremo de competência para vasculhar o acordão recorrido à procura de uma norma que poderia ser pertinente ao caso, mas da qual não se cogitou" **(AgRg 253.566-6).**

Já o STJ aceita. Para o ele, o que importa é a efetiva manifestação judicial. Não há aqui qualquer problema no prequestionamento implícito: se alguma questão fora julgada, mesmo que não seja mencionada, é óbvio que se trata de matéria 'questionada' e isso é o quanto basta.

Assim, o STJ entende que ocorre o prequestionamento mesmo não constatado no corpo do acórdão impugnado a referência ao número e à letra da norma legal, desde que a tese jurídica tenha sido debatida e apreciada **(REsp. 155.621, REsp. 166.147, REsp. 144.844, REsp. 155.321 e REsp 153.983).**

06 Qual a natureza jurídica da reclamação?

Existe grande controvérsia doutrinária sobre a natureza jurídica da reclamação. Instado a se manifestar sobre o tema, o STF **(ADI 2.212/CE)** afirmou inicialmente que a reclamação não é recurso, nem ação, nem incidente processual.

Valendo-se de lições de Ada Pellegrini Grinover, o STF considerou a reclamação como manifestação do direito constitucional de petição previsto no art. 5°, XXXIV, "a", da Constituição, em função do qual o cidadão se dirige ao Poder Público, com vistas a obter a defesa de direito ou objetivando combater ilegalidade ou abuso de poder. A reclamação, nessa acepção, seria veículo para exercício do direito de petição.

Parte da doutrina, a exemplo de Leonardo Carneiro da Cunha, discorda desse entendimento. Para tanto, afirma que, na reclamação, há exercício de pretensão à tutela jurídica do Estado, que se faz por meio de ação, estando presentes todos os elementos que configuram uma demanda judicial: **a)** partes; **b)** causa de pedir e **c)** pedido.

Há, na reclamação, procedimento predefinido em lei, com observância do contraditório, não podendo o tribunal proceder de ofício. É possível, na reclamação, a concessão de tutela provisória, cabendo recurso da decisão que a defere ou indefere. O acórdão que julga a reclamação produz coisa julgada. Tudo isso faz ver que a reclamação não constitui mero exercício do direito de petição, sendo, portanto, uma ação.

Em razão de entender que a reclamação era mero instrumento do direito de petição, o STF e o STJ **(Rcl 2.017/RS)** entendiam que não havia condenação em honorários advocatícios. Com a entrada do NCPC, o STF recentemente alterou seu posicionamento, afirmando que o CPC/2015 promoveu modificação essencial no procedimento da reclamação, ao instituir o contraditório prévio à decisão final **(art. 989, III).**

Neste novo cenário, a observância do princípio da causalidade viabiliza a condenação da sucumbente na reclamação ao pagamento dos respectivos honorários, devendo o respectivo cumprimento da condenação ser realizado nos autos do processo de origem, quando se tratar de impugnação de decisão judicial **(Rcl nº 24.417/SP-AgR).**

Em outras palavras, embora o STF possua entendimento mais antigo no sentido **(ADI 2.212/CE)** no sentido de que a reclamação é uma manifestação do direito de petição, tendo em visto a nova disciplina da reclamação, regulamentada pelo NCPC, a qual torna obrigatória a abertura de contraditório prévio, a mais recente jurisprudência do STF passou a considerar a reclamação uma manifestação do direito de ação, o que enseja a condenação da parte sucumbente ao pagamento dos respectivos honorários, com base no princípio da causalidade.

Com isso, o STF passou a seguir a orientação perfilhada por grande parte da doutrina, a exemplo de Leonardo Carneiro da Cunha.

07 É possível a interposição de reclamação para garantir a autoridade da decisão do tribunal quando a decisão reclamada é oriunda do mesmo tribunal?

Amigos, imaginem a seguinte situação: determinada turma do STF profere decisão contrária ao posicionamento de um ADI anteriormente julgada pelo próprio STF. Nesse caso, cabe reclamação?

Não. O STF entende que não cabe reclamação contra atos decisórios dos ministros ou das Turmas que integram o Tribunal, dado que tais decisões são juridicamente imputadas à autoria do próprio Tribunal em sua inteireza **(Rcl 3.916 AgR)**.

No mesmo sentido, o STJ entende que não cabe reclamação contra ato do próprio STJ, **quando houver recurso específico para o próprio tribunal** que julgaria a reclamação **(STJ - AgRg na Rcl 2.950/SP).**

Em resumo, a jurisprudência somente entende que é possível a reclamação constitucional quando houver desobediência a alguma decisão do tribunal **por parte de algum outro órgão jurisdicional.**

08 Clone legal. Que negócio é esse?

Clone legal nada mais é que o fenômeno da reprodução de normas constitucionais na legislação infraconstitucional. É o caso, por exemplo, do artigo 3º, do NCPC, que é a reprodução do artigo 5, LXXXV:

> **Art. 3º** Não se excluirá da apreciação jurisdicional ameaça ou lesão a direito.
>
> **Art. 5º** (...)
>
> **XXXV** - a lei não excluirá da apreciação do Poder Judiciário lesão ou ameaça a direito;

➔ Qual a consequência disso?

A principal consequência da ocorrência de um clone legal é que a discussão sobre esse artigo passa a ser constitucional, de forma que não cabe recurso especial e sim recurso extraordinário para discutir o tema **(Edcl no AgRg no Resp 188.811/RS e Resp 79.015/PE).**

09 No âmbito das ações rescisórias, o *iudicium rescissorium* é obrigatório?

Na ação rescisória, é possível a existência de dois pedidos:

a) **juízo rescindendo ("iudicium rescindens")**, que se trata do pedido de rescisão do julgado impugnado;

b) **juízo rescisório ("iudicium rescissorium")** que se trata do pedido de novo julgamento.

O juízo rescindendo deve estar em todas as ações rescisórias. Contudo, **o mesmo não se pode dizer do juízo rescisório.** Isso porque, a depender do vício que se alega na rescisória, não haveria sentido no pedido de novo julgamento.

No caso de ação rescisória baseada na **incompetência absolut**a do tribunal (Art. 966, II), não haverá sentido em se requerer um novo julgamento nesse caso, uma vez que, caso isso ocorresse, a nova decisão também possuiria o mesmo vício.

Da mesma forma, quando o vício alegado na rescisória for o **desrespeito a coisa julgada (Art. 966, IV)**, também não haverá juízo rescisório, uma vez que afastada a decisão que contrariou a coisa julgada, nenhuma outra decisão terá que ser proferida, mantendo-se, assim, a decisão originalmente afrontada pela decisão que foi desconstituída.

Não sendo caso dessas duas hipóteses, o autor da rescisória deverá cumular os pedidos de juízo rescindendo e juízo rescisório, por meio de uma cumulação sucessiva de pedidos, uma vez que o segundo pedido (juízo rescisório) somente será analisado se o primeiro for acolhido (juízo rescindendo).

A doutrina entende que é necessário que ambos os pedidos sem feitos de forma expressa, não se admitindo pedido implícito de novo julgamento. Contudo, é possível, nos casos em que o autor não realizou os dois pedidos, que o juízo determine a emenda da inicial antes de indeferir liminarmente a petição inicial.

10 Quando se inicia o prazo decadencial nas ações rescisórias no caso de recursos parciais?

A polêmica envolve os chamados capítulos da sentença. No caso em que a parte realiza mais de um pedido, cada um deles vai ser decidido de forma autônoma na decisão judicial. Isso implica dizer que a parte sucumbente pode recorrer de todos os pedidos ou de apenas um deles (Ex.: foi condenado em danos materiais e morais. Contudo, resolveu recorrer apenas dos danos morais).

A essa circunstância, onde a parte recorre apenas de parte da decisão, é chamada de recurso parcial.

Existe uma controvérsia nos tribunais superiores acerca do termo inicial da rescisória na situação de recursos parciais, é dizer, nos casos em que o recorrente impugna apenas parte da decisão.

O STJ não aceita a tese da **coisa julgada material parcial**, de forma que o termo inicial da rescisória somente terá início após o trânsito em julgada da última decisão do processo:

> **STJ – Súmula 401:** O prazo decadencial da ação rescisória só se inicia quando não for cabível qualquer recurso do último pronunciamento judicial.

O STF, contudo, possui decisão em que aceita a tese da coisa julgada material parcial, entendendo que a parcela da decisão que não foi impugnada transita em julgado, produzindo, desde logo, os efeitos da coisa julgada material. Assim, a ação rescisória teria termos iniciais distintos, a depender do momento em que o capítulo da decisão não impugnado transitar em julgado **(RE 666.589/DF)**.

11 É possível a utilização da técnica de fundamentação "per relationem" no âmbito do agravo interno?

➔ Fundamentação "per relationem". Que negócio é esse?

A fundamentação "per relationem" ocorre quando o julgador não utiliza em sua decisão uma fundamentação nova, servindo-se do reenvio à motivação contida em outra decisão (Ex.: mantenho a decisão nos termos do parecer do Ministério Público de fls "x").

A doutrina apontas as seguintes hipóteses em que pode haver fundamentação "per relationem": a) decisão judicial que confirma a decisão recorrida "por seus próprios fundamentos"; b) decisão que se remete a pronunciamento do Ministério Público; c) a decisão que se remete às razões da parte; d) a decisão que se remete a súmula ou jurisprudência; e) decisão em juízo de retratação.

➔ É possível a utilização dessa técnica de fundamentação no agravo interno?

Na codificação anterior, o que ocorria na prática é que nosso judiciário praticamente somente se utilizava dessa técnica no âmbito do julgamento do agravo interno. Havia uma farra do famoso "copia e cola" (Ex.: mantenho a decisão agravada pelos seus próprios fundamentos).

Para tentar acabar com essa prática, o NCPC, expressamente, proibiu a utilização dessa técnica:

> **Art. 1.021. (...)**
>
> **§ 3º** É vedado ao relator limitar-se à reprodução dos fundamentos da decisão agravada para julgar improcedente o agravo interno.

Ao enfrentar o tema, o STJ **(Resp 1.622.386/MT)** decidiu que é vedado ao relator limitar-se a reproduzir a decisão agravada para julgar improcedente o agravo interno. O NCPC proibiu expressamente esta forma de decidir no agravo interno (Art. 1.201, § 3º).

Assim, atualmente não é mais cabível a utilização da técnica de fundamentação "per relationem" no âmbito do agravo interno.

Por fim, há forte doutrina que entende que essa técnica foi banida de todo o ordenamento, não podendo mais ser utilizada em nenhuma decisão, em virtude dos seguintes artigos do CPC:

> **Art. 489.** (...)
>
> **§ 1º** Não se considera fundamentada qualquer decisão judicial, seja ela interlocutória, sentença ou acórdão, que:
>
> **I** - se limitar à indicação, à reprodução ou à paráfrase de ato normativo, sem explicar sua relação com a causa ou a questão decidida;
>
> **IV** - não enfrentar todos os argumentos deduzidos no processo capazes de, em tese, infirmar a conclusão adotada pelo julgador;

12 O NCPC extinguiu a figura do revisor no processo civil?

Na sistemática passada, nos casos dos recursos de apelação, embargos infringentes e ação rescisória, o CPC previa a figura do revisor. Assim, logo após a elaboração do voto pelo relator, o processo era encaminhado ao revisor.

O NCPC não previu a figura do revisor, de forma que, em regra, ele mais existe no processo civil. Contudo, nos casos de ação rescisória de competência originária do STJ, a Lei 8.038/90 (Art. 40, I) previu a figura do revisor. Assim, ainda existe a figura do revisor nas ações rescisórias de competência originária do STJ.

Conforme entendeu o STJ, embora o CPC 2015 tenha suprimido a revisão como regra geral no processo civil e tenha também revogado explicitamente diversos preceitos da Lei 8.038/90, não o fez quanto ao artigo 40, que permanece assim em vigor, e, por isso, as ações rescisórias originárias do STJ continuam a se submeter a tal fase procedimental **(AR 5.241/DF).**

13 Cabem embargos de declaração contra decisão de presidente do tribunal que não admite recurso extraordinário?

No âmbito da propositura do recurso extraordinário, o recurso é interposto no tribunal de 2º Grau (Ex.: TJ/CE). Nesse caso, o presidente ou o vice-presidente do tribunal, a depender do regimento interno do lugar, vai fazer um juízo prévio de admissibilidade do recurso.

Se o juízo de admissibilidade for positivo, significa que o Presidente do Tribunal entendeu que os pressupostos do RE estavam preenchidos e, então, remeterá o recurso para o STF. Do contrário, se o juízo de admissibilidade for negativo, significa que o Presidente do Tribunal entendeu que algum pressuposto do RE não estava presente e, então, ele não admite o recurso.

→ Se ele não admite o recurso extraordinário, a parte pode recorrer?

Sim, nesse caso a parte deverá adotar um dos seguintes recursos:

a) Se a inadmissão do Presidente do Tribunal de origem foi com base no inciso I do art. 1.030 do CPC: **cabe agravo interno**, que será julgado pelo próprio Tribunal de origem.

> **Art. 1.030.** Recebida a petição do recurso pela secretaria do tribunal, o recorrido será intimado para apresentar contrarrazões no prazo de 15 (quinze) dias, findo o qual os autos serão conclusos ao presidente ou ao vice-presidente do tribunal recorrido, que deverá:
>
> **I** – negar seguimento:
>
> **a)** a recurso extraordinário que discuta questão constitucional à qual o Supremo Tribunal Federal não tenha reconhecido a existência de repercussão geral ou a recurso extraordinário interposto contra acórdão que esteja em conformidade com entendimento do Supremo Tribunal Federal exarado no regime de repercussão geral;
>
> **b)** a recurso extraordinário ou a recurso especial interposto contra acórdão que esteja em conformidade com entendimento do Supremo Tribunal Federal ou do Superior Tribunal de Justiça, respectivamente, exarado no regime de julgamento de recursos repetitivos;

b) Se a inadmissão foi com fundamento no inciso V do art. 1.030: ca**be "agravo em recurso especial e extraordinário"**, recurso previsto no art. 1.042 do CPC/2015.

> **Art. 1.030.** (...)
>
> V – realizar o juízo de admissibilidade e, se positivo, remeter o feito ao supremo tribunal federal ou ao superior tribunal de justiça, desde que:
>
> **a)** o recurso ainda não tenha sido submetido ao regime de repercussão geral ou de julgamento de recursos repetitivos;
>
> **b)** o recurso tenha sido selecionado como representativo da controvérsia; ou
>
> **c)** o tribunal recorrido tenha refutado o juízo de retratação.

⊕ A parte poderá opor embargos de declaração contra a decisão do Presidente do Tribunal que não admite recurso extraordinário?

NÃO. O STF entende que são incabíveis embargos de declaração contra decisão do Presidente do Tribunal de origem que não admite recurso extraordinário.

⊕ Qual é a consequência disso?

A consequência, aqui, é que caso a parte oponha os embargos, estes não irão suspender ou interromper o prazo para a interposição do agravo. **Assim, a parte perderá o prazo para o agravo.**

Nas palavras do STF: os embargos de declaração opostos contra a decisão de presidente do tribunal que não admite recurso extraordinário não suspendem ou interrompem o prazo para interposição de agravo, por serem incabíveis **(ARE 688776 ED/RS e ARE 685997 ED/RS).**

⊕ E o STJ, como entende?

O STJ segue a mesma linha, mas como uma exceção:

a) **Em regra:** não cabem embargos de declaração contra a decisão de presidente do tribunal que não admite recurso especial.

b) **Exceção:** é possível a interposição dos embargos se a decisão do presidente do tribunal de origem **for tão genérica**, que não permita sequer a interposição do agravo **(AREsp 1143127/RJ).**

14 É possível a fixação de honorários advocatícios, em sede recursal, quando não houve contrarrazões da parte vencedora?

O novo CPC inovou em nosso ordenamento, passando a prevê a possibilidade de fixação de honorários em sede de julgamento de recurso:

> **Art. 85.** (...)
>
> **§ 11.** O tribunal, ao julgar recurso, majorará os honorários fixados anteriormente levando em conta o trabalho adicional realizado em grau recursal, observando, conforme o caso, o disposto nos §§ 2º a 6º, sendo vedado ao tribunal, no cômputo geral da fixação de honorários devidos ao advogado do vencedor, ultrapassar os respectivos limites estabelecidos nos §§ 2º e 3º para a fase de conhecimento.

Essa nova previsão, conforme entendimento do STJ (**AgInt no AREsp 370.579/RJ**) tem dois objetivos principais:

a) Remunerar o trabalho do advogado que terá que atuar também na fase de recurso;

b) Desestimular a interposição de recursos, considerando que, agora, se eles forem improvidos, o recorrente terá que pagar honorários advocatícios, o que não existia antes.

Assim, por exemplo, vencida na demanda, a parte terá contra ele honorários fixados. Caso recorra e venha novamente a ser vencida, haverá a fixação de novos honorários.

Essa nova fixação de honorários, decorrente da sucumbência, pode decorrer tanto de um julgamento monocrático quanto por decisão colegiada.

O valor total dos honorários, aí incluída a parcela acrescida com o julgamento do recurso, não deve superar o equivalente a 20% do valor da condenação, do proveito econômico obtido ou, não sendo possível mensurá-lo, do valor atualizado da causa.

Por exemplo, no caso em que o juiz de primeiro grau já fixe os honorários em 20%, não será mais possível a majoração em sede de recurso, uma vez que os honorários já foram fixados em grau máximo.

No caso de demanda que envolva o Poder Público, devem ser observados os limites das faixas previstas no § 3° do art. 85 do CPC na fase de conhecimento e, igualmente, na fase de cumprimento da sentença.

O STF entendeu que é cabível a fixação de honorários recursais, prevista no art. 85, § 11, do CPC/2015, mesmo quando não apresentadas contrarrazões ou contraminuta pelo advogado (AO 2063 AgR/CE).

Segundo o STF, a ausência de resposta ao recurso pela parte contrária não tem o condão de afastar a aplicação do disposto no art. 85, § 11, do CPC, eis que a medida tem o claro intuito de desestimular a interposição de recursos procrastinatórios que serão desprovidos, independentemente da apresentação de contrarrazões.

15 As hipóteses de cabimento de agravo de instrumento são taxativas?

⊕ Qual é o contexto?

Com o novo CPC, as hipóteses de cabimento de agravo de instrumento passaram a ser taxativas, pois somente se admite o seu uso nos casos expressamente previsto na lei. Contudo, é preciso ficar claro para vocês que o art. 1.015 do NCPC não é taxativo, pois ele não esgota todas as hipóteses de cabimento do recurso, havendo a previsão de cabimento em outras partes do CPC e até mesmo em outras leis. Veja o que diz o artigo:

> **Art. 1.015.** Cabe agravo de instrumento contra as decisões interlocutórias que versarem sobre:
>
> **XIII** - outros casos expressamente referidos em lei.

Ao interpretar o recurso de agravo de instrumento no NCPC, muitos doutrinadores passaram a afirmar que, de fato, rol de cabimento do agravo de instrumento é realmente taxativo (*numerus clausus*). Contudo, é possível que as hipóteses trazidas nos incisos desse artigo sejam lidas de forma ampla, **com base em uma interpretação extensiva**.

Durante todo o ano de 2018 o STJ flertou com a tese da interpretação extensiva. Inicialmente, o Tribunal entendeu cabível agravo de instrumento contra decisão que não concede efeito suspensivo aos embargos à execução com base em uma interpretação extensiva do inciso X do art. 1.015 do CPC/2015 **(REsp 1.694.667-PR)** Posteriormente, o STJ decidiu **(REsp nº 1679909/RS)** que, em que pese não esteja prevista expressamente no rol do art. 1.015, a decisão interlocutória, relacionada à definição de competência continua desafiando recurso de agravo de instrumento, por uma interpretação analógica ou extensiva da norma do inciso III do art. 1.015.

Contudo, a tese da interpretação extensiva **não foi vencedora no âmbito do STJ.**

No final de 2018, o caso foi submetido a Corte Especial do STJ, tendo o Tribunal entendido que, a enunciação, em rol pretensamente exaustivo, das hipóteses em que o agravo de instrumento seria cabível revela-se, na esteira da majoritária doutrina e jurisprudência, insuficiente e em desconformidade com as normas fundamentais do processo civil, na medida em que sobrevivem questões urgentes fora da lista do art. 1.015 do CPC e que tornam inviável a interpretação de que o referido rol seria absolutamente taxativo e que deveria ser lido de modo restritivo.

Da mesma forma, a tese de que o rol do art. 1.015 do CPC seria taxativo, mas admitiria interpretações extensivas ou analógicas, **mostra-se igualmente ineficaz para a conferir ao referido dispositivo uma interpretação em sintonia com as normas fundamentais do processo civil**, seja porque ainda remanescerão hipóteses em que não será possível extrair o cabimento do agravo das situações enunciadas no rol, seja porque o uso da interpretação extensiva ou da analogia pode desnaturar a essência de institutos jurídicos ontologicamente distintos.

A tese de que o rol do art. 1.015 do CPC seria meramente exemplificativo, por sua vez, resultaria na repristinação do regime recursal das interlocutórias que vigorava no CPC/73 e que fora conscientemente modificado pelo legislador do novo CPC, de modo que estaria o Poder Judiciário, nessa hipótese, substituindo a atividade e a vontade expressamente externada pelo Poder Legislativo.

Diante desse contexto, o STJ firmou a tese de que: "O rol do art. 1.015 do CPC **é de taxatividade mitigada,** por isso admite a interposição de agravo de instrumento **quando verificada a urgência**

decorrente da inutilidade do julgamento da questão no recurso de apelação." (REsp 1.696.396 e REsp 1.704.520).

Chamo a atenção, para fins de concurso, para a expressão "taxatividade mitigada", uma vez que, tendo ela sido expressamente citada na tese firmada pelo STJ, tem grandes chances de ser cobrada.

16 Quem é o réu na ação de reclamação?

Ao contrário do que muitos pensam, na reclamação, a legitimidade passiva não é do juízo que proferiu a decisão reclamada.

Na reclamação, o **réu é o beneficiário do ato reclamado**, e não a autoridade que descumpre a decisão do tribunal. O beneficiário do ato reclamado, réu na reclamação, deverá ser citado para, querendo, apresentar sua defesa em favor da manutenção do ato reclamado.

Com relação a autoridade que proferiu a decisão, ela será ouvida no processo da reclamação, mas não como ré, **e sim como uma fonte de prova:**

> **Art. 989.** Ao despachar a reclamação, o relator:
>
> **I** - requisitará informações da autoridade a quem for imputada a prática do ato impugnado, que as prestará no prazo de 10 (dez) dias.

17 Diferencie os seguintes termos: *retrospective overruling, prospective overruling e anticipatory overruling.*

O "overruling" é a superação da tese jurídica de um precedente. O precedente só pode ser superado pelo seu "criador", ou seja, nem juiz, nem TJ, nem TRF superam tese jurídica firmada em precedente do STJ, somente o próprio STJ.

A doutrina defende que inúmeros fatos podem provocar a superação de uma tese jurídica. Assim, a superveniência de uma nova realidade econômica, cultural, social ou política é fato que poderá a vir modificar ou até revogar um precedente:

> **Enunciado nº 322 do FPPC:** A modificação de precedente vinculante poderá fundar-se, entre outros motivos, na revogação

> ou modificação da lei em que ele se baseou, ou em alteração econômica, política, cultural ou social referente à matéria decidida.

A doutrina divide o "overruling" em três espécies:

a) ***retrospective overruling***: ocorre quando o precedente é revogado de forma "ex tunc", é dizer retroativa. Aqui, a decisão que foi superada não poderá ser invocada como paradigma para casos pretéritos, que ainda aguardam julgamento. A doutrina majoritária defende que essa espécie de "overruling" somente pode ocorrer quando o precedente superado for recente e não consolidado, pois ainda não haveria para gerar uma confiança no enunciado. Assim, por exemplo, uma súmula não poderia operar esse tipo de efeito.

b) **prospective overruling:** ocorre quando o precedente é revogado de forma "ex nunc", é dizer, não retroativa. Assim, a revogação somente valeria para casos futuros, preservando as situações jurídicas já consolidadas durante sua vigência. Esse tipo de revogação ocorre quando o precedente já está bastante consolidado. Aqui, é preciso conciliar a possibilidade de superação do precedente com a boa-fé objetiva e a confiança depositada nele durante sua existência.

c) **anticipatory overruling:** consiste na revogação preventiva do precedente, pelas cortes inferiores, ao fundamento de que o precedente fixado não mais se aplica. Aqui, as cortes inferiores, em vez de esperar o pronunciamento do tribunal que criou o precedente, antecipam-se e já realizam a superação do precedente.

(Ex.: o STJ possuía entendimento pacífico que a violação de medida protetiva de urgência no âmbito da Lei Maria da Penha não configurava crime. Ocorre que o Congresso, em um claro exemplo de reação legislativa, editou a Lei 13.641/18, que estabeleceu como crime, punido com pena de detenção de 3 meses a 2 anos, o descumprimento de medida protetiva de urgência. Assim, atualmente o descumprimento de MPU de urgência passou a ser crime. Dessa forma, os tribunais inferiores não precisam esperar um pronunciamento do STJ revogando o precedente, já podendo, desde logo, fazerem o "overruling", uma vez que houve uma mudança na lei, apta a superar o precedente).

18 Qual foi o modelo adotado pelo NCPC para julgamento de casos repetitivos?

⊖ Qual é o contexto?

Existem basicamente dois modelos de julgamento de casos repetitivos no mundo:

a) sistema de "causa-piloto"; e

b) sistema de "causa-modelo".

No sistema da "causa-piloto", o órgão jurisdicional seleciona um caso para julgar, fixando a tese a ser seguida nos demais. Esse, por exemplo, é o sistema adotado na Áustria (Testprozess).

Por sua vez, no sistema da "causa-modelo", instaura-se um incidente apenas para fixar, em abstrato, a tese a ser seguida, não havendo a escolha de um caso concreto a ser julgado. Esse é o sistema adotado na Alemanha (Musterverfahren).

⊖ Qual foi o modelo adotado no Brasil?

Em relação os recursos especial e extraordinário repetitivos, não há controvérsia, sendo unânime o entendimento de que eles são processados e julgados como causa-piloto. Escolhem-se uns recursos para exame e julgamento (art. 1.036, CPC).

Por sua vez, em relação ao sistema adotado quando do julgamento do Incidente de Resolução de demandas Repetitivas – IRDR, existe controvérsia doutrinária.

A corrente majoritária, adotada por Didier, Leonardo Carneiro da Cunha e Daniel Amorim, entende que o IRDR não pode ser instaurado sem que haja causa pendente no tribunal, razão pela qual também se aplica o sistema da "causa-piloto".

O fundamento utilizado por eles é o parágrafo único do art. 978, que estabelece que "O órgão colegiado incumbido de julgar o incidente e de fixar a tese jurídica julgará igualmente o recurso, a remessa necessária ou o processo de competência originária de onde se originou o incidente". Da leitura desse dispositivo, já se percebe que o tribunal, no IRDR, julga a causa e fixa o entendimento a ser aplicável aos demais casos repetitivos. É dizer, é preciso que haja uma causa concreta tramitando no âmbito do Tribunal. Nesse sentido também o enunciado do FPPC:

> **Enunciado 344 do Fórum Permanente de Processualistas Civis:** A instauração do incidente pressupõe a existência de processo pendente no respectivo tribunal.

Se não houvesse caso em trâmite no tribunal, não se teria um incidente, mas um processo originário, com transferência ao tribunal de parte da cognição que deveria ser realizada pelos juízos de primeira instância. Contudo, não se permite que o legislador ordinário estabeleça competências originárias para os tribunais, sendo esta uma atribuição da Constituição Federal (TRF – Art. 108) e das Constituições Estaduais (Art. 125, § 10º).

A doutrina minoritária, contudo, tem entendido que o IRDR se configura como uma causa-modelo, com base nos seguintes argumentos: a) no IRDR há apenas a resolução de questões de direito; b) a desistência do processo que seria a "causa piloto" não impede o prosseguimento do incidente. Nesse caso, o incidente continua a tramitar sem um caso concreto a ele subjacente.

Nesse sentido, há um enunciado da Escola Nacional de Formação e Aperfeiçoamento de Magistrados (Enfam):

> **Enunciado nº 22 da ENFAM:** A instauração do IRDR não pressupõe a existência de processo pendente no respectivo tribunal.

19 Qual é o momento adequado par a comprovação do feriado local?

No âmbito do CPC de 73, o STJ e o STF entendiam que era possível comprovação posterior da tempestividade de recurso no STJ ou no STF quando o recurso houver sido julgado intempestivo em virtude de feriados locais ou de suspensão de expediente forense no tribunal a quo **(AgRg no AREsp 137.141-SE).**

⊖ Essa regra ainda se mantém?

Não. O NCPC trouxe previsão expressa em sentido contrário. Nos termos do NCPC, o recorrente comprovará a ocorrência de feriado local no ato de interposição do recurso. Em outras palavras, já no momento de propositura do recurso, deverá o recorrente comprovar a ocorrência de feriado local.

> **Art. 1.003 (...)**
>
> **§ 6º** O recorrente comprovará a ocorrência de feriado local no ato de interposição do recurso

Assim, tanto o STF **(ARE 1109500 AgR)** quanto o STJ (**AgInt no AREsp 957.821/MS)**, alteraram sua jurisprudência, passando a entender que a comprovação da ocorrência de feriado local deverá ser feita na data de propositura do recurso. Assim, **não mais se admite a sua comprovação posterior.**

20 É cabível recurso especial fundado em alegada violação de enunciado de súmula?

⊖ Quais são as hipóteses de cabimento de recurso especial?

As hipóteses de cabimento do recurso especial encontram-se previstas na própria Constituição:

> **Art. 105.** Compete ao Superior Tribunal de Justiça:
>
> **III** - julgar, em recurso especial, as causas decididas, em única ou última instância, pelos Tribunais Regionais Federais ou pelos tribunais dos Estados, do Distrito Federal e Territórios, quando a decisão recorrida:
>
> **a)** contrariar tratado ou lei federal, ou negar-lhes vigência;
>
> **b)** julgar válido ato de governo local contestado em face de lei federal;
>
> **c)** der a lei federal interpretação divergente da que lhe haja atribuído outro tribunal.

Vejam, meus amigos, que dentre as hipóteses de cabimento do recurso especial, duas delas envolvem diretamente "lei federal": a) quando a decisão recorrida contrariar tratado ou lei federal, ou negar-lhes vigência; b) der a lei federal interpretação divergente da que lhe haja atribuído outro tribunal.

Isso significa que, no momento da propositura do recurso especial, o recorrente deverá indicar, de forma individualizada, o dispositivo da "lei federal" que foi violado ou dado interpretação divergente, sob pena de o REsp não ser conhecido.

A ausência de indicação de dispositivo de lei federal que teria sido violado pelo acórdão recorrido ou interpretado de forma divergente pelos tribunais, torna o recurso especial interposto com base nas alíneas 'a' e 'c' do permissivo constitucional deficiente em sua fundamentação.

➔ O que pode ser considerado lei federal?

Segundo a doutrina, a expressão lei federal abrange os seguintes atos normativos:

a) Lei ordinária federal/nacional;

b) Lei complementar federal/nacional;

c) Decreto-lei federal/nacional;

d) Medida provisória federal/nacional;

e) Lei delegada federal/nacional;

f) Decreto autônomo federal/nacional.

➔ Súmula pode ser considerada lei federal?

Não. Súmula não é lei. Ela é apenas um enunciado que expressa o entendimento consolidado do Tribunal sobre determinado tema. **Não pode ser considerada como um "ato normativo".**

➔ Qual é a relevância disso?

Na prática, é comum que sejam proferidas decisões contrárias a enunciados de Súmula do STJ. Nesse caso, muitas vezes, as partes ingressam com recurso especial alegando que houve a violação de uma determinada súmula. O STJ, contudo, não aceita recurso com fundamento em violação de súmula:

> **STJ - Súmula 518**: Para fins do art. 105, III, a, da Constituição Federal, não é cabível recurso especial fundado em alegada violação de enunciado de súmula.

➔ O que o recorrente deve fazer em casos assim?

Toda súmula é editada com fundamento em algum dispositivo legal. Assim, no recurso especial, **o recorrente deverá alegar violação ao dispositivo que deu origem a súmula.** Por exemplo, a Súmula 403 do STJ estabelece o seguinte:

Súmula 403 - Independe de prova do prejuízo a indenização pela publicação não autorizada de imagem de pessoa com fins econômicos ou comerciais.

Essa súmula teve como fundamento os artigos 186 e 927 do Código Civil.

Assim, se alguma decisão descumprir o enunciado da súmula 403, o recorrente deverá alegar, em seu recurso especial, **violação aos artigos 186 e 927 do Código Civil.** Caso fundamente seu recurso apenas na violação da súmula 403, seu recurso não será conhecido.

21 É possível a interposição de recurso por e-mail?

➔ Qual é o contexto?

A legislação brasileira, por meio da Lei 9.800/99, permite a interposição de recurso por meio de fax:

> **Art. 1º** É permitida às partes a utilização de sistema de transmissão de dados e imagens tipo fac-símile ou outro similar, para a prática de atos processuais que dependam de petição escrita.

Uma vez enviado o fax, o recorrente deverá, no prazo de 05 dias, juntar os originais do recurso, conforme prevê o art. 2º, da Lei nº 9.800/99.

➔ Admite-se a interposição mediante e-mail?

Tendo em vista que o artigo 1º da Lei 9.800 utiliza a expressão *fac-símile* ou "outro similar", houve quem defendesse a possibilidade do uso de e-mail.

⊕ O que decidiu os tribunais superiores?

Tanto o STF quanto o STJ **não aceitam a interposição de recurso mediante e-mail.** Segundo o STF não se pode admitir a interposição do recurso por e-mail porque, ao contrário do fax, com o e-mail não se tem certeza se a mensagem foi recebida no endereço correto (**HC 121225/MG).**

Por sua vez, segundo entendimento jurisprudencial do STJ, para o envio de petição ao Tribunal, o e-mail não configura meio eletrônico equiparado ao fax, para fins da aplicação do disposto no art. 1º da Lei nº 9.800/99, porquanto não guarda a mesma segurança de transmissão e registro de dados **(AgRg no AREsp 919.403/DF e EDcl no AREsp 923.734/SC).**

22 Cabe recurso extraordinário de decisão em processo administrativo?

⊕ Quais são as hipóteses de cabimento de recurso extraordinário?

Nos termos da Constituição, compete ao supremo julgar recurso extraordinário nas seguintes hipóteses:

> **Art. 102.** Compete ao Supremo Tribunal Federal, precipuamente, a guarda da Constituição, cabendo-lhe:
>
> (...)
>
> **III** - julgar, mediante recurso extraordinário, as causas decididas em única ou última instância, quando a decisão recorrida:
>
> **a)** contrariar dispositivo desta Constituição;
>
> **b)** declarar a inconstitucionalidade de tratado ou lei federal;
>
> **c)** julgar válida lei ou ato de governo local contestado em face desta Constituição.
>
> **d)** julgar válida lei local contestada em face de lei federal.

Vejam, meus amigos, que a Constituição determinou que compete ao STF julgar as "causas" decididas em única ou última instância.

Ao analisar a situação, o STF entendeu que o vocábulo "causas" **somente abrange processos judiciais (ARE 958311/SP).**

Assim, é incabível a interposição de recursos extraordinários contra acórdãos proferidos pelos Tribunais em processos administrativos, **inclusive aqueles de natureza disciplinar, instaurados contra magistrados.**

23 Embargos de declaração manifestados com notório propósito de prequestionamento têm caráter protelatório?

⊖ Qual o contexto?

Em nosso sistema, o recurso mais propenso a ser utilizado de forma protelatória são os embargos de declaração. Em razão disso, o CPC estabeleceu uma multa específica para os casos em que ele é utilizado dessa forma:

> **Art. 1.026. (...)**
>
> **§ 2º** Quando manifestamente protelatórios os embargos de declaração, o juiz ou o tribunal, em decisão fundamentada, condenará o embargante a pagar ao embargado multa não excedente a dois por cento sobre o valor atualizado da causa.

Dessa forma, opostos embargos protelatórios, o embargante poderá ser condenado a multa não excedente a 2% (dois por cento) sobre o valor atualizado da causa. Quando o valor da causa for irrisório ou inestimável, é possível aplicar, por analogia, o disposto no § 2º do art. 81 do CPC e a multa ser fixada em até 2 (duas) vezes o valor do salário-mínimo.

Mesmo nos casos em que a multa foi aplicada, ainda é possível que haja a interposição de novos embargos de declaração, dessa vez contra a decisão que julgou os embargos de declaração protelatórios e aplicou a multa. Nesse caso, se esse novo embargo de declaração também for considerado manifestamente protelatório, haverá a imposição de nova multa, agora em valor ainda maior:

> **§ 3º** Na reiteração de embargos de declaração manifestamente protelatórios, a multa será elevada a até dez por cento sobre o valor atualizado da causa, e a interposição de qualquer recurso ficará condicionada ao depósito prévio do valor da multa, à exceção da Fazenda Pública e do beneficiário de gratuidade da justiça, que a recolherão ao final.

Nesse sentido, caso o segundo embargo também seja considerado protelatório, a multa que era de até 2% passa para até 10%. Não fosse o bastante, nesse caso, a interposição de qualquer outro recurso fica condicionada ao depósito prévio do respectivo valor. Havendo a aplicação da multa de 10%, o seu pagamento passa a ser requisito de admissibilidade de qualquer outro recurso a ser interposto pela parte, mesmo que ele originalmente não exija preparo.

⊕ **Embargos de declaração manifestados com notório propósito de prequestionamento tem caráter protelatório?**

O STJ entende que, em regra, não:

> **STJ – Súmula 98**: Embargos de declaração manifestados com notório propósito de prequestionamento não tem caráter protelatório.

Essa súmula, contudo, **contém uma exceção.** Isso porque o STJ entende que se caracterizam como protelatórios os embargos de declaração que visam rediscutir matéria já apreciada e decidida pela Corte de origem em conformidade com súmula do STJ ou STF ou, ainda, precedente julgado pelo rito dos recursos extraordinário e especial repetitivos **(REsp 1.410.839/SC).**

III. EXECUÇÕES

01 É possível a penhora do salário do devedor?

O NCPC trouxe uma novidade, permitindo a penhora do salário do devedor, por qualquer tipo de dívida (Art. 833, § 2º).

Para tanto, "basta" que o devedor receba salário em importância **superior a 50 salários-mínimos.**

Dessa forma, considerando o valor médio dos rendimentos da população brasileira, trata-se de um dispositivo com quase nenhuma aplicabilidade prática. Apesar disso, o dispositivo foi elogiado, por quebrar o dogma da impenhorabilidade salarial em nosso ordenamento.

02 É cabível o oferecimento de reconvenção em sede de embargos à execução?

Não. Segundo o STJ (**Resp 1.528.049/RS**) o processo de execução tem como finalidade a satisfação do crédito constituído, razão pela qual **revela-se inviável a reconvenção**, na medida em que, se admitida, ocasionaria o surgimento de uma relação instrumental cognitiva simultânea, o que inviabilizaria o prosseguimento da ação executiva.

Dessa forma, a reconvenção **somente tem finalidade de ser utilizada em processos de conhecimento**, haja vista que ela demanda dilação probatória, exigindo sentença de mérito, o que vai de encontro com a fase de execução, na qual o título executivo já se encontra definido.

03 O titular de título executivo extrajudicial pode ingressar com ação monitória?

Nos termos do artigo 700 do NCPC, a ação monitória pode ser proposta por aquele que afirmar, com base em prova escrita sem eficácia de título executivo, ter direito de exigir do devedor capaz uma prestação.

Veja que, da análise literal do dispositivo, para utilização da ação monitória, é preciso que a prova escrita em que se fundamenta a monitória não tenha eficácia de título executivo.

Contudo, a doutrina afirma que esse dispositivo deve ser analisado em conjunto com o artigo 785 do CPC:

> **Art. 785.** A existência de título executivo extrajudicial não impede a parte de optar pelo processo de conhecimento, a fim de obter título executivo judicial.

Assim, mesmo dispondo de um título executivo extrajudicial, o credor pode optar pelo procedimento comum. De igual modo, pode optar pelo procedimento monitório.

Assim, o disposto no artigo 700, quando afirma "com base em prova escrita sem eficácia de título executivo" deve ser lido da seguinte maneira "com base em prova escrita sem eficácia de título executivo judicial", **é dizer, cabe a ação monitória mesmo que o autor disponha de título executivo extrajudicial.**

04 Para fins de reconhecimento da impenhorabilidade, de quem é o ônus de comprovar que bem é uma pequena propriedade rural trabalhada pela família?

Nos termos do art. 5º, XXVI, a pequena propriedade rural, assim definida em lei, desde que trabalhada pela família, não será objeto de penhora para pagamento de débitos decorrentes de sua atividade produtiva, dispondo a lei sobre os meios de financiar o seu desenvolvimento.

Percebam que, para a incidência dessa causa de impenhorabilidade, o legislador constitucional exigiu a presença de dois requisitos cumulativos: a) que a propriedade seja considerada pequena propriedade rural, nos termos da lei; b) que ela seja trabalhada pela família.

De quem é o ônus da prova?

Segundo o STJ, temos o seguinte:

a) o primeiro requisito (pequena propriedade rural) deve ser comprovado pelo devedor (executado);

b) o segundo requisito (trabalhada pela família) deve ser comprovado pelo credor (exequente).

O motivo disso é que há uma presunção legal de que a pequena propriedade rural é trabalhada pela família. Essa presunção, contudo, é relativa, podendo ser afastada pelo exequente **(RESP 1.408.152/PR).**

05 É possível a penhora de valores contido em conta-corrente conjunta, quando a dívida é de apenas de um dos titulares da conta?

⊖ Conta-corrente conjunta. Que negócio é esse?

A conta-corrente bancária coletiva ou conjunta pode ser:

a) **fracionária**: é aquela que é movimentada por intermédio de todos os titulares, isto é, sempre com a assinatura de todos. Ex.: conta aberta em nome de todos os herdeiros, para administrar os bens do falecido antes da partilha.

b) **solidária:** cada um dos titulares pode movimentar a integralidade dos fundos disponíveis, em decorrência da solidariedade ativa em relação ao banco.

O termo solidária significa que existe uma relação solidária entre os correntistas e o banco, é dizer, todos os correntistas são titulares dos saldos e dos débitos da conta. Contudo, **essa solidariedade somente existe com relação ao banco, não subsistindo em relação a terceiros.** Assim, se um dos titulares possui um débito com terceiros, somente ele é responsável pelo débito.

➔ **É possível a penhora de conta-corrente conjunta?**

O STJ entende que sim. Contudo, essa penhora somente pode atingir os valores contidos na conta que pertencem ao devedor. Os demais valores não podem ser alcançados pela penhora.

➔ **De quem é o ônus da prova nesse caso?**

Feita a penhora, cabe ao outro titular da conta-corrente conjunta o ônus de comprovar que os valores penhoras lhe pertencem. Em outras palavras, quando se penhora o valor constante em conta bancária conjunta solidária, deve-se permitir que o cotitular prove que a quantia penhorada pertence a ele.

➔ **E se ele não conseguiu comprovar?**

Se o cotitular não executado não conseguir provar que a verba penhorada pertencia inteiramente a ele, **deve-se presumir que a quantia existente na conta bancária era dividida igualmente entre os cotitulares**. Por exemplo, haviam dois titulares da conta e 100 mil reais nela. Feita a penhora, presume-se que 50 mil pertence a cada cotitular.

Assim, caso o cotitular não consiga comprovar a titularidade dos valores, no nosso exemplo, 50 mil reais seriam penhorados.

Esse é o entendimento do STJ **(REsp 1.184.584-MG).**

06 O e-mail (correio eletrônico) pode ser considerado prova escrita sem eficácia de título executivo?

O STJ, ao analisar a situação, entendeu que o correio eletrônico (e-mail) pode fundamentar a pretensão monitória, **desde que o juízo se convença da verossimilhança das alegações e da idoneidade das declarações (REsp 1.381.603/MS).**

O fundamento foi que para a propositura da ação monitória, o legislador exige que o autor comprove a relação jurídica por meio de prova escrita.

O legislador não definiu o que seja "prova escrita", **tratando-se, portanto, de conceito eminentemente doutrinário-jurisprudencial.**

A prova hábil a instruir a ação monitória não precisa, necessariamente, ter sido emitida pelo devedor ou nela constar sua assinatura ou de um representante. **Basta que tenha forma escrita e seja suficiente para, efetivamente, influir na convicção do magistrado acerca do direito alegado.**

Ademais, para a admissibilidade da ação monitória, não é imprescindível que o autor instrua a ação com prova robusta, sem nenhuma dúvida, podendo ser instruída por documento idôneo, ainda que emitido pelo próprio credor, contanto que o magistrado entenda presente o juízo de probabilidade acerca do direito afirmado.

No caso dos e-mails, o maior questionamento está relacionado com sua veracidade e autenticidade. É dizer, a dúvida consiste em saber se aquela "conta de e-mail" pertence realmente ao suposto devedor bem como se o seu conteúdo não foi alterado durante o tráfego das informações.

Esse exame sobre a validade, ou não, da correspondência eletrônica deve ser aferido pelo magistrado no caso concreto, juntamente com os demais elementos de prova trazidos pelo autor.

Assim, uma vez recebida a petição inicial, o e-mail poderá ser submetido ao crivo do contraditório diferido, na hipótese em que o réu optar por apresentar os embargos monitórios.

O que não se pode é dizer que a legislação brasileira veda a comprovação da relação negocial por meio de trocas de mensagens via e-mail.

07 Para fins de impenhorabilidade da pequena propriedade rural, é necessário que o devedor resida na propriedade ou que a dívida seja oriunda da atividade produtiva do imóvel?

O nosso ordenamento estabelece a seguinte impenhorabilidade:

> **CF/88 - Art. 5º (...)**
>
> **XXVI** - a pequena propriedade rural, assim definida em lei, desde que trabalhada pela família, não será objeto de penhora para pagamento de débitos decorrentes de sua atividade produtiva, dispondo a lei sobre os meios de financiar o seu desenvolvimento;
>
> **CPC/Art. 833.** São impenhoráveis:
>
> **VIII** - a pequena propriedade rural, assim definida em lei, desde que trabalhada pela família;

➔ Qual é o contexto aqui?

Diante da existência dessa impenhorabilidade, chegou ao STJ o questionamento se o gozo dela exige que o devedor more no local ou mesmo que o débito tenha sido contraído em relação a atividade produtiva do imóvel?

Com relação ao primeiro questionamento, o STJ entendeu que a pequena propriedade rural é impenhorável, nos termos do art. 5º, XXVI, da CF/88 e do art. 833, VIII, do CPC, **mesmo que o imóvel não sirva de moradia ao executado e à sua família.** Aqui, levou-se em conta que a impenhorabilidade da pequena propriedade rural não serve apenas para garantir o direito à moradia, mas também tem por objetivo assegurar o direito fundamental de **acesso aos meios geradores de renda,** pois a propriedade rural aqui é usada como o meio de sustento da família.

Do mesmo modo, no segundo questionamento, entendeu que a pequena propriedade rural é impenhorável, **mesmo que a dívida executada não seja oriunda da atividade produtiva do imóvel.** Aqui, o STJ entendeu que, por se tratar de direito fundamental, deve ser dada a interpretação **que garanta a máxima efetividade do direito discutido.**

Nesse sentido, entendeu que a CF/88 não permitiu a penhora da pequena propriedade rural mesmo que o devedor tenha dado o imóvel em garantia de dívidas contraídas para assegurar a sua atividade produtiva. Assim, com mais razão, esse imóvel também é impenhorável com relação a débitos de outra natureza, ou seja, não necessariamente relacionados com a atividade produtiva da propriedade rural.

Ressaltou, inclusive, que essa interpretação do art. 5º, XXVI, da CF/88 foi adotada pelo legislador infraconstitucional tanto que o CPC/1973 e o CPC/2015, os quais não exigem, para conferir a impenhorabilidade, que os débitos sejam oriundos da atividade produtiva do imóvel **(REsp 1.591.298-RJ).**

08 O contrato eletrônico de mútuo com assinatura digital é título executivo extrajudicial?

⊛ Qual o contexto?

Em regra, para que um contrato particular seja considerado um título executivo extrajudicial é necessário que haja a presença de duas testemunhas, nos termos do NCPC:

> **Art. 784**. São títulos executivos extrajudiciais: (...)
>
> **III** - o documento particular assinado pelo devedor e por 2 (duas) testemunhas;

Ao exigir a assinatura de duas testemunhas, o objetivo do legislador foi o de permitir que elas fossem ouvidas, no caso de alegação de nulidade do documento particular. No caso, elas devem atestar a existência ou não de vício na formação do instrumento.

⊛ Esse entendimento se aplica mesmo nos casos de contrato eletrônico?

Ao analisar a situação, o STJ entendeu que **não** se exige a presença de duas testemunhas nos contratos eletrônicos, desde que haja a assinatura digital do devedor **(REsp 1.495.920-DF).**

⊛ Assinatura digital. Que negócio é esse?

Assinatura digital é aquela que obedece ao sistema de chaves públicas brasileira. No Brasil, existe uma medida provisória que vigora com prazo indeterminado, (art. 2º da EC 32/2001) regulamentando como deve ser a assinatura digital. Essa MP (2.200-2/2001) instituiu a Infraestrutura de Chaves Públicas Brasileira (ICP-Brasil).

Assim, para que o contrato possa ser considerado um documento em forma eletrônica (contrato eletrônico), ele precisa que sua validade jurídica seja atestada por meio da assinatura digital, na forma da MP 2.200-2/2001.

Em suma, havendo assinatura digital, nos termos da legislação, o contrato eletrônico de mútuo pode ser considerado título executivo extrajudicial.

09 Os valores recebidos pelo beneficiário do seguro de vida são impenhoráveis?

⊖ Qual o contexto?

O NCPC estabelece alguns bens e valores que são impenhoráveis. Dentre eles temos o seguinte:

> **Art. 833.** São impenhoráveis: (...)
>
> **VI** - o seguro de vida;

Ao interpretar tal dispositivo, a doutrina entende que ele determina que, falecendo o segurado, a indenização paga ao beneficiário do seguro não poderá ser penhorada, nem para garantir dívidas do segurado, nem para as dívidas do beneficiário.

Esse entendimento, inclusive, é reforçado pelo Código Civil:

> **Art. 794.** No seguro de vida ou de acidentes pessoais para o caso de morte, o capital estipulado não está sujeito às dívidas do segurado, nem se considera herança para todos os efeitos de direito.

Assim, grande parte da doutrina entende que as quantias recebidas a título de seguro de vida são impenhoráveis.

⊖ O STJ concordou essa tese?

Mais ou menos **(REsp 1.361.354/RS)**. O STJ até concordou com a impenhorabilidade dos valores deixados a título de seguro de vida, **mas somente até o limite de 40 salários-mínimos.**

⊝ **Qual o fundamento?**

O fundamento do STJ foi o seguinte:

a) Em regra, os valores deixados a título de seguro de vida são impenhoráveis, uma vez que os valores em questão tem a natureza jurídica de verba alimentar. A finalidade do seguro de vida é proporcionar um rendimento a alguém, não o deixando à míngua de recursos. Assim, essa quantia é impenhorável e isso ocorre em virtude do caráter alimentar do benefício.

b) É preciso, contudo, conciliar também os interesses dos credores. As verbas alimentares são consideradas impenhoráveis a fim de garantir a sobrevivência digna do devedor. Contudo, tais verbas alimentares não podem ser muito altas considerando que **o objetivo da impenhorabilidade não é o de fazer com que o devedor tenha um padrão de vida acima das suas condições, às custas do credor.**

⊝ **De onde surgiu esse valor de 40 salários-mínimos?**

Esse valor encontra-se previsto no próprio NCPC:

> **Art. 833.** São impenhoráveis:
>
> **X** - a quantia depositada em caderneta de poupança, até o limite de 40 (quarenta) salários-mínimos;

Assim, o legislador estabeleceu que a quantia depositada em caderneta de poupança que supere o limite de 40 salários-mínimos pode vir a ser penhorada. O valor de 40 salários-mínimos, portanto, corresponde ao critério que o próprio legislador estabeleceu como sendo o montante que considera razoável e suficiente para assegurar uma vida digna. A quantia que exceder esses 40 salários mínimos poderá ser utilizada para saldar os débitos dos credores do beneficiário do seguro.

A impenhorabilidade dos valores recebidos pelo beneficiário do seguro de vida limita-se ao montante de 40 (quarenta) salários-mínimos, por aplicação analógica do art. 833, X, do CPC/2015, **cabendo a constrição judicial da quantia que a exceder (REsp 1.361.354-RS).**

10 Expropriação. Que negócio é esse?

⊖ Qual é o contexto?

As execuções por quantia certa têm por objetivo promover a expropriação dos bens do executado:

> **Art. 824.** A execução por quantia certa realiza-se pela expropriação de bens do executado, ressalvadas as execuções especiais.

Nesse sentido, expropriar significa retirar a propriedade do bem do devedor com o objetivo de, assim, satisfazer o direito do exequente.

> **Art. 875.** Realizadas a penhora e a avaliação, o juiz dará início aos atos de expropriação do bem.

Por outro lado, caso a penhora tenha sido em **dinheiro**, a fase de expropriação se mostra **desnecessária**, já que o levantamento do valor penhorado servirá como forma de satisfação do direito do exequente, sem a necessidade de o juiz praticar qualquer ato material de execução.

⊖ Quais são as atuais formas de expropriação de um bem?

Nos termos do CPC, as formas de expropriação são as seguintes:

> **Art. 825.** A expropriação consiste em:
>
> **I** - adjudicação;
>
> **II** - alienação;
>
> **III** - apropriação de frutos e rendimentos de empresa ou de estabelecimentos e de outros bens.

Cumpre ressaltar que essa ordem não é aleatória. A lei estabeleceu **uma preferência legal,** dessa forma, havendo interessados em adjudicar (inciso I), não será necessário fazer a alienação. Se não ocorrer a adjudicação, deve-se tentar a alienação (inciso II) antes da apropriação de frutos (inciso III).

⊖ Adjudicação. Que negócio é esse?

A adjudicação ocorre quando a propriedade do bem penhorado é adquirida pelo exequente ou por terceiros legitimados previstos na lei.

> **Art. 876.** É lícito ao exequente, oferecendo preço não inferior ao da avaliação, requerer que lhe sejam adjudicados os bens penhorados.
>
> (...)
>
> **§ 5º** Idêntico direito pode ser exercido por aqueles indicados no art. 889, incisos II a VIII, pelos credores concorrentes que hajam penhorado o mesmo bem, pelo cônjuge, pelo companheiro, pelos descendentes ou pelos ascendentes do executado.

O NCPC estabeleceu a adjudicação **como forma preferencial de satisfação do crédito do exequente.** Assim, antes de ser determinada qualquer outra medida que busque tal satisfação, deverá ser feita primeiro a adjudicação.

> **Art. 880.** Não efetivada a adjudicação, o exequente poderá requerer a alienação por sua própria iniciativa ou por intermédio de corretor ou leiloeiro público credenciado perante o órgão judiciário.

Isso fica bem claro ao se ler o artigo 880. Vejam que ele fala que somente se "não efetivada a adjudicação" o exequente poderá requerer a alienação.

➔ Alienação. Que negócio é esse?

A alienação foi regulada pelo artigo 879 do CPC 2015:

> **Art. 879.** A alienação far-se-á:
>
> **I** - por iniciativa particular;
>
> **II** - em leilão judicial eletrônico ou presencial.

Vejam que o CPC criou 02 espécies de alienação do bem:

POR INICIATIVA PARTICULAR	LEILÃO JUDICIAL (eletrônico ou presencial)
É aquela onde o próprio exequente (ou algum corretor ou leiloeiro público credenciado) tenta conseguir um comprador para o imóvel, seguindo determinadas regras impostas pela lei.	É a oferta do bem penhorado aos interessados em adquiri-lo em um evento organizado pelo Estado-juiz.

Na alienação, NCPC permite que o exequente, um corretor ou um leiloeiro público, credenciado perante o órgão judiciário, realize a alienação do bem.

> **Art. 880.** Não efetivada a adjudicação, o exequente poderá requerer a alienação por sua própria iniciativa ou por intermédio de corretor ou leiloeiro público credenciado perante o órgão judiciário.

Nas localidades em que **não** houver corretor ou leiloeiro público credenciados, a indicação será de livre escolha do exequente.

> **Art. 880. § 4º** - Nas localidades em que não houver corretor ou leiloeiro público credenciado nos termos do § 3º, a indicação será de livre escolha do exequente

⊖ Apropriação de frutos e rendimentos. Que negócio é esse?

Essa opção foi regulada pelo artigo 867 do NCPC:

> **Art. 867.** O juiz pode ordenar a penhora de frutos e rendimentos de coisa móvel ou imóvel quando a considerar mais eficiente para o recebimento do crédito e menos gravosa ao executado.

Por exemplo, é o caso de alguém que tenha um imóvel alugado. Nesse caso, o juiz poderá determinar que o exequente fique recebendo o valor dos aluguéis até que o débito da execução seja totalmente pago.

⊖ A ordem de expropriação é absoluta?

O STJ, no âmbito do CPC de 73, entendeu que não. Segundo o Tribunal, de fato, existe uma ordem de preferência nas formas de expropriação previstas no CPC. Contudo, essa ordem preferencial **não é absoluta**.

Assim, é possível que o credor escolha forma de expropriação fora da ordem listada no CPC, de acordo com as particularidades relacionadas ao bem ou ao próprio credor. Isso porque a execução deve ser realizada no interesse do exequente, conforme preconiza o art. 797 do CPC/2015 **(REsp 1.312.509-RN)**.

Embora a decisão tenha sido tomada analisando o CPC passado, é de se ressaltar que a redação do novo CPC é a mesma do antigo no que toca a expropriação. Assim, é provável que o entendimento se mantenha.

11 É penhorável o bem de família do fiador no caso de contratos de locação comercial.

⊕ Qual é o contexto?

Inicialmente, cumpre esclarecer que existem duas hipóteses de bem de família em nosso ordenamento:

a) bem de família convencional ou voluntário (arts. 1711 a 1722 do Código Civil).

b) bem de família legal (Lei nº 8.009/90).

O bem de família convencional é aquele instituído por ato de vontade do casal ou de entidade familiar, mediante formalização do registro de imóveis. Já o bem de família legal recai sobre um único imóvel utilizado pelo casal ou pela entidade familiar para moradia permanente. Caso o casal, ou entidade familiar, seja possuidor de vários imóveis utilizados como residência, a impenhorabilidade recairá sobre o de menor valor, salvo se outro tiver sido registrado, para esse fim, no Registro de Imóveis e na forma do Código Civil (bem de família convencional).

Em regra, o bem de família legal é impenhorável para qualquer tipo de dívida, não importando o valor. Contudo, em algumas situações, a própria Lei 8.009/90 trouxe algumas situações onde é possível a penhora de um bem de família. Dentre elas, temos a seguinte:

> **Art. 3º** A impenhorabilidade é oponível em qualquer processo de execução civil, fiscal, previdenciária, trabalhista ou de outra natureza, **salvo se movido:**
>
> **VII** - por obrigação decorrente de **fiança** concedida em contrato de locação.

Notem, meus amigos, que uma das exceções a impenhorabilidade legal do bem de família legal é a dívida contraída em função de fiança concedida em contrato de locação.

Houve quem defendesse que tal dispositivo seria inconstitucional, pois ele violaria o direito fundamental a moradia.

Ao analisar situação, o STF entendeu que o dispositivo é constitucional, pois ele não violava o direito constitucional a moradia **(RE 495105 AgR)**.

No mesmo sentido, o STJ editou súmula sobre o tema:

> **STJ - Súmula 549:** É válida a penhora de bem de família pertencente a fiador de contrato de locação.

⊖ **Esse entendimento continua válido se o contrato de fiança foi assinado para garantir locação de imóvel comercial?**

A Lei 8.009/90 não fez distinção, afirmando que é penhorável o bem dado em fiança concedida em contrato de locação. Assim, surgiram duas teses:

Os defensores da tese da validade da penhora do bem de família dado em fiança mesmo no contrato de locação comercial argumentavam duas coisas: **a**) a lei não distinguiu a espécie de locação; **b**) a possibilidade é válida também para os contratos de locação comercial na medida em que, embora não envolva direito à moradia dos locatários, compreende o seu direito à livre iniciativa que também tem fundamento constitucional.

Prevaleceu no STF entendimento contrário **(RE 605.709/SP)**. Segundo o Tribunal, **não é penhorável o bem de família do fiador no caso de contratos de locação comercial.**

⊖ **Qual é o fundamento?**

Prevaleceu no STF que, apesar de a lei não distinguir o tipo de locação, não se pode potencializar a livre iniciativa em detrimento de um direito fundamental que é o direito à moradia. Em termos mais simples, não é possível a penhora de bem de família do fiador em contexto de locação comercial.

12 Na execução civil, a penhora de dinheiro na ordem de nomeação de bens tem caráter absoluto?

⊖ **Qual é o contexto?**

No âmbito do CPC de 73, o STJ editou a seguinte súmula:

> **STJ – Súmula 417:** Na execução civil, a penhora de dinheiro na ordem de nomeação de bens não tem caráter absoluto.

O entendimento fundamentava-se no argumento de que o CPC havia criado uma ordem preferencial, mas não absoluta.

Ocorre que o NCPC trouxe uma regra que não havia no código anterior:

> **Art. 835.** A penhora observará, preferencialmente, a seguinte ordem:
>
> **§ 1º É prioritária a penhora em dinheiro,** podendo o juiz, nas demais hipóteses, alterar a ordem prevista no *caput* de acordo com as circunstâncias do caso concreto.

Notem que o legislador estabeleceu que é prioritária a penhora em dinheiro e que, somente nas demais hipóteses, o juiz poderá alterar a ordem legal.

Ao interpretar esse dispositivo, parte da doutrina (Daniel Amorim), tem entendido que o NCPC revogou a Súmula 417 do STJ. Para ele, ao prever que o magistrado somente pode alterar a ordem legal nas demais hipóteses, o objetivo do legislador foi evidente: **a preferência pela penhora em dinheiro é absoluta.**

Por outro lado, Didier1, ao analisar o tema, entende que os fundamentos que originaram a criação da súmula, qual seja, a não imperatividade da ordem legal de penhora, foram superados. Contudo, **ainda que de forma excepcional**, a penhora em dinheiro ainda não tem caráter absoluto.

Para ele, ainda existem outras regras que mitigam o caráter absoluto da penhora em dinheiro. Nesse sentido, ele defende que ainda existem pelo menos 04 hipóteses em que a penhora ora analisada não tem caráter absoluto:

a) caso o credor escolha outro bem a ser penhorado – e essa escolha não se revela abusiva, nos termos do art. 805 do CPC;

> **Art. 805.** Quando por vários meios o exequente puder promover a execução, o juiz mandará que se faça pelo modo menos gravoso para o executado.

1. <http://www.frediedidier.com.br/editorial/editorial-189/>. Acesso: dia 18 de novembro de 2018.

> **Parágrafo único.** Ao executado que alegar ser a medida executiva mais gravosa incumbe indicar outros meios mais eficazes e menos onerosos, sob pena de manutenção dos atos executivos já determinados.

b) quando houver um negócio jurídico processual que defina previamente o bem a ser penhorado.

c) quando o executado oferece fiança bancária ou seguro garantia judicial, em valor 30% superior ao crédito (art. 835, § 2º, CPC) – a lei equipara o dinheiro a essas duas garantias para fim de penhora;

> **835. (...)**
>
> **§ 2º** Para fins de substituição da penhora, equiparam-se a dinheiro a fiança bancária e o seguro garantia judicial, desde que em valor não inferior ao do débito constante da inicial, acrescido de trinta por cento.

d) o credor exerceu direito de retenção sobre um bem, que deve ser o penhorado nos termos do art. 793, CPC.

> **Art. 793.** O exequente que estiver, por direito de retenção, na posse de coisa pertencente ao devedor não poderá promover a execução sobre outros bens senão depois de excutida a coisa que se achar em seu poder.

Assim, para Didier, a Súmula 417 do STJ não foi revogada pelo NCPC, mas deverá ter o seu sentido reconstruído.

Ainda não há um posicionamento do STJ sobre o tema.

IV. JUIZADOS ESPECIAIS

01 No âmbito dos juizados especiais, os prazos processuais contam-se em dias úteis?

Amigos, essa era uma das maiores polêmicas do NCPC. Parte da doutrina e da jurisprudência defendia que não se aplica aos juizados a contagem de prazo em dias úteis, em razão da celeridade necessária aos juizados. Nesse sentido:

> **Enunciado 165 do FONAJE (Fórum Nacional dos Juizados Especiais):** nos Juizados Especiais Cíveis, todos os prazos serão contados de forma contínua.

Por outro, com fundamento no § 2º, do 1.046 do NCPC, que diz que permanecem em vigor as disposições especiais reguladas por outras leis, aos quais se aplicará supletivamente este Código, a doutrina majoritária defende que os prazos nos juizados são contados em dias úteis.

Ora, se o NCPC se aplica de forma subsidiária aos juizados especiais e não havendo nas Leis 9.099/1995, 10.259/2001 e 12.153/2009 qualquer dispositivo regulando a contagem dos prazos, deve se aplicar o disposto no CPC. Nesse sentido:

Enunciado 175 do FONAJEF (Fórum Nacional dos Juizados Especiais Federais) dispõe que, "por falta de previsão legal específica nas leis que tratam dos juizados especiais, aplica-se, nestes, a previsão da contagem dos prazos em dias úteis (CPC/2015, art. 219).

> **Enunciado nº 416 do Fórum Permanente de Processualistas Civis:** A contagem do prazo processual em dias úteis prevista no art. 219 aplica-se aos Juizados Especiais Cíveis, Federais e da Fazenda Pública.

No mesmo sentido, havia enunciado da I Jornada de Direito Processual Civil:

> **Enunciado 19 da I Jornada de Direito Processual Civil:** O prazo em dias úteis, previsto no art. 219 do CPC/2015, aplica-se também aos procedimentos regidos pelas Leis n.º 9.099/1995, 10.259/2001 e 12.153/2009.

Em razão da grande controvérsia, provocada pelos próprios tribunais, o legislador acabou por inserir novo artigo na lei 9.099/95, estabelecendo expressamente que o prazo nos juizados especiais é contado em dias úteis:

> **Art. 12-A.** Na contagem de prazo em dias, estabelecido por lei ou pelo juiz, para a prática de qualquer ato processual, inclusive para a interposição de recursos, **computar-se-ão somente os dias úteis.**

Assim, uma das maiores polêmicas do novo Código de Processo Civil chegou ao fim.

02 É possível o ajuizamento de demandas envolvendo direitos individuais homogêneos no âmbito do juizado especial federal?

Nos termos do § 1º, I, do art. 3º, da Lei dos Juizados Especiais Federais, não se incluem na competência dos juizados federais ações envolvendo direitos difusos, coletivos e individuais homogêneos.

Ao interpretar essa vedação, a doutrina é uníssona em afirmar que a exclusão **só se justifica em relação as demandas coletivas**, não impedindo o ajuizamento de ações individuais. Assim, é possível a propositura de ação em que se discuta direito individual homogêneo, quando não se tratar de ação coletiva:

> **Enunciado nº 22 do FONAJEF:** A exclusão da competência dos Juizados Especiais Federais quanto às demandas sobre direitos ou interesses difusos, coletivos ou individuais homogêneos somente se aplica quanto a ações coletivas.

Da mesma forma entende o STJ **(CC 83.676/MG).**

03 Discorra acerca da possibilidade do uso de mandado de segurança contra decisões interlocutórias no âmbito dos juizados especiais.

Inicialmente, temos que o legislador, no âmbito dos juizados especiais cíveis (Lei 9.099/95), não previu nenhum recurso para as decisões interlocutórias, o que possibilitaria, em tese, o manejo de mandado de segurança contra as aludidas decisões.

O STF entendeu, no RE 576.847/BA, que **não é possível a impetração de MS das decisões interlocutórias**, em virtude de atentar contra o princípio da celeridade. O fundamento é o de que, pelo fato de não haver preclusão, as decisões interlocutórias podem ser impugnadas quando da interposição do recurso.

Já o STJ possui entendimento diverso, pela possibilidade do uso do MS, conforme a Súmula 376:

> **STJ – Súmula 376:** Compete a turma recursal processar e julgar o mandado de segurança contra ato de juizado especial.

Apesar dessa súmula, o próprio STJ entende que, **no caso de controle da competência dos juizados especiais**, O MS deve ser impetrado no Tribunal de Justiça. Esse entendimento não revoga a Súmula 376, **já que só é válido com relação a competência (MC 15465/SC).**

Em suma, nos casos de MS para o **controle de competência** dos juizados especiais (Ex.: saber se o Juizado é ou não compete para a causa), ele deve se interposto perante o TJ que o juizado especial é vinculado. Em todas as outras hipóteses, ele deve ser interposto perante a Turma Recursal do juizado.

04 No âmbito dos juizados especiais cabe recurso adesivo?

O recurso adesivo não é uma espécie de recurso, mas sim uma forma de interposição de recurso. O recurso pode ser interposto de forma independente e de forma adesiva. O recurso adesivo é exatamente o mesmo recurso que poderia ter sido interposto autonomamente. Diferenciando-se apenas pela técnica de interposição.

Nem todos os recursos podem ser interpostos adesivamente. A lei permite a interposição adesiva da apelação, do recurso especial e do recurso extraordinário (CPC, art. 997, § 2°, II).

Por fim, é certo que o fundamento do recurso adesivo é a sucumbência recíproca, é dizer, quando o autor sai vitorioso apenas em parte de sua pretensão. Nesse caso, tanto ele como o réu serão, a um só tem, vencedores e vencidos (Ex.: a parte pede 10 mil reais de indenização. O juiz concede 5 mil reais. Nesse caso, tanto o autor quanto o réu saíram vitoriosos e derrotados em 5 mil reais).

A jurisprudência não tem admitido recurso adesivo no âmbito dos juizados federais:

> **Enunciado nº 59 do FONAJEF:** Não cabe recurso adesivo nos Juizados Especiais Federais.

O fundamento para tanto é que o recurso adesivo seria contrário à economia e à celeridade processuais.

A doutrina (Leonardo Carneiro da Cunha e Cândido Rangel Dinamarco) discorda desse entendimento, defendendo que é sim possível recurso adesivo nos juizados especiais. Afirmam que os objetivos do recurso adesivo se coadunam muito harmoniosamente com os da criação do processo especialíssimo dos juizados, onde o zelo pela terminação rápida do serviço jurisdicional se situa entre as preocupações centrais.

Faz parte do espírito conciliatório que aqui se alvitra essa atitude do litigante que, atendido em parte quanto à pretensão sustentada em juízo, prefere não recorrer e só recorrerá se o fizer o adversário. Por isso, também no processo dos juizados especiais é admissível o recurso adesivo, embora não se tenha aqui o recurso de apelação, mas o inominado, uma vez que os objetivos práticos deste coincidem com os daquela.

Em termos mais simples, a doutrina afirma que, ao contrário que é defendido pela jurisprudência, o recurso adesivo acaba por ser favorável a celeridade processual. Isso porque ele evita que a parte, satisfeita com a decisão, recorra apenas com medo de ter sua situação piorada pelo recurso da parte contrária, fazendo com que o processo demore ainda mais.

05 O menor incapaz pode ser autor no âmbito dos Juizados Especiais da Fazenda Pública?

O parágrafo único do artigo 1º da Lei 12.153/09 estabeleceu o seguinte:

> **Art. 1º. (...)**
>
> **Parágrafo único.** O sistema dos Juizados Especiais dos Estados e do Distrito Federal é formado pelos Juizados Especiais Cíveis, Juizados Especiais Criminais e Juizados Especiais da Fazenda Pública.

Veja que o parágrafo único do artigo 1º criou o chamado microssistema dos juizados especiais, composto pelos juizados especiais civis e criminais, juizados especiais federais e juizados da fazenda pública. A consequência prática desse microssistema é que, havendo omissão, as normas de um juizado podem ser aplicadas em outro, de forma subsidiária.

Por sua vez, com relação aos autores, a lei estabeleceu o seguinte:

> **Art. 5º** Podem ser partes no Juizado Especial da Fazenda Pública:

> I – como autores, as pessoas físicas e as microempresas e empresas de pequeno porte, assim definidas na Lei Complementar nº 123, de 14 de dezembro de 2006;

Com relação ao incapaz, houve quem entendesse que, em razão da aplicação subsidiária do artigo 8º, § 1º, I, da Lei 9.099/95, que expressamente proíbe a presença de incapazes no âmbito dos juizados especiais civis, os incapazes não poderiam ser autores no âmbito dos juizados da Fazenda Pública.

A tese, contudo, não prosperou, tendo prevalecido na que, não havendo vedação expressa, entende-se que os incapazes podem ser autores, devendo haver intervenção do MP.

O STJ, inclusive, já reconheceu[2] a possibilidade de o incapaz ser autor no âmbito do Juizado Especial da Fazenda Pública. Segundo entendeu o Tribunal, a Lei dos Juizados Especiais da Fazenda Pública, ao tratar da legitimidade ativa das demandas que lhe são submetidas (artigo 5º), faz alusão, tão somente, às pessoas físicas, não fazendo restrição quanto aos incapazes, nem mesmo por ocasião das disposições acerca das causas que excepcionam a sua competência (artigo 2º).

Tendo havido regulação clara e suficiente acerca do tema na Lei 12.153/09, não há que se falar em omissão normativa a ensejar a incidência do artigo 8º da Lei 9.099/95, visto ser este dispositivo legal de cunho subsidiário e que conflita com aquele regramento específico do Juizado Fazendário.

2. <http://www.stj.jus.br/sites/STJ/default/pt_BR/Comunica%C3%A7%C3%A3o/noticias/Not%C3%Adcias/Menor-incapaz-pode-ser-autor-em-causa-que-tramita-no-Juizado-Especial-da Fazenda-P%C3%Bablica>. Acesso no dia 04 de fevereiro de 2018.

5

Processo Coletivo

29 questões

01 Todo direito individual homogêneo é um direito coletivo?

A doutrina divide os direitos coletivos em direitos coletivos "lato sensu" e "stricto sensu". O primeiro é sinônimo de direito transindividual, abrangendo tanto os direitos difusos quanto os coletivos. Já os direitos coletivos "stricto sensu" são os titularizados por grupo, categoria ou classe de pessoas ligadas entre si ou com a parte contrária por uma relação jurídica base.

A distinção entre essas categorias de direitos coletivos foi prevista no art. 81 do CDC. Ao tratar do tema em sua obra Processo Coletivo, Zavascki esclarece que, em relação a natureza dos direitos previstos no art. 81 do CDC, os direitos individuais homogêneos não são ontologicamente coletivos.

A bem da verdade, com relação a sua natureza jurídica, temos que os direitos individuais homogêneos são, meramente, direitos subjetivos individuais.

A qualificação de homogêneos não possui o condão de alterar e nem pode desvirtuar essa sua natureza. Assim, quando se fala em "defesa coletiva" ou em "tutela coletiva" de direitos homogêneos, **o que se está qualificado como coletivo não é o direito material tutelado,** mas apenas o modo de tutelá-lo, o instrumento de sua defesa. Assim, é certo que nem todo direito individual homogêneo é direito coletivo.

Por outro lado, os direitos difusos e coletivos em sentido estrito podem ser qualificados como ontologicamente coletivos, já que sua essência é coletiva, não existindo fora do âmbito coletivo, é dizer, eles só podem existir se pertencerem a um grupo de pessoas.

Ao contrário, os direitos individuais homogêneos podem titularizados por uma só pessoa.

02 Diferencie, no âmbito da Lei de Improbidade, a medida de decretação de indisponibilidade dos bens (Art. 7º), da medida se sequestro dos bens do agente (Art. 16).

Segundo a doutrina, ambas as medidas (Arts. 7º e 16) possuem natureza cautelar, uma vez que visam a assegurar a utilidade de futura execução.

A diferença entre elas é que a medida de indisponibilidade dos bens do réu prevista no art. 7º da LIA visa a assegurar a fase executiva de **pagar quantia certa**, incidindo, assim, sobre bens e valores **indeterminados**. Ademais, o art. 7º incide em todas as hipóteses de improbidade (Arts. 9º, 10, 10-A e 11).

Já a medida de sequestro dos bens do agente ou terceiro (art. 16) deve ser utilizada para resguardar a fase executiva de **entrega de coisa**. Incide, assim, **sobre bens e valores certos e determinados**. Ademais, ela somente pode ser utilizada nas situações em que o agente público ou terceiro tenha enriquecido ilicitamente (Art. 9º) ou cause prejuízo ao erário (art. 10).

Por fim, cumpre esclarecer que, com a promulgação do novo CPC, deixaram de existir as medidas cautelares nominadas, tais como o sequestro. Assim, a medida do artigo 16 deixou de ser denominada de medida de "sequestro de bens" para se tornar uma cautelar inominada.

03 O autor na ação popular atua como substituto processual?

Apesar de alguma controvérsia doutrinária, prevalece na doutrina e jurisprudência majoritárias, que a natureza jurídica da legitimação na ação popular **é ordinária**, é dizer, o autor não atua como substituto processual.

O autor atua em nome próprio, buscando defender em nome próprio, um direito que, fundado em sua condição de cidadão, também lhe é próprio **(STF - PET nº 2.132-2).**

04 Em ação civil pública, proposta pelo Ministério Público, pode o Promotor de Justiça fazer negócio ou convenção processual?

Amigos, a controvérsia do tema é a seguinte: em regra, o legitimado não pode dispor dos direitos discutidos em sede de ACP. Em outras palavras, os direitos coletivos em regra são indisponíveis.

Por sua vez, a legislação proíbe a transação/conciliação de direitos individuais indisponíveis:

> **Art. 841, CC/02.** Só quanto a direitos patrimoniais de caráter privado se permite a transação.
>
> **Art. 190, NCPC versando o processo sobre direitos que admitam autocomposição,** é lícito às partes plenamente capazes estipular mudanças no procedimento para ajustá-lo às especificidades da causa e convencionar sobre os seus ônus, poderes, faculdades e deveres processuais, antes ou durante o processo.

Assim, em sendo em regra os direitos discutidos na ACP indisponíveis e não permitindo o ordenamento transação de direitos indisponíveis, em tese, não poderia haver negócio ou convenção processual.

A doutrina majoritária (Hermes Zaneti Jr., Leonardo Garcia e Daniel Amorim Assumpção), contudo, entende que é preciso fazer uma distinção entre transação formal e substancial. A transação material é aquela que cuida do próprio direito. Já a transação formal é a que não significa qualquer renúncia ao direito coletivo. O que é transacionado aqui são apenas aspectos formais, como a forma e o prazo de reparação do dano.

Os fundamentos para permitir a transação em sede de direitos coletivos, segundo Hermes Zaneti Jr. e Leonardo Garcia, são os seguintes: **a)** os dispositivos que vedam a transação e a conciliação em relação aos direitos indisponíveis foram criados para os direitos individuais. **b)** a efetivação dos direitos coletivos exige a flexibilização das normas tradicionais aos fins da tutela coletiva, que exigem a máxima efetividade dos direitos. **c)** a indisponibilidade dos direitos não é afetada, pois a transação aqui somente afeta aspectos formais, sendo possível apenas transacionar o modo e a forma de recomposição dos direitos, mas não o próprio direito.

Por fim, a tese de que é possível a celebração de convenções e negócio processuais pelo Ministério Público em sede de ACP também encontra amparo no CNMP (resolução 118/14) e no Fórum Permanente de Processualistas Civis, que possui os seguintes enunciados:

> **Enunciado 253:** O Ministério Público pode celebrar negócio processual quando atua como parte.
>
> **Enunciado 255:** É admissível a celebração de convenção processual coletiva.

Assim, vem prevalecendo que o MP pode fazer negócio ou convenção processual em sede de ACP, desde que isso não implique em renúncia ao direito discutido.

O entendimento em questão se aplica aos demais legitimados da ACP, a exemplo da Defensoria Pública.

05 Em caso de reeleição, qual é o termo inicial da prescrição da ação de improbidade administrativa?

Nos termos do artigo 23, I, da LIA, o prazo prescricional é de 05 anos, contados do término do mandato, cargo em comissão ou de função de confiança.

A grande controvérsia em relação a este inciso ocorre nos casos de detentores de mandatos eletivos que obtiveram a reeleição para o mandato. Por exemplo, no caso de prefeito reeleito que prática o ato de improbidade no primeiro mandato, o prazo deverá se iniciar do fim do primeiro mandato ou do último?

O STJ pacificou o entendimento que prazo, nessa situação, **conta-se do fim do último mandato (AgRg no Resp 1.411.699/SP).**

06 O que são associações de gaveta?

A doutrina denomina de associações de gaveta aquelas entidades **com pouquíssimos associados**, que ingressam com diversas ações coletivas, valendo-se da isenção de custas prevista na LAP (Art. 18), buscando indenizações milionárias.

Caso consigam ter sucesso, procuram pessoas pela internet para ingressarem com execuções, **recebendo honorários por esse serviço.**

Essas ações foram denominadas de "**pseudo ações coletivas**", considerando que tais entidades possuem pouquíssimos associados e essas associações são chamadas de "**associações de gaveta**".

07 Quais são os requisitos para concessão de medida cautelar de indisponibilidade de bens, prevista no artigo 7º da Lei de Improbidade Administrativa?

Em regra, para a decretação de uma medida cautelar, é necessário a comprovação de dois requisitos: **a)** "periculum in mora": consistente no potencial prejuízo decorrente da espera da solução final do litígio; **b)** "fumus boni juris", consistente na verossimilhança do direito alegado.

Contudo, nos casos do art. 7º da LIA, o STJ entende que o único requisito para a concessão da medida cautelar é o "fumus boni juris", **uma vez que o "periculum in mora" é presumido por lei (REsp 1.366.721-BA).**

Tem prevalecido no âmbito do STJ que a indisponibilidade de bens prevista no inciso art. 7º **é uma tutela de evidência**, bastando a demonstração da verossimilhança da alegação prática do ato de improbidade.

Dispensa-se, portanto, a demonstração do "periculum in mora" no caso concreto, **não sendo necessário que o autor demonstre que o réu está se desfazendo ou pretende se desfazer de seus bens (AgRg no Resp 369.857/SP).**

08 Quais são os sistemas existentes nas ações coletivas para aferir a adequação da representação do substituto processual?

Existem dois sistemas para aferir a representatividade.

O **sistema "ope legis"**, preponderante no Brasil, exige que a adequação seja previamente determinada em lei, sendo que somente o legislador, e não o juiz, poderá prever requisitos para a legitimação. Esses requisitos serão previstos de forma taxativa e também a menção aos legitimados deverá ser expressa.

Já o **sistema "ope judicis"**, preponderante nos Estados Unidos, reconhece ao juiz o dever-poder de verificar a adequada representação, sendo que nestes casos, o controle será feito no caso concreto, em decisão fundamentada, sendo os critérios não taxativos indicados na lei. Este modelo tem sido utilizado no Brasil para o controle adequado representação pelo MP nos casos em que se versa sobre direitos individuais homogêneos disponíveis, quando se exige para legitimação a presença de relevante interesse social **(Agrg no Resp 901.936/RJ)**.

09 É possível discutir pretensões tributárias por meio de Ação Civil Pública?

O parágrafo único do artigo 1° da Lei da ACP estabelece que não cabe ACP para veicular pretensões que envolvam tributos, contribuições previdenciárias, FGTS ou outros fundos de natureza institucional cujos beneficiários podem ser individualmente determinados.

Assim, em princípio, a lei nos leva a pensar que não seria possível deduzir pretensão tributária em ACP.

Os Tribunais Superiores, contudo, atribuem uma interpretação restritiva ao parágrafo único do art. 1°, entendendo que ele somente se aplica quando as pretensões listadas por ele forem os **pedidos** da ACP. Assim, não haverá problema quando as pretensões citadas nele **forem a causa de pedir da ACP**.

Ex.: não é possível pedir em ACP a anulação da cobrança de determinado tributo, pois a pretensão tributária seria o próprio pedido da ACP. Por outro lado, é possível pedir a responsabilização de agente que cobrou tributo de forma irregular. Note que o pedido aqui é a condenação do agente. A pretensão tributária é apenas a causa de pedir.

Dessa forma, o STJ já entendeu que o Ministério Público tem legitimidade para ajuizar ação civil pública cujo pedido seja a condenação por improbidade administrativa de agente público que tenha cobrado taxa por valor superior ao custo do serviço prestado, ainda que a causa de pedir envolva questões tributárias (**REsp 1.387.960-SP**).

10 As sentenças de improcedência em ações de improbidade se submetem a remessa necessária?

Nas ações de improbidade, a doutrina sempre defendeu, em razão do microssistema, que as sentenças de improcedência se submetiam a remessa necessária.

Em 2014, contudo, o STJ proferiu decisão entendendo que não haveria remessa necessária, sob o argumento de que a lei de improbidade segue rito próprio, não prevendo a remessa necessária, de forma que não caberia a aplicação analógica da lei de improbidade (**Resp 1.220.667/MG**).

Posteriormente, contudo, em sede de embargos de divergência, o STJ pacificou o entendimento de que **as sentenças de improcedência nas ações de improbidade se sujeitam a remessa necessária (Eresp 1.220.667/MG)**. O fundamento foi o seguinte:

a) É pacífico no STJ que o CPC deve ser aplicado subsidiariamente à lei de improbidade. Assim, é cabível a remessa necessária na ação de improbidade, com base no artigo 496 do CPC;

b) No mais, por aplicação analógica da primeira parte do art. 19 da lei da ação popular, as sentenças de improcedência de ação civil pública se sujeitam indistintamente a remessa necessária.

11 Na ação de improbidade com fundamento em fraude no procedimento de licitação, o autor precisa demonstrar efetivamente o dano ao erário?

A frustração ao procedimento licitatório é prevista no artigo 10, VIII, da Lei de Improbidade. Nesse sentido, o artigo 10 da LIA tem como requisitos a) lesão ao erário, que provoque perda patrimonial, desvio, apropriação, malbaratamento ou dilapidação dos bens ou haveres das entidades referidas no art. 1º; b) conduta dolosa ou culposa; c) nexo de causalidade entre a conduta e o dano.

Com base nisso, em regra, o STJ tem exigido a efetiva comprovação dos danos ao erário para a incidência de atos de improbidade com fundamento no artigo 10. Cumpre ressaltar ainda que é do autor o ônus de comprovar a ocorrência dos danos, não sendo possível aqui falar em inversão do ônus da prova.

Excepcionalmente, contudo, no caso de frustração do procedimento licitatório ou sua dispensa indevida gera, por si só, dano ao erário, uma vez que o dano aqui seria inerente ("dano in re ipsa") a conduta, tornando desnecessária a comprovação do dano.

Esse entendimento baseia-se no fato de que, com a conduta ímproba do agente, a Administração deixa de contratar a melhor proposta, o que gera prejuízo ao erário. Esse é o entendimento majoritário do STJ **(Resp 1.376.524/RJ e 1.280.321/MG).**

12 Qual é o termo inicial do prazo prescricional das execuções individuais de sentença coletiva?

Se a sentença na ação coletiva for julgada procedente, a depender do direito discutido, é preciso que cada beneficiário ingresse com uma execução individual para obter o benefício reconhecido na sentença.

⊖ Qual é o prazo prescricional dessa ação de execução?

Segundo o STJ, é de 05 anos o prazo prescricional para ajuizamento da execução individual em pedido de cumprimento de sentença proferida em ação civil pública **(Resp 1.273.643/PR).**

⊖ Qual o termo inicial do prazo prescricional?

Sobre o tema, haviam duas correntes:

1ª Corrente: a prescrição tinha início a partir da publicação de um edital informando aos beneficiários sobre o trânsito em julgado da ação e seu resultado, em situação análoga ao artigo 94 do CDC:

> **Art. 94.** Proposta a ação, será publicado edital no órgão oficial, a fim de que os interessados possam intervir no processo como litisconsortes, sem prejuízo de ampla divulgação pelos meios de comunicação social por parte dos órgãos de defesa do consumidor.

2ª Corrente: diante da ausência de disposição legal acerca da necessidade de edital, o termo inicial da prescrição ocorre o trânsito em julgado da ação.

⊖ **Qual o posicionamento do STJ?**

O STJ adotou a 2ª corrente. Assim, o prazo prescricional para a execução individual é contado do trânsito em julgado da sentença coletiva, **sendo desnecessária a providência de que trata o artigo 94 da Lei 8.078/90 (Resp 1.388.000/PR).**

Segundo o STJ, o artigo 94 do CDC trata sobre a divulgação da notícia da propositura da ação coletiva, para que eventuais interessados possam intervir no processo ou acompanhar seu trâmite, nada estabelecendo, porém, quanto à divulgação do resultado do julgamento. Logo, não se pode invocar esse dispositivo para sustentar a tese proposta.

Diante disso, o marco inicial do prazo prescricional aplicável às execuções individuais de sentença prolatada em processo coletivo é contado, ante a inaplicabilidade do artigo 94 do CDC, **a partir do trânsito em julgado da sentença.**

13 É possível a repropositura de ação coletiva de direitos individuais homogêneos julgada improcedente por falta de provas?

Não. Segundo o STJ, após o trânsito em julgado de decisão que julga improcedente ação coletiva proposta em defesa de direitos individuais homogêneos, independentemente do motivo que tenha fundamentado a rejeição do pedido, não é possível a propositura de nova demanda com o mesmo objeto, por outro legitimado coletivo, ainda que em outro estado da federação **(Resp 1.302.596/SP).**

⊖ **Como o STJ chegou a esse entendimento?**

O STJ chegou a esse entendimento fazendo uma interpretação em conjunto do artigo 103, III e § 2º, do CDC:

> **Art. 103.** Nas ações coletivas de que trata este código, a sentença fará coisa julgada:

> **III** - erga omnes, apenas no caso de procedência do pedido, para beneficiar todas as vítimas e seus sucessores, na hipótese do inciso III do parágrafo único do art. 81.
>
> **§ 2º** Na hipótese prevista no inciso III, em caso de improcedência do pedido, os interessados que não tiverem intervindo no processo como litisconsortes poderão propor ação de indenização a título individual.

Com base na interpretação conjunta desses dispositivos, o STJ chegou as seguintes conclusões:

1ª) Nos casos em que a ação coletiva envolvendo direitos individuais homogêneos **for julgada procedente:** a sentença fará coisa julgada erga omnes e qualquer consumidor pode se habilitar na liquidação e promover a execução, desde que prove o dano sofrido.

2ª) Se a ação coletiva envolvendo direitos individuais homogêneos f**or julgada improcedente,** qualquer que seja o motivo, temos o seguinte:

   a) os interessados individuais que, nos termos do artigo 94 do CDC, não tiveram intervindo no processo coletivo como litisconsortes, poderão propor ação de indenização a título individual.

   b) não cabe repropositura de nova ação coletiva, mesmo que por outro legitimado coletivo, pouco importando se ele participou ou não da primeira ação. Assim, caso haja a propositura de ação coletiva por direito individual homogêneo por uma associação, no caso dela ser julgada improcedente, o MP não poderá repropor essa ação.

14 A associação tem legitimidade para defender os interesses de filiados que somente vieram a se agregar após o ajuizamento da ação coletiva?

A associação não tem legitimidade ativa para defender os interesses dos associados que vierem a se agregar somente após o ajuizamento da ação de conhecimento (REsp 1.468.734-SP).

Isso porque no momento em que a associação ajuíza a demanda, ela deverá juntar aos autos autorização expressa dos associados para a propositura dessa ação e uma lista com os nomes de todos as pessoas que estão associadas naquele momento. A associação não tem legitimidade ativa para defender os direitos de pessoas que, depois da propositura da ação, vierem a se agregar à entidade. Caso a ação se já julgada procedente, o título executivo **irá beneficiar apenas os associados cujos nomes estão na lista de filiados juntada com a petição inicial. Só essas pessoas é que poderão executar o título.**

Em resumo, em palavras mais simples, no momento em que a associação ajuíza a demanda, ela deverá juntar aos autos autorização expressa dos associados para a propositura dessa ação e uma lista com os nomes de todos as pessoas que estão associadas naquele momento.

Caso a ação seja julgada procedente, o título executivo irá beneficiar apenas os associados cujos nomes estão na lista de filiados juntada com a petição inicial. Só **essas pessoas é que poderão executar o título (RE 573232/SC).**

15 Ação coletiva híbrida. Que negócio é esse?

A ação coletiva híbrida é a ação coletiva em que se busca tutelar, ao mesmo tempo, direitos difusos, coletivos e direitos individuais homogêneos.

A jurisprudência já discutiu se é possível pleitear em uma mesma ação direitos difusos, coletivos e direitos individuais homogêneos, especialmente se levarmos em conta que os direitos individuais homogêneos não são ontologicamente direitos coletivos, mas apenas direitos individuais disponíveis tutelados de forma coletiva.

Ao analisar a situação, o STJ **(Resp 1.293.606/MG)** entendeu que é plenamente admitido em nosso ordenamento a ação coletiva híbrida. Para tanto, afirmou que não é preciso que se peça, de cada vez, uma tutela referente a direito individual homogêneo, em outra ação uma de direitos coletivos e, em outra, uma de direito difusos, notadamente em se tratando de ação manejada pelo Ministério Público, que detém legitimidade ampla no processo coletivo.

16 Há foro por prerrogativa de função nas ações de improbidade?

O tema da existência ou não de foro por prerrogativa de função nas ações de improbidade sempre foi alvo de controvérsia nos tribunais superiores.

De início, cumpre esclarecer que a ação de improbidade possui a natureza jurídica de ação civil e a Constituição previu, em regra, o foro de prerrogativa de função apenas para ações de natureza penal.

Apesar disso, em 24/12/2002, foi editada a Lei n.º 10.628, que acrescentou o § 2º ao art. 84 do CPP, prevendo foro por prerrogativa de função para as ações de improbidade. A referida lei foi objeto de ADI (nº 2.797/DF), a qual foi julgada procedente, declarando-se a inconstitucionalidade dessa lei.

O STJ, contudo, mesmo diante da decisão em ADI, chegou a defender a existência de foro por prerrogativa de função **(Rcl 2.790/SC)**. Posteriormente, contudo, tanto o STF **(Rcl 2.243/DF)** quanto o STJ **(Resp 1.489.024/SP)** entenderam que não há foro de prerrogativa de função nas ações de improbidade administrativa.

Assim, ainda que se trate de ato de improbidade cometido por autoridade detentora de foro de prerrogativa de função, a ação de improbidade deverá ser proposta nas instâncias ordinárias.

Recentemente essa decisão foi novamente submetida ao STF, que reafirmou sua jurisprudência entendendo que o foro por prerrogativa de função é previsto pela Constituição Federal apenas para as infrações penais comuns, não podendo ser estendida para ações de improbidade administrativa, que têm natureza civil **(Pet 3240/DF).**

Durante o julgamento da Pet 3240/DF, os Ministros chegaram a debater que não há foro de prerrogativa para nenhuma autoridade. Embora esse tema tenha sido abordado apenas de "obiter dictum", não fazendo parte do dispositivo, ele indica um avanço na jurisprudência do STF. Isso porque em 2008 o STF decidiu que a competência para julgar ação de improbidade administrativa proposta contra Ministro do STF é do próprio STF **(Pet 3211/DF QO).**

17 O que são danos sociais? Eles podem ser pleiteados em ações individuais?

Danos sociais, segundo Antônio Junqueira de Azevedo, "são lesões à sociedade, no seu nível de vida, tanto por rebaixamento de seu patrimônio moral - principalmente a respeito da segurança - quanto por diminuição na qualidade de vida.

O dano social **é, portanto, uma nova espécie de dano reparável, que não se confunde com os danos materiais, morais e estéticos, e que decorre de comportamentos socialmente reprováveis, que diminuem o nível social de tranquilidade. De igual forma, dano social não é sinônimo de dano moral coletivo.**

Conforme explica Flávio Tartuce, os danos sociais **são difusos** e a sua indenização deve ser destinada não para a vítima, mas sim para um fundo de proteção ao consumidor, ao meio ambiente etc., ou mesmo para uma instituição de caridade, a critério do juiz.

➔ **Em uma ação individual por danos morais, o juiz ou Tribunal pode, de ofício, condenar o autor do ilícito a indenizar a coletividade por danos sociais?**

Não. É indispensável o pedido expresso **(STJ - Rcl 12.062-GO).**

➔ **E se o autor tivesse pedido a condenação por danos sociais, seria possível seu deferimento?**

NÃO. Mesmo que houvesse pedido de condenação em danos sociais na demanda em exame, o pleito não poderia ter sido julgado procedente, pois esbarraria na ausência de legitimidade para postulá-lo. Isso porque, na visão do STJ, a condenação por danos sociais somente pode ocorrer em demandas coletiva e, portanto, apenas os legitimados para a propositura de ações coletivas poderiam pleitear danos sociais.

Em suma, não é possível discutir danos sociais em ação individual. (STJ - Rcl 12.062-GO).

18 Aplica-se a remessa necessária na ação civil pública?

No Brasil, a doutrina defende que vigora no âmbito da tutela coletiva o chamado "microssistema processual coletivo". Esse microssistema seria formado pelas principais leis que abordam a tutela coletiva: ação popular, lei da ação civil pública, código do consumidor, lei de improbidade, lei do mandado de segurança, estatuto da criança e do adolescente e estatuto do idoso.

A consequência prática de se considerar esse conjunto de leis como um microssistema é que as normas coletivas devem ser interpretadas em conjunto, sendo possível a aplicação subsidiária dos dispositivos de uma lei em outra, no caso de omissão legislativa.

Nesse sentido, considerando o disposto na Lei da Ação Popular, prevalece que as sentenças de improcedência nas ações civis pública se submetem a remessa necessária **(Resp 1.108.542/SC).**

➔ **Esse entendimento se mantém mesmos nos casos de direitos individuais homogêneos?**

Não. O STJ entende que **não se admite o cabimento da remessa necessária, tal como prevista no art. 19 da Lei nº 4.717/65, nas ações coletivas que versem sobre direitos individuais homogêneos (REsp 1.374.232/ES).**

O fundamento utilizado é que o STJ entende que o artigo 19 da Lei da Ação Popular somente se aplica no caso de direitos transindividuais (Difusos e Coletivos em sentido estrito), uma vez que, nesse caso, a sua relevância para a coletividade como um todo justificaria aplicação do instituto.

Contudo, em caso de ações coletivas que tutelam direitos individuais homogêneos, não se observa essa necessidade. Isso porque os direitos individuais homogêneos **são apenas acidentalmente coletivos,** não sendo transindividuais nem atingindo a coletividade como um todo.

Em resumo:

a) Haverá remessa necessária nas ações civis públicas quando elas tutelarem direitos difusos e coletivos em sentido estrito.

b) Não haverá remessa necessária nas ações civis públicas quando elas tutelam direitos individuais homogêneos.

19 Associações com estatutos demasiadamente genérico podem propor ação civil pública?

As associações são legitimadas para propositura de ação civil pública, nos termos da legislação de regência:

> **Art. 5º** Têm legitimidade para propor a ação principal e a ação cautelar:
>
> **V** - a associação que, concomitantemente:
>
> **a)** esteja constituída há pelo menos 1 (um) ano nos termos da lei civil;
>
> **b)** inclua, entre suas finalidades institucionais, a proteção ao patrimônio público e social, ao meio ambiente, ao consumidor, à ordem econômica, à livre concorrência, aos direitos de grupos raciais, étnicos ou religiosos ou ao patrimônio artístico, estético, histórico, turístico e paisagístico.

Contudo, STJ tem entendido que não possuem legitimidade para litigar por meio de ACP as associações que possuam estatuto demasiadamente genérico.

Assim, embora a Lei da Ação Civil Pública seja genérica, exigindo que a associação possua entre seus fins institucionais a proteção a algum daqueles bens jurídicos por ela listados, não se pode entender como cabível um estatuto de tal forma genérico que não discorra qual o efetivo interesse defendido, como se todos o fossem, o que desnatura a exigência de representatividade do grupo lesado.

Em resumo, portanto, concluiu o STJ que, para o nosso direito, a legitimidade da associação, para fins de ACP, dependerá do cumprimento cumulativo dos 02 requisitos legais, o qual, contudo, gerará apenas uma presunção relativa de legitimidade, passível de ser afastada caso o estatuto da associação seja de tal forma genérico que desnature a representatividade do grupo lesado **(REsp 1.213.614-RJ)**.

20 "Fluid recovery". Que negócio é esse?

O instituto do "fluid recovery" encontra-se previsto no artigo 100 do CDC:

> **Art. 100.** Decorrido o prazo de um ano sem habilitação de interessados em número compatível com a gravidade do dano, poderão os legitimados do art. 82 promover a liquidação e execução da indenização devida.
>
> **Parágrafo único.** O produto da indenização devida reverterá para o fundo criado pela Lei n.º 7.347, de 24 de julho de 1985.

Assim, o instituto do "fluid recovery" (reparação líquida), **que somente tem aplicação nos direitos individuais homogêneos,** ocorre quando, após um ano da sentença de procedência da ação, o número de interessados em executar individualmente tal sentença é incompatível com a gravidade do dano causado.

Nesse caso, a baixa adesão dos legitimados poderia incentivar o causador do dano a continuar com sua conduta nociva, uma vez que os valores pagos por ela não são compatíveis com o dano que ele provocou.

Diante dessa situação, para evitar inclusive o enriquecimento sem causa, a lei permite que os legitimados do artigo 82 do CDC promovam a liquidação e executem a sentença.

Nesse caso, contudo, o produto da execução não fica com o legitimado que promoveu a execução, mas deverá ser destinado a um fundo criado pela Lei 7.347/85 (Art. 13), devendo os recursos serem destinados à reconstituição dos bens lesados.

Com isso, o instituto do "fluid recovery" possui dois claros objetivos. Primeiro, não permitir que a falta de habilitação dos consumidores lesados termine por liberar o fornecedor que atuou ilicitamente de suportar a reparação pelos danos causados, reforçando a função de desestímulo que a indenização deve possuir. Por outro lado, determina a possibilidade da reparação; não sendo diretamente reclamada pelos lesados, **a indenização pode ser utilizada em iniciativas e projetos vinculados aos direitos que a ação coletiva buscou proteger.**

21 A Lei de Improbidade se aplica a fatos praticados antes de sua entrada em vigor?

Tendo em vista que a própria Constituição desde sua entrada em vigor já determinou que os atos de improbidade administrativa importarão a suspensão dos direitos políticos, a perda da função pública, a indisponibilidade dos bens e o ressarcimento ao erário, chegou ao STJ a seguinte discussão: é possível a aplicação da Lei de Improbidade a fatos praticados anteriormente a sua entrada em vigor, mas praticados após a Constituição?

O STJ (Resp 1.129.121/GO) entendeu que não. Para ele, a Lei 8.429/92 não pode ser aplicada retroativamente para alcançar fatos anteriormente a sua vigência, ainda que praticados após a entrada da atual Constituição.

A garantia da irretroatividade da lei mais gravosa e da segurança jurídica impediria a aplicação da lei de improbidade a fatos praticados antes da sua entrada em vigor. Isso, contudo, não impede eventual ação de ressarcimento.

22 As ações de ressarcimento ao erário, decorrentes de atos de improbidade administrativa, prescrevem?

⊖ Qual é o contexto?

A lei de improbidade administrativa estabelece uma série de penas aos que cometeram atos de improbidade, como, por exemplo, perda dos bens ou valores acrescidos ilicitamente, perda da função pública, suspensão dos direitos políticos e ressarcimento integral do dano.

Sobre o tema, a lei previu o seguinte prazo de prescrição:

> **Art. 23.** As ações destinadas a levar a efeitos as sanções previstas nesta lei podem ser propostas:
>
> **I** - até cinco anos após o término do exercício de mandato, de cargo em comissão ou de função de confiança;
>
> **II** - dentro do prazo prescricional previsto em lei específica para faltas disciplinares puníveis com demissão a bem do serviço público, nos casos de exercício de cargo efetivo ou emprego.
>
> **III** - até cinco anos da data da apresentação à administração pública da prestação de contas final pelas entidades referidas no parágrafo único do art. 1º desta Lei.

De um modo geral, é pacífico a aplicação do artigo 23 para as penas previstas na lei de improbidade, **com exceção do ressarcimento integral do dano.** Isso porque, com relação ao ressarcimento integral do dano, há forte doutrina que defende sua imprescritibilidade, com fundamento nos §§ 5º, do artigo 37, da Constituição:

> **Art.** 37 (...)
>
> § **4º** - Os atos de improbidade administrativa importarão a suspensão dos direitos políticos, a perda da função pública, a indisponibilidade dos bens e o ressarcimento ao erário, na forma e gradação previstas em lei, sem prejuízo da ação penal cabível.
>
> § **5º** A lei estabelecerá os prazos de prescrição para ilícitos praticados por qualquer agente, servidor ou não, que causem prejuízos ao erário, ressalvadas as respectivas ações de ressarcimento.

Vejam que o § 5º estabelece que a lei estabelecerá os prazos de prescrição no caso de ilícitos que causem prejuízo ao erário, **ressalvada as ações de ressarcimento**. Assim, surgiram duas correntes sobre como interpretar esse dispositivo nas ações de improbidade:

a) as ações de ressarcimento ao erário, decorrentes de atos de improbidade, são **imprescritíveis,** uma vez que o § 5º possui duas partes. Na primeira, o constituinte determinou que a lei deverá estabelecer os prazos de prescrição para ilícitos, praticados por qualquer pessoa (servidor ou não) e que gerem prejuízo ao erário. Na segunda parte, o constituinte afirmou que tudo que ele disse anteriormente **não se aplica** para as ações de ressarcimento. Isso somente pode significar uma coisa: a lei não poderá estabelecer prazos de prescrição para tais ações, sendo elas, portanto, imprescritíveis.

b) as ações de ressarcimento ao erário, decorrentes de atos de improbidade, são **prescritíveis:** o dispositivo estabeleceu que compete a lei quais são os atos de improbidade, as penas e quais os prazos prescricionais aplicados (§§ 4º e 5º). Enquanto não houver lei prevendo quais são os atos de improbidade administrativa, não poderão ser ajuizadas ações de improbidade administrativa pedindo a aplicação das sanções previstas no § 4º. Ficam ressalvadas dessa proibição as ações de ressarcimento (parte final do § 5º), ou seja, mesmo sem lei expressa, as ações de ressarcimento já poderiam ser propostas. **Havendo lei, contudo, as ações de ressarcimento se submetem a prescrição legal.**

⊖ **O STF adotou qual teoria?**

Na realidade, o STF **acabou criando uma terceira teoria.**

No caso, no julgamento do Recurso Extraordinário 852.475, o STF entendeu que as ações de ressarcimento ao erário envolvendo atos de improbidade administrativa são imprescritíveis. Contudo, a imprescritibilidade em questão **somente se aplica aos casos de atos de improbidade praticados com dolo.**

Isso é importante porque os atos de improbidade previstos no artigo 10 da Lei de Improbidade **podem ser praticados de forma dolosa ou culposa**. Caso sejam praticados de forma culposa, a ação de ressarcimento ao erário se submeterá ao prazo prescricional do artigo 23 da Lei de Improbidade.

Em suma, são imprescritíveis as ações de ressarcimento ao erário, fundadas na prática de **ato doloso** tipificado na Lei de Improbidade Administrativa.

23 Pessoa jurídica pode propor ação popular?

Nos termos do artigo 1º da Lei da Ação Popular, qualquer cidadão pode propor ação popular. Nesse sentido, tem-se entendido que cidadão para fins da propositura de ação popular **deve ser entendido como pessoa física no gozo de seus direitos políticos.** Em razão disso, o STF editou a seguinte súmula:

> **STF – Súmula 365:** Pessoa Jurídica não tem legitimidade para propor ação popular.

24 No âmbito das associações, a autorização genérica no estatuto é suficiente para propositura da ação civil pública?

⊖ Qual é o contexto?

Segundo a Corte Suprema, as associações, quando atuarem em juízo na defesa de seus associados, **devem apresentar expressa autorização para tanto**, ainda que mediante deliberação assemblear, **não** bastando, para isso, a previsão genérica do respectivo estatuto, nos termos do artigo 5º, XXI, da Constituição:

> **Art. 5º. XXI** - as entidades associativas, quando expressamente autorizadas, têm legitimidade para representar seus filiados judicial ou extrajudicialmente;

⊖ Qual é a razão desse entendimento?

Isso porque, em tais ações, as associações **atuam como representantes** de seus associados, isto é, **defendem direito ALHEIO em nome ALHEIO.** Em outras palavras, **elas não atuam como substitutos processuais**, que defendem interesse alheio em nome próprio.

Exatamente por isso é que, sem autorização, a associação **não** está legitimada a agir, **não** bastando que o estatuto simplesmente preveja uma autorização genérica, o que corriqueiramente ocorre **(RE 573.232/SC).**

Essa prévia autorização dos associados para que a associação possa ingressar com a respectiva ACP é obtida de 02 maneiras:

a) Prévia autorização individual.

b) Prevista de maneira expressa e clara no estatuto, votada em assembleia. NÃO vale a previsão genérica.

⊖ Existe alguma exceção?

Sim, o mandado de segurança coletivo, no qual a associação poderá ingressar em juízo **independentemente de prévia autorização dos associados.**

> **Súmula nº 629 do STF:** A impetração de mandado de segurança coletivo por entidade de classe em favor dos associados **independe** da autorização destes.

25 Para a propositura de ação popular é indispensável à comprovação de prejuízo econômico material?

⊕ Qual é o contexto?

Nos termos da Constituição, cabe ação popular nas seguintes hipóteses:

> **Art. 5º.** (...)
>
> **LXXIII** - qualquer cidadão é parte legítima para propor ação popular que vise a anular **ato lesivo** ao patrimônio público ou de entidade de que o Estado participe, à moralidade administrativa, ao meio ambiente e ao patrimônio histórico e cultural, ficando o autor, salvo comprovada má-fé, isento de custas judiciais e do ônus da sucumbência;

Da mesma forma a Lei de Ação Popular:

> **Art. 1º** Qualquer cidadão será parte legítima para pleitear a anulação ou a declaração de nulidade de **atos lesivos** ao patrimônio da União, do Distrito Federal, dos Estados, dos Municípios, de entidades autárquicas, de sociedades de economia mista (Constituição, art. 141, § 38), de sociedades mútuas de seguro nas quais a União represente os segurados ausentes, de empresas públicas, de serviços sociais autônomos, de instituições ou fundações para cuja criação ou custeio o tesouro público haja concorrido ou concorra com mais de cinqüenta por cento do patrimônio ou da receita ânua, de empresas incorporadas ao patrimônio da União, do Distrito Federal, dos Estados e dos Municípios, e de quaisquer pessoas jurídicas ou entidades subvencionadas pelos cofres públicos.

Vejam que a Constituição e a Lei da Ação Popular permitem o uso da ação popular para anular **atos lesivos**. Em razão disso, a doutrina e a jurisprudência passaram a se questionar como interpretar a expressão "atos lesivos". Apenas o prejuízo econômico, material poderia levar ao ajuizamento de uma ação popular?

O STJ, em julgado antigo, entendeu que era necessária a comprovação do prejuízo econômico, mesmo em se tratando de lesão à moralidade administrativa, meio ambiente ou ao patrimônio cultural e histórico (**Eresp 260.821/SP)**.

Posteriormente, contudo, o STJ alterou o seu entendimento, **entendendo que a demonstração do prejuízo econômico não é essencial para o cabimento da ação popular (Resp 1.130.754/RS).**

Por fim, o STF, em sede de repercussão geral, entendeu **(ARE 824781)** que a ação popular é cabível não apenas quando puder ser comprovado prejuízo material ao patrimônio público, mas também nos casos em que o prejuízo não puder ser economicamente quantificável, como ocorre nos casos de lesão à moralidade administrativa, ao meio ambiente e ao patrimônio histórico e cultural.

➔ Qual foi o fundamento?

O fundamento do STF foi no sentido de que é preciso observar que a ação popular constitui importante instrumento de cidadania. Assim, limitar seu cabimento apenas às hipóteses em que houver prejuízo material, quantificável, **acabaria por restringir um direito constitucional, o que não poderia ser admitido.**

Além disso, era preciso observar que o art. 5º, LXXIII, da CF, fundamento constitucional da ação popular, ampliava o seu alcance para envolver não só atos lesivos ao patrimônio público, **mas também à moralidade administrativa, ao meio ambiente e ao patrimônio histórico e cultural.**

Assim, uma interpretação literal da lei não poderia, portanto, restringir uma previsão constitucional.

➔ Tudo bem, cabe ação popular com base em prejuízo presumido, mas, nesse caso, é possível que o réu seja condenado ao ressarcimento do prejuízo causado?

Não. O STJ ressalvou que embora seja possível a propositura da ação popular com base em prejuízo presumido, não é possível a condenação do réu ao ressarcimento ao erário com base em prejuízo presumido.

Para o STJ, eventual violação à boa-fé e aos valores éticos esperados nas práticas administrativas não configura, por si só, elemento suficiente para ensejar a presunção de lesão ao patrimônio público, uma vez que a responsabilidade dos agentes em face de conduta praticada em detrimento do patrimônio público exige a comprovação e a quantificação do dano. Adotar entendimento em sentido contrário acarretaria evidente enriquecimento sem causa do ente público (**REsp 1.447.237/MG**).

26 Há foro de prerrogativa de função nas ações populares?

A Lei 4.717/65 disciplina a competência para propositura da ação popular da seguinte maneira:

> **Art. 5º** Conforme a origem do ato impugnado, é competente para conhecer da ação, processá-la e julgá-la o juiz que, de acordo com a organização judiciária de cada Estado, o for para as causas que interessem à União, ao Distrito Federal, ao Estado ou ao Município.
>
> **§ 1º** Para fins de competência, equiparam-se atos da União, do Distrito Federal, do Estado ou dos Municípios os atos das pessoas criadas ou mantidas por essas pessoas jurídicas de direito público, bem como os atos das sociedades de que elas sejam acionistas e os das pessoas ou entidades por elas subvencionadas ou em relação às quais tenham interesse patrimonial.
>
> **§ 2º** Quando o pleito interessar simultaneamente à União e a qualquer outra pessoa ou entidade, será competente o juiz das causas da União, se houver; quando interessar simultaneamente ao Estado e ao Município, será competente o juiz das causas do Estado, se houver.
>
> **§ 3º** A propositura da ação prevenirá a jurisdição do juízo para todas as ações, que forem posteriormente intentadas contra as mesmas partes e sob os mesmos fundamentos.
>
> **§ 4º** Na defesa do patrimônio público caberá a suspensão liminar do ato lesivo impugnado.

Ao interpretar tal dispositivo, a jurisprudência do STF determinou que, regra geral, não importa quem seja a autoridade impugnada (exemplo: Presidente da República, Mesa da Câmara dos Deputados etc.), a ação popular deverá ser processada e julgada pelo juízo de 1º grau. **Não há, portanto, de se falar em foro por prerrogativa de função.**

Assim, em regra, não é da competência originária do STF conhecer de ações populares, nem mesmo quando o réu seja autoridade que tenha na Corte o seu foro por prerrogativa de função para os processos previstos na Constituição (**AO 2264 AgR/CE**).

➔ Existe alguma hipótese de competência do STF para ações populares?

Sim, a doutrina (Hermes Zaneti JR. e Leonardo Garcia) cita as seguintes exceções:

a) quando a ação popular interessar à totalidade de juízes estaduais ou ficar configurado, após o julgamento de 1ª instância, o impedimento de mais da metade dos desembargadores, a competência será do STF.

b) quando ocorrer o "conflito federativo" entre a União e um Estado-membro ou entre um Estado-membro e o DF.

27 É possível ajuizar ação de improbidade administrativa apenas contra o particular?

➔ Qual é o contexto?

Nos termos da Lei de Improbidade Administrativa, podem ser sujeitos passivos da ação de improbidade tanto o funcionário público quanto o terceiro que com aquele concorre para a prática da improbidade, dela se beneficia ou induziu a sua prática:

> **Art. 2°** Reputa-se agente público, para os efeitos desta lei, todo aquele que exerce, ainda que transitoriamente ou sem remuneração, por eleição, nomeação, designação, contratação ou qualquer outra forma de investidura ou vínculo, mandato, cargo, emprego ou função nas entidades mencionadas no artigo anterior.
>
> **Art. 3°** As disposições desta lei são aplicáveis, no que couber, àquele que, mesmo não sendo agente público, induza ou concorra para a prática do ato de improbidade ou dele se beneficie sob qualquer forma direta ou indireta.

Assim, é plenamente possível que figurem como réus em uma ação de improbidade um agente público e um terceiro.

➔ Tá, mas quem pode ser terceiro?

Sobre o tema, temos que terceiro é todo aquele que, não sendo agente público, induza ou concorra para a prática do ato de improbidade ou dele se beneficie sob qualquer forma direta ou indireta. Assim, o terceiro para fins de ação de improbidade deve praticar alguma das seguintes condutas:

a) Induzir o agente público a praticar o ato improbo.

b) Concorrer, auxiliando o agente público a praticar o ato de improbidade.

c) Beneficiar-se do ato praticado pelo agente público, obtendo algum tipo de vantagem direta ou indireta.

Por fim, temos que o STJ entende que o terceiro pode ser uma pessoa jurídica **(REsp 1.122.177/MT).**

➔ Qual é a polêmica aqui?

Vimos que é possível que figurem como réus em uma ação de improbidade um agente público e um terceiro. O que se questiona aqui é se é possível que ação seja proposta apenas contra esse terceiro, sem a presença de nenhum agente público?

O STJ entendeu que não. Segundo o tribunal, para que haja a responsabilização de um terceiro na Lei de Improbidade, é indispensável que seja identificado algum agente público como autor da prática do ato de improbidade. Logo, não é possível que seja proposta ação de improbidade somente contra o terceiro, sem que figure também um agente público no polo passivo da demanda.

Isso porque todas as condutas descritas pela lei para que um terceiro responsabilizado por improbidade (induzir, concorrer ou beneficiar-se) **também envolvem necessariamente uma conduta de um agente público.**

Assim, é inviável o manejo da ação civil de improbidade exclusivamente e apenas contra o particular, sem a concomitante presença de agente público no polo passivo da demanda.

Logo, **não é possível a propositura de ação de improbidade exclusivamente contra o particular, sem a concomitante presença de agente público no polo passivo da demanda (REsp 1.171.017-PA).**

28 É possível que as associações privadas façam transação em ação civil pública?

⊝ Qual o contexto?

A lei da Ação Civil Pública estabelece o seguinte:

> **Art. 5. (...)**
>
> **§ 6° Os órgãos públicos legitimados** poderão tomar dos interessados compromisso de ajustamento de sua conduta às exigências legais, mediante cominações, que terá eficácia de título executivo extrajudicial.

Vejam, meus amigos, que a lei permitiu que fosse celebrado com eventuais interessados termos de ajustamentos de conduta. Por outro lado, o Código Civil não permite a celebração de transação em face de direitos indisponíveis:

> **Art. 841, CC/02.** Só quanto a direitos patrimoniais de caráter privado se permite a transação.

Assim, em sendo em regra os direitos discutidos na ACP indisponíveis e não permitindo o ordenamento transação de direitos indisponíveis, em tese, haveria um conflito de normas.

A doutrina majoritária (Hermes Zaneti Jr., Leonardo Garcia e Daniel Amorim Assumpção), contudo, entende não há nenhuma espécie de conflito entre as normas, devendo se fazer uma distinção entre **transação formal e substancial.**

A **transação material** é aquela que cuida do próprio direito. **Já a transação formal** é a que não significa qualquer renúncia ao direito coletivo. O que é transacionado aqui são apenas aspectos formais, como a forma e o prazo de reparação do dano.

Os fundamentos para permitir a transação em sede de direitos coletivos, segundo Hermes Zaneti Jr. e Leonardo Garcia, são os seguintes: **a)** os dispositivos que vedam a transação e a conciliação em relação aos direitos indisponíveis foram criadas para os direitos individuais. **b)** a efetivação dos direitos coletivos exige a flexibilização das normas tradicionais aos fins da tutela coletiva, que exigem a máxima efetividade dos direitos. **c)** a indisponibilidade dos direitos não é afetada, pois a transação aqui somente afeta aspectos formais, sendo possível apenas transacionar o modo e a forma de recomposição dos direitos, mas não o próprio direito.

Em suma, é possível fazer transação em sede de ação civil pública, desde que isso não implique em transação material do direito.

➔ É possível que as associações privadas façam transação em ação civil pública?

Ao disciplinar o tema, a Lei da Ação Civil Pública assegurou tal prerrogativa **apenas aos órgãos públicos,** o que afastaria as associações privadas.

Ao analisar o tema, no âmbito da ADPF que discutiu o acordo envolvendo os planos econômicos, o STF entendeu que, mesmo sem previsão normativa expressa, as associações privadas também podem fazer acordos nas ações coletivas (**ADPF 165/DF).**

➔ Qual o fundamento?

Segundo o STF, a ausência de disposição normativa expressa no que concerne a associações privadas não afasta a viabilidade do acordo. Isso porque a existência de previsão explícita unicamente quanto aos entes públicos diz respeito ao fato de que eles somente podem fazer o que a lei determina, **ao passo que aos entes privados é dado fazer tudo que a lei não proíbe.**

Assim, não proibindo a legislação, de forma expressa, a possibilidade de transação por associações privadas em sede de ACP, a melhor interpretação possível é que a elas também foi assegurada essa prerrogativa.

Em suma, não faria sentido prever um modelo que autoriza a justiciabilidade privada de direitos e, simultaneamente, deixar de conferir aos entes privados as mais comezinhas faculdades processuais, tais como a de firmar acordos.

29 Existe algum requisito para o magistrado aceitar o pedido de intervenção móvel do Ente Público nas ações coletivas?

⊕ Qual é o contexto?

A Lei da Ação Popular contém o seguinte dispositivo:

> **Art. 6º** A ação será proposta contra as pessoas públicas ou privadas e as entidades referidas no art. 1º, contra as autoridades, funcionários ou administradores que houverem autorizado, aprovado, ratificado ou praticado o ato impugnado, ou que, por omissas, tiverem dado oportunidade à lesão, e contra os beneficiários diretos do mesmo.
>
> (...)
>
> **§ 3º** A pessoas jurídica de direito público ou de direito privado, cujo ato seja objeto de impugnação, poderá abster-se de contestar o pedido, ou poderá atuar ao lado do autor, desde que isso se afigure útil ao interesse público, a juízo do respectivo representante legal ou dirigente.

Vejam que o § 3º do artigo 6º permite ao ente público, em concordando com o autor da ação popular, migrar para o polo ativo e passar a atuar em conjunto com o demandante. A essa possibilidade de migração de polos da demanda, **a doutrina deu o nome de "intervenção móvel do Poder Público".**

Ao trazer essa possibilidade, o legislador realizou, na verdade, uma quebra do princípio da estabilidade subjetiva da demanda em favor do interesse público primário.

Assim, uma vez citada na ação popular, a pessoa jurídica pode adotar 03 posturas:

a) apresentar resposta, em especial contestação, sustentando que não há vício no ato impugnado judicialmente;

b) permanecer inerte (em posição neutra), sem pronunciamento algum sobre o ato impugnado;

c) não contestar e, verificando que ação coletiva ajuizada é útil ao interesse público, deslocar-se da sua posição do polo passivo para o polo ativo da demanda, vindo a atuar ao lado do autor.

➔ **A intervenção móvel somente é válida nas ações populares?**

No Brasil, a doutrina defende que vigora no âmbito da tutela coletiva o chamado "microssistema processual coletivo". Esse microssistema seria formado pelas principais leis que abordam a tutela coletiva: ação popular, lei da ação civil pública, código do consumidor, lei de improbidade, lei do mandado de segurança, lei do mandado de injunção, estatuto da criança e do adolescente e estatuto do idoso.

A consequência prática de se considerar esse conjunto de leis como um microssistema é que as normas coletivas devem ser interpretadas em conjunto, sendo possível a aplicação subsidiária dos dispositivos de uma lei em outra, no caso de omissão legislativa.

Assim, tanto a doutrina quanto o STJ entendem que a intervenção móvel também é possível em sede de ação civil pública.

➔ **Existe algum requisito para que o magistrado aceite o pedido de intervenção móvel?**

A Lei da Ação Popular foi omissa sobre o tema. Contudo, ao analisar a situação, o STJ entendeu que o pedido de intervenção móvel tem contido em si **um verdadeiro reconhecimento implícito do pedido.**

Assim, para que o pedido de intervenção móvel do ente público seja aceito **é preciso que ele demonstre que tomou medidas concretas e de boa fé para sanar a ilicitude apontada na ação civil pública, bem como tomou as medidas disciplinares contra os servidores ímprobos, omissos ou relapsos.**

Segundo o STJ, a alteração subjetiva, nesse caso, implica reconhecimento implícito dos pedidos, sobretudo os de caráter unitário (Ex.: anulação dos atos administrativos impugnados), **e só deve ser admitida pelo juiz, em apreciação ad hoc**, quando o ente público demonstrar, de maneira concreta e indubitável, que de boa-fé e eficazmente tomou as necessárias providências saneadoras da ilicitude, bem como medidas disciplinares contra os servidores ímprobos, omissos ou relapsos **(REsp 1391263/SP).**

6
Empresarial

42 questões

I. ESTABELECIMENTO EMPRESARIAL, PROPRIEDADE INDUSTRIAL E CONTRATOS

01 De quem é a competência para julgar mandado de segurança impetrado contra ato de presidente da Junta Comercial?

É plenamente cabível mandado de segurança contra ato de presidente de Junta Comercial. Questão controversa, contudo, é saber qual a justiça competente para o processamento do MS.

Para responder a essa pergunta, é necessário primeiro saber que a junta comercial possui dois tipos de subordinação: **a) subordinação administrativa:** no âmbito administrativo, a junta comercial está subordinada à unidade federativa (Estado); **b) subordinação técnica:** no âmbito técnico, a junta comercial está subordinada ao DREI (Departamento de Registro Empresarial e Integração), que é um órgão federal.

Se é assim, o MS contra ato do presidente da junta comercial deverá ser ajuizado na Justiça Federal, posto que tecnicamente está ela subordinada a um órgão federal **(RE 199.793/RS).**

02 Nos contratos de alienação fiduciária regidos pelo Decreto-Lei 911/69, o devedor tem direito de purgar a mora?

Segundo a doutrina (André Luiz Santa Cruz), alienação fiduciária em garantia é um contrato instrumental em que uma das partes, em confiança, aliena a outra a propriedade de determinado bem, ficando esta parte (uma instituição financeira, em regra) obrigada a devolver àquela obrigada a devolver o bem a outra parte quando verificada a ocorrência de determinado fato (Ex.: não tendo dinheiro para comprar um carro, procuro o banco da concessionária. O banco adquire o carro e passa para mim, sob a condição de que eu pague um empréstimo. Caso não pague, o carro fica com o banco.)

A alienação fiduciária é regida pelos seguintes diplomas legais:

a) **Alienação fiduciária de bens MÓVEIS fungíveis e infungíveis quando o credor fiduciário for instituição financeira:**

   - Lei nº 4.728/65 e Decreto-Lei nº 911/69.

b) **Alienação fiduciária de bens MÓVEIS infungíveis quando o credor fiduciário for pessoa natural ou jurídica (sem ser banco):**

   - Código Civil de 2002 (arts. 1.361 a 1.368-B).

c) **Alienação fiduciária de bens IMÓVEIS:**

   - Lei nº 9.514/97.

⊛ Purgação da mora. Que negócio é esse?

A purgação da mora ocorre quando o devedor paga ao credor as prestações que estão vencidas e mais o valor dos prejuízos que este sofreu (Art. 401, I, do CC). Com purgação da mora, o devedor consegue evitar as consequências do inadimplemento (Ex.: faltam 30 parcelas. Dessas 5 estão em atraso. Para purgar a mora, basta pagar as 05 (com respectivos encargos), não sendo preciso pagar as 30).

⊛ É possível a purgação da mora nos contratos celebrados com base no DL 911/69?

Depende. Até o ano de 2004 era permitida a purgação da mora, desde que o devedor já tivesse pago no mínimo 40% do valor financiado. Tal entendimento estava, inclusive, consagrado em um enunciado do STJ:

> **Súmula 284-STJ**: A purga da mora, nos contratos de alienação fiduciária, só é permitida quando já pagos pelo menos 40% (quarenta por cento) do valor financiado.

Contudo, em 2004, a Lei 10.931/2004, alterou o artigo 3º, §§ 1º e 2º, do DL 911, de forma que nos contratos firmados após a vigência dessa lei, não é mais permitido a purgação da mora. Com o advento dessa lei, para que o devedor fiduciante consiga ter o bem de volta, **ele terá que pagar a integralidade da dívida**, ou seja, tanto as parcelas vencidas quanto as vincendas (mais os encargos), no prazo de 5 dias após a execução da liminar, sob pena de consolidação da propriedade do bem móvel objeto da alienação fiduciária **(Resp 1.418.593/MS)**.

Assim, após a Lei 10.931/2004, não é mais permitido ao devedor o direito a purgação da mora. A súmula 284 do STJ encontra-se superada.

03 A teoria do adimplemento substancial se aplica aos contratos de alienação fiduciária em garantia regidos pelo Decreto-Lei 911/69?

A teoria do adimplemento substancial sustenta que não se deve considerar resolvida a obrigação quando a atividade do devedor, embora não tenha sido perfeita ou não atingido plenamente o fim preposto, aproxima-se consideravelmente do fim proposta (Ex.: numa obrigação de 10 parcelas, o devedor pagou 9).

Assim, com base nessa teoria, havendo adimplemento substancial, o credor teria somente uma opção: exigir do devedor o cumprimento das prestações que ficaram inadimplidas e pleitear indenização pelos eventuais prejuízos sofridos pelo inadimplemento.

Segundo o STJ, **essa teoria não se aplica aos contratos de alienação fiduciária em garantia regidos pelo Decreto-Lei 911/69 (Resp 1.622.555/MG)**.

Para o STJ, a aplicação da teoria do inadimplemento substancial para obstar o uso da ação de busca e apreensão **representaria um incentivo ao inadimplemento das últimas parcelas do contrato**, considerando que o devedor saberia que não perderia o bem e que o credor teria que se contentar em buscar o crédito faltante por outros meios judiciais menos eficazes.

Com isso haveria um evidente enfraquecimento da garantia prevista nesse instituto, o que faria com que os juros aplicados aos contratos fossem elevados, como forma de se prevenir do calote.

Isso seria prejudicial para economia e para os consumidores em geral. Dessa forma, a propriedade fiduciária, concebida pelo legislador justamente para conferir segurança às concessões de crédito, essencial ao desenvolvimento da economia nacional, ficaria comprometida pela aplicação deturpada da teoria do inadimplemento substancial.

Assim, caso o devedor não pague as últimas parcelas do contrato, será aplicado o procedimento previsto no DL 911/69, caso em que ele poderá perder o bem caso não pague as últimas parcelas.

04 A precedência de nome empresarial implica direito ao registro de marca?

O STJ entende que não.

Isso porque as formas de proteção do nome empresarial e da marca comercial não se confundem. Em regra, a proteção do **nome empresarial** fica restrita ao Estado/DF de competência da Junta Comercial em que foi registrado o ato constitutivo da empresa. Ex.: se a empresa "A" registrou seu ato constitutivo na Junta Comercial de Fortaleza, a proteção será apenas no Ceará. Essa proteção poderá ser estendida a todo o território nacional, desde que seja feito pedido complementar de arquivamento nas demais Juntas Comerciais.

A proteção da **marca** é mais extensa e, depois do registro no INPI, apenas o titular desta marca poderá utilizá-la em todo o território nacional.

Para que o registro do nome empresarial (que goza de proteção no apenas âmbito estadual) possa impedir o registro de marca (que goza de proteção nacional) é preciso, portanto, nessa ordem:

a) que a proteção ao nome empresarial não goze somente de tutela restrita a alguns Estados, mas detenha a exclusividade sobre o uso do nome em todo o território nacional e

b) que a reprodução ou imitação seja "suscetível de causar confusão ou associação com estes sinais distintivos". **(REsp 1204488/RS).**

05 Qual é o termo inicial da pretensão de ressarcimento decorrente de plágio?

No caso de responsabilidade civil baseada na alegação de plágio, a ação tem o prazo prescricional de 03 anos:

> **Art. 206.** Prescreve: (...)
>
> **§ 3º** Em três anos: (...)
>
> **V** - a pretensão de reparação civil.

A polêmica aqui é saber quando esse prazo tem início: **a)** da publicação da obra plagiadora?; ou **b)** da data em que o autor originário toma conhecimento de que sua obra foi plagiada?

O STJ entendeu que o termo inicial da pretensão de ressarcimento nas hipóteses de plágio se dá quando o autor originário **tem comprovada ciência da lesão a seu direito subjetivo e de sua extensão, não servindo a data da publicação da obra plagiária, por si só, como presunção de conhecimento do dano (REsp 1.645.746-BA).**

O fundamente utilizado pelo STJ foi o seguinte: o plágio é uma lesão de difícil constatação, na grande maioria dos casos sendo identificado somente após a leitura e análise da integralidade da obra.

Assim, se fosse considerado como termo inicial a data da publicação, o autor plagiado, para poder defender seu direito, teria que acompanhar todos os demais livros que fossem lançados e que tratassem sobre o mesmo assunto e, além disso, teria que os ler na íntegra para tentar identificar se ocorreu plágio.

Isso faria com que a defesa de seu direito fosse praticamente impossível, especialmente se considerarmos que o prazo prescricional de 3 anos não é muito grande.

06 No âmbito da lei de propriedade industrial, haverá a caducidade no caso de marca produzida no Brasil, mas que somente é vendida no exterior?

A caducidade é uma das formas de extinção da marca, nos termos do artigo 142 da Lei 9.279/96:

> Art. 142. O registro da marca extingue-se:
>
> III - pela caducidade

Caducará o registro se decorridos 05 anos da sua concessão, **o uso da marca não tiver sido iniciado no Brasil ou se o uso da marca houver sido interrompido por mais de 05 anos consecutivos ou se no mesmo prazo, a marca tiver sido usada com modificação que implique alteração de seu caráter distintivo original,** tal como constante do certificado de registro. Nesses casos, o titular será intimado para se manifestar no prazo de 60 (sessenta) dias, cabendo-lhe o ônus de provar o uso da marca ou justificar seu desuso por razões legítimas.

Ao analisar a situação de uma determinada marca de cigarros, produzidos no Brasil, mas destinados ao consumo apenas no exterior, o STJ entendeu que o fato de determinada marca ser destinada exclusivamente ao mercado externo não significa que o uso da marca não tenha sido iniciado no Brasil.

Em outras palavras, **como o cigarro era produzido em nosso país, pode-se dizer que a empresa iniciou sim o uso da marca no Brasil, mesmo que as suas vendas fossem apenas para exportação.**

Dessa forma, se a empresa fabricava os cigarros no Brasil e os revendia para o exterior, ela estava usando a marca no Brasil e tal situação não se enquadra no inciso III do art. 143 da LPI.

Se o titular da marca registrada no Brasil industrializa, fabrica, elabora o produto em território nacional, claramente inicia e faz uso da marca no Brasil, merecendo toda proteção legal, pois aqui empreende, gerando produção, empregos e riqueza, sendo indiferente que a mercadoria aqui produzida seja destinada ao mercado interno ou exclusivamente ao externo. Produzir no País o produto com a marca aqui registrada atende suficientemente ao requisito legal de "uso da marca iniciado no Brasil" **(REsp 1.236.218-RJ).**

07 Em ação envolvendo direitos da propriedade industrial, o INPI pode ser condenado em custas e honorários sucumbenciais?

O Instituto Nacional de Propriedade Industrial – INPI, **autarquia federal,** é o ente responsável por zelar pelos direitos da propriedade industrial.

Nesse sentido, o STJ entendeu que, caso o INPI **conceda indevidamente registro de marca,** deverá ser demandado junto com a empresa detentora da marca irregular.

Dessa forma, em caso de procedência da ação de nulidade, o INPI deve responder solidariamente pelos honorários advocatícios sucumbenciais mesmo que, na ação proposta, ele tenha reconhecido a procedência do pedido formulada na Inicial, é dizer, em ação de nulidade de registro de marca em que o INPI for sucumbente, cabe a ele reembolsar as despesas judiciais feitas pela parte autora.

Contudo, mesmo no caso de sucumbência, o INPI é isento de custas (**Resp 1.258.662-PR**). Isso porque a ação tramita perante a Justiça Federal e, sendo o INPI uma autarquia federal, haveria confusão (situação onde o credor e o devedor são a mesma pessoa) caso ele fosse condenado em custas.

08 Nas alienações de estabelecimento comercial, em que consiste a cláusula de "não restabelecimento"? Qual o requisito para sua validade?

No âmbito da alienação do estabelecimento comercial, o Código Civil estabelece o seguinte:

> **Art. 1.147.** Não havendo autorização expressa, o alienante do estabelecimento não pode fazer concorrência ao adquirente, nos cinco anos subsequentes à transferência.

Perceba que a lei estabelece que o alienante não poderá fazer concorrência ao adquirente, durante os 05 anos subsequentes ao trespasse. Contudo, a lei permite que o prazo legal de 05 anos seja alterado por acordo entre as partes.

A cláusula que regula o tempo em que não pode haver concorrência entre as partes é justamente chamada de "cláusula de não restabelecimento".

Sobre o tema, STJ entendeu que as **partes não podem prever que a "cláusula de não concorrência" ou "cláusula de não restabelecimento" será por prazo indeterminado.**

O ordenamento jurídico pátrio, salvo expressas exceções, não aceita que cláusulas que limitem ou vedem direitos sejam estabelecidas por prazo indeterminado. Logo, a cláusula de não restabelecimento fixada por prazo indeterminado é considerada abusiva **(Resp 680.815/PR).**

09 Investidor anjo. Que negócio é esse?

O investidor anjo é uma figura incluída em nosso ordenamento jurídico pela Lei Complementar 155/16 (Art. 61-A, LC 123/06). Trata-se de uma pessoa física ou jurídica que poderá investir na Micro-empresa ou Empresa de Pequeno Porte aportando capital, ou seja, fornecendo recursos para que a empresa se desenvolva e, com isso, depois ele recebe de volta esse investimento realizado.

⊖ Qual é a vantagem disso para a empresa?

A vantagem é que esse dinheiro que o "investidor-anjo" irá repassar não vai integrar o capital social da empresa e não será considerado como receita da sociedade. Assim, ela terá mais recursos para trabalhar sem que seja necessário sair do Simples.

Isso porque a lei estabelece que as sociedades que possuem uma determinada receita anual (Por exemplo, para ser enquadrada como empresa de pequena porte, a sociedade deve ter receita bruta anual maior que R$ 360.000,00 e menor ou igual a R$ 4.800.000,00) serão enquadradas no chamado simples, que é um regime tributário mais vantajoso para essas empresas.

A nomenclatura investidor anjo (em inglês, Angel Investor ou Business Angel) teve origem nos Estados Unidos e era usada para designar os investidores que bancavam os custos de produção das peças da Broadway, assumindo os riscos e participando de seu retorno financeiro, bem como apoiando na sua execução.

⊖ Como deve ser formalizada essa relação?

Essa relação entre o investidor-anjo e a empresa deverá ser regulada em um contrato de participação, que terá vigência máxima de 7 anos. Neste contrato deverão ser previstas as finalidades do fomento e os investimentos produtivos que serão realizados.

⊖ Como deverá ser remunerado o investidor anjo?

O investidor-anjo será remunerado por seus aportes, nos termos do contrato de participação, pelo prazo máximo de 5 anos. Ao final de cada período, o investidor-anjo fará jus à remuneração correspondente aos resultados distribuídos, conforme contrato de participação. Contudo, essa remuneração não poderá ser superiores a 50% dos lucros da ME ou EPP.

10 A inscrição do empresário no órgão competente tem natureza constitutiva ou declaratória?

Qual é o contexto

O Código Civil determina o seguinte:

> **Art. 967.** É obrigatória a inscrição do empresário no Registro Público de Empresas Mercantis da respectiva sede, antes do início de sua atividade.

Vejam que o Código estabelece uma obrigação aos empresários, consistente em se registrar na Junta Comercial antes do início de sua atividade.

⊖ Qual é a consequência da discussão?

Meus amigos, caso se entenda que o registro na Junta Comercial tem natureza constitutiva, será o registro que vai caracterizar alguém como empresário. Caso se entenda que o registro tem natureza meramente declaratória, o que caracteriza alguém como empresário é o efetivo exercício de atividade econômica organizada para a produção ou a circulação de bens ou serviços. Nesse caso, o registro não caracteriza alguém como empresário, sendo apenas uma condição de regularidade.

Para o empresário individual e para a sociedade empresária, o registro é mera condição de regularidade. O registro não é necessário para a caracterização do empresário. Assim, para ambos, o registro **tem natureza declaratória:**

> **Enunciado nº 198 das Jornadas de Direito Civil:** A inscrição do empresário na Junta Comercial não é requisito para a sua caracterização, admitindo-se o exercício da empresa sem tal providência. O empresário irregular reúne os requisitos do

> art. 966, sujeitando-se às normas do Código Civil e da legislação comercial, salvo naquilo em que forem incompatíveis com a sua condição ou diante de expressa disposição em contrário.
>
> **Enunciado nº 199 das Jornadas de Direito Civil:** A inscrição do empresário ou sociedade empresária é requisito delineador de sua regularidade, e não de sua caracterização.

⊖ Existe alguma exceção à regra?

Sim, no caso de **empresário rural,** o registro possui natureza constitutiva, já que ele só se torna empresário com o registro. Isso porque o Código Civil estabeleceu o seguinte:

> **Art. 971.** O empresário, cuja atividade rural constitua sua principal profissão, pode, observadas as formalidades de que tratam o art. 968 e seus parágrafos, requerer inscrição no Registro Público de Empresas Mercantis da respectiva sede, caso em que, depois de inscrito, ficará equiparado, para todos os efeitos, ao empresário sujeito a registro.

Assim, o artigo 971 estabeleceu que quem exerce atividade econômica rural o registro é uma faculdade. Contudo, ele somente será considerado empresário se realizar o registro na junta comercial. Assim, no caso de quem exerce atividade econômica rural, **o registro na junta comercial tem natureza constitutiva**, e não meramente declaratória.

11 É possível o reconhecimento de dano moral "in re ipsa" em favor de pessoa jurídica?

⊖ Pessoa jurídica pode sofrer dano moral?

O Código Civil estabeleceu o seguinte:

> **Art. 52.** Aplica-se às pessoas jurídicas, no que couber, a proteção dos direitos da personalidade.

Em razão disso, o STJ tem entendido que a pessoa jurídica pode sofrer dano moral:

> **STJ - Súmula 227:** A pessoa jurídica pode sofrer dano moral.

Cumpre ressaltar aqui que o dano moral sofrido pela pessoa jurídica não é o mesmo sofrido pela pessoa natural. A expressão dano moral é usada como analogia, uma vez que envolvem direitos extrapatrimoniais, mas não são de natureza biopsíquica e tampouco envolve a dignidade da pessoa humana. Aqui, o que se protege é **a honra objetiva da pessoa jurídica (reputação perante a sociedade)**.

➔ Dano moral "in re ipsa". Que negócio é esse?

O dano moral "in re ipsa" **é sinônimo de dano moral presumido.** Isso porque, em regra, a existência de dano moral exige a comprovação de que o ato praticado foi apto a provocar um dano. Em determinadas situações, contudo, presume-se que o dano é inerente ao ato. Nesses casos, basta ao prejudicado que ele demonstre que houve a prática do ato, sem necessidade de novas provas.

➔ Pessoa jurídica pode sofrer dano moral "in re ipsa"?

O tema é polêmico.

A 4ª Turma do STJ já entendeu que o dano moral por uso indevido da marca é aferível in re ipsa, ou seja, sua configuração decorre da mera comprovação da prática de conduta ilícita, revelando-se despicienda a demonstração de prejuízos concretos ou a comprovação probatória do efetivo abalo moral **(REsp 1327773/MG).**

Por outro lado, a 3ª Turma do STJ entende que o dano moral sofrido pela pessoa jurídica não se configura in re ipsa, o que não obsta, contudo, que sua comprovação ocorra por meio da utilização de presunções e regras de experiência no julgamento da controvérsia **(REsp 1.564.955/SP).**

Assim, atualmente a 4ª e a 3ª turma do STJ apresentam entendimentos divergentes sobre o tema. Sugiro, portanto, atenção ao desenrolar da polêmica.

12 *Trade dress*. Que negócio é esse?

O chamado *trade dress* ou "conjunto-imagem" é o conjunto de cores ou elementos visuais e sensitivos (brasões, cores, tamanho das letras, uniforme dos funcionários, embalagens etc.) capazes de identificar determinado produto ou serviço, diferenciando-o dos demais.

O *trade dress* não se confunde com a marca ou com o desenho industrial, pois ele tem uma abrangência maior. É dizer, considerando que o *trade dress* é a apresentação visual e sensitiva de um determinado produto ou serviço, a marca ou desenho industrial acaba fazendo parte dele, mas apenas como mais um de seus elementos. Em outras palavras, o *trade dress* acaba por englobar a marca e o desenho industrial, embora com eles não se confundam.

→ O *trade dress* é regulado no Brasil?

Não, no Brasil ainda não há uma legislação específica regulamentando o *trade dess*. Apesar disso, o STJ entende que o artigo 209 da Lei de Propriedade Industrial, que pune os **atos de concorrência desleal**, garante sua proteção:

> **Art. 209.** Fica ressalvado ao prejudicado o direito de haver perdas e danos em ressarcimento de prejuízos causados por atos de violação de direitos de propriedade industrial **e atos de concorrência desleal não previstos nesta Lei**, tendentes a prejudicar a reputação ou os negócios alheios, a criar confusão entre estabelecimentos comerciais, industriais ou prestadores de serviço, ou entre os produtos e serviços postos no comércio.

Assim, o *trade dress* é objeto de proteção em nosso ordenamento jurídico, conforme já decidiu o STJ (**REsp 1306690/SP).**

→ A comprovação da violação ao *trade dress* demanda perícia?

Por fim, o STJ entendeu que a comprovação de violação do *trade dress* de uma determinada empresa por outra **demanda, necessariamente, perícia.** Assim, o indeferimento de perícia ocasiona o cerceamento da defesa do réu **(REsp 1353451/MG).**

II. TÍTULOS DE CRÉDITO E SOCIEDADE ANÔNIMA

01 O protesto de título prescrito gera dano moral?

Amigos, para entender essa pergunta é preciso ficar claro o seguinte. O título de crédito prescreve bem antes da obrigação nele representada. Por exemplo, quando um cheque no valor de 10 mil é emitido, o credor possui o prazo de 06 meses, contados da data de apresentação, para ingressar com uma execução. Passados 06 meses, o cheque se torna prescrito.

Contudo, como foi dito, o que prescreve aqui é o título de crédito (cheque) e não a obrigação (10 mil reais). Após os 06 meses, o credor não poderá mais ingressar com uma execução por título extrajudicial, pois o cheque está prescrito. Contudo, ele poderá cobrar a obrigação por outros meios (ação monitória ou ação de cobrança, com prazo de 05 anos).

Em razão disso, o STJ entendeu que o protesto de título prescrito gera dano moral apenas se não houver outras formas de cobrar a dívida **(Resp 1.639.470/RO e Resp 1.677.772/RJ)**, uma vez que nessa situação o ato notarial (protesto) só serve para constranger o devedor.

Quando, porém, ainda existem outros meios de persecução do crédito, o entendimento do STJ é que o protesto, embora tenha sido feito fora do prazo, serve para atestar a inadimplência do devedor. Aquele que, efetivamente, insere-se na condição de devedor, estando em atraso no pagamento de dívida regularmente por si assumida, passível de cobrança por meios outros que não a execução, não pode se sentir moralmente ofendido por um ato que, apesar de extemporâneo, apenas testificou sua inadimplência.

02 Admite-se aval parcial em título de crédito?

O código civil não permite o aval parcial (art. 897, parágrafo único). Contudo, diversas **leis especiais permitem o aval parcial**, a exemplo do Art. 30 do Decreto nº 57.663/66 (letra de câmbio e nota promissória) e art. 29 da Lei 7.357/84 (lei do cheque).

Assim, **é possível o aval parcial em letra de câmbio, nota promissória e cheque**, já que são regulados por legislação especial. Contudo, não será possível aval parcial nos títulos regidos pelo Código Civil. Nesse sentido:

> **Enunciado nº 39 da I jornada de Direito Comercial:** Não se aplica a vedação do art. 897, parágrafo único, do Código Civil, aos títulos de crédito regulados por lei especial, nos termos do seu art. 903, sendo, portanto, admitido o aval parcial nos títulos de crédito regulados em lei especial.

03 Após o pagamento do título protestado, de quem é a responsabilidade pela baixa do protesto?

Protesto. Que negócio é esse?

O protesto do título pode ser conceituado como o ato público, formal e solene, realizado pelo tabelião, com a finalidade de provar a inadimplência e o descumprimento de uma obrigação constante em um título de crédito ou outro documento representativo de uma obrigação.

⊖ **De quem é a responsabilidade pela retirada do protesto após o pagamento?**

Após a quitação da dívida, incumbe ao devedor providenciar o cancelamento do protesto, salvo se foi combinado o contrário entre ele e o credor.

Segundo o STJ, como o artigo 26 da Lei 9.492/97, que regulamenta o procedimento do protesto, fala que o cancelamento do registro de protesto pode ser solicitado por qualquer interessado, **a melhor interpretação é a de que o principal interessado é o devedor, de forma que a ele cabe, em regra, o ônus do cancelamento**.

Assim, no regime próprio da Lei 9.492/97, legitimamente protestado o título de crédito ou outro documento de dívida, salvo inequívoca pactuação em sentido contrário, incumbe ao devedor, após a quitação da dívida, providenciar o cancelamento do protesto **(Resp 1.339.436/SP)**.

Cumpre ressaltar, inclusive, que esse entendimento se aplica mesmo que se trate de uma relação de consumo, é dizer, que o devedor seja um consumidor e o credor um fornecedor. Segundo o STJ, legitimamente protestado o título de crédito, cabe ao devedor que paga posteriormente a dívida o ônus de providenciar a baixa do protesto em cartório (Lei 9.294/97, art. 26), **sendo irrelevante se a relação era de consumo**, pelo que não há que se falar em dano moral pela manutenção do apontamento **(Resp 1.195.668/RS)**.

Importante não confundir esse tema com a retirada do nome do consumidor de cadastro de inadimplentes (Ex.: Serasa e SPC). Nesse caso, após a quitação do débito, compete ao credor, no prazo máximo de 05 dias, a retirada de nome do consumidor, em função do disposto no artigo 43, § 3º, do CDC.

04 É válido o aval prestado sem o consentimento do outro cônjuge?

O Código Civil, em seu artigo 1.647, IV, afirma expressamente que nenhum dos cônjuges pode dar aval sem o consentimento do outro.

A doutrina de direito empresarial sempre criticou esse dispositivo. Isso porque, ao contrário da fiança, o aval é autônomo em relação a obrigação principal. Assim, ao subordinar a eficácia do aval a outorga uxória do cônjuge, o Código Civil acaba por atrapalhar a própria circulação do título de crédito.

Ao analisar a situação, após alguma vacilação em sua jurisprudência, o STJ adotou o entendimento doutrinário e vem decidindo que o artigo 1.647, IV, **somente se aplica aos títulos de crédito regidos pelo próprio Código Civil, os chamados títulos inominados**.

Assim, para aqueles títulos de crédito que são regidos por lei especial (Ex.: Letra de Câmbio, nota promissória, cheque e duplicata), não é necessário o consentimento do cônjuge para a validade do aval **(Resp 1.633.399/SP e Resp 1.526.560/MG).**

Por fim, ressalta-se que, apesar de o aval prestado sem outorga uxória em título regido por lei especial não ser nulo, ficam preservados os bens comuns objeto de meação pelo outro cônjuge (Ex.: em caso da penhora de um imóvel por dívida de um avalista, a penhora somente pode atingir 50% do imóvel, preservando-se a meação do outro cônjuge).

05 É possível a oposição de exceções pessoais nos títulos de crédito?

Em regra, NÃO. Se o título circulou e se encontra nas mãos de terceiro de boa-fé, este poderá cobrar o valor do devedor. O devedor, por seu turno, não poderá invocar contra o portador exceções pessoais que tenha e que estejam relacionadas com o beneficiário original.

Excepcionalmente, contudo, se o título tiver sido cedido para uma empresa de factoring, é possível a oposição de exceções pessoais.

Na operação de factoring, há verdadeira cessão de crédito, e não mero endosso, razão pela qual fica autorizada a discussão da causa *debendi*, conforme prevê o art. 294 do CC.

A faturizadora (*factoring*) não pode ser equiparada a um terceiro de boa-fé porque ela tem uma relação mais profunda com a faturizada, devendo fazer uma análise do crédito que lhe está sendo transferido. O sacado pode opor à faturizadora a qual pretende lhe cobrar duplicata recebida em operação de *factoring* exceções pessoais que seriam passíveis de contraposição ao sacador, ainda que o sacado tenha eventualmente aceitado o título de crédito **(REsp 1.439.749-RS).**

06 Uma única duplicata poderá abranger mais de uma nota fiscal?

A Lei 5.474/68 regula a emissão da duplicata. A referida lei, em seu artigo 2º, estabeleceu o seguinte:

> **Art. 2º** (...)
>
> **§ 2º** Uma só duplicata não pode corresponder a mais de uma fatura.

Cumpre esclarecer que a fatura, por si só, não é título de crédito. O título é a duplicata, que é emitida a partir de uma fatura, e duplicata só pode espelhar uma fatura, ou seja, para cada fatura, uma duplicata.

Por sua vez, a fatura pode ser conceituada como o documento emitido pelo vendedor ou prestador de serviços no qual são discriminadas as mercadorias que foram vendidas ou os serviços prestados. Na fatura constam a descrição e os preços dos produtos vendidos ou do serviço prestado.

Nesse sentido, cumpre esclarecer que a fatura não se confunde com a nota fiscal, uma vez que a nota fiscal tem a função de provar que houve a realização de um negócio jurídico sujeito à fiscalização tributária. Faz prova da entrada e saída de mercadorias de estabelecimentos empresariais, acompanhando a sua entrega aos destinatários.

Justamente por serem institutos diversos, o STJ entendeu que uma única duplicata poderá abranger mais de uma nota fiscal. Não há proibição legal para que se somem vendas parceladas procedidas no curso de um determinado período (Ex.: um mês), e do montante se formule uma fatura única ao seu final **(REsp 1.356.541-MG).**

07 O protesto de duplicata em valor maior que a dívida gera dano moral indenizável?

Protesto é o ato formal e solene pelo qual se prova a inadimplência, seja de pessoa física ou jurídica, e o descumprimento de obrigação originada em títulos e outros documentos de dívida.

Em suma, pelo protesto, o credor atesta formalmente a inadimplência do devedor.

⊖ Qual é a polêmica aqui?

Imaginem que alguém tenha uma dívida de 6 mil formalizada em uma duplicata. Na hora de protestar essa duplicata, a devedora foi notificada de um débito de 17 mil reais. Nesse caso, considerando que o protesto foi feito a maior, é dizer, em um valor superior ao efetivo débito, a devedora possui direito a pleitear danos morais?

O STJ entendeu que não **(REsp nº 1437655/MS).**

⊖ Qual o fundamento?

Segundo o tribunal, o protesto irregular de título pode ensejar uma condenação por dano moral devido ao abalo do crédito causado pela publicidade do ato de protesto, que naturalmente faz associar ao devedor a pecha de mau pagador perante a praça.

Contudo, o caso em análise se refere a um protesto em valor maior que a dívida, não havendo agressão à reputação pessoal do recorrente ou à sua honra e credibilidade perante seus concidadãos. Tal situação não configura dano moral.

Aquele que, efetivamente, se insere na condição de devedor, estando em atraso no pagamento de dívida por si assumida, não pode se sentir moralmente ofendido por um protesto de título que, apesar de irregular por não representar fidedignamente o montante da dívida, apenas veio a testificar a inadimplência.

Em outras palavras, o que provoca o dano moral **é o protesto de dívida que não existe.** Caso o protesto se refira a dívida que existe, mas em valor menor que o protestado, não há como se falar em dano moral, já que a dívida, embora menor, continua a existir.

Assim, em regra, o protesto de duplicata em valor maior que a dívida **não gera dano moral indenizável.**

08 Qual é o prazo prescricional da ação de prestação de contas pelo pagamento de dividendos e outros rendimentos no âmbito das Sociedades Anônimas?

⊖ Qual o contexto?

No âmbito das Sociedades Anônimas é comum o pagamento de dividendos e outros rendimentos ao titular da ação. O que se questiona aqui é o prazo para que o titular da ação ingresse em juízo requerendo a prestação de contas da forma como o dividendo foi calculado.

⊖ Qual é o prazo normal das ações de prestação de contas?

Inicialmente, é certo que no nosso ordenamento jurídico inexiste um prazo prescricional específico para a ação de prestação de contas. Assim, em regra, o prazo dessas ações é de 10 anos:

> **Art. 205.** A prescrição ocorre em dez anos, quando a lei não lhe haja fixado prazo menor.

⊖ O mesmo se aplica nas Sociedades Anônimas?

Ocorre que a lei das sociedades anônimas estabelece que o titular de ações de uma sociedade anônima possui o prazo prescricional de 3 anos para exigir o pagamento dos dividendos

> **Art. 287.** Prescreve: (...)
>
> **II** - em 3 (três) anos: a) a ação para haver dividendos, contado o prazo da data em que tenham sido postos à disposição do acionista;

Vejam que o dispositivo trata do prazo da ação de cobrança de dividendos, é dizer, não trata expressamente a respeito da pretensão de exigir contas.

Ao analisar a situação, o STJ entendeu que, em que pese não trate do prazo da ação de prestação de contas, é necessário reconhecer que a pretensão do acionista de exigir contas da companhia não se exaure na sua simples prestação, pois se destina, em última análise, à apuração do saldo de dividendos e, caso existente, também à sua satisfação.

Em termos mais simples, sendo de 3 anos o prazo prescricional de cobrança dos dividendos, também deve ser de 3 anos o prazo prescricional para o ajuizamento da ação de exigir contas, **uma vez que o objetivo final do autor é o de receber o saldo que ele entende que pode existir.**

Isso porque a ação de prestação de contas **deve ter uma utilidade,** não servindo para satisfação de uma dúvida pessoal do autor. O autor, na ação de prestação de contas, busca encontrar um erro nos dividendos recebidos, de forma que possa receber um valor maior do que o que efetivamente recebeu. Contudo, se ele tem três anos para cobrar esses valores, não faz sentido a ação de prestação de contas tem prazo maior.

Dessa forma, o STJ entendeu que a pretensão do titular de ações de exigir contas da sociedade anônima referente ao pagamento de dividendos, juros sobre capital próprio e demais rendimentos inerentes às respectivas ações prescreve em três anos **(REsp 1.608.048-SP).**

09 No endosso mandato, o endossatário responde por danos decorrentes de protesto indevido?

⊕ Qual é o contexto?

O endosso pode ser conceituado como o ato cambiário mediante o qual o credor do título de crédito (endossante) transmite seus direitos a outrem (o endossatário), colocando, assim, o título em circulação.

A doutrina classifica o endosso em próprio e impróprio. O endosso **próprio** é aquele onde ocorre a transferência da titularidade do crédito e a responsabilização do endossante como codevedor.

Por sua vez, o endosso **impróprio** não produz nenhum desses dois efeitos, uma vez que sua finalidade é apenas legitimar a posse de alguém sobre o título, **mas sem lhe transferir a titularidade.**

Assim, no endosso impróprio, deve-se praticar um ato no título para que a posse do detentor seja legitimada, de modo que o endosso impróprio compreende 02 modalidades distintas:

Endosso caução	Endosso mandato
No endosso-caução o título de crédito é endossado como uma maneira de garantia. Assim, o endossante transmite o título como forma de garantir uma determinada dívida contraída perante o endossatário. Nesse caso, podem ocorrer duas situações: a) Se o endossante paga a dívida, ele pode resgatar o título. b) Se o endossante NÃO paga a dívida, o endossatário poderá executar a garantia e passar, então, a possuir a titularidade plena do crédito.	Já no endosso-mandato (ou endosso-procuração), o endossante confere poderes ao endossatário (exemplo: uma instituição financeira) para ele agir como seu representante legal, exercendo em seu nome aqueles direitos constantes no título. Por exemplo, no caso de um endosso para o banco, para que ele cobre a dívida consubstanciada em uma letra de crédito.

⊕ No endosso mandato, o endossatário responde por danos decorrentes de protesto indevido?

O STJ entende que no endosso mandato, o endossatário só responde por eventuais danos causados ao devedor do título se for comprovada a sua atuação culposa, extrapolando os poderes recebidos pelo mandatário na cobrança da dívida:

> **STJ - Súmula nº 476:** O endossatário de título de crédito por endosso-mandato só responde por danos decorrentes de protesto indevido se extrapolar os poderes de mandatário.

10 Empresas consorciadas de transporte coletivo respondem solidariamente por acidente que envolveu uma delas?

⊕ Qual é o contexto?

Nos termos da Lei 6.404/76 (Lei das Sociedades Anônimas), as companhias e quaisquer outras sociedades, sob o mesmo controle ou não, podem constituir consórcio para executar determinado empreendimento.

Nesse caso, a própria lei também determinou que o consórcio não tem personalidade jurídica e as consorciadas somente se obrigam nas condições previstas no respectivo contrato, respondendo cada uma por suas obrigações, sem presunção de solidariedade:

> **Art. 278.** As companhias e quaisquer outras sociedades, sob o mesmo controle ou não, podem constituir consórcio para

> executar determinado empreendimento, observado o disposto neste Capítulo.
>
> § 1º O consórcio não tem personalidade jurídica e as consorciadas somente se obrigam nas condições previstas no respectivo contrato, respondendo cada uma por suas obrigações, sem presunção de solidariedade.

Por outro lado, nas relações de consumo, o Código de Defesa do Consumidor possui uma disposição diferente:

> **Art. 28. (...)**
>
> **§ 3°** As sociedades consorciadas são solidariamente responsáveis pelas obrigações decorrentes deste código.

Assim, chegou ao STJ o seguinte questionamento: em uma ação envolvendo direito do consumidor, é possível a responsabilização das empresas consorciadas?

O STJ entendeu que sim **(REsp 1.635.637-RJ)**, desde que essas obrigações guardem correlação com a esfera de atividade do consórcio

Segundo o STJ, há solidariedade entre as sociedades consorciadas em relação às obrigações derivadas de relação de consumo, conforme previsão expressa no artigo 28, parágrafo 3º, do Código de Defesa do Consumidor (CDC), mas "desde que essas obrigações guardem correlação com a esfera de atividade do consórcio".

⊕ Qual o fundamento?

Para o STJ, regra geral, as sociedades consorciadas apenas se obrigam nas condições previstas no respectivo contrato, não havendo presunção de solidariedade, de acordo com o artigo 278 da Lei 6.404/76.

Contudo, a aludida regra não é absoluta, podendo ser afastada nas hipóteses em que há interesse preponderante sobre a autonomia patrimonial das integrantes do consórcio.

Em matéria consumerista, a previsão de solidariedade entre as empresas consorciadas justifica-se pela necessidade de se atribuir máxima proteção ao consumidor, mediante o alargamento da base patrimonial hábil a suportar a indenização. Constitui, pois, mecanismo de garantia do consumidor quanto ao ressarcimento dos danos sofridos.

Por fim, o STJ ressalvou o entendimento que a solidariedade em questão não impede, de forma alguma, que a consorciada prejudicada por ato praticado por outra participante **insurja-se regressivamente contra quem, de fato, causou o dano**, apenas não podendo se eximir do dever de indenizar quando acionada pelo consumidor.

11 Acionista controlador. Que negócio é esse?

Nos termos da Lei das Sociedades Anônimas, temos o seguinte:

> **Art. 116.** Entende-se por acionista controlador a pessoa, natural ou jurídica, ou o grupo de pessoas vinculadas por acordo de voto, ou sob controle comum, que:
>
> **a)** é titular de direitos de sócio que lhe assegurem, de modo permanente, a maioria dos votos nas deliberações da assembleia-geral e o poder de eleger a maioria dos administradores da companhia; e
>
> **b)** usa efetivamente seu poder para dirigir as atividades sociais e orientar o funcionamento dos órgãos da companhia.
>
> **Parágrafo único.** O acionista controlador deve usar o poder com o fim de fazer a companhia realizar o seu objeto e cumprir sua função social, e tem deveres e responsabilidades para com os demais acionistas da empresa, os que nela trabalham e para com a comunidade em que atua, cujos direitos e interesses deve lealmente respeitar e atende

Entende-se por acionista controlador a pessoa, natural ou jurídica, ou o grupo de pessoas vinculadas por acordo de voto, ou sob controle comum, que:

a) é titular de direitos de sócio que lhe assegurem, de modo permanente, a maioria dos votos nas deliberações da assembleia geral e o poder de eleger a maioria dos administradores da companhia; e

b) usa efetivamente seu poder para dirigir as atividades sociais e orientar o funcionamento dos órgãos da companhia.

Os requisitos **são cumulativos**, de forma que não basta ter o poder de eleger a maioria dos administradores da companhia, é preciso usá-lo.

III. RECUPERAÇÃO JUDICIAL E FALÊNCIAS

01 O fato da empresa se encontrar em recuperação judicial obsta a homologação de sentença arbitral estrangeira?

A polêmica aqui é saber se o artigo o art. 6º da Lei 11.101/2005, que prevê a suspensão de todas as ações e execuções em face do devedor com o deferimento do processamento da recuperação judicial, constitui óbice à homologação de sentença arbitral estrangeira que imputa à recuperanda obrigação de pagar.

O STJ (**SEC 14.408-EX**) entendeu que **não**. Para tanto afirmou que o artigo 6º, por visar a preservação da empresa, com a consequente manutenção dos empregos, **tem por objetivo impedir atos de execução** contra o patrimônio da empresa.

A homologação de sentença estrangeira **é um ato constitutivo** que, destinando-se a viabilizar a eficácia jurídica de um provimento jurisdicional alienígena no território nacional, de modo que tal decisão possa vir a ser aqui executada.

A homologação é, portanto, um pressuposto lógico da execução da decisão estrangeira, não se confundindo, por óbvio, com o próprio feito executivo, o qual será instalado posteriormente – se for o caso –, e em conformidade com a legislação pátria.

Assim, o art. 6º, § 4º, da Lei de Falências não é óbice à homologação de sentença arbitral internacional, uma vez que se está em fase antecedente, apenas emprestando eficácia jurídica a esse provimento, a partir do que caberá ao Juízo da execução decidir o procedimento a ser adotado.

Por fim, ainda que assim não fosse, é certo que a suspensão da exigibilidade do direito creditório, prevista no mencionado dispositivo legal é temporária, não implicando a extinção do feito executivo, haja vista que a recuperação judicial de sociedade devedora não atinge o direito material do credor.

02 A Fazenda Pública tem legitimidade para requerer a falência de um devedor?

Nesse caso, a doutrina divide-se em duas correntes:

1ª Corrente: seria possível o pedido de falência da Fazenda Pública, com base nos seguintes argumentos:

a) **Proteção do crédito público:** ao requerer a falência, a Fazenda Pública estaria preservando o próprio crédito público, já que se a empresa em crise, a qual não cabe recuperação, continuar as suas atividades, as suas dívidas só irão aumentar, comprometendo o crédito público.

b) **Preservação da Fazenda contra os sonegadores:** com a falência, além da preservação do crédito público, busca-se preservar a Fazenda dos sonegadores tributários.

c) **Possibilidade de protesto de CDA:** atualmente, com a nova legislação, é possível protestar CDA.

2ª Corrente: não seria possível o pedido de falência da Fazenda Pública, com base nos seguintes argumentos:

a) **Ordem ética:** não pode o empresariado ser intimado com ameaça de morte empresarial. O estado, ao contrário, deveria apoiar o fomento da indústria. O princípio da conservação da empresa pressupõe que a quebra não é um fenômeno que interessa apenas aos credores, mas uma manifestação jurídico-econômica no qual o Estado tem interesse preponderante.

Raciocínio diverso, é dizer, legitimar a Fazenda Pública a requerer falência das empresas inviabilizaria a superação econômico-financeira do devedor, não permitindo a manutenção da fonte produtora, do emprego dos trabalhadores, tampouco dos interesses dos credores, desestimulando a atividade econômico capitalista.

Com isso, a Fazenda poder requerer a quebra da empresa implica incompatibilidade com o objetivo primordial da Lei de Falências, especialmente com princípio da conservação da empresa, pedra de toque da aludida lei,

b) **Ordem política:** o pedido de falência pela Fazenda é uma sanção política do Estado, que não é aceito pelo STF.

c) **Ordem Jurídica:** com esse pedido, estaria o empresário obrigado a parcelar a dívida, não podendo discutir o crédito tributário, retirando do empresário o direito ao contraditório.

Ademais, a Fazenda estaria cobrando um título emitido unilateralmente, de modo que não seria justo falir aquele que não participou da produção do título.

Por fim, o art. 187 do CTN dispõe que os créditos fiscais não estão sujeitos ao concurso de credor. Já os artigos 5º, 29 e 31 da LEF determinam que o crédito tributário não está abrangido pelo procedimento familiar, razão pela qual carece de interesse por parte da Fazenda em pleitear a falência de empresa.

O STJ adota a 2ª Corrente (REsp 363.206).

03 O deferimento da recuperação judicial permite a retirada do nome da empresa dos serviços de restrição de crédito e tabelionatos de nota?

Tendo sido deferida a recuperação judicial do devedor, a lei determina a suspensão, por 180 dias, das ações e execuções que tramitavam contra a empresa em recuperação.

Sobre o tema, a dúvida que surgiu foi a seguinte: além da suspensão das ações e execuções, o deferimento da recuperação judicial acarreta também a retirada do nome da empresa dos serviços de restrição de crédito (SPC e SERASA) e tabelionatos de protesto? NÃO. O deferimento do processamento de recuperação judicial, por si só, não enseja a suspensão ou o cancelamento da negativação do nome do devedor nos cadastros de restrição ao crédito e nos tabelionatos de protestos.

O deferimento do processamento de recuperação judicial suspende o curso das ações e execuções propostas em face do devedor. Contudo, essa providência (suspensão das ações e execuções) NÃO significa que o direito dos credores (direito creditório propriamente dito) tenha sido extinto. A dívida continua existindo.

Além da posição do STJ, esse é também o entendimento da doutrina majoritária:

> **Enunciado 54 da I Jornada de Direito Comercial do CJF:** O deferimento do processamento da recuperação judicial não enseja o cancelamento da negativação do nome do devedor nos órgãos de proteção ao crédito e nos tabelionatos de protestos.

E haverá algum momento a partir do qual será possível retirar o nome da empresa dos cadastros restritivos? SIM. Quando o plano de recuperação judicial for aprovado será possível providenciar a baixa dos protestos e a retirada do nome da empresa dos cadastros de inadimplentes em relação às dívidas que estiverem sujeitas ao referido plano.

Isso porque havendo a aprovação do plano ocorre a novação dos débitos, ou seja, as dívidas anteriores serão substituídas pelas novas condições firmadas no plano.

Ressalte-se, no entanto, que essa baixa dos protestos e retirada do nome dos cadastros ficará sob condição resolutiva devendo a empresa cumprir todas as obrigações previstas no acordo de recuperação judicial uma vez que, se desatendê-las, será possível reincluí-la nos referidos cadastros. **(REsp 1.260.301/DF).**

04 Para fins de aplicação do artigo 3º da Lei de Falências, qual é o critério para se determinar o "principal estabelecimento"?

Nos termos do art. 3º da Lei 11.101/05, é competente para homologar o plano de recuperação extrajudicial, deferir a recuperação judicial ou decretar a falência o juízo do local do principal estabelecimento do devedor ou da filial de empresa que tenha sede fora do Brasil.

Com relação ao conceito de principal estabelecimento, temos três correntes doutrinárias:

1º - A sede contratual ou estatutária;

2º - A sede administrativa;

3º - No local em que a sociedade ou empresário tenha maior volume de negócios (critério econômico).

A doutrina majoritária e **o STJ (CC 116.743/MG) adotam a terceira corrente**, já que isso facilita a arrecadação dos bens da sociedade e a posterior alienação deles para pagamento dos credores.

Com base nesse critério, por exemplo, o principal estabelecimento de uma sociedade empresária pode ser uma filial, e não a matriz

05 Na recuperação judicial, aplica-se aos credores o benefício do prazo em dobro para se manifestar nos autos?

Nos termos do art. 229, do NCPC, havendo litisconsórcio, caso os litisconsortes tenham advogados diferentes, os seus prazos serão contados em dobro. Esse benefício aplica-se tanto no caso de litisconsórcio ativo (dois ou mais autores) quanto no caso de litisconsórcio passivo (dois ou mais réus).

No caso de litisconsórcio ativo (Ex.: vários integrantes de um mesmo grupo econômico em crise resolvem ingressar com pedido de recuperação) aplica-se o benefício do prazo em dobro.

Contudo, o STJ inicialmente entendeu que não existe a possibilidade de litisconsórcio passivo na recuperação judicial, uma vez que, nesse tipo de procedimento, inexistem réus. Os credores não são réus. Ocupam a posição de interessados. Caso haja no processo de recuperação judicial uma decisão que atinja a todos os credores, e eles decidirem recorrer, não teriam prazo em dobro, mesmo que possuam advogados diferentes **(REsp 1.324.671-SP).**

Posteriormente, contudo, **o STJ alterou seu posicionamento,** passando a defender que, se no processo de recuperação judicial uma decisão desagradar aos credores e eles decidirem recorrer, terão prazo em dobro caso possuam diferentes procuradores, de escritórios de advocacia distintos.

Em termos mais simples, **é aplicável aos credores da sociedade recuperanda o prazo em dobro do art. 191 do CPC/1973 (art. 229 do CPC/2015) (REsp 1634850/RJ).**

06 Em execução fiscal, qual é o juízo competente para determinar a realização de atos de constrição e alienação de bens de devedor em recuperação judicial?

De início, temos que o Superior Tribunal de Justiça tem jurisprudência consolidada no sentido de que o deferimento de recuperação judicial NÃO suspende o curso das execuções fiscais.

Contudo, os atos de constrição do patrimônio do devedor devem ser efetuados no juízo da recuperação, e não no competente para os executivos fiscais, em atenção princípio da preservação da empresa, que norteia toda a lei de falências e recuperação judicial **(Ag-Int no CC 140.021/MT).**

Explica-se: a lei de recuperação judicial e falência tem como principal objetivo a preservação da empresa, da sua função social, com a manutenção dos empregos. Nesses termos, eventual ato de constrição e alienação de bens do devedor em recuperação judicial poderia frustrar o próprio procedimento recuperacional, prejudicando o plano de reorganização da empresa, deferido pelo juízo de recuperação e falência, o que poderia provocar, ao fim, a falência da empresa.

Em razão disso, entende o STJ que, apesar de a execução não se suspender em face do deferimento do pedido de recuperação judicial (art. 6º, § 7º, da Lei n. 11.105/2005, art. 187 do CTN e art. 29 da Lei n. 6.830/1980), s**ubmetem-se ao crivo do juízo universal os atos de alienação voltados contra o patrimônio social das sociedades empresárias em recuperação, em homenagem ao princípio da preservação da empresa (AgRg no CC 136.844/RS).**

Em suma, após o deferimento da recuperação judicial, compete ao juízo das execuções fiscais a pratica dos de todos os atos processuais relativos a execução, inclusive o julgamento de eventuais embargos e a ordem de citação, exceto os atos relativos a apreensão e alienação de bens, os quais deverão ser julgados pelo juízo de recuperação judicial.

07 No pedido de falência, é necessária a demonstração da insolvência econômica do devedor?

No pedido de falência **é desnecessário que o requerente demonstre a insolvência econômica do devedor**.

Se ele não pagou a dívida e esta se enquadra na descrição dos incisos do art. 94, é possível fazer o pedido de falência independentemente da condição econômica real do empresário. **O pressuposto para a instauração de processo de falência é a insolvência jurídica**, que é caracterizada a partir de situações objetivamente apontadas pelo ordenamento jurídico no art. 94 da Lei nº 11.101/2005: a impontualidade injustificada (inciso I), execução frustrada (inciso II) e a prática de atos de falência (inciso III).

A insolvência que autoriza a decretação de falência é presumida, uma vez que a lei presume que o empresário individual ou a sociedade empresária que se encontram em uma das situações apontadas pela norma estão em estado pré-falimentar.

É bem por isso que se mostra possível a decretação de falência **independentemente de comprovação da insolvência econômica**, ou mesmo depois de demonstrado que o patrimônio do devedor supera o valor de suas dívidas. Verifica-se, assim, que a falência é diferente da chamada insolvência civil. O pressuposto da insolvência civil é **a insolvência econômica (art. 748 do CPC), o que não se exige no caso da falência (STJ - REsp 1.433.652-RJ).**

08 O autor da ação de falência pode vir a ser responsabilizado pelo pagamento do Administrador Judicial?

Após a decretação da falência, o juiz deve nomear um administrador judicial, responsável por ajudá-lo durante o processo de falência, realizando os atos previstos no artigo 22 da Lei 11.101/2005.

⊖ Quem pode ser administrador?

> **Art. 21.** O administrador judicial será profissional idôneo, preferencialmente advogado, economista, administrador de empresas ou contador, ou pessoa jurídica especializada.
>
> **Parágrafo único.** Se o administrador judicial nomeado for pessoa jurídica, declarar-se-á, no termo de que trata o art. 33 desta Lei, o nome de profissional responsável pela condução do processo de falência ou de recuperação judicial, que não poderá ser substituído sem autorização do juiz.

O administrador judicial, obviamente, deverá ser remunerado por seus atos, em valores fixados pelo juiz, observado os seguintes critérios: **a)** a capacidade de pagamento do devedor, **b)** o grau de complexidade do trabalho **c)** os valores praticados no mercado para o desempenho de atividades semelhantes.

Ademais, a legislação estabelece ainda que, em qualquer hipótese, o total pago ao administrador judicial não excederá 5% (cinco por cento) do valor devido aos credores submetidos à recuperação judicial ou do valor de venda dos bens na falência, salvo nos casos de empresas de pequeno porte e microempresa, ocasião em que valor é reduzido a 2% (Art. 24, §§ 1º e 5º).

⊖ Quem é o responsável pelo pagamento do administrador?

Nos termos da lei de falências, caberá ao devedor ou à massa falida arcar com as despesas relativas à remuneração do administrador judicial e das pessoas eventualmente contratadas para auxiliá-lo:

> **Art. 25.** Caberá ao devedor ou à massa falida arcar com as despesas relativas à remuneração do administrador judicial e das pessoas eventualmente contratadas para auxiliá-lo.

O STJ, contudo, entendeu que **é possível impor ao credor que requereu a falência da sociedade empresária a obrigação de adiantar as despesas** relativas à remuneração do administrador judicial, quando a referida pessoa jurídica não for encontrada - o que resultou na sua citação por edital e na decretação, incontinenti, da falência – e existirem dúvidas se os bens a serem arrecadados serão suficientes para arcar com a mencionada dívida **(REsp 1.526.790/SP).**

Caso a ação prossiga e sejam arrecadados bens suficientes para a remuneração do administrador, a massa falida irá restituir o valor adiantado pelo credor, fazendo com que seja cumprido o art. 25 da Lei nº 11.101/2005.

09 Os "Bondholders" tem direito a voto na recuperação judicial?

Os *bondholders* são investidores que adquiriram títulos de dívida (*bonds*) emitidos por companhias brasileiras que buscaram financiar suas atividades no exterior. A emissão desses *bonds* é instrumentalizada por uma escritura (*indenture*) que deve indiciar o nome do agente fiduciário (*indenture trustee*) responsável por atuar em favor dos investidores finais.

O problema é o seguinte: quando a Petrobras vai vender títulos no exterior, o investidor não consegue comprar diretamente, ele tem que comprar por um terceiro (Ex.: Fulanilson Corp). Ocorre que, em regra, quando a companhia passa por um processo de recuperação judicial, ante a ausência de previsão expressa na Lei de Falências, a lista de credores por ela apresentada relaciona apenas o nome do agente fiduciário, apontado como credor total dos recursos captados na operação de crédito (No nosso caso, vai constar como credor a Fulanilson Corp e não quem efetivamente comprou o título).

Ocorre que, na realidade, os verdadeiros titulares do interesse econômico-financeiro, que sofrerão diretamente os efeitos da reorganização empresarial, são os investidores finais (*bondholders*), pois são eles os reais credores das recuperandas.

A questão que chegou ao STJ foi a seguinte. Como os *bondholders* não constam expressamente na lista de credores apresentada pela companhia em recuperação, mas apenas o agente fiduciário, eles teriam direito a vota em relação ao futuro plano de recuperação.

O STJ entende que sim. **Para o STJ, os bondsholders têm assegurados o direito de voto nas deliberações sobre o plano de recuperação (Resp 1.670.096/RJ).**

O fundamento foi o seguinte: a Lei de Falências afirma que o credor não terá direito a voto quando o plano de recuperação não alterar o valor ou as condições originais de pagamento de seu crédito (Art. 45, § 3º). Assim, em sentido contrário, todos que são afetados tem direito a voto, de forma os *bondholders* também tem direito a voto.

10 *Cram Down*. Que negócio é esse?

Na recuperação judicial, em regra, o plano apresentado pelo devedor precisa ser aprovado por todas as classes de credores. A rejeição por uma delas provoca a falência do devedor.

Contudo, mesmo nos casos em que o plano não obteve a aprovação na assembleia, a lei permite que o juiz, excepcionalmente, conceda a recuperação com base nele, nos termos do artigo 58 da lei de falências:

> **Art. 58.** Cumpridas as exigências desta Lei, o juiz concederá a recuperação judicial do devedor cujo plano não tenha sofrido objeção de credor nos termos do art. 55 desta Lei ou tenha sido aprovado pela assembléia-geral de credores na forma do art. 45 desta Lei.
>
> **§ 1º** O juiz poderá conceder a recuperação judicial com base em plano que não obteve aprovação na forma do art. 45 desta Lei, desde que, na mesma assembléia, tenha obtido, de forma cumulativa:

> I – o voto favorável de credores que representem mais da metade do valor de todos os créditos presentes à assembléia, independentemente de classes;
>
> II – a aprovação de 2 (duas) das classes de credores nos termos do art. 45 desta Lei ou, caso haja somente 2 (duas) classes com credores votantes, a aprovação de pelo menos 1 (uma) delas;
>
> III – na classe que o houver rejeitado, o voto favorável de mais de 1/3 (um terço) dos credores, computados na forma dos §§ 1º e 2º do art. 45 desta Lei.

O Cram Down, expressão inglesa que significa goela abaixo, é, portanto, uma imposição judicial a aprovação do plano, atendidos os requisitos previstos em lei.

11 O juiz pode recusar-se a homologar o plano de recuperação judicial alegando que ele não tem viabilidade econômica, mesmo já tendo sido aprovado em assembleia e estando formalmente perfeito?

NÃO. Se o plano cumpriu as exigências legais e foi aprovado em assembleia, o juiz deve homologá-lo e conceder a recuperação judicial do devedor, não sendo permitido ao magistrado se imiscuir (intrometer) no aspecto da viabilidade econômica da empresa.

A aprovação do plano pela assembleia representa uma nova relação negocial que é construída entre o devedor e os credores. Se os credores aceitaram a proposta e ela preenche os requisitos legais, não cabe ao juiz indeferir a recuperação judicial.

Além disso, o magistrado não é a pessoa mais indicada para aferir a viabilidade econômica do plano de recuperação judicial. Isso porque a análise do possível sucesso ou não do plano proposto é não é uma questão jurídica propriamente dita, mas sim econômica e que está inserida na seara negocial da recuperação judicial, o que deve ser tratado entre devedor e credores.

A Lei permite que o magistrado conceda a recuperação judicial mesmo tendo o plano sido recusado pela assembleia. Isso está previsto no art. 58, § 1º e é chamado de Cram Down. No entanto, o contrário não é possível, ou seja, o juiz não pode indeferir a recuperação judicial cujo plano foi aprovado pela assembleia, considerando que isso significaria a quebra (falência) da empresa, o que vai de encontro com o objetivo da Lei n.° 11.101/2005, que é o de que reerguer a sociedade empresária.

Assim, podemos concluir que o magistrado deve exercer o controle de legalidade do plano de recuperação, analisando se há fraude ou abuso de direito. No entanto, não cabe a ele fazer controle sobre a viabilidade econômica do plano. Nesse sentido, entendem a doutrina (enunciados nº 44 e 46 da I Jornada) e a jurisprudência (REsp 1.319.311-SP).

12 O crédito trabalhista decorrente de serviço prestado pelo empregado antes da recuperação judicial, mas cuja a sentença trabalhista somente foi proferida após a decretação, está sujeito a recuperação judicial?

SIM. A partir do momento em que o empregado trabalha, ele se torna credor de seu empregador, tendo direito ao recebimento das verbas trabalhistas. **Esse crédito existe independentemente de decisão judicial.** Se o empregador não paga e o empregado ingressa com reclamação trabalhista, a sentença apenas reconhecerá (declarará) a existência do direito do trabalhador, condenando o patrão a pagar.

Não é a sentença, contudo, que constitui o direito, mas apenas o declara. Isso significa que, se este crédito foi constituído em momento anterior ao pedido de recuperação judicial, deverá se submeter aos seus efeitos.

Desse modo, se as verbas trabalhistas estão relacionadas com serviços prestados pelo empregado **em momento anterior ao pedido de recuperação judicial**, tais verbas também estarão sujeitas a esse procedimento, mesmo que a sentença trabalhista tenha sido prolatada somente depois do deferimento da recuperação.

A consolidação do crédito trabalhista (ainda que inexigível e ilíquido) não depende de provimento judicial que o declare - e muito menos do transcurso de seu trânsito em julgado –, **para efeito de sua sujeição aos efeitos da recuperação judicial (REsp 1.634.046/RS).**

13 O falido tem capacidade processual para propor ação rescisória?

SIM. O falido tem capacidade para propor ação rescisória para desconstituir a sentença transitada em julgado que decretou a sua falência. Depois que é decretada a falência, a sociedade empresária falida não mais possui personalidade jurídica e não poderá postular, em nome próprio, direitos da massa falida, nem mesmo em caráter extraordinário.

Diz-se que ela sofre uma *capitis diminutio* (diminuição de sua capacidade) referente aos direitos patrimoniais envolvidos na falência, sendo afastada da administração dos seus bens. Sendo assim, num processo em que se discuta, por exemplo, a venda desses bens, o falido apenas poderia acompanhá-lo como assistente. Ele não poderia, portanto, tomar a iniciativa das ações com relação a bens da massa.

No entanto, no caso em que se pretenda rescindir decisão que decreta falência, a situação é diferente. Nesse caso, nem a massa nem os credores têm interesse na desconstituição da decretação de falência. Realmente, o falido é o único interessado. Por isso, se a legitimidade deste para propor a rescisão do decreto falimentar fosse retirada, ele ficaria eternamente falido, ainda que injustamente, ainda que contrariamente à ordem legal. Desse modo, o STJ entende que o falido mantém a legitimidade para a propositura de ações pessoais, podendo, inclusive, ajuizar ação rescisória para tentar reverter o decreto falimentar **(REsp 1.126.521-MT)**.

14 Nas ações de falência, a incidência de juros e correção monetária sobre os créditos habilitados deve ocorrer até qual data?

Um dos efeitos da decretação da falência em relação aos credores é a suspensão da fluência dos juros.

> **Art. 124.** Contra a massa falida não são exigíveis juros vencidos após a decretação da falência, previstos em lei ou em contrato, se o ativo apurado não bastar para o pagamento dos credores subordinados.

Assim, na hora de habilitar seu crédito, o credor deverá apresentá-lo com a incidência de juros e correção monetária apenas até a data da decretação da falência do devedor:

> **Art. 9º** A habilitação de crédito realizada pelo credor nos termos do art. 7º, § 1º, desta Lei deverá conter: (...)
>
> **II** – o valor do crédito, **atualizado até a data da decretação da falência ou do pedido de recuperação judicial,** sua origem e classificação;

⊝ Qual a polêmica aqui?

A polêmica que chegou até o STJ foi saber se, quando a lei fala em decretação da falência, ela está falando da data em que a sentença é prolatada ou data de sua publicação.

A relevância disso é que muitas vezes a publicação da sentença ocorre muito tempo depois de sua prolação e, para o credor, quanto mais tempo demorar é melhor, já que isso faz com que continue a incidir juros e correção monetária sobre seu crédito.

O STJ entendeu que, no processo de falência, a incidência de juros e correção monetária sobre os créditos habilitados deve ocorrer até a decretação da quebra, entendida como a data da prolação da sentença e não sua publicação **(REsp 1.660.198-SP).**

A lei falimentar não condicionou os efeitos da falência à publicação da sentença de quebra. Os efeitos materiais da sentença são produzidos de forma imediata, com a sua prolação,

A publicação da sentença no órgão oficial, além de servir à sua publicidade, tem por objetivo a produção de efeitos de ordem processual, como a contagem do prazo recursal e do prazo de habilitação dos credores.

15 A Contagem de prazos na recuperação judicial deve ser feita em dias úteis?

⊝ Qual é o contexto?

O deferimento do pedido de recuperação judicial ocasiona algumas consequências:

a) A primeira é a suspensão, pelo prazo de 180 dias, das ações executivas em face do devedor:

> **Art. 5º. (...)**

> **§ 4º** Na recuperação judicial, a suspensão de que trata o *caput* deste artigo em hipótese nenhuma excederá o prazo improrrogável de 180 (cento e oitenta) dias contado do deferimento do processamento da recuperação, restabelecendo-se, após o decurso do prazo, o direito dos credores de iniciar ou continuar suas ações e execuções, independentemente de pronunciamento judicial.

b) Outra é a obrigação de apresentar o plano de recuperação, no prazo de 60 dias.

> **Art. 53.** O plano de recuperação será apresentado pelo devedor em juízo no prazo improrrogável de 60 (sessenta) dias da publicação da decisão que deferir o processamento da recuperação judicial, sob pena de convolação em falência, e deverá conter:

Chegou ao STJ a seguinte discussão: os prazos citados, com o advento do NCPC e sua aplicação subsidiária ao procedimento de falências, deverão ser contados em dias úteis ou dias corridos?

O STJ entendeu que os prazos em questão deverão ser contados em dias corridos **(Resp 1.699.528 – MG).** Segundo entendeu o tribunal, o microssistema recuperacional e falimentar foi pensado em espectro lógico e sistemático peculiar, com previsão de uma sucessão de atos, em que a celeridade e efetividade se impõem, com prazos próprios e específicos que, via de regra, devem ser breves, peremptórios, inadiáveis e, por conseguinte, contínuos, sob pena de vulnerar a racionalidade e unidade do sistema, engendrado para ser solucionado, em regra, em 180 dias depois do deferimento de seu processamento.

Os institutos da recuperação judicial e da falência são extremamente complexos, e mesmo a Lei de Falência e Recuperação prevendo a incidência supletiva do CPC, isso não tornou a contagem em dias úteis compatível com o microssistema da Lei 11.101/05, uma vez que a subsidiariedade não pode conflitar com sua sistemática.

Ademais, a contagem em dias úteis poderá colapsar o sistema da recuperação quando se pensar na velocidade exigida para a prática de alguns atos e, por outro lado, na morosidade de outros, inclusive colocando em xeque a isonomia dos seus participantes, haja vista que incorreria numa dualidade de tratamento.

Em resumo, o advento do CPC/15 não alterou a forma de computar os prazos processuais no âmbito da recuperação judicial, prevalecendo a incidência da forma de contagem definida pelo microssistema da Lei 11.101/05.

16 A empresa em recuperação judicial pode participar de licitação?

Qual é o contexto?

A lei 8.666/93 traz o seguinte dispositivo:

> **Art. 31.** A documentação relativa à qualificação econômico-financeira limitar-se-á a:
>
> **II** - certidão negativa de falência ou concordata expedida pelo distribuidor da sede da pessoa jurídica, ou de execução patrimonial, expedida no domicílio da pessoa física;

O instituto da concordata, contudo, não mais existe no nosso ordenamento jurídico, tendo sido substituído pela recuperação judicial. Diante disso, surgiram duas correntes:

a) em sendo a recuperação judicial o substituto jurídico da concordata, aplica-se o disposto no inciso II, sendo vedada a participação de empresas em recuperação judicial.

b) não tendo sido a lei de licitações alterada expressamente para constar a figura da recuperação judicial, é possível a participação de empresas em recuperação judicial em licitações.

O STJ adotou a segunda corrente **(AREsp nº 309867/ES).**

Qual foi o fundamento?

Segundo o Tribunal, inexistindo autorização legislativa, é incabível a inabilitação automática de empresas submetidas à Lei 11.101/2005 unicamente em virtude da não apresentação de certidão negativa de recuperação judicial.

Mesmo que a Lei da Recuperação Judicial tenha substituído a figura da concordata pelos institutos da recuperação judicial e extrajudicial, o artigo 31 da Lei 8.666/1993 não teve o texto alterado para se amoldar à nova sistemática.

O objetivo principal da legislação é viabilizar a superação da situação de crise econômico-financeira do devedor, a fim de permitir a manutenção da fonte produtora, do emprego dos trabalhadores e dos interesses dos credores, promovendo, assim, a preservação da empresa, sua função social e o estímulo à atividade econômica.

A interpretação sistemática dos dispositivos das Leis 8.666/1993 e 11.101/2005 leva à conclusão de que é possível uma ponderação equilibrada dos princípios nelas contidos, pois a preservação da empresa, de sua função social e do estímulo à atividade econômica atendem também, em última análise, ao interesse da coletividade, uma vez que se busca a manutenção da fonte produtora, dos postos de trabalho e dos interesses dos credores.

17 Os créditos decorrentes de negócios jurídicos celebrados pela empresa após o deferimento do processamento da recuperação judicial são créditos concursais ou extraconcursais?

⊛ Créditos concursais e extraconcursais. Que negócios são esses?

No âmbito do procedimento de falência, existe uma lista de créditos a serem pagos. Essa lista é importante porque o pagamento na falência segue uma ordem legal.

Nesse sentido, os créditos concursais são as dívidas do falido que devem ser pagas na ordem do art. 83:

> **Art. 83.** A classificação dos créditos na falência obedece à seguinte ordem:
>
> **I** - os créditos derivados da legislação do trabalho, limitados a 150 (cento e cinqüenta) salários-mínimos por credor, e os decorrentes de acidentes de trabalho;
>
> **II** - créditos com garantia real até o limite do valor do bem gravado;
>
> **III** - créditos tributários, independentemente da sua natureza e tempo de constituição, excetuadas as multas tributárias;
>
> **IV** - créditos com privilégio especial, a saber:
>
> ***a)*** os previstos no art. 964 da Lei no 10.406, de 10 de janeiro de 2002;

> *b)* os assim definidos em outras leis civis e comerciais, salvo disposição contrária desta Lei;
>
> *c)* aqueles a cujos titulares a lei confira o direito de retenção sobre a coisa dada em garantia;
>
> *d)* aqueles em favor dos microempreendedores individuais e das microempresas e empresas de pequeno porte de que trata a Lei Complementar no 123, de 14 de dezembro de 2006.
>
> V – créditos com privilégio geral, a saber:
>
> *a)* os previstos no art. 965 da Lei no 10.406, de 10 de janeiro de 2002;
>
> *b)* os previstos no parágrafo único do art. 67 desta Lei;
>
> *c)* os assim definidos em outras leis civis e comerciais, salvo disposição contrária desta Lei;
>
> **VI** – créditos quirografários, a saber:
>
> *a)* aqueles não previstos nos demais incisos deste artigo;
>
> *b)* os saldos dos créditos não cobertos pelo produto da alienação dos bens vinculados ao seu pagamento;
>
> *c)* os saldos dos créditos derivados da legislação do trabalho que excederem o limite estabelecido no inciso I do *caput* deste artigo;
>
> **VII** – as multas contratuais e as penas pecuniárias por infração das leis penais ou administrativas, inclusive as multas tributárias;
>
> **VIII** – créditos subordinados, a saber:
>
> *a)* os assim previstos em lei ou em contrato;
>
> *b)* os créditos dos sócios e dos administradores sem vínculo empregatício.

Nesse sentido, temos que os créditos dos sócios e dos administradores sem vínculo empregatício somente serão pagos na raríssima hipótese de a empresa consegui pagar todos os créditos.

Já os **créditos extraconcursais** são as dívidas da massa falida, é dizer, aquelas contraídas após a decretação da falência. Nos termos da lei, são extraconcursais os seguintes créditos:

> **Art. 84.** Serão considerados créditos extraconcursais e serão pagos com precedência sobre os mencionados no art. 83 desta Lei, na ordem a seguir, os relativos a:
>
> **I** – remunerações devidas ao administrador judicial e seus auxiliares, e créditos derivados da legislação do trabalho ou decorrentes de acidentes de trabalho relativos a serviços prestados após a decretação da falência;
>
> **II** – quantias fornecidas à massa pelos credores;
>
> **III** – despesas com arrecadação, administração, realização do ativo e distribuição do seu produto, bem como custas do processo de falência;
>
> **IV** – custas judiciais relativas às ações e execuções em que a massa falida tenha sido vencida;
>
> **V** – obrigações resultantes de atos jurídicos válidos praticados durante a recuperação judicial, nos termos do art. 67 desta Lei, ou após a decretação da falência, e tributos relativos a fatos geradores ocorridos após a decretação da falência, respeitada a ordem estabelecida no art. 83 desta Lei.

Nos termos da Lei, primeiro devem ser pagos os créditos extraconcursais e, só depois, os concursais.

➔ Por qual motivo se pagam primeiro os créditos extraconcursais?

O motivo é simples: trata-se de créditos surgidos **após a decretação da falência.** Em outras palavras, são créditos que surgem quando a situação financeira da empresa **já é notoriamente ruim.** Caso fossem pagos após os demais créditos, a massa falida teria muita dificuldade de conseguir levar em frente o procedimento da falência, já que ninguém iria querer prestar serviços para uma sociedade empresária que está quase falindo com a promessa de receber somente após todos os demais credores.

➔ Os créditos decorrentes de negócios jurídicos celebrados pela empresa após o deferimento do processamento da recuperação judicial são créditos concursais ou extraconcursais?

A lei de Falências, em seu artigo 84, V, expressamente previu que os créditos decorrentes de atos praticados **após a decisão concessiva da recuperação judicial** são extraconcursais. Contudo, ela nada tratou sobre os créditos decorrentes do período em que a empresa requer o pedido de recuperação judicial.

Explico: o deferimento, pelo juiz, do plano de recuperação judicial não é automático. Após o ajuizamento da ação de recuperação judicial pela empresa, existe uma série de procedimentos a serem adotados pelo juiz até que ele possa efetivamente deferir ou não a recuperação. Até que o processo esteja instruído a ponto de o juízo proferir a sua decisão é possível que se levem meses. O que se questiona aqui é se os créditos compreendidos entre o período em que juiz determina o processamento da recuperação (artigo 52 da lei de falências) e o momento em que a recuperação é efetivamente deferida, são concursais ou extraconcursais?

O STJ tem decidido que, em caso de decretação de falência, **serão considerados extraconcursais** os créditos decorrentes de obrigações contraídas pelo devedor entre a data em que se defere o processamento da recuperação judicial e a data da decretação da falência, inclusive aqueles relativos a despesas com fornecedores de bens ou serviços e contratos de mútuo.

Assim, **são extraconcursais os créditos originários de negócios jurídicos realizados após a data em que foi deferido o pedido de processamento de recuperação judicial (REsp 1.399.853-SC e REsp 1.398.092-SC).**

O fundamento do STJ foi o seguinte: a expressão "durante a recuperação judicial", contida nos arts. 67, *caput*, e 84, V, da Lei de Falências e de Recuperação de Empresas, abrange o período compreendido entre a data em que se defere o processamento da recuperação judicial e a decretação da falência, interpretação que melhor harmoniza a norma legal com as demais disposições da lei de regência e, em especial, o princípio da preservação da empresa (LF, art. 47).

Não fosse assim, **ninguém iria querer celebrar negócios jurídicos com a sociedade empresária que está em processo de recuperação judicial**, uma vez que seria extremamente arriscado, pois se ela não pagasse e fosse à falência, o fornecedor teria que entrar na "fila" dos créditos concursais, sendo extremamente provável que nunca recebesse a quantia.

18 É obrigatória, no procedimento de recuperação e falências, a publicação na imprensa oficial do edital contendo a lista de credores da empresa?

⊖ Qual é o contexto?

A Lei de Falências estabeleceu o seguinte:

> **Art. 7º** A verificação dos créditos será realizada pelo administrador judicial, com base nos livros contábeis e documentos comerciais e fiscais do devedor e nos documentos que lhe forem apresentados pelos credores, podendo contar com o auxílio de profissionais ou empresas especializadas.
>
> **§ 1º** Publicado o edital previsto no art. 52, § 1º, ou no parágrafo único do art. 99 desta Lei, os credores terão o prazo de 15 (quinze) dias para apresentar ao administrador judicial suas habilitações ou suas divergências quanto aos créditos relacionados.
>
> **§ 2º** O administrador judicial, com base nas informações e documentos colhidos na forma do *caput* e do § 1º deste artigo, fará publicar edital contendo a relação de credores no prazo de 45 (quarenta e cinco) dias, contado do fim do prazo do § 1º deste artigo, devendo indicar o local, o horário e o prazo comum em que as pessoas indicadas no art. 8º desta Lei terão acesso aos documentos que fundamentaram a elaboração dessa relação.

Percebam, assim, que a lei determinou ao administrador judicial a publicação de um edital contendo a relação dos credores da empresa que está em falência ou recuperação judicial. Por outro lado, a mesma lei estabelece o seguinte:

> **Art. 191.** Ressalvadas as disposições específicas desta Lei, as publicações ordenadas serão feitas preferencialmente na imprensa oficial e, se o devedor ou a massa falida comportar, em jornal ou revista de circulação regional ou nacional, bem como em quaisquer outros periódicos que circulem em todo o país.
>
> **Parágrafo único.** As publicações ordenadas nesta Lei conterão a epígrafe "recuperação judicial de", "recuperação extrajudicial de" ou "falência de".

Assim, nos termos do artigo 191, as publicações referentes a atos praticados no curso de processos de recuperação judicial, extrajudicial ou falência devem ser feitas preferencialmente na imprensa oficial e, se o devedor ou a massa falida comportar, em jornal ou revista de circulação regional ou nacional.

A redação do referido artigo deu ensejo a duas interpretações:

a) as publicações na imprensa oficial seriam sempre obrigatórias;

b) caso o devedor ou a massa falida comportem, as publicações deverão ser publicadas em jornal ou revista de circulação regional ou nacional, ocasião em que a publicação na imprensa oficial seria desnecessária.

⊖ O que entendeu o STJ?

Segundo o STJ, no dispositivo em questão, a conjunção aditiva "e" indica que a **publicação pela imprensa oficial é sempre necessária**, não sendo substituída pela realizada em jornais ou revistas de circulação regional ou nacional.

Nesse sentido, o termo "preferencialmente" usado pelo artigo serve apenas para deixar claro que, não havendo fundos disponíveis, é a publicação pela imprensa oficial que deve ser atendida. Em resumo, a publicação na imprensa oficial é obrigatória.

Assim, o STJ entendeu que é imprescindível a publicação na imprensa oficial do edital previsto no art. 7º, § 2º, da Lei n. 11.101/2005 **(REsp 1.758.777/PR).**

19 Qual é o conceito de bens de capital para fins do § 3º do artigo 49 da Lei de Falências?

⊖ Qual é o contexto?

A lei de Falências, em seu artigo 49, estabelece que estão sujeitos à recuperação judicial todos os créditos existentes na data do pedido, ainda que não vencidos.

> **Art. 49.** Estão sujeitos à recuperação judicial todos os créditos existentes na data do pedido, ainda que não vencidos.

A própria lei, contudo, ressalva alguns créditos que não se submetem aos efeitos da recuperação judicial:

> **Art. 49. (...)**
>
> **§ 3º** Tratando-se de credor titular da posição de proprietário fiduciário de bens móveis ou imóveis, de arrendador mercantil, de proprietário ou promitente vendedor de imóvel cujos respectivos contratos contenham cláusula de irrevogabilidade ou irretratabilidade, inclusive em incorporações imobiliárias, ou de proprietário em contrato de venda com reserva de domínio, seu crédito não se submeterá aos efeitos da recuperação judicial e prevalecerão os direitos de propriedade sobre a coisa e as condições contratuais, observada a legislação respectiva, não se permitindo, contudo, durante o prazo de suspensão a que se refere o § 4º do art. 6º desta Lei, a venda ou a retirada do estabelecimento do devedor dos bens de capital essenciais a sua atividade empresarial.

Assim, nos termos do § 3º, os seguintes créditos, em regra, não se sujeitam a recuperação judicial:

a) Créditos decorrentes de propriedade fiduciária.

b) Créditos decorrentes de arrendamento mercantil.

c) Créditos decorrentes de compra e venda com reserva de domínio.

d) Créditos decorrentes de compra e venda de imóvel com cláusula de irrevogabilidade ou irretratabilidade.

Contudo, percebam que parte final do dispositivo **consagra uma exceção da exceção,** pois nos casos de bens de capital essenciais para a atividade da empresa, ainda que sejam alguns dos créditos anteriormente citados, ele passará a se sujeitar a recuperação judicial.

Com isso, afigura-se possível ao Juízo recuperacional, em atenção ao princípio da preservação da empresa, impor restrições temporárias ao proprietário fiduciário em relação a bem de capital que se revele indispensável à manutenção do desenvolvimento da atividade econômica exercida pela empresa recuperanda, bem como ao seu próprio soerguimento financeiro.

Com base nisso, o STJ já decidiu que se a garantia da alienação fiduciária for o imóvel que funciona o estabelecimento do devedor ou forem bens móveis essenciais à atividade empresarial da empresa em recuperação judicial, nesse caso, mesmo sendo crédito de alienação fiduciária, deverá ficar sujeita aos efeitos da recuperação judicial **(CC 131.656-PE).**

Qual é o conceito de bens de capital para fins do § 3º do artigo 49 da Lei de Falências?

Ao analisar o tema, o STJ decidiu que para efeito de aplicação do final do § 3º do artigo 49 da Lei n. 11.101/2005, "bem de capital" **é o bem corpóreo (móvel ou imóvel) utilizado no processo produtivo da empresa recuperanda e que não seja perecível nem consumível (REsp 1.758.746-GO).**

7

Consumidor

37 questões

01 A presença de corpo estranho em produto destinado ao consumo configura dano moral indenizável?

Depende. A jurisprudência do STJ tem entendimento majoritário no sentido de que a presença do corpo estranho em produto destinado ao consumo **só configura dano moral indenizável nos casos em que houve a ingestão do produto (AgInt no Resp 1.179.964/RJ)**.

Assim, em regra, não há dano moral na hipótese de aquisição de gênero alimentícios com corpo estranho no seu interior se não ocorre a ingestão do produto, considerado impróprio para consumo, visto que tal situação não configura desrespeito à dignidade humana, desprezo à saúde pública ou mesmo descaso com a segurança alimentar **(AgRg no Resp 1.537.730/MA).**

Mais recentemente, contudo, a terceira turma do STJ avançou no seu entendimento e, ao analisar a situação de um consumidor que encontrou larvas de mosca em um pacote de balas, entendeu que não é necessária a ingestão de produto alimentício com corpo estranho para possibilitar o dano moral.

Na ocasião, a 3ª Turma afirmou que aquisição de produto de gênero alimentício contendo em seu interior corpo estranho, expondo o consumidor à risco concreto de lesão à sua saúde e segurança, ainda que não ocorra a ingestão de seu conteúdo, dá direito à compensação por dano moral, dada a ofensa ao direito fundamental à alimentação adequada, corolário do princípio da dignidade da pessoa humana **(REsp 1744321/RJ).**

Por se tratar de tema com jurisprudência extremamente oscilante, recomendo que ele seja acompanhado.

02 É possível haver dano moral pela presença de corpo estranho em produto alimentício nos casos em que ele não foi ingerido?

O STJ possui entendimento majoritário no sentido de que a presença de corpo estranho em produto destinado ao consumo somente configura dano moral indenizável, **nos casos em que houve a ingestão do produto (Resp 1.179.964/RJ).**

Assim, em regra, **não há dano moral** na hipótese de aquisição de gênero alimentício com corpo estranho no interior da embalagem **se não ocorre a ingestão do produto**, considerado impróprio para consumo, visto que referida situação não configura desrespeito à dignidade da pessoa humana, desprezo à saúde pública ou mesmo descaso com a segurança alimentar (**AgRg no Resp 1.537.730/MA).**

Ocorre que recentemente o STJ é possível a condenação em danos morais quando, **embora não ingerido**, o consumidor tenha **levado à boca** o produto, cuspindo-o antes da ingestão.

Segundo o STJ, o simples "levar à boca" do corpo estranho possui as mesmas consequências negativas à saúde e à integridade física do consumidor que sua ingestão propriamente dita **(Resp1.644.405 - RS).**

03 As companhias áreas podem cancelar a passagem de volta pelo fato de o passageiro não ter embarcado no voo de ida?

Amigos, é prática comum das nossas companhias áreas cancelar o voo de volta pelo fato de o passageiro não ter embarcado na ida ("no show"). Tal conduta, inclusive, encontrava amparo em resolução da Agência Nacional de Aviação Civil (ANAC).

O STJ, contudo, tem afirmado que essa conduta **é abusiva, passível de configurar dano moral (REsp nº 159573 /RO).**

O fundamento é que condicionar a validade do bilhete de volta à utilização do bilhete de ida fere a lógica da razoabilidade **e gera enriquecimento indevido para a empresa aérea em detrimento do usuário dos serviços**, que pagou previamente pelos dois trechos. Segundo o STJ, o cancelamento unilateral e automático de um dos trechos configura prática abusiva, capaz de gerar dano moral.

O fato de o cancelamento ter autorização da ANAC não exime a companhia de responsabilidade, uma vez que a abusividade ou não da conduta deve ser averiguada para além da norma administrativa, levando em consideração outras normas, tais como o CDC.

Assim, considerando que não há qualquer argumento razoável, de ordem técnica, que justifique a adoção do cancelamento unilateral de um dos trechos da passagem adquirida, tal conduta é abusiva e pode gerar dano moral.

04 Oficina mecânica que realiza reparos em veículo, com autorização do proprietário, pode reter o bem por falta de pagamento do serviço?

O que se questiona aqui é o seguinte: a retenção do veículo por parte da oficina mecânica, sob a justificativa da realização de benfeitorias no bem, é conduta legítima ou caracteriza esbulho, ensejador da propositura da demanda possessória?

O direito de retenção decorre, por expressa disposição do art. 1.219 do CC/2002, da realização de benfeitoria por parte do possuidor de boa-fé, motivo pelo qual é essencial determinar se a oficina era, de fato, possuidora do veículo.

Ao analisar a situação, o STJ entendeu que a oficina mecânica que recebe um veículo para reparos não tem a posse dele, mas tão somente a detenção. Isso porque a oficina, ao receber o veículo, não possui nenhum dos poderes inerentes a propriedade, exercendo a "posse" do bem em dependência, pelo que não há que se falar em posse, **mas mera detenção (Art. 1.1198, CC)**.

Assim, não há o direito de retenção, sob a alegação da realização de benfeitoria no veículo, pois, nos termos do art. 1.219 do CC/2002, tal providência é permitida ao **possuidor de boa-fé**, mas não ao mero detentor do bem.

Com isso, a oficina mecânica que realiza reparos em veículo, com autorização do proprietário, **não pode reter o bem por falta de pagamento do serviço (REsp 1.628.385-ES)**.

05 No âmbito das ações consumeristas, o denunciado pode invocar a proibição de denunciação da lide prevista no art. 88 do CDC?

O art. 88 do CDC proíbe que o fornecedor que foi acionado judicialmente pelo consumidor faça a denunciação da lide, chamando para o processo outros corresponsáveis pelo evento:

> **Art. 88.** Na hipótese do art. 13, parágrafo único deste código, a ação de regresso poderá ser ajuizada em processo autônomo, facultada a possibilidade de prosseguir-se nos mesmos autos, vedada a denunciação da lide.

Esta norma é uma regra prevista **em benefício do consumidor**, atuando em prol da brevidade do processo de ressarcimento de seus prejuízos devendo, por esse motivo, ser arguida pelo próprio consumidor, em seu próprio benefício.

Assim, se o fornecedor/réu faz a denunciação da lide ao corresponsável **e o consumidor não se insurge contra isso**, haverá preclusão, **sendo descabido ao denunciado invocar em seu benefício a regra do art. 88.**

Em outras palavras, não pode o denunciado à lide invocar em seu benefício a regra de afastamento da denunciação (art. 88) para eximir-se de suas responsabilidades perante o denunciante **(REsp 913.687/SP)**.

06 Os anúncios de publicidade devem possuir um tamanho mínimo de fonte?

O art. 54, § 3º do CDC prevê que, nos contratos de adesão, o tamanho da fonte não pode ser inferior a 12. Essa regra do art. 54, § 3º, **não** se aplica para ofertas publicitárias. Assim, as letras que aparecem no comercial de TV ou em um encarte publicitário não precisam ter, no mínimo, tamanho 12 **(REsp 1.602.678/RJ).**

Segundo o STJ, as situações são distintas, razão pela qual não se pode aplicar a analogia:

Num contrato, a relação jurídica contratual se estabelece entre um número determinado de pessoas (os contratantes), ao passo que, no âmbito da oferta ao público, a relação jurídica se estabelece entre o anunciante e um número indeterminado de pessoas (toda a coletividade exposta à publicidade).

Outra distinção diz respeito aos custos do suporte material do contrato e do anúncio. Tratando-se de um contrato, o espaço ocupado pelas letras no papel não é significativo em termos de custo, pois o custo de uma folha de papel é desprezível em relação ao preço dos produtos e serviços. Tratando-se, porém, de um anúncio na imprensa, o espaço ocupado pelas letras tem um custo significativo, sendo, por vezes, superior ao preço do produto anunciado.

Uma última diferença relaciona-se ao aspecto visual do texto (design gráfico). No contrato, o design não importa. Já nas ofertas publicitárias, isso é um aspecto muito relevante. Essas significativas diferenças entre o contrato e a oferta publicitária fazem com que não se possa aplicar, por analogia, uma regra do primeiro para o segundo.

Após essa decisão do STJ, foi aprovada a Lei 13.543/2017, que passou a prevê que, nas compras feitas pela internet, deverá haver divulgação ostensiva do preço à vista, junto à imagem do produto ou descrição do serviço, em caracteres facilmente legíveis com tamanho de fonte não inferior a doze.

07 Quando tem início o prazo de 05 anos que o nome do consumidor pode permanecer negativado?

Nos termos do artigo 43, § 1º, do CDC: "os cadastros e dados de consumidores devem ser objetivos, claros e verdadeiros e em linguagem de fácil compreensão, não podendo conter informações negativas referentes a período superior a 5 anos.

Como se vê, o CDC estabeleceu que o nome do consumidor somente poderá permanecer em cadastros de proteção a crédito pelo prazo máximo de 05 anos. Contudo, a legislação foi omissão em relação ao início do prazo.

Dessa forma, duas correntes surgiram:

a) o prazo de 05 anos tem início no dia seguinte ao vencimento da dívida;

b) o prazo de 05 anos tem início no dia seguinte a inscrição do nome do devedor no cadastro de inadimplentes.

Ao analisar a situação, o STJ entendeu que o termo inicial do prazo de permanência de registro de nome de consumidor em cadastro de proteção ao crédito (art. 43, § 1º, do CDC) inicia-se no dia subsequente ao vencimento da obrigação não paga, independentemente da data da inscrição no cadastro.

Assim, vencida e não paga a obrigação, inicia-se no dia seguinte a contagem do prazo de 5 anos previsto no § 1º do art. 43, do CDC, não importando a data em que o nome do consumidor foi negativado **(REsp 1.316.117/SC)**.

O fundamento foi o seguinte:

1ª) **Interpretação mais favorável ao consumidor:** o CDC, não possuindo regra expressa, deve ser interpretado sempre de maneira mais favorável ao consumidor. Assim, a interpretação que mais se coaduna com o espírito do Código e, sobretudo, com os fundamentos para a tutela temporal do devedor, aí incluído o direito ao esquecimento, é aquela que considera como termo a quo do prazo a data do fato gerador da informação arquivada.

2ª) **O critério deve ser objetivo**, evitando o prolongamento indevido da manutenção: se o termo inicial do prazo de 5 anos fosse a data do registro, estaria sendo autorizado que as anotações fossem "perpétuas", pois bastaria que elas passassem de um banco de dados para outro ou para um banco de dados novo para se reiniciar este prazo, até que ocorresse a prescrição.

Haveria, portanto, uma burla ao prazo máximo de 5 anos, que poderia ser prolongado indevidamente. Desse modo, o critério de início de contagem do prazo deve ser objetivo, não podendo "ficar submetido à vontade do banco de dados ou do fornecedor, sob pena de esvaziar, por completo, o propósito legal de impedir consequências negativas, como a denegação do crédito, em decorrência de dívidas consideradas – legalmente – antigas e irrelevantes'.

08 O fabricante de medicamentos pode vir a ser responsabilizado pela ocorrência de efeito colateral devidamente informado na bula do remédio?

Para a responsabilização do fornecedor por acidente do produto não basta ficar evidenciado que os danos foram causados pelo medicamento. O defeito do produto deve apresentar-se, concretamente, como sendo o causador do dano experimentado pelo consumidor.

Em se tratando de produto de **periculosidade inerente** (medicamento com contraindicações), cujos riscos são normais à sua natureza e previsíveis, eventual dano por ele causado ao consumidor não enseja a responsabilização do fornecedor. Isso porque, neste caso, não se pode dizer que o produto é defeituoso **(REsp 1.599.405/SP).**

O fundamento é o seguinte: O fornecedor de um produto que possui uma periculosidade inerente não responde objetivamente pelo simples fato de ter colocado o produto no mercado. Para que ele responda, é necessário que tenha violado o dever jurídico de segurança, o que se dá com a fabricação e a inserção no mercado de um produto defeituoso. Em outras palavras, não basta que o produto seja perigoso, é necessário que seja defeituoso.

Os medicamentos em geral podem ser qualificados como produtos de periculosidade inerente. Isso porque todos eles, sem distinção, guardam riscos à saúde dos consumidores, na medida em que causam efeitos colaterais, alguns com maior e outros com menor gravidade.

Assim, para a responsabilização do fornecedor de medicamentos, é preciso que se demonstre a ocorrência de algum efeito **não indicado** na bula do remédio. Se houver alguma das contraindicações expressamente indicadas na bula, não há que se falar em produto defeituoso.

09 É possível estabelecer preços diferentes para quem realiza o pagamento em dinheiro ou cartão?

Pratica comum no comércio, o estabelecimento de preços diferenciados para quem faz o pagamento em dinheiro, foi considerada abusiva pelo STJ **(Resp 1.479.039)**.

Segundo o STJ, o estabelecimento comercial tem a garantia do pagamento efetuado pelo consumidor com cartão crédito, pois a administradora assume inteiramente a responsabilidade pelos riscos da venda. Uma vez autorizada a transação, o consumidor recebe quitação total do fornecedor e deixa de ter qualquer obrigação perante a ele. Por essa razão, a compra com cartão é considerada modalidade de pagamento a vista.

Assim, a diferenciação entre o pagamento em dinheiro, cheque ou cartão de crédito caracteriza prática abusiva no mercado de consumo, nociva ao equilíbrio. Exegese do art. 39, V e X, do CDC:

> **Art. 39.** É vedado ao fornecedor de produtos ou serviços, dentre outras práticas abusivas:
>
> **V** - exigir do consumidor vantagem manifestamente excessiva;
>
> **X** - elevar sem justa causa o preço de produtos ou serviços.

O Poder Legislativo, contudo, em um claro exemplo de reação legislativa, aprovou a Lei 13.455/2017, a qual autoriza a diferenciação de preços de bens e serviços oferecidos ao público em função do prazo ou do instrumento de pagamento utilizado.

Assim, passou a existir previsão legal autorizando a diferenciação de preços para quem realiza o pagamento em dinheiro ou cartão.

10 Os débitos relativos ao fornecimento de água e energia pelas concessionárias são considerados obrigações pessoais ou "propter rem"?

Imagine que você tenha comprado um imóvel e está desfrutando dele, quando é surpreendido pela cobrança da concessionária local de um débito de 20 mil reais, relativo ao fornecimento de água e esgoto ao antigo proprietário do imóvel, o qual não realizou os pagamentos.

Indignado, você ingressa com uma ação discutindo a dívida, afirmando que ela deve ser cobrada do antigo proprietário (obrigação pessoal, devendo ser arcada por quem efetivamente usou o serviço). A concessionária de água e esgoto afirma que se trata de obrigação "propter rem", devendo ser arcada pelo atual proprietário

O caso chega ao STJ, que decide o seguinte: a responsabilidade por débito relativo ao consumo de água e serviço de esgoto **é de quem efetivamente obteve a prestação do serviço.**

Trata-se de obrigação **de natureza pessoal**, não se caracterizando como obrigação "propter rem". Assim, **não se pode responsabilizar o atual usuário por débitos antigos contraídos pelo morador anterior do imóvel (REsp 1.297.967-SP)**.

Ressalta-se que o mesmo entendimento pode ser aplicado aos débitos de energia elétrica **(Resp 890.572).**

11 Maquiagem de produto. Que negócio é esse?

A "maquiagem de produtos" consiste na prática abusiva, por parte dos fornecedores (CDC, art. 3º), em que a quantidade de produto é diminuída sem que o consumidor seja devidamente informado disso, mas mantendo-se o mesmo preço.

Tal prática busca aumentar os lucros, valendo-se, para isso, da vulnerabilidade da outra parte, que, acostumada a sempre comprar aquele produto, o consome sem sequer notar que agora está pagando o mesmo preço por uma quantidade menor.

Constata-se, portanto, que a "maquiagem de produto" fere diretamente o dever de informação, direito básico do consumidor (CDC, art. 6º, III) e fundamental para sua autodeterminação. Ora, não raro o aviso acerca da diminuição do produto até está presente na embalagem, mas em letras minúsculas e num local de pouco destaque, o que configura sim mácula no dever de informar, tratando-se, pois, de propaganda enganosa por omissão (CDC, art. 31, §§ 1º e 3º).

Nesse sentido, cumpre ressaltar que o STJ já julgou legal a multa aplicada pelo PROCON no caso em que uma determinada marca de refrigerantes que diminuiu a quantidade do produto sem informar clara e precisamente o consumidor, uma vez que a informação acerca da diminuição foi aposta na parte inferior do rótulo e em letras muito pequenas (**Resp 1.364.915/MG).**

Salienta-se ainda que a simples diminuição do produto não é ilegal. O que é ilegal em si é a falta de informação clara da modificação, constituindo numa prática abusiva, que viola o direito do consumidor.

Por fim, havendo maquiagem, os fornecedores responderão solidariamente por tal fato (CDC, art. 19, *caput*), que pode, inclusive, constituir crime (art. 66 do CDC).

12 No âmbito do CDC, diferencie fortuito interno e fortuito externo, esclarecendo se eles são capazes de excluir a responsabilidade do fornecedor.

O fortuito interno é um fato ligado à organização da empresa, relacionando-se com os riscos da atividade desenvolvida pelo fornecedor (Ex.: um roubo a banco ou fraudes bancárias).

Já o **fortuito externo** é aquele que não está ligado a organização da empresa, sendo completamente alheio a atividade do fornecedor (Ex.: assalto a empresa ou um assalto dentro de um coletivo).

Somente o fortuito externo exclui a responsabilidade do fornecedor (AgRg no Resp 620.259 e Resp 974.138/SP), o fortuito interno não exclui a responsabilidade do fornecedor **(Resp 1.197.929/PR e Súmula 479 do STJ).**

13 Em que consiste a "Cláusula de Decaimento"? Ela é aceita no âmbito do CDC?

Cláusula de decaimento é a cláusula **que estabelece a perda total das parcelas pagas no contrato** em caso de inadimplemento ou distrato.

Nos contratos de compra e venda de móveis e imóveis e nos de alienação fiduciária em garantia, o CDC estabeleceu a nulidade dessas cláusulas.

Assim, ao consumidor cabe, uma vez rescindido o contrato, o direito de reaver a quantia que pagou, descontado somente um percentual pela participação do fornecedor no contrato ou por perdas e danos sofridos por este.

Sobre o tema, o STJ entende que é justo e razoável que o vendedor retenha parte das prestações pagas pelo consumidor como forma de indenizá-lo pelos prejuízos suportados, notadamente as despesas administrativas realizadas com a divulgação, comercialização e corretagem, além do pagamento de tributos e taxas incidentes sobre o imóvel, e a eventual utilização do bem pelo comprador.

A jurisprudência normalmente considera razoável a retenção, pelo promitente vendedor, de um percentual que varia de 10% a 25% dos valores já pagos, devendo o restante ser devolvido ao promitente comprador **(RCDESP no AREsp 208.018/SP e AgRg no AREsp 730520/DF).**

14 No âmbito do CDC, a inversão do ônus da prova é uma regra de procedimento ou de julgamento? Qual a consequência prática de se adotar uma ou outra?

Discutia-se na jurisprudência se a inversão do ônus da prova no CDC era uma regra de procedimento ou de julgamento.

Sendo **regra de julgamento,** a inversão ocorreria na sentença, podendo prejudicar a parte que teve contra si ônus da prova invertido, já que não poderia mais produzir prova.

Em sendo **regra de procedimento**, a inversão ocorre antes da produção probatória, permitindo que a parte que teve contra si o ônus invertido possa, se quiser, produzir provas.

Por isso, o STJ pacificou o entendimento que a inversão é regra de procedimento **(Resp 802.832/MG).**

15 Qual a natureza jurídica da remuneração dos serviços de água e esgoto, prestados por concessionárias de serviço público?

Segundo a doutrina e a jurisprudência, a natureza jurídica da remuneração dos serviços de água e esgoto, prestados por concessionária de serviço público, **é de tarifa ou preço público**, consubstanciando, assim, contraprestação de caráter não-tributário, razão pela qual não se subsume ao regime jurídico tributário estabelecido para as taxas:

> **STJ - Súmula 412:** A ação de repetição de indébito de tarifas de água e esgoto sujeita-se ao prazo prescricional estabelecido no Código Civil.

⊕ **Qual a relevância prática disso?**

Se a natureza jurídica fosse de taxa, o prazo para a ação de repetição de indébito ou para prescrição da ação de cobrança seria de 05 anos, nos termos do Decreto nº 20.910/32.

Como o prazo se sujeita ao Código Civil, o prazo de prescrição da demanda ou ajuizamento da ação de repetição de indébito **é de 10 anos (Art. 205, CC).**

16 É possível a instituição de compromisso arbitral para dirimir conflito existente em uma relação de consumo?

Para a correta resolução da questão, é preciso dominar os conceitos de "cláusula compromissória" e "compromisso arbitral".

A cláusula compromissória é uma convenção de arbitragem em que as partes dizem que para qualquer conflito futuro e ocasional será utilizada a arbitragem. É uma cláusula prévia e abstrata, que não se refere a um conflito específico. Mesmo havendo cláusula compromissória no contrato, as partes ainda precisarão de um compromisso arbitral, para regular como a arbitragem será feita.

O compromisso arbitral é uma convenção de arbitragem posterior ao conflito. O conflito surgiu e as partes decidem resolvê-lo por arbitragem. É feito após o conflito ter surgido e se refere a um problema concreto, já instaurado. Mesmo que não exista cláusula compromissória no contrato, as partes poderão decidir fazer um compromisso arbitral para resolver o conflito.

Nesse sentido, o STJ considerou como válido o compromisso arbitral para dirimir conflito existente em uma relação de consumo. Segundo o STJ, o art. 51, VII, do CDC, limita-se a vedar a adoção prévia e compulsória da arbitragem, no momento da celebração do contrato, mas não impede que, posteriormente, diante de eventual litígio, havendo consenso entre as partes (em especial, a concordância do consumidor), seja instaurado procedimento arbitral.

O que se veda, portanto, é a cláusula compromissória nos contratos de consumo, contudo, surgido o conflito entre consumidor e fornecedor, é possível que este seja resolvido mediante arbitragem, desde que, obviamente, as partes assim desejem **(Resp 1.169.841/RJ).**

17 Discorra sobre o "puffing" e suas consequências no âmbito do direito do consumidor.

Nos termos do art. 30 do CDC, a oferta integra o contrato e deve ser cumprida. Ela gera um direito potestativo para a o consumidor (o de exigir a oferta os moldes veiculados) e a responsabilidade do fornecedor é objetiva.

Contudo, para que a oferta integre o contrato, o CDC exigiu que ela seja suficientemente precisa. É exatamente nesse ponto que reside o chamado "puffing" ou "puffery". Cuida-se o "puffing" de informações exageradas, que não permitem verificação objetiva, como "o melhor sabor", "o mais bonito", o "maravilhoso".

Nesse sentido, a doutrina e a jurisprudência entendem que os exageros publicitários (denominados por seguimento da doutrina de "puffing" ou "puffery) não são capazes de induzir o consumidor a erro e não configuram práticas ilícitas.

Assim, se um consumidor se hospeda em um hotel que se autodenomina como o "melhor do mundo" e posteriormente ele descobre um hotel com condições melhor, não terá ele nenhum direito a indenização, **já que o exagero "puffing" não é considerado prática ilícita.**

18 Aplica-se o CDC nos litígios que envolvam empresas áreas de transporte internacional e seus clientes?

⊖ Qual é o contexto?

Amigos, a Convenção de Varsóvia que dispõe sobre as regras relativas ao transporte aéreo internacional foi promulgada em 1929 e ratificada pelo Brasil, sendo alterada posteriormente pela Convenção de Montreal de 1999 (Art. 55 do Decreto nº 5.910/2006).

A aludida convenção estabelece um prazo prescricional de 02 anos para se buscar indenização no caso de extravio de bagagens ocorridos em voos internacionais, ao contrário do CDC, que previu um prazo maior, de 05 anos. Ademais, a aludida convenção estabelece indenizações materiais tarifadas nesses casos (aproximadamente R$ 4.500,00), ao contrário do CDC, onde vigora o princípio da reparação integral.

➔ Qual norma deve prevalecer no caso de extravio de bagagem em voos internacionais?

Ao analisar a situação, o STF **(ARE 766.618 e RE 636.331)** entendeu pela aplicação da Convenção de Varsóvia/Montreal.

➔ Qual o fundamento?

Inicialmente, o STF ressaltou que a Convenção de Varsóvia/Montreal é considerada um tratado "comum" (pois não versa sobre direitos humanos), assim ela foi introduzida em nosso ordenamento com natureza de lei ordinária. Por isso, não há hierarquia em relação ao CDC. Assim, para resolver esse aparente conflito de normas, deve se utilizar os critérios cronológico e da especialidade.

Com relação ao critério da especialidade, as normas internacionais devem prevalecer sobre o CDC, uma vez que a Convenção regula uma relação de consumo específica (transporte internacional de passageiros), enquanto o CDC tem caráter geral.

Com relação ao critério cronológico, embora a Convenção de Varsóvia tenha sido promulgada em 1929, ela foi alterada posteriormente pela Convenção de Montreal de 1999 (Art. 55 do Decreto nº 5.910/2006). Assim, ela é mais nova que o CDC, que é de 1990.

Não fosse o suficiente, o STF também entendeu que deve ser seguida a regra contida no artigo 178 da Constituição Federal, que prioriza os acordos internacionais ratificados no país na ordenação do transporte aéreo:

> **Art. 178.** A lei disporá sobre a ordenação dos transportes aéreo, aquático e terrestre, devendo, quanto à ordenação do transporte internacional, observar os acordos firmados pela União, atendido o princípio da reciprocidade.

Em caso de conflito de normas, deve prevalecer o acordo internacional sobre o CDC.

Cumpre ressaltar, aqui, que a indenização tarifada prevista na Convenção de Varsóvia/Montreal apenas se aplica aos danos materiais. Quanto aos danos morais, ainda vale o CDC.

Por fim, após a decisão do STF, o STJ também vem entendendo pela aplicação da Convenção de Varsóvia/Montreal **(REsp 1341364/SP e REsp n673048/RS).**

19 A cláusula de tolerância é válida nos contratos regidos pelo direito do consumidor?

No âmbito dos contratos imobiliários, existe uma cláusula muito comum, chamada cláusula de tolerância. Isso ocorre quando o prédio tem previsão de entrega para uma data específica (Ex.: junho de 2018), mas o próprio também contrato prevê que se a construtora não cumprisse a data, mas entregasse o imóvel dentro do prazo de 180 dias, **ela não teria que pagar multa ou qualquer espécie de indenização ao adquirente.**

O STJ entendeu que **não é abusiva** a cláusula de tolerância nos contratos de promessa de compra e venda de imóvel em construção que prevê prorrogação do prazo inicial para a entrega da obra pelo lapso máximo de 180 (cento e oitenta) dias **(REsp 1.582.318-RJ).**

O fundamento do tribunal é que existem vários diversos fatores de imprevisibilidade que podem afetar negativamente a construção de edificações e onerar excessivamente os incorporadores e construtoras, tais como intempéries, chuvas, escassez de insumos, greves, falta de mão de obra, crise no setor, entre outros contratempos.

Assim, diante da complexidade desse negócio, é justificada a existência de uma cláusula contratual prevendo a possibilidade de eventual prorrogação do prazo de entrega da obra.

⊛ Qual o prazo máximo de uma cláusula de tolerância?

O STJ afirmou, contudo, que esse prazo de tolerância deverá ser de, no máximo, 180 dias, visto que, por analogia, é o prazo de validade do registro da incorporação e da carência para desistir do empreendimento (arts. 33 e 34, § 2º, da Lei nº 4.591/64 e 12 da Lei nº 4.864/65) e é o prazo máximo para que o fornecedor sane vício do produto (art. 18, § 2º, do CDC).

Assim, a cláusula de tolerância que estipular prazo de prorrogação superior a 180 (cento e oitenta) dias será considerada abusiva, devendo ser desconsiderados os dias excedentes.

20 Com relação a alteração das cláusulas contratuais, qual foi a teoria adotada pelo CDC?

A possibilidade de modificação das cláusulas contratuais é assim prevista no âmbito do CDC:

> **Art. 6º** - São direitos básicos do consumidor:
>
> **V** - a modificação das cláusulas contratuais que estabeleçam prestações desproporcionais ou sua revisão em razão de fatos supervenientes que as tornem excessivamente onerosas;

Para aplicação do inciso V não há necessidade de o evento que ocasionou o desequilíbrio contratual tenha sido imprevisível. O Código do Consumidor, ao contrário do Código Civil, **não adotou a teoria da imprevisão.**

Na verdade, o CDC **adotou a teoria do rompimento da base objetiva do negócio jurídico**, pela qual não há necessidade de o fato ser imprevisível, mas apenas que fatos supervenientes alterem as bases objetivas pelas quais as partes contrataram, alterando o ambiente econômico inicialmente presente. É de se ressaltar, contudo, que se tem entendido que não há que se falar em "rompimento da base objetiva" apenas em razão de dificuldades pessoais posteriores do consumidor, como, por exemplo, no caso em que ele fica desempregado.

Por fim, não se exige extrema vantagem para o credor, bastando a demonstração objetiva da excessiva onerosidade advinda para o consumidor **(Resp 370.598/RS).**

21 Os provedores que realizam a busca de produtos on-line podem ser responsabilizados por vícios da mercadoria ou inadimplemento contratual?

➔ Qual o contexto?

Na análise da responsabilidade dos provedores, o STJ fez a distinção entre os provedores de busca de produtos e provedores que fazem a intermediação entre o fornecedor e o consumidor.

Os provedores de busca de produtos são aqueles que fornecem apenas resultados de onde tais produtos são vendidos e os preços praticados, sem participar da interação virtual que aperfeiçoará o contrato eletrônico. Caso o consumidor deseje adquirir o produto, ele será redirecionado ao site do fornecedor. Não há pagamento de comissão ao provedor, que tem lucro explorando a publicidade (Ex.: Buscapé).

Provedores que fazem a intermediação entre o fornecedor e o consumidor são aqueles que oferecem a busca de mercadorias ao consumidor e disponibilizam toda a estrutura virtual para que a venda seja realizada. Em razão disso, normalmente cobram uma comissão pelo serviço (Ex.: Mercado livre).

➔ Os provedores podem ser responsabilizados?

Sobre o tema, o STJ entende que o provedor de buscas de produtos à venda on-line que não realiza nenhuma intermediação entre consumidor e vendedor não pode ser responsabilizado por qualquer vício da mercadoria ou inadimplemento contratual **(REsp 1.444.008-RS).**

Por outro lado, nos casos em que provedor faz a intermediação, prevalece que pode ser responsabilizado solidariamente por vícios da mercadoria ou inadimplemento contratual do vendedor.

22 O conceito de fato do produto ou do serviço precisa, necessariamente, envolver risco a segurança?

➔ Qual o contexto?

O CDC, em seu artigo 14, § 1º, estabelece o seguinte:

> **§ 1º** O produto é defeituoso quando não oferece a segurança que dele legitimamente se espera, levando-se em consideração as circunstâncias relevantes, entre as quais: (...)

Assim, em razão desse dispositivo, costuma-se afirmar que o **fato do produto** é um **defeito de segurança,** em que a utilização do produto ou serviço é capaz de gerar riscos à segurança do consumidor ou de terceiros, podendo ocasionar um evento danoso, denominado "acidente de consumo".

⊝ **Qual é a relevância dessa classificação?**

Caso haja um **fato do produto** ou serviço, a demanda está sujeita a **prazo prescricional** de 05 anos (Art. 27). No caso de **vício** do produto ou serviço, a demanda está sujeita a um prazo **decadencial**, de 30 ou 90 dias, a depender do bem.

⊝ **O fato do produto ou do serviço precisa, necessariamente, envolver risco a segurança?**

Em que pese o art. 12, § 1º do CDC afirmar que fato do produto diz respeito a circunstâncias que gerem a insegurança do produto ou serviço, a doutrina e o STJ entendem que o conceito de "fato do produto" **deve ser lido de forma mais ampla**, abrangendo todo e qualquer vício **que seja grave a ponto de ocasionar dano indenizável ao patrimônio material ou moral do consumidor.**

Em razão disso, o STJ entendeu que o aparecimento de grave vício em revestimento (pisos e azulejos), quando já se encontrava devidamente instalado na residência do consumidor, configura **fato do produto,** sendo, portanto, de 5 anos o prazo prescricional da pretensão reparatória (art. 27 do CDC) **(REsp 1.176.323-SP).**

23 Aplica-se o CDC ao contrato de plano de saúde administrado por entidade de autogestão?

⊝ **Entidades de autogestão. Que negócio é esse?**

Sociedades de autogestão são pessoas jurídicas de direito privado de fins não econômicos que operam plano de saúde, criada por empresas, associações de pessoas físicas ou jurídicas, fundações, sindicatos, entidades de categorias profissionais ou assemelhados, com o objetivo de prestar assistência à saúde exclusivamente a seus empregados, ex-empregados e dependentes.

Por exemplo, no âmbito do MPU, é disponibilizado para os membros e servidores um plano de saúde próprio, chamado Plan-assiste. Da mesma forma, os empregados do Banco do Brasil tem disponível um plano de saúde próprio, chamado CASSI.

Esse tipo de plano de saúde tem duas diferenças básicas em relação aos planos normais: **a)** estão disponíveis apenas aos empregados/servidores, aposentados e dependentes. **b)** eles não possuem finalidade lucrativa.

Justamente em razão dessas diferenças, o STJ entendeu que não se aplica o CDC às relações entre as operadoras de planos de saúde constituídas sob a modalidade de autogestão e seus filiados.

A constituição dos planos sob a modalidade de autogestão diferencia, sensivelmente, essas pessoas jurídicas quanto à administração, forma de associação, obtenção e repartição de receitas, dos contratos firmados com empresas que exploram essa atividade no mercado e visam ao lucro.

Em razão disso, não se aplica o CDC ao contrato de plano de saúde administrado por entidade de autogestão, por inexistência de relação de consumo (**REsp 1.285.483/PB**).

Posteriormente, o STJ cancelou a súmula 469 e editou nova súmula sobre o tema:

> **STJ – Súmula 608:** Aplica-se o Código de Defesa do Consumidor aos contratos de plano de saúde, **salvo os administrados por entidades de autogestão.**

24 Teoria do desvio produtivo. Que negócio é esse?

A teoria do desvio produtivo foi criada por Marcos Dessaune, em seu livro "Desvio Produtivo do Consumidor". Para o referido autor, o desvio produtivo caracteriza-se quando o consumidor precisa desperdiçar seu tempo, o qual poderia ser usado para o trabalho ou lazer, em busca de solucionar algum defeito/vício em um produto ou serviço adquirido no mercado. Assim, o consumidor deverá ser indenizado pelo tempo desperdiçado.

Em suma, a teoria do desvio produtivo cria uma verdadeira responsabilidade civil pela perda do tempo do consumidor, responsabilizando o fornecedor pelo tempo gasto pelo consumidor na resolução de um problema que por ele não foi criado.

Essa teoria vem sendo aplicada pelo STJ, em recentes julgamentos, tendo o Tribunal reconhecido o direito de indenização ao consumidor que adquiriu um veículo com um sério defeito de fábrica. Embora o defeito tenha sido solucionado pela montadora, ficou demonstrado que o consumidor perdeu muitas horas na solução do problema, de forma a permitir a indenização **(AREsp nº 1.241.259/SP).**

Em outro caso, o STJ reconheceu o direito a indenização no caso de uma consumidora que levou mais de 03 anos para solucionar um caso de cobranças indevidas de um banco **(AREsp 1.260.458/SP).**

Na ocasião, inclusive, o Ministro Marco Aurélio Bellizze proferiu o seguinte voto:

> "Especialmente no Brasil é notório que incontáveis profissionais, empresas e o próprio Estado, em vez de atender ao cidadão consumidor em observância à sua missão, acabam fornecendo-lhe cotidianamente produtos e serviços defeituosos, ou exercendo práticas abusivas no mercado, contrariando a lei. Para evitar maiores prejuízos, o consumidor se vê então compelido a desperdiçar o seu valioso tempo e a desviar as suas custosas competências - de atividades como o trabalho, o estudo, o descanso, o lazer - para tentar resolver esses problemas de consumo, que o fornecedor tem o dever de não causar.
>
> Tais situações corriqueiras, curiosamente, ainda não haviam merecido a devida atenção do Direito brasileiro. Trata-se de fatos nocivos que não se enquadram nos conceitos tradicionais de dano material, de perda de uma chance e de dano moral indenizáveis. **Tampouco podem eles (os fatos nocivos) ser juridicamente banalizados como meros dissabores ou percalços na vida do consumidor, como vêm entendendo muitos juristas e tribunais.".**

Assim, a teoria do desvio produtivo vem encontrando apoio na jurisprudência do STJ.

25 O consumidor pode ser condenado a pagar danos morais por reclamações realizadas contra fornecedores nos meios de comunicação?

Amigos, imaginem a seguinte situação: determinado consumidor, insatisfeito com um produto adquirido, faz um post em uma rede social relatando a situação. Nesse caso, é possível que o fornecedor ingresse com uma ação pleiteando danos morais em face do consumidor?

➔ Vamos por parte. A primeira coisa a se analisar é se a pessoa jurídica pode sofrer dano moral?

Inicialmente, temos que a pessoa jurídica, apesar de não possuir honra subjetiva, como a pessoa natural, possui honra objetiva, que é, resumidamente, a sua imagem perante a sociedade. Assim, o STJ entende que a pessoa jurídica pode sofrer dano moral:

> **STJ - Súmula 227:** A pessoa jurídica pode sofrer dano moral.

➔ O consumidor pode reclamar do fornecedor, nos meios de comunicação?

Sim, trata-se de um direito, inclusive, amparado pela Constituição. Assim, é certo que os consumidores têm o direito de externar sua insatisfação, pois a Constituição Federal assegura a liberdade de manifestação do pensamento **(art. 5º, IV).**

➔ Se é um direito, então o consumidor não pode ser responsabilizado?

Não é bem assim. Os direitos não são ilimitados. Ademais, todo direito deve ser exercido nos limites impostos pelo seu fim econômico ou social, pela boa-fé ou pelos bons costumes, sob pena de o titular ser responsabilizado por abuso de direito, que ocorre quando o titular de um direito, ao exercê-lo, supera os limites legais, ocasionando a possibilidade de responsabilização civil:

> **Art. 187.** Também comete ato ilícito o titular de um direito que, ao exercê-lo, excede manifestamente os limites impostos pelo seu fim econômico ou social, pela boa-fé ou pelos bons costumes.

Assim, em hipóteses excepcionais, o consumidor poderá ser responsabilizado por reclamações contra fornecedores nos meios de comunicação.

⊖ Quais são os parâmetros para se verificar eventual abuso do consumidor?

Não existe uma regra clara para permitir a responsabilização do consumidor. É preciso analisar caso a caso. Contudo, analisando a jurisprudência dos tribunais é possível traçar alguns parâmetros básicos: **a)** o excesso de linguagem, consistente na utilização de xingamentos ao fornecedor; **b)** xingamentos a pessoas não pertencentes a relação entre o consumidor e o fornecedor, como, por exemplo, promover ofensas a funcionários; **c)** divulgar fatos inverídicos.

Nesse sentido, temos decisão do TJDFT:

> CIVIL. CONSUMIDOR. PESSOA JURÍDICA. DANO MORAL. HONRA OBJETIVA. VIOLAÇÃO. PUBLICAÇÃO EM REDE SOCIAL E EM SITIO DE RECLAMAÇÕES DE CONSUMIDORES.
>
> "O excesso de linguagem em publicações nas redes sociais e sítios de reclamações de consumidores desborda da mera exposição do pensamento para tornar-se ofensa à honra objetiva, inobstante tratar-se de pessoa jurídica, amplamente divulgada na internet, com a intenção confessada de compeli-la a realizar sua vontade, configura dano moral.
>
> **(Acórdão n.882487, 20140111789662APC, Relator: HECTOR VALVERDE 6ª TURMA CÍVEL, Data de Julgamento: 15/07/2015, Publicado no DJE: 07/12/2015. Pág.: 251)**

Assim, temos que, em regra, o consumidor tem direito de realizar, pelos meios de comunicações, reclamações em face de fornecedores. Excepcionalmente, quando ficar configurado que o consumidor abusou do seu direito de reclamar, excedendo manifestamente os limites impostos pelo seu fim econômico ou social, pela boa-fé ou pelos bons costumes, é possível ao fornecedor pleitear indenização.

26 O fumante pode pedir indenização para a empresa fabricante de cigarros pelo desenvolvimento de doenças pelo uso do produto?

O STJ, ao analisar alguns casos concretos **(REsp nº 1.322.964/RS e REsp 1.113.804/RS),** estabeleceu alguns parâmetros interessantes para analisar a possibilidade de indenização:

a) As circunstâncias que envolvem o tabagismo, por si, não configuram automaticamente o dever de indenizar por danos morais e materiais no ordenamento jurídico brasileiro.

b) O cigarro, cuja produção e comercialização **são atividades lícitas**, não é um produto defeituoso, **mas de periculosidade inerente.** Os bens de consumo de periculosidade inerente ou latente trazem um risco intrínseco atado a sua própria qualidade ou modo de funcionamento. Embora se mostre capaz de causar acidentes, a periculosidade dos produtos e serviços, nesses casos, **diz-se normal e previsível em decorrência de sua natureza ou fruição**, ou seja, está em sintonia com as expectativas legítimas dos consumidores. Assim, a regra geral é a de que os danos decorrentes de periculosidade inerente não dão ensejo ao dever de indenizar.

c) Em sendo um bem de periculosidade inerente, é preciso demonstrar que houve um dano maior que o risco inerente ao produto (Ex.: todos sabem que fumar aumenta o risco de câncer). Assim, **seria preciso demonstrar que o cigarro causou um dano que dele não se espera,** como a explosão de um cigarro, a distribuição de um lote alterado ou com prazo de validade expirado, da comprovação da presença de uma toxina em qualidade ou quantidade não regulamentadas ou, até mesmo, da descoberta de uma doença que acometa indistintamente todos os fumantes.

d) É de se respeitar a liberdade de fazer escolhas, **inclusive àquelas que sejam prejudiciais à saúde,** sob pena de violação da autonomia individual que norteia a nossa ordem constitucional democrática. Assim, não há que se falar em dano quando ele foi causado por escolhas feitas pelo próprio consumidor.

e) É preciso demonstrar de forma concreta que o cigarro foi o causador de uma doença. **Não é válida a alegação genérica que o uso de cigarro é capaz de causar uma doença.** Isso porque existem diversos outros fatores, como a alimentação, álcool, carga genética e o modo de vida, que também podem aumentar o risco de desenvolver a doença. Assim, somente se fosse possível, no caso concreto, determinar quão relevante foi o cigarro para o infortúnio, ou seja, qual a proporção causal existente entre o tabagismo e o falecimento, poder-se-ia cogitar de se estabelecer um nexo causal juridicamente satisfatório.

Em suma, para que se vislumbre a possibilidade de o fumante conseguir indenização pelo uso do cigarro, **é preciso que se demonstre, concretamente, a ocorrência de um dano que dele não se espere** (Ex.: a descoberta que o cigarro provoca uma nova doença, ainda não informada pelo fabricante) e que o uso do cigarro concretamente provocou o dano. **Não se aceita a mera alegação genérica de que, estaticamente, o cigarro pode provocar tal doença, uma vez que vários outros fatores também podem provocá-la.**

27 A vítima de assédio sexual em transporte público tem direito a indenização por danos morais?

⊕ Qual é o contexto?

O que se questiona aqui é se a vítima de assédio sexual em transporte público tem direito a indenização por danos morais ou o fato de o assediador ser um terceiro, estranho à relação contratual, exime a concessionária de responsabilidade.

O caso chegou ao STJ, que entendeu, **inicialmente**, que a transportadora **possui responsabilidade** no caso **(REsp nº 1.662.551/SP).**

Na ocasião, o Tribunal asseverou que é da natureza do contrato de transporte a denominada "cláusula de incolumidade", pela qual se impõe ao transportador, mesmo que implicitamente, o dever de zelar pela incolumidade do passageiro, levando-o, a salvo e em segurança, até o local de destino.

Ademais, tanto o Código Civil (art. 734), quanto o CDC (art. 14, §§ 1º e 3º), estabelecem que responsabilidade do transportador nesse caso é objetiva, é dizer, independentemente da existência de culpa.

Nesse sentido, ainda que responda objetivamente, **é indispensável,** para efeito de imputação ao transportador de um dano sofrido pelo passageiro, **a demonstração do nexo de causalidade,** que é rompido quando verificada uma causa estranha ao contrato de transporte e aos riscos inerentes à respectiva atividade econômica, como na hipótese de fortuito externo e de culpa exclusiva da vítima ou de terceiro.

Contudo, para que um fato de terceiro exclua a responsabilidade do transportador, **é preciso averiguar se a conduta do terceiro se coloca ou não dentro dos limites do risco assumido pelo transportador.** O fato exclusivo de terceiro como excludente de responsabilidade do transportador, somente ocorre quando verificado que a conduta não guarda conexão com a atividade de transporte.

Nesse sentido, o STJ entendeu que, embora nenhum sistema de transporte público seja imune a ocorrência de assédio, é certo que os inúmeros casos de assédio sexual que ocorrem diariamente nos transportes públicos brasileiros são facilitados pela má prestação dos serviços.

É dizer, a falta de um número adequado de veículos ou vagões, a superlotação dos transportes, o baixo número de agentes aptos a fiscalizar a prestação do serviço, facilitam a ocorrência de casos de assédio sexual, **fazendo com que ele passe a ser um risco da atividade do transporte público.**

Em outras palavras, a baixa qualidade dos serviços disponíveis, que resultam em superlotação e pouca fiscalização, **contribuem diretamente para a ocorrência de assédio sexual dentro do transporte público**, razão pela qual sua ocorrência se qualifica como um fortuito interno, apto a ensejar a responsabilização da transportadora.

Quem cria um ambiente ideal para o cometimento de assédio sexual, **assume o risco de que ele seja cometido, fazendo com que o assédio faça parte dos riscos normais do transporte.**

Por fim, ressalta-se que, nesse caso, o STJ entendeu ainda que a transportadora tem direito de regresso contra o assediador.

Posteriormente, a 4ª Turma do STJ **afastou a responsabilização civil da empresa** nesse caso, decidindo que não há responsabilidade da empresa de transporte coletivo em caso de ilícito alheio e estranho à atividade de transporte, pois o evento é considerado caso fortuito ou força maior, excluindo-se, portanto, a responsabilidade da empresa transportadora **(REsp 1.748.295).**

Em razão **da divergência** de entendimentos entre as turmas, foi proposto embargos de divergência **(EREsp 1662551),** o qual se encontra pendente de julgamento. Recomendo que o tema seja acompanhado.

28 O CDC se aplica para as discussões envolvendo o DPVAT?

⊖ DPVAT. Que negócio é esse?

O DPVAT é um seguro obrigatório contra danos pessoais causados por veículos automotores de via terrestre, ou por sua carga, a pessoas, transportadas ou não. Em razão dele, qualquer um que sofra um dano decorrente de um acidente com veículo automotor tem direito a uma indenização.

Por fim, cumpre ressaltar que o DPVAT não paga indenização por prejuízos decorrentes de danos patrimoniais, somente danos pessoais.

⊖ Quem paga o DPVAT?

Como vimos, o DPVAT é um seguro obrigatório, assim, todos que possuem um veículo automotor terrestre devem pagar o DPVAT. Trata-se, assim, de um contrato legal.

⊖ O CDC se aplica nas ações envolvendo o DPVAT?

O STJ entendeu que não **(REsp 1.635.398/PR).** Segundo o Tribunal, o seguro DPVAT não é baseado em uma relação jurídica contratual. Trata-se de um seguro obrigatório por força de lei, que tem por objetivo mitigar os danos advindos da circulação de veículos automotores.

Nesse contexto, não há, por parte das seguradoras integrantes do consórcio do seguro DPVAT, responsáveis por realizarem o pagamento, qualquer ingerência nas regras relativas à indenização securitária. Ao contrário do que ocorre no caso de seguro facultativo (este, sim, sujeito ao CDC), a atuação das seguradoras integrantes do consórcio do seguro DPVAT não é concorrencial nem se destina à obtenção de lucro, na medida em que a respectiva arrecadação possui destinação legal específica.

Assim, as normas protetivas do **Código de Defesa do Consumidor não se aplicam ao seguro obrigatório (DPVAT).**

29 Diferencie publicidade enganosa, publicidade abusiva, publicidade clandestina e publicidade subliminar.

Os conceitos de publicidade enganosa e publicidade abusiva encontram-se no próprio Código de Defesa do Consumidor:

Nesse sentido, temos que a publicidade será enganosa quando:

> **Art. 37.** É proibida toda publicidade enganosa ou abusiva.
>
> **§ 1° É enganosa** qualquer modalidade de informação ou comunicação de caráter publicitário, inteira ou parcialmente falsa, ou, por qualquer outro modo, mesmo por omissão, capaz de induzir em erro o consumidor a respeito da natureza, características, qualidade, quantidade, propriedades, origem, preço e quaisquer outros dados sobre produtos e serviços.

Por sua vez, será abusiva quando:

> **Art. 37.** (....)
>
> **§ 2° É abusiva,** dentre outras a publicidade discriminatória de qualquer natureza, a que incite à violência, explore o medo ou a superstição, se aproveite da deficiência de julgamento e experiência da criança, desrespeita valores ambientais, ou que seja capaz de induzir o consumidor a se comportar de forma prejudicial ou perigosa à sua saúde ou segurança.

Já a **publicidade clandestina** não foi diretamente conceituada pelo CDC. Ela consiste na ação publicitária que não deixa claro que se trata de um anúncio de um determinado produto ou serviço, de forma que o consumidor não perceba facilmente que se trata de uma propaganda.

A propaganda clandestina implica na violação ao princípio da identificação da mensagem publicitária, previsto no artigo 36 do CDC:

> **Art. 36.** A publicidade deve ser veiculada de tal forma que o consumidor, fácil e imediatamente, a identifique como tal.

Vejam que a própria lei exige que a publicidade a ser veiculada possa ser facilmente identificada como tal. Assim, a lei exige que o consumidor possa imediatamente identificar o fornecedor (patrocinador da propagada), assim como o produto ou serviço a ser oferecido. Em suma, **a lei vedou a publicidade clandestina.**

Por fim, o princípio da identificação da mensagem publicitária, previsto no artigo 36 do CDC, também proíbe a chamada **publicidade subliminar,** que é o tipo de publicidade realizado para atingir o inconsciente do indivíduo, fazendo com que ele, sem que perceba, seja induzido a consumir determinado produto ou serviço.

30 Plano de saúde pode recusar tratamento com base em uso off label de medicamento?

⊖ Qual é o contexto?

No Brasil, exige-se, para que haja a comercialização de um determinado medicamento, que ele tenha sido aprovado pelo Poder Público, o que ocorre nesse caso pela Agência Nacional de Vigilância Sanitária (Anvisa).

Ao ser aprovado, o medicamento recebe aprovação da Anvisa para uma ou mais indicações, as quais passam a constar na sua bula, e que são as respaldadas pela Agência.

Uma vez comercializado, contudo, é possível que alguns médicos desejem prescrever tratamentos com esse medicamento para situações que não foram indicadas na sua bula quando da sua aprovação pela Anvisa.

Por exemplo, determinado medicamento foi aprovado pela Anvisa como sendo indicado para problemas cardíacos. Contudo, pesquisas indicam que ele também pode ser usado no tratamento de problemas no estômago, havendo, inclusive, aprovação nesse sentido em outros países.

Contudo, essa indicação ainda não consta expressamente em sua bula, normalmente porque a Anvisa ainda não terminou os estudos relacionados a essa nova função do medicamento.

Nesse caso, quando se busca usar o medicamento para um tratamento não expressamente indicado na bula, temos aquilo que se chama de medicamentos "uso off label".

➔ **Feita essa explicação, questionamos: os planos de saúde podem recusar tratamento com base em uso *off label* de medicamento?**

O STJ, por meio da terceira turma, entendeu que não. O fundamento que a autorizar que a operadora negue a cobertura de tratamento sob a justificativa de que a doença do paciente não está contida nas indicações da bula representa inegável ingerência na ciência médica, em odioso e inaceitável prejuízo do paciente enfermo **(REsp nº 1721705/SP).**

Em outras palavras, não compete a operadora do plano de saúde determina quais tratamentos um médico pode ou não passar.

Tema interessante e que sugiro o acompanhamento.

31 O plano de saúde pode exigir dos médicos que indiquem a CID nas requisições de exames?

➔ **CID. Que negócio é esse?**

CID é a sigla para Classificação Internacional de Doenças. Trata-se de uma tabela elaborada pela Organização Mundial de Saúde – OMS e tem como objetivo padronizar e catalogar doenças e outros problemas de saúde.

Nessa tabela encontram-se diversas informações sobre as doenças e os problemas de saúde catalogados, tais como sinais e sintomas, anormalidades, queixas, contextos sociais e causas externas. Assim, é atribuído um código CID único para cada estado de saúde.

Por exemplo, a CID da diarreia é "CID 10 – A09". Assim, caso um dia uma pessoa viaje e precise informar aos médicos locais sobre a doença, pelo número da CID eles saberão do que se trata, sem necessidade de maiores informações.

➔ Qual é a polêmica?

Chegou ao STJ a seguinte questão: podem os planos de saúde exigirem a indicação da CID como condição de deferimento, nas requisições de exames e serviços oferecidos?

O STJ entendeu que sim. Assim, não é abusiva a exigência de indicação da CID (Classificação Internacional de Doenças), como condição de deferimento, nas requisições de exames e serviços oferecidos pelas prestadoras de plano de saúde, bem como para o pagamento de honorários médicos **(REsp 1.509.055/RJ).**

➔ Qual o fundamento?

O fundamento utilizado pelo STJ foi que a indicação da CID é necessária para que o plano verifique se a doença ou tratamento encontra-se dentro da cobertura contratual. Isso porque, ao contratarmos um plano, ele não garante o tratamento de toda e qualquer doença, mas sim de uma lista informada no momento da contratação.

Por isso, é interessante a informação da CID, para que os pagamentos e as requisições de exames não se voltem para tratamentos que ultrapassem as obrigações contratuais do plano de saúde.

32 O Atraso na entrega de um imóvel gera dano moral?

O STJ tem entendido que, em regra, o atraso na entrega de um imóvel não gera dano moral, constituindo-se como um mero aborrecimento.

Segundo o Tribunal, o mero descumprimento contratual, caso em que a promitente vendedora deixa de entregar o imóvel no prazo contratual injustificadamente, não acarreta, por si só, danos morais **(REsp 1654843/SP e AgRg no REsp 1408540/MA).**

Excepcionalmente, contudo, de acordo com as circunstâncias do caso concreto, é possível haver a condenação em danos morais, desde que devidamente comprovada a ocorrência de uma significativa e anormal violação a direito da personalidade do adquirente.

Por exemplo, o STJ já reconheceu o dano moral no caso de atraso de grandes proporções (02 anos) **(AgRg no AREsp 693.206/RJ).** No mesmo sentido, o STJ já reconheceu o dano moral na hipótese em que o atraso fez com que os noivos, adquirentes do imóvel, tivessem que desmarcar a data do casamento **(REsp 1662322/RJ).**

33 Todo consumidor pessoa física é vulnerável?

Qual o contexto?

Segundo a doutrina, no âmbito consumerista, vulnerabilidade poderá ser das seguintes espécies:

a) **Vulnerabilidade técnica:** Significa a ausência de conhecimento específico acerca do produto ou serviço por parte do adquirente. A vulnerabilidade técnica é presumida no caso do consumidor não-profissional (Ex.: uma família que adquire uma geladeira). O consumidor profissional pode excepcionalmente ser considerado tecnicamente vulnerável, nas hipóteses em que o produto ou serviço adquirido não tiver relação com a sua formação ou área de atuação.

b) **Vulnerabilidade informacional:** consiste no "deficit" informacional dos consumidores em relação aos produtos e serviços que estão adquirindo. Trata-se de uma nova categoria, antes enquadrada como vulnerabilidade técnica. A vulnerabilidade informacional ocorre quando o consumidor não detém as informações suficientes para realizar o processo decisório de aquisição ou não do produto ou serviço.

c) **Vulnerabilidade jurídica ou científica:** seria a própria falta de conhecimentos jurídicos, ou de outros conhecimentos pertinentes à relação, como contabilidade, matemática financeira e economia.

d) **Vulnerabilidade socioeconômica ou fática:** é a vulnerabilidade real diante do parceiro contratual, seja em decorrência do grande poderio econômico deste último, seja pela sua posição de monopólio, ou em razão da essencialidade do serviço que presta, impondo, numa relação contratual, uma posição de superioridade.

⊕ Todo consumidor pessoa física é vulnerável?

O Código de Defesa do Consumidor estabeleceu o seguinte:

> **Art. 4º** A Política Nacional das Relações de Consumo tem por objetivo o atendimento das necessidades dos consumidores, o respeito à sua dignidade, saúde e segurança, a proteção de seus interesses econômicos, a melhoria da sua qualidade de vida, bem como a transparência e harmonia das relações de consumo, atendidos os seguintes princípios:
>
> **I - reconhecimento da vulnerabilidade do consumidor no mercado de consumo;**

Vejam que o próprio CDC reconheceu a vulnerabilidade do consumidor pessoa física. Isso porque vulnerabilidade é um fenômeno de direito material, havendo presunção legal absoluta que todo consumidor pessoa física é vulnerável.

Nesse sentido, temos que a vulnerabilidade do consumidor pessoa física é presumida por lei, **enquanto que a da pessoa jurídica deve ser demonstrada no caso concreto.**

Por fim, não confunda vulnerabilidade com hipossuficiência. A hipossuficiência é um fenômeno de índole processual que deverá ser analisado no caso concreto. Assim, pode-se dizer que **nem todo consumidor pessoa física é hipossuficiente**, mas todo consumidor pessoa física é vulnerável.

34 É possível que o PROCON interprete as cláusulas de um contro de consumo, aplicando sanção administrativa no caso de considerá-las abusivas?

⊕ Qual o contexto?

O PROCON é um **órgão administrativo** e, portanto, não detém personalidade jurídica. Em sendo um órgão administrativo, houve quem defendesse que ele não teria competência para interpretar negócios jurídicos (contratos).

Assim, somente o Poder Judiciário poderia declarar que as cláusulas eram abusivas, não sendo isso permitido ao Procon.

O STJ concordou com essa tese?

Não. Segundo o STJ, **o Procon pode interpretar as cláusulas de um contrato de consumo e, se considerá-las abusivas, aplicar sanções administrativas (REsp 1.279.622-MG).**

Qual o fundamento?

De início, o STJ ressaltou que o art. 4º, II, "c" do CDC estabelece o seguinte:

> **Art. 4º** A Política Nacional das Relações de Consumo tem por objetivo o atendimento das necessidades dos consumidores, o respeito à sua dignidade, saúde e segurança, a proteção de seus interesses econômicos, a melhoria da sua qualidade de vida, bem como a transparência e harmonia das relações de consumo, atendidos os seguintes princípios
>
> **II** - ação governamental no sentido de proteger efetivamente o consumidor:
>
> **c) pela presença do Estado no mercado de consumo;**

Assim, a legislação legitima a presença plural do Estado atuando no mercado de consumo, tanto por meios de órgãos da administração pública, voltados à defesa do consumidor (exemplo: PROCON), quanto por meio de órgãos clássicos (Defensoria Pública, Ministério Público, delegacias de polícia especializada, entre outros).

Ademais, o PROCON, em que pese seja um órgão administrativo e, por isso, não detenha jurisdição, está apto a interpretar cláusulas contratuais, porque a Administração Pública, por meio de órgãos de julgamento administrativo, **pratica controle de legalidade,** o que não se confunde com a função jurisdicional propriamente dita pertencente ao Judiciário.

Não fosse o suficiente, se o PROCON não pudesse interpretar as cláusulas de um contrato, para considerar uma cláusula como abusiva, **ele não teria como aplicar as sanções administrativas atribuídas por lei.**

Ademais, a sanção administrativa aplicada pelo PROCON **é passível de ser contestada por ação judicial.**

Em resumo, o PROCON pode interpretar as cláusulas de um contrato de consumo e, se considerá-las abusivas, aplicar sanções administrativas ao fornecedor **(REsp 1.256.998/GO).**

35 A ausência de prévia comunicação ao consumidor, pelo banco de dados, da inscrição do seu nome em serviços de proteção ao crédito, sempre gera dano moral?

⊖ Qual é o contexto?

O Código de Defesa do Consumidor estabelece o seguinte:

> **Art. 43.** O consumidor, sem prejuízo do disposto no art. 86, terá acesso às informações existentes em cadastros, fichas, registros e dados pessoais e de consumo arquivados sobre ele, bem como sobre as suas respectivas fontes.
>
> **§ 2°** A abertura de cadastro, ficha, registro e dados pessoais e de consumo deverá ser comunicada por escrito ao consumidor, quando não solicitada por ele.
>
> Notem que o CDC determina que a abertura de cadastro deverá ser comunicada por escrito ao consumidor quando não solicitada por ele.

⊖ Quem é o responsável por essa comunicação?

Prevaleceu que a obrigação é do órgão mantedor do cadastro (Ex.: Serasa):

> **STJ – Súmula 359:** Cabe ao órgão mantenedor do cadastro de proteção ao crédito a notificação do devedor antes de proceder à inscrição.

O STJ entende que, em regra, a simples ausência de comunicação gera direito à compensação por danos morais, não havendo necessidade de prova do prejuízo sofrido, é dizer, o dano é presumido ou "dano in re ipsa" **(REsp 1061134/RS).**

Contudo, a próprio STJ reconhece duas hipóteses em que a inscrição irregular do nome do consumidor em serviços de proteção ao crédito **não gera dano moral:**

a) Em caso de inscrição preexistente. É dizer, quando o consumidor já se encontra com o nome negativado por outras inscrições regulares.

> **STJ – Súmula 385:** Da anotação irregular em cadastro de proteção ao crédito, não cabe indenização por dano moral quando preexistente legítima inscrição, ressalvado o direito ao cancelamento.

Aqui, o único direito do consumidor é cancelar a inscrição irregular.

b) quando o órgão de restrição ao crédito estiver apenas reproduzindo informação negativa que conste de registro público (Ex.: protestos que constem em cartório de tabelionato de notas).

Segundo o STJ, diante da presunção legal de veracidade e publicidade inerente aos registros de cartório de protesto, a reprodução objetiva, fiel, atualizada e clara desses dados na base de órgão de proteção ao crédito – ainda que sem a ciência do consumidor – não tem o condão de ensejar obrigação de reparação de danos **(REsp 1.444.469/DF).**

36 É indispensável o Aviso de Recebimento (AR) na carta de comunicação ao consumidor sobre a negativação de seu nome em bancos de dados e cadastros?

⊕ Qual é o contexto?

O Código de Defesa do Consumidor estabelece o seguinte:

> **Art. 43.** O consumidor, sem prejuízo do disposto no art. 86, terá acesso às informações existentes em cadastros, fichas, registros e dados pessoais e de consumo arquivados sobre ele, bem como sobre as suas respectivas fontes.
>
> § 2° A abertura de cadastro, ficha, registro e dados pessoais e de consumo deverá ser comunicada por escrito ao consumidor, quando não solicitada por ele.

Notem que o CDC determina que a abertura de cadastro deverá ser comunicada por escrito ao consumidor quando não solicitada por ele.

⊕ É indispensável o Aviso de Recebimento (AR) na carta de comunicação ao consumidor sobre a negativação de seu nome em bancos de dados e cadastros?

O STJ entendeu que não:

> **STJ - Súmula 404:** é dispensável o Aviso de Recebimento (AR) na carta de comunicação ao consumidor sobre a negativação de seu nome em bancos de dados e cadastros.

⊖ Qual o fundamento?

Segundo o STJ, a legislação consumerista apenas impõe o dever de haver a comunicação prévia e por escrito, ao consumidor, da negativação do seu nome, pelas entidades de proteção ao crédito. Em nenhum momento, contudo, a norma exige que essa se dê por meio de AR (Aviso de Recebimento).

37 O uso do chamado escore de crédito é permitido no Brasil?

⊖ Qual o contexto?

O escore de crédito ou o "credit scoring", é um método estatístico de avaliação de risco, surgido nos Estados Unidos. Por esse método, através de uma série de varáveis, é possível calcular a probabilidade de um empréstimo ser pago, com atribuição de uma pontuação ao consumidor avaliado (nota do risco de crédito).

Atualmente, é um método bastante usado na concessão de empréstimo ou de cartões de crédito.

⊖ Esse método é permitido no Brasil?

O STJ entende que sim **(Resp 1.419.697/RS).** Segundo o Tribunal, essa prática comercial é lícita, estando autorizada pelo art. 5º, IV, e pelo art. 7º, I, da Lei n. 12.414/2011 (lei do cadastro positivo).

Posteriormente, com a edição da Lei Complementar 166/2019, o escore de crédito passou a ser expressamente previsto na legislação, por meio da introdução do artigo 7º-A na Lei nº 12.414/2011.

⊖ Existe algum parâmetro no seu uso?

Na avaliação do risco de crédito, devem ser respeitados os limites estabelecidos pelo sistema de proteção do consumidor no sentido da tutela da privacidade e da máxima transparência nas relações negociais, conforme previsão do CDC e da Lei n. 12.414/2011.

➔ É necessário o prévio consentimento do consumidor para seu uso?

O STJ entendeu que não. Contudo, apesar de desnecessário o consentimento do consumidor consultado, deve ser a ele fornecidos esclarecimentos, caso solicitado, acerca das fontes dos dados considerados (histórico de crédito), bem como as informações pessoais valoradas.

➔ Existe alguma consequência para o desrespeito a esses parâmetros?

O desrespeito aos limites legais na utilização do sistema "credit scoring", configurando abuso no exercício desse direito (art. 187 do CC), pode ensejar a responsabilidade objetiva e solidária do fornecedor do serviço, do responsável pelo banco de dados, da fonte e do consulente (art. 16 da Lei n. 12.414/2011) pela ocorrência de danos morais nas hipóteses de utilização de informações excessivas ou sensíveis (art. 3º, § 3º, I e II, da Lei n. 12.414/2011), bem como nos casos de comprovada recusa indevida de crédito pelo uso de dados incorretos ou desatualizados.

Por fim, o STJ editou uma súmula sintetizando boa parte do que foi dito aqui:

> **STJ – Súmula 550:** A utilização de escore de crédito, método estatístico de avaliação de risco que não constitui banco de dados, dispensa o consentimento do consumidor, que terá o direito de solicitar esclarecimentos sobre as informações pessoais valoradas e as fontes dos dados considerados no respectivo cálculo.

➔ Quais são os requisitos para o consumidor ingressar com ação questionando o uso do escore de crédito?

Para o STJ, em relação ao sistema *credit scoring*, o interesse de agir para a propositura da ação cautelar de exibição de documentos exige, no mínimo, a prova de:

a) requerimento para obtenção dos dados ou, ao menos, a tentativa de fazê-lo à instituição responsável pelo sistema de pontuação, com a fixação de prazo razoável para atendimento; e

b) que a recusa do crédito almejado ocorreu em razão da pontuação que lhe foi atribuída pelo sistema *Scoring*.

Caso o consumidor não comprove esses dois requisitos, a ação deve ser extinta por falta de interesse de agir (REsp 1304736/RS).

8

Trabalho

25 questões

01 Conceitue intervalo intrajornada, esclarecendo quais a consequências de seu descumprimento e a natureza da verba salarial nesse caso. Intervalo intrajornada é aquele que deve ocorrer durante a mesma jornada de trabalho, estando previstos no artigo 71 do CLT:

> **Art. 71** - Em qualquer trabalho contínuo, cuja duração exceda de 6 (seis) horas, é obrigatória a concessão de um intervalo para repouso ou alimentação, o qual será, no mínimo, de 1 (uma) hora e, salvo acordo escrito ou contrato coletivo em contrário, não poderá exceder de 2 (duas) horas.
>
> **§ 1º** - Não excedendo de 6 (seis) horas o trabalho, será, entretanto, obrigatório um intervalo de 15 (quinze) minutos quando a duração ultrapassar 4 (quatro) horas.

Assim, em regra, no trabalho que excede 6 horas, o empregador deverá conceder pelo menos uma hora de intervalo. A reforma trabalhista, contudo, permitiu que esse valor seja diminuído por negociação coletiva, desde que respeito o limite mínimo de 30 minutos de intervalo:

> **Art. 611-A.** A convenção coletiva e o acordo coletivo de trabalho, observados os incisos III e VI do *caput* do art. 8º da Constituição, têm prevalência sobre a lei quando, entre outros, dispuserem sobre:
>
> **III** - intervalo intrajornada, respeitado o limite mínimo de trinta minutos para jornadas superiores a seis horas.

Antes da chamada reforma trabalhista, o TST entendia que o fato de o empregador não ter concedido nada ou ter concedido 50 minutos de intervalo, teria a mesma consequência: o pagamento de uma hora acrescida de 50% por dia de descumprimento:

> **TST – Súmula 437:**
>
> **I** - Após a edição da Lei nº 8.923/94, a não-concessão ou a concessão parcial do intervalo intrajornada mínimo, para repouso e alimentação, a empregados urbanos e rurais, implica o pagamento total do período correspondente, e não apenas daquele suprimido, com acréscimo de, no mínimo, 50% sobre o valor da remuneração da hora normal de trabalho (art. 71 da CLT), sem prejuízo do cômputo da efetiva jornada de labor para efeito de remuneração.

A reforma trabalhista, contudo, acrescentou o seguinte parágrafo ao artigo 71:

> **§ 4º** - A não concessão ou a concessão parcial do intervalo intrajornada mínimo, para repouso e alimentação, a empregados urbanos e rurais, implica o pagamento, de natureza indenizatória, apenas do período suprimido, com acréscimo de 50% (cinquenta por cento) sobre o valor da remuneração da hora normal de trabalho.

Assim, o entendimento constante do inciso I da Súmula 437 do TST foi superada, uma vez que a não concessão do intervalo intrajornada implica o pagamento apenas do período suprimido (Ex.: se foi concedido 50 minutos, apenas 10 minutos deverá ser pago com acréscimo de 50%), com acréscimo de 50% (cinquenta por cento) sobre o valor da remuneração da hora normal de trabalho.

⊝ Qual a natureza desse valor pago?

Antes da reforma trabalhista, o TST entendia que esse pagamento tinha natureza salarial e, portanto, repercutia no pagamento de outras verbas salarias (Ex.: adicional de insalubridade, noturno etc). TST – Súmula 437:

> **III - possui natureza salarial** a parcela prevista no art. 71, § 4º, da CLT, com redação introduzida pela Lei nº 8.923, de 27 de julho de 1994, quando não concedido ou reduzido pelo empregador o intervalo mínimo intrajornada para repouso e alimentação, repercutindo, assim, no cálculo de outras parcelas salariais.

Ocorre que o § 4º do artigo 71 deixa claro que se trata de uma parcela de natureza indenizatória, restando superado também o inciso III, do artigo 437 do TST:

> **§ 4º** - A não concessão ou a concessão parcial do intervalo intrajornada mínimo, para repouso e alimentação, a empregados urbanos e rurais, implica o pagamento, **de natureza indenizatória**, apenas do período suprimido, com acréscimo de 50% (cinquenta por cento) sobre o valor da remuneração da hora normal de trabalho.

02 O empregador pode exigir do empregado o cumprimento de aviso prévio proporcional?

Amigos, o aviso prévio é a comunicação do desejo de rescisão do contrato de trabalho pela parte que decide extingui-lo. O aviso prévio somente ocorre nos contratos de trabalho por prazo indeterminado e quando a rescisão for imotivada, isto é, sem justa causa.

Por sua vez, o aviso prévio proporcional foi introduzido em nosso ordenamento pela Lei 12.506/11. Por essa lei, será concedido aviso prévio de 30 (trinta) dias aos empregados que contem até 1 (um) ano de serviço na mesma empresa.

A esse prazo de 30 dias será somado 03 dias por ano de serviço prestado na mesma empresa, até o máximo de 60 (sessenta) dias, perfazendo um total de até 90 (noventa) dias.

Recentemente chegou ao TST a seguinte discussão: o aviso prévio proporcional é um direito exclusivo do empregado ou o empregador também poderá utilizá-lo de forma a obrigar o empregado a permanecer por mais de 30 dias no caso de aviso prévio trabalhado.

O TST entendeu que a proporcionalidade do aviso prévio a que se refere a Lei nº 12.506/2011 aplica-se somente aos casos em que o empregador toma a iniciativa de rescindir o contrato de trabalho. Interpretar a norma de forma diversa, ou seja, exigir que o trabalhador cumpra aviso prévio superior a trinta dias, na hipótese em que ele próprio intentar a rescisão do contrato, significaria compactuar com alteração legislativa prejudicial ao empregado.

Em outras palavras, **o aviso prévio proporcional é um direito exclusivo do empregado (TST-E-RR-1964- 73.2013.5.09.0009)**.

03 A mera falta da assinatura da Carteira de Trabalho do empregado é capaz de gerar dano moral?

Imaginem a seguinte situação: José foi contratado por determinada empresa, tendo nela trabalhado por 05 anos. Durante todo esse período, a empresa cumpriu todas as suas obrigações trabalhistas.

Após sua saída da empresa, José descobriu que, por um erro administrativo, a empresa nunca assinou sua carteira de trabalho.

Diante dessa informação, José ingressa com uma demanda na Justiça do Trabalho pleiteando danos morais.

➔ **A pretensão de José merece prosperar?**

NÃO.

Conforme preceitua o art. 29 da CLT, a anotação do vínculo de emprego na CTPS tem caráter cogente. Contudo, a ausência de registro, por si só, não gera automaticamente dano moral ao empregado, mormente quando não há prova de prejuízo.

A inexistência de anotação de vínculo empregatício na CTPS configura mera irregularidade administrativa que pode ser sanada por determinação judicial ou pela própria secretaria da vara do trabalho (art. 39, § 1º, da CLT). Esse é o entendimento do TST **(TSTE-ED-RR-3323-58.2010.5.02.0203).**

Em suma, **a simples ausência de anotação da carteira de trabalho não gera dano moral**. É necessário comprovar ainda que essa ausência provocou algum dano ao trabalhador. Nesse caso, compete ao empregado o ônus da prova de comprovar o dano, que não se presume.

04 Qual a natureza da presunção de veracidade oriunda das anotações na Carteira de Trabalho?

Sendo de natureza consensual, prova-se o contrato de trabalho por todos os meios de direito permitido. Contudo, a prova, por excelência, do contrato de trabalho é a Carteira de Trabalho e Previdência Social – CTPS (Art. 40, CLT).

A anotação na CTPS gera presunção "juris tantum" (Súmulas 12 do TST e 225 do STF). Cumpre ressaltar, ainda, que essa presunção é relativa tanto para o empregador como para o empregado.

05 Em que consiste o lockout? Trata-se de prática admitida em nosso ordenamento?

O "Lockout" **consiste na paralisação do trabalho ordenada pelo próprio empregador**, com o intuito de impedir o atendimento das reivindicações dos empregados (Ex.: melhores salários) ou mesmo para exercer pressão perante as autoridades estatais em busca de alguma vantagem econômica (Ex.: isenção de tributos).

Normalmente o "lockout" ocorre com o empregador fechando as portas da empresa, impedindo que os funcionários adentrem no local para o trabalho.

Com isso, visa o empregador desestabilizar emocionalmente seus empregados ou mesmo as autoridades estatais.

→ O *lockout* é permitido em nosso ordenamento?

Não. O *lockout* é proibido pela lei 7.783/89, que regulamenta o direito de greve na iniciativa privada:

> **Art. 17.** Fica vedada a paralisação das atividades, por iniciativa do empregador, com o objetivo de frustrar negociação ou dificultar o atendimento de reivindicações dos respectivos empregados (*lockout*).
>
> **Parágrafo único.** A prática referida no *caput* assegura aos trabalhadores o direito à percepção dos salários durante o período de paralisação.

06 É possível a dispensa imotivada de empregado público?

Em relação a necessidade ou não de motivação na dispensa dos empregados públicos de empresas públicas e sociedade de economia mista, o TST entendia que não era necessária a aludida motivação, salvo no caso dos Correios, que é equiparado a Fazenda Pública em vários aspectos. Nesse sentido:

> **TST – OJ nº 247 da SDI-I:**
>
> **I** - A despedida de empregados de empresa pública e de sociedade de economia mista, mesmo admitidos por concurso público, independe de ato motivado para sua validade; **II** - A validade do ato de despedida do empregado da Empresa Brasileira de Correios e Telégrafos (ECT) está condicionada à motivação, por gozar a empresa do mesmo tratamento destinado à Fazenda Pública em relação à imunidade tributária e à execução por precatório, além das prerrogativas de foro, prazos e custas processuais.

O STF, contudo, entendeu de maneira diferente. Para ele, não apenas as dispensas dos empregados dos Correios, mas a de todas as empresas públicas e sociedades de economia mista precisam ser motivadas.

O fundamento é o de que, **como a pessoa passou por um processo impessoal de escolha (concurso público), sua dispensa também deve se dar de forma impessoal, o que só pode ser aferido através da motivação do ato (RE 589998/PI).**

Apesar de a OJ nº 247 ainda não ter sido formalmente cancelada pelo TST, ela encontra-se superada, tendo o TST adotado o entendimento do STF em seus últimos julgados (**RR 1389003420085040005).**

07 Diferencie trabalho ilícito de trabalho proibido.

Para Maurício Godinho, trabalho ilícito é aquele que compõe um tipo legal penal ou concorre diretamente para ele; o trabalho proibido é aquele que se realiza em desrespeito à norma imperativa vedatória de labor em determinadas situações.

Segundo Alice Monteiro de Barros, o trabalho ilícito é aquele em que o próprio objeto do contrato é a prestação de serviços ilícitos; o trabalho proibido é aquele prestado em desacordo com as normas de proteção trabalhista.

Para ambos e para doutrina majoritária, o trabalho ilícito não gera efeitos trabalhistas; já o trabalho proibido gera efeitos trabalhistas, muito embora sua prestação deva ser proibida pela autoridade, é dizer, a autoridade cessa a prestação dos serviços, contudo, o trabalhador recebe todos os direitos pelo trabalho já prestado.

1º. Jogo do bicho: para a doutrina majoritária, trata-se de trabalho ilícito, não gerando efeitos trabalhistas.

> **OJ nº 199 da SDI-1:** É nulo o contrato de trabalho celebrado para o desempenho de atividade inerente à prática do jogo do bicho, ante a ilicitude de seu objeto, o que subtrai o requisito de validade para a formação do ato jurídico.

2º. Policial militar que presta serviços a particulares: prevalece que se trata de trabalho proibido, gerando efeitos trabalhistas.

> **TST – Súmula 386:** Preenchidos os requisitos do art. 3º da CLT, é legítimo o reconhecimento de relação de emprego entre policial militar e empresa privada, independentemente do eventual cabimento de penalidade disciplinar prevista no Estatuto do Policial Militar.

08 Diferencie dano moral de dano existencial.

O dano moral, de forma bem resumida, pode ser conceituado como uma lesão a direito da personalidade. Cumpre ressaltar que, conforme entendimento do STJ, para a existência do dano moral basta que haja uma injusta violação a um direito da personalidade, dispensando-se a existência de dor ou sofrimento por parte da vítima. A presença ou não da dor ou sofrimento é tema relevante apenas para fixação da reparação do dano, não para sua existência **(REsp 1.292.141-SP).**

Recentemente, contudo, chegou ao Brasil o conceito de dano existencial, de origem italiana. Segundo a doutrina, o dano existencial também constitui espécie de dano imaterial, acarretando à vítima, parcial ou totalmente, a impossibilidade de conviver em sociedade por meio de relações afetivas, culturais, recreativas, espirituais, dentre outras. Em suma, cuida-se de um dano que acarreta uma **perda na qualidade de vida do indivíduo.**

Segundo a doutrina especializada, o dano existencial pode ser dividido da seguinte maneira:

a) **dano à vida de relação:** relaciona-se a uma alteração de caráter não pecuniário na vida do indivíduo ou das pessoas próximas a ela. Aqui, o indivíduo **perde algo que já estava incorporado ao seu patrimônio imaterial** (Ex.: a parte não consegue mais praticar esportes ou não consegue fazer uma viagem com a família).

b) **dano ao projeto de vida:** aqui há uma frustração no projeto de vida, nas expectativas que a vítima tinha acerca de seu futuro, que deixaram de se concretizar em razão do injusto comportamento de outro. **É algo que ainda não estava incorporado ao seu patrimônio, mas que a vítima deixa de conseguir** (Ex.: a parte deixa de cursar ensino superior porque não tem tempo, em razão de trabalho excessivo).

O campo, atualmente, de maior incidência do chamado dano existencial é nas relações de trabalho. Ocorre principalmente em razão do descumprimento reiterado das normas trabalhistas por parte do empregador (Ex.: o empregador que assedia sexualmente a empregada ou exige que o empregado cumpra uma jornada superior aos limites legais ou mesmo não permite que o funcionário tire férias, excluindo-o, assim, do contato com sua família).

Beleza, já sei os conceitos, mas qual é a diferença entre dano moral e existencial? Pois é, meus amigos, é aqui que as coisas se complicam um pouco mais. A diferença entre ambos é muito tênue, já que ambos são danos imateriais. Contudo, tem prevalecido que o dano existencial é autônomo em relação ao dano moral.

Para a doutrina majoritária, que os diferencia, a principal diferença entre eles é que no dano moral, as consequências do ato ilícito atingem principalmente à vítima, individualmente considerada, enquanto que no dano existencial, além de atingir a vítima em seus direitos fundamentais, o dano **também acaba por atingir terceiros**, irradiando seus efeitos nocivos a pessoas próximas da parte, que muitas vezes são privados de sua presença, em razão de um comportamento ilícito.

Cumpre ressaltar ainda que o TST tem exigido comprovação concreta da perda da qualidade de vida do empregado para a condenação em danos existenciais. Segundo o TST, embora uma mesma situação possa gerar as duas formas de lesão, **seus pressupostos e demonstração probatória são independentes.**

Assim, por exemplo, mesmo que o trabalhador comprove a existência de jornadas de trabalho em horários superiores ao legalmente previsto, e que isso enseje a ocorrência de dano moral, não haverá que se falar em dano existencial se o empregado não demonstrar que isso tenha comprometido suas relações sociais ou seu projeto de vida, fato constitutivo do seu direito **(Recurso de Revista 23-56.2012.5.04.0292).**

09 É possível a negociação coletiva no âmbito da Fazenda Pública?

Depende. Conforme entendimento majoritário jurisprudencial **não cabe a instauração de dissídio coletivo para a discussão de cláusulas econômicas ou sociais de servidores estatutários da administração direta, autárquica e fundacional.** Em relação aos servidores públicos estatutários, o entendimento predominante é de que não há dúvida quanto à impossibilidade de celebração de acordo ou convenção coletiva, como também de ajuizamento de dissídio coletivo, porquanto não lhes foi assegurado no art. 39, § 3º da CF a aplicação do art. 7º, XXVI, que dispõe acerca do reconhecimento de acordos e convenções coletivas de trabalho.

Por seu turno, no caso de a pessoa jurídica de direito público manter empregados públicos (celetistas) **é cabível dissídio coletivo tão somente no que tange as obrigações sociais (que não implicam dispêndios financeiros).**

> **TST - OJ nº 05 da SDC:** Em face de pessoa jurídica de direito público que mantenha empregados, cabe dissídio coletivo exclusivamente para apreciação de cláusulas de natureza social. Inteligência da Convenção nº 151 da Organização Internacional do Trabalho, ratificada pelo Decreto Legislativo nº 206/2010.

A impossibilidade de apreciação de cláusulas econômicas justifica-se porque a administração pública deve observar o princípio da legalidade, somente podendo conceder aumento aos seus servidores mediante lei específica, observando a iniciativa privativa em cada caso, exigindo ainda prévia dotação orçamentária e autorização específica na lei de diretrizes orçamentárias.

Em cabendo negociação coletiva envolvendo cláusulas sociais, se aplicam ao Poder Público muitos dos dispositivos do artigo 611-A da CLT.

> **Art. 611-A.** A convenção coletiva e o acordo coletivo de trabalho, observados os incisos III e VI do *caput* do art. 8º da Constituição, têm prevalência sobre a lei quando, entre outros, dispuserem sobre (...).

10 O que é "dumping social"?

Segundo a doutrina, trata-se de uma prática ilegal no qual o empregador elimina ou diminui direitos trabalhistas para cortar gastos e obter vantagem econômica.

Assim, o "dumping social" caracteriza-se pela adoção, por parte do empregador, de práticas desumanas de trabalho, em vistas de reduzir os custos de produção e, assim, aumentar os seus lucros.

Trata-se de descumprimento reincidente aos direitos trabalhistas, capaz de gerar um dano à sociedade e constituir um ato ilícito.

11 É possível exigir do trabalhador certidões de antecedentes criminais para fins de contratação?

Depende.

O TST entendeu que a exigência de Certidão de Antecedentes Criminais de candidato a emprego é legítima e não caracteriza lesão moral quando amparada em expressa previsão legal ou justificar-se em razão da natureza do ofício ou do grau especial de fidúcia exigido, a exemplo de empregados domésticos, cuidadores de menores, idosos ou deficientes (em creches, asilos ou instituições afins), motoristas rodoviários de carga, empregados que laboram no setor da agroindústria no manejo de ferramentas de trabalho perfuro-cortantes, bancários e afins, trabalhadores que atuam com substâncias tóxicas, entorpecentes e armas, trabalhadores que atuam com informações sigilosas.

Por outro lado, não é legítima e caracteriza lesão moral a exigência de Certidão de Antecedentes Criminais de candidato a emprego quando traduzir tratamento discriminatório ou não se justificar em razão de previsão em lei, da natureza do ofício ou do grau especial de fidúcia exigido.

Assim, ausente um desses três requisitos: a) previsão em lei; b) natureza do ofício ou c) grau especial de fidúcia exigido, a exigência de Certidão de Antecedentes Criminais caracteriza dano moral *in re ipsa*, passível de indenização, independentemente de o candidato ao emprego ter ou não sido admitido (**IRR-243000-58.2013.5.13.0023**).

12 A reversão da justa causa em juízo rende ensejo a indenização por danos morais?

Fulanilson foi demitido por justa causa pela empresa em que trabalhava. Inconformado com a situação, ingressou com reclamação trabalhista, oportunidade em que conseguiu reverter a demissão, uma vez que o magistrando não entendeu provados os requisitos legais da medida. Nesse caso, ele tem direito a indenização por danos morais?

O TST entendeu que, em regra, não. A simples dispensa por justa causa, com atribuição de conduta desidiosa ao empregado, não caracteriza, por si só, ato ilícito ou abuso do poder potestativo do empregador, ainda que haja reversão da aludida justa causa em juízo. A existência de lesão à honra e à imagem do trabalhador deve ser demonstrada. Desse modo, **se não provada a má-fé do empregador, ao imputar falta grave ao empregado, nem qualquer publicidade acerca de qual fato determinou a justa causa,** não se caracteriza o dano moral apto a ensejar a reparação pleiteada (**TST -E-ED--RR-737000-44.2004.5.09.0012**).

13 O Fornecimento de equipamentos de proteção individual – EPI, é capaz de eliminar o recebimento de adicional de insalubridade?

O TST entende o seguinte:

> **TST – Súmula 80:** A eliminação da insalubridade mediante fornecimento de aparelhos protetores aprovados pelo órgão competente do Poder Executivo exclui a percepção do respectivo adicional.
>
> **TST – Súmula 289:** O simples fornecimento do aparelho de proteção pelo empregador não o exime do pagamento do adicional de insalubridade. Cabe-lhe tomar as medidas que conduzam à diminuição ou eliminação da nocividade, entre as quais as relativas ao uso efetivo do equipamento pelo empregado.

As duas súmulas se complementam, uma vez que o simples fornecimento não exclui o adicional de insalubridade. **Só não haverá pagamento do adicional quando o equipamento fornecido eliminar a insalubridade.**

14 Existe alguma diferença, para fins de perícia, entre o médico e o engenheiro do trabalho?

A CLT estabeleceu o seguinte:

> **Art. 195** - A caracterização e a classificação da insalubridade e da periculosidade, segundo as normas do Ministério do Trabalho, far-se-ão através de perícia a cargo de Médico do Trabalho ou Engenheiro do Trabalho, registrados no Ministério do Trabalho.
>
> **§ 1º** - É facultado às empresas e aos sindicatos das categorias profissionais interessadas requererem ao Ministério do Trabalho a realização de perícia em estabelecimento ou setor deste, com o objetivo de caracterizar e classificar ou delimitar as atividades insalubres ou perigosas.
>
> **§ 2º** - Arguida em juízo insalubridade ou periculosidade, seja por empregado, seja por Sindicato em favor de grupo de associado, o juiz designará perito habilitado na forma deste artigo, e, onde não houver, requisitará perícia ao órgão competente do Ministério do Trabalho.
>
> **§ 3º** - O disposto nos parágrafos anteriores não prejudica a ação fiscalizadora do Ministério do Trabalho, nem a realização ex officio da perícia.

Conforme se nota, é obrigatória a realização de perícia para a caracterização da insalubridade e da periculosidade. Com relação aos peritos, houve alguns doutrinadores que defenderam que a perícia de insalubridade deveria ser feita por médico e a da periculosidade por engenheiro. O TST, contudo, entendeu que tanto faz, bastando que o profissional seja qualificado.

> **TST – OJ nº 165 da SDI-I:** O art. 195 da CLT não faz qualquer distinção entre o médico e o engenheiro para efeito de caracterização e classificação da insalubridade e periculosidade, bastando para a elaboração do laudo seja o profissional devidamente qualificado.

15 O empregado que pede demissão antes de completar 12 meses no emprego tem direito ao pagamento das férias proporcionais?

Vejamos o que diz a CLT:

> **Art. 147** - O empregado que for despedido sem justa causa, ou cujo contrato de trabalho se extinguir em prazo predeterminado, antes de completar 12 (doze) meses de serviço, terá direito à remuneração relativa ao período incompleto de férias, de conformidade com o disposto no artigo anterior.

Pela redação do artigo, o empregado terá direito ao pagamento das férias proporcionais nas seguintes hipóteses: a) demissão sem justa causa; b) quando o contrato se extinguir em prazo determinado (contrato a termo).

Assim, pela redação do artigo 147, o empregado que pedir demissão não terá direito a férias proporcionais, se não contar com mais de 12 meses (Art. 146, CLT). Ocorre que o Brasil assinou a Convenção nº 132 da OIT, que não faz distinção entre aquele que tem menos de 01 ano (Art. 147. CLT) e o que tem mais de 01 ano (Art. 146, CLT), quando do pagamento das férias proporcionais. Assim, pelo princípio da norma mais favorável aplica-se a convenção:

> **TST - Súmula 171:** Salvo na hipótese de dispensa do empregado por justa causa, a extinção do contrato de trabalho sujeita o empregador ao pagamento da remuneração das férias proporcionais, ainda que incompleto o período aquisitivo de 12 (doze) meses (art. 147 da CLT).

> **TST - Súmula 261:** O empregado que se demite antes de complementar 12 (doze) meses de serviço tem direito a férias proporcionais.

16 Qual a consequência das férias serem concedidas após o período concessivo? E se as férias forem concedidas no período correto, mas o abono não for pago no período certo?

Nos termos da CLT, uma vez adquirido pelo empregado o direito a férias, elas devem ser gozadas nos 12 meses subsequentes:

> **Art. 134** - As férias serão concedidas por ato do empregador, em um só período, nos 12 (doze) meses subsequentes à data em que o empregado tiver adquirido o direito.

Com relação ao chamado "parcelamento de férias", a chamada "reforma trabalhista" incluiu um ponto benéfico ao trabalhador, estabelecendo que eles podem ser dívidas em até 3 períodos:

> **§ 1º** Desde que haja concordância do empregado, as férias poderão ser usufruídas em até três períodos, sendo que um deles não poderá ser inferior a quatorze dias corridos e os demais não poderão ser inferiores a cinco dias corridos, cada um.

Com relação as consequências da não concessão de férias no período correto, assim estabelece a CLT:

> **Art. 137** - Sempre que as férias forem concedidas após o prazo de que trata o art. 134, o empregador pagará em dobro a respectiva remuneração.

Nesse caso, o empregador deverá conceder as férias com remuneração dobrada.

> **TST – Súmula 81:** Os dias de férias gozados após o período legal de concessão deverão ser remunerados em dobro.

Caso uma parte das férias seja gozada dentro do período concessivo e o restante fora desse período, a parte que foi concedida dentro do prazo correto será remunerada de forma simples e os dias concedidos fora do prazo serão remunerados de forma dobrada.

Será devido, ainda, o pagamento dobrado quando as férias, apesar de concedidas dentro do prazo legal, forem pagas fora do prazo previsto em lei.

> **TST – Súmula 450:** É devido o pagamento em dobro da remuneração de férias, incluído o terço constitucional, com base no art. 137 da CLT, quando, ainda que gozadas na época própria, o empregador tenha descumprido o prazo previsto no art. 145 do mesmo diploma legal.

17 Salário complessivo. Que negócio é esse?

O salário complessivo é o valor único pago para contemplar todos os direitos do trabalhador. Na lição de Valentim Carrion, consiste na fixação de uma importância fixa ou proporcional ao ganha básico, com a finalidade de remunerar vários institutos adicionais sem possibilidade de verificar-se se a remuneração cobre todos os direitos e suas naturais oscilações.

Será nula a cláusula que contenha esse tipo de salário, sendo o valor pago a título de salário complessivo considerado apenas o salário do empregado, sobre o qual irão incidir os direitos trabalhistas.

> **TST – Súmula 91:** Nula é a cláusula contratual que fixa determinada importância ou percentagem para atender englobadamente vários direitos legais ou contratuais do trabalhador.

18 Os descontos feitos com autorização do empregado ferem o princípio da intangibilidade?

O princípio da intangibilidade encontra-se assim previsto na CLT:

A intangibilidade é uma garantia que veda descontos no salário do empregado, salvo se eles resultarem de adiantamentos, dispositivo de lei ou acordo ou convenção coletiva de trabalho.

> **Art. 462** - Ao empregador é vedado efetuar qualquer desconto nos salários do empregado, salvo quando este resultar de adiantamentos, de dispositivos de lei ou de contrato coletivo.

⊖ Os descontos feitos com autorização do empregado ferem o princípio da intangibilidade?

> **TST – Súmula 342:** Descontos salariais efetuados pelo empregador, com a autorização prévia e por escrito do empregado, para ser integrado em planos de assistência odontológica, médico-hospitalar, de seguro, de previdência privada, ou de entidade cooperativa, cultural ou recreativo-associativa de seus trabalhadores, em seu benefício e de seus dependentes, não afrontam o disposto no art. 462 da CLT, salvo se ficar demonstrada a existência de coação ou de outro defeito que vicie o ato jurídico.

> **TST – OJ nº 160 da SDI-I:** É inválida a presunção de vício de consentimento resultante do fato de ter o empregado anuído expressamente com descontos salariais na oportunidade da admissão. É de se exigir demonstração concreta do vício de vontade.

Como se vê, em regra, os referidos descontos não ofendem o princípio da intangibilidade, salvo se restar provado algum vício de vontade. **Esse vício, porém, não se presume, devendo ser provado de forma concreta.**

19 Qual é a base de cálculo do adicional de periculosidade para quem trabalha com energia elétrica?

Para aqueles que tinham contato com energia elétrica, a antiga Lei 7.369/85 assegurava que o adicional de 30% deveria incidir sobre o salário que o empregado recebia, de forma que o TST entendeu que ele deveria incidir sobre a totalidade das parcelas de natureza salarial (Súmula 191, TST). Eles deveriam receber, assim, sobre todo o salário, incluindo as gratificações, prêmios etc.

Ocorre que a Lei 7.369/85 foi revogada pela Lei 12.740/12. Com a nova lei, e a revogação da Lei 7.369/85, aqueles contratados antes da entrada em vigor da Lei 12.740/2012 (08 de dezembro de 2012) ainda devem ter o adicional calculado da forma antiga, em decorrência do princípio da condição mais benéfica, mas aqueles que forem contratados depois da entrada em vigor da nova lei, deverão ter o adicional calculado da nova maneira: sobre o salário base, sem acréscimos.

Nesse sentido, o entendimento do TST:

> **TST - Súmula 191:**
>
> **I** - O adicional de periculosidade incide apenas sobre o salário básico e não sobre este acrescido de outros adicionais.
>
> **II** - O adicional de periculosidade do empregado eletricitário, contratado sob a égide da Lei nº 7.369/1985, deve ser calculado sobre a totalidade das parcelas de natureza salarial. Não é válida norma coletiva mediante a qual se determina a incidência do referido adicional sobre o salário básico.
>
> **III** - A alteração da base de cálculo do adicional de periculosidade do eletricitário promovida pela Lei nº 12.740/2012 atinge somente contrato de trabalho firmado a partir de sua vigência, de modo que, nesse caso, o cálculo será realizado exclusivamente sobre o salário básico, conforme determina o § 1º do art. 193 da CLT.

20 Para fins de percepção do adicional de periculosidade, a perícia é sempre obrigatória?

A CLT estabeleceu o seguinte:

> **Art. 195** - A caracterização e a classificação da insalubridade e da periculosidade, segundo as normas do Ministério do Trabalho,

> **far-se-ão através de perícia** a cargo de Médico do Trabalho ou Engenheiro do Trabalho, registrados no Ministério do Trabalho.

Conforme se nota, a lei determinou que é obrigatória a realização de perícia para a caracterização da periculosidade.

A perícia, contudo, não será necessária **quando houver pagamento espontâneo da empresa.**

> **TST – Súmula 453**: O pagamento de adicional de periculosidade efetuado por mera liberalidade da empresa, ainda que de forma proporcional ao tempo de exposição ao risco ou em percentual inferior ao máximo legalmente previsto, dispensa a realização da prova técnica exigida pelo art. 195 da CLT, pois torna incontroversa a existência do trabalho em condições perigosas.

21 A empregada contratada por tempo determinado tem direito a estabilidade gravídica?

A estabilidade da gestante está prevista no art. 10, inciso II, "b", do ADCT:

> **Art. 10.** Até que seja promulgada a lei complementar a que se refere o art. 7º, I, da Constituição:
>
> **II** - fica vedada a dispensa arbitrária ou sem justa causa:
>
> **b)** da empregada gestante, desde a confirmação da gravidez até cinco meses após o parto.

Trata-se de uma estabilidade personalíssima, uma vez que decorre de uma condição especial. Até setembro de 2012, o TST entendia que a empregada contratada mediante contrato por tempo determinado, não tinha direito a estabilidade, já que a extinção do contrato não constituía dispensa arbitrária ou sem justa causa. Contudo, a partir de setembro de 2012 ele alterou o seu entendimento para prever o direito a estabilidade também nos contratos por tempo determinado.

> **TST – Súmula 244:**
>
> **I** - O desconhecimento do estado gravídico pelo empregador não afasta o direito ao pagamento da indenização decorrente da estabilidade (art. 10, II, "b" do ADCT).
>
> **II** - A garantia de emprego à gestante só autoriza a reintegração se esta se der durante o período de estabilidade. Do contrário, a

garantia restringe-se aos salários e demais direitos correspondentes ao período de estabilidade.

III - A empregada gestante tem direito à estabilidade provisória prevista no art. 10, inciso II, alínea "b", do Ato das Disposições Constitucionais Transitórias, **mesmo na hipótese de admissão mediante contrato por tempo determinado.**

22 Qual é a taxa aplicável na atualização financeira do FGTS?

⊖ Qual o contexto?

O Fundo de Garantia por Tempo de Serviço – FGTS, foi instituído pela Lei nº 5.107/66 com o objetivo de proteger o trabalhador demitido sem justa causa, sendo, atualmente, regido pela Lei nº 8.036/90.

⊖ Qual é a polêmica relativa à taxa aplicável?

O dinheiro depositado nas contas vinculadas ao FGTS precisa ser corrigido monetariamente. Atualmente, o índice utilizado para a correção monetária dos valores depositados a título de FGTS é a chamada TR (Taxa Referencial), que é o mesmo índice aplicado para a correção da poupança (**art. 13 da Lei nº 8.036/90 e art. 17 da Lei nº 8.177/91**).

O problema de se utilizar a TR é que seus valores são definidos previamente, por meio de critérios técnicos não relacionados com a inflação considerada no período. Em outras palavras, **a TR é calculada antes de a inflação ocorrer.** Isso significa dizer que, em algumas situações, quando a inflação estiver muito alta, a TR **não seria capaz sequer de corrigir o valor pela inflação.**

Ademais, é certo que a previsão de utilização da TR para fins de correção foi utilizada em outras legislações, a exemplo do art. 1º-F da Lei nº 9.494/97, com redação dada pela Lei nº 11.960/2009, o qual previa que, nas condenações impostas à Fazenda Pública, deveria incidir, como correção monetária, os índices oficiais de remuneração básica da caderneta de poupança.

Ocorre que, como este índice não consegue manter o valor real da condenação, o STF entendeu que ele afronta à própria decisão judicial, tendo em vista que o valor real do crédito previsto na condenação judicial não será o valor que o credor receberá efetivamente. **Assim, o**

tribunal em questão declarou a inconstitucionalidade do dispositivo (RE 870947/SE).

Diante do entendimento do STF, várias ações passaram a discutir a substituição da taxa TR por outras, como o INPC ou IPCA, **as quais levam em contam a inflação do período.**

O STJ, contudo, não aceitou essa tese, afirmando a remuneração das contas vinculadas ao FGTS tem disciplina própria, ditada por lei, que estabelece a TR como forma de atualização monetária, sendo vedado, portanto, ao Poder Judiciário substituir o mencionado índice **(REsp 1.614.874-SC).**

⊝ Qual o fundamento?

O STJ fundamentou sua decisão no fato de que o estabelecimento da taxa a remunerar o FGTS é de competência do congresso nacional. Assim, tendo o legislador estipulado a TR como o índice legal de remuneração das contas vinculadas ao FGTS, não pode o Judiciário substituir tal índice, apenas com base na alegação da existência de outros índices que melhor repõem as perdas decorrentes do processo inflacionário, porque tal providência está claramente inserida no âmbito de atuação do Poder Legislativo, sob pena de vulnerar o princípio da Separação dos Poderes.

⊝ A discussão acabou?

Por fim, cumpre ressaltar que há uma ADI (**ADI 5090**) na qual se requer a declaração da inconstitucionalidade do uso da TR, ao argumento de que viola o direito de propriedade, o direito dos trabalhadores ao FGTS e o princípio da moralidade administrativa a utilização da Taxa Referencial (TR) como índice de correção monetária dos depósitos vinculados ao FGTS. Dessa forma, caberá ao STF encerrar a polêmica.

23 O empregado pode ser punido pelo excesso de flatulência no local de trabalho?

⊝ Qual o contexto?

Amigos, imaginem a seguinte situação: Fulanilson constantemente soltava gases no local de trabalho, o que estava incomodando os demais empregados. Em razão disso, sofreu diversas advertências de seu empregador, o que acabou gerando sua demissão por justa causa. Diante disso, questiona-se: o trabalhador pode ser punido pelo excesso de flatulência no local de trabalho?

⊖ O que decidiu a Justiça do Trabalho?

Ao analisar uma situação concreta, o TRT de São Paulo (2ª Região) entendeu que, em regra, o excesso de flatulência, mesmo no local de trabalho, não pode ser punido **(01290200524202009).**

O fundamento é que a flatulência constitui uma reação orgânica natural à ingestão de ar e de determinados alimentos com alto teor de fermentação, os quais, combinados com elementos diversos, presentes no corpo humano, resultam em gases que se acumulam no tubo digestivo e necessitam ser expelidos, via oral ou anal, respectivamente sob a forma de eructação (arroto) e flatos (ventosidade, pum).

Em resumo, a eliminação involuntária flatulência, conquanto possa gerar constrangimentos e, até mesmo, piadas e brincadeiras, não há de ter reflexo para a vida contratual. Agride a razoabilidade a pretensão de submeter o organismo humano ao *jus variandi*, punindo indiscretas manifestações da flora intestinal sobre as quais o empregado e empregador não têm pleno domínio.

⊖ Existe algum caso que o empregado pode ser punido?

Sim, é possível a imposição de punição caso fique comprovado que o empregado "dolosamente" soltava flatulência no local de trabalho, situação que pode ser enquadrada, em último caso, como incontinência de conduta (Art. 482, "b", CLT). O dolo, contudo, não se presume, precisa ficar devidamente comprovado.

24 É constitucional a lei que extinguiu a contribuição sindical obrigatória?

⊖ Qual o contexto?

A Constituição estabeleceu o seguinte:

> **Art. 8º** É livre a associação profissional ou sindical, observado o seguinte:

IV - a assembleia geral fixará a contribuição que, em se tratando de categoria profissional, será descontada em folha, para custeio do sistema confederativo da representação sindical respectiva, independentemente da contribuição prevista em lei;

Ao analisar o dispositivo, a doutrina passou a entender que há duas espécies de contribuições:

Contribuição Confederativa	Contribuição Sindical
Encontra-se prevista na primeira parte do inciso IV ("a assembleia geral fixará a contribuição").	Encontra-se prevista na primeira parte do inciso IV ("independentemente da contribuição prevista em lei;").
Não tem natureza de tributo, sendo fixada pela Assembleia.	Tem natureza de tributo. Assim, precisa ser instituída por lei.
Trata-se de contribuição voluntária. Portanto, somente poderá ser cobrada daqueles que voluntariamente se filiaram ao sindicato. Nesse sentido: **Súmula vinculante 40:** A contribuição confederativa de que trata o artigo 8º, IV, da Constituição Federal, só é exigível dos filiados ao sindicato respectivo.	Trata-se de contribuição compulsória. Assim, deve ser paga por todos aqueles que fazem parte de uma determinada categoria econômica ou profissional, ou de uma profissão liberal, em favor do sindicato representativo da mesma categoria ou profissão ou, inexistindo este, à Federação correspondente à mesma categoria econômica ou profissional.

⊖ Qual é a polêmica?

A contribuição sindical era prevista na CLT. Contudo, a chamada "Reforma Trabalhista" **(Lei nº 13.467/2017)** alterou a CLT, estabelecendo que a contribuição sindical seja facultativa. Assim, **ela retirou o caráter compulsório da contribuição.**

Em razão das alterações, várias entidades sindicais ingressaram no STF requerendo a declaração de inconstitucionalidade das mudanças promovidas.

⊖ Qual o fundamento?

Os fundamentos das entidades sindicais foram os seguintes:

a) Em sendo a contribuição sindical um tributo, somente por lei complementar ela poderia ser extinta por Lei Complementar, com base no seguinte artigo da Constituição:

Art. 146. Cabe à lei complementar: (...)

> **III** - estabelecer normas gerais em matéria de legislação tributária, especialmente sobre:
>
> **a)** definição de tributos e de suas espécies, bem como, em relação aos impostos discriminados nesta Constituição, a dos respectivos fatos geradores, bases de cálculo e contribuintes;

Assim, haveria **inconstitucionalidade formal,** tendo em vista que a Lei nº 13.467/2017 é ordinária.

b) A lei 13.467/2017 tratou de diversos assuntos. Assim, ela não observou o disposto no artigo 150, § 6º, da Constituição que exigiria que a matéria fosse regulada por meio de lei tributária específica:

> **Art. 150 (...)**
>
> **§ 6º** Qualquer subsídio ou isenção, redução de base de cálculo, concessão de crédito presumido, anistia ou remissão, relativos a impostos, taxas ou contribuições, só poderá ser concedido mediante lei específica, federal, estadual ou municipal, que regule exclusivamente as matérias acima enumeradas ou o correspondente tributo ou contribuição, sem prejuízo do disposto no art. 155, § 2.º, XII, g.

Assim, haveria novamente uma **inconstitucionalidade formal.**

c) Por fim, alegaram os sindicatos que houve uma **violação material** da Constituição. Isso porque a alteração legislativa teria violado direitos fundamentais previstos no art. 5º da Constituição, especialmente quando ela fala em acesso à Justiça, em direito ao contraditório e à ampla defesa e à assistência jurídica integral e gratuita aos que comprovarem insuficiência de recursos.

Além disso, teria afrontado também os direitos à educação, à saúde, à alimentação, ao trabalho, à moradia, ao transporte, ao lazer, à segurança. Isso porque os sindicatos oferecem assistência judiciária integral e gratuita para os trabalhadores carentes e esses serviços eram custeados com a contribuição sindical obrigatória. Sem essa verba, os sindicatos não poderão mais oferecer essa assistência, o que representa um enorme retrocesso social.

⊖ O STF acatou o pedido dos sindicatos?

Não. O STF entendeu que **são compatíveis com a Constituição Federal** os dispositivos da Lei nº 13.467/2017 (Reforma Trabalhista) que extinguiram a obrigatoriedade da contribuição sindical e condicionaram o seu pagamento à prévia e expressa autorização dos filiados **(ADI 5794/DF).**

Os fundamentos do STF foram os seguintes:

a) O artigo 146, III, "a", da Constituição exige lei complementar para o estabelecimento de normas gerais em matéria tributária. O fim da obrigatoriedade da contribuição sindical **não é um assunto considerado como norma geral de direito tributário.** Assim, o fim da obrigatoriedade sindical não precisava ter sido veiculado por meio de lei complementar por não se enquadrar na exigência do art. 146, III, "a", da CF/88.

b) Com relação à necessidade de edição de uma lei tributária específica, o STF esclareceu que o § 6º do art. 150 da CF/88 exige lei específica para conceder subsídio, isenção, reduzir base de cálculo e conceder outros "benefícios fiscais". **A Lei nº 13.467/2017 não disciplinou nenhum desses benefícios fiscais.** Logo, não se exigia a edição de uma lei específica.

c) Sob o ângulo material, o STF fundamentou sua decisão em vários aspectos, dentre eles:

1º - A Constituição assegura a livre associação profissional ou sindical, de modo que ninguém é obrigado a filiar-se ou a manter-se filiado a sindicato (art. 8º, V). O princípio constitucional da liberdade sindical garante tanto ao trabalhador quanto ao empregador a liberdade de se associar a uma organização sindical, passando a contribuir voluntariamente com essa representação. Não se pode admitir que o texto constitucional, de um lado, consagre a liberdade de associação, sindicalização e expressão e, de outro, imponha uma contribuição compulsória a todos os integrantes das categorias econômicas e profissionais.

2º - A contribuição sindical **não é a única fonte de custeio dos sindicatos.**

3º - A Constituição não impôs como obrigatória a instituição da contribuição sindical. Ela apenas previu que ela poderia ser prevista em lei, **sem, contudo, obrigar sua instituição.**

4º - A reforma trabalhista buscou institui **um sistema sindical mais moderno.** Isso porque o antigo sistema sindical é ultrapassado, arcaico e paternalista. O modelo anterior não estimulava a competitividade e a representatividade, levando a um verdadeiro negócio privado, bom apenas para sindicalistas. No Brasil, são quase 17 mil sindicatos, enquanto em outros países apenas algumas centenas. A contribuição compulsória vinha gerando oferta excessiva e artificial de associações sindicais, o que configura perda social em detrimento dos trabalhadores. **O grande número de sindicatos não se revertia em aumento do bem-estar de nenhuma categoria.**

25 O sucessor integra automaticamente um grupo econômico ao adquirir empresa que faça parte desse grupo?

⊝ Sucessão de empregadores. Que negócio é esse?

A sucessão de empregadores é assim disciplinada pela CLT:

> **Art. 10** - Qualquer alteração na estrutura jurídica da empresa não afetará os direitos adquiridos por seus empregados.
>
> **Art. 448** - A mudança na propriedade ou na estrutura jurídica da empresa não afetará os contratos de trabalho dos respectivos empregados.
>
> **Art. 448-A.** Caracterizada a sucessão empresarial ou de empregadores prevista nos arts. 10 e 448 desta Consolidação, as obrigações trabalhistas, inclusive as contraídas à época em que os empregados trabalhavam para a empresa sucedida, são de responsabilidade do sucessor.
>
> **Parágrafo único.** A empresa sucedida responderá solidariamente com a sucessora quando ficar comprovada fraude na transferência.

Nos termos da CLT, havendo mudança na titularidade da empresa, o novo proprietário responde por todos os débitos trabalhistas. Qualquer estipulação em contrário só terá validade entre as partes.

Contudo, para que haja a chamada sucessão trabalhista a doutrina exige os seguintes requisitos:

1º O novo empregador se mantenha na mesma atividade econômica.

2º A prestação de serviços pelos empregados não sofra solução de continuidade.

➔ Como fica a responsabilidade do sucessor na aquisição de empresa pertencente a grupo econômico?

Caso haja a aquisição de uma empresa que pertença a um grupo econômico, o sucessor não poderá ser responsabilizado pelos débitos das demais empresas do grupo, caso elas, à época da alienação, fossem solventes.

A empresa sucessora só vai responder solidariamente pelos débitos de todas as empresas do grupo econômico, se restar provado a má-fé ou fraude na sucessão.

> **OJ nº 411 da SDI-1 do TST:** O sucessor não responde solidariamente por débitos trabalhistas de empresa não adquirida, integrante do mesmo grupo econômico da empresa sucedida, quando, à época, a empresa devedora direta era solvente ou idônea economicamente, ressalvada a hipótese de má-fé ou fraude na sucessão.

Em suma, o adquirente de empresa pertencente a grupo econômico só responde pelos débitos da empresa adquirida, não respondendo pelos débitos das demais empresas do grupo, se estas eram, ao tempo da transferência, solventes ou idôneas economicamente, salvo má-fé ou fraude na sucessão. Trata-se de uma forma de diminuir o alcance da solidariedade do art. 2º, § 2º, da CLT.

Parte da doutrina, contudo, afirma que, caso a sucessora, após a sucessão, não deixar claro a sua intenção de sair do grupo econômico, essa omissão será interpretada como um desejo de se manter no grupo econômico, passando ela a responder também pelos débitos trabalhistas das demais empresas do grupo.

9
Processo do Trabalho

20 questões

01 Ausente a reclamada na audiência trabalhista, pode o advogado munido de procuração apresentar contestação?

Antes da "Reforma Trabalhista" o TST possuía o seguinte entendimento:

> **TST – Súmula 121:** A reclamada, ausente à audiência em que deveria apresentar defesa, é revel, ainda que presente seu advogado munido de procuração, podendo ser ilidida a revelia mediante a apresentação de atestado médico, que deverá declarar, expressamente, a impossibilidade de locomoção do empregador ou do seu preposto no dia da audiência.

Assim, antes da reforma, o TST entendia que a simples ausência da reclamada, mesmo que presente seu advogado munido de procuração, era caso de revelia. Contudo, a reforma acrescentou o seguinte parágrafo ao artigo 844:

> **Art. 844.** (...)
>
> **§ 5º** Ainda que ausente o reclamado, presente o advogado na audiência, serão aceitos a contestação e os documentos eventualmente apresentados.
>
> Assim, com a inclusão do § 5° ao art. 844 da CLT, se o reclamado não comparecer em audiência, mas comparecer o seu advogado

> constituído nos autos, poderá juntar defesa e documentos, alterando o atual entendimento do TST. Trata-se de mais uma súmula do TST prejudicada com a reforma.

02 Na Audiência trabalhista o preposto precisa ser necessariamente empregado da parte reclamada?

Na audiência de julgamento deverão estar presentes o reclamante e o reclamado, independentemente do comparecimento de seus representantes, salvo nos casos de reclamatórias plúrimas ou ações de cumprimento, quando os empregados poderão fazer-se representar pelo Sindicato de sua categoria (**Art. 843, CLT).**

A CLT estabelece que era facultado ao empregador fazer-se substituir pelo gerente, ou qualquer outro preposto que tenha conhecimento do fato e cujas declarações obrigarão o proponente (Art. 843, § 1º, CLT).

Discutia-se na doutrina se haveria necessidade de o preposto ser empregado do reclamado. O TST, antes da reforma trabalhista, entendeu que ele deve ser necessariamente empregado do reclamado, salvo:

> **TST – Súmula 377: exceto quanto à reclamação de empregado doméstico, ou contra micro ou pequeno empresário**, o preposto deve ser necessariamente empregado do reclamado. Inteligência do art. 843, § 1º, da CLT e do art. 54 da Lei Complementar nº 123, de 14 de dezembro de 2006.

Ocorre que a chamada "Reforma Trabalhista" (Lei 13.467/17) acrescentou o seguinte parágrafo no artigo 843 da CLT:

> **§ 3º** O preposto a que se refere o § 1º deste artigo não precisa ser empregado da parte reclamada.

Com isso, tem-se que **restou superado o enunciado da súmula 377 do TST**, pois o preposto não precisa mais ser necessariamente empregado do reclamado.

03 O princípio "in dubio pro misero" aplica-se na apreciação da prova?

Pelo princípio do "in dubio pro misero" ou "in dubio pro operario" o intérprete, quando estiver diante de uma norma que comporte mais de uma interpretação razoável e distinta, **deve escolher a mais favorável ao trabalhador.**

Sobre o tema, importante salientar que para a doutrina majoritária este não é um princípio de direito processual, é dizer, **ele não se aplica para o exame de fatos e provas no direito processual.**

Assim, no caso de haver dúvida sobre o exame de fatos e provas no processo do trabalho, o magistrado deve decidir **com base nas regras sobre o ônus da prova existentes no CPC.**

04 Assédio Processual. Que negócio é esse?

O assédio processual pode ser conceituado como a prática **reiterada** de atos por um dos sujeitos processuais (Partes, servidores, Juízes, Membros do MP, Membros da DP ou advocacia pública), que tem como objetivo minar a autoestima de uma das partes litigantes, degradando processo.

Conforme o entendimento doutrinário majoritário, o assédio processual pode ser praticado não apenas pelas partes (autor e réu) mas também pelos demais sujeitos processuais (Ex.: juízes, membros do MP, Defensoria e Advocacia Pública).

É o que ocorre quando uma das partes interpõe, seguidamente, recursos e impugnações absolutamente protelatórias, com o único fim de evitar o cumprimento da decisão ou quando um juiz, seguidamente, renova a proposta de conciliação das partes, com o fim de coagi-las a composição.

Para sua configuração, exige-se os seguintes requisitos:

a) reiteração da conduta;

b) atos praticados por algum dos sujeitos processuais;

c) atos que buscam reduzir a autoestima de uma das partes litigantes, atingindo-a em sua dignidade.

d) o ato praticado não precisa ser ilícito, basta que seja praticado em abuso de direito **(Art. 187, CC).**

O dano provocado pelo assédio processual é caracterizado pela doutrina como **uma espécie de dano moral**, encontrando sua fundamentação no art. 187 do CC, de forma que **sua indenização não é tarifada**, devendo ser levada em conta os parâmetros normais de quantificação do dano moral.

05 Na Justiça do Trabalho, o jus postulandi das partes é ilimitado?

Em regra, no Brasil, a capacidade postulatória é privativa dos advogados (públicos ou privados).

Em razão da natureza do direito discutido na Justiça Trabalho, contudo, o legislador pátrio achou por bem assegurar, de forma excepcional, a capacidade postulatória também as partes.

Assim, a CLT (art. 791) estabeleceu que os empregados e os empregadores poderão reclamar **pessoalmente** perante a justiça do trabalho e acompanhar suas reclamações até o final. Isso significa que, no processo do trabalho, as partes detêm o chamado "JUS POSTULANDI", ou seja, é dispensável a presença de advogado.

Contudo, esse "jus postulandi" **não é ilimitado**, sofrendo as limitações previstas na Súmula 425 do TST.

> **TST – Súmula 425:** O jus postulandi das partes, estabelecido no art. 791 da CLT, limita-se às Varas do Trabalho e aos Tribunais Regionais do Trabalho, **não alcançando a ação rescisória, a ação cautelar, o mandado de segurança e os recursos de competência do tribunal superior do trabalho.**

06 Na Justiça do Trabalho, as partes podem ajuizar pessoalmente reclamação?

Como vimos, as partes possuem "jus postulandi" no âmbito da Justiça do Trabalho. Tal "jus postulandi", contudo, foi limitado pelo TST, nos termos da Súmula 425.

Em uma primeira vista, seria sim possível as partes ajuizarem diretamente reclamação, tendo em vista que o instituto não consta na súmula 425 do TST.

Contudo, no julgamento da **Rcl-20103-47.2016.5.00.0000**, o TST reconheceu que "não se conhece de reclamação (art. 988 do CPC de 2015) na hipótese em que o reclamante postula em causa própria e não comprova sua condição de advogado regularmente inscrito nos quadros da OAB, pois a dispensa da capacidade postulatória mediante a competente habilitação técnica legal somente pode ocorrer nos casos expressamente autorizados por lei, conforme entendimento consagrado pelo Supremo Tribunal Federal".

Com isso, o TST imputou a reclamação a natureza jurídica de ação.

07 No processo do trabalho, aplica-se o efeito material da revelia nas ações contra Fazenda Pública?

No âmbito da Justiça Comum, o STJ **(AgRg no REsp 1170170/RJ)** tem entendimento de que, em regra, não se aplica à Fazenda Pública o efeito material da revelia.

O TST, contudo, possui entendimento diverso do STJ, entendendo ser aplicável a fazenda os efeitos materiais da revelia:

> **TST – OJ nº 152:** Pessoa jurídica de direito público sujeita-se à revelia prevista no artigo 844 da CLT.

A chamada "Reforma Trabalhista" acrescentou o seguinte parágrafo ao artigo 841:

> **§ 4º** A revelia não produz o efeito mencionado no *caput* deste artigo se
>
> **I** - havendo pluralidade de reclamados, algum deles contestar a ação;
>
> **II** - o litígio versar sobre direitos indisponíveis;
>
> **III** - a petição inicial não estiver acompanhada de instrumento que a lei considere indispensável à prova do ato
>
> **IV** - as alegações de fato formuladas pelo reclamante forem inverossímeis ou estiverem em contradição com prova constante dos autos

Como se vê, a Reforma estabeleceu que a revelia não produz seus efeitos quando o litígio versar sobre direitos indisponíveis, o que afastaria sua aplicação contra a Fazenda Pública.

Contudo, considerando que o TST tem entendimento pacífico de equiparar o ente público aos particulares quando litiga na Justiça do

Trabalho, entendemos pouco provável que ele altere o posicionamento da OJ 152.

08 De quem é a competência para julgamento de ações envolvendo o meio ambiente de trabalho de servidores públicos estatutários?

Sobre o tema, em julgado mais antigo (**RR – 993-14.2011.5.22.0004**) o TST entendeu que a Justiça do Trabalho é incompetente para julgar demandas envolvendo o meio ambiente de trabalho de servidores estatutários.

Na ocasião, entendeu que a decisão do STF proferida na ADI 3.395/DF, na qual se entendeu que a Justiça do Trabalho não tem competência para resolver controvérsias envolvendo servidor público estatutário e que cabe à Justiça Comum fazê-lo, também alcança questões envolvendo condições de saúde do servidor estatutário, porquanto essas questões são disciplinadas no regime jurídico aplicável à relação administrativa, conforme as regras próprias de regência estabelecidas em lei.

Contudo, em recente julgado (RR-16400-66.2009.5.15.0023), **o TST alterou seu posicionamento**, decidindo que compete à Justiça do Trabalho julgar ação que discute a adequação do meio ambiente de trabalho às normas de saúde segurança de servidores municipais.

Na ocasião se entendeu que a restrição da competência da Justiça do Trabalho para analisar processos sobre servidores estatutários não alcança as ações cuja causa de pedir seja o descumprimento de normas trabalhistas de segurança, saúde e higiene.

A conclusão decorre da Súmula 736 do próprio Supremo, que reconhece a atribuição do Judiciário Trabalhista para julgar casos sobre esse tema (Compete à justiça do trabalho julgar as ações que tenham como causa de pedir o descumprimento de normas trabalhistas relativas à segurança, higiene e saúde dos trabalhadores).

De acordo com o TST, o STF de fato restringe a competência prevista no artigo 114, inciso I, da Constituição Federal, mas a demanda relativa às condições do meio ambiente de trabalho não sofre interferência do tipo de vínculo jurídico entre o servidor e a administração pública.

Isso porque o objeto principal da ação é a higidez no local de trabalho, e não o indivíduo trabalhador em si.

Assim, a decisão mais recente do TST é no sentido de ser a Justiça do Trabalho competente para as causas envolvendo meio ambiente do trabalho, mesmo que envolvam servidores estatutários.

Tal entendimento encontra amparo na jurisprudência do STF **(Rcl 20.744-AgR)**, que já entendeu que compete a Justiça do Trabalho julgar ACP envolvendo meio ambiente do trabalho, mesmo que haja servidores estatutários na demanda.

09 De que é a responsabilidade pelo pagamento dos honorários do assistente do perito?

O perito assistente difere do perito do juízo. O perito do juízo, como o próprio nome diz, é nomeado pelo magistrado, nos casos em que a solução da causa necessita de uma perícia.

O perito do juízo deve agir com imparcialidade e isenção, não devendo, portanto, ter interesse em ajudar ou prejudicar qualquer das partes. Exatamente por ser necessária a perícia para a solução da causa é que quem vai arcar o ônus do pagamento dos honorários do perito é a parte que sucumbiu no objeto da perícia.

Já o assistente do perito é indicado por uma das partes e atua no seu interesse, verificando se as conclusões do perito do juízo estão corretas. Sua nomeação, portanto, não é essencial para a realização da perícia, sendo uma faculdade da parte.

É exatamente por ser uma faculdade da parte, que será a parte que o indicou a responsável pelo pagamento do perito assistente, mesmo que tenha saído vitoriosa na demanda, uma vez que sua presença era desnecessária ao feito. É uma aplicação do princípio da causalidade.

> **TST – Súmula 341**: A indicação do perito assistente é faculdade da parte, a qual deve responder pelos respectivos honorários, ainda que vencedora no objeto da perícia.

10 Qual é a Justiça Competente para julgar contratos temporários?

A justiça competente para julgar qualquer direito relacionado à contratação do servidor nos casos do art. 37, IX, é sempre a justiça comum (estadual ou federal), não importando se a lei estadual ou municipal estabeleceu o regime da CLT, uma vez que o fez de forma indevida **(STF - AI 784188 AgR).**

Assim, ainda que a lei do ente diga que os contratos temporários se submetem as regras da CLT, a justiça competente não será a trabalhista, mas sim a comum (Estadual ou Federal).

11 A multa prevista no artigo 523, § 1º, do NCPC, aplica-se aos processos que tramitam perante a Justiça do Trabalho?

O artigo 523, § 1º, do NCPC estabeleceu a aplicação de multa de 10% sobre o valor do débito, nos casos em que executado não cumpre voluntariamente, dentro do prazo legal de 15 dias, a obrigação executada:

> **Art. 523.** No caso de condenação em quantia certa, ou já fixada em liquidação, e no caso de decisão sobre parcela incontroversa, o cumprimento definitivo da sentença far-se-á a requerimento do exequente, sendo o executado intimado para pagar o débito, no prazo de 15 (quinze) dias, acrescido de custas, se houver.
>
> **§ 1º** Não ocorrendo pagamento voluntário no prazo do *caput*, o débito será acrescido de multa de dez por cento e, também, de honorários de advogado de dez por cento.

Ao analisar a compatibilidade desse dispositivo com processo trabalhista, **o TST entendeu que a multa do artigo 523 do CPC/2015 (artigo 475-J do CPC/73) não é compatível com o Processo do Trabalho.**

Segundo o TST, ao contrário do que ocorre no procedimento do CPC, em que ao executado somente é possível a prática de um ato (pagar), no Processo do Trabalho, os artigos 880 e 882 da CLT facultam ao devedor, no prazo de 48h, praticar um desses dois atos: pagar ou garantir a execução com outro tipo de bem.

A possibilidade de nomeação de bens à penhora excluiria a ordem para pagamento imediato da dívida, o que demonstraria a incompatibilidade lógica da multa do artigo 523 do CPC com o Processo do Trabalho. Não se poderia criar um regime que fizesse uma "simbiose de normas".

12 Aplica-se o disposto no artigo 229 do NCPC nos processos perante a Justiça do Trabalho?

O NCPC estabelece o seguinte:

> **Art. 229.** Os litisconsortes que tiverem diferentes procuradores, de escritórios de advocacia distintos, terão prazos contados em dobro para todas as suas manifestações, em qualquer juízo ou tribunal, independentemente de requerimento.
>
> **§ 1º** Cessa a contagem do prazo em dobro se, havendo apenas 2 (dois) réus, é oferecida defesa por apenas um deles.
>
> **§ 2º** Não se aplica o disposto no *caput* aos processos em autos eletrônicos.

O TST, contundo, entende que regra do NCPC, que estabelece prazo em dobro para litisconsortes que possuírem diferentes procuradores, não se aplica ao processo do trabalho.

> **TST – OJ nº 310 da SDI-I:** Inaplicável ao processo do trabalho a norma contida no art. 229, *caput* e §§ 1º e 2º, do CPC de 2015 (art. 191 do CPC de 1973), em razão de incompatibilidade com a celeridade que lhe é inerente.

13 É cabível a concessão de estabilidade provisória assegurada as gestantes para empregadas contratadas sem concurso público?

O TST entendeu que não é possível estender a garantia provisória de emprego à empregada gestante dispensada em razão do reconhecimento da nulidade do contrato firmado com ente público, sem prévia aprovação em concurso púbico (**TST-E-ED-RR-175700-88.2007.5.04.0751).**

O fundamento foi que o STF considerou nula a contratação de pessoal pela Administração Pública sem a observância de prévia aprovação em concurso público, razão pela qual não gera quaisquer efeitos jurídicos válidos em relação ao empregado eventualmente contratado, ressalvados:

a) o direito de ele receber os salários referentes ao período trabalhado; **b)** o direito de ele levantar os depósitos do FGTS (Art. 19-A, da Lei 8.036/90).

Nesse sentido, o TST esclareceu que o gozo da estabilidade provisória da gestante pressupõe a validade da relação estabelecida entre as partes, o que não se verifica no caso de contratação de empregada sem concurso público.

14 Qual é o prazo prescricional para cobrança do FGTS em juízo?

O prazo prescricional para a cobrança judicial dos valores devidos relativos ao FGTS é de 5 anos. A verba do FGTS possui natureza jurídica de verba trabalhista. Logo, aplica-se a ela a regra prevista no art. 7º, XXIX, da CF/88, que traz o prazo prescricional de 5 anos para cobrança de direitos trabalhistas:

> **Art. 7º** São direitos dos trabalhadores urbanos e rurais, além de outros que visem à melhoria de sua condição social:
>
> **XXIX** - ação, quanto aos créditos resultantes das relações de trabalho, com prazo prescricional de CINCO anos para os trabalhadores urbanos e rurais, até o limite de DOIS anos após a extinção do contrato de trabalho;

Ressalta-se que o TST entendia, de forma consolidada, que esse prazo era de 30 anos.

> **Súmula 362-TST:** É trintenária a prescrição do direito de reclamar contra o não-recolhimento da contribuição para o FGTS, observado o prazo de 2 (dois) anos após o término do contrato de trabalho.

Como houve uma mudança brusca da jurisprudência, o STF, por razões de segurança jurídica, modulou os efeitos desta decisão. Assim, esse novo prazo prescricional de 5 anos somente vale a partir deste julgado do Supremo.

O art. 23, § 5º, da Lei 8.036/90 e o art. 55 do Decreto 99.684/90, que previam o prazo prescricional de 30 anos, foram julgados inconstitucionais.

15 O Poder Público responde pelo descumprimento de obrigações trabalhista pelo contratado pela Administração após licitação?

O artigo 71, § 1º, da Lei 8.66/93 estabelece que a inadimplência do contratado com relação aos encargos trabalhistas, fiscais e comerciais não transfere para a Administração Pública a responsabilidade por seu pagamento.

Por muitos anos, o TST considerou esse dispositivo inconstitucional, entendendo que o mero inadimplemento dos encargos trabalhistas já era suficiente para atrair a responsabilidade da Administração. Contudo, o STF, no julgamento da ADC 16 declarou que esse dispositivo é constitucional.

Em razão da decisão do STF, o TST alterou seu entendimento (Súmula 331, V) e determinou que a responsabilidade da Administração não surge com o mero inadimplemento, mas haverá responsabilidade subsidiária se ficar demonstrada a sua culpa "in vigilando", ou seja, somente será responsabilidade se ficar comprovado que o Poder Público deixou de fiscalizar se a empresa estava cumprindo pontualmente suas obrigações trabalhistas, fiscais e comerciais.

Cumpre ressaltar que o TST entendia que havia uma culpa presumida da Administração pela não fiscalização do cumprimento das obrigações trabalhistas. Assim, a justiça trabalhista entendia que competia a Administração a comprovação de que fiscalizou o contrato.

O STF, no julgamento do RE 760931/DF concordou em parte com o novo entendimento do TST. Em que pese a Administração possa ser condenada pelo não cumprimento dos encargos trabalhistas, tal condenação não pode decorrer de uma culpa presumida. Não se pode considerar válida a interpretação que cria uma culpa presumida da Administração Pública.

A Administração Pública não pode responder pelas dívidas trabalhistas da empresa contratada a partir de qualquer tipo de presunção, somente admitindo que isso ocorra caso a condenação esteja inequivocamente lastreada em elementos concretos de prova da falha da fiscalização do contrato.

Assim, compete ao empregado terceirizado, na sua reclamação, demonstrar concretamente que houve falha concreta do Poder Público na fiscalização do contrato (Ex.: ele pode comprovar que notificou a Administração do descumprimento das obrigações trabalhistas pela empresa contratada). Ressalta-se, contudo, que é do ex-empregado o ônus da prova **(RE 760931/DF).**

⊖ **"E se a Administração for comunicada que empresa contratada não está cumprido com suas obrigações, como ela pode se livrar da responsabilidade?"**

Nesse caso, o melhor instrumento para evitar a responsabilidade será o ingresso de ação consignação em pagamento, com o depósito em juízo de todos os valores devidos ao empregado.

⊖ **"Qual a justiça competente para apreciar tal ação?"**

O STJ entendeu que ela deverá ser julgada **pela justiça do trabalho.** A partir da análise do pedido e pela causa de pedir deduzidos, verifica-se que a lide tem natureza predominantemente trabalhista.

Ademais, deve-se destacar que a EC 45/2004 ampliou a competência da Justiça do Trabalho, tornando incontroversa a competência desta para, nos termos do art. 114, IX, da CF, conhecer e julgar "outras controvérsias decorrentes da relação de trabalho", como a aqui analisada. Além disso, nessa hipótese, a Justiça do Trabalho é quem terá melhores condições de apreciar as alegações **(CC 136.739-RS).**

16 Os honorários na Justiça do Trabalho decorrem da mera sucumbência?

Antes da reforma trabalhista, nas relações de emprego, os honorários advocatícios não decorriam da simples sucumbência, sendo necessário que a parte comprovasse, concomitantemente:

a) estar assistida por sindicato da categoria profissional;

b) comprovar a percepção de salário inferior ao dobro do salário mínimo ou encontrar-se em situação econômica que não lhe permita demandar sem prejuízo do próprio sustento ou da respectiva família.

> **TST – Súmula 219:**
>
> **I** - Na Justiça do Trabalho, a condenação ao pagamento de honorários advocatícios não decorre pura e simplesmente da sucumbência, devendo a parte, concomitantemente: a) estar assistida

> por sindicato da categoria profissional; b) comprovar a percepção de salário inferior ao dobro do salário mínimo ou encontrar-se em situação econômica que não lhe permita demandar sem prejuízo do próprio sustento ou da respectiva família.

Com isso, no processo do trabalho, se a parte estivesse assistida por advogado particular, ainda que de forma gratuita, não haveria a fixação de honorários de sucumbência, ao contrário da regra existente no processo civil.

A reforma trabalhista, contudo, alterou essa situação, **de forma que na Justiça do Trabalho os honorários passaram a ser devidos pela simples sucumbência**:

> **Art. 791-A.** Ao advogado, ainda que atue em causa própria, serão devidos honorários de sucumbência, fixados entre o mínimo de 5% (cinco por cento) e o máximo de 15% (quinze por cento) sobre o valor que resultar da liquidação da sentença, do proveito econômico obtido ou, não sendo possível mensurá-lo, sobre o valor atualizado da causa.

Interessante notar que o legislador fixou parâmetros distintos do NCPC, uma vez que na Justiça do Trabalho os honorários deverão ser fixados entre 5% e 15%, enquanto no CPC os honorários devem ser fixados entre 10% e 20%.

O legislador também estabeleceu que são devidos honorários nas causas contra a Fazenda Pública:

> **§ 1º** Os honorários são devidos também nas ações contra a Fazenda Pública e nas ações em que a parte estiver assistida ou substituída pelo sindicato de sua categoria.

Com isso, o enunciado da Súmula 219 do TST foi superado.

17 O Poder Público pode ser responsabilizado, nos contratos de empreitada, em razão da contratação, pelo empreiteiro, de uma subempreitada?

O contrato de empreitada pode ser conceituado como o negócio jurídico por meio do qual uma das partes – empreiteiro ou prestador – obriga-se a fazer ou a mandar fazer determinada obra, mediante uma determinada remuneração, a favor de outrem – dono de obra ou tomador.

Ocorre que a execução dessa obra poderá ser transferida para um terceiro, parcial ou totalmente, ocorrendo aquilo que a doutrina chamada de subempreitada (Ex.: O Município de Fortaleza contrata a construtora X para a construção de um viaduto. Por sua vez, a Construtora X contrata a Construtora Y para realizar tal obra).

Essa situação foi disciplinada pela CLT da seguinte maneira:

> **Art. 455** - Nos contratos de subempreitada responderá o subempreiteiro pelas obrigações derivadas do contrato de trabalho que celebrar, cabendo, todavia, aos empregados, o direito de reclamação contra o empreiteiro principal pelo inadimplemento daquelas obrigações por parte do primeiro.
>
> **Parágrafo único.** Ao empreiteiro principal fica ressalvada, nos termos da lei civil, ação regressiva contra o subempreiteiro e a retenção de importâncias a este devidas, para a garantia das obrigações previstas neste artigo.

Notem, meus amigos, que a CLT somente previu responsabilidade para o empreiteiro, que responderá pelas obrigações inadimplidas pelo subempreiteiro, sendo omissa em relação ao dono da obra (No nosso exemplo, o Município de Fortaleza).

Isso ocorre porque a relação entre o dono da obra e o empreiteiro é meramente civil, sendo, assim, diversa daquela que ocorre entre o executor da obra e seus empregados.

Assim, ao analisar o artigo 455 da CLT, o TST entendeu que, diante da inexistência de previsão legal, o contrato de empreitada entre o dono da obra e o empreiteiro não enseja responsabilidade solidária ou subsidiária nas obrigações trabalhistas contraídas pelo empreiteiro, salvo nos casos o dono da obra é também construtor ou incorporador:

> **Orientação jurisprudencial nº 191 da SDI-I:** Diante da inexistência de previsão legal específica, o contrato de empreitada de construção civil entre o dono da obra e o empreiteiro não enseja responsabilidade solidária ou subsidiária nas obrigações trabalhistas contraídas pelo empreiteiro, salvo sendo o dono da obra uma empresa construtora ou incorporadora.

A exceção em relação as construtoras e incorporadoras é fundamentada no fato de que elas exercem a mesma função do empreiteiro, de forma que o artigo 455 se aplica por analogia a eles, atraindo, assim, o disposto no artigo 455 da CLT.

Ocorre que ao longo dos anos construiu-se uma tese, aceita por diversos Tribunais Regionais do Trabalho, que visava restringir a aplicação da OJ 191. Segundo essa tese, o dono da obra somente não teria responsabilidade quando se tratasse de pessoas físicas ou micro e pequenas empresas, na forma da lei, que não exercessem atividade econômica vinculada ao objeto contratado.

Esse entendimento acabava por equiparar as médias e grandes empresas, assim como os entes públicos, como se fossem empresas construtoras e incorporadoras, atraindo a responsabilização na forma do artigo 455.

O fundamento dessa tese era o seguinte: embora os entes públicos não possuam entre as suas finalidades principais a atividade de construção, essa atividade é bastante frequente, uma vez que o Estado precisa construir escolas, hospitais etc. Com isso, ele deveria se equiparar as construtoras e incorporadoras.

Essa tese acabou indo parar no TST, que ao analisar o tema em julgamento realizado sob a sistemática dos recursos de revista repetitivos (art. 896-B, da CLT), determinou o seguinte:

a) o entendimento em questão confere uma interpretação jurídica que não se amolda nem com a redação da OJ 191 do TST, nem com os fundamentos que ensejaram a edição da aludida orientação, impondo uma redução substancial de seu alcance;

b) a restrição afronta a isonomia, pois empresta tratamento igual a situações diversas (o ente público seria responsabilizado pelos débitos trabalhistas da empreiteira da mesma forma que o dono de obra que tem como finalidade principal, de fato, a construção civil);

c) o princípio da dignidade da pessoa humana deve ser utilizado como vetor de interpretação da legislação, não podendo servir, por si só, como fator determinante para a criação de obrigações.

Com isso, o TST afastou qualquer entendimento tendente a reconhecer a responsabilidade de qualquer ente da Administração Pública, direta e indireta, na qualidade de "dono da obra", por obrigações trabalhistas decorrentes dos contratos administrativos por ela celebrados.

18 É possível que o empregado detentor de cargo de confiança seja testemunha em processo trabalhista?

Em regra, sim. O simples fato de o empregado ocupar cargo de confiança não induz automaticamente a sua suspeição.

Contudo, em algumas situações, quando o empregado ocupante do cargo de confiança tiver poderes de mando equiparáveis ao próprio empregador, **tais como poderes para admitir e demitir empregados, o TST tem entendido que a testemunha é suspeita, não podendo servir de testemunha nos autos (TST-RR-468-98.2010.5.04.0026).**

19 É obrigatória a tentativa de acordo nas Comissões de Conciliação Prévia antes do ajuizamento da reclamação trabalhista?

⊖ Qual é o contexto?

Com o objetivo de desafogar os Tribunais Trabalhistas, o legislador permitiu a criação de Comissões de Conciliação Prévia no âmbito das empresas:

> **Art. 625-A.** As empresas e os sindicatos podem instituir Comissões de Conciliação Prévia, de composição paritária, com representante dos empregados e dos empregadores, com a atribuição de tentar conciliar os conflitos individuais do trabalho.
>
> **Parágrafo único.** As Comissões referidas no *caput* deste artigo poderão ser constituídas por grupos de empresas ou ter caráter intersindical.

As Comissões de Conciliação Prévia funcionam como um órgão de mediação, estimulando que os empregados e empregadores busquem uma solução negociada.

Em razão desse objetivo de desafogar a justiça do trabalho, o legislador estabeleceu que, caso haja uma Comissão de Conciliação Prévia instituída no âmbito da empresa, é obrigatória a prévia submissão do pleito a comissão:

> **Art. 625-D.** Qualquer demanda de natureza trabalhista será submetida à Comissão de Conciliação Prévia se, na localidade da prestação de serviços, houver sido instituída a Comissão no âmbito da empresa ou do sindicato da categoria.

O STF, contudo, entendeu que a Comissão é um meio legítimo de solução de conflitos, mas não obrigatório. Dessa forma, é possível que a parte, assim querendo, ajuíze reclamação sem anterior tentativa de acordo nas Comissões de Conciliação Prévia.

Assim, contraria a CF/88 a interpretação do art. 625-D da CLT que reconheça a submissão da pretensão à Comissão de Conciliação Prévia como requisito para ajuizamento de reclamação trabalhista **(ADI 2139/DF, ADI 2160/DF e ADI 2237/DF).**

20 No âmbito das Comissões de Conciliação Prévia o termo de conciliação terá eficácia geral?

Conforme vimos anteriormente, as Comissões de Conciliação Prévia são meios legítimos de solução das demandas trabalhistas, desde que não obrigatório.

Nesse sentido, o art. 625-E, parágrafo único, da CLT, fala que o termo de conciliação terá eficácia liberatória geral, exceto quanto às parcelas expressamente ressalvadas:

> **Art. 625-E.** Aceita a conciliação, será lavrado termo assinado pelo empregado, pelo empregador ou seu proposto e pelos membros da Comissão, fornecendo-se cópia às partes.
>
> **Parágrafo único.** O termo de conciliação é título executivo extrajudicial e terá eficácia liberatória geral, exceto quanto às parcelas expressamente ressalvadas.

Ao analisar a situação, o STF **(ADI 2139/DF, ADI 2160/DF e ADI 2237/DF)** conferiu interpretação sistemática ao dispositivo, no sentido de que a "eficácia liberatória geral" do termo neles contido está relacionada ao que foi objeto da conciliação. Diz respeito aos valores discutidos e não se transmuta em quitação geral e indiscriminada de verbas trabalhistas.

Assim, somente os valores que foram discutidos na Comissão de Conciliação Prévia são objeto de quitação (Ex.: se na Comissão somente foram discutidos os valores relativos a férias, o empregado poderá demandar valores relativos a hora extra, uma vez que elas não foram objeto do acordo).

10
Penal

87 questões

I. PARTE GERAL

01 No âmbito do direito penal, diferencie ponte de ouro, ponte de prata e ponte de diamante.

Ponte de ouro e ponte de prata são nomenclaturas criadas por Franz Von Liszt.

Para ele, **ponte de ouro** são os institutos do **arrependimento eficaz e desistência voluntária (art. 15 do CP)**.

O fundamento é que os institutos permitem que o agente retorne a uma situação anterior (ponte de ouro), respondendo apenas pelos atos já praticados (Ex.: o agente, com intenção de matar, desfere dois tiros no rival. Contudo, se arrepende e evita o resultado morte. Nesse caso, não vai responder pelo crime de tentativa de homicídio, mas penas por lesão corporal).

Ponte de prata, por sua vez, seria o instituto do **arrependimento posterior (art. 16 do CP).**

Isso porque o referido instituto não permite que o agente retorne a uma situação anterior, respondendo ele exatamente pelo crime praticado, mas com uma redução de penal (ponte de prata). Aqui, o agente não será beneficiado com a exclusão da tipicidade (ponte de ouro), mas o será com a causa de redução da pena (ponte de prata).

Por fim, **ponte de diamante ou ponte de prata qualificada** é uma nomenclatura mais nova, utilizada por parte da doutrina (Ex.: LFG), para designar institutos penais que, depois da consumação do crime, podem chegar até a eliminar a responsabilidade penal do agente. É o caso da colaboração premiada nas investigações de organizações criminosas, que poderá conduzir até o perdão judicial **(art. 4º, da Lei 12.850/13).**

02 É possível decretar a cassação da aposentadoria como um dos efeitos da sentença penal?

O artigo 91, inciso I, do CP, estabelece que um dos efeitos específicos da condenação pode ser **a perda de cargo, função pública ou mandato eletivo.**

Agora imaginem a seguinte situação: determinado delegado de polícia foi denunciado pelo crime de corrupção passiva. Durante o curso da ação, já possuindo os requisitos para tanto, ele requereu e teve sua aposentadoria deferida.

Ao final do processo, o delegado foi condenado, tendo o magistrado sentenciante determinado a cassação da aposentadoria com fundamento no art. 91, inciso I, do CP.

Questiona-se, o procedimento foi correto? NÃO. O STJ entende que ainda que condenado por crime praticado durante o período de atividade, o servidor público não pode ter a sua aposentadoria cassada com fundamento no art. 92, I, do CP, mesmo que a sua aposentadoria tenha ocorrido no curso da ação penal.

Isso porque o CP estabeleceu como efeito da sentença a perda do **cargo ou função**, sendo omisso em relação a cassação da aposentadoria. Assim, por se tratar de norma restritiva ao cidadão, **o rol do art. 92 do Código Penal é taxativo**, sendo vedada a interpretação extensiva ou analógica para estendê-los em desfavor do réu, sob pena de afronta ao princípio da legalidade.

Dessa maneira, como essa previsão legal é dirigida para a "perda de cargo, função pública ou mandato eletivo", não se pode estendê-la ao servidor que se aposentou, ainda que no decorrer da ação penal **(Resp 1.416.477/SP).**

⊖ Que dizer então que o delegado vai ficar em impune?

Não. O STJ apenas decidiu que a cassação da aposentadoria não pode ocorrer como efeito da ação penal (Art. 91, I, do CP), contudo, o próprio tribunal ressalvou que a cassação é possível **na via administrativa**, devendo seguir o procedimento próprio previsto na legislação de pessoal do ente **(Resp 1.317.487/MT)**.

No âmbito federal, por exemplo, a Lei 8.112 determina que: será cassada a aposentadoria ou a disponibilidade do inativo que houver praticado, na atividade, falta punível com a demissão (Art. 134)

03 Discorra sobre os sistemas que tratam da suspensão condicional da pena e suspensão condicional do processo, esclarecendo quais foram adotados no Brasil?

A suspensão condicional da pena (*sursis penal*) e a suspensão condicional do processo (sursis processual) cuidam-se de institutos de política criminal, que se destinam a evitar o recolhimento à prisão do condenado, submetendo-o à observância de certos requisitos legais e condições estabelecidos pelo juiz, perdurando estas durante tempo determinado, findo o qual, se não revogada a concessão, considera-se extinta a punibilidade.

Quais são os sistemas que tratam do *sursis*?

1º sistema franco-belga: nesse sistema, o réu é processado, tendo sua culpa reconhecida, condenado, suspendendo-se a execução da pena.

2º sistema anglo-americano ou sistema "plea bargaining": nesse sistema o réu é processado, considerado culpado, mas tem o processo suspenso, sem condenação.

3º sistema do "probation of first offenders act": é o utilizado para aquele que cometeu o seu primeiro ato criminoso. Nesse sistema, o réu é processado, porém, suspende-se o processo, sem reconhecimento de culpa.

➔ **Qual o sistema adotado no Brasil?**

Com relação ao ***sursis* penal,** o Brasil adotou o sistema Franco--Belga (Art. 77, CP). Contudo, em relação a **suspensão condicional (*sursis* processual)** prevista na Lei 9.009/95, o Brasil adotou o sistema do "Probation of first offenders act", uma vez que nele não há reconhecimento de culpa, muito menos condenação.

04 Conceitue, dando exemplo, norma penal em branco ao quadrado.

A doutrina chama de norma penal em branco aquela norma que necessita de um complemento normativo ou valorativo (Ex.: o conceito de droga, termo usado no art. 33 da Lei 11.343/06, é dado por outra norma).

Por sua vez, ocorre a chamada norma penal em branco ao quadrado quando a norma necessita de um complemento, que, por sua vez, também precisa ser integrado por outra norma. Trata-se, portanto, de norma duplamente em branco (ao quadrado).

É o caso do art. 38 da Lei 9.605/98, que pune as condutas de destruir ou danificar florestas de preservação permanente. O conceito de "floresta de preservação permanente" é dado pelo Código Florestal, que, dentre várias hipóteses, previu um caso em que a área de preservação permanente será assim considerada após declaração de interesse social por parte do Chefe do Poder Executivo.

05 Há diferença entre dolo e desejo?

O dolo não se confunde com o desejo. No dolo, o agente quer o resultado delitivo como consequência da sua própria conduta. No desejo, quer-se o resultado como consequência de conduta alheia (Ex.: o agente que atinge um desafeto na rua, buscando a sua morte, age com dolo. Ao contrário, se o agente apenas espera (torce) para que ele seja morto na rua, estará agindo com desejo e não dolo).

06 Diferencie dolo alternativo de dolo eventual.

Ambos os casos são espécies de dolo indireto ou indeterminado, no qual o agente, com sua conduta, não busca realizar resultado certo ou determinado. O dolo indireto ou indeterminado subdivide-se em:

a) **dolo alternativo:** o agente, prevendo uma pluralidade de resultados, dirigi a sua conduta na busca de realizar qualquer um deles, indistintamente. Aqui, o agente tem a mesma intensidade de vontade de produzir a condutas previstas. Se a alternatividade do dolo se referir ao resultado, denomina-se alternatividade objetiva; quando a alternatividade se referir ao agente passivo (vítima) da conduta, denomina-se alternatividade subjetiva.

b) **dolo eventual:** o agente, prevendo pluralidade de resultados, dirige sua conduta na busca de realizar um deles, assumindo o risco de realizar os outros. Aqui, a intensidade do agente na produção dos resultados é diferente.

07 É possível haver anistia, graça ou indulto em crime de ação penal privada?

Anistia, graça e indulto são formas de renúncia estatal ao direito de punir.

Nesse sentido, a doutrina entende que é possível a aplicação dos institutos nos crimes de ação penal privada. Isso porque, muito embora na ação penal de iniciativa privada o titular da ação seja a vítima, o direito de punir continua sendo do Estado.

08 É possível haver prescrição sem haver decadência?

Somos levados a pensar que a decadência sempre ocorre antes da prescrição. Isso porque, atualmente, o prazo mínimo de prescrição são 03 anos e a decadência ocorre em 06 meses. Contudo, é SIM possível que a prescrição ocorra antes da decadência.

Isso em razão dos termos iniciais dos institutos serem diversos. A prescrição, em regra, tem início na data em que a infração se consumou. Já a decadência, conta-se da data em que a vítima tomou conhecimento de quem é o autor da infração.

09 Direito à perversão. Que negócio é esse?

Segundo a doutrina, o direito à perversão nada mais é que o direito que o agente possui de planejar atos contrários ao ordenamento jurídico, dentro de seu pensamento, **desde que isso não venha a ser exteriorizado**. Em suma, é o direito de ser perverso.

O direito à perversão encontra-se inserido, no caminho do crime, dentro da chamada cogitação. Nesta fase (cogitação do crime), por se tratar de mera ideia, sem qualquer possibilidade de ofensa ao bem jurídico, o agente não pode ser alcançado pelo direito penal. Aqui, não há que se falar em crime, nem mesmo na modalidade tentada.

Portanto, quando uma pessoa apenas pensa em matar outra (ou, ainda, cometer qualquer outro crime), ela não comete nenhum crime, uma vez que todos nós temos direito à perversão, não sendo punível a mera cogitação de se cometer um crime.

10 Carolina exercia o cargo de técnico judiciário quando cometeu um crime com violação de dever para com a administração. No transcorreu do processo penal, tomou posse como Procuradora do Município de Fortaleza. Ao final do processo, ela foi condenada, tendo o juiz decretada a perda do cargo de procurador. Foi correta a decisão do juiz?

O Código Penal, estabelece o seguinte:

> **Art. 92** - São também efeitos da condenação:
>
> **I** - a perda de cargo, função pública ou mandato eletivo:
>
> **a)** quando aplicada pena privativa de liberdade por tempo igual ou superior a um ano, nos crimes praticados com abuso de poder ou violação de dever para com a Administração Pública.

Trata-se daquilo que a doutrina chama de efeitos específicos da sentença. Os efeitos específicos não são automáticos, devendo ser motivadamente declarados na sentença.

A doutrina (Cézar Bittencourt) defende que deve haver uma correlação entre o crime e a função exercida pelo servidor. Assim, a perda deve se restringir somente àquele cargo, função ou atividade no exercício do qual o servidor praticou o crime, porque a medida pressupõe que a ação criminosa tenha sido realizada com abuso de poder ou violação de dever que lhe é inerente.

➔ O que pensa o STJ?

Ao analisar a situação, o STJ seguiu o entendimento doutrinário (**Resp 1.452.935/PE**) e decidiu que a perda do cargo, por violação ao dever que lhe é inerente, necessita ser por crime cometido nesse cargo, valendo-se o envolvido do cargo para a prática do delito.

Excepcionalmente, contudo, é possível que seja decretada a perda de cargo distinto daquele em que o crime foi cometido, caso esse novo cargo guarde correlação com as atribuições do cargo onde o crime foi cometido, desde que seja devidamente fundamentado pelo juízo competente.

11 Crimes de plástico. Que negócio é esse?

Segundo a doutrina, crimes de plástico abrangem condutas que, no passado, eram indiferentes penais, porém, em razão do momento histórico e social, passa-se a sentir a necessidade de tipificação penal.

Essa concepção é permeada de uma certa crítica da doutrina, uma vez que os crimes de plástico, na maioria dos casos, são criados em razão de uma forte pressão popular e midiática, em que o direito penal aparece como a solução de todos os males, mas que não possui efetividade prática.

A doutrina cita como exemplos de crimes de plástico a chamada Lei Carolina Dieckmann. Para quem não se lembra, sem entrar no mérito do acerto ou não da lei, atriz teve fotos íntimas vazadas e como resposta o Congresso Nacional aprovou de uma forma bastante célere uma legislação penal punindo tal conduta. Outro exemplo a ser citado são os crimes previstos na Lei Geral da Copa.

Por fim, esclarece-se que o conceito de crimes de plástico se contrapõe ao conceito de crimes naturais. Esses são condutas que sempre foram reprimidas em qualquer sociedade com o mínimo de organização, como homicídio e estupro. São chamados de crimes naturais, uma vez que eram previstos no passado, são previstos no presente e, certamente, serão previstos no futuro.

12 Condenações judiciais, após o decurso do prazo de 05 anos da extinção ou do cumprimento da pena anterior, podem ser consideradas maus antecedentes?

O Brasil adotou o chamado sistema da temporariedade da reincidência, nos termos do artigo 64, I, do Código Penal:

> **Art. 64 - Para efeito de reincidência:**
>
> I - não prevalece a condenação anterior, se entre a data do cumprimento ou extinção da pena e a infração posterior tiver decorrido período de tempo superior a 5 (cinco) anos, computado o período de prova da suspensão ou do livramento condicional, se não ocorrer revogação

Assim, se o crime é cometido após o decurso de cinco anos da extinção ou do cumprimento da pena anterior, não é mais possível fazer incidir a agravante da reincidência na segunda fase de aplicação da pena. A polêmica aqui é saber se é possível que essas condenações sejam consideradas maus antecedentes.

O STF possui divergência sobre o tema:

A 2ª Turma entende que não. Quando o paciente não pode ser considerado reincidente diante do transcurso de lapso temporal superior a 05 anos, conforme previsto no art. 64, I, do Código Penal, a existência de condenações anteriores não caracteriza maus antecedentes **(HC 130613/RJ e HC 137.173/SP).**

Já a 1ª Turma entende que sim. Condenações anteriores transitadas em julgado, alcançadas pelo decurso do prazo de 05 anos previsto no art. 64, I, do Código Penal, embora afastem a reincidência, não impedem a configuração de maus antecedentes **(ARE 925.136/DF).**

No âmbito do STF, a divergência deverá ser superada por meio do Julgamento do RE 593.818/SC, o qual já teve sua repercussão geral reconhecida (sugiro que seja acompanhado o seu desenrolar).

O STJ, ao seu turno, tem o mesmo entendimento da 1ª Turma do STF, entendendo que a condenação criminal, cujo cumprimento ou extinção da pena ocorreu há mais de 05 anos, a despeito de não implicar em reincidência, nos termos do art. 64, I, do Código Penal, é hábil para configurar maus antecedentes para fins de exasperação da pena-base **(AgRg no HC 389.191/RJ e HC 393.331/AL).**

Sobre o tema, cumpre ressaltar ainda que o STJ pacificou o entendimento de que eventuais condenações criminais do réu, transitadas em julgado e não usadas para caracterizar a reincidência, somente podem ser consideradas, na primeira fase da dosimetria da pena, a título de antecedentes criminais, **não se admitindo sua utilização também para desvalorar a personalidade ou a conduta social do agente (EA-Resp 1311636).**

Conforme o STJ, a conduta social trata da atuação do réu na comunidade, no contexto familiar, no trabalho, na vizinhança. Já a personalidade trata do seu temperamento e das características do seu caráter, aos quais se agregam fatores hereditários e socioambientais, moldados pelas experiências vividas.

A conduta social e a personalidade do agente não se confundem com os antecedentes criminais, porquanto gozam de contornos próprios – referem-se ao modo de ser e agir do autor do delito –, os quais não podem ser deduzidos, de forma automática, da folha de antecedentes criminais.

13 O réu que realiza confissão qualificada tem direito a atenuante da pena?

A confissão qualificada ocorre quando o réu admite a prática do fato, no entanto, alega, em sua defesa, um motivo que excluiria o crime ou o isentaria de pena (Ex.: eu matei sim, mas foi em legítima defesa).

O STJ entendia inicialmente que a confissão qualificada não era apta a fazer incidir a atenuante genérica da confissão. Contudo, mais recentemente, o tribunal alterou seu entendimento e passou a aceitar que a confissão qualificada sirva de atenuante genérica. Atualmente, prevalece que, sempre que a confissão for utilizada pelo magistrado para fundamentar a condenação, poderá servir de atenuante, mesmo que ela seja qualificada, parcial ou que o agente se retrate posteriormente **(STJ - HC 237.252/SP).**

> **STJ - Súmula 545:** Quando a confissão for utilizada para a formação do convencimento do julgador, o réu fará jus à atenuante prevista no art. 65, III, d, do Código Penal.

14 A atenuante da confissão e a agravante da reincidência sempre se compensam?

Caso o réu tenha confessado a prática do crime (o que é uma atenuante), mas seja reincidente (o que configura uma agravante) o STJ tem entendido que reincidência e confissão se compensam (REsp 1.154.752-RS). Excepcionalmente, contudo, não se admite a compensação integral entre a atenuante da confissão espontânea e a agravante da reincidência, **quando verificada multirreincidência ou mesmo reincidência específica (AgRg no REsp 1504699/RO).**

O STF entendeu que essa matéria é infraconstitucional, tendo firmado a tese de que não tem repercussão geral a controvérsia relativa à possibilidade ou não de compensação da agravante da reincidência com a atenuante da confissão espontânea (RE 983765 RG/DF).

Assim, fica mantido o entendimento do STJ sobre o tema.

15 A vigilância constante (física ou eletrônica) sobre um bem gera crime impossível?

➔ Crime impossível. Que negócio é esse?

O crime impossível foi disciplinado pelo artigo 17 do Código Penal:

> **Art. 17** - Não se pune a tentativa quando, por ineficácia absoluta do meio ou por absoluta impropriedade do objeto, é impossível consumar-se o crime.

Nesse sentido, temos que o crime impossível, **também chamado de crime oco,** quase crime ou tentativa inidônea, é aquele em que o comportamento do agente é inapto à consumação do delito, quer em razão dos meios empregados, quer por falta de objeto material.

➔ Quais são as teorias sobre o crime impossível e seus efeitos?

Temos basicamente três teorias sobre o crime impossível:

a) **Teoria sintomática**: o agente, com sua conduta, demonstra ser perigoso, merecendo ser punido, ainda que o crime se mostre impossível de ser consumado. Trata-se de uma teoria que tem como base o direito penal do autor (preocupa-se com a periculosidade do agente e não com o que ele fez).

b) **teoria subjetiva**: sendo a conduta subjetivamente perfeita (vontade consciente de praticar o delito), deve o agente sofre a mesma pena cominada à tentativa, mesmo que objetivamente impossível de consumar o intento criminoso.

c) **Teoria objetiva:** crime é conduta. Este configura dano ou perigo de dano ao objeto jurídico. A execução deve ser idônea, é dizer, trazer a potencialidade do evento. Caso inidônea, está configurada o crime impossível. Esta teoria subdivide-se em:

1º Objetiva pura: não há tentativa, mesmo que a inidoneidade seja relativa.

2º Objetiva temperada: não há tentativa apenas na absoluta ineficácia do meio ou impropriedade absoluta do objeto material. Se relativa, haverá tentativa. **O Brasil adotou essa teoria.**

⊖ Quais são os elementos do crime impossível?

a) **absoluta ineficácia do meio:** falta potencialidade causal, pois os instrumentos postos a serviço da conduta não são eficazes em hipótese alguma para a produção do resultado (Ex.: querer matar alguém por mágica).

b) **absoluta impropriedade do objeto material:** a pessoa ou a coisa que representa o ponto de incidência da ação não serve à consumação do delito (Ex.: atirar em um cadáver).

⊖ A vigilância constante (física ou eletrônica) sobre um bem gera crime impossível?

O STJ entende que a vigilância sobre o bem, per si, não torna o crime impossível, devendo ser analisado no caso concreto, a absoluta ou relativa ineficácia do meio. Pensar que a vigilância constante sobre um bem, por si só, exclui o crime é fomentar a sorte dos delinquentes, que farão desses locais seus preferidos para a prática da subtração, pois, na pior das hipóteses, terão que devolver o que foi furtado, antes de sair do estabelecimento:

> **STJ - Súmula 567:** Sistema de vigilância realizado por monitoramento eletrônico ou por existência de segurança no interior de estabelecimento comercial, por si só, não torna impossível a configuração do crime de furto.

16 É possível o arrependimento posterior no crime de roubo?

⊕ Qual é o contexto?

Nos termos do Código Penal, temos o seguinte:

> **Art. 16** - Nos crimes cometidos sem violência ou grave ameaça à pessoa, reparado o dano ou restituída a coisa, até o recebimento da denúncia ou da queixa, por ato voluntário do agente, a pena será reduzida de um a dois terços.

O arrependimento posterior **é chamado "ponte de prata"** por Franz Von Liszt, porque, ao contrário da desistência voluntária e do arrependimento eficaz, o agente não retoma à situação de licitude e, portanto, não é beneficiado pela extinção da punibilidade, **mas tão somente pela redução da pena** em virtude de sua iniciativa de reparar o dano causado por sua conduta.

⊕ Quais são os elementos ou requisitos do arrependimento posterior?

a) crimes praticados sem violência ou grave ameaça à pessoa.

b) Reparação do dano ou restituição da coisa.

Sobre o tema, temos que a reparação do dano ou a restituição da coisa deve ser voluntária **(ainda que não espontânea)** e integral. Se a vítima concorda com a reparação parcial, é dizer, se dar por satisfeita com isso, abrindo mão do restante, a doutrina entende possível a aplicação do benefício.

Por fim, o STJ tem entendido que, para seja possível aplicar a causa de diminuição de pena prevista no art. 16 do CP, **é indispensável que o crime praticado seja patrimonial ou possua efeitos patrimoniais (REsp 1.561.276/BA).**

➔ É possível o arrependimento posterior no crime de roubo?

Boa parte da doutrina (Ex.: Flávio Monteiro de Barros e Rogério Sanches) entende que sim, **desde que ele tenha sido praticado com violência imprópria** (aquela praticada por qualquer outro meio, sem violência ou grave ameaça, como, por exemplo, o uso de tranquilizantes ou hipnose).

Para Flávio Monteiro de Barros, no tocante à chamada **violência imprópria**, através da qual o agente reduz a vítima à impossibilidade de resistência, sem contudo empregar força física ou grave ameaça, é possível defender que ele não deve ser excluída do raio de incidência do art. 16 do CP.

Isso porque o dispositivo o artigo 16 do Código Penal fala em: "violência ou grave ameaça". Se o legislador quisesse excluir a violência imprópria, a expressão usada seria "violência, grave ameaça ou redução, por qualquer meio, da capacidade de resistência da vítima". Essa é a conclusão de uma leitura sistemática dos artigos 146 e 157 do Código Penal.

O tema, contudo, não é pacífico. Alguns doutrinadores afirmam que a violência imprópria não deixa de ser uma violência contra a pessoa.

Em provas objetivas, o mais seguro é defender que o crime de roubo, mesmo praticado com violência imprópria, não permite o arrependimento posterior.

17 Se a vítima não aceita a reparação do dano, impede-se o arrependimento posterior?

Segundo a doutrina (Rogério Sanches), como o artigo 16 do Código Penal não elencou como requisito para o reconhecimento do arrependimento posterior a aceitação da vítima, entende-se que basta a voluntariedade do autor na reparação para ser reconhecido o benefício. Caso a vítima não aceite a reparação, o infrator deverá restituir o bem à autoridade policial ou, em último caso, depositá-lo em juízo.

18 De quem é a competência para executar a penal de multa penal não paga pelo réu?

Nos termos do Código Penal, o não pagamento da pena de multa não transforma a pena em privativa de liberdade, mas apenas permite sua execução como dívida de valor.

> **Art. 51** - Transitada em julgado a sentença condenatória, a multa será considerada dívida de valor, aplicando-se-lhes as normas da legislação relativa à dívida ativa da Fazenda Pública, inclusive no que concerne às causas interruptivas e suspensivas da prescrição.

O não pagamento da multa não gera a sua conversão em pena privativa de liberdade, devendo ela ser executada como dívida de valor.

➔ De quem é a competência e legitimidade para a execução?

Prevalecendo na doutrina que o não pagamento da multa não gera a sua conversão, é preciso saber de quem é a competência e a legitimidade para a sua execução. Sobre o tema, há as seguintes correntes:

1ª Corrente: a legitimidade para executar é do Ministério Público e a competência da vara de execuções penais. Aqui, somente o rito processual é que deve utilizar a Lei de Execuções Fiscais.

2ª Corrente: a legitimidade para executar é da procuradoria do ente público e a competência da Vara das Execuções Fiscais. Contudo, para essa corrente a multa não perde o caráter penal, de forma que a dívida é intransmissível aos herdeiros e sucessores.

3ª Corrente: a legitimidade e da Procuradoria do ente público e a competência da Vara das Execuções Fiscais. Contudo, para essa corrente a multa perde o caráter penal, podendo ser executada contra os herdeiros e sucessores. Entendendo assim, ela não respeita o princípio da pessoalidade da pena, ao admitir que a sanção penal passe da pessoa do condenado.

O STJ adotava a 2ª Corrente.

> **STJ – Súmula 521:** A legitimidade para execução fiscal de multa pendente de pagamento imposta em sentença condenatória é exclusiva da Procuradoria da Fazenda Pública.

Assim, com base nesse entendimento, o MP não teria legitimidade para executar, cabendo oposição de exceção de pré-executividade caso promova a execução.

Ocorre que, no fim de 2018, **o STF entendeu de forma diversa**. Segundo a Corte Suprema, o Ministério Público possui legitimidade para propor a cobrança de multa decorrente de sentença penal condenatória transitada em julgado, com a possibilidade subsidiária de cobrança pela Fazenda Pública.

⊖ Qual foi o fundamento?

O fundamento do STF foi o seguinte: a alteração promovida pela Lei 9.268/96, que considerou a multa penal como dívida de valor, **não teve a capacidade de retirar o caráter de sanção criminal da multa.** Assim, não há como retirar do MP a competência para a execução da multa penal, uma vez que a própria Constituição, em seu artigo 129, afirma que é função institucional do MP **promover privativamente a ação penal pública, na forma da lei.**

Nesse sentido, dentro do conceito de "promover a ação penal" encontra-se o deve de conduzi-la ao longo do processo de conhecimento e de execução. Além disso, o STF ressaltou que a Lei de Execuções Penais, em seu artigo 164, também estabelece essa competência ao MP e esse dispositivo não foi revogado expressamente pela Lei nº 9.268/96 **(ADI 3150/DF e AP 470/MG).**

⊖ A Fazenda Pública não pode mais propor a execução?

O STF afirmou que a Fazenda Pública ainda possui legitimidade para executar, **mas de forma subsidiária.** Assim, prioritariamente, a multa deve ser executada via MP. Caso ele se mantenha inerte durante 90 dias, o juiz da execução criminal deverá dar ciência do feito ao órgão competente da Fazenda Pública (federal ou estadual, conforme o caso) para a respectiva cobrança na própria vara de execução fiscal, com a observância do rito da Lei 6.830/80.

⊖ E a Súmula 521 do STJ?

Foi superada, devendo ser futuramente cancelada.

19 É possível a aplicação do intuito do perdão judicial quando o autor do crime não tinha vínculo afetivo com a vítima e nem sofreu sequelas físicas gravíssimas e permanentes, mas alega ter sofrido graves sequelas psicológicas?

O perdão judicial é o instituto pelo qual o juiz, não obstante a prática de um fato típico e antijurídico por um sujeito comprovadamente culpado, deixa de lhe aplicar a pena, nas hipóteses previstas em lei, levando-se em consideração determinadas circunstâncias que concorrem para o evento.

O perdão judicial, ao contrário do perdão do ofendido, é ato unilateral, não precisando ser aceito.

Para haver perdão judicial, é preciso que a possibilidade venha prevista de forma expressa em lei. O exemplo mais clássico é do homicídio culposo (Art. 121, § 5º, do CP):

> **Art. 121.** (...)
>
> **§ 5º** - Na hipótese de homicídio culposo, o juiz poderá deixar de aplicar a pena, se as consequências da infração atingirem o próprio agente de forma tão grave que a sanção penal se torne desnecessária.

As disposições do artigo 121, § 5º, do Código Penal foram adotadas também no caso de homicídio culposo na direção de veículo automotor.

Ao analisar a situação de um autor do crime que não tinha vínculo afetivo com a vítima e nem sofreu sequelas físicas gravíssimas e permanentes, mas alega ter sofrido graves sequelas psicológicas, o STJ entendeu que o perdão judicial **não pode ser concedido** ao agente de homicídio culposo na direção de veículo automotor (art. 302 do CTB) que, embora atingido moralmente de forma grave pelas consequências do acidente, **não tinha vínculo afetivo com a vítima nem sofreu sequelas físicas gravíssimas e permanentes.**

O perdão judicial não pode ser concedido ao réu que, embora atingido moralmente de forma grave pelas consequências do acidente, não tinha vínculo afetivo com a vítima nem sofreu sequelas físicas gravíssimas e permanentes.

Segundo entendeu o STJ, no caso das graves consequências serem morais/psicológicas, ou seja, atingirem fisicamente outro indivíduo e, por reflexo, o autor do crime, é necessário que a pessoa morta tivesse um laço afetivo com o réu. Entender pela desnecessidade do vínculo seria abrir uma fenda na lei, não desejada pelo legislador.

Isso porque, além de ser de difícil aferição o "tão grave" sofrimento, o argumento da desnecessidade do vínculo serviria para todo e qualquer caso de delito de trânsito com vítima fatal **(REsp 1.455.178/DF).**

20 Para fins penais, a Certidão de nascimento é o único meio capaz de comprovar idade de adolescente corrompido?

Amigos, para fins penais, em muitas situações, a comprovação da menoridade é essencial para a capitulação de um crime ou majorante. É o caso, por exemplo, da majorante no crime de tráfico por envolver criança ou adolescente (Art. 40, V, da Lei 11.343/06) ou do crime de estupro de vulnerável, cometido contra menor de 14 anos (Art. 217-A, CP).

O STJ tem entendido que o principal meio para comprovação da idade de um menor envolvido em um crime é a certidão de nascimento ou Registro Geral. Contudo, esses dois documentos não são os únicos meios da comprovação da idade, sendo outros documentos dotados de fé pública igualmente hábeis para a comprovação da idade.

Nesse sentido, o STJ já julgou válida a idade do partícipe que foi comprovada por meio do Inquérito Policial, do Boletim de Ocorrência, da Apresentação de Menor Infrator e, ainda, na sua oitiva, quando da Audiência de Instrução e Julgamento, gozando tais documentos de presunção de veracidade, uma vez que emanados de autoridade pública, o que comprova a menoridade questionada **(AgRg no Recurso Especial nº 1.662.249 - AM).**

Em outra ação, envolvendo o crime de corrupção de menores, o STJ reafirmou o entendimento de que a certidão de nascimento não é o único documento idôneo para comprovar a idade do adolescente corrompido, que também pode ser atestada por outros documentos oficiais, dotados de fé pública, emitidos por órgãos estatais de identificação civil e cuja veracidade somente pode ser afastada mediante prova em contrário **(AgRg no HC n. 331.602/SC).**

Assim, para fins de interpretação da súmula 74 do STJ (Para efeitos penais, o reconhecimento da menoridade do réu requer prova por documento hábil), deve se entender que documento hábil é aquele emitido por órgãos estatais, aptos a comprovar a menoridade do menor envolvido em um crime, não sendo a certidão de nascimento ou registro geral os únicos meios de comprovação dessa idade.

21 Valoração paralela na esfera do profano. Que negócio é esse?

No Brasil, para que haja um crime, exige-se que haja tipicidade, ilicitude e culpabilidade. A teoria da valoração paralela na esfera do profano vai atuar justamente na culpabilidade, **mais especificamente no elemento da potencial consciência da ilicitude.**

Para essa teoria, profano **é o leigo**, aquele que desconhece o direito, seus conceitos básicos e amplitude. Nesse sentido, essa teoria defende que o juiz, ao analisar a potencial consciência da ilicitude da conduta, não poderá valorá-la de acordo com seus conhecimentos técnicos, de operador do direito, mas sim de acordo com os conhecimentos do profano.

Em suma, ele deve fazer uma "valoração paralela" de acordo com os conhecimentos do profano, levando-se em conta elementos não jurídicos, como idade, grau de escolaridade etc.

22 Diferencie infração bagatelar própria e infração bagatelar imprópria.

Infração bagatelar própria é sinônimo de princípio da insignificância. Aqui, a situação já nasce atípica, pois falta ao fato tipicidade material. Neste caso, afasta-se a tipicidade material, pois os fatos são penalmente irrelevantes para a tutela jurídica do Direito Penal, operando apenas a tipicidade formal, já que está previsto na lei penal como crime.

Na bagatela própria, **o agente não deve sequer ser processado**, já que o fato é atípico. Ademais, o princípio da insignificância não tem previsão legal específica no ordenamento.

Já a **infração bagatelar imprópria** é a que nasce penalmente relevante, uma vez que nela há um desvalor de conduta e de resultado. Isso implica em dizer que o fato cometido pelo agente possui tipicidade formal e material. Contudo, no caso concreto, a aplicação da pena mostra-se desnecessária, em função de circunstâncias envolvendo o fato e o seu autor.

Na bagatela imprópria, **o agente tem que ser processado**, é dizer, a ação penal deve ser iniciada e, somente após a análise das peculiaridades do caso concreto, o juiz poderia reconhecer a desnecessidade da pena.

Outra destinação importante para quem adota essa distinção (Ex.: LFG), é que, a infração bagatelar imprópria possui um fundamento legal no direito brasileiro, estando prevista no art. 59 do CP, que prevê que o juiz deverá aplicar a pena "conforme seja necessário e suficiente para reprovação e prevenção do crime".

A doutrina cita como um exemplo de infração bagatelar imprópria, o crime de peculato culposo, nos casos em que há reparação dos danos antes da sentença irrecorrível, situação em que a própria lei estabelece a extinção da punibilidade. Assim, havendo a reparação, a infração torna-se bagatelar (em sentido impróprio) e a pena desnecessária.

Vejam que a conduta nasceu formal e materialmente típica, havendo um desvalor da ação e do resultado. Contudo, após a reparação dos danos (circunstância *post-factum*), aplicação da pena tornou-se desnecessária.

23 Qual é o tempo máximo de duração de uma medida de segurança?

⊖ Qual é o contexto?

A chamada medida de segurança **é uma espécie de sanção penal**, medida com que o Estado reage contra a violação de uma norma punitiva por agente não imputável ou semi-imputável, portadores de periculosidade, com o objetivo de evitar a prática de novas infrações penais.

A finalidade da medida de segurança é essencialmente terapêutica. Contudo, apesar de ser essencialmente curativa, **a medida de segurança também possui um caráter penoso.**

⊖ Qual é o prazo máximo de duração da medida de segurança?

O Código Penal disciplinou o tema da seguinte maneira:

> **Art. 97** - Se o agente for inimputável, o juiz determinará sua internação (art. 26). Se, todavia, o fato previsto como crime for punível com detenção, poderá o juiz submetê-lo a tratamento ambulatorial.
>
> **§ 1º** - A internação, ou tratamento ambulatorial, será por tempo indeterminado, perdurando enquanto não for averiguada, mediante perícia médica, a cessação de periculosidade. O prazo mínimo deverá ser de 1 (um) a 3 (três) anos.

Percebam que **o Código Penal não estabeleceu um prazo máximo para a medida de segurança,** determinado que ela terá tempo indeterminado, perdurando enquanto o indivíduo for considerado perigoso.

Assim, em uma interpretação literal do dispositivo, a medida de segurança poderia durar para sempre. Ocorre que, como vimos, embora tenha a finalidade terapêutica, a medida de segurança **não deixa de ser uma sanção penal.** Nesse sentido, a Constituição determinou que não se admite pena de caráter perpétuo.

Ao interpretar o dispositivo, os Tribunais Superiores chegaram ao entendimento de que o dispositivo em questão deve ser interpretado de forma ampla, abrangendo todas as espécies de sanções penais, inclusive a medida de segurança.

⊖ Beleza, mas qual é o prazo máximo?

Tanto o STF quanto o STJ concluíram que a medida de segurança deve ter um prazo máximo de duração. **Contudo, os tribunais divergem quanto ao prazo.**

Para o STF, deve ser aplicado, por analogia, o prazo do artigo 75 do Código Penal:

> **Art. 75** - O tempo de cumprimento das penas privativas de liberdade não pode ser superior a 30 (trinta) anos.

Assim, para o STF, o prazo máximo de duração de uma medida de segurança é de 30 anos (**RE 759151).**

Já o STJ entende que o prazo máximo de duração deve ser o máximo da pena abstratamente cominada ao delito praticado:

> **STJ – Súmula 527:** O tempo de duração da medida de segurança não deve ultrapassar o limite máximo da pena abstratamente cominada ao delito praticado.

Por exemplo, o prazo máximo da pena do crime de roubo (Art. 157) é de 10 anos. Assim, caso um inimputável esteja submetido a medida de segurança em razão da prática de um roubo, o prazo máximo que ele deverá ser submetido a medida de segurança é de 10 anos.

Segundo o STJ, não se pode tratar de forma mais grave o infrator inimputável comparado ao imputável. Isso porque, caso ele fosse submetido a uma pena pelo roubo, o máximo de tempo que ele poderia cumprir é 10 anos. Pensar de forma diversa seria uma violação aos princípios da isonomia e da proporcionalidade.

24 É possível determinar a realização de exame criminológico para fins de livramento condicional ou progressão de regime?

⊖ Qual é o contexto?

Em sua redação original, o artigo 112 da Lei de Execuções Penais determinava, como condição para a progressão de regime e concessão de livramento condicional, a realização de exame criminológico.

Ocorre que o artigo 112 foi alterado pela Lei 10.792/2003, deixando de exigir a realização de exame criminológico como condição para a progressão de regime e concessão de livramento condicional.

Em razão dessa alteração legislativa, houve quem defendesse que o referido exame não mais poderia ser exigido pelo juízo.

O STJ, contudo, discordou dessa tese, afirmando que a alteração legislativa **apenas tornou a realização do referido exame facultativa**, permitindo sua realização, desde que em decisão excepcional e fundamentada pelo magistrado:

> **STJ - Súmula 439** - Admite-se o exame criminológico pelas peculiaridades do caso, desde que em decisão motivada.

Sobre o tema, o STJ tem entendimento de que não pode o juízo, para determinar a realização de exame criminológico, **utilizar-se de fundamentação uniforme, padrão para todos os casos, em que não analisa as peculiaridades do caso.** Esse tipo de decisão viola o enunciado da súmula, pois equivale a ato jurisdicional desprovido de motivação (**HC 406220/SP**).

II. CRIMINALÍSTICA

01 Teoria do "Three Strikes and you're out". Que negócio é esse?

A teoria do "Three Strikes and you're out" tem sua nomenclatura originada do beisebol. No beisebol, quando um jogador comete sua terceira falta dentro do mesmo jogo, ele é excluído da partida.

Essa teoria defende que determinados tipos de delitos devem ser considerados como "strikes" (Ex.: homicídio, roubo, estupro). Caso o agente cometa o terceiro strike ele dever ser punido de forma extremamente severa, não possuindo direito a qualquer tipo de benefício penal ou de execução penal (Ex.: sursis, transação, livramento condicional ou progressão de regime).

Assim, esta teoria criminal tem por premissa a perpetuidade da reincidência, de modo que na terceira reiteração de um ato criminoso o agente deve ser retirado do convívio social.

Nos Estados Unidos, essa teoria é aplicada em diversos estados. Na Califórnia, estado que trouxe o maior grau de rigor na aplicação da Lei dos Três Delitos, até 2012, caso um indivíduo condenado por algum strike, cometa alguma outra infração, mesmo que não elencada no rol de strikes, é punido com a pena em dobro da sanção abstrativamente cominada no tipo penal com livramento condicional possível apenas com o cumprimento de 85% do quantum de pena imposto na sentença. Possuindo duas condenações por strikes, o terceiro delito independente da natureza ensejaria a hipótese de prisão perpétua, sem qualquer benefício penal e de execução penal.

A Suprema Corte Americana entendeu que essa teoria é constitucional (caso Erwing *versus* o estado da Califórnia). No Brasil, a doutrina majoritária defende a inconstitucionalidade dessa medida, pois ela violaria diversos princípios constitucionais, tais como a dignidade da pessoa humana, a vedação de penas cruéis ou degradantes, a vedação da responsabilidade penal objetiva, a individualização da pena entre outras garantias constitucionais e de direitos humanos que delimitam a atuação do direito penal.

02 Teoria da coculpabilidade. Que negócio é esse?

A teoria da coculpabilidade imputa ao Estado parcela da responsabilidade social pelos atos criminosos dos agentes em razão das desigualdades sociais. Por ela, o Estado deve ser corresponsável pelo delito, pois não ofereceu condições de aprimoramento cultural e econômico ao agente, que se restou marginalizado, uma vez que a sociedade, muitas vezes, é desorganizada, discriminatória e excludente.

Perceba que essa teoria não visa a isenção dos atos do agente, mas uma compensação, imputando parcela da culpa dos atos do agente ao Estado.

Com base nessa teoria, um crime de furto cometido por um mendigo deve ser punido de forma mais branda que um crime de furto praticado por pessoa de alto poder aquisitivo.

O nosso Código Penal possibilita a adoção dessa teoria ao prever, em seu artigo 66, uma atenuante inominada: "A pena poderá ser ainda atenuada em razão de circunstância relevante, anterior ou posterior ao crime, embora não prevista expressamente em lei".

O STJ, contudo, não tem aceitado a aplicação dessa teoria:

> **4.** Quanto à tese de concorrência de culpa, vale registrar que esta Corte Superior não tem admitido a aplicação da teoria da co-culpabilidade do Estado como justificativa para a prática de delitos. A propósito: HC 187.132/MG, Rel. Ministra MARIA THEREZA DE ASSIS MOURA, Sexta Turma, DJe 18/02/2013. **(AgRg no AREsp 1318170/PR).**

III. CRIMES EM GERAL

01 A conduta de praticar ato sexual com a finalidade de transmitir o vírus da AIDS configura qual crime?

A doutrina, de uma forma geral, tem entendido (Ex.: Rogério Greco, Nucci) que a conduta em questão se amolda ao tipo do 121 (homicídio), na forma consumada ou tentada, a depender do resultado alcançado. A jurisprudência, contudo, não adota essa tese.

O STF, no julgamento do HC 98.712/RJ, firmou o entendimento de que a conduta de praticar ato sexual com a finalidade de transmitir **AIDS não configura crime doloso contra a vida** (tentativa de homicídio).

Na ocasião do julgamento, o Ministro Marco Aurélio aventou a possibilidade de desclassificar o crime para o art. 131 do CP (Perigo de Contágio de Moléstia Grave), mas na ocasião o STF não chegou a um entendimento, tendo decidido apenas que a conduta não era crime doloso contra a vida.

O STJ, contudo, entende que se trata de **lesão corporal gravíssima (art. 129, § 2º, II, CP)**, na medida que, no atual estágio da medicina, a AIDS é enfermidade incurável, quer dizer, ela não é só grave, nos termos do art. 131 do CP **(HC 160.982-DF).**

02 A perda de dentes pode ser considerada deformidade permanente para fins de tipificação da lesão corporal?

Amigos, o crime de lesão corporal comporta graduações, de acordo com a gravidade das lesões. Assim, o crime poderá ser classificado em lesão corporal leve, grave e gravíssima. Obviamente, quando mais grave for a lesão, maior será a pena.

Uma das hipóteses de lesão gravíssima ocorre quando ela implica em deformidade permanente (Art. 129, § 2º, IV). Ao analisar a possibilidade de incidência da lesão gravíssima no caso da pessoa que perdeu dentes por causa da agressão, o STJ entendeu que o caso não se enquadra em deformidade permanente.

Isso porque, para o tribunal, a deformidade permanente apta a caracterizar a qualificadora no inciso IV do § 2º do art. 129 do Código

Penal, precisa representar lesão estética de certa monta, capaz de produzir desgosto, desconforto a quem vê ou humilhação ao portador, não sendo qualquer dano estético ou físico.

No caso da pessoa que perdeu dentes, a lesão não é suficiente para considerá-la como uma pessoa deformada, não podendo essa hipótese ser comparada com casos de mutilações de membros, de nariz ou orelhas, de cicatrizes grandes advindas de queimaduras afogo ou por substâncias químicas, ocasionadas de forma violenta e dolosa, que só podem ser revertidas através de cirurgia plástica (**REsp 1220094/MG e REsp 1.620.158-RJ**).

⊖ **Quer dizer então que a perda de dentes vai se configurar lesão leve?**

Nem sempre. O STJ ressaltou que a perda de dois dentes pode até gerar uma debilidade permanente, lesão grave, (§ 1º, III), ou seja, uma dificuldade maior da mastigação, mas não configura deformidade permanente (§ 2º, IV), lesão gravíssima.

03 No crime de lesão corporal leve qualificada pela violência doméstica (art. 129, § 9º, CP), a vítima deve ser necessariamente mulher?

⊖ **Qual o contexto?**

A lei 11.340/06, conhecida como "Lei Maria da Penha", criou uma série de mecanismos, de caráter repressivo, preventivo e assistencial, para combater a violência doméstica e familiar **contra a mulher** (Ex.: medidas protetivas de urgências, juizados especializados, casa abrigo etc.). Nesse sentido, cumpre ressaltar que vem prevalecendo que a "Lei Maria da Penha" somente se aplica no caso de **vítima mulher.**

Ocorre que a Lei 11.340/06 também instituiu **uma nova qualificadora** no crime de lesão corporal. Trata-se da qualificadora caso a lesão corporal leve seja decorrente de violência doméstica (Art. 129, § 9º, CP). Nesse caso, a pena passa a ser de 03 meses a 03 anos:

> **Art. 129. (...)**
>
> **§ 9º** Se a lesão for praticada contra ascendente, descendente, irmão, cônjuge ou companheiro, ou com quem conviva ou tenha convivido, ou, ainda, prevalecendo-se o agente

> das relações domésticas, de coabitação ou de hospitalidade
> **Pena** - detenção, de 3 (três) meses a 3 (três) anos.

Nesse caso, a qualificadora vai se aplicar independentemente do sexo da vítima. Em outras palavras, **a qualificadora do § 9º, do artigo 129, incide mesmo no caso de a vítima ser do sexo masculino (RHC 27622/RJ).**

Por fim, ressalta-se que para a incidência da qualificadora, **é dispensável a coabitação entre o autor e a vítima**, bastando existir a relação parental prevista na lei.

Dessa forma, se durante uma discussão, um irmão, vindo de outro estado, acaba por ferir outro irmão, provocando lesões corporais leves, terá praticado o crime de lesão corporal qualificada pela violência doméstica **(Art. 129, § 9º, CP).** Esta foi a orientação adotada pelo STJ no julgamento do **RHC 50.026/PA**.

Resumindo o assunto:

a) **Qualificadora do § 9º do art. 129 do CP:** pode ser aplicada quando a vítima for mulher ou homem;

b) **Lei Maria da Penha:** somente pode ser aplicada quando a vítima for mulher.

04 A realização de cirurgia plástica reparadora bem-sucedida exclui a qualificadora da lesão corporal?

⊖ Qual é o contexto?

Amigos, o crime de lesão corporal comporta graduações: lesão simples, grave e gravíssima. Obviamente, quanto mais grave for a lesão, maior será a pena prevista.

No § 2º estão previstas as hipóteses chamadas pela doutrina de lesão corporal gravíssima. Dentre elas, encontra-se a lesão que causa deformidade permanente:

> **Art. 129 (...)**
>
> **§ 2º** Se resulta:
>
> **IV** - deformidade permanente;

> (...)
>
> **Pena** - reclusão, de dois a oito anos.

Para a doutrina, deformidade permanente consiste no dano estético, aparente, considerável, irreparável pela própria força da natureza e capaz de provocar impressão vexatória (desconforto para quem olha e humilhação para a vítima).

⊖ A realização de cirurgia plástica reparadora bem-sucedida exclui a qualificadora?

Sobre o tema, parte da doutrina entende que se a vítima realiza cirurgia plástica reparadora, eliminando o dano estético, a qualificadora em questão é excluída.

Ao analisar a situação, o STJ, contudo, entendeu de forma diversa. Para o Tribunal, a qualificadora "deformidade permanente" do crime de lesão corporal (art. 129, § 2º, IV, do CP) não é afastada por posterior cirurgia estética reparadora que elimine ou minimize a deformidade na vítima.

Isso porque, o fato criminoso é valorado **no momento de sua consumação**, não o afetando providências posteriores, notadamente quando não usuais (pelo risco ou pelo custo, como cirurgia plástica ou de tratamentos prolongados, dolorosos ou geradores do risco de vida) e promovidas a critério exclusivo da vítima **(HC 306.677-RJ).**

05 A venda de DVDs piratas configura crime?

⊖ Qual é o contexto?

O Código Penal contém o seguinte crime:

> **Violação de direito autoral**
>
> **Art. 184.** Violar direitos de autor e os que lhe são conexos:
>
> **Pena** – detenção, de 3 (três) meses a 1 (um) ano, ou multa.
>
> **§2º** Na mesma pena do § 1º incorre quem, com o intuito de lucro direto ou indireto, distribui, vende, expõe à venda, aluga, introduz no País, adquire, oculta, tem em depósito, original ou cópia de obra intelectual ou fonograma reproduzido com violação do direito de autor, do direito de artista intérprete

> ou executante ou do direito do produtor de fonograma, ou, ainda, aluga original ou cópia de obra intelectual ou fonograma, sem a expressa autorização dos titulares dos direitos ou de quem os represente.

Assim, a conduta de comercializar DVDs piratas é prevista como crime no Código Penal. Ocorre que essa é uma prática muito comum em nosso país, de forma que surgiu a tese de que, diante da tolerância das autoridades e da própria população com a conduta, ela não seria mais considerado materialmente típica.

⊕ O STJ concordou com essa tese?

Não, segundo o STJ essa conduta permanece sendo crime em nosso país:

> **STJ – Súmula 502:** Presentes a materialidade e a autoria, afigura-se típica, em relação ao crime previsto no art. 184, § 2º, do CP, a conduta de expor à venda CDs e DVDs piratas .

⊕ Qual o fundamento?

Segundo os tribunais, não se pode considerar socialmente tolerável uma conduta que causa enormes prejuízos ao Fisco pela burla do pagamento de impostos, à indústria fonográfica nacional e aos comerciantes regularmente estabelecidos **(STF – HC 98.898/SP).**

⊕ Para fins de caracterização desse crime é válida a perícia por amostragem?

O procedimento para apuração do crime de violação de direito autoral é regulado pelo Código de Processo Penal nos seguintes artigos:

> **Art. 530-B.** Nos casos das infrações previstas nos §§ 1º, 2º e 3º do art. 184 do Código Penal, a autoridade policial procederá à apreensão dos bens ilicitamente produzidos ou reproduzidos, em sua totalidade, juntamente com os equipamentos, suportes e materiais que possibilitaram a sua existência, desde que estes se destinem precipuamente à prática do ilícito
>
> **Art. 530-C.** Na ocasião da apreensão será lavrado termo, assinado por 2 (duas) ou mais testemunhas, com a descrição de todos os bens apreendidos e informações sobre suas origens, o qual deverá integrar o inquérito policial ou o processo.

> **Art. 530-D.** Subseqüente à apreensão, será realizada, por perito oficial, ou, na falta deste, por pessoa tecnicamente habilitada, perícia sobre todos os bens apreendidos e elaborado o laudo que deverá integrar o inquérito policial ou o processo.
>
> **Art. 530-E.** Os titulares de direito de autor e os que lhe são conexos serão os fiéis depositários de todos os bens apreendidos, devendo colocá-los à disposição do juiz quando do ajuizamento da ação.

Nesse sentido, a lei exige que seja realizada perícia oficial, para atestar a ocorrência ou não da reprodução feita com violação aos direitos autoriais. Sobre o tema, notem que o artigo 530-D **exige que a perícia seja realizada em todos os bens apreendidos.**

Ocorre que na prática é comum que sejam apreendidos milhares de produtos. Nesse caso, se fosse necessário realizar a perícia em todos eles o inquérito policial demoraria muito. Diante desse fato, é comum que a perícia seja realizada por amostragem, em apenas parte do material apreendido.

Por esse procedimento violar disposição expressa de lei, houve quem questionasse a validade dessa perícia por amostragem. O STJ, contudo, entendeu que o procedimento é válido:

> **STJ – Súmula 574:** Para a configuração do delito de violação de direito autoral e a comprovação de sua materialidade, é suficiente a perícia realizada por amostragem do produto apreendido, nos aspectos externos do material, e é desnecessária a identificação dos titulares dos direitos autorais violados ou daqueles que os representem.

Outro ponto interessante dessa súmula é que o STJ entendeu que não é necessário que os peritos atestem o conteúdo do material apreendido, bastando a análise dos aspectos externos do material (Ex.: não é necessário efetivamente assistir ao filme. Basta relatar aspectos como capa, código de barras, nome do fabricante).

Isso porque surgiu a tese defensiva de que a validade do laudo dependia da análise técnica do conteúdo de cada um dos DVDs e não apenas os aspectos exteriores.

O STJ, contudo, afastou a tese defensiva, entendendo que não seria razoável exigir minúcias exageradas no laudo pericial, como a catalogação de centenas ou milhares de CDs e DVDs, indicação de cada título e autor da obra apreendida e contrafeita. Assim, é plenamente válida a perícia realizada nas características externas do material apreendido.

IV. DOS CRIMES CONTRA O PATRIMÔNIO

01 A ameaça espiritual é apta para configurar o crime de extorsão?

Amigos, imaginem a seguinte situação: Paulo contrata Carolina para a realização de serviços espirituais.

Dias após terminar o primeiro serviço, Carolina entra em contato novamente com Paulo, exigindo mais dinheiro para terminar o trabalho, o que foi por ele negado.

Diante da negativa de Paulo, Carolina passa a ameaçá-lo, afirmando que se utilizou dos seus contatos no mundo espiritual para fazer com que algo ruim ocorresse com ele e com sua família, caso não lhe entregasse a quantia de 20 mil reais. Com medo da ameaça espiritual, Paulo entrega a quantia para Carolina.

Semanas depois, ele levou o caso ao conhecimento do Ministério Público, que denunciou Carolina por extorsão. Agiu certo o MP?

Sim. Segundo o STJ **(Resp 1.299.021/SP)** a ameaça de mal espiritual, em razão da garantia de liberdade religiosa, **não pode ser considerada inidônea ou inacreditável.**

Para a vítima e boa parte do povo brasileiro, existe a crença na existência de forças sobrenaturais, manifestada em doutrinas e rituais próprios, não havendo falar que são fantasiosas e que nenhuma força possui para constranger o homem médio.

Os meios empregados foram idôneos, tanto que ensejaram a intimidação da vítima, a consumação e o exaurimento da extorsão.

02 É possível, no furto qualificado pelo concurso de agentes, a aplicação da majorante do crime de roubo?

No furto, a qualificadora do concurso de pessoas fez com que pena do crime dobrasse, passando de 01 a 04 anos, para 02 a 08 anos. Já no crime de roubo, a presença do concurso de agentes faz com que a pena, no máximo, seja aumentada até a metade.

Em razão do roubo ser um crime muito mais grave, parte da doutrina passou a defender a inconstitucionalidade da qualificadora do crime de furto, em razão de uma suposta ofensa ao princípio da proporcionalidade.

Para eles, no caso de concurso de pessoas no crime de furto deve se utilizar a majorante do crime de roubo.

Prevalece, contudo, que a qualificadora do crime de furto **é constitucional**, não podendo ser utilizada a majorante do roubo no furto, já que isso é uma ofensa ao princípio da legalidade, já que o juiz estaria legislando:

> **STJ - Súmula 442:** É inadmissível, no furto qualificado, pelo concurso de agentes, a majorante do roubo.

No mesmo sentido entende o STF (**HC 953.981**).

03 Tendo a energia elétrica como objeto material, diferencie as hipóteses de furto e estelionato.

O § 3º do art. 155 trouxe uma cláusula de equiparação, equiparando à coisa móvel, para o crime de furto, a energia elétrica ou qualquer outra que tenha valor econômica.

Sobre o tema, para o STJ, somente haverá **furto** quando o "desvio" da energia elétrica ocorre antes da sua chegada ao medidor, por meio de uma ligação clandestina. Assim, a figura do furto **pressupõe uma ligação clandestina desde a sua origem,** é dizer, o agente sequer está autorizado a usar a energia pela concessionária, a qual desconhece o seu uso pelo agente. É o que se chama popularmente de "gato".

Já nos casos em que o agente está autorizado a consumir a energia elétrica, mas acaba utilizando de artifício, **adulterando o medidor de energia para pagar menos**, de forma a induzir a vítima a erro, em causando-lhe prejuízo em proveito próprio, auferindo, assim, vantagem ilícita, **cometerá crime de estelionato**. Isso porque, mesmo com a adulteração, a ligação da energia continua oficial e o agente possuía autorização para usar a energia; o fornecedor, ludibriado, acredita que a está fornecendo corretamente, desconhecendo o estratagema adotado pelo consumidor (STJ - HC 67.829/SP).

04 Diferencie o crime de abigeato do crime de abacto.

Boa parte da doutrina utiliza os termos como sinônimos, para descrever a conduta do furto de gado, embora os termos também abranjam o furto de equinos, suínos etc.

Em que pese sejam utilizados como sinônimos por boa parte da doutrina, há quem diferencie os termos, afirmando que o crime de **abigeato** refere-se ao **furto** de gado, enquanto o crime de **abacto**, consiste no **roubo** de bovinos, é dizer, na subtração mediante violência.

Sobre o tema, recentemente, foi acrescentado ao crime de furto (Art. 155, CP) o § 6°, estabelecendo uma nova qualificadora para quem pratica o **abigeato.**

Esclarece, por fim, que essa qualificadora vai incidir não apenas no furto de gado, mas também no furto de outros animais domesticáveis, como suínos, caprinos etc.

05 Discorra sobre as teorias existentes acerca da consumação dos crimes de roubo e furto, esclarecendo qual delas foi adotado no Brasil.

Sobre o tema, existem 04 teorias:

1ª Corrente (Teoria da contrectatio): a consumação ocorre pelo simples contato entre o agente e a coisa, dispensando-se o seu deslocamento.

2ª Corrente (Teoria da Amotio ou Apprehensio): a consumação ocorre quando a coisa subtraída passa para o poder do agente, mesmo que num curto espaço de tempo, independentemente de deslocamento ou posse mansa e pacífica da coisa.

3ª Corrente (Teoria Ablatio): a consumação ocorre quando o agente, depois de apodera-se da coisa, consegue deslocá-la de um lugar para outro.

4ª Corrente (Teoria da Ilatio): para ocorrer a consumação a coisa deve ser levada ao local desejado pelo agente e mantida a salvo.

➔ Qual a teoria prevalece?

Tanto o STF quanto o STJ adotam a Teoria da *Amotio* ou *Apprehensio*:

> **STJ – Súmula 582:** Consuma-se o crime de roubo com a inversão da posse do bem mediante emprego de violência ou grave ameaça, ainda que por breve tempo e em seguida à perseguição imediata ao agente e recuperação da coisa roubada, sendo prescindível a posse mansa e pacífica ou desvigiada.

Embora a súmula refira-se ao crime de roubo, o raciocínio é o mesmo para o furto **(REsp 1.524.450)**.

06 Qual o crime comete o agente que subtrai bem em função de falso "test drive"?

A doutrina majoritária (Ex.: Rogério Sanches) entende que se trata de furto mediante fraude, e não de estelionato. Isso porque, embora a coisa tenha sido entregue de forma espontânea pela vítima, a vontade de alterar a posse não é bilateral, já que se trata de posse vigiada. Em outras palavras, sempre que a coisa for entregue ao agente mediante posse precária, vigiada, haverá furto mediante fraude e não estelionato **(Resp 672.987/MT)**.

07 O Furto de sinal de televisão é crime?

O tema é polêmico, havendo duas correntes:

1ª Corrente: para Cezar Roberto Bitencourt, a energia se consome, esgota-se, diminui, e pode inclusive terminar, ao passo que o sinal de televisão não se esgota. Assim, não cabe a equiparação entre energia elétrica e sinal de TV a cabo. **O STF adotou essa corrente, considerando que o sinal de TV a cabo não pode ser objeto material do crime previsto no art. 155, § 3º, do CP.**

Para o STF, na esfera penal não se admite a aplicação de analogia para suprir lacunas, de modo a se criar penalidade não mencionada na lei (analogia "in malam parte") sob pena de violação ao princípio constitucional da estrita legalidade (HC 97.261/RS).

2ª Corrente: Para Nucci, o sinal de televisão é uma forma de energia, encaixando-se, assim, o furto de sinal e televisão no tipo previsto no art. 155, § 3º, do CP. O STJ já adotou essa corrente, entendendo que o sinal de televisão propaga-se por meio de ondas, o que tecnicamente enquadra-se como energia radiante (**Resp 1.123.747/RS**).

08 O roubo de uso é crime?

Para a doutrina e jurisprudência o roubo de uso deve ser punido (**REsp 1.323.275-GO**).

De início, cabe esclarecer que o crime de roubo (art. 157 do CP) é um delito complexo que possui como objeto jurídico tanto o patrimônio como a integridade física e a liberdade do indivíduo.

Importa assinalar, também, que o ânimo de apossamento – elementar do crime de roubo - não implica, tão somente, o aspecto de definitividade, pois se apossar de algo é ato de tomar posse, de dominar ou de assenhorar-se do bem subtraído, que pode trazer o intento de ter o bem para si, de entregar para outrem ou apenas de utilizá-lo por determinado período.

Se assim não fosse, todos os acusados de delito de roubo, após a prisão, poderiam afirmar que não pretendiam ter a posse definitiva dos bens subtraídos para tornar a conduta atípica.

Ressalte-se, ainda, que o STF e o STJ, no que se refere à consumação do crime de roubo, adotam a teoria da *apprehensio*, também denominada de *amotio*, segundo a qual se considera consumado o delito no momento em que o agente obtém a posse da *res furtiva*, ainda que não seja mansa e pacífica ou haja perseguição policial, sendo prescindível que o objeto do crime saia da esfera de vigilância da vítima.

Ademais, a grave ameaça ou a violência empregada para a realização do ato criminoso não se compatibilizam com a intenção de restituição, razão pela qual não é possível reconhecer a atipicidade do delito "roubo de uso".

09 Cheque em branco pode ser objeto de receptação?

O STJ, em julgado mais antigo, entendeu que as folhas de cheque em branco não podiam ser objeto material do crime de receptação, uma vez que a elas faltaria valor econômico, requisito indispensável para a configuração do crime de receptação **(REsp 150.908/SP).**

Posteriormente, o STJ reviu seu posicionamento, passando a entender que **o talonário de cheque possui valor econômico,** aferível pela provável utilização das cártulas para obtenção de vantagem ilícita por parte de seus detentores.

Embora haja casos em que a simples subtração de uma folha de cheque em branco não acarrete lesão ao bem jurídico tutelado, notadamente quando não descontada, é certo que é possível o seu preenchimento e posterior desconto, acarretando prejuízos a vítima. Assim, o talonário de cheques em branco pode ser objeto material do crime de receptação (**CC 112.108/SP e AgRg no REsp 1687766/DF**).

10 No furto de energia elétrica, o ressarcimento dos valores antes do oferecimento da denúncia extingue a punibilidade?

⊖ Qual é o contexto?

O furto de energia elétrica é uma figura típica, prevista no artigo 155, § 3º, do Código Penal. Em que pese a energia elétrica não tenha a natureza de tributo, mas de tarifa, diversos doutrinadores defendem a aplicação analógica do disposto no art. 34 da Lei n. 9.249/95 e do art. 9º da Lei n. 10.684/03.

Os referidos dispositivos legais determinam a extinção da punibilidade nos crimes tributários, quando o devedor realiza o pagamento integral do tributo suprimido antes do recebimento da denúncia.

Isso ocorre porque o uso da analogia somente é vedado no direito penal quando prejudicar o réu, **podendo ser utilizada quando for em seu benefício.**

⊖ O STJ adota essa tese?

Havia no STJ uma divergência entre as turmas.

A 6ª turma do tribunal aceitava essa tese. Segundo ela, o valor fixado como contraprestação de serviços públicos essenciais como a energia elétrica e a água, conquanto não seja tributo, possui natureza jurídica de preço público, aplicando-se, por analogia, as causas extintivas da punibilidade, previstas para os crimes tributários.

Assim, a 6ª Turma entendia que o pagamento dos valores devidos a concessionária antes do recebimento da denúncia é causa da extinção da punibilidade **(REsp 1687826 / RJ o AREsp 796.250/RJ).**

Por outro lado, **a 5ª turma do STJ não adotava essa tese.** Segundo a 5ª Turma, não é possível a aplicação analógica dos institutos, uma vez que sua natureza jurídica é de tarifa e não de tributo.

Ademais, nos crimes patrimoniais existe previsão legal específica de causa de diminuição da pena para os casos de pagamento da "dívida" antes do recebimento da denúncia. Em tais hipóteses, o Código Penal, em seu art. 16, prevê o instituto do arrependimento posterior, que em nada afeta a pretensão punitiva, apenas constitui causa de diminuição da pena **(AgRg no REsp 1427350 / RJ e HC 412208/SP).**

Em razão da divergência entre as turmas, o caso foi submetido a Terceira Seção do STJ, que pacificou o entendimento no sentido de que **o pagamento antes da denúncia não justifica extinção da punibilidade no furto de energia elétrica (RHC 101299/RS).**

Os fundamentos foram os seguintes:

a) O crime de furto de energia elétrica mediante fraude praticado contra concessionária de serviço público situa-se no campo dos delitos patrimoniais. Neste âmbito, o Estado ainda detém tratamento mais rigoroso. O desejo de aplicar as benesses dos crimes tributários ao caso em apreço esbarra na tutela de proteção aos diversos bens jurídicos analisados, pois o delito em comento, além de atingir o patrimônio, ofende a outros bens jurídicos, tais como a saúde pública, considerados, principalmente, o desvalor do resultado e os danos futuros.

b) O papel do Estado nos casos de furto de energia elétrica não deve estar adstrito à intenção arrecadatória da tarifa, deve coibir ou prevenir eventual prejuízo ao próprio abastecimento elétrico do País. A extinção da punibilidade neste caso estabeleceria tratamento desigual entre os que podem e os que não podem pagar, privilegiando determinada parcela da sociedade.

c) Nos crimes patrimoniais existe previsão legal específica de causa de diminuição da pena para os casos de pagamento da "dívida" antes do recebimento da denúncia. **Em tais hipóteses, o Código Penal – CP, em seu art. 16, prevê o instituto do arrependimento posterior, que em nada afeta a pretensão punitiva, apenas constitui causa de diminuição da pena.**

11 O estelionato judicial é crime?

⊖ Estelionato judicial. Que negócio é esse?

O estelionato judicial consiste no uso do processo judicial para auferir lucros ou vantagens indevidas, mediante fraude, ardil ou engodo, ludibriando a Justiça, com ciência da inidoneidade da demanda.

Em termos mais simples, consiste em levar ao judiciário demandas sabidamente falsas, com o intuito de obter vantagem indevida.

⊖ O estelionato judicial é crime?

Não. O STJ tem entendido que o estelionato judicial não configura crime.

Inicialmente, o STJ entende que vigora no Brasil o princípio da inafastabilidade de jurisdição, de forma que qualquer demanda pode ser levada ao judiciário. Nesse sentido, o processo no Brasil tem natureza dialética, possibilitando o exercício do contraditório e a interposição dos recursos cabíveis, não se podendo falar, no caso, em "indução em erro" do magistrado. Eventual ilicitude de documentos que embasaram o pedido judicial **são crimes autônomos** (Ex.: pode configurar falsidade ideológica e não estelionato), que não se confundem com a imputação de "estelionato judicial".

Ademais, o próprio ordenamento jurídico já previu mecanismo para punir a deslealdade processual. Nesse sentido, a deslealdade processual é combatida por meio do Código de Processo Civil, que prevê a condenação do litigante de má-fé ao pagamento de multa, e ainda passível de punição disciplinar no âmbito do Estatuto da Advocacia.

Dessa forma, o chamado estelionato judicial é conduta atípica **(HC 435.818/SP e RHC 88.623/PB)**.

12 O crime de extorsão consuma-se independentemente da obtenção da vantagem indevida?

⊖ Qual é o contexto?

O crime de extorsão consiste em constranger alguém, mediante violência ou grave ameaça, com o intuito de obter uma vantagem econômica indevida, a fazer ou deixar que se faça alguma coisa.

> **Art. 158** - Constranger alguém, mediante violência ou grave ameaça, e com o intuito de obter para si ou para outrem indevida vantagem econômica, a fazer, tolerar que se faça ou deixar fazer alguma coisa:
>
> **pena** - reclusão, de quatro a dez anos, e multa.

⊖ Quando a extorsão se consuma?

Sobre o tema, há duas correntes quanto ao momento da consumação no crime de extorsão:

a) **1ª corrente:** entende que é um crime material, de modo que só se consuma com a obtenção da indevida vantagem ilícita. Nesse caso, a prescrição só começaria a correr com a obtenção da vantagem e, somente nesse momento, é que se admitiria um flagrante.

b) **2ª corrente:** entende que é um crime formal, consumando-se com o constrangimento; dispensa-se a obtenção da indevida vantagem econômica. **Essa é a corrente majoritária.**

> **STJ - Súmula 96:** O crime de extorsão consuma-se independentemente da obtenção da vantagem indevida.

Nesse caso, a prescrição começa a correr já com o constrangimento. Assim, a obtenção da vantagem não constitui o flagrante, **mas um mero exaurimento do crime.**

13 Furto híbrido. Que negócio é esse?

⊖ Qual é o contexto?

Furto híbrido é como parte da doutrina **chama o fenômeno do furto privilegiado-qualificado.**

⊕ Tá, mas o que é furto privilegiado-qualificado?

Meus amigos, no § 2º do artigo 155 o legislador previu o chamado **furto privilegiado:**

> **Art. 155 - § 2º** - Se o criminoso é primário, e é de pequeno valor a coisa furtada, o juiz pode substituir a pena de reclusão pela de detenção, diminuí-la de um a dois terços, ou aplicar somente a pena de multa.

O furto privilegiado é uma causa de redução de pena (critério de fixação da pena), e não uma hipótese de exclusão da tipicidade. Para sua caraterização, é preciso dois requisitos:

a) Ser primário: ou seja, não pode ser reincidente.

b) Coisa de pequeno valor. Aqui, a jurisprudência tem entendido como coisa de pequeno valor aquela que não ultrapassa o valor de 01 salário-mínimo.

Por sua vez, o § 4º do artigo 155 contém as **qualificadoras** do crime de furto:

> **§ 4º** - A pena é de reclusão de dois a oito anos, e multa, se o crime é cometido:
>
> **I** - com destruição ou rompimento de obstáculo à subtração da coisa;
>
> **II** - com abuso de confiança, ou mediante fraude, escalada ou destreza;
>
> **III** - com emprego de chave falsa;
>
> **V** - mediante concurso de duas ou mais pessoas.

Vejam, meus amigos, que existem qualificadoras de ordem subjetiva e objetiva:

a) **qualificadoras de natureza subjetiva:** são aquelas relacionadas a pessoa do agente que praticou o furto (Ex.: furto praticado com abuso de confiança).

b) **qualificadoras de natureza objetiva:** são as qualificadoras relacionadas ao fato criminoso em si, é dizer, a forma de execução do crime, instrumentos, tempo etc. (Ex.: furto com emprego de chave falsa).

➔ **É possível aplicar o a redução de pena no furto qualificado?**

Sim, desde que presente os seguintes requisitos:

a) que sejam cumpridos dos requisitos do § 2º do artigo 155 do CP

b) que a qualificadora seja de natureza objetiva.

Nesse sentido:

> **STJ - Súmula 511: É possível o** reconhecimento do privilégio previsto no § 2º do art. 155 do CP **nos casos de crime de furto qualificado**, se estiverem presentes a primariedade do agente, o pequeno valor da coisa e a **qualificadora for de ordem objetiva.**

V. CRIMES CONTRA A DIGNIDADE SEXUAL

01 O estupro bilateral é crime?

Ocorre o chamado estupro bilateral **quando dois menores de 14 anos praticam atos libidinosos ou conjunção carnal entre si.**

Isso ocorre porque a legislação (art. 217-A, CP) presume ter havido violência nos casos em que haja conjunção carnal ou atos libidinosos envolvendo menores de 14 anos.

Cumpre ressaltar, inclusive, que tem prevalecido no âmbito dos tribunais superiores que essa presunção de violência **é absoluta**:

> **STJ - Súmula 593:** O crime de estupro de vulnerável configura com a conjunção carnal ou prática de ato libidinoso com menor de 14 anos, sendo irrelevante o eventual consentimento da vítima para a prática do ato, experiência sexual anterior ou existência de relacionamento amoroso com o agente.

Posteriormente, a Lei 13.718/2018 acrescentou o parágrafo 5º no artigo 217-A, **reafirmando a presunção absoluta do crime**:

> **§ 5º** As penas previstas no *caput* e nos §§ 1º, 3º e 4º deste artigo aplicam-se independentemente do consentimento da vítima ou do fato de ela ter mantido relações sexuais anteriormente ao crime.

Assim, pouco importa o consentimento da vítima para fins de incidência do tipo do art. 217-A do CP.

O entendimento exposto pela súmula 593 do STJ e posteriormente reafirmando pela Lei 13.718/2018, é considerado pela doutrina como necessário, pois, não raras vezes, os réus alegam que o ato foi consentido ou mesmo que a vítima já havia tido experiência sexual anterior para tentarem a absolvição do crime.

Contudo, essa presunção absoluta também ocasiona, ainda que de forma casuística, alguns inconvenientes, como é o caso do estupro bilateral.

Isso porque, no caso da prática de conjunção carnal ou atos libidinosos consensual entre menores de 14 anos, em uma interpretação literal da lei, haveria a estranha situação em que **ambos estariam cometendo estupro um contra o outro.**

Nesse caso, por se tratarem de inimputáveis, obviamente, não há que se falar em crime, mas em ato infracional.

02 Exceção Romeu e Julieta. Que negócio é esse?

O instituto da "exceção de Romeu e Julieta" tem origem Norte Americana. Nos Estados Unidos, em vários estados, a conjunção carnal ou a prática de atos libidinosos com um menor de 18 anos é considerado crime, ainda que ele(a) haja consentido.

Em razão disso, foi editada uma Lei, apelidada de "Lei Romeu e Julieta" ("Romeo and Juliet Law"), a qual afasta a criminalização em todos os casos em que, havendo consentimento das partes, os envolvidos não tenham uma diferença de idade superior a cinco anos.

No Brasil, passamos por uma situação semelhante com o crime de Estupro de Vulnerável (Art. 217-A, do CP).

Assim, existem doutrinadores que defendem a utilização do parâmetro da Lei de Romeu e Julieta (consentimento + idade não superior a 05 anos entre os envolvidos), para afastar o crime de estupro de vulnerável.

Essa teoria, contudo, **não é adotada em nossa jurisprudência**, a qual tem considerado que a presunção de violência do artigo 217-A, do Código Penal, **é absoluta:**

> **STJ - Súmula 593:** O crime de estupro de vulnerável configura com a conjunção carnal ou prática de ato libidinoso com menor de 14 anos, sendo irrelevante o eventual consentimento da vítima para a prática do ato, experiência sexual anterior ou existência de relacionamento amoroso com o agente.

Posteriormente, a Lei 13.718/2018 acrescentou o parágrafo 5º no artigo 217-A, **reafirmando a não aplicação dessa teoria em nosso ordenamento jurídico**:

> **§ 5º** As penas previstas no *caput* e nos §§ 1º, 3º e 4º deste artigo aplicam-se independentemente do consentimento da vítima ou do fato de ela ter mantido relações sexuais anteriormente ao crime.

03 O professor pode ser sujeito ativo do crime de assédio sexual?

O crime de assédio sexual encontra-se previsto no artigo 216-A do Código Penal:

> **Art. 216-A.** Constranger alguém com o intuito de obter vantagem ou favorecimento sexual, **prevalecendo-se o agente da sua condição de superior hierárquico ou ascendência inerentes ao exercício de emprego, cargo ou função.**

Como se nota, nos termos do dispositivo legal em questão, para configurar o crime de assédio sexual é necessário o elemento normativo "**condição de superior hierárquico ou ascendência inerentes ao exercício de emprego, cargo ou função**".

Nessa situação, mesmo considerando a superioridade entre professor e aluno, tem prevalecido na doutrina (Guilherme de Souza Nucci e Rogério Greco) que não se caracteriza o crime de assédio sexual entre professor e aluno, em razão da ausência entre eles do vínculo de trabalho que, na realidade, existe somente entre o estabelecimento de ensino e o professor.

Há doutrina minoritária (Luiz Regis Prado), que entende que é possível a caracterização do crime de assédio sexual decorrente da relação professor-aluno, uma vez que: "na ascendência, elemento normativo do tipo, não se exige uma carreira funcional, mas apenas uma relação de domínio, de influência e de respeito e até mesmo temor reverencial".

Cumpre ressaltar, por fim, que, em se tratando de professor da rede pública, a conduta de assediar sexualmente suas alunas, configura ato de improbidade administrativa, nos termos do entendimento do STJ **(Resp 1.255.120/SC)**.

04 Em caso de vulnerabilidade temporária, qual é a natureza da ação no crime de estupro de vulnerável?

O crime de estupro de vulnerável encontra-se assim previsto no artigo 217-A:

> **Art. 217-A.** Ter conjunção carnal ou praticar outro ato libidinoso com menor de 14 (catorze) anos:
>
> **Pena** - reclusão, de 8 (oito) a 15 (quinze) anos.
>
> **§ 1º** Incorre na mesma pena quem pratica as ações descritas no *caput* com alguém que, por enfermidade ou deficiência mental, não tem o necessário discernimento para a prática do ato, ou que, **por qualquer outra causa, não pode oferecer resistência.**

Percebam que o § 1º permite a responsabilidade do agente quando a vulnerabilidade da vítima for permanente (enfermidade mental), bem como quando ela for temporária (Ex.: Desmaio, uso de drogas/ Bebida).

➔ Qual a natureza da ação no crime de estupro?

Em regra, trata-se de ação penal pública, condicionada a representação. Contudo, nos casos de estupro de vulnerável, o legislador estabeleceu que ela é incondicionada:

> **Art. 225.** Nos crimes definidos nos Capítulos I e II deste Título, procede-se mediante ação penal pública condicionada à representação.
>
> **Parágrafo único.** Procede-se, entretanto, mediante ação penal pública incondicionada se a vítima é menor de 18 (dezoito) anos ou pessoa vulnerável.

Em 2014, contudo, a 6ª Turma do STJ entendeu que o conceito de pessoa vulnerável, previsto no parágrafo único do artigo 225, abrange apenas a vulnerabilidade permanente.

Assim, nos casos de vulnerabilidade temporária, a ação seria pública condicionada à representação. Segundo o STJ, a "pessoa vulnerável" de que trata o parágrafo único do art. 225 do CP é somente aquela que possui uma incapacidade permanente de oferecer resistência à prática dos atos libidinosos. **(HC 276.510-RJ).**

Isso implica em dizer que, sem em 6 meses não houver representação da vítima, haverá decadência, que é causa de extinção da punibilidade (art. 107, IV, do CP).

Em 2017, contudo, a 5ª Turma do STJ **abriu divergência,** passando a entender que a vulnerabilidade a que aludido o parágrafo único do artigo 225 abrange qualquer tipo de vulnerabilidade, seja temporária ou permanente.

Na ocasião, a 5ª turma entendeu que esse dispositivo não fez qualquer distinção entre a vulnerabilidade temporária ou permanente, haja vista que a condição de vulnerável é aferível no momento do cometimento do crime, ocasião em que há a prática dos atos executórios com vistas à consumação do delito **(HC 389.610/SP).**

Cumpre ressaltar que a doutrina majoritária (Ex.: Cleber Masson) defende a posição adotada pela 5ª Turma do STJ, ou seja, pouco importa a natureza da incapacidade (permanente ou transitória). A vulnerabilidade deve ser aferida no momento da conduta criminosa. Se a vítima estava vulnerável no momento do ato, deve-se considerar a ação penal como pública incondicionada.

Alteração promovida pela Lei 13.718/2018:

Toda a discussão anteriormente apresentada **perdeu o sentido com o advento da 13.718/2018.** Isso porque a referida legislação estabeleceu que todos os crimes contra a dignidade sexual possuem ação penal pública incondicionada:

> **Art. 225.** Nos crimes definidos nos Capítulos I e II deste Título, **procede-se mediante ação penal pública incondicionada.**

Assim, a divergência anteriormente exposta foi superada pela nova lei. Ocorre que, como se trata de lei penal mais gravosa (*novatio legis in pejus*), ela é irretroativa, **não alcançando fatos praticados antes da sua vigência (25/09/2018).**

Dessa forma, para fatos praticados antes do dia 25/09/2018 a polêmica anteriormente apresentada continua válida. Em razão disso, optamos por manter essa questão no livro, para fins de conhecimento.

05 No crime de estupro de vulnerável, nos casos em que não há conjunção carnal, o crime é consumado ou tentado?

Amigos, conjunção carnal consiste na penetração do pênis na vagina. Houve quem defendesse que, nos casos em que não haveria conjunção carnal, mas apenas a prática de atos libidinosos, o crime do artigo 217-A do Código Penal seria tentado e não consumado.

➔ O STJ concordou com essa tese?

Não. Encontra-se consolidado, no STJ, o entendimento de que o delito de estupro, na atual redação dada pela Lei 12.015/2009, inclui atos libidinosos praticados de diversas formas, incluindo os toques, os contatos voluptuosos e os beijos lascivos, **consumando-se o crime com o contato físico entre o agressor e a vítima (AgRg no REsp 1359608/MG)**.

Assim, o estupro de vulnerável consuma-se não apenas quando há conjunção carnal, mas sim todas as vezes em que houver a prática de qualquer ato libidinoso com menor de 14 anos.

Essa foi a intenção punitiva do legislador, não podendo o Poder Judiciário, de forma manifestamente contrária à lei, utilizar-se dos princípios da razoabilidade e da proporcionalidade, para reconhecer a forma tentada do delito, em razão da alegada menor gravidade da conduta.

O STJ, inclusive, entende que a conduta de contemplar lascivamente, sem contato físico, mediante pagamento, menor de 14 anos desnuda em motel pode permitir a deflagração da ação penal para a apuração do delito de estupro de vulnerável.

Segundo a posição majoritária na doutrina, a simples contemplação lasciva já configura o "ato libidinoso" descrito nos arts. 213 e 217-A do Código Penal, **sendo irrelevante, para a consumação dos delitos, que haja contato físico entre ofensor e ofendido (RHC 70.976-MS).**

06 O simples fato de manter casa de prostituição é crime?

⊖ Qual é o contexto?

O Código Penal estabelece o seguinte:

> **Art. 229.** Manter, por conta própria ou de terceiro, estabelecimento em que ocorra exploração sexual, haja, ou não, intuito de lucro ou mediação direta do proprietário ou gerente:
>
> **Pena** - reclusão, de dois a cinco anos, e multa.

Nesse sentido, temos que a Lei 12.015/09 alterou o artigo 229 do Código Penal, passando a exigir "**EXPLORAÇÃO SEXUAL**" como requisito normativo do tipo.

Em razão disso, o STJ (**REsp 1.683.375-SP)** decidiu que a conduta consistente em manter casa para fins libidinosos, por si só, não mais caracteriza crime, sendo necessário, para a configuração do delito, que haja exploração sexual, **assim entendida como a violação à liberdade das pessoas que ali exercem a mercancia carnal.**

Sobre o tema, o STJ relembrou ainda que o bem jurídico tutelado não é a moral pública, mas sim a dignidade sexual como, aliás, o é em todos os crimes constantes do Título VI da Parte Especial do Código Penal, dentre os quais, o do artigo 229. E o sujeito passivo do delito não é a sociedade, mas sim a pessoa explorada, vítima da exploração sexual.

Assim, se não se trata de estabelecimento voltado exclusivamente para a prática de mercancia sexual, nem comprovação de que o agente tirava proveito, auferindo lucros da atividade sexual alheia mediante ameaça, coerção, violência ou qualquer outra forma de violação ou tolhimento à liberdade das pessoas, não há falar em fato típico a ser punido na seara penal.

Em termos mais simples, não havendo exploração sexual, assim entendida como a prática de manter pessoa obrigada, coagida, não raro em más condições, ou mesmo em condição análoga à de escravidão, impondo-lhe a prática de sexo sem liberdade de escolha, ou seja, com tolhimento de sua liberdade sexual e em violação de sua dignidade sexual, não há que se falar em crime.

VI. DOS CRIMES CONTRA A FÉ PÚBLICA

01 Inserir informação falsa em currículo Lattes configura crime de falsidade ideológica?

O STJ entendeu que não (**RHC 81.451-RJ**). Para tanto, ele utilizou dois fundamentos:

1º) Não há objeto material no caso, uma vez que não há documento. O currículo Lattes não podem ser considerado "documento eletrônico". Somente pode ser considerado "documento eletrônico" aquele que consta em site que possa ter sua autenticidade aferida por assinatura digital, o que não ocorre com a plataforma "lattes", que é desprovida de assinatura digital.

2º) Ainda que se considerasse que havia documento no caso concreto, não haveria crime. Isso porque o STJ entende que se o documento é passível de averiguação, não há crime de falsidade ideológica, mesmo que o agente tenha inserido nele informações falsas (**RHC 70.596/MS**).

Qualquer currículo, seja de papel ou eletrônico, é passível de averiguação. Em outras palavras, as informações nele contidas são passíveis de averiguação por quem tenha interesse.

02 O agente que falsifica declaração de pobreza com o fim de obtenção do benefício da Justiça Gratuita comete algum crime?

Segundo o STJ (HC 261.074/MS e HC 218.570/SP), trata-se de **conduta atípica.**

Conforme entendeu o tribunal, somente é possível se falar no crime de falsidade ideológica (Art. 299, do CP), quando a declaração prestada pela parte não estiver sujeita a confirmação, gozando, assim, de presunção absoluta de veracidade.

Neste aspecto, é certo que a conduta de firmar ou usar declaração de pobreza falsa em juízo, com a finalidade de obter os benefícios da gratuidade de justiça goza de **presunção relativa de veracidade**, uma vez que é passível de comprovação posterior, seja por provocação da parte contrária seja por aferição, de ofício, pelo magistrado da causa.

Dessa forma, sendo passível de comprovação posterior, a conduta em questão é atípica.

03 A clonagem de cartão de crédito antes de 2012 configurava qual crime?

Em 2012, a Lei 12.737/2012 acrescentou o parágrafo único ao artigo 298 do CP, prevendo o seguinte:

> **Art. 298** - Falsificar, no todo ou em parte, documento particular ou alterar documento particular verdadeiro:
>
> **Pena** - reclusão, de um a cinco anos, e multa.
>
> **Parágrafo único.** Para fins do disposto no *caput*, equipara-se a documento particular o cartão de crédito ou débito

Assim, nos termos do artigo 298, a falsificação de cartão de crédito configura o crime de falsificação de documento particular.

Em razão dessa alteração, houve quem defendesse que quem clonava cartão de crédito antes de 2012 cometia fato atípico. O argumento é de que foi necessário que o legislador alterasse o tipo penal para dizer que o cartão de crédito ou débito equipara-se a documento particular é porque antes da Lei 12.737/12, o cartão de crédito ou de débito não era considerado documento particular.

O STJ, contudo, não concordou com essa tese. Isso porque o STJ, mesmo antes da entrada em vigor da Lei 12.737/2012 **(HC 43.952/RJ)** já entendia que o cartão de crédito ou de débito se enquadrava no conceito de documento particular para fins de tipificação da conduta, principalmente porque deles constam dados pessoais do titular e da própria instituição (inclusive na tarjeta magnética) e que são passíveis de falsificação.

Assim, a inserção do parágrafo único do art. 298 do CP apenas ratificou e tornou explícito o entendimento jurisprudencial da época, relativamente ao alcance do elemento normativo "documento", clarificando que o cartão de crédito/débito é considerado documento.

Como a jurisprudência era uníssona em reconhecer que o cartão de crédito/débito era documento particular para fins do art. 298, *caput*, do CP, podemos concluir que a Lei 12.737/2012 apenas reproduziu, com palavras mais inequívocas, os julgados daquela época, tratando-se, portanto, de lei interpretativa exemplificativa.

Assim, ainda que praticada antes da Lei 12.737/2012, a conduta de falsificar, no todo ou em parte, cartão de crédito ou de débito é considerada falsificação de documento particular (Art. 298, CP) **(Resp 1.578.479/SC).**

VII. DOS CRIMES CONTRA ADMINISTRAÇÃO PÚBLICA

01 O princípio da insignificância se aplica aos crimes contra a Administração Pública?

A resposta dessa pergunta **é depende**. Para o STJ, em regra, não se aplica o princípio da insignificância aos crimes contra a Administração Pública:

> **STJ – Súmula 599:** O princípio da insignificância é inaplicável aos crimes contra a Administração Pública.

O fundamento da súmula é o seguinte: os crimes contra a Administração Pública buscam proteger não apenas o aspecto patrimonial, mas, principalmente, a moralidade administrativa. Nesse sentido, a moralidade administrativa não possui conteúdo econômico, de forma que, mesmo que o valor do prejuízo seja insignificante, deverá haver a sanção penal.

Excepcionalmente, o STJ admite o princípio da insignificância ao crime de descaminho **(AgRg no REsp 1346879/SC).**

Ocorre que o STF entende que é possível a aplicação do princípio da insignificância em qualquer crime contra a Administração **(HC 107370 e HC 112388).**

Para o STF, a prática de crime contra a Administração Pública, por si só, não inviabiliza a aplicação do princípio da insignificância, devendo haver uma análise do caso concreto para se examinar se incide ou não o referido postulado.

02 A corrupção ativa e a corrupção passiva são crimes bilaterais?

O art. 317 do CP (Corrupção passiva) pune a conduta de **solicitar, receber ou aceitar** promessa. Já o artigo 333 (Corrupção ativa) pune a conduta de **prometer** ou **oferecer** vantagem indevida.

Tem-se, assim, que **a corrupção ativa não pune a conduta de "dar" vantagem indevida**, de forma que somente existirá crime de corrupção ativa quando o particular oferece ou promete vantagem.

Com base nesse raciocínio, se o particular der vantagem a um funcionário público **é porque essa vantagem foi solicitada primeiro pelo funcionário.**

Assim, nos casos em que o particular dar a vantagem solicitada pelo funcionário público, ele **é considerado vítima do crime de corrupção passiva** e não autor do crime de corrupção ativa.

Dessa forma, a corrupção passiva e ativa **não são crimes bilaterais**, uma vez que não dependem, necessariamente, um do outro.

Por fim, cumpre esclarecer que se o particular, ao receber a solicitação de vantagem indevida, resolver barganhá-la, pedindo para diminuir ou pagar parcelado, por exemplo, está cometendo crime de corrupção ativa, já que, nesse caso, estará oferecendo vantagem indevida.

A corrupção passiva e ativa é um exemplo típico **de exceção à teoria monista ou unitária do concurso de pessoas (art. 29, CP)**, adotada em nosso país.

03 Qual o efeito da reparação do dano no peculato doloso?

Nos termos do § 3º, do art. 312, do CP, o qual somente tem aplicação no peculato culposo, havendo a reparação do dano antes da sentença irrecorrível, extingue-se a punibilidade. Nos casos em que a reparação ocorrer depois da sentença irrecorrível, reduz-se a pena a metade.

Beleza, já sei qual é o efeito da reparação do dano no peculato culposo. Mas qual o efeito da reparação do dano no peculato doloso?

Segundo a doutrina (Victor Eduardo Rios Gonçalves), se a reparação for feita **antes do recebimento da denúncia**, por ato voluntário do agente, a pena será reduzida em de 1/3 a 2/3. Trata-se de hipótese de **arrependimento posterior** (Art. 16, do CP).

No caso de a reparação ocorrer **após o recebimento da denúncia, mas antes da sentença de 1º grau**, será aplicada a atenuante genérica do Art. 65, III, "b", do CP. Por fim, caso a reparação ocorra **em grau de recurso**, poderá ser aplicada a atenuante inominada do Art. 66 do CP.

04 Presidente, governador e prefeito, quanto autores de crimes funcionais, são alcançados pela causa de aumento de pena do artigo 327, § 2º, do Código Penal?

O Código Penal estabeleceu o seguinte:

> **Art. 327.** (...)
>
> **§ 2º** - A pena será aumentada da terça parte quando os autores dos crimes previstos neste Capítulo forem ocupantes de cargos em comissão ou de função de direção ou assessoramento de órgão da administração direta, sociedade de economia mista, empresa pública ou fundação instituída pelo poder público.

Parte da doutrina entende que a causa de aumento de pena em tela não se aplica aos cargos eletivos, já que seus ocupantes exercem cargos temporários, não se confundido com os servidores ocupantes de cargo em comissão ou de função de direção ou assessoramento de órgão da Administração Direta.

Essa posição, contudo, não é adotada pelo STF, que entendeu que as referidas autoridades exercem função de direção da Administração Direta, sendo alcançadas pela causa de aumento de pena **(Inq 1.769/PA).**

05 Diretor de sindicato pode responder por crime de peculato?

Em que pese o diretor de sindicato não seja considerado funcionário público para fins penais e sindicato não faça parte da Administração Pública, o art. 552 da CLT equiparou os atos que importem em dilapidação do patrimônio de sindicato ao crime de peculato (equiparação objetiva):

> **Art. 552** - Os atos que importem em malversação ou dilapidação do patrimônio das associações ou entidades sindicais ficam equiparados ao crime de peculato julgado e punido na conformidade da legislação penal.

Com a CF/88, a doutrina passou a defender a não recepção desse artigo, já que a própria Constituição veda a interferência e intervenção do Poder Público na organização sindical. O STJ, contudo, tem decisão no sentido de que o Art. 552 da CLT foi recepcionado pela Constituição **(CC 31.354/SP).**

Em relação a competência para julgamento, o STJ entendeu que o mero fato de se exigir que os sindicatos se registrem no Ministério do Trabalho, não significa que há interesse da União para julgamento da causa. Assim, em regra, compete a Justiça Estadual o julgamento da causa.

06 O funcionário público que se apodera ou desvia um bem com ânimo de uso comete algum crime?

Para a doutrina, a resposta vai depender da natureza da coisa apoderada ou desviada. Sendo a coisa consumível ou fungível com o uso, haverá crime de peculato, já que nesses casos não haverá como a coisa retornar ao "status quo ante". Se a coisa for infungível ou não consumível com o uso, haverá apenas mero ilícito civil e administrativo, já que a lei não previu punição para o mero uso.

Assim, em regra, não comete crime o agente que se utiliza de mão-de-obra pública (não há coisa, mas serviço) ou equipamentos pertencentes a administração (peculato de uso), com a nítida intenção de devolvê-los, podendo ele ser punido apenas nas esferas civis, administrativas e políticas.

O STF **(HC 108433 AgR)** e o STJ **(HC 94.168/MG),** por exemplo, já tiveram oportunidade **de decidir que é atípico o peculato de uso em situações envolvendo a utilização de veículo oficial para fins particulares.**

Excepcionalmente, contudo, no caso de prefeitos, o peculato de uso é crime, bem como o uso irregular de mão-de-obra e serviços públicos **(Art. 1º, inciso II e § 1º, do DL 201/67).**

07 A violação de medida protetiva configura crime de desobediência?

⊝ O que são medidas protetivas?

A Lei Maria da Penha (Lei 11.340/06) previu a possibilidade de o magistrado conceder medidas protetivas em favor da vítima de violência doméstica. Cuida-se de medidas cautelares diversas da prisão, que estabelecem restrições ao ofensor, tais como a proibição de aproximação da vítima ou de contato por quaisquer meios de comunicação.

Por sua vez, o crime de desobediência, previsto no artigo 330 do CP, pune a conduta de desobedecer a ordem legal de funcionário público.

Ao analisar a possibilidade de a violação das medidas protetivas de urgência configurar o crime de desobediência, o STJ entendeu que isso não era possível, uma vez que já havia uma sanção na lei para o seu descumprimento: a decretação da prisão preventiva (HC 338613 / SC e AgRg no AREsp 699637/SP). Assim, o descumprimento de medida protetiva de urgência era considerado um fato atípico pelo STJ.

Ocorre que o Congresso, em um claro exemplo de reação legislativa, editou a Lei 13.641/18, que estabeleceu como crime, punido com pena de detenção de 3 meses a 2 anos, o descumprimento de medida protetiva de urgência.

Assim, atualmente o descumprimento de MPU de urgência passou a ser crime.

08 A corrupção passiva se caracteriza ainda que o ato não se insira nas atribuições do agente público?

⊖ Qual é o contexto?

O Código Penal disciplina o crime de corrupção passiva da seguinte maneira:

> **Art. 317** - Solicitar ou receber, para si ou para outrem, direta ou indiretamente, ainda que fora da função ou antes de assumi-la, mas em razão dela, vantagem indevida, ou aceitar promessa de tal vantagem:
>
> **Pena** – reclusão, de 2 (dois) a 12 (doze) anos, e multa.

Vejam, meus amigos, que o crime em questão pune a conduta do agente que solicita, recebe ou aceita promessa de vantagem indevida em razão da função pública exercida.

Sobre o tema, parte da doutrina tem entendido que o crime em questão demanda que haja um nexo causal entre a vantagem indevida recebida e a atividade exercida pelo corrupto.

Caso o agente receba vantagem indevida para praticar ato completamente estranho as funções que exerce, não haveria que se falar em corrupção passiva, sendo possível, contudo, a tipificação de outros crimes, tais como exploração de prestígio ou estelionato, a depender da situação concreta.

O STJ tradicionalmente seguia o entendimento doutrinário, afirmando que para a configuração do crime previsto no artigo 317 do Código Penal exige-se que a solicitação, o recebimento ou a promessa de vantagem se faça pelo funcionário público em razão do exercício de sua função, ainda que fora dela ou antes de seu início, mostrando-se indispensável, desse modo, a existência de nexo de causalidade entre a conduta do servidor e a realização de ato funcional de sua competência (**HC 135142 /MS**).

Recentemente, contudo, o STJ **sinalizou uma mudança de entendimento,** afirmando que a corrupção passiva se caracteriza **ainda que o ato não se insira nas atribuições do agente público ((REsp 1.745.410/ SP).**

⊕ Qual o fundamento?

Segundo o STJ, nem a literalidade do art. 317 do CP, nem sua interpretação sistemática, nem a política criminal adotada pelo legislador parecem legitimar a ideia de que a expressão "em razão dela", presente no tipo de corrupção passiva, deve ser lida no restrito sentido de "ato que está dentro das competências formais do agente".

Ademais, não é lícito ao intérprete simplesmente pressupor que, no crime de corrupção passiva, o legislador praticou alguma sorte de atecnia, ou que falou menos do que desejava, ou que é possível "deduzir" do dispositivo a exigência de ato de ofício, como se ali estivesse uma limitação implícita ao poder-dever de punir.

Ao contrário, a redação do dispositivo constitui nítida opção legislativa direcionada a ampliar a abrangência da incriminação por corrupção passiva, quando comparada ao tipo de corrupção ativa, a fim de potencializar a proteção ao aspecto moral do bem jurídico protegido, é dizer, a probidade da Administração Pública.

A desnecessidade de que o ato pretendido esteja no âmbito das atribuições formais do funcionário público fornece uma visão mais coerente e íntegra do sistema jurídico. A um só tempo, são potencializados os propósitos da incriminação – referentes à otimização da proteção da probidade administrativa, seja em aspectos econômicos, seja em aspectos morais - e os princípios da proporcionalidade e da isonomia.

Segundo a decisão mais recente do STJ, exigir nexo de causalidade entre a vantagem e ato de ofício de funcionário público levaria à absurda consequência de admitir, por um lado, a punição de condutas menos gravosas ao bem jurídico, enquanto se nega, por outro, sanção criminal a manifestações muito mais graves da violação à probidade pública: "o guarda de trânsito que pede dinheiro para deixar de aplicar uma multa seria punível, mas o senador que vende favores no exercício do seu mandato passaria impune".

Em suma, o crime de corrupção passiva consuma-se ainda que a solicitação ou recebimento de vantagem indevida, ou a aceitação da promessa de tal vantagem, esteja relacionada com atos que formalmente não se inserem nas atribuições do funcionário público, mas que, em razão da função pública, materialmente implicam alguma forma de facilitação da prática da conduta almejada.

Trata-se de um tema que merece um acompanhamento de seus desdobramentos, no sentido de verificar se esse novo entendimento vai ou não se consolidar no âmbito do STJ.

09 O depositário judicial que vende os bens em depósito pratica peculato?

⊖ Qual é o contexto?

O crime de peculato encontra-se previsto da seguinte maneira:

> **Art. 312** - Apropriar-se o funcionário público de dinheiro, valor ou qualquer outro bem móvel, público ou particular, de que tem a posse em razão do cargo, ou desviá-lo, em proveito próprio ou alheio:

> **Pena** - reclusão, de dois a doze anos, e multa.
>
> **§ 1º** - Aplica-se a mesma pena, se o funcionário público, embora não tendo a posse do dinheiro, valor ou bem, o subtrai, ou concorre para que seja subtraído, em proveito próprio ou alheio, valendo-se de facilidade que lhe proporciona a qualidade de funcionário.

Segundo a doutrina, o crime de peculato **é crime próprio,** que só pode ser cometido por funcionário público. O particular, sabendo da qualidade de funcionário público do agente, concorre, de qualquer modo, para o evento, r**esponde como partícipe ou coautor do delito.**

Diante disso, imaginem a seguinte situação: no decorrer de uma ação judicial, foi realizada a penhora de alguns bens. Não tendo condições de manter os bens a salvo, o juiz nomeia Fulanilson como depositário judicial.

Posteriormente, após o juízo ordenar que Fulanilson devolva os bens em depósito, descobre-se que ele os vendeu. Nesse caso, Fulanilson comete o crime de peculato?

Não. Segundo o STJ, **o depositário judicial que vende os bens sob sua guarda não comete o crime de peculato (HC 402.949-SP).**

⊖ Qual o fundamento?

Segundo o STJ, o depositário judicial não ocupa cargo criado por lei, não recebe vencimento, tampouco tem vínculo estatutário. Trata-se de uma pessoa que, embora tenha de exercer uma função no interesse público do processo judicial, é estranha aos quadros da justiça e, pois, sem ocupar qualquer cargo público, **exerce um encargo por designação do juiz (munus público).** Não ocupa, de igual modo, emprego público e nem função pública. É, na verdade, um auxiliar do juízo que fica com o encargo de cuidar de bem litigioso.

Não se satisfaz, em tal caso, a figura típica do art. 312 do Código Penal, porque não há funcionário público, para fins penais, nos termos do art. 327 do Código Penal, **em razão da ausência da ocupação de cargo público.**

Não basta, como se vê, à caracterização do peculato, o fato de o agente ser considerado funcionário público. É preciso mais. Que ele se aproprie do bem **em razão do cargo público que exerça.** Essa relação entre o agente e o cargo público é inarredável no crime de peculato.

VIII. LEGISLAÇÃO ESPECIAL

01 Para fins do Estatuto do Desarmamento, o táxi pode ser considerado o local de trabalho do taxista?

No estatuto do desarmamento, **a posse** de arma consiste em manter a arma "intra muros", no interior da residência ou local de trabalho. Já o **porte** é "extra muros", ou seja, fora da residência ou local de trabalho.

A diferença entre os tipos é relevante, isso porque o crime de posse de arma (Art. 12) é punido com **detenção**, de 1 (um) a 3 (três) anos, e multa. Já o crime de porte de arma (Art. 14) é punido com **reclusão,** de 2 (dois) a 4 (quatro) anos, e multa.

Percebe-se, assim, que o crime de **porte** é punido de forma mais severa que o crime de posse.

Diante disso, questiona-se se o taxista flagrado com arma de fogo dentro do veículo se enquadra no crime de posse, podendo o táxi ser considerado seu "local de trabalho"?

A resposta **é não**. Para o STJ **(AgRg no REsp 1341025/MG)**, considerando que o táxi não configura residência, nem local de trabalho, **mas sim instrumento de trabalho**, por meio do qual o motorista exerce sua profissão de forma regular, **sendo a rua o seu local de trabalho**, o transporte de arma no interior de táxi configura o delito de porte (Art. 14) e não de posse (Art. 12).

Salienta-se que, pelas mesmas razões acima expostas, o transporte de arma no interior de CAMINHÃO configura o delito de porte (Art. 14) e não de posse (Art. 12) **(STJ – HC 116.052/MG).**

02 A prática de proselitismo, por meio da comparação de religiões, configura o crime de racismo?

Recentemente o STF analisou uma situação na qual o agente praticou proselitismo por meio da comparação entre religiões, afirmando que determinada religião é superior a outra.

Pratica proselitismo o **agente que busca converter pessoas para sua religião.** No caso concreto, determinado padre escreveu um livro afirmando que a religião católica seria superior as religiões de matrizes africanas e ao espiritismo.

Em razão disso, ele foi denunciado pelo crime de racismo (Art. 20, § 2º, Lei 7.716/89). O caso acabou no STF, que decidiu (RHC 134.682/BA) que a prática de proselitismo religioso por meio de comparação, ainda que afirmando que determinada religião é superior a outra, **não configura, por si só, crime.**

Isso porque, para o STF, a prática de proselitismo religioso estaria amparada constitucionalmente, **estando inserida dentro do direito à liberdade religiosa.**

Para que haja crime, além da afirmação que a religião seria superior a outra, **seria preciso que houvesse um discurso de ódio, de submissão e opressão da religião supostamente inferior.**

Nos casos em que o discurso é no sentido de que a religião supostamente superior tem o dever de "**ajudar**" as inferiores a evoluírem espiritualmente não haveria crime.

03 Há alguma consequência penal para o indivíduo que é flagrado portando arma branca em via pública?

O Estatuto do Desarmamento revogou parcialmente o artigo 19 da Lei das Contravenções Penais em relação as armas de fogo.

Com relação as armas brancas, alguns doutrinadores chegaram a afirmar que o seu porte seria um indiferente penal, estando o artigo 19 da Lei das Contravenções Penais atualmente completamente revogado.

O STJ, contudo, encampando a doutrina de Luiz Régis Prado, entende que o artigo 19 da Lei das Contravenções Penais continua em vigor, podendo o porte de arma branca configurar a aludida contravenção a depender do contexto fático e do potencial de lesividade do instrumento (**AgRg no RHC nº 331.694/SC).**

Nesse sentido, já decidiu o STJ haver a contravenção do artigo 19 quando o réu trazia consigo, quando caminhava à noite na região central de Belo Horizonte, uma faca de 18 cm de lâmina dentro de uma mochila e a "notitia criminis", outrossim, foi no sentido de que ele teria agredido moradores de rua, condições que atraem a incidência da mencionada contravenção **(HC 66979/MG).**

04 Em caso de denúncia ofertada com base em intercepção telefônica, o Ministério Público deve apresentar a transcrição completa das conversas interceptadas?

Apesar de redação legal sugerir que a transcrição integral das gravações seria sempre obrigatória (**Art. 6º, § 1º da Lei 9.296/96**), o STF e o STJ vêm interpretando que **não se faz necessária a degravação completa do teor das conversas**, bastando que sejam juntado aos autos as degravações do trechos necessário ao embasamento da denúncia ofertada **(Nesse sentido, STF HC 91.207 e HC 117.000).**

Esse entendimento visa compatibilizar a garantia da ampla defesa com o direito à persecução penal do Estado, uma vez que, em muitos casos, a transcrição completa do teor das conversas poderia inviabilizar a persecução penal, já que a teor do art. 5º da Lei 9.296/96 a interceptação telefônica pode ser renovada indefinidamente, caso haja necessidade devidamente comprovada, sempre pelo prazo de 15 dias.

Note-se que não há que se falar em violação a ampla defesa, porque segundo os tribunais superiores fica assegurado à defesa o acesso as mídias digitais contendo as gravações (CD, DVD ETC) para que possa se certificar da veracidade das transcrições realizadas, bem como para que possa transcrever as partes que reputar útil a defesa.

Por fim, ressalta-se, ainda, que o STF possui entendimento no sentido de que se não há nulidade quando o julgador indefere o pedido de transcrição integral, **também não haverá nulidade se o magistrado reputar relevante a degravação total do material (AP 508/Agr AP).** Em suma,

a) não há nulidade na transcrição apenas dos pontos que o MP reputou relevante para o oferecimento da denúncia, **desde que seja assegurado a defesa acesso as gravações integrais** (DVD, CD etc).

b) Contudo, embora a regra seja a ausência de nulidade em caso de transcrição não integral, também não haverá nulidade se, no caso concreto, o magistrado determinar a degravação total do material.

05 O porte de drogas para consumo próprio é crime?

O artigo 28 da Lei de Drogas (Lei 11.342/06) prevê o seguinte:

> **Art. 28.** Quem adquirir, guardar, tiver em depósito, transportar ou trouxer consigo, para consumo pessoal, drogas sem autorização ou em desacordo com determinação legal ou regulamentar será submetido às seguintes penas:
>
> **I** - advertência sobre os efeitos das drogas;
>
> **II** - prestação de serviços à comunidade;
>
> **III** - medida educativa de comparecimento a programa ou curso educativo.

Percebe-se, assim, que o tipo penal de porte de drogas para consumo próprio, previsto no art. 28 da Lei de Drogas, mesmo sem prever pena privativa da liberdade, continua prevendo um crime. Assim, não houve uma descriminalização da conduta ("abolitio criminis"), mas sim uma despenalização. A despenalização ocorre quando o legislador prevê sanções alternativas para o crime que não sejam penas privativas de liberdade.

➔ Qual a consequência disso?

A consequência disso, era que a condenação por porte de drogas para consumo próprio (artigo 28 da Lei 11.342/06) transitada em julgado gera reincidência. Isso porque a referida conduta foi apenas despenalizada pela nova Lei de Drogas, mas não descriminalizada (**HC 275.126/SP).**

Atenção: mudança de entendimento!

Embora o posicionamento tradicional do STJ fosse no sentido de que o crime do artigo 28 da Lei de Drogas gerava reincidência, a 6ª Turma do STJ, em recente julgamento **(REsp 1672654/SP),** entendeu que o crime em questão não gera reincidência.

O fundamento dessa decisão **foi no sentido da desproporcionalidade da medida**. Isso porque, como vimos o crime do artigo 28 sequer previu pena privativa de liberdade. Assim, o STJ esclareceu que, se quem comete uma contravenção, **punida com prisão simples,** e depois comete um crime não pode ser considerado reincidente, com menos razão o sujeito que comete o crime do art. 28, **que sequer tem pena privativa de liberdade,** pode ser considerado reincidente.

Por fim, ressaltou a 6ª Turma que a própria constitucionalidade do artigo 28 da Lei de Drogas, que está cercado de acirrados debates acerca da legitimidade da tutela do direito penal em contraposição às garantias constitucionais da intimidade e da vida privada, está em discussão perante o Supremo Tribunal Federal, que admitiu Repercussão Geral no Recurso Extraordinário nº 635.659 para decidir sobre a tipicidade do porte de droga para consumo pessoal.

Posteriormente, o entendimento da 6ª Turma foi seguido pela 5ª Turma do STJ, por ocasião do julgamento do HC 453.437/SP.

Assim, **o STJ, a partir de 2018, passou a entender que a condenação anterior pelo art. 28 da Lei 11.343/2006 (porte de droga para uso próprio) não configura reincidência.**

06 A consumação do crime de tráfico de drogas na modalidade "adquirir" depende da efetiva tradição das drogas?

Imaginem a seguinte situação: Fulanilson negociou pelo telefone a compra de grande quantidade de maconha, tendo, inclusive, enviado um carro para buscar os entorpecentes. Contudo, a polícia já monitorava suas ações, tendo apreendido o carro antes que ele tenha efetivamente recebesse as drogas negociadas. Nesse caso, ele vai responder pelo crime na modalidade tentada ou consumada?

Segundo o STJ, Fulanilson vai responder pelo crime na modalidade consumada. Segundo o Tribunal, para que configure a conduta de "adquirir" prevista no artigo 33 da Lei 11.342/06, **não é necessária a tradição do entorpecente** e o pagamento do preço, **bastando que tenha havido o ajuste.** Assim, não é indispensável que a droga tenha sido entregue ao comprador e o pagamento ao vendedor, bastando que tenha havido o ajuste da venda **(HC 212.528/SC).**

07 A incidência da causa de aumento de pena transestadualidade no crime de tráfico de drogas exige a efetiva transposição da fronteira estadual?

No âmbito do crime de tráfico de drogas, o legislador previu uma causa de aumento de pena nos casos em que a intenção do agente é pulverizar a droga por mais de um Estado ou DF:

> **Art. 40.** As penas previstas nos arts. 33 a 37 desta lei são aumentadas de um sexto a dois terços, se:
>
> **V** - caracterizado o tráfico entre estados da federação ou entre estes e o distrito federal;

A questão polêmica é saber se a incidência dessa causa de aumento exige a efetiva transposição das fronteiras de um estado para outro, ou basta que seja comprovada que a intenção do agente era levar a droga de um estado para outro?

Ao analisar a situação, o STF entendeu que para que incida essa causa de aumento não se exige a efetiva transposição da fronteira interestadual pelo agente, sendo suficiente a comprovação de que a substância tenha como destino localidade em outro estado da federação (HC 122.791/MS).

No mesmo sentido:

> **STJ - Súmula 587:** Para a incidência da majorante prevista no artigo 40, V, da Lei 11.343/06, é desnecessária a efetiva transposição de fronteiras entre estados da federação, sendo suficiente a demonstração inequívoca da intenção de realizar o tráfico interestadual.

08 Inquéritos policiais e ações penais em curso podem ser utilizados para afastar o benefício legal previsto para o tráfico privilegiado?

A legislação (Lei 11.346/2006) estabeleceu uma modalidade privilegiada no crime de tráfico de drogas, na qual a pena pode ser reduzida de 1/6 a 2/3:

> **Art. 33. (...)**
>
> **§ 4º** Nos delitos definidos no *caput* e no § 1º deste artigo, as penas poderão ser reduzidas de um sexto a dois terços, desde que o agente seja primário, de bons antecedentes, não se dedique às atividades criminosas nem integre organização criminosa.

Com base no dispositivo, para conseguir obter esse benefício o agente deverá satisfazer os seguintes requisitos: **a)** primariedade; **b)** bons antecedentes; **c)** não se dedicar às atividades criminosas; **d)** não integrar organização criminosa.

Cumpre ressaltar, ainda, que o STJ entende que para obter o benefício o agente precisa satisfazer os 04 requisitos, é dizer, são requisitos cumulativos **(HC 355.593/MS).**

A polêmica aqui é saber se inquéritos policiais e ações penais em curso podem ser usados para demonstrar que o agente se dedica a atividades criminosas, afastando o gozo do benefício ou se se exige o trânsito em julgado para tanto.

Ao analisar a situação, o STJ (**Eresp 1.431.091/SP**), por meio da 3ª Seção, pacificou o entendimento de que é possível a utilização de inquéritos policiais e/ou ações penais em curso para formação da convicção de que o réu se dedica a atividades criminosas, de modo a afastar o benefício previsto no artigo 33, § 4º, da Lei 11.342/06.

⊝ **E a súmula 444 do STJ?**

Prevaleceu que tal situação não se confunde com a situação descrita na súmula 444 do STJ, já que aqui não se busca a utilização de inquéritos policiais e ou ações penais para agravar a situação do réu, mas apenas para afastar um benefício legal, desde que existentes elementos concretos para concluir que ele se dedica a atividades criminosas, sendo inquestionável que em determinadas situações, a existência de inquéritos e ou ações penais em andamento possam ser elementos aptos para formação da convicção do magistrado.

⊝ **O inquérito ou ação que o réu responde tem que estar relacionado com o crime de tráfico?**

Não. É possível que o réu tenha benefício negado em razão de outros crimes. A lei usa o termo "atividades criminosas", o que abrange diversos crimes além de tráfico.

09 Agente que pratica delitos da Lei de Drogas envolvendo criança ou adolescente responde também por corrupção de menores?

No Brasil, em regra, o agente que pratica um crime na companhia de um menor responderá pelo crime praticado em concurso com o crime de corrupção de menores, previsto no artigo 244-B, do Estatuto da Criança e do Adolescente.

Ocorre que, no caso do crime de tráfico de drogas, o legislador previu uma hipótese de causa de aumento de pena quando o crime é praticado em conjunto com um menor:

> **Art. 40.** As penas previstas nos arts. 33 a 37 desta Lei são aumentadas de um sexto a dois terços, se:
>
> **VI** - sua prática envolver ou visar a atingir criança ou adolescente ou a quem tenha, por qualquer motivo, diminuída ou suprimida a capacidade de entendimento e determinação;

Assim, diante dessa particularidade, considerando que o legislador estabeleceu que o agente deverá responder pelo crime praticado com a pena aumentada de 1/6 a 2/3 pelo fato de ter se utilizado de um menor de 18 anos para o cometimento do delito, **o crime de corrupção de menores deverá ser afastado.**

Se o julgador, além de aplicar a causa de aumento do art. 40, VI, da Lei de Drogas, condenar o réu também pela prática do crime de corrupção de menores (art. 244-B do ECA), **estará punindo duas vezes o agente pela mesma circunstância (utilizar menor de 18 anos na prática de um crime).**

Em resumo, caso **o** delito praticado pelo agente e pelo menor de 18 anos não estar previsto nos arts. 33 a 37 da Lei de Drogas, o réu poderá ser condenado pelo crime de corrupção de menores, porém, se a conduta estiver tipificada em um desses artigos (33 a 37), não será possível a condenação por aquele delito, mas apenas a majoração da sua pena com base no art. 40, VI, da Lei nº 11.343/2006 **(REsp 1.622.781-MT).**

10 O ordenamento jurídico brasileiro admite, no âmbito dos crimes hediondos, a chamada cláusula salvatória?

A doutrina denomina de cláusula salvatória a possibilidade de o juiz, no caso concreto, diante das peculiaridades do caso concreto, retirar o caráter hediondo da conduta, mesmo que o crime esteja previsto na lei como hediondo.

Em razão da falta de previsão legal em nosso ordenamento (Lei 8.072/90) prevalece que ela não foi adotada em nosso ordenamento.

Contudo, há forte corrente doutrinária entendendo que a decisão do STF que retirou a hediondez do crime de tráfico privilegiado **(HC 118.533)** seria um exemplo da aplicação dessa cláusula em nosso país.

11 O crime de corrupção de menores (Art. 244-B do ECA) é material ou formal?

O crime de corrupção de menores é assim previsto no ECA:

> **Art. 244-B.** Corromper ou facilitar a corrupção de menor de 18 (dezoito) anos, com ele praticando infração penal ou induzindo-o a praticá-la:
>
> **Pena** - reclusão, de 1 (um) a 4 (quatro) anos.
>
> **§ 1º** Incorre nas penas previstas no *caput* deste artigo quem pratica as condutas ali tipificadas utilizando-se de quaisquer meios eletrônicos, inclusive salas de bate-papo da internet.
>
> **§ 2º** As penas previstas no *caput* deste artigo são aumentadas de um terço no caso de a infração cometida ou induzida estar incluída no rol do art. 1º da Lei nº 8.072, de 25 de julho de 1990

Por muitos anos, a doutrina se controverteu sobre a sua natureza, discutindo se ele era material ou formal.

Se ele fosse considerado material, seria preciso a comprovação de que o menor era moralmente idôneo antes da participação no crime. É dizer, se o menor já tivesse participado anteriormente de crimes, possuindo anotações de atos infracionais, não haveria crime de corrupção de menores. Isso porque o menor já seria corrompido.

Já se o crime for foram, a idoneidade moral do menor é indiferente, bastando, para ocorrência do crime do art. 244-B do ECA, que o maior de 18 anos pratique um crime com um menor.

Ao analisar a situação, tanto o STJ **(HC 149.131/DF)** quanto o STF **(RHC 111.434)** entenderam que se trata de crime formal. Posteriormente, inclusive, o STJ editou súmula sobre o tema:

> **STJ – Súmula 500:** A configuração do crime do art. 244-B do ECA independe da prova da efetiva corrupção do menor, por se tratar de delito formal.

12 O agente que utiliza arma de fogo para cometer crime de homicídio responde pelo crime de homicídio em concurso com o porte de armas?

Depende. Segundo o STF, deve-se observar a seguinte situação para que haja a absorção do crime de porte pelo de homicídio:

O crime de porte **não será absorvido** se ficar provado nos autos que o agente portava ilegalmente a arma de fogo em outras oportunidades antes ou depois do homicídio e que ele não se utilizou da arma tão somente para praticar o assassinato. Ex.: a instrução demonstrou que João adquiriu a arma de fogo três meses antes de matar Pedro e não a comprou com a exclusiva finalidade de ceifar a vida da vítima.

Se não houver provas de que o réu já portava a arma antes do homicídio ou se ficar provado que ele a utilizou somente para matar a vítima. Ex.: o agente compra a arma de fogo e, em seguida, dirige-se até a casa da vítima, e contra ela desfere dois tiros, matando-a **(HC 120678/PR).**

13 Quais são os critérios utilizados pelo STF para analisar se ao agente público cometeu o crime do artigo 89 da Lei 8.666/93?

O artigo 89 da Lei 8.666/93 estabelece o seguinte:

> **Art. 89.** Dispensar ou inexigir licitação fora das hipóteses previstas em lei, ou deixar de observar as formalidades pertinentes à dispensa ou à inexigibilidade:
>
> **Pena** - detenção, de 3 (três) a 5 (cinco) anos, e multa.
>
> **Parágrafo único.** Na mesma pena incorre aquele que, tendo comprovadamente concorrido para a consumação da ilegalidade, beneficiou-se da dispensa ou inexigibilidade ilegal, para celebrar contrato com o Poder Público.

Segundo Márcio André (@dizerodireito) objetivo do art. 89 da Lei nº 8.666/93 não é punir o administrador público despreparado, inábil, mas sim o desonesto, que tinha a intenção de causar dano ao erário ou obter vantagem indevida.

Em razão disso, tem-se defendido que é preciso analisar corretamente a conduta do administrador, a fim de se verificar se sua conduta se configura um mero ilícito civil ou administrativo ou um crime.

Nesse sentido, para que se configure o ilícito administrativo, basta apenas que o administrador tenha desobedecido qualquer aspecto da lei (simples violação ao princípio da legalidade).

De outro lado, para que ocorra um ilícito penal, é necessária uma conduta planejada e voltada finalisticamente com o fim de obter um proveito criminoso de qualquer natureza.

Em um caso concreto julgado pelo STF, o Min. Luiz Fux propôs a análise de três critérios para se verificar se o ilícito administrativo configurou também o crime do art. 89 da Lei nº 8.666/93.

Esses critérios permitem que se diferencie, com segurança, a conduta criminosa definida no art. 89 da Lei nº 8.666/93 das irregularidades ou ilícitos administrativos e de improbidade, intencionais ou negligentes.

1º critério: existência de parecer jurídico autorizando a dispensa ou a inexigibilidade: O primeiro critério consiste na existência de parecer jurídico lavrado idoneamente pelo órgão competente. O parecer do corpo jurídico, QUANDO LAVRADO DE MANEIRA IDÔNEA, sem indício de que constitua etapa da empreitada criminosa, confere embasamento jurídico ao ato, até mesmo quanto à observância das formalidades do procedimento.

Assim, o parecer jurídico favorável à dispensa ou inexigibilidade impede que se puna o administrador por crime, já que demonstra, desde que inexistentes outros indícios em contrário, que ele não tinha ciência da ilicitude.

Se existe parecer afirmando ser legal a medida, o agente não pode ser condenado porque ele estava em erro quanto ao elemento do tipo, qual seja, a circunstância "fora das hipóteses legais" (art. 20 do CP).

2º critério: a denúncia deverá descrever o elemento subjetivo especial ("dolo específico") do agente: O segundo critério a ser observado é a indicação, na denúncia, da especial finalidade de lesar o erário ou promover enriquecimento ilícito dos acusados.

Mesmo para aqueles que defendem que o crime definido no art. 89 da Lei 8.666/1993 é formal (independe da prova do resultado danoso), ainda assim, para que a conduta do administrador seja considerada criminosa, é exigível que a denúncia narre a finalidade do agente de lesar o erário, de obter vantagem indevida ou de beneficiar patrimonialmente o particular contratado, ferindo, com isso, a razão essencial da licitação (a impessoalidade da contratação)

3º critério: a denúncia deverá descrever o vínculo subjetivo entre os agentes: Como último critério, destacou a necessária descrição do vínculo subjetivo entre os agentes. Assim, a imputação do crime definido no art. 89 da Lei nº 8.666/93 a uma pluralidade de agentes exige a descrição da existência de vínculo subjetivo entre os participantes para a obtenção do resultado criminoso. Não basta que a denúncia narre o ato administrativo formal eivado de irregularidade.

14 É constitucional a lei obrigar que o regime inicial de cumprimento de pena para os condenados por crimes hediondos ou equiparados seja o fechado?

Amigos, no Brasil, somente a lei pode dizer o que são crimes hediondos, em expresso cumprimento a comando constitucional.

> **Art. 5º (...)**
>
> **XLIII** - a lei considerará crimes inafiançáveis e insuscetíveis de graça ou anistia a prática da tortura, o tráfico ilícito de entorpecentes e drogas afins, o terrorismo **e os definidos como crimes hediondos**, por eles respondendo os mandantes, os executores e os que, podendo evitá-los, se omitirem;

O Brasil adotou o sistema legal de definição dos crimes hediondos. Isso significa que é a lei quem define, de forma exaustiva (taxativa, *numerus clausus*), quais são os crimes hediondos. Esta lei é a de n.º 8.072/90, conhecida como Lei dos crimes hediondos.

Em sua redação original, a aludida lei determinava que os condenados por crimes hediondos deveriam cumprir a pena em regime integralmente fechado. Contudo, no ano de 2006, por meio do julgamento do HC 82959, o STF declarou inconstitucional a previsão legal, com base nos seguintes fundamentos:

a) A norma violava o princípio constitucional da individualização da pena (art. 5º, XLVI, CF), já que obrigava o juiz a sempre condenar o réu ao regime integralmente fechado independentemente do caso concreto e das circunstâncias pessoais do réu;

b) A norma proibia a progressão de regime de cumprimento de pena, o que inviabiliza a ressocialização do preso.

Em razão dessa decisão do STF, foi editada a Lei n.° 11.464/2007, a qual modificou o a Lei 8.072/90, estabelecendo que o regime inicial de cumprimento de pena nos crimes hediondos deveria ser **INICIALMENTE** fechado, permitindo ainda a progressão de regime.

O STF, contudo, no julgamento do HC 111.840/ES **também entendeu que esse dispositivo é inconstitucional.** Os fundamentos para tanto foram os seguintes:

1º. A CF prevê o princípio da individualização da pena (art. 5º, XLVI). Esse princípio também deve ser observado no momento da fixação do regime inicial de cumprimento de pena. Assim, a fixação do regime prisional também deve ser individualizada (ou seja, de acordo com o caso concreto), ainda que se trate de crime hediondo ou equiparado.

2º. A CF prevê, no seu art. 5º, XLIII, as vedações que ela quis impor aos crimes hediondos e equiparados (são inafiançáveis e insuscetíveis de graça ou anistia). Nesse inciso não consta que o regime inicial para esses crimes tenha que ser o fechado. Logo, não poderia o legislador estabelecer essa imposição de regime inicial fechado por violar o princípio da individualização da pena.

3º. Desse modo, deve ser superado o disposto na Lei dos Crimes Hediondos (obrigatoriedade de início do cumprimento de pena no regime fechado) para aqueles que preencham todos os demais requisitos previstos no art. 33, §§ 2º, e 3º, do CP, admitindo-se o início do cumprimento de pena em regime diverso do fechado.

4º. O juiz, no momento de fixação do regime inicial, deve observar as regras do art. 33 do Código Penal, podendo estabelecer regime prisional mais severo se as condições subjetivas forem

> desfavoráveis ao condenado, desde que o faça em razão de elementos concretos e individualizados, aptos a demonstrar a necessidade de maior rigor da medida privativa de liberdade do indivíduo.

Em suma, é inconstitucional a previsão de que o regime inicial de cumprimento de pena nos crimes hediondos deve ser necessariamente o fechado. A fixação do regime, nesse caso, deverá seguir as regras de fixação de regime previstas no Código Penal.

15 A aplicação da causa de aumento prevista na Lei de Drogas, para o caso de tráfico próximo a estabelecimentos prisionais, exige que o comprador do entorpecente seja presidiário ou pessoa que frequenta o estabelecimento prisional?

A Lei de Drogas previu a seguinte causa de aumento:

> **Art. 40**. As penas previstas nos arts. 33 a 37 desta Lei são aumentadas de um sexto a dois terços, se:
>
> **III** - a infração tiver sido cometida nas dependências ou imediações de estabelecimentos prisionais, de ensino ou hospitalares, de sedes de entidades estudantis, sociais, culturais, recreativas, esportivas, ou beneficentes, de locais de trabalho coletivo, de recintos onde se realizem espetáculos ou diversões de qualquer natureza, de serviços de tratamento de dependentes de drogas ou de reinserção social, de unidades militares ou policiais ou em transportes públicos.

Ao analisar esse dispositivo legal, houve quem defendesse que ele somente se aplicaria se o tráfico visasse os presos ou pessoas que frequentam o estabelecimento prisional (Ex.: familiares dos presos).

O STF, contudo, não adotou essa tese, tendo entendido que a aplicação da causa de aumento prevista no art. 40, III, da Lei nº 11.343/2006 se justifica quando constatada a comercialização de drogas nas dependências ou imediações de estabelecimentos prisionais, sendo irrelevante se o agente infrator visa ou não aos frequentadores daquele local.

Assim, se o tráfico de drogas ocorrer nas imediações de um estabelecimento prisional, incidirá a causa de aumento, não importando quem seja o comprador do entorpecente **(HC 138944/SC).**

16 O Crime de desobediência, previsto na Lei da Ação Civil Pública, ocorre mesmo se a informação requisitada não fosse imprescindível para a propositura da ação coletiva?

A lei da ACP previu o seguinte crime:

> **Art. 10.** Constitui crime, punido com pena de reclusão de 1 (um) a 3 (três) anos, mais multa de 10 (dez) a 1.000 (mil) Obrigações Reajustáveis do Tesouro Nacional - ORTN, a recusa, o retardamento ou a omissão de dados técnicos indispensáveis à propositura da ação civil, quando requisitados pelo Ministério Público.

Cumpre ressaltar que o tipo penal descrito no art. 10 é norma específica e, caso presente os requisitos subjetivos e objetivos, deve ser aplicado em detrimento dele. Isso é relevante porque o crime do art. 10 (reclusão de 01 a 03 anos, mais multa) tem sanção mais severa que o crime de desobediência (detenção, de 15 dias a 06 meses, e multa) **(Resp 66.854/DF).**

Por fim, já decidiu o STJ que é atípica a conduta quando a informação requisitada (e omitida) não é indispensável para propositura da ação coletiva: uma das condições para a ocorrência do crime em questão é que as informações acerca de dados técnicos requisitados pelo parquet sejam indispensáveis para a propositura da ACP **(STJ, HC 14.927/RN).**

17 O agente que realiza um crime com o auxílio de dois adolescentes comete quantos crimes de corrupção de menores?

No Brasil, em regra, o agente que comete um crime com auxílio de um adolescente incide no tipo de corrupção de menores, previsto no art. 244-B do ECA:

> **Art. 244-B.** Corromper ou facilitar a corrupção de menor de 18 (dezoito) anos, com ele praticando infração penal ou induzindo-o a praticá-la:

A questão que se propõe aqui é sabe se o fato de o agente ter utilizado de dois menores para auxiliá-lo na prática de outro crime (Ex.: roubo) comete dois crimes de corrupção de menores em concurso formal ou comete crime único?

Isso é importante para fins de cálculo da pena. No crime formal, o agente o agente, mediante uma só ação ou omissão, pratica dois ou mais crimes, idênticos ou não. Nesse caso, aplica-se a mais grave das penas cabíveis ou, se iguais, somente uma delas, mas aumentada, em qualquer caso, de um sexto até metade. O critério utilizado pelo STJ para calcular o aumento de pena no crime formal é o seguinte: Se o agente comete 2 crimes - aumenta 1/6; 3 crimes - aumenta 1/5; 4 crimes - aumenta ¼; 5 crimes - aumenta 1/3; 6 crimes - aumenta ½.

No nosso caso, se considerarmos que o uso de dois menores é crime formal, terá havido três crimes (O roubo + duas corrupções de menores). Se considerarmos que foi crime único, haverá apenas dois crimes (O roubo + uma corrupção de menores). Com isso, o reconhecimento do crime formal na corrupção de menores faz com que a pena calculada fique maior.

⊖ O que entendeu o STJ?

A prática de crimes em concurso com dois adolescentes dá ensejo à condenação por dois crimes de corrupção de menores **(REsp 1.680.114-GO).** O fundamento foi o seguinte:

O bem jurídico tutelado pelo art. 244-B do ECA é a formação moral da criança e do adolescente a fim de que eles não ingressem ou permaneçam no mundo da criminalidade. Nesse sentido, em sendo o bem jurídico tutelado pela norma a formação moral da criança e do adolescente, caso duas crianças/adolescentes tiverem seu amadurecimento moral violado, em razão de estímulos a praticar o crime ou a permanecer na seara criminosa, dois foram os bens jurídicos violados.

Ademais, nesse caso, foram dois sujeitos passivos atingidos, já que a doutrina é unânime em reconhecer que o sujeito passivo do crime de corrupção de menores é a criança ou o adolescente submetido à corrupção.

Por fim, esse entendimento está de acordo com os princípios da prioridade absoluta e do melhor interesse da criança e do adolescente, pois trata cada um dos menores que participaram do crime como sujeitos de direitos. Ademais, seria desarrazoado atribuir a prática de crime único ao réu que corrompeu dois adolescentes, assim como ao que corrompeu apenas um.

18 O superfaturamento de serviços configura crime da lei de licitações?

A lei 8.666/93 contém o seguinte crime:

> **Art. 96.** Fraudar, em prejuízo da Fazenda Pública, licitação instaurada para aquisição ou venda de bens ou mercadorias, ou contrato dela decorrente:
>
> **I** - elevando arbitrariamente os preços; (...)
>
> **V** - tornando, por qualquer modo, injustamente, mais onerosa a proposta ou a execução do contrato:
>
> Pena - detenção, de 3 (três) a 6 (seis) anos, e multa.

Assim, é certo que o superfaturamento de bens ou mercadorias configura o crime do artigo 96. Contudo, percebam que o aludido dispositivo não previu expressamente o superfaturamento de serviços como elementar do crime.

Nesse sentido, houve alguns doutrinadores que entendiam que o superfaturamento de serviços, em uma interpretação extensiva, deveria ser considerado crime.

⊖ Os tribunais superiores concordaram com essa tese?

Não. Tanto o STJ **(REsp 1.571.527-RS)** quanto o STF **(Inq 3331)** entendem que a conduta de quem frauda licitação destinada a contratação de serviços não se enquadra no art. 96 da Lei nº 8.666/93, pois esse tipo penal contempla apenas licitação que tenha por objeto aquisição ou venda de bens e mercadorias.

Para que a punição da contratação de serviços fraudulentos fosse possível, seria necessário que esta conduta estivesse expressamente prevista na redação do tipo, uma vez que o Direito Penal deve obediência ao princípio da taxatividade, não podendo haver interpretação extensiva em prejuízo do réu.

19 Qual parâmetro para aplicação do princípio da insignificância no crime de descaminho de tributos federais?

O crime de descaminho consiste em iludir, no todo ou em parte, o pagamento de direito ou imposto devido pela entrada, pela saída ou pelo consumo de mercadoria (Art. 335, CP). Em termos mais simples, comete descaminho quem importa ou exporta uma mercadoria e não paga os tributos devidos.

Em relação aos tributos de competência da União, por muitos anos, o STJ e o STF entenderam de forma pacífica que o critério para determinar se o valor era ou não insignificante nos crimes contra a ordem tributária era o artigo 20 da Lei 10.522/2002, que determina o arquivamento dos autos na execução fiscal, sem baixa na distribuição, quando o valor do tributo não ultrapassar 10 mil reais **(STF - HC 114.548).**

Ocorre que, posteriormente, foi editada a portaria 75/2012 do Ministério da Fazenda que aumentou de 10 para 20 mil o valor para não ajuizamento das execuções fiscais. Em razão disso, grande parte da doutrina passou a defender a aplicação do princípio da insignificância até o valor de 20 mil.

Ao analisar o tema, o STF entendeu que, de fato, as Portarias nº 75 e 130/2012 aumentaram para 20 mil o valor para aplicação do princípio da insignificância **(HC 120. 617 e HC 120.620).** O STJ, contudo, por muitos anos, não aceitou essa tese, criando uma das maiores divergências da história.

O fundamento do STJ era o seguinte:

a) a opção da autoridade fazendária sobre o que deve ou não ser objeto de execução fiscal não pode ter a força de subordinar o exercício da jurisdição penal;

b) não é possível majorar o parâmetro previsto no art. 20 da Lei nº 10.522/2002 por meio de uma portaria do Ministro da Fazenda. A portaria emanada do Poder Executivo não possui força normativa passível de revogar ou modificar lei em sentido estrito.

Ocorre que, recentemente, o STJ se rendeu e passou a adotar também o entendimento do STF, pondo fim, assim, a uma das maiores divergências entre os tribunais **(REsp 1.709.029/MG).**

Por fim, duas informações importantes sobre o tema:

a) Na verificação da insignificância da conduta, deve-se levar em consideração o valor do crédito tributário apurado originalmente no procedimento de lançamento, o que exclui os juros, multas e correção monetária (**STJ - RHC 74.756/PR e REsp 1306425/RS**).

b) esse parâmetro só vale para tributos federais. Para os tributos estaduais e municipais, é preciso verificar o valor que a lei do ente tributante utiliza para o não ajuizamento da execução fiscal. Isso porque a arrecadação da União é muito maior que as dos demais entes, de forma que os valores que ela considera irrisória não pode ser utilizado para os demais entes **(STJ – HC 165.003/SP)**.

20 Existe alguma limitação temporal para as renovações de interpretações telefônicas?

⊖ Qual é o contexto?

O procedimento relativo às interceptações telefônicas foi regulamentado pela Lei 9.296/96. O referido diploma legal estabeleceu o seguinte:

> **Art. 5°** A decisão será fundamentada, sob pena de nulidade, indicando também a forma de execução da diligência, que não poderá exceder o prazo de quinze dias, renovável por igual tempo uma vez comprovada a indispensabilidade do meio de prova.

Vejam que o artigo 5º da lei estabeleceu que a interceptação não poderá exceder o prazo de quinze dias, renovável por igual tempo uma vez. Em razão da redação legal, houve quem defendesse que as interceptações somente poderiam ser renovadas por uma única vez, de forma que ela somente poderia durar 30 dias (15 da primeira decisão + 15 da renovação).

⊖ Os tribunais superiores concordaram com essa tese?

Não. O STF e o STJ consolidaram que não há limites para as renovações das interceptações telefônicas, podendo elas serem prorrogadas quantas vezes forem necessárias, desde que cada renovação seja devidamente fundamentadas pelo juízo competente em relação à necessidade do prosseguimento das investigações **(STF - RHC 117825 AgR e STJ RHC 47.954/SP)**.

O fundamento utilizado pelos tribunais foi que o artigo 5º da Lei 9.296/96 foi mal redigido pelo legislador. Assim, quando o artigo afirma que a interceptação é "renovável por igual tempo" não está limitando a possibilidade de renovações sucessivas, mas tão somente dizendo que as renovações não poderão exceder, cada uma delas, o prazo de 15 dias. Da mesma forma, a expressão "uma vez", presente no dispositivo legal, deve ser entendida como sinônima de "desde que", não significando que a renovação da interceptação somente ocorre "1 (uma) vez".

21 Para fins da tipificação da tortura-prova é preciso que haja comprovação de sofrimento intenso?

⊖ Qual é o contexto?

A doutrina classifica o crime de tortura em diversas espécies. Dentre as espécies de tortura, temos a chamada tortura-castigo, prevista no artigo 1º, inciso II:

> **Art. 1º** Constitui crime de tortura:
>
> **II** - submeter alguém, sob sua guarda, poder ou autoridade, com emprego de violência ou grave ameaça, a intenso sofrimento físico ou mental, como forma de aplicar castigo pessoal ou medida de caráter preventivo.

Vejam que a tortura-castigo consistente em submeter alguém, sob sua guarda, poder ou autoridade, com emprego de violência ou grave ameaça, **a intenso sofrimento físico ou mental**, como forma de aplicar castigo pessoal ou medida de caráter preventivo.

Por outro lado, a lei de tortura também previu a chamada tortura-prova:

> **Art. 1º** Constitui crime de tortura:
>
> **I** - constranger alguém com emprego de violência ou grave ameaça, causando-lhe sofrimento físico ou mental:
>
> **a)** com o fim de obter informação, declaração ou confissão da vítima ou de terceira pessoa;

Na tortura-prova, temos que o agente ativo atua com o fim de obter informação, declaração ou confissão da vítima ou de terceira pessoa. Aqui, a consumação se dá com o constrangimento causador de sofrimento à vítima, dispensando-se a efetiva obtenção da informação almejada.

Vejam que a própria lei, na tortura-prova, estabelece que o crime se consuma com sofrimento físico ou mental. Por outro lado, na tortura-castigo, a lei se refere a **intenso** sofrimento físico ou mental.

⊝ Qual é a polêmica?

Chegou ao STJ o seguinte caso: policiais militares foram acusados de submeter três pessoas a uma sequência de espancamentos, chutes, pontapés, uso de palmatória nas mãos, além de tapas, para que confessassem a participação em roubo cometido anteriormente, além de exigir que eles dessem informações acerca do local onde se encontravam o celular, a carteira e o relógio roubados, além da faca utilizada.

Ao analisar essa situação, o Tribunal de Justiça do Estado do Pará reconheceu a violência física e o sofrimento causado às vítimas, porém entendeu que a conduta deveria ser classificada como delito de lesão corporal leve, e não como tortura, pois não houve provas de que a agressão teve caráter "martirizante" ou foi "reveladora de extrema crueldade e capaz de causar à vítima atroz sofrimento físico, verdadeiro suplício".

⊝ O STJ concordou com essa tese?

Não. Segundo o STJ, diversamente do previsto no tipo do inciso II do art. 1º da Lei n. 9.455/1997, definido pela doutrina como tortura-pena ou tortura-castigo, a qual requer intenso sofrimento físico ou mental, a tortura-prova, do inciso I, alínea "a", **não traz o tormento como requisito do sofrimento causado à vítima.** Basta que a conduta haja sido praticada com o fim de obter informação, declaração ou confissão da vítima ou de terceira pessoa e que haja causado sofrimento físico ou mental, independentemente de sua gravidade ou sua intensidade.

Assim, **a Tortura-prova dispensa comprovação de sofrimento intenso**. Basta que a conduta haja sido praticada com o fim de obter informação, declaração ou confissão da vítima ou de terceira pessoa e que haja causado sofrimento físico ou mental **(Resp 1.580.470/PA).**

22 A causa de aumento de pena em função do tráfico de drogas nas proximidades de estabelecimentos de ensino, prevista no artigo 40, III, da Lei de Drogas tem natureza objetiva?

⊖ Qual é o contexto?

A Lei de Drogas estabeleceu o seguinte:

> **Art. 40.** As penas previstas nos arts. 33 a 37 desta Lei são aumentadas de um sexto a dois terços, se:
>
> **III** - a infração tiver sido cometida nas dependências ou imediações de estabelecimentos prisionais, de ensino ou hospitalares, de sedes de entidades estudantis, sociais, culturais, recreativas, esportivas, ou beneficentes, de locais de trabalho coletivo, de recintos onde se realizem espetáculos ou diversões de qualquer natureza, de serviços de tratamento de dependentes de drogas ou de reinserção social, de unidades militares ou policiais ou em transportes públicos;

Vejam que a Lei de Drogas previu uma causa de aumento, punindo com mais rigor a comercialização de drogas em locais onde se verifica uma maior aglomeração de pessoas, uma vez isso facilita o tráfico.

⊖ Qual é a polêmica?

Não raras vezes, os réus questionam a incidência da causa de aumento, alegando que o tráfico naquele local não tinha o objetivo de atingir os frequentadores dos locais descritos no inciso III. O STJ, contudo, tem negado esse argumento, **uma vez que a causa de aumento de pena em questão é objetiva.**

Assim, para a incidência da majorante prevista no art. 40, inciso III, da Lei nº 11.343/2006 é desnecessária a efetiva comprovação de que a mercancia tinha por objetivo atingir os estudantes, sendo suficiente que a prática ilícita tenha ocorrido em locais próximos, ou seja, nas imediações de tais estabelecimentos, diante da exposição de pessoas ao risco inerente à atividade criminosa da narcotraficância (**HC 359.088/SP e HC 359.467/SP**).

⊖ Há alguma exceção sobre esse entendimento?

Sim, embora tenha natureza objetiva, o STJ entende que não incide a causa de aumento de pena prevista no art. 40, inciso III, da Lei nº

11.343/2006, se a prática de narcotraficância ocorrer em dia e horário em que não facilite a prática criminosa e a disseminação de drogas em área de maior aglomeração de pessoas. **(REsp 1.719.792-MG).**

No caso concreto, um traficante foi preso em um domingo de madrugada próximo a uma escola. Por óbvio, nesse horário a escola estava fechada, razão pela qual o STJ afastou a incidência da majorante.

Ressalta-se, contudo, que, para o Tribunal da Cidadania, isso não retira o caráter objetivo da majorante, pois continua sendo desnecessária a demonstração de que o acusado tivesse o dolo de atingir aquele público específico. Contudo, é preciso que o cometimento do tráfico naquele local (ou seja, nas proximidades da escola) represente um proveito ilícito maior ao agente, maximizando o risco exposto àqueles que frequentam a escola (alunos, pais, professores, funcionários etc.), o que não ocorre seu o local encontra-se fechado.

23 Quais são as fases do crime de lavagem de capitais?

De acordo com a doutrina, o modelo ideal de lavagem de capitais possui três etapas independentes entre si. São elas:

1º Colocação ou introdução ("placement"): trata-se da separação física entre o agente e o produto auferido com a prática da infração penal. Visa com isso dificultar a identificação da origem criminosa dos valores.

A colocação é o estágio inicial da lavagem, sendo considerado pela doutrina o estágio mais vulnerável da lavagem, pelo que as autoridades devem focar suas investigações nessa fase.

2º Dissimulação ou mascaramento ("layering"): é a lavagem propriamente dita. Nessa fase são realizadas diversas operações financeiras a fim de impedir ou acobertar a ilicitude dos valores.

3º Integração ("integration"): finalmente, em sua última fase, os valores, já possuindo a aparência de lícitos, são formalmente incorporados ao mercado financeiro, por meio da realização de transações lícitas, como a aquisição de bens, valores ou abertura de negócios.

Em que pese o estudo dessas três fases seja importante para a compreensão do ciclo completo da lavagem, cumpre ressaltar que a doutrina entende que não se exige a ocorrência de todas essas fases para a consumação do crime de lavagem.

24 Quais são as gerações de leis sobre o crime de lavagem de capitais?

A doutrina (Renato Brasileiro) afirma que existem três gerações de leis sobre o tema. São elas:

1º - Legislações de primeira geração: foram aquelas que previam apenas o crime de tráfico de drogas como infração penal antecedente. Possuem a denominação de "leis de primeira geração" exatamente em razão de terem sido as primeiras leis do mundo a criminalizarem a lavagem de dinheiro. Elas somente previam o tráfico de drogas como crime antecedente em razão de terem sido editadas logo após a chamada "Convenção de Viena", a qual determinou que os países signatários deveriam criar leis que tipificassem como crime a lavagem ou ocultação de bens oriundos do tráfico.

2º - Legislações de segunda geração: foram as legislações que, além do tráfico de drogas, traziam um rol taxativo de crimes antecedentes, ampliando a incidência da lei de lavagem. A Lei 9.613/98, até a alteração promovida pela Lei 12.683/12, era considerada uma lei de segunda geração, já que trazia em seu bojo um rol exaustivo de que poderiam ser crimes antecedentes do delito de lavagem.

3º - legislações de terceira geração: são as legislações que estabelecem que qualquer delito pode ser um antecedente do crime de lavagem. Tem-se que até mesmo contravenções penais (Ex.: jogo do bicho) podem ser consideradas antecedentes da lavagem, já que a lei utilizou o termo "infrações penais" e não "crimes". A Lei 9.613/98, após as mudanças promovidas pela Lei 12.683/12, é considerada uma lei de terceira geração.

25 O chamado "dólar-cabo invertido" configura crime contra o Sistema Financeiro?

⊝ "Dólar-cabo". Que negócio é esse?

O chamado dólar-cabo é um dos meios mais comuns de enviar dinheiro para exterior de forma ilegal. A prática ocorre da seguinte maneira: o interessado procura um doleiro no Brasil e entrega o valor em reais que ele deseja encaminhar para o exterior (Ex.: 04 milhões). O doleiro brasileiro entra em contato com um auxiliar no exterior e pede que ele abra uma conta no exterior com os valores em dólares, equivalentes ao que ele recebeu em reais (No nosso exemplo, seriam aproximadamente 1 milhão de dólares).

Temos, assim, que o dólar-cabo é um sistema criado para impossibilitar ou dificultar o rastreamento dos depósitos, uma vez que nele não há propriamente uma transferência de valores.

Esse é um sistema muito utilizado para lavar dinheiro de origem ilegal.

⊖ A prática de dólar-cabo é crime?

Sim, trata-se de crime contra o Sistema Financeiro, previsto no artigo 22 da Lei 7.492/86:

> **Art. 22.** Efetuar operação de câmbio não autorizada, com o fim de promover evasão de divisas do País:
>
> **Pena** - Reclusão, de 2 (dois) a 6 (seis) anos, e multa.
>
> **Parágrafo único.** Incorre na mesma pena quem, a qualquer título, promove, sem autorização legal, a saída de moeda ou divisa para o exterior, ou nele mantiver depósitos não declarados à repartição federal competente.

⊖ Dólar-cabo invertido. Que negócio é esse?

No dólar-cabo invertido os valores fazem o caminho inverso, é dizer, trata-se de uma forma de trazer para o Brasil valores auferidos em outros países, sem passar pelos trâmites legais.

No nosso exemplo, alguém procura um doleiro fora do Brasil e entrega 1 milhão de dólares. Posteriormente, outro doleiro, já no Brasil, entrega a pessoa o valor convertido em reais do depósito (Em torno de 04 milhões de reais).

⊖ Essa conduta configura crime contra o sistema financeiro?

Não, o STF entendeu que a operação de dólar-cabo invertido, que consistiria em efetuar operação de câmbio não autorizada com o fim de promover a internalização de capital estrangeiro, não se enquadra na evasão de divisas, na forma do *caput* do art. 22.

Além disso, não há que se cogitar de seu enquadramento no tipo do parágrafo único do art. 22, uma vez que não podemos presumir que a internalização decorra de valores depositados no exterior e não declarados à autoridade financeira no Brasil.

Ainda, cabe lembrar que, o crime de "manter depósitos não declarados" no exterior só se perfectibiliza se o dinheiro estivesse depositado no exterior na virada do ano e não fosse declarado ao Banco Central no ano seguinte (**HC 157.604/RJ**).

Por fim, em que pese não configure crime contra o Sistema Financeiro, o fato em questão, a depender das circunstâncias, pode configurar crime de lavagem de capitais.

26 A importação de pequena quantidade de sementes de maconha é crime?

⊖ Qual é o conceito de drogas para fins penais?

A Lei 11.343/2006 não trouxe o conceito de drogas para fins penais, tendo delegado essa definição a uma lista a ser elencada em lei ou ato do Poder Executivo federal:

> **Art. 1º (...)**
>
> **Parágrafo único.** Para fins desta Lei, consideram-se como drogas as substâncias ou os produtos capazes de causar dependência, **assim especificados em lei ou relacionados em listas atualizadas periodicamente pelo Poder Executivo da União.**

Nesse sentido, a própria lei estabelece que, enquanto não for atualizada ou editada nova lei ou ato do Poder Executivo Federal trazendo uma nova lista do que pode ser considerado droga, permanece em vigor a lista prevista na Portaria SVS/MS nº 344, de 12 de maio de 1998:

> **Art. 66.** Para fins do disposto no parágrafo único do art. 1º desta Lei, até que seja atualizada a terminologia da lista mencionada no preceito, denominam-se drogas substâncias entorpecentes, psicotrópicas, precursoras e outras sob controle especial, da Portaria SVS/MS nº 344, de 12 de maio de 1998.

Como até o momento isso não ocorreu, somente será considerado droga para fins penais a substância ou produto previsto na Portaria

SVS/MS nº 344. É dizer, estamos diante de uma norma penal em branco heterogênea (em sentido estrito ou heteróloga).

⊖ Semente de maconhas pode ser considerado droga para fins penais?

A Portaria SVS/MS nº 344 expressamente previu como droga o Tetrahidrocanabinol (THC), que é a substância ativa da maconha. Ocorre que as sementes de maconha **não possuem na sua composição o THC.**

Assim, como a portaria apenas previu a planta, não tendo considerado como droga a semente, ela não pode ser considerada droga para fins penais.

⊖ A importação de sementes não atrai o tipo do artigo 33, § 1º da lei de drogas?

A lei drogas estabeleceu o seguinte:

> **Art. 33. (...)**
>
> **§ 1º** Nas mesmas penas incorre quem:
>
> **I** - importa, exporta, remete, produz, fabrica, adquire, vende, expõe à venda, oferece, fornece, tem em depósito, transporta, traz consigo ou guarda, ainda que gratuitamente, sem autorização ou em desacordo com determinação legal ou regulamentar, **matéria-prima, insumo** ou produto químico destinado à preparação de drogas;

Vejam, meus amigos, que a lei também pune a conduta daquele que importa matéria-prima ou insumo para preparação de drogas, o que poderia atrair a importação de sementes de maconha.

Diante disso, em recente julgado, a 2ª Turma do STF entendeu que a matéria-prima ou insumo deve ter condições e qualidades químicas que permitam, mediante transformação ou adição, por exemplo, a produção da droga ilícita. Não é esse o caso das sementes da planta *cannabis sativa*, as quais não possuem a substância psicoativa THC.

Assim, a importação de sementes de maconha também não atrairia o tipo do Art. 33, § 1º, da lei drogas.

⊖ E contrabando?

O contrabando é previsto da seguinte maneira pelo Código Penal:

Art. 334-A. Importar ou exportar mercadoria proibida:

Assim, o contrabando consiste na conduta de importar ou exportar mercadoria proibida.

Formalmente, a conduta de importar sementes de maconha, em regra, atrairia o tipo penal do artigo 334-A, do Código Penal. Isso porque a semente de *cannabis sativa* não consta da lista do Registro Nacional de Cultivares (RNC). Assim, ela não pode ser importada, com exceção a tratamentos de saúde (Portaria RDC/ANVISA nº 66/2016).

Apesar disso, na ocasião o STF entendeu, em razão da pequena quantidade e da natureza das sementes, que não há ofensa aos bens jurídicos protegidos pelo delito de contrabando (proteção da saúde, da moralidade administrativa e da ordem pública).

Assim, a 2ª Turma do STF entendeu que não configura crime a importação de **pequena quantidade** de sementes de maconha **(HC 144161/SP).**

➔ **E o STJ?**

Dentro do STJ há divergência sobre o tema.

A 5ª Turma do STJ tem entendido que a importação clandestina de sementes de *cannabis sativa linneu* (maconha) configura o tipo penal descrito no art. 33, § 1º, I, da Lei nº 11.343/2006, não havendo que se falar em insignificância **(REsp 1723739/SP).**

Por outro lado, a 6ª turma entende que, tratando-se de pequena quantidade de sementes e inexistindo expressa previsão normativa que criminaliza, entre as condutas do artigo 28 da Lei de Drogas, a importação de pequena quantidade de matéria prima ou insumo destinado à preparação de droga para consumo pessoal, é atípica **(REsp n. 1675709/SP).**

Tema importantíssimo e que deve ser acompanhado!

11

Processo Penal

50 questões

I. DO PROCESSO EM GERAL

01 Ação penal pública subsidiária da pública. Que negócio é esse?

Segundo a doutrina, ocorre a chamada ação penal pública subsidiária da pública quando a inércia do órgão ministerial inicialmente incumbido de promover a ação penal faz com que a titularidade da ação penal passe, subsidiariamente, **a outro órgão ministerial**.

Não se pode confundir, assim, com ação penal **privada** subsidiária da pública. Na ação penal pública subsidiária da pública a titularidade da ação penal não é transferida para a iniciativa privada, **mas sim para outro órgão ministerial.**

A doutrina cita como exemplos de ação penal pública subsidiária da pública os seguintes dispositivos legais:

1º. Artigo 2º, § 2º, do DL 201/67, versando sobre os crimes de responsabilidade de Prefeitos, prevendo que na hipótese de inércia do Procurador-Geral de Justiça poderá este ser substituído pelo Procurador Geral da República.

2º. Artigo 27 da Lei 7.492/86, que trata dos crimes contra o sistema financeiro e prevê que quando a denúncia não é intentada no prazo legal, cabe ao ofendido representar ao Procurador Geral da República a fim de que este a oferte ou designe outro órgão do Ministério Público para ofertar a ação.

3º. Por último, há ainda há hipótese do art. 109, § 5º, da CF, o qual prevê o deslocamento da competência inicialmente atribuída a Justiça Estadual nos casos "grave violação dos direitos humanos" e inércia dos órgãos estaduais.

Por fim, destaca-se que a existência da ação penal pública subsidiária da pública não é pacífica na doutrina. Isso porque sua utilização poderá, no caso concreto, violar a autonomia e independência funcional do órgão ministerial inicialmente incumbido de promover a ação.

Argumenta-se, nesse ponto, não haver hierarquia entre os Ministérios Públicos, razão pela qual não haveria fundamento na remessa dos autos e/ou modificação de titularidade na ação penal em tais casos.

02 Qual a natureza jurídica da ação penal da contravenção penal de vias de fato?

Contravenção penal de vias de fato é uma infração penal que ameaça a integridade física através da pratica de atos de ataque ou violência contra pessoa, **desde que não resulte em lesões corporais**. Trata-se, portanto, de infração com menor potencial ofensivo que o crime de lesão corporal.

Nesse sentido, cumpre ressaltar que atualmente o crime de lesão corporal leve, que não envolva violência doméstica e familiar contra a mulher, possui ação pública condicionada a representação (Art. 88, da Lei 9.099/95). Contudo, a lei das contravenções penais (DL 3.688/41) estabelece que a ação penal das contravenções penais é pública incondicionada (Art. 17).

A doutrina e a jurisprudência então passaram a se questionar se as vias de fato, **por serem mais brandas que a lesão corporal leve**, passou a ser uma ação pública condicionada a representação **(Art. 88, da Lei 9.099/95)**.

O tema, contudo, é controvertido, havendo dois posicionamentos. Inicialmente, o FONAJE entende pela necessidade de representação:

> **Enunciado 76 do Fonaje:** A ação penal relativa à contravenção de vias de fato dependerá de representação.

O STF, contudo, em julgado posterior a Lei 9.099/95, entendeu que a vias de fato é pública incondicionada, aplicando-se o art. 17 do DL 3.688/41 **(HC 80.617/MG)**

03 Teoria da descontaminação do julgado. Que negócio é esse?

A teoria da descontaminação do julgado atua nos casos em que o tribunal reconhece a ilicitude de uma prova em que o julgado se baseou, afastando-a. Nesses casos, o tribunal tem que determinar um novo julgamento.

Para que haja a descontaminação do julgado, essa teoria defende que um novo magistrado, **que não teve contato com a prova considerada ilícita**, deverá conduzir o processo.

Isso porque, embora não possa mais utilizar a prova ilícita para basear sua decisão, é certo que o juiz que teve contato com a prova ilícita estará, ainda que inconscientemente, **tendente a ser por ela influenciado no julgamento da causa**.

Assim, para que haja a descontaminação do julgado, é preciso que o tribunal, ao determinar um novo julgamento, **designe um novo juiz para a causa**, distinto do anterior. Caso não haja novo juiz, **o julgado ainda estará contaminado pela prova ilícita**. Esse, por exemplo, é o posicionamento de Marinoni.

A teoria da descontaminação do julgado chegou a ser prevista na Lei 11.690/08, que modificou o CPP **(Art. 157, § 4º).** Na ocasião, o § 4º foi vetado pelo Presidente, sob a alegação de que a designação de um novo magistrado nesse caso seria contrária a celeridade processual.

Assim, o veto **acabou por impedir a aplicação da teoria da descontaminação no processo penal**, sendo aplicável apenas o desentranhamento da prova ilícita.

04 De quem é a competência para julgar o crime de redução a condição análoga à de escravidão?

O tipo do art. 149 encontra-se dentro do capítulo dos crimes contra a liberdade individual.

Contudo, prevalece na doutrina e na jurisprudência que isso foi (mais) um erro do legislador, uma vez que o tipo previsto no art. 149 do CP caracteriza-se como **crime contra a organização do trabalho**, já que o objeto jurídico do crime em tela vai além da liberdade individual, uma vez que a conduta ora analisada acaba por ferir outros bens constitucionalmente protegidos, especialmente os direitos trabalhistas e previdenciários.

Dessa forma, o crime do art. 149 do CP atrai a competência da justiça federal (art. 109, VI, da CF/88) **(RE 459510/MT).**

05 Citação Circunduta. Que negócio é esse?

No processo penal, o ato que julga a nulidade ou reconhece a ineficácia da citação é chamado de circundação.

Assim, citação circunduta nada mais é que sinônimo para citação anulada.

06 Qual é o momento adequado para se realizar a "emendatio libelli"?

O instituto da "emendatio libelli" encontra-se previsto no art. 383 do CPP. O aludido instituto pode ser definido como a mera adequação de ofício feita pelo juiz dos fatos narrados na peça acusatória à correta tipificação legal, caso o autor da ação penal tenha se equivocado nesta atividade de tipificação.

Assim, verificando que o autor se equivocou, pode o juiz, de ofício, sem necessidade de aditamento da inicial e de oitiva da defesa, consertar tal definição (Ex.: o MP tipificou um crime como furto na inicial. O juiz pela leitura dos fatos percebe que se trata de roubo, permitindo que ele defina a infração como roubo, ainda que isso implique aumento da pena).

Nessa situação, não há que se falar em cerceamento de defesa, **já que no processo penal o réu se defende dos fatos narrados na denúncia e não da tipificação legal.**

Qual Momento de realização: em regra, a *emendatio libelli* **deve ser feita na fase da sentença (STJ - RHC 27.628-GO)** e não no recebimento da denúncia.

Excepcionalmente, contudo, a doutrina e a jurisprudência têm admitido em determinados casos a correção do enquadramento típico logo no ato de recebimento da denúncia ou queixa, **mas somente para beneficiar o réu ou para permitir a correta fixação da competência ou do procedimento a ser adotado.** É o que alguns doutrinadores chamam de ***emendatio libelli*** **antecipada.**

Por fim, ao contrário do que ocorre com a *mutatio libelli, a emendatio* é cabível na fase recursal, desde que não implique *reformatio in pejus* **(STJ - HC 87984- SC).**

07 No processo penal, aplica-se o disposto no artigo 229 do Código de Processo Civil?

O artigo 229 do CPC prescreve o seguinte:

> **Art. 229.** Os litisconsortes que tiverem diferentes procuradores, de escritórios de advocacia distintos, terão prazos contados em dobro para todas as suas manifestações, em qualquer juízo ou tribunal, independentemente de requerimento.

Assim, sempre que houve mais de um réu, com diferentes procuradores, de escritórios de advocacia distintos, eles terão **prazo em dobro** para se manifestar nos autos.

Chegou ao STF a decisão se era ou não aplicável o disposto no art. 229 do CPC ao processo penal, é dizer, se no caso de haver mais de um réu, com diferentes procuradores, de escritos diversos, eles teriam o prazo em dobro para se manifestar nos autos.

O STF entendeu que sim, uma vez que, se no processo civil, em que se discutem direitos disponíveis, concede-se prazo em dobro, **com mais razão no processo penal, em que está em jogo a liberdade do cidadão (STF – Inq 3983/DF e Inq 4112/DF).**

08 Criptoimputação. Que negócio é esse?

Criptoimputação é sinônimo de denúncia formalmente inepta. Cuida-se de expressão cunhada por Hugo Nigro Mazzilli, segundo o qual a criptoimputação "é a imputação contaminada por grave situação de deficiência na narração do fato imputado, quando não contém elementos mínimos de sua identificação como crime".

O autor cita como exemplo de criptoimputação a denúncia que atribui uma conduta culposa ao réu, atribuindo genericamente que ele foi imprudente porque não teve cautela, mas não descreve precisamente qual foi a cautela que o réu omitiu. É como se a denúncia dissesse que o réu teve culpa porque foi imprudente; foi imprudente porque não teve cautela e, porque não teve cautela, teve culpa, caindo, assim, num ciclo vicioso.

Em suma, a criptoimputação ocorre quando a exordial penal contém grave deficiência na narrativa dos fatos imputados (com violação ao Art. 41, do CPP), fazendo com que surja uma petição inicial gravemente inepta.

09 É possível a reabertura de inquérito policial arquivado por excludente de ilicitude?

As excludentes de ilicitude são o estado de necessidade, legítima defesa, estrito cumprimento do dever legal e exercício regular de um direito (Art. 23, do Código Penal). Nesse caso, apesar de o agente ter cometido um fato típico, não haverá crime, uma vez que sua conduta não será ilícita.

O STJ entende que o inquérito arquivado em função de manifesta causa excludente de ilicitude (Ex.: legítima defesa) **faz coisa julgada,** não podendo ser desarquivado. Segundo o aludido tribunal, o art. 18 do CPP e a súmula nº 524 do STF realmente permitem o desarquivamento do inquérito caso surjam provas novas.

No entanto, essa possibilidade só existe na hipótese em que o arquivamento ocorreu por falta de provas, ou seja, por falta de suporte probatório mínimo (inexistência de indícios de autoria e certeza de materialidade). **Assim, no caso de arquivamento por causa excludente de ilicitude, há incidência da coisa julgada (REsp 791.471/RJ).**

O STF, contudo, possui entendimento contrário. Para a Suprema Corte, o arquivamento de inquérito policial em razão do reconhecimento de excludente de ilicitude NÃO faz coisa julgada material.

Logo, surgindo novas provas seria possível reabrir o inquérito policial, com base no art. 18 do CPP e na Súmula 524 do STF (**HC 95211 e HC 125101/SP**).

10 Justa causa duplicada. Que negócio é esse?

Segundo a doutrina, justa causa nada mais é que o lastro probatório mínimo demandado para instauração de uma ação penal. Em outras palavras, exige-se a presença de elementos mínimos de autoria e materialidade para a propositura de uma ação penal.

No caso de crime de lavagem de capitais (Lei 9.613/98), para que haja a denúncia, a lei exigiu, além de elementos mínimos de autoria e materialidade em relação ao crime de lavagem, elementos mínimos de materialidade em relação a infração penal antecedente.

Nesse sentido, o artigo 2º, § 1º, da Lei:

> **Art. 2º** O processo e julgamento dos crimes previstos nesta Lei:
>
> **§ 1º** A denúncia será instruída com indícios suficientes da existência da infração penal antecedente, sendo puníveis os fatos previstos nesta Lei, ainda que desconhecido ou isento de pena o autor, ou extinta a punibilidade da infração penal antecedente.

Segundo Renato Brasileiro, "em se tratando de crime de lavagem de capitais, porém, não basta demonstrar a presença de lastro probatório quanto à ocultação de bens, direitos ou valores, sendo indispensável que a denúncia também seja instruída com suporte probatória demonstrando que tais valores são provenientes direta ou indiretamente de infração penal (Lei 9.613/90, art. 1º, *caput*, com redação dada pela Lei 12.683/12). **Tem-se aí o que a doutrina chama de justa causa duplicada,** ou seja, o lastro probatório mínimo quanto à lavagem e quanto à infração precedente.".

Isso ocorre porque a tipificação do crime de lavagem de capitais depende, necessariamente, da prática de uma infração antecedente. A infração penal antecedente funciona como elementar no crime de lavagem.

Assim, a lei de lavagem (Art. 2º, § 1º) exige a presença dupla de lastro probatório mínimo tanto da infração penal antecedente, quanto do próprio crime de lavagem.

11 É constitucional a citação por hora certa no âmbito do processo penal?

A citação por hora certa já existia há muito tempo no processo civil e foi introduzida no processo penal apenas em 2008, por força da Lei nº 11.719/2008, que modificou a redação do art. 362 do CPP.

Antes da Lei nº 11.719/2008, quando o réu estava se ocultando, a providência determinada pela legislação era a citação por edital. O "problema" da citação por edital é que se o acusado não comparecer nem constituir advogado, o processo e o prazo prescricional ficam suspensos (art. 366). Já na citação por hora certa, o processo segue normalmente. Assim, para o Estado-acusação, a citação por hora certa é mais efetiva à persecução penal.

Ao analisar a questão da constitucionalidade da citação por hora certa no âmbito do processo penal, o STF decidiu, em sede de repercussão geral, que é constitucional a citação com hora certa no âmbito do processo penal **(RE 635145)**.

Segundo o Min. Relator Marco Aurélio, deixar de reconhecer a constitucionalidade da norma do CPP, que tem como objetivo exatamente assegurar a continuidade do processo nas situações em que o réu deliberadamente se esconde para evitar a citação, representaria um prêmio à sua atuação ilícita.

Ademais, não haveria violação a ampla defesa. Isso porque a ampla defesa é composta por dois aspectos: a) defesa técnica; b) autodefesa.

A doutrina (Márcio André – @DizeroDireito) afirma que a autodefesa é a garantia de o acusado estar presente ao julgamento. Esta modalidade, contudo, **é facultativa,** ou seja, o réu pode escolher ou não exercê-la. Caso o acusado opte por não comparecer, estará também exercendo um direito, qual seja, o de não se autoincriminar ou produzir provas contra si. Esta escolha, entretanto, não pode interromper o curso normal do processo.

Por sua vez, a defesa técnica é irrenunciável, é dizer, o réu possui o direito inalienável de ser assistido por um profissional e, caso o acusado não constitua um advogado, o Estado tem o dever de encaminhar os autos à Defensoria Pública ou nomear um defensor dativo para fazer a sua defesa técnica, sob pena de nulidade total do processo.

A defesa técnica, contudo, é prevista expressamente no procedimento da citação por hora certa (parágrafo único, art. 362 do CPP). Assim, a defesa técnica é assegurada mesmo havendo citação por hora certa.

Assim, na citação por hora certa, é garantida a defesa técnica do réu e a autodefesa não é por ele exercida por conta de uma opção sua, já que existem concretos indícios de que ele tomou conhecimento da existência do processo, mas optou por não comparecer.

12 É possível determinar como medida cautelar a incomunicabilidade entre pai e filho, réus em um processo?

O Código de Processo Penal possui diversas medidas cautelares diversas da prisão. Dentre eles, é possível determinar a proibição de manter contato com pessoa determinada quando, por circunstâncias relacionadas ao fato, deva o indiciado ou acusado dela permanecer distante:

> **Art. 319.** São medidas cautelares diversas da prisão:
>
> **III** - proibição de manter contato com pessoa determinada quando, por circunstâncias relacionadas ao fato, deva o indiciado ou acusado dela permanecer distante;

Ao analisar a possibilidade da imposição da proibição de contato entre pai e filho, O STJ entendeu que não é possível que o juiz determine, como medida cautelar substitutiva da prisão, a incomunicabilidade do acusado com seu genitor/corréu.

A fixação da medida restritiva substitutiva **não deve se sobrepor a um bem tão caro como é a família, sendo isso protegido inclusive pela Constituição Federal, em seu art. 226 (STJ - HC 380.734-MS).**

O STF, contudo, tem precedente em sentido contrário (ação cautelar 4392/DF), entendendo ser possível a proibição de contato entre pai e filha.

13 É cabível Habeas Corpus para discutir direito de visita de preso?

O habeas corpus é ação constitucional que visa reparar ou evitar violência ou coação à liberdade de locomoção do indivíduo, em virtude de ilegalidade ou abuso de poder.

Com base nesse conceito, podemos afirmar que o uso do habeas corpus tem como pressuposto uma violação a liberdade de ir e vir do cidadão. Se não houver essa transgressão, ainda que por via reflexa, não é possível o manejo de HC.

Ao analisar a possibilidade de HC discutir direito de visita do preso, os Tribunais Superiores entendem que ele é inadequado. Segundo o STF, o habeas corpus não é meio processual adequado para discutir direito de visita a preso no estabelecimento penal, considerando que não hão, no presente caso, efetiva restrição ao *status libertatis* do paciente **(HC 127.685/DF e HC 133.305/SP).**

O meio processual adequado, aqui, seria o manejo de mandado de segurança.

14 O artigo 366 do CPP aplica-se aos crimes de lavagens de capitais (Lei 9.613/98)?

O artigo 366 do CPP estabelece que, nos casos em que o réu for citado por edital, e não comparecer em juízo, bem como não constituir advogado, o processo e o prazo de prescrição são suspensos. Com isso, o legislador quis garantir que o acusado que não foi pessoalmente citado não seja julgado à revelia.

O referido artigo, contudo, não se aplica a lei de lavagens de capitais, nos termos do artigo 2, § 2º, da Lei 9.613/98:

> **Art. 2º** O processo e julgamento dos crimes previstos nesta Lei:
>
> **§ 2º** No processo por crime previsto nesta Lei, não se aplica o disposto no art. 366 do Decreto-Lei nº 3.689, de 3 de outubro de 1941 (Código de Processo Penal), devendo o acusado que não comparecer nem constituir advogado ser citado por edital, prosseguindo o feito até o julgamento, com a nomeação de defensor dativo.

⊛ Qual o motivo dessa diferença?

Cuida-se de mera opção legislativa. O legislador entendeu que, para os crimes de lavagem de capitais, deve haver um tratamento mais rigoroso ao réu, não se aplicando a suspensão do processo.

Nos termos da exposição de motivos da lei de lavagens, o legislador estabeleceu que: "a suspensão do processo constituiria um prêmio para os delinquentes astutos e afortunados e um obstáculo à descoberta de uma grande variedade de ilícitos que se desenvolvem em parceria com a lavagem ou a ocultação".

➔ **Essa diferenciação é constitucional?**

O tema é polêmico, havendo duas correntes:

1ª Corrente: não. O dispositivo é inconstitucional por violar o princípio da ampla defesa (Posicionamento de Marco Antônio de Barros).

2ª Corrente: sim. Trata-se de opção legislativa legítima para este tipo de criminalidade (Gilmar Mendes).

15 De quem é a competência para julgar o delito do art. 241-A do ECA praticado por meio da internet?

O artigo 241-A do ECA estabelece o seguinte:

> **Art. 241-A.** Oferecer, trocar, disponibilizar, transmitir, distribuir, publicar ou divulgar por qualquer meio, inclusive **por meio de sistema de informática ou telemático**, fotografia, vídeo ou outro registro que contenha cena de sexo explícito ou pornográfica envolvendo criança ou adolescente:
>
> **Pena** – reclusão, de 3 (três) a 6 (seis) anos, e multa.

Ao analisar a situação, o STF que a competência é da Justiça Federal. Isso porque esse é um crime que o Brasil, **por meio de tratado internacional, comprometeu-se a reprimir**, por meio da Convenção sobre Direitos da Criança, adotada pela Assembleia Geral das Nações Unidas, aprovada pelo Decreto Legislativo 28/90 e pelo Decreto 99.710/90. Assim, é caso de aplicação do art. 109, V, da CF/88:

> **Art. 109.** Aos juízes federais compete processar e julgar:
>
> V - **os crimes previstos em tratado ou convenção internacional**, quando, iniciada a execução no País, o resultado tenha ou devesse ter ocorrido no estrangeiro, ou reciprocamente;

Assim, o STF decidiu que **compete à Justiça Federal** processar e julgar os crimes consistentes em disponibilizar ou adquirir material pornográfico envolvendo criança ou adolescente quando praticados por meio da rede mundial de computadores **(RE 628624/MG).**

Posteriormente, contudo, essa situação chegou ao STJ. Na ocasião, o STJ, interpretando a tese do STF, afirmou que nos casos em que o crime é praticado por meio de troca **de informações privadas**, como nas conversas via Whatsapp ou por meio de chat na rede social Facebook, a competência será da Justiça ESTADUAL.

O fundamento foi que as conversas via Whatsapp ou chat do Facebook precisam de internet para acontecer. Contudo, nestes casos, a comunicação ocorre entre pessoas específicas, escolhidas pelo emissor da mensagem. Trata-se, portanto, de uma troca de informações privadas que não estão acessíveis a qualquer pessoa.

Assim, o STJ afirmou que a definição da competência para julgar o delito do art. 241-A do ECA passa pela seguinte análise:

a) Se ficar constatada a internacionalidade da conduta: **Justiça Federal**. Ex.: publicação do material feita em sites **que possam ser acessados por qualquer sujeito, em qualquer parte do planeta, desde que esteja conectado à internet.**

b) Se o crime for cometido por meio de troca de informações privadas, como nas conversas via Whatsapp ou por meio de chat na rede social Facebook: **Justiça ESTADUAL (STJ – CC 150.564-MG)**

16 Os atos infracionais podem servir para fundamentar a prisão preventiva?

No Brasil, um dos fundamentos para a decretação da prisão preventiva é a garantia da ordem pública. Nesse aspecto, a garantia da Ordem Pública visa evitar que o agente continue delinquindo no transcorrer da persecução criminal.

Nesse sentido, após alguma divergência, o **STJ pacificou o entendimento de que a prática de atos infracionais anteriores serve para justificar a decretação ou manutenção da prisão preventiva como**

garantia da ordem pública, considerando que indicam que a personalidade do agente é voltada à criminalidade, havendo fundado receio de reiteração **(RHC 63.855/MG)**.

Contudo, não é qualquer ato infracional, em qualquer circunstância, que pode ser utilizado para caracterizar a periculosidade e justificar a prisão antes da sentença. Para tanto, foram estabelecidos alguns critérios (condições). Para saber se o ato infracional é idôneo ou não para ser levado em consideração no momento da decretação/manutenção da prisão preventiva, a autoridade judicial deverá examinar três condições:

a) a gravidade específica do ato infracional cometido (independentemente de equivaler a crime considerado em abstrato como grave);

b) o tempo decorrido entre o ato infracional e o crime em razão do qual é decretada a preventiva; e

c) a comprovação efetiva da ocorrência do ato infracional.

⊖ **Mas se os atos infracionais não podem ser utilizados como maus antecedentes e para reincidência, por qual motivo podem ser utilizados na análise da preventiva?**

Os atos infracionais não podem ser considerados como antecedentes penais já que ato infracional não é crime e medida socioeducativa não é pena.

Apesar disso, os registros sobre o passado de uma pessoa, seja ela quem for, **não podem ser desconsiderados para fins cautelares.** A avaliação sobre a periculosidade de alguém impõe que se examine todo o seu histórico de vida, em especial o seu comportamento perante a comunidade.

⊖ **E o artigo 143 do ECA?**

Por fim, o STJ ressaltou que o art. 143 do ECA prevê que "é vedada a divulgação de atos judiciais, policiais e administrativos que digam respeito a crianças e adolescentes a que se atribua autoria de ato infracional", não é óbice para utilização dos atos infracionais na análise da prisão preventiva.

Isso porque, segundo ressaltou o tribunal, essa proteção estatal prevista no ECA é voltada ao adolescente infrator **somente enquanto ele estiver nessa condição.** Assim, a partir do momento em que se torna imputável, deixa de haver o óbice.

17 Cabe habeas corpus para discutir processo criminal envolvendo o art. 28 da Lei de Drogas?

O artigo 28 da Lei de Drogas (Lei 11.342/06) prevê o seguinte:

> **Art. 28.** Quem adquirir, guardar, tiver em depósito, transportar ou trouxer consigo, para consumo pessoal, drogas sem autorização ou em desacordo com determinação legal ou regulamentar será submetido às seguintes penas:
>
> I - advertência sobre os efeitos das drogas;
>
> II - prestação de serviços à comunidade;
>
> III - medida educativa de comparecimento a programa ou curso educativo.

Perceba que a conduta de portar drogas para uso pessoal não deixou de ser criminalizada no Brasil. Contudo, **o legislador não previu nenhuma pena privativa de liberdade para ela.**

Assim, não existe possibilidade de que o indivíduo que responda processo por este delito sofra restrição em sua liberdade de locomoção.

Diante disso, **o STF entendeu (HC 127834/MG) que não é possível que a pessoa que responda processo criminal envolvendo o art. 28 da LD impetre habeas corpus para discutir a imputação.**

Não havendo ameaça à liberdade de locomoção, não cabe habeas corpus.

Em suma, o habeas corpus não é o meio adequado para discutir crime que não enseja pena privativa de liberdade.

18 "Whistleblower". Que negócio é esse?

O Whistleblower (ou "soprador do apito"), ou informante ou denunciante, pode ser conceituado como o sujeito que, tomando conhecimento de uma irregularidade ou de um crime concretizado no âmbito de sua atividade profissional, "toca o apito", é dizer, comunica o fato às autoridades competentes, como a polícia ou o Ministério Público, **embora não tenha nenhuma obrigação legal nesse sentido.**

A figura do "whistleblower" não se confunde com a do colaborador da delação premiada. Na delação premiada, o colaborador é alguém **que se encontra envolvido na atividade criminosa,** e, ao tempo em que admite sua participação nos fatos, decide "delatar" os outros envolvidos (partícipes e coautores) até então desconhecidos da organização ou atividade criminosa. O **informante, por outro lado, não se encontra envolvido na ação criminosa.**

No Brasil, a figura do Whistleblower foi finalmente prevista na nossa legislação por meio da Lei n.º 13.608/2018. A referida lei oficializou os chamados "Disk-Denúncia", estabelecendo, inclusive, a possibilidade de o informante receber "recompensa" ou "prêmio", como forma de estimular a efetivação de "denúncias". Essa recompensa pode ser, inclusive, financeira.

A legislação estabeleceu ainda o sigilo do denunciante, com o intuito de resguardar sua integridade física, e livrá-lo de represálias.

Por fim, cumpre ressaltar que o instituto do "whistleblower" não se confunde com a chamada denúncia anônima. Na "denúncia anônima", o denunciante não apresenta seus dados, mantendo o anonimato, seja em relação ao banco de dados, seja em relação à autoridade a cargo da investigação.

Já o Whistleblower é um instituto que permite que alguém se identifique perante um banco de dados público (Ex.: disque denúncia). Nesse caso, há o sigilo dos seus dados em relação ao público externo, mas não para as autoridades responsáveis pela investigação (Ex.: Delegado de Polícia, Membro do Ministério Público). O informante precisa se identificar, até mesmo para que possa receber sua recompensa.

19 Qual a diferença entre "delatio criminis" postulatória, e "delatio criminis" simples e delatio criminis inqualificada?

Delatio criminis é a comunicação de um fato feita pela vítima ou qualquer do povo com identificação. Tem como espécies a *delatio criminis* postulatória e a *delatio criminis* simples.

A ***delatio criminis* postulatória** é aquela em que a vítima ou qualquer do povo comunica o fato a autoridade policial e pede a instauração do inquérito. Já a ***delatio criminis* simples** é aquela em que a vítima ou qualquer do povo só comunica o fato à autoridade.

Caso a denúncia seja anônima, estaremos diante de uma ***delatio criminis* inqualificada.**

20 Sentença autofágica. Que negócio esse?

Nos termos dos ensinamentos do Professor Luiz Flávio Gomes, a "sentença autofágica" ou de "efeito autofágico" é a sentença penal que reconhece a existência de um crime bem como a culpabilidade do réu, mas que extingue a punibilidade. Como a punibilidade é extinta, a sentença não pode ser considerada para efeitos penais.

É caso do perdão judicial, nos termos da Súmula n.º 18 do STJ, que determina que "A sentença concessiva do perdão judicial é declaratória da extinção da punibilidade, não subsistindo qualquer efeito condenatório"

O termo em questão decorre da palavra autofágico, que pode ser conceituado como aquele que come a si próprio. No caso, fala-se em sentença autofágica porque ela admite ter havido crime, contudo, ao mesmo tempo extingue a punibilidade do Estado. Para fins penais é como se o agente nunca tivesse sido processado, de forma que a sentença não vale para fins penais (antecedentes criminais, reincidência etc.).

21 Cabe recurso adesivo no âmbito do processo penal?

O recurso adesivo não é uma espécie de recurso, mas sim uma forma de interposição de recurso. O recurso pode ser interposto de forma independente e de forma adesiva. O recurso adesivo é exatamente o mesmo recurso que poderia ter sido interposto autonomamente, diferenciando-se apenas pela técnica de interposição.

Nem todos os recursos podem ser interpostos adesivamente. A lei permite a interposição adesiva da apelação, do recurso especial e do recurso extraordinário (CPC, art. 997, § 2°, II).

Por fim, é certo que o fundamento do recurso adesivo é a sucumbência recíproca, é dizer, quando o autor sai vitorioso apenas em parte de sua pretensão. Nesse caso, tanto ele como o réu serão, a um só tem, vencedores e vencidos (Ex.: a parte pede 10 mil reais de indenização. O juiz concede 5 mil reais. Nesse caso, tanto o autor quanto o réu saíram vitoriosos e derrotados em 5 mil reais).

⊝ O recurso adesivo foi previsto no CPP?

Não. A lei foi omissa, não prevendo hipótese de interposição de recurso adesivo no processo penal. Em razão disso, houve quem defendesse a aplicação analógica das regras do CPC, com base no artigo 3º do CPP:

> **Art. 3º** A lei processual penal admitirá interpretação extensiva e aplicação analógica, bem como o suplemento dos princípios gerais de direito.

O STJ, contudo, não aceitou essa tese. Para o Tribunal, em matéria criminal, não deve ser conhecido recurso especial adesivo interposto pelo Ministério Público veiculando pedido em desfavor do réu **(REsp 1.595.636/RN).**

Para o tribunal, embora o CPP admita a aplicação analógica de regras do CPC, isso somente é possível quando o dispositivo do CPC que se quer aplicar for compatível com os preceitos os princípios e regras do processo penal.

No caso concreto, admitir-se a interposição de recurso especial adesivo do Ministério Público, veiculando pedido em desfavor do réu, é contrário a regra do art. 617 do CPP, que prevê que o Tribunal não poderá agravar a pena se apenas o réu houver recorrido.

Nesse sentido, pelas regras do recurso adesivo, previstas no CPC, o recurso adesivo do Ministério Público somente poderia ser conhecido caso fosse conhecido também o recurso da defesa, de forma que a admissão do recurso defensivo acarretaria ao réu um efeito negativo, qual seja, o de que o recurso acusatório adesivo também passaria a ser analisado, caracterizando uma *reformatio in pejus in* direta.

Seria possível então recurso adesivo interposto pela defesa?

O STJ também entendeu que não, uma vez que é sempre possível que a defesa peticione ao Tribunal e que este conceda *habeas corpus* de ofício.

Conforme explicou o Min. Nefi Cordeiro: "a defesa sempre pode peticionar provocando a ação do Tribunal, pela admissão da *reformatio in melius*, não podendo, todavia, admitir-se a ampliação do limite recursal após ter perdido o prazo".

Em suma, não se admite recurso adesivo no processo penal.

22 O gozo do benefício da suspensão condicional do processo se sujeita a algum requisito temporal?

A Suspensão condicional do processo é um instituto benéfico ao réu, também denominado "sursis processual", mas que não se confunde com a suspensão condicional da pena (Art. 77, CP), podendo ser proposta pelo MP tão logo ofereça a denúncia e esta seja recebida.

São requisitos para sua concessão: **a)** pena mínima igual ou inferior a 01 anos; **b)** não estar o autor do fato respondendo a outro processo; **c)** não ter sido o autor do fato condenado por outro crime; **d)** estarem presentes os requisitos autorizadores da suspensão condicional da pena (Art. 77, CP).

Vejam que a lei não trouxe expressamente nenhum requisito temporal. O STJ, contudo, ao analisar a situação, tem entendido que o prazo de 5 (cinco) anos para a concessão de nova transação penal, previsto no art. 76, § 2º, inciso II, da Lei n. 9.099/95, aplica-se aos demais institutos despenalizadores por analogia, estendendo-se, pois, à suspensão condicional do processo **(HC n. 209.541/SP e HC 370047/PR).**

Assim, para o STJ, na concessão da suspensão condicional do processo, é preciso observar ainda o art. 76, § 2.°, II, da Lei 9.099/95, que fala sobre a impossibilidade de nova transação penal, quando houver ocorrido a concessão do benefício em momento anterior, sem que tenha transcorrido o período de 5 (cinco) anos. Em analogia à referida disposição, entende-se que o mesmo prazo deverá ser utilizado para nova concessão de sursis processual.

23 De quem é a competência para julgar crime contra honra praticado no contexto de disputa pela posição de cacique em comunidade indígena?

➔ Qual é o contexto?

Amigos, a Constituição de 88, no artigo 231, estabelece que cabe à União zelar pela proteção das terras e dos direitos indígenas no Brasil. Em razão disso, essa mesma Constituição determinou que compete a Justiça Federal julgar ações envolvendo a disputa sobre direitos indígenas.

> **Art. 109.** Aos juízes federais compete processar e julgar:
>
> **XI** - a disputa sobre direitos indígenas.

Ao analisar esse dispositivo constitucional, o STJ entendeu que somente haverá competência federal quando a demanda tratar de direitos indígenas de forma coletiva (matérias que envolvam a organização social dos índios, seus costumes, línguas, crenças e tradições, bem como os direitos sobre as terras que tradicionalmente ocupam). Assim, a mera presença de um índio na causa não é suficiente para atrair a competência federal, sendo necessário averiguar ainda se há interesse coletivo na demanda.

Em razão disso, o STJ editou a seguinte súmula:

> **STJ – Súmula 140:** Compete à Justiça Comum Estadual processar e julgar crime em que o indígena figure como autor ou vítima.

➔ Diante de tudo que foi exposto, questiona-se: se durante a disputa pela posição de cacique de uma determinada etnia, um índio acusa outro de calúnia e difamação, qual será a justiça competente para julgar a causa?

Em uma análise apressada, poderíamos ser levados a pensar que se trata de competência estadual, pois estamos diante de uma situação em que indígenas figuram como autor e réu numa demanda, nos termos da Súmula 140.

Ao analisar a situação, contudo, o STJ entendeu **(CC 123016/TO)** que como a situação envolvia a disputa pela posição de cacique de uma comunidade, a competência será federal, pois se concluiu que o caso ocorreu no âmbito de uma disputa entre caciques por terras e pelo domínio da aldeia, em conflito relacionado à liderança que envolvia o interesse de toda a comunidade.

24 Em ações penais, envolvendo violência doméstica e familiar contra a mulher, reguladas pela Lei Maria da Penha, é necessário instrução probatória para a condenação do autor em danos morais?

⊖ Qual é o contexto?

O legislador brasileiro, visando facilitar a situação da vítima, alterou o CPP, por meio da Lei n.º11.719/2008, prevendo a possibilidade de que o juiz, ao condenar o réu, já estabeleça na sentença um valor mínimo que o condenado estará obrigado a pagar a título de reparação dos danos causados:

> **Art. 387.** O juiz, ao proferir sentença condenatória:
>
> **IV** - fixará valor mínimo para reparação dos danos causados pela infração, considerando os prejuízos sofridos pelo ofendido;

Esse dispositivo permite a fixação dos danos materiais e morais sofridos pela vítima **(REsp 1.585.684-DF).**

Cumpre esclarecer que, para que haja a condenação em danos morais, é preciso que **haja pedido expresso nesse sentido na ação criminal (denúncia ou queixa)**, conforme entendimento do STJ (**AgRg no AREsp 389.234/DF**). Ademais, para que haja condenação, é preciso haver provas nos autos que demonstrem os prejuízos sofridos pela vítima em decorrência do crime **(REsp 1236070/RS).**

⊖ Essa exigência de comprovação dos danos se aplica aos crimes cometidos mediante violência doméstica contra a mulher na forma da Lei Maria da Penha?

Não, o STJ, em sede de recurso repetitivo **(REsp 1643051/MS)** fixou a seguinte tese: Nos casos de violência contra a mulher praticados no âmbito doméstico e familiar, é possível a fixação de valor mínimo indenizatório a título de dano moral, desde que haja pedido expresso da acusação ou da parte ofendida, ainda que não especificada a quantia, e independentemente de instrução probatória. **Em outras palavras, o dano moral aqui é presumido ("in re ipsa").**

O fundamento do tribunal foi o seguinte:

a) Não se mostra razoável a exigência de instrução probatória acerca do dano psíquico, do grau de humilhação, da diminuição da autoestima etc., se a própria conduta criminosa empregada pelo agressor já está imbuída de desonra, descrédito e menosprezo à dignidade e ao valor da mulher como pessoa.

b) Também justifica a não exigência de produção de prova dos danos morais sofridos com a violência doméstica a necessidade de melhor concretizar, com o suporte processual já existente, o atendimento integral à mulher em situação de violência doméstica, de sorte a reduzir sua revitimização e as possibilidades de violência institucional, consubstanciadas em sucessivas oitivas e pleitos perante juízos diversos.

25 Havendo duas sentenças penais condenatórias, pelo mesmo fato, transitadas em julgado, qual deverá prevalecer?

Imaginem que Fulanilson tenha sido denunciado duas vezes pelo mesmo fato. A primeira sentença, transitada em julgado em fevereiro de 2017, condenou-o a 10 anos de reclusão. A segunda, transitada em julgado em fevereiro de 2018, condenou-o a 08 anos de reclusão. Qual sentença deverá prevalecer?

A resposta para essa pergunta é depende.

O STJ possui precedente **(HC 281.101-SP)** no sentido de que, em observância dos princípios do *favor rei* e *favor libertatis*, diante do trânsito em julgado de duas sentenças condenatórias contra o mesmo réu, por fatos idênticos, deve prevalecer o critério mais favorável em detrimento do critério temporal (de precedência). Posteriormente, contudo, o STJ entendeu que, diante do duplo julgamento do mesmo fato, deve prevalecer a sentença que transitou em julgado em primeiro lugar **(RHC 69.586-PA).**

O fundamento é que o segundo processo já nasceu de forma indevida considerando que já existia o primeiro. Logo, a instauração do segundo processo violou a litispendência (se o primeiro feito ainda estava em curso) ou a coisa julgada (se o primeiro processo já havia encerrado).

O STF também possui precedente nesse sentido **(HC 101131)**, determinando que, havendo dupla sentença transitada em julgado, deverá ser anulada a segunda, prevalecendo à primeira. Em outras palavras, deve prevalecer o critério temporal.

Assim, denota-se que existe uma divergência no âmbito do STJ, embora o entendimento **mais recente** do STJ seja no sentido de que deve prevalecer a sentença que transitou em julgado em primeiro lugar.

26 É possível, na suspensão condicional do processo, determinar que o acusado cumpra prestação pecuniária ou prestação de serviços à comunidade?

⊖ Qual o contexto?

O instituto da suspensão condicional do processo encontra-se previsto no artigo 89 da Lei 9.009/95. Trata-se de um instituto despenalizador, pois ele é oferecido ao réu antes mesmo da condenação. É dizer, ele busca evitar a condenação do réu e o consequente cumprimento da pena.

Para gozar do benefício, o acusado deverá cumprir os seguintes requisitos: **a)** reparação do dano, salvo impossibilidade de fazê-lo; **b)** proibição de frequentar determinados lugares; **c)** proibição de ausentar-se da comarca onde reside, sem autorização do Juiz; **d)** comparecimento pessoal e obrigatório a juízo, mensalmente, para informar e justificar suas atividades; **e)** não ser processado por outro crime ou contravenção.

Além desses requisitos, o § 2º do artigo 89 previu também que o Juiz poderá especificar **outras condições** a que fica subordinada a suspensão, desde que adequadas ao fato e à situação pessoal do acusado.

⊖ A polêmica aqui é saber se nessas "outras condições" referidas na lei, também cabe a imposição de prestação pecuniária ou prestação de serviços à comunidade?

Isso ocorre porque a prestação de serviço à comunidade e a prestação pecuniária são sanções penais (penas autônomas) previstas no rol das penas restritivas de direitos. Nesse sentido, havia uma corrente doutrinária que entendia que, por serem penas autônomas, elas não poderiam ser aplicadas sem previsão legal expressa e sem um devido processo legal.

Ademais, o termo "condições" previsto na lei não pode ser confundido com pena. Assim, não seria possível exigir como condição para o benefício a imposição prestação pecuniária ou prestação de serviços à comunidade.

➔ O que decidiu o STJ?

O STJ, contudo, em sede de recurso repetitivo, não adotou essa corrente, entendendo **(REsp 1.498.034-RS)** que é cabível a imposição de prestação de serviços à comunidade ou de prestação pecuniária como condição especial para a concessão do benefício da suspensão condicional do processo, desde que estas se mostrem adequadas ao caso concreto, observando-se os princípios da adequação e da proporcionalidade.

Para o tribunal, não há óbice a que se estabeleçam, no prudente uso da faculdade judicial disposta no art. 89, § 2º, da Lei nº 9.099/95, obrigações equivalentes, do ponto de vista prático, as sanções penais (tais como a prestação de serviços comunitários ou a prestação pecuniária), mas que, para os fins do sursis processual, se apresentam tão somente como condições para sua incidência.

27 É cabível a imposição de multa por litigância de má-fé no processo penal?

➔ Qual é o contexto?

O NCPC previu uma série de condutas que não devem ser praticadas pelas partes, sob pena de ser considerado litigante de má-fé:

> **Art. 80.** Considera-se litigante de má-fé aquele que:
>
> **I** - deduzir pretensão ou defesa contra texto expresso de lei ou fato incontroverso;
>
> **II** - alterar a verdade dos fatos;
>
> **III** - usar do processo para conseguir objetivo ilegal;

> **IV** - opuser resistência injustificada ao andamento do processo;
>
> **V** - proceder de modo temerário em qualquer incidente ou ato do processo;
>
> **VI** - provocar incidente manifestamente infundado;
>
> **VII** - interpuser recurso com intuito manifestamente protelatório.

➔ **Qual a consequência prática de ser considerado um litigante de má-fé?**

A consequência prática, nesse caso, é que a litigância de má-fé sujeita à parte a imposição de multa, que deverá ser superior a um por cento e inferior a dez por cento do valor corrigido da causa, nos termos do artigo 81 do NCPC:

> **Art. 81.** De ofício ou a requerimento, o juiz condenará o litigante de má-fé a pagar multa, que deverá ser superior a um por cento e inferior a dez por cento do valor corrigido da causa, a indenizar a parte contrária pelos prejuízos que esta sofreu e a arcar com os honorários advocatícios e com todas as despesas que efetuou.

➔ **A multa de litigância de má-fé é cabível no processo penal?**

O Código de Processo Penal foi omisso sobre o tema. Mesmo assim, houve quem defendesse a sua aplicação, utilizando-se, de forma análoga, o disposto no NCPC.

O STJ, contudo, não concorda com essa tese e vem entendendo que **não é cabível a imposição de multa por litigância de má-fé no âmbito do processo penal (AgRg nos EDcl nos EAREsp 316.129/SC e HC 401965 /RJ).**

➔ **Qual o fundamento?**

O STJ utiliza dois fundamentos básicos para negar a aplicação da multa de litigância de má-fé no processo penal:

a) a imposição de multa por litigância de má-fé na seara penal não tem previsão expressa, constituindo sua aplicação em uma analogia in malam partem.

b) a imposição de tal multa, não prevista expressamente no Processo Penal, implicaria em prejuízo para o réu na medida em que inibiria a atuação do defensor.

28 É possível determinar a suspensão de processo criminal em razão do reconhecimento da repercussão geral sobre o tema?

⊖ Qual é o contexto?

O NCPC estabeleceu que, havendo uma multiplicidade de recursos sobre um mesmo tema, haverá a afetação dos feitos para o julgamento por meio da sistemática dos recursos extraordinário e especiais repetitivos, conforme o caso.

> **Art. 1.036.** Sempre que houver multiplicidade de recursos extraordinários ou especiais com fundamento em idêntica questão de direito, haverá afetação para julgamento de acordo com as disposições desta Subseção, observado o disposto no Regimento Interno do Supremo Tribunal Federal e no do Superior Tribunal de Justiça.

Nesses casos, compete ao presidente ou vice-presidente do tribunal de justiça ou tribunal regional federal separar dois ou mais recursos que representem a controvérsia e encaminhá-los ao STF ou STJ, conforme o terma discutido.

> **Art. 1.036 (...) § 1º** O presidente ou o vice-presidente de tribunal de justiça ou de tribunal regional federal selecionará 2 (dois) ou mais recursos representativos da controvérsia, que serão encaminhados ao Supremo Tribunal Federal ou ao Superior Tribunal de Justiça para fins de afetação, determinando a suspensão do trâmite de todos os processos pendentes, individuais ou coletivos, que tramitem no Estado ou na região, conforme o caso.

No âmbito do STF, caso o relator reconheça a repercussão geral do tema, ele poderá determinar a suspensão do processamento de todos os processos pendentes, individuais ou coletivos, que versem sobre a questão e tramitem no território nacional:

> **Art. 1.035 (...)**
>
> **§ 5º** Reconhecida a repercussão geral, o relator no Supremo Tribunal Federal determinará a suspensão do processamento

> de todos os processos pendentes, individuais ou coletivos, que versem sobre a questão e tramitem no território nacional

⊖ Essa suspensão pode ser aplicada aos processos penais?

Tendo em vista que essa possibilidade de suspensão dos processos encontra-se prevista no Código de Processo Civil, surgiu a dúvida se ela também se aplicaria aos processos penais.

O STF entendeu que sim. Segundo o Tribunal, a possibilidade de sobrestamento prevista no § 5º do art. 1.035 do CPC/2015 **aplica-se não apenas aos processos cíveis, mas também aos processos de natureza penal (RE 966.177 RG/RS).**

⊖ E a prescrição, também fica suspensa?

O STF novamente entendeu que sim. Em sendo determinado o sobrestamento de processos de natureza penal, **opera-se, automaticamente, a suspensão da prescrição da pretensão punitiva relativa aos crimes que forem objeto das ações penais sobrestadas.**

O fundamento foi o seguinte: embora não haja norma expressa autorizando a suspensão da prescrição nesse caso, é possível utilizar de forma analógica o disposto no art. 116, I, do Código Penal:

> **Art. 116.** Antes de passar em julgado a sentença final, a prescrição não corre:
>
> **I** - enquanto não resolvida, em outro processo, questão de que dependa o reconhecimento da existência do crime;

Segundo o STF, é preciso que seja dado uma interpretação conforme a Constituição ao disposto no artigo 116, I, do Código Penal. Isso porque não seria possível admitir que o legislador criasse um sistema que determina suspensão do processo, sem criar também um mecanismo de suspensão do prazo prescricional daquele crime investigado no processo suspenso.

Dessa forma, **baseado nos postulados da unidade e da concordância prática das normas constitucionais**, a única interpretação possível é que suspensão do processo também abrange a suspensão da prescrição do crime.

A determinação da suspensão dos processos abrange inquéritos policiais e outras formas de investigação criminal?

Não, segundo o STF, em nenhuma hipótese, o sobrestamento de processos penais determinado com fundamento no art. 1.035, § 5º, do CPC abrangerá inquéritos policiais ou procedimentos investigatórios conduzidos pelo Ministério Público **(RE 966.177 RG/RS).**

Segundo o STF, a suspensão determinada pelo artigo 1.035, § 5° **somente abrange processos.**

Dessa forma, deixou claro o STF que o inquérito policial e a investigação conduzida pelo MP não tem a natureza jurídica de "processo", sendo meros "procedimentos".

É possível a suspensão de todos os processos criminais envolvendo o assunto debatido na repercussão geral?

Não. Segundo o STF, **em nenhuma hipótese,** o sobrestamento de processos penais determinado com fundamento no art. 1.035, § 5º, do CPC **abrangerá ações penais em que haja réu preso provisoriamente (RE 966.177 RG/RS).**

Uma vez reconhecida a repercussão geral, a suspensão é uma obrigação ou uma faculdade do relator?

Segundo o STF, a suspensão de processamento prevista no § 5º do art. 1.035 do CPC não consiste em consequência automática e necessária do reconhecimento da repercussão geral realizada com fulcro no "*caput*" do mesmo dispositivo, sendo da discricionariedade do relator do recurso extraordinário paradigma determiná-la ou modulá-la **(RE 966.177 RG/RS).**

Assim, embora o § 5º, do artigo 1.035 do NCPC fale que, reconhecida a repercussão geral, o relator no Supremo Tribunal Federal "determinará" a suspensão do processamento, **não se trata de uma obrigação.** Dessa forma, a redação do § 5º deverá lida da seguinte forma "reconhecida a repercussão geral, o relator no Supremo Tribunal Federal **poderá** determinar a suspensão do processamento.".

⊖ **Durante a suspensão dos processos, é possível a prática de algum ato processual?**

Sim, o STF deixou claro que as instâncias inferiores, em qualquer caso de sobrestamento de ação penal determinado com fundamento no art. 1.035, § 5º, do CPC, **poderão proceder, conforme a necessidade, à produção de provas de natureza urgente (RE 966.177 RG/RS).**

29 O magistrado pode determinar o indiciamento de alguém em inquérito policial?

⊖ **Indiciamento. Que negócio é esse?**

O indiciamento é o ato pelo qual a autoridade policial informa ao suposto autor de que ele é o principal foco do inquérito, é dizer, de que ele é apontado pela autoridade policial como o provável ao autor de um determinado fato criminoso.

⊖ **De quem é a competência para indiciar alguém?**

O indiciamento **é ato privativo da autoridade policial (delegado)**. Por isso, não se admite que o indiciamento seja determinado pelo membro do Ministério Público ou determinado pelo magistrado.

Admitir a possibilidade de indiciamento pelo magistrado **seria incompatível com o sistema acusatório**, que impõe a separação orgânica das funções concernentes à persecução penal, de modo a impedir que o juiz adote qualquer postura inerente à função investigatória.

Em termos mais simples, o indiciamento é ato privativo da autoridade policial, segundo sua análise técnico-jurídica do fato.

Não se permite que o magistrado possa determinar que o Delegado de Polícia faça o indiciamento de alguém **(STJ - RHC 47.984/SP e STF HC 115015/SP).**

30 O assistente de acusação pode arrolar testemunhas no procedimento do júri?

⊖ **Assistente da acusação. Que negócio é esse?**

No Brasil, em regra, compete ao Ministério Público à propositura da ação penal. Nesse sentido, **quando a ação penal for pública,** o

Código de Processo penal permitiu o ingresso do ofendido ou de seus representantes legais:

> **Art. 268. Em todos os termos da ação pública,** poderá intervir, como assistente do Ministério Público, o ofendido ou seu representante legal, ou, na falta, qualquer das pessoas mencionadas no Art. 31.

⊖ Qual é o fundamento da intervenção do assistente da acusação?

Sobre o tema, há duas correntes:

a) **O fundamento da existência do assistente da acusação é meramente econômico.**

O objetivo do assistente é consegui a condenação do réu, o que vai gerar um título executivo, que poderá ser executado no juízo cível como forma de indenização pelos danos sofridos. Assim, o assistente somente pode recorrer da decisão quando o réu for absolvido. Não seria possível, assim, que ele recorra para aumentar a pena, tendo em vista que o título executivo já estaria formado. Esse é o posicionamento da doutrina clássica.

b) **O fundamento da existência do assistente da acusação é a realização da justiça.**

Para essa corrente, o objetivo do assistente da acusação não se resume a formação do título executivo, mas sim no interesse de realizar a justiça no caso concreto. Assim, pode o assistente da acusação recorrer para aumentar a pena imposta ao réu. Esse é o posicionamento do STF **(HC 107.714)** e do STJ **(HC 137.339/RS).**

⊖ Até quando pode ocorrer a intervenção do assistente da acusação?

O Código de Processo Penal permite a intervenção até antes do trânsito em julgado:

> **Art. 269.** O assistente será admitido enquanto não passar em julgado a sentença e receberá a causa no estado em que se achar.

⊖ O assistente de acusação pode arrolar testemunhas no procedimento do júri?

O CPP foi omisso sobre o tema. Ao analisar a situação, o STJ entendeu que sim.

Assim, para o STJ, é possível o arrolamento de testemunhas pelo assistente de acusação (art. 271 do Código de Processo Penal), desde que respeitado o limite de 5 (cinco) pessoas previsto no art. 422 do CPP **(AgRg no AREsp 988.640/RS).**

31 Absolvição imprópria. Que negócio é esse?

No Brasil, um dos requisitos para a existência de crime é que o autor seja imputável. A imputabilidade, que é analisada na culpabilidade, consiste no conjunto de condições pessoais que conferem ao sujeito ativo a capacidade de discernimentos e compreensão para entender seus atos e determinar-se conforme esse entendimento.

⊖ Se o autor não for imputável, qual será a consequência?

Quando isso ocorre, a doutrina afirma que existe a chamada absolvição imprópria, já que, apesar de absolver o réu, o magistrado deve aplicar-lhe uma medida de segurança, que nada mais é que um eufemismo para uma sanção penal aplicada a alguém que sofra de alguma enfermidade mental.

32 De quem é a competência para julgar o crime de latrocínio?

⊖ Qual é o contexto?

No Brasil, a nossa Constituição estabeleceu que compete ao tribunal do júri o julgamento dos crimes dolosos contra vida:

> **Art. 5º (...)**
>
> **XXXVIII** - é reconhecida a instituição do júri, com a organização que lhe der a lei, assegurados:
>
> **d)** a competência para o julgamento dos crimes dolosos contra a vida;

Por sua vez, o crime de latrocínio é uma espécie de roubo qualificado pela morte da vítima, em função da violência utilizada no roubo:

> **Art. 157 - § 3º** - Se da violência resulta lesão corporal grave, a pena é de reclusão, de sete a quinze anos, além da multa; se resulta morte (latrocínio), a reclusão é de vinte a trinta anos, sem prejuízo da multa.

Vejam que a própria lei exige que o resultado morte decorra da violência física utilizada contra a vítima. Assim, a grave ameaça, por não constar expressamente do tipo penal, não pode ser considerada para caracterização do latrocínio, mas apenas a violência real.

Nesse caso, considerando o resultado morte, a competência para julgar o crime de latrocínio é do tribunal do júri?

Não. O STF entende que é do juízo singular:

> **STF Súmula nº 603** - A competência para o processo e julgamento de latrocínio é do juiz singular e não do Tribunal do Júri.

Qual o fundamento?

O latrocínio é um crime contra o patrimônio (a morte da vítima foi somente um meio para alcançar o fim almejado). Assim, o juízo competente para processar e julgá-lo é o juízo singular e não o tribunal do júri.

II. DA PROVA

01 Diferencie os sistemas adotados no CPP, no procedimento comum, para oitiva das testemunhas e interrogatório do réu.

Nos termos do art. 212, do CPP, incluído pela lei 11.690/08, as perguntas serão formuladas pelas partes diretamente à testemunha, não admitindo o juiz aquelas que puderem induzir a resposta, não tiverem relação com a causa ou importarem na repetição de outra já respondida.

Com isso, nas inquirições de testemunhas, após a lei 11.690/08, foi abolido o sistema presidencialista no procedimento comum, **passando a viger o chamado sistema do cross-examination.**

Com base nesse sistema, as perguntas serão feitas diretamente às testemunhas pelas partes, cabendo ao juiz, tão somente, a complementação da inquirição sobre os pontos não esclarecidos, ao final da inquirição.

Em relação ao interrogatório do réu, o artigo 188 do CPP assim determina: "após proceder ao interrogatório, o juiz indagará das partes se restou algum fato para ser esclarecido, formulando as perguntas correspondentes se o entender pertinente e relevante".

Com isso, em relação ao interrogatório do réu, **continua a viger o sistema presidencialista,** onde as perguntas ao réu são feitas diretamente pelo juiz.

Caso a parte deseje fazer alguma pergunta, ela deve dirigir o questionamento ao juiz, que, se concordar, fará a pergunta ao réu.

02 Prova (de) fora da terra. Que negócio é esse?

Trata-se da classificação adotada por alguns doutrinadores, a exemplo de Fernando Capez, **para a prova produzida por juízo distinto daquele que em que tramita o processo**, o que, ocorre, por exemplo, no caso das cartas precatórias (Art. 222, "*caput*", do CPP).

Ressalta-se que, para a doutrina majoritária, essa produção de provas **não viola o princípio da identidade física do juiz**, adotado em nosso ordenamento jurídico, uma vez que o aludido princípio foi inserido na ordem jurídica a partir de uma lei ordinária, razão pela qual é admitida sua exceção, desde que também prevista em instrumento normativo de mesma natureza (ou superior), como é o caso da carta precatória, também regulamentada no Código de Processo Penal, como medida excepcional.

03 O simples fato de a testemunha ser policial autoriza a produção antecipada de provas?

➔ Qual é o contexto?

O Código de Processo Penal estabeleceu o seguinte:

> **Art. 366.** Se o acusado, citado por edital, não comparecer, nem constituir advogado, ficarão suspensos o processo e o

> curso do prazo prescricional, podendo o juiz determinar a produção antecipada das provas consideradas urgentes e, se for o caso, decretar prisão preventiva, nos termos do disposto no art. 312.

Assim, nos termos do CPP, uma vez citado por edital, **caso o réu não compareça nem constitua defensor,** o processo deverá ser suspenso. É de se salientar que não é o fato de o réu ter sido citado por edital que enseja a suspensão do processo. Aliada a citação editalícia, **deve se afigurar a ausência do réu e a inexistência de defensor constituído.**

Além da suspensão do processo, fica suspenso também o prazo prescricional.

➔ Qual é o período máximo de suspensão do prazo prescricional?

Com relação ao tempo máximo que a prescrição pode ser suspensa, o STJ entende que a suspensão deve perdurar pelo prazo máximo da prescrição em abstrato prevista para o crime.

> **STJ - Súmula nº 415:** O período de suspensão do prazo prescricional é regulado pelo máximo da pena cominada.

➔ É possível produzir provas durante o período de suspensão do processo?

Com relação a produção de provas, enquanto o processo estiver suspenso, somente poderão ser produzidas as provas consideradas urgentes, como perícias e a oitiva de pessoas em estado terminal. O STJ entende que deve haver uma fundamentação concreta para a produção da prova, **não a justificando o mero decurso do tempo.**

> **STJ - Súmula nº 455:** A decisão que determina a produção antecipada de provas com base no art. 366 do CPP deve ser concretamente fundamentada, **não a justificando unicamente o mero decurso do tempo.**

➔ O simples fato de a testemunha ser policial autoriza a produção antecipada de provas?

Segundo o STJ, sim.

Para o Tribunal da Cidadania, **o fato de o agente de segurança pública atuar constantemente no combate à criminalidade faz com**

que ele presencie crimes diariamente. Em virtude disso, os detalhes de cada uma das ocorrências acabam se perdendo em sua memória.

Essa particularidade justifica que os policiais sejam ouvidos como produção antecipada da prova testemunhal, pois além da proximidade temporal com a ocorrência dos fatos proporcionar uma maior fidelidade das declarações, possibilita ainda o registro oficial da versão dos fatos vivenciados por ele, o que terá grande relevância para a garantia da ampla defesa do acusado, caso a defesa técnica repute necessária a repetição do seu depoimento por ocasião da retomada do curso da ação penal (**STJ - RHC 51.232-DF, RHC 48.073/DF e RHC 64.086/DF).**

Segundo o STF, não.

Para a Corte Suprema **não é possível a produção antecipada de prova testemunhal fundamentada na simples possibilidade de esquecimento dos fatos, sendo necessária a demonstração do risco de perecimento da prova a ser produzida** (ART. 225 DO CPP).

Não serve como justificativa a alegação de que as testemunhas são policiais responsáveis pela prisão, cuja própria atividade contribui, por si só, para o esquecimento das circunstâncias que cercam a apuração da suposta autoria de cada infração penal **(STF - HC 130038/DF).**

04 Serendipidade. Que negócio é esse?

A doutrina conceitua o fenômeno da serendipidade como a descoberta fortuita de provas de outras infrações que não são objeto da investigação. A serendipidade (tradução literal da palavra inglesa *serendipity*), também é conhecida como "descoberta casual" ou "encontro fortuito".

Sobre o tema, cumpre esclarecer que para grande parte da doutrina, a legítima utilização da prova descoberta fortuitamente somente poderia se dar quando da presença de conexão ou continência em relação ao delito inicialmente investigado. Não havendo conexão ou continência, a sua utilização somente poderia se dar como "notitia criminis". Assim, a doutrina divide a serendipidade da seguinte maneira:

1º Serendipidade de 1º Grau: cuida-se da descoberta fortuita de provas em que há conexão ou continência. Prevalece na doutrina e jurisprudência, que os elementos encontrados poderão ser utilizados totalmente como prova.

2º Serendipidade de 2ª Grau: ocorre quando os fatos descobertos não guardam relação de conexão ou continência. Por isso, os elementos de prova não poderiam ser utilizados no novo crime ou em relação a outro criminoso em tais circunstâncias. No máximo, poderiam servir como "notitia criminis".

05 Crime achado. Que negócio é esse?

Imagem que determinado réu estava sendo investigado pela prática do crime de tráfico de drogas. Presentes os requisitos constitucionais e legais, o juiz autorizou a interceptação telefônica para apurar o tráfico. Por meio dos diálogos, descobriu-se que o acusado foi o autor de um homicídio.

A prova obtida a respeito da prática do homicídio é LÍCITA, mesmo a interceptação telefônica tendo sido decretada para investigar outro delito que não tinha relação com o crime contra a vida.

Na presente situação, tem-se aquilo que o Min. Alexandre de Moraes chamou de "crime achado", ou seja, uma infração penal desconhecida e não investigada até o momento em que, apurando-se outro fato, descobriu-se esse novo delito.

Para o Min. Alexandre de Moraes, a prova é considerada lícita, mesmo que o "crime achado" não tenha relação (não seja conexo) com o delito que estava sendo investigado, desde que tenham sido respeitados os requisitos constitucionais e legais e desde que não tenha havido desvio de finalidade ou fraude **(STF - HC 129678/SP).**

Crime achando é sinônimo de descoberta fortuita de provas. É importante saber esse termo em razão de ter sido usado expressamente em julgamento do STF.

06 O que são elementos migratórios no processo penal?

Os elementos migratórios no processo penal são os elementos informativos extraídos do inquérito policial **e que poderão servir de fundamento para eventual sentença condenatória.**

Possuem esse nome pelo fato de esses elementos informativos **migrarem do inquérito para o processo penal,** permitindo que o juiz os utilize como fundamento de sua decisão.

Nos termos do art. 155 do CPP, em regra, o juiz não pode fundamentar sua decisão exclusivamente nos elementos informativos colhidos na investigação, ressalvadas as:

a) **provas cautelares:** "são aquelas em que há um risco de desaparecimento do objeto da prova em razão do decurso do tempo, em relação às quais o contraditório será diferido" (lima, 2015, p. 573). É o caso da interceptação telefônica, medida investigativa inaudita altera parte, somente permitindo o contraditório diferido, postergado ou adiado.

b) **prova não repetível:** "é aquela que, uma vez produzida, não tem como ser novamente coletada ou produzida, em virtude do desaparecimento, destruição ou perecimento da fonte probatória" (LIMA, 2015, p. 573). Cite-se como exemplo o exame pericial realizado imediatamente após a prática do crime, que não poderá ser realizado novamente devido à dispersão dos vestígios.

c) **incidente de produção antecipada de prova:** "são aquelas produzidas com a observância do contraditório real, perante a autoridade judicial, em momento processual distinto daquele legalmente previsto, ou até mesmo antes do início do processo, em virtude de situação de urgência e relevância" (LIMA, 2015, p. 574). É o caso do depoimento "ad perpetuam rei memoriam", previsto no art. 225 do CPP: "Se qualquer testemunha houver de ausentar-se, ou, por enfermidade ou por velhice, inspirar receio de que ao tempo da instrução criminal já não exista, o juiz poderá, de ofício ou a requerimento de qualquer das partes, tomar-lhe antecipadamente o depoimento".

Assim, esses três elementos informativos constituem os elementos migratórios no âmbito do processo penal.

07 As peças processuais que fazem referência à prova declarada ilícita devem ser desentranhadas do processo?

Se determinada prova é considerada ilícita, ela deverá ser desentranhada do processo. Por outro lado, as peças do processo que fazem referência a essa prova (exs: denúncia, pronúncia etc) não devem ser desentranhadas e substituídas.

A denúncia, a sentença de pronúncia e as demais peças judiciais **não são "provas"** do crime e, por essa razão, estão fora da regra que determina a exclusão das provas obtidas por meios ilícitos prevista art. 157 do CPP.

> **Art. 157.** São inadmissíveis, devendo ser desentranhadas do processo, **as provas ilícitas**, assim entendidas as obtidas em violação a normas constitucionais ou legais.

Assim, a legislação, ao tratar das provas ilícitas e derivadas, não determina a exclusão de "peças processuais" que a elas façam referência **(STF - RHC 137368/PR).**

08 No interrogatório, o direito ao silêncio abrange a fase da qualificação?

Prevalece na doutrina e na jurisprudência que o direito ao silêncio não abrange a qualificação.

Assim, o interrogando não poderia calar-se e estaria obrigado a dizer a verdade, podendo incorrer em sanção penal. Os tribunais superiores, inclusive, têm considerado como típica a conduta daquele que atribui identidade falsa perante a autoridade policial com o intuito de ocultar maus antecedentes:

> **STJ – Súmula 522:** A conduta de atribuir-se falsa identidade perante autoridade policial é típica, ainda que em situação de alegada autodefesa.

09 "Hearsay Rule". Que negócio é esse?

O "hearsay rule" é sinônimo testemunha indireta, é dizer, é aquela que não presenciou os fatos, mas apenas ouviu falar sobre eles. É também chamada de testemunha auricular ou testemunha de "ouvir dizer".

Em razão do Brasil ter adotado o princípio da atipicidade das provas, sua utilização não é proibida em nosso ordenamento, contudo, na valoração da prova pelo magistrado deverá se levar em consideração o fato dela não ter presenciado os fatos.

Nesse sentido, o STJ já entendeu que o testemunho por ouvir dizer (*hearsay rule*), produzido somente na fase inquisitorial, não serve **como fundamento exclusivo** da decisão de pronúncia, que submete o réu a julgamento pelo Tribunal do Júri **(REsp 1.373.356-BA).**

Veja que o STJ não proibiu seu uso, mas apenas afirmou que essa espécie de prova não pode servir como único fundamento de uma decisão judicial.

10 Se o indivíduo é convocado para depor como testemunha em uma investigação e, durante o seu depoimento, acaba confessando um crime, essa confissão é válida?

O direito ao silêncio é uma das expressões do princípio da não autoincriminação, segundo o qual ninguém é obrigado a produzir prova contra si mesmo ("nemo tenetur se detegere"), seja na fase investigatória, seja no curso da instrução processual. Sem embargo da redação conferida ao dispositivo constitucional, o titular do direito ao silêncio não é apenas o preso, mas qualquer pessoa que esteja na condição de testemunha, cabendo a autoridade responsável o dever de informar.

A par do direito ao silêncio, são extraídos do princípio do "nemo tenetur se detegere" outros desdobramentos. O direito de não produzir prova contra si mesmo abrange ainda:

I) o direito de não ser constrangido a confessar a prática de ilícito penal;

II) a inexigibilidade de dizer a verdade;

III) o direito de não praticar qualquer comportamento ativo que possa incriminá-lo;

IV) o direito de não produzir prova incriminadora invasiva sem consentimento.

O STF entendeu que **é nula** a confissão feita por pessoa que foi convocada a ir à delegacia como testemunha de um crime **e não lhe tenha sido feita a advertência quanto ao direito de permanecer calada**.

Isso porque **a testemunha**, ao contrário do investigado, **tem o dever de falar a verdade.** Assim, ofende o princípio da não-autoincriminação a denúncia baseada unicamente em confissão que foi feita por pessoa ouvida na condição de testemunha, quando não lhe tenha sido feita a advertência quanto ao direito de permanecer calada. Nesse sentido:

Se o indivíduo é convocado para depor como testemunha em uma investigação e, durante o seu depoimento, acaba confessando um crime, essa confissão não é válida se a autoridade que presidia o ato não o advertiu previamente de que ele não era obrigado a produzir prova contra si mesmo, tendo o direito de permanecer calado **(RHC 122279/RJ).**

11 Nas ações envolvendo a lei de drogas, o interrogatório é o primeiro ato da instrução?

Quando a lei de drogas foi editada, no ano de 2006, o interrogatório no âmbito do Código de Processo Penal era o primeiro ato da instrução. Em razão disso, a lei de drogas passou a replicar a mesma orientação (Artigo 57, da Lei 11.343).

Ocorre que posteriormente o art. 400 do CPP foi alterado pela Lei 11.719/2008 de forma que, atualmente, o interrogatório deve ser feito depois da inquirição das testemunhas e da realização das demais provas. É dizer, o interrogatório **passou a ser o último ato da audiência de instrução.**

Essa mudança é mais benéfica para o réu, uma vez que somente após o acusado ouvir o relato trazido pelas testemunhas é que ele terá condições de decidir qual a melhor versão dos fatos que irá apresentar.

Por exemplo, quando não houver provas testemunhais sólidas contra ele, pode entender que o melhor caminho é negar a autoria do delito ou mesmo ficar em silêncio. Já se entender que as provas produzidas são suficientes para sua condenação, poderá optar pela confissão e assim obter uma atenuante da sua pena.

Apesar dessa mudança, o STJ sempre sustentou que o interrogatório era o primeiro ato da instrução. Isso porque, por ser a lei de drogas mais específica, não poderia haver aplicação subsidiária do CPP.

Ocorre que, no julgamento do HC 127900/AM, o **STF entendeu que o artigo 400 do CPP se aplica a lei de drogas, de forma que o interrogatório na lei de drogas deve ser o último ato da instrução.**

Em razão do posicionamento contrário do STJ, o STF, por questões de segurança jurídica, afirmou que a tese fixada (interrogatório como último ato da instrução em todos os procedimentos penais) só se tornou obrigatória a partir da data de publicação da ata deste julgamento, ou seja, do dia 11/03/2016 em diante.

Os interrogatórios realizados nos processos da lei de drogas até o dia 10/03/2016 são válidos mesmo que tenham sido o primeiro ato da instrução. Ressalta-se que, após a decisão do STF, o STJ alterou sua jurisprudência, de forma que atualmente também entende que o interrogatório é o último ato da instrução.

Por fim, ressalta-se que no julgamento do HC 127900/AM, o STF fixou a tese de que o interrogatório é o último ato da instrução **em todos os procedimentos penais.** Assim, a regra do artigo 400 do CPP se aplica aos seguintes procedimentos: **a)** nos processos penais militares; **b)** nos processos penais eleitorais e **c)** em todos os procedimentos penais regidos por legislação especial (Ex.: lei de drogas).

12 É possível obrigar o réu a realizar incidente de insanidade mental?

No Brasil, para que haja crime, é necessário que o réu seja imputável, é dizer, seja inteiramente capaz de entender o caráter ilícito do fato ou de determinar-se de acordo com esse entendimento.

Nos casos em que o agente, em razão de doença mental, não seja capaz de entender o caráter ilícito de suas ações, ele é isento de pena:

> **Art. 26.** É isento de pena o agente que, por doença mental ou desenvolvimento mental incompleto ou retardado, era, ao tempo da ação ou da omissão, inteiramente incapaz de entender o caráter ilícito do fato ou de determinar-se de acordo com esse entendimento.

Assim, havendo dúvida sobre a imputabilidade, é indispensável a realização de exame médico-pericial no réu. Esse exame, por sua vez, é chamado de incidente de insanidade mental.

O que se discute aqui é se é possível obrigar o réu a realizá-lo, mesmo nos casos em que a sua defesa se manifestou contra essa decisão?

Ao analisar a situação, o STF entende que, se o acusado se recusa a participar do incidente, não pode ser obrigado a fazer o exame. O privilégio contra a autoincriminação, garantia constitucional, permite ao réu o exercício do direito de silêncio, não estando, por essa razão, obrigado a se submeter a prova pericial que entende, por qualquer motivo, lhe ser desfavorável.

A jurisprudência do STF não admite a produção de prova que exija a condução coercitiva do réu para dela participar.

Em outras palavras, o incidente de insanidade mental é prova pericial constituída em favor da defesa. Logo, **não é possível determiná-lo compulsoriamente na hipótese em que a defesa se oponha à sua realização (STF - HC 133.078/RJ).**

13 A chamada condução coercitiva do investigado para interrogatório é constitucional?

A condução coercitiva para fins de interrogatório consistia na prática de obrigar o investigado ou réu em determinado inquérito ou processo penal a comparecer perante a autoridade para fins de ser interrogada:

> **Art. 260.** Se o acusado não atender à intimação para o interrogatório, reconhecimento ou qualquer outro ato que, sem ele, não possa ser realizado, a autoridade poderá mandar conduzi-lo à sua presença.
>
> **Parágrafo único.** O mandado conterá, além da ordem de condução, os requisitos mencionados no art. 352, no que lhe for aplicável.

Ao analisar o tema (**ADPF 395 e 444**) o STF entendeu pela não recepção da expressão "para o interrogatório", constante do art. 260 do CPP, e declarou a incompatibilidade com a Constituição Federal **da condução coercitiva de investigados ou de réus para interrogatório,** sob pena de responsabilidade disciplinar, civil e penal do agente ou da autoridade e de ilicitude das provas obtidas.

Os fundamentos do STF foram os seguintes:

a) A medida em questão implica numa violação, ainda que temporária, ao direito de liberdade de locomoção do acusado. Isso porque ela implica na situação em que o acusado é levado sob custódia até o local de inquirição. Assim, existe uma clara interferência na liberdade de locomoção, mesmo que episódica.

b) **violação ao princípio da não-culpabilidade,** uma vez que a situação de capturar e levar o acusado até a presença de uma autoridade não é um procedimento que se adequa a pessoas inocentes. Assim, o investigado conduzido é claramente tratado como culpado.

Outro ponto importante, é que a presença do acusado no interrogatório é **uma faculdade.** Assim, sua condução coercitiva para interrogatório representa uma restrição da liberdade de locomoção e da presunção de não culpabilidade, já que ela o obriga a participar de um ato no qual o investigado não é obrigado a comparecer.

14 Havendo sistema de gravação audiovisual disponível no juízo, pode o magistrado dispensar, na audiência de instrução, a gravação da oitiva das partes e testemunhas?

⊝ Qual o contexto?

A Lei 11.719/08, que promoveu diversas mudanças no CPP, estabeleceu o seguinte:

> **Art. 405.** Do ocorrido em audiência será lavrado termo em livro próprio, assinado pelo juiz e pelas partes, contendo breve resumo dos fatos relevantes nela ocorridos.
>
> **§ 1º Sempre que possível,** o registro dos depoimentos do investigado, indiciado, ofendido e testemunhas será feito pelos meios ou recursos de gravação magnética, estenotipia, digital ou técnica similar, inclusive audiovisual, destinada a obter maior fidelidade das informações.

Vejam que o § 1º do artigo 405 determinou que, sempre que possível, os depoimentos da audiência sejam gravados. O que se questiona aqui é se, tendo determinado a lei que "sempre que possível", **essa gravação seria facultativa ou uma obrigação do juízo?**

⊝ O que decidiu o STJ?

Ao analisar a situação, o STJ entendeu que a expressão "sempre que possível", deve ser interpretada no sentido de que a gravação somente não será obrigatória **se o juízo não dispor de mecanismos técnicos para a gravação.** Contudo, havendo disponibilidade técnica para realizar a gravação da audiência, a **utilização do sistema de audiovisual se torna obrigatória.**

A partir da entrada em vigor da Lei 11.719/08, a melhor exegese da disposição legal que regula a matéria não comporta outra interpretação, senão a de que o juiz que disponha de meio ou recurso para gravação deverá, **obrigatoriamente**, utilizá-lo para o registro dos depoimentos de investigado, indiciado, ofendido, testemunha e, inclusive, de réu.

Somente excepcionalmente, **ante impedimento fático,** poderá o magistrado proceder à colheita dos depoimentos por meio da sistemática tradicional, desde que motivadamente justifique a impossibilidade **(HC nº 428511 / RJ).**

Com isso, o STJ anulou audiências de instrução realizadas sem gravação audiovisual, uma vez que o magistrado, mesmo dispondo dos recursos, preferiu não usá-los, por entender que seu uso era uma faculdade.

15 É válida prova realizada com material genético descartado, ainda que não haja o consentimento do investigado?

⊖ Qual o contexto?

Fulanilson estava sendo investigado por diversos crimes graves, dentre os quais estupro e extorsão. Fulanilson havia se recusado a fornecer material genético para as investigações. Contudo, em determinado momento, tomou água em um copo de plástico, **vindo a voluntariamente jogá-lo no lixo.** Com base no material genético colhido junto ao copo, ficou comprovado que ele era o autor dos crimes, ocasião em que foi denunciado.

A defesa, por sua vez, alegou que, como o réu havia se negado anteriormente a ceder material genético para o exame de DNA, a coleta de saliva nos utensílios sem a sua permissão violou seus direitos constitucionais à intimidade e à não autoincriminação.

⊖ O que entendeu o STJ?

O STJ rejeitou os argumentos da defesa, considerando válida as provas colhidas. O fundamento foi o seguinte:

a) não há que falar em violação à intimidade, já que o indivíduo, no momento em que dispensou o copo, deixou de ter o controle sobre o que outrora lhe pertencia (saliva que estava em seu corpo); não podia mais, assim, evitar o conhecimento de terceiros.

b) O direito de o investigado ou acusado não produzir provas contra si mesmo, tem como objetivo impedir possíveis violências físicas e morais empregadas pelo agente estatal para coagi-lo a cooperar com a investigação criminal. Aqui, o que não se permite é o recolhimento do material genético à força (violência moral ou física), o que não ocorreu na espécie, em que o copo de plásticos utilizados pelo réu já haviam sido voluntariamente descartados.

Em suma, o STJ concluiu que a produção de prova por meio de exame de DNA sem o consentimento do investigado é permitida se o material biológico já está fora de seu corpo e foi abandonado. Ou seja, **o que não se permite é o recolhimento do material genético à força, mediante constrangimento moral ou físico.**

Não se divulgou o número desse processo, já que ele se encontra sob segredo de justiça[3].

16 Quais são os sistemas de apreciação da prova existentes?

A doutrina afirma que existem três sistemas de apreciação da prova. São eles:

1° - Sistema da íntima convicção (ou da certeza moral do juiz): segundo esse sistema, o juiz julga livremente, não estando limitado a quaisquer amarras (exemplo: não precisa se ater somente ao que está escrito nos autos).

No Brasil, esse **é o sistema adotado no tribunal do júri,** já que os jurados não precisam justificar sua opção.

3. <http://www.stj.jus.br/sites/STJ/default/pt_BR/Comunica%C3%A7%C3%A3o/noticias/Not%C3%ADcias/Para-Quinta-Turma,-prova-com-material-gen%C3%A9tico-descartado-%C3%A9-legal-mesmo-sem-consentimento-do-investigado> acessado no dia 19 de março de 2018.

2º - Sistema da prova tarifada (ou da certeza moral do legislador, ou das regras legais): aqui, o juiz não tem nenhuma liberdade de avaliar o peso das provas produzidas, já que a própria lei estipula o valor de cada prova (estabelecendo, inclusive, hierarquia entre elas). Ao, juiz cabe simplesmente aplicar essas regras.

A doutrina defende que ainda há resquícios desse sistema no nosso ordenamento (Ex.: no art. 158 do CPP, que exige, nos crimes que deixam vestígios, que sua materialidade seja provada com o exame do corpo de delito, de modo que a confissão não supre eventual omissão desse exame. Caso não seja feito o referido exame, testemunhas poderão ser utilizadas, mas nunca a confissão).

3º - Sistema do livre convencimento motivado (ou da persuasão racional): Segundo esse sistema, o juiz está livre para decidir e apreciar as provas, mas sempre deverá motivar a sua decisão. Trata-se do sistema que prevalece no nosso ordenamento jurídico.

17 É possível indeferir o pedido de oitiva de testemunha que resida em outro país?

⊖ É possível a oitiva de testemunha que resida em outro país?

Sim, nesse caso deverá ser expedida a chamada carta rogatória. Assim, sempre que houver algum ato judicial a ser praticado no exterior, deverá ser expedida uma carta rogatória.

Sobre o tema, cumpre ressaltar que o Código de Processo Penal, após a edição da Lei 11.900/09, estabeleceu que, para o deferimento da expedição de carta rogatória, a parte interessada deve demonstrar a imprescindibilidade da diligência:

> **Art. 222-A.** As cartas rogatórias só serão expedidas se demonstrada previamente a sua imprescindibilidade, arcando a parte requerente com os custos de envio.

O objetivo do dispositivo foi evitar que a parte, com o objetivo de protelar o andamento processual, arrole testemunhas em outros países, sem que haja a real necessidade de oitiva dela.

Assim, para que uma testemunha seja ouvida em outro país, a parte precisa demonstrar ao juiz que sua oitiva revela-se imprescindível ao caso.

Em razão disso, o STJ entendeu que ao magistrado é facultado o indeferimento, **de forma fundamentada**, do requerimento de produção de provas que julgar protelatórias, irrelevantes ou impertinentes, **devendo a sua imprescindibilidade ser devidamente justificada pela parte.**

Assim, não há cerceamento de defesa quando a decisão que indefere oitiva de testemunhas residentes em outro país for devidamente fundamentada **(RHC 100.406/MG).**

18 O acesso as conversas do *whatsapp* dependem de prévia autorização judicial?

⊖ Qual é o contexto?

Atualmente, é muito comum o uso de aplicativos de mensagens, como, por exemplo, o *whatsapp* e o *telegram*. Também é muito comum a situação onde a autoridade policial, nas prisões em flagrante, acaba por acessar os dados desses aplicativos, utilizando-as para produzir prova contra o preso.

⊖ Essa conduta é permitida em nosso ordenamento?

O STJ entende que não. Na ocorrência de autuação de crime em flagrante, as mensagens armazenadas no aparelho estão protegidas pelo sigilo telefônico, que compreende igualmente a transmissão, recepção ou emissão de símbolos, caracteres, sinais, escritos, imagens, sons ou informações de qualquer natureza, por meio de telefonia fixa ou móvel ou, ainda, por meio de sistemas de informática e telemática **(RHC 67.379-RN e RHC 51.531-RO).**

⊖ Qual o fundamento?

Segundo o STJ, aplicam-se ao caso a Lei Geral de Telecomunicações (Lei 9.47297) e o Marco Civil da Internet (Lei nº 12.965/2014):

> **Art. 3º** O usuário de serviços de telecomunicações tem direito:

> (...)
>
> **V** - à inviolabilidade e ao segredo de sua comunicação, salvo nas hipóteses e condições constitucional e legalmente previstas.
>
> **Art. 7º** O acesso à internet é essencial ao exercício da cidadania, e ao usuário são assegurados os seguintes direitos:
>
> **II** - inviolabilidade e sigilo do fluxo de suas comunicações pela internet, salvo por ordem judicial, na forma da lei;
>
> **III** - inviolabilidade e sigilo de suas comunicações privadas armazenadas, salvo por ordem judicial.

Assim, para o STJ, o ordenamento jurídico pátrio protege os dados e as conversas de aplicativos de mensagens constantes de celular, assegurando-lhes sigilo, o qual somente pode ser afastado mediante ordem judicial.

➔ É possível fazer a apreensão do aparelho sem ordem judicial?

Sim, o próprio STJ deixou claro que **a apreensão do aparelho não depende de ordem judicial**. Assim, o ideal é que autoridade policial, após a apreensão do aparelho, requeira judicialmente a quebra do sigilo de dados armazenados.

➔ Esse entendimento se mantém no caso de acesso aos dados da vítima?

Segundo o STJ, não há ilegalidade na perícia de aparelho de telefonia celular pela polícia, sem prévia autorização judicial, na hipótese em que seu proprietário – a vítima – foi morto, tendo o referido telefone sido entregue à autoridade policial por sua esposa **(RHC 86.076-MT).**

Para o STJ, se o detentor de eventual direito ao sigilo estava morto, não havia mais sigilo algum a proteger do titular daquele direito. Sendo assim, não há sequer necessidade de uma ordem judicial porque, frise-se, no processo penal, **o que se protege são os interesses do acusado**. Logo, soa como impróprio proteger-se a intimidade de quem foi vítima do homicídio, sendo que o objeto da apreensão e da investigação é esclarecer o homicídio e punir aquele que, teoricamente, foi o responsável pela morte.

12

Civil

88 questões

I. LEI DE INTRODUÇÃO ÀS NORMAS. PARTE GERAL. OBRIGAÇÕES.

01 É possível fundamentar a desconsideração da personalidade jurídica na subcapitalização?

Ocorre a chamada subcapitalização quando o capital social da sociedade claramente é incompatível com seu objeto social (Ex.: uma sociedade que movimenta milhões de reais e tem apenas 20 mil reais de capital social).

Segundo a doutrina (André Santa Cruz) é sim possível que se utilize a subcapitalização como fundamento para se desconsiderar a personalidade jurídica de uma sociedade.

02 A simulação inocente é causa de nulidade do negócio jurídico?

Opera-se simulação quando é celebrado um negócio aparentemente normal, mas que não pretende atingir o efeito que, juridicamente, deveria produzir. No atual código, a simulação é causa de nulidade absoluta do negócio jurídico.

A doutrina classifica a simulação da seguinte maneira:

a) **Simulação maliciosa:** É aquela onde as partes efetivamente visam prejudicar terceiros ou violar a lei com a simulação.

b) **Simulação inocente:** É aquela onde as partes não desejam prejudicar terceiros ou violar a lei, apenas querem ocultar de terceiros a verdadeira natureza do negócio, sem, no entanto, causar dano a interesses de qualquer pessoa.

A doutrina entende que tanto a simulação maliciosa quanto a inocente são nulas:

> **Enunciado nº 152 da III Jornada:** Toda simulação, inclusive a inocente, é invalidante.

03 Na ausência de fixação em lei, qual o prazo para se exercer direito potestativo?

Os direitos potestativos são direitos sem pretensão. Cuida-se do direito de submeter alguém a uma vontade por ato unilateral (Ex.: direito de lançar o tributo, direito de desistir, no prazo de 07 dias, de compras realizadas por telefone ou internet etc.).

Por não possuírem conteúdo prestacional, os direitos potestativos **submetem-se a decadência** e não a prescrição.

Em regra, o prazo para o exercício dos direitos potestativos encontra-se previsto em lei. Findo o prazo legal, opera-se a decadência.

E quando não há prazo legal, o que acontece aos direitos potestativos? Nesse caso, segundo a doutrina, os direitos potestativos **são perpétuos,** podendo, desse modo, serem exercidos a qualquer tempo, seja por meio de simples declaração de vontade, seja via ação constitutiva.

O STJ também adota essa corrente, já tendo entendido que **o direito potestativo de adjudicação compulsória da promessa de compra e venda de imóvel** (quando o comprador já pagou todo o preço, mas o vendedor recusa-se a outorga-lhe uma escritura pública) **é perpetuo, podendo ser exercido a qualquer tempo.**

Assim, o promitente comprador, amparado em compromisso de compra e venda de imóvel cujo preço já tenha sido integralmente pago, tem o direito de requerer judicialmente, a qualquer tempo, a adjudicação compulsória do imóvel **(REsp 1.216.568/MG)**

04 **A parte que participou da simulação possui legitimidade para alegá-la em juízo?**

A simulação é um vício invalidante do negócio jurídico que ocorre quando é celebrado um negócio aparentemente normal, mas que não pretende atingir o efeito que, juridicamente, deveria produzir.

No atual Código, a simulação é causa de **nulidade absoluta** do negócio jurídico.

Uma vez que a simulação é causa de nulidade absoluta do negócio jurídico, passível, inclusive, de ser reconhecida de ofício pelo juiz, poderá ela ser alegada por qualquer pessoa, **até mesmo por uma das partes contra a outra**. Nesse sentido:

> **Enunciado nº 294 da IV Jornada:** sendo a simulação uma causa de nulidade do negócio jurídico, pode ser alegada por uma das partes contra a outra.

05 **No âmbito da desconsideração da personalidade jurídica, diferencie os seguintes termos: teoria maior, teoria menor, teoria maior objetiva, teoria maior subjetiva e desconsideração inversa.**

A doutrina da desconsideração pretende o afastamento **temporário** da personalidade da pessoa jurídica, para permitir que os seus credores possam satisfazer os seus direitos no patrimônio pessoal do sócio ou do administrador que cometera o ato abusivo. É um superamento episódico da personalidade da pessoa jurídica.

Sobre o tema proposto, a doutrina divide a desconsideração em duas teorias.

A **teoria maior (adotada pelo CC)**, que, além da insolvência da pessoa jurídica, exige também a demonstração do abuso do sócio, caracterizado pelo desvio de finalidade ou confusão patrimonial.

Por sua vez, em situações jurídicas especiais, para facilitar a satisfação do direito, adota-se a **teoria menor** (CDC e Direito Ambiental), que se contenta simplesmente com a demonstração do descumprimento da obrigação ou insolvência da pessoa jurídica.

A **teoria maior**, por sua vez, divide-se em **teoria maior objetiva** (nos casos em que o abuso ocorreu por meio de confusão patrimonial) e **teoria maior subjetiva** (nos casos em que o abuso ocorreu por meio de desvio de finalidade). O Código Civil adotou as duas (Art. 50).

Por fim, em relação a desconsideração inversa, temos que nela a desconsideração atinge **a própria pessoa jurídica** detentora de bens e valores para se alcançar a figura do sócio, que se valeu da pessoa jurídica para ocultar ou desviar bens pessoais, em prejuízo de terceiro.

> **Enunciado nº 283 da IV Jornada:** cabível a desconsideração da personalidade jurídica denominada "inversa" para alcançar bens de sócio que se valeu da pessoa jurídica para ocultar ou desviar bens pessoais, com prejuízo a terceiros.

Antes a desconsideração inversa era tratada apenas de forma doutrinária. Contudo, atualmente ela encontra previsão no NCPC (**Art. 133, § 2º).**

06 No âmbito do processo de revogação de uma lei, diferencie "ab-rogação" de "derrogação".

A revogação de uma lei pode ocorrer sob duas formas:

a) **revogação total ou "ab-rogação":** ocorre quando uma lei é revogada totalmente por outra lei,

b) **revogação parcial ou derrogação:** ocorre quando uma lei nova torna sem efeito parte de uma lei anterior.

07 Diferencie costume "secundum legem", costume "praeter legem" e costume "contra legem"

Os costumes podem ser assim classificados:

1º Costume segundo a lei ou "secundum legem" (exerce função interpretativa): ocorre quando há referência expressa aos costumes na lei (Ex.: arts. 13 e 187 do CC/02). Na aplicação dos costumes "secundum legem", não há integração, eis que a própria norma jurídica que é aplicada, havendo, assim, subsunção.

2º Costumes na falta da lei ou "praeter legem" (exerce função integrativa): é aquele aplicado quando a lei for omissa, sendo denominado costume integrativo. É o costume denominado pelo art. 4º da LINDB.

3º Costume contra lei ou "contra legem": ocorre quando a aplicação do costume contraria o que dispõe a lei. A doutrina majoritária entende que não é admitido pelo sistema, embora possa induzir o legislador a modificar leis anacrônicas ou injustas. Parte da doutrina, contudo, admite a sua aplicação no caso de leis em desuso.

08 É possível haver domicílio sem haver residência?

Sobre o tema, três são os conceitos fundamentais:

- **Morada:** é simplesmente o lugar em que a pessoa física se estabelece temporariamente.
- **Residência:** a residência pressupõe estabilidade. É o lugar em que a pessoa física se estabelece habitualmente. Dessa maneira, é mais que uma mera morada, já que é estável e habitual.
- **Domicílio:** é o conceito mais abrangente, uma vez que traduz o lugar em que a pessoa física se estabelece com ânimo definitivo ("animus manendi"). No domicílio, a pessoa o converte em centro principal de sua vida jurídica.

Em regra, a figura domicílio abrange também a da residência. Afinal, ninguém estabelece domicílio em local onde está de passagem. Contudo, o CC/02 (Art. 73) também previu a figura do domicílio aparente ou ocasional.

Trata-se de uma ficção jurídica baseada na teoria da aparência. Aplica-se o domicílio aparente para as pessoas que não tenha domicílio certo, a exemplo dos profissionais do circo e ciganos, considerando-se domiciliadas no lugar onde for encontrada, mesmo que ela esteja só de passagem.

Assim, é possível haver domicílio sem haver, necessariamente, uma residência, já que, nesse caso, apesar de a pessoa ser considerada domiciliada no local onde foi encontrada, ela não terá residência no local, pois falta a habitualidade.

09 O sistema brasileiro admite a figura do "Non Liquet"?

O "non liquet" era um instituto do direito romano que permitia ao julgador deixar de julgar o caso quando a lei fosse omissa sobre o tema.

O nosso ordenamento jurídico não admite a figura do "non liquet". Nesse sentido o artigo 140 NCPC:

> **Art. 140.** O juiz **não se exime** de decidir sob a alegação de lacuna ou obscuridade do ordenamento jurídico.

Não havendo norma específica em nosso ordenamento jurídico, o magistrado deverá fazer uso do Art. 4º da LINDB, que estabelece que, quando a lei for omissa, o juiz decidirá o caso de acordo com a analogia, os costumes e os princípios gerais de direito.

O Artigo 4º da LINDB estabelece uma ordem?

Para a doutrina **mais tradicional** (Sílvio Rodrigues), o art. 4º estabelece uma ordem a ser seguida pelo magistrado (primeiro a analogia, depois os costumes e, por última, os princípios gerais do direito).

A doutrina **mais moderna (Flávio Tartuce)**, contudo, entende que essa ordem nem sempre deve ser seguida, podendo, no caso concreto, haver uma inversão ou aplicação diversa dessa ordem.

10 Os direitos da personalidade podem sofrer limitações voluntárias?

O tema pode parecer simples, mas é uma questão bem problemática em provas objetivas.

Isso porque o artigo 11 do CC/02 determina que os direitos da personalidade não podem sofrer limitação voluntária.

Apesar da literalidade da lei, a doutrina entende que as limitações são possíveis:

> **Enunciado nº 04 da I Jornada:** O exercício dos direitos da personalidade pode sofrer limitação voluntária, desde que não seja permanente nem geral.
>
> **Enunciado nº 139, da III Jornada:** direitos da personalidade podem sofrer limitações, ainda que não especificamente previstas em lei, não podendo ser exercidos com abuso de direito de seu titular, contrariamente à boa-fé objetiva e aos bons costumes.

Dessa forma, numa prova objetiva, recomenda-se olhar o perfil da banca. Se muito legalista, é mais seguro seguir a letra da lei. Numa prova subjetiva, é essencial citar os enunciados.

11 Quais os princípios que fundamentam o Código Civil de 2002?

Segundo o idealizador do Código Civil 2002, Miguel Reale, a atual codificação está baseada em três princípios fundamentais:

a) **princípio da Eticidade:** trata-se da valorização da ética e da boa-fé, especialmente daquela que existe no plano da conduta lealdade das partes (boa-fé objetiva).

b) **Princípio da Socialidade:** visa superar o caráter egoísta e individualista da codificação anterior, estabelecendo que todas as categorias civis possuem uma função social.

c) **Princípio da Operabilidade:** esse princípio tem dois sentidos. Primeiro, o da simplicidade ou facilitação das categorias privadas, o que pode ser percebido pelo tratamento diferenciado da prescrição e decadência. Segundo, há o sentido de efetividade e concretude, o que foi buscado pelo sistema aberto de cláusulas gerais adotados pela atual codificação.

12 Existe alguma diferença entre erro e ignorância?

Teoricamente, podemos diferenciar o erro da ignorância. Enquanto o erro é uma falsa representação positiva da realidade, a ignorância traduz um estado de total desconhecimento. Assim, o erro é um **estado positivo,** de forma que quem atua em erro atua comissivamente de forma equivocada. A ignorância, ao seu turno, é um **estado negativo.**

13 Para que o juiz decrete a nulidade de um negócio jurídico com fundamento na ocorrência de lesão é necessário que se comprove o dolo de aproveitamento da outra parte?

A lesão, vício invalidante do negócio jurídico, caracteriza-se, nos termos do Art. 157 do Código Civil, pelo prejuízo resultante da desproporção entre as prestações do negócio, em virtude de premente necessidade ou inexperiência da outra parte.

Com base no aludido conceito, temos que a lesão pressupõe dois requisitos:

a) **Elemento material (ou objetivo):** é a desproporção entre as prestações do negócio.

b) **Elemento imaterial (ou subjetivo):** é a necessidade ou inexperiência da parte que assume a obrigação excessiva.

➔ **E o dolo de aproveitamento? O que é isso?**

No passado, a doutrina afirmava que a lesão era composta de um elemento objetivo (desproporção) e de um elemento subjetivo (necessidade ou inexperiência da outra parte) aliada ao chamado dolo de aproveitamento (intenção de explorar, de se aproveitar da outra parte) da parte que se beneficia.

Atualmente, contudo, prevalece que o novo Código Civil dispensa a prova do dolo de aproveitamento, contentando-se apenas com a desproporção e a necessidade ou inexperiência da parte prejudicada:

> **Enunciado 150 da III jornada:** A lesão de que trata o art. 157 do Código Civil não exige dolo de aproveitamento.

Assim, temos que o dolo de aproveitamento **não é requisito para o reconhecimento da lesão.**

14 Os membros de uma associação respondem subsidiariamente pelas dívidas por ela contraída?

O artigo 1.023 do Código Civil, que regula a disciplina das sociedades simples, estabelece o seguinte:

> **Art. 1.023.** Se os bens da sociedade não lhe cobrirem as dívidas, respondem os sócios pelo saldo, na proporção em que participem das perdas sociais, salvo cláusula de responsabilidade solidária.

Tem-se, assim, que há uma responsabilidade subsidiária dos sócios das sociedades simples pelas dívidas da sociedade. A polêmica é saber esse dispositivo se aplica subsidiariamente também as associações civis (Art. 52, CC)?

O STJ **(Resp 1.398.438/SC)** entendeu que não. Para tanto, utilizou os seguintes argumentos:

As associações civis são caracterizadas pela união de pessoas que se organizam para a execução de atividades sem fins lucrativos. Assim, não se pode aplicar subsidiariamente um dispositivo da lei que foi previsto para as sociedades, uma vez que elas têm intuito lucrativo.

Ademais, pela análise topográfica do art. 1.023, ou seja, pela posição em que ele foi previsto no Código Civil, já se percebe que ele é voltado às sociedades, estando inserido no título II, que trata das sociedades.

Além disso, ao se ler o artigo, verifica-se que ele fala apenas em "bens da sociedade" e "sócios". Logo, não se aplica as associações e associados.

15 Conceitue o fenômeno da repersonalização do direito civil.

A repersonalização do direito civil é um fenômeno iniciado após a 2ª Guerra Mundial. Até então o centro do direito civil era o patrimônio. No pós-guerra, passou a se defender que o patrimônio não fosse mais o centro do direito civil e sim a pessoa.

A esse fenômeno se deu o nome de "repersonalização do Direito Civil".

16 Para fins do artigo 108 do Código Civil, deve se levar em consideração o valor atribuído pelas partes ou pelo fisco?

Vigora no Brasil, em relação aos negócios jurídicos, **o princípio da liberdade da forma:**

> **Art. 107.** A validade da declaração de vontade não dependerá de forma especial, senão quando a lei expressamente a exigir.

Sucede que, em determinadas situações, a forma do negócio pode ser exigida ou para efeito de prova em juízo (Negócio "ad probationem") ou então como pressuposto de validade do próprio negócio:

> **Art. 108.** Não dispondo a lei em contrário, a escritura pública é essencial à validade dos negócios jurídicos que visem à constituição, transferência, modificação ou renúncia de direitos reais sobre imóveis de valor **superior a trinta vezes o maior salário mínimo vigente no País.**

Assim, nos termos do art. 108, não dispondo a lei em contrário, a escritura pública é essencial à validade dos negócios jurídicos que visem à constituição, transferência, modificação ou renúncia de direitos reais sobre imóveis de valor superior a 30 salários-mínimos vigentes o país. É possível, contudo, que a promessa de compra e venda seja feita por instrumento particular.

Nesse sentido, **o STJ decidiu que, para fins do art. 108 deverá ser levado em conta o preço do imóvel avaliado pelo fisco**. O fundamento foi o seguinte:

a) O art. 108 do CC fala em valor do imóvel (e não em preço do negócio). Assim, havendo disparidade entre ambos, é o valor do imóvel calculado pelo Fisco que deve ser levado em conta para verificar se será necessária ou não a elaboração da escritura pública.

b) A avaliação feita pela Fazenda Pública para fins de apuração do valor venal do imóvel **é baseada em critérios objetivos,** previstos em lei, os quais admitem aos interessados o conhecimento das circunstâncias consideradas na formação do quantum atribuído ao bem. Logo, trata-se de um critério objetivo e público.

c) Segundo entendeu o STJ, ao adotar o valor do imóvel calculado pelo Fisco, **evita-se possíveis fraudes.** Isso porque as partes poderiam inserir no contrato um preço para o imóvel bem abaixo do real apenas para fugir da obrigatoriedade da escritura pública, desvirtuando, totalmente, o espírito e a finalidade da lei, com a exclusiva finalidade de burlar o fisco e não recolher os tributos e emolumentos devidos (REsp 1.099.480-MG).

Com a decisão do STJ, **não mais se aplica** o enunciado 289 das Jornadas de Direito Civil:

> **Enunciado 289:** O valor de 30 salários mínimos a que se refere o art. 108 do Código Civil brasileiro, ao dispor este sobre a forma pública ou particular dos negócios jurídicos que envolvam bens imóveis, é o atribuído pelas partes contratantes, e não qualquer

> outro valor arbitrado pela Administração Pública com finalidade exclusivamente tributária.

17 A publicação de uma biografia exige o consentimento do biografado?

Sobre o tema, inicialmente é preciso saber que há duas espécies de biografias:

1ª - Biografia autorizada: aqui, o indivíduo ou sua família (em caso de já ter falecido), concorda com a publicação da obra, na maioria das vezes, inclusive, fornecendo detalhes da vida do biografado. O grande problema desse tipo de obra é que, geralmente, somente é publicado aquilo que foi autorizado, de forma que o relato não goza de imparcialidade.

2ª - Biografia não-autorizada: aqui, não há autorização expressa do biografado ou de sua família. Em razão disso, em regra, cuida-se de versões mais próximas da vida do biografado, expondo os lados bons e ruins de sua vida.

➔ É necessária a autorização do biografado para contar sua história?

Por muitos, prevaleceu no Brasil que essa autorização era exigida. Essa interpretação tinha como base o artigo 20 do Código Civil:

> **Art. 20. Salvo se autorizadas,** ou se necessárias à administração da justiça ou à manutenção da ordem pública, **a divulgação de escritos**, a transmissão da palavra, ou a publicação, a exposição **ou a utilização da imagem de uma pessoa** poderão ser proibidas, a seu requerimento e sem prejuízo da indenização que couber, se lhe atingirem a honra, a boa fama ou a respeitabilidade, ou se se destinarem a fins comerciais.

Ao analisar o tema, contudo, o STF (**ADI 4815) entendeu que não é necessária autorização prévia para a publicação de biografias.**

O fundamento foi que a Constituição Federal consagra a liberdade de expressão em seu art. 5º, IX, prevendo que **"é livre a expressão da atividade intelectual, artística, científica e de comunicação, independentemente de censura ou licença"**. Ademais, nos termos do art. 220, § 2º, também é **"vedada toda e qualquer censura de natureza política, ideológica e artística"**.

Assim, o STF entendeu que, uma regra infraconstitucional (Código Civil), não pode abolir o direito de expressão e criação de obras literárias.

➔ **Quer dizer então que eu posso sair escrevendo o que bem entender sobre qualquer pessoa?**

Não é bem assim. O STF apenas afastou a necessidade de autorização prévia. Contudo, na ocasião do julgamento, o STF deixou claro que o biografado que se sentir prejudicado com a obra possui uma série de direitos, tais como: **a)** a reparação dos danos morais e materiais que sofreu; **b)** a retificação das informações veiculadas; **c)** o direito de resposta; **d)** e até mesmo, em último caso, a responsabilização penal do autor da obra.

18 Com relação ao nome civil, diferencie as seguintes expressões: prenome, sobrenome, agnome, pseudônimo e hipocorístico.

Todos os termos acima estão relacionados, de alguma maneira, com o nome civil. O nome civil é um direito da personalidade, nos termos do Código Civil:

> **Art. 16.** Toda pessoa tem direito ao nome, nele compreendidos o prenome e o sobrenome.

Assim, nos termos da lei, o nome civil é composto por vários elementos. Vejamos os principais.

O **prenome** é o nome próprio da pessoa, podendo ser simples (Ex.: João) ou duplo (Ex.: João Paulo). Sua função é diferenciar a pessoa dos outros membros da família. Já o **sobrenome**, apelido, nome de família ou patronímico é a parte do nome do indivíduo que está relacionada com a sua ascendência (Ex.: Souza). Assim, temos que o sobrenome é uma porção do nome característico da família, sendo transmissível por sucessão.

Já o **agnome** tem por objetivo diferenciar pessoas da família que tem o mesmo prenome e sobrenome (Ex.: júnior, filho, neto, segundo).

Já o **pseudônimo** é o nome artístico utilizado por alguém (Ex.: George Orwell, que na verdade se chamava Eric Arthur Blair). Por nome artístico, deve-se entender aquele utilizado para identificar alguém em face do público ou em suas obras. No Brasil, inclusive, o pseudônimo utilizado para atividades lícitas goza das mesmas proteções do nome:

> **Art. 19.** O pseudônimo adotado para atividades lícitas goza da proteção que se dá ao nome.

Por fim, temos o termo hipocorístico. O **hipocorístico** é o apelido notório que serve para identificar alguém em suas projeções pessoais e profissionais (Ex.: Pelé).

⊖ **Beleza, mas qual é a diferença entre pseudônimo e hipocorístico?**

Inicialmente, temos que muita gente utiliza as expressões como sinônimos. Para os que o diferenciam (Ex.: Cristiano Chaves[4]), o pseudônimo **é usado apenas nas atividades profissionais,** não servindo para identificação pessoal do titular, cujo nome pelo qual é conhecida a sua existência é outro. Já o hipocorístico é um apelido notório que serve para identificar alguém, não só no campo profissional, **mas também em sua vida pessoal.**

Nesse caso, considerando que o apelido acaba por identificar o indivíduo perante a sociedade, a Lei de Registros Públicos permite que se acrescente ou substitua o nome, garantindo a identificação na sociedade daquele indivíduo (arts. 56 a 58).

Um bom exemplo para entender isso é a situação do cantor e ator americano Donald Glover. Isso porque ele, quando atua no cenário musical, utiliza o pseudônimo de "Childish Gambino". Contudo, fora do cenário musical, ele é conhecido apenas como Donald Glover. Assim, temos que o termo "Childish Gambino" é apenas um pseudônimo, pois é utilizado apenas na seara profissional.

19 Em que consiste a novação subjetiva passiva por expromissão?

⊖ **Novação. Que negócio é esse?**

Nos termos do Código Civil, temos o seguinte:

4. <http://meusitejuridico.com.br/2018/08/24/sobre-o-nome-confusao-entre-apelido-hipocoristico--pseudonimo-heteronimo-e-sua-necessaria-protecao/>. Acesso no dia 07 de setembro de 2018.

Art. 360. Dá-se a novação:

I - quando o devedor contrai com o credor nova dívida para extinguir e substituir a anterior;

II - quando novo devedor sucede ao antigo, ficando este quite com o credor;

III - quando, em virtude de obrigação nova, outro credor é substituído ao antigo, ficando o devedor quite com este.

Art. 361. Não havendo ânimo de novar, expresso ou tácito mas inequívoco, a segunda obrigação confirma simplesmente a primeira.

Opera-se novação quando, por meio de uma estipulação contratual, cria-se uma obrigação nova, destinada a substituir e extinguir a obrigação anterior. A novação, que não pode ser imposta por lei, dependendo, portanto, de um novo ajuste de vontade, resulta no fato de que a antiga obrigação é quitada.

➔ **Quais as espécies de novação?**

A doutrina divide a novação nas seguintes espécies:

1º Novação Objetiva (Art. 360, I, CC)

Ocorre quando as mesmas partes da relação obrigacional criam obrigação nova, destinada a substituir e extinguir a relação anterior.

2º Novação Subjetiva (Art. 360, II e II, CC)

A novação subjetiva subdivide-se em:

a) **novação subjetiva ativa (quando um novo credor substitui o antigo):** ocorre quando, em virtude de obrigação nova, outro credor substitui ao antigo, ficando o devedor quite com este.

b) **novação subjetiva passiva (quando um novo devedor substituir o antigo):** a novação subjetiva passiva, de estrutura mais complexa, opera-se quando há mudança de devedores, considerando-se criada a obrigação nova a partir do ingresso do novo devedor, que poderá ocorrer de duas formas:

1º Novação subjetiva passiva por delegação: na delegação, que não tem artigo específico no Código, mas que é aceita pelo sistema, o devedor originário participa do ato novatório, aquiescendo.

2º Novação subjetiva passiva por expromissão: na expromissão, a substituição ocorre independentemente da vontade do devedor originário.

Assim, a novação subjetiva passiva por expromissão **é aquela onde a substituição do devedor ocorre independentemente da sua vontade.**

20 Diferencie dívida quesível de dívida portável.

A **dívida quesível ou "querable"** é aquela que deve ser paga no domicílio do devedor. Já a **dívida portável ou "portable"** é aquela que deve ser paga no domicílio do credor.

⊝ Qual é a regra no Brasil?

Em regra, as dívidas deverão ser pagas no domicílio do devedor (dívida quesível ou "querable"):

> **Art. 327.** Efetuar-se-á o pagamento no domicílio do devedor, salvo se as partes convencionarem diversamente, ou se o contrário resultar da lei, da natureza da obrigação ou das circunstâncias.
>
> **Parágrafo único.** Designados dois ou mais lugares, cabe ao credor escolher entre eles.

Contudo, é possível que as partes convencionem de modo diverso, podendo o pagamento ocorrer do domicílio do credor, ocasião em que a dívida será denomina de dívida portável ou "portable".

Por fim, vejam que o parágrafo único do art. 327 estabelece uma regra peculiar: designados dois ou mais lugares para o pagamento, caberá ao credor escolher entre eles.

Trata-se de uma exceção ao nosso sistema, uma vez que, em regra, havendo opção de escolha, ela deverá ser feita pelo devedor.

21 No âmbito da cessão de crédito, diferencie cessão "pro soluto" de cessão "pro solvendo".

A cessão de crédito é uma das formas de transmissão de uma obrigação. Ela consiste em um negócio jurídico por meio do qual o credor (cedente) transmite total ou parcialmente o seu crédito a um terceiro (cessionário), mantendo-se a mesma relação obrigacional com o devedor (cedido).

⊖ Beleza, mas qual é a diferença entre cessão "pro soluto" de cessão "pro solvendo"?

Nos termos e nas condições dos arts. 295 a 297 do Código Civil, em regra, o cedente só garante a existência do crédito que cedeu **(cessão "pro soluto"),** mas caso concorde, segundo sua autonomia da vontade, poderá garantir ainda o pagamento pelo devedor, ocasião em que a cessão denomina-se cessão **"pro solvendo".**

Por exemplo, imaginem que o cedente transmita um crédito de 10 mil reais. Na cessão "pro soluto" ele só garante que esse crédito realmente existe, mas não garante seu pagamento. Assim, ele somente poderá ser demandado se o crédito não existir, não podendo ser demandado se o devedor eventualmente não pagar a dívida. No caso da cessão "pro solvendo" ele garante as duas coisas. No nosso exemplo, caso o devedor não pague, ele poderá ser responsabilizado solidariamente, já que ele garantiu a existência e o pagamento do crédito.

Nesse sentido, temos o Código Civil:

> **Art. 295.** Na cessão por título oneroso, o cedente, ainda que não se responsabilize, fica responsável ao cessionário pela existência do crédito ao tempo em que lhe cedeu; a mesma responsabilidade lhe cabe nas cessões por título gratuito, se tiver procedido de má-fé.
>
> **Art. 296.** Salvo estipulação em contrário, o cedente não responde pela solvência do devedor.

22 Condição promíscua. Que negócio é esse?

⊖ Qual é o contexto?

A condição é um elemento acidental do negócio jurídico e encontra-se prevista no seguinte artigo do Código Civil:

> **Art. 121.** Considera-se condição a cláusula que, derivando exclusivamente da vontade das partes, subordina o efeito do negócio jurídico a evento futuro e incerto.

Com base no artigo 121, podemos conceituar condição como um acontecimento futuro e incerto, por meio do qual se subordina ou resolvem-se os efeitos jurídicos de um determinado negócio.

⊖ Quais são as características da condição?

Segundo a doutrina, as condições têm as seguintes características:

1º Futuridade: a condição é sempre futura. Fatos pretéritos não caracterizam uma condição (Ex.: não é uma condição a promessa de dividir um prêmio de loteria, que foi sorteado no dia anterior). A morte, por se tratar de um fato certo em nossas vidas, em regra, não traduz uma condição. Contudo, se a previsão da morte for dentro de um determinado prazo, neste caso, não se sabe se ela ocorrerá, de maneira que poderá haver uma condição.

2º Incerteza: toda condição deve ser incerta. A incerteza aqui refere-se à ocorrência ou não do fato.

⊖ A condição pode ser estabelecida por lei?

Não. Nos termos do art. 121 do Código Civil, a condição é sempre estipulada pela vontade das partes. Assim, a lei não poderá impor uma condição;

⊖ Mas afinal, o que é uma condição promíscua?

O estudo da condição promíscua **está relacionado à licitude da condição.** Nesse sentido, o Código Civil determinou o seguinte:

> **Art. 122.** São lícitas, em geral, todas as condições não contrárias à lei, à ordem pública ou aos bons costumes; entre as condições defesas se incluem as que privarem de todo efeito o negócio jurídico, ou o sujeitarem ao puro arbítrio de uma das partes.

Vejam, meus amigos, que a luz do art. 122 do CC/02, fixou-se a seguinte regra: lícita é a condição que não for contrária a lei, a ordem pública e aos bons costumes.

Já as condições nulas são as seguintes:

> **Art. 123**. Invalidam os negócios jurídicos que lhes são subordinados:
>
> **I** - as condições física ou juridicamente impossíveis, quando suspensivas;
>
> **II - as condições ilícitas, ou de fazer coisa ilícita;**
>
> **III** - as condições incompreensíveis ou contraditórias.

Sobre o tema, a doutrina classifica as condições ilícitas da seguinte forma:

a) **Condição perplexa:** é aquela condição contraditória em seus próprios termos:

b) **Condição puramente potestativa:** é aquela que o acontecimento que subordina a eficácia jurídica do negócio deriva do exclusivo arbítrio de uma das partes. A ilicitude da condição deriva do exclusivo arbítrio de uma das partes.

Não se deve confundir, contudo, **a condição puramente potestativa (ilícita)** com a **condição simplesmente potestativa (lícita),** pois esta última, embora derive da vontade de uma das partes, alia-se a fatores circunstanciais que a amenizam.

Sobre esse último fato, **a doutrina chama de condição promíscua a condição que nasceu simplesmente potestativa e se impossibilita depois por conta de acontecimento superveniente.**

Por exemplo, imaginem que o dono de um clube de futebol realize uma doação financeira, a qual tenha como condição o fato de um jogador de futebol ser o artilheiro do campeonato. Nesse caso, temos uma condição simplesmente potestativa. Contudo, imaginem que nesse caso, o jogador de futebol, antes do início do campeonato, sofre uma grave lesão, ficando afastado de toda a competição. Se isso acontecer, a condição se tornou impossível de ser cumprida, tornando-se, assim, uma condição promíscua.

Percebam que a condição surgiu válida, mas em virtude de fatos posteriores tornou-se impossível de ser cumprida.

⊕ Qual a consequência da ilicitude?

Nos termos do art. 123, II, do Código Civil combinado com o art. 166, VII, a condição ilícita tem por consequência invalidar todo o negócio jurídico **(Nulidade Absoluta).**

23 Obrigação Natural. Que negócio é esse?

Trata-se de um tipo de obrigação civil desprovida de coercibilidade jurídica. Em outras palavras, não é possível cobrá-las judicialmente. Por exemplo, a luz do art. 814 do Código Civil, é exemplo de obrigação natural a dívida de jogo e aposta:

> **Art. 814.** As dívidas de jogo ou de aposta não obrigam a pagamento; mas não se pode recobrar a quantia, que voluntariamente se pagou, salvo se foi ganha por dolo, ou se o perdente é menor ou interdito.

Cumpre ressaltar, contudo, que as dívidas de jogo legalmente permitidos tem coercibilidade jurídica, não sendo consideradas obrigações naturais:

> § **2º** O preceito contido neste artigo tem aplicação, ainda que se trate de jogo não proibido, **só se excetuando os jogos e apostas legalmente permitidos.**

⊕ E se houver autorização liminar do Poder Judiciário, é possível a cobrança em juízo?

Não. O STJ entendeu que a dívida de jogo contraída em casa de bingo é inexigível, ainda que seu funcionamento tenha sido autorizado pelo Poder Judiciário (**REsp 1.406.487/SP**). A autorização do judiciário, mediante liminar, não pode ser equiparada aos jogos legalmente permitidos.

⊕ Mas se ela não tem coercibilidade jurídica, para que ela serve?

A obrigação natural, apesar de desprovida coercibilidade jurídica, gera o efeito jurídico do "Soluti Retentio" (retenção de pagamento), ou seja, não pode o credor compelir o devedor a pagar, mas uma vez pago, o devedor não pode exigir o que pagou.

24 Em relação aos vícios do negócio jurídico diferencie a coação física da coação moral.

Qual é o contexto.

Nos termos do Código Civil, temos o seguinte:

> **Art. 151.** A coação, para viciar a declaração da vontade, há de ser tal que incuta ao paciente fundado temor de dano iminente e considerável à sua pessoa, à sua família, ou aos seus bens.
>
> **Parágrafo único.** Se disser respeito a pessoa não pertencente à família do paciente, o juiz, com base nas circunstâncias, decidirá se houve coação.

O artigo 151 cuida da chamada coação moral.

A coação moral, vício invalidante do negócio jurídico, traduz a violência psicológica apta a influenciar a vítima a realizar negócio jurídico que lhe é prejudicial.

Percebam, meus amigos, que na coação moral **a vontade existe**, mas é viciada. Exatamente por isso a coação moral **é uma causa de anulabilidade do negócio jurídico.**

Por outro lado, na coação física, **não há como falar sequer em vontade**. Justamente por isso, a coação física **torna o negócio inexistente.**

Temos assim:

a) **coação moral:** a vontade existe, mas é viciada (defeito do negócio jurídico. O negócio existe, mas pode ser anulado).

b) **coação física:** não há sequer vontade (o negócio sequer existe, pois não há que se falar em negócio jurídico sem vontade).

25 Para fins de anulação do negócio jurídico é necessário que o erro seja escusável?

⊖ Qual é o contexto?

O erro é um dos defeitos do negócio jurídico, sendo assim disciplinado pelo Código Civil:

> **Art. 138.** São anuláveis os negócios jurídicos, quando as declarações de vontade emanarem de erro substancial que poderia ser percebido por pessoa de diligência normal, em face das circunstâncias do negócio.

No passado, a doutrina clássica chegou a defender que o erro só invalidaria o negócio jurídico se concorressem dois elementos: o erro deveria ser escusável (perdoável) e essencial.

A doutrina mais moderna, contudo, tem afirmado que, a luz do princípio da confiança, é dispensável a demonstração da escusabilidade do erro para efeito de se invalidar o negócio jurídico. Em outras palavras, basta que o erro seja essencial.

> **Enunciado 12 da I Jornada:** Na sistemática do art. 138, é irrelevante ser ou não escusável o erro, porque o dispositivo adota o princípio da confiança.

26 Obrigação *propter rem*. Que negócio é esse?

A obrigação *propter rem* é uma obrigação de **natureza mista ou híbrida**, situando-se entre o direito pessoal e o direito real, uma vez que ela se encontra entre uma relação obrigacional típica (pois vincula pessoas) e uma relação de direito real (pois vincula uma coisa).

Em termos mais simples, a obrigação *propter rem* vincula-se a uma coisa, e a acompanha independentemente de quem seja o devedor. **Assim, ela tem caráter pessoal, ao vincular pessoa, e caráter real, ao vincular coisa.**

O grande exemplo de obrigação *propter rem* é a obrigação de pagar a taxa condominial **(Resp 846.187/SP).**

Recentemente, o STJ analisou uma questão interessante sobre o tema: o comprador responde por honorários arbitrados contra o antigo proprietário em ação de cobrança de cotas condominiais?

Ao analisar a questão, o STJ entendeu que, de fato, a compreensão extraída do artigo 1.345 do Código Civil é a de que as obrigações dos condôminos perante o condomínio são qualificadas como *propter rem*, de modo que, decorrendo as respectivas prestações da mera titularidade do direito real sobre imóvel, incidirão sobre a coisa e irão acompanhá-la em todas as suas mutações subjetivas.

Contudo, o sentido dessa norma é fazer prevalecer o interesse da coletividade, permitindo que o condomínio receba, ainda que haja a transferência de titularidade do direito real sobre o imóvel, as despesas indispensáveis e inadiáveis para a manutenção da coisa comum.

Assim, é possível concluir que a obrigação de pagar as verbas de sucumbência, ainda que sejam elas decorrentes de sentença proferida em ação de cobrança de cotas condominiais, não pode ser qualificada como ambulatória (*propter rem*) e, portanto, não pode ser exigida do novo proprietário do imóvel sobre o qual recai o débito condomínio.

Em outras palavras, **os honorários de sucumbência decorrentes de condenação em ação de cobrança de cotas condominiais não possuem natureza ambulatória (*propter rem*),** ou seja, a obrigação de pagá-los não é transmitida para o comprador com a propriedade do imóvel **(REsp 1.730.651).**

27 O pedido de concessão de prazo para analisar documentos com o fim de verificar a existência de débito tem o condão de interromper a prescrição?

⊖ Qual é o contexto?

Considerando que o direito de ação é apenas o direito autônomo e abstrato de pedir ao estado um pronunciamento judicial, **é certo que esse direito de ação não prescreverá nunca.**

No caso, o que prescreve **é a pretensão do credor**, que nasce da violação do seu direito a prestação. Por pretensão, entenda-se o poder conferido ao credor de coercitivamente exigir o cumprimento da prestação inadimplida.

Nesse sentido, temos que o artigo 202 do Código Civil trouxe as causas de interrupção da prescrição. Nesse contexto, temos que a incidência da interrupção implica o recomeço do prazo prescricional. Vale lembrar, contudo, que para evitar abusos, a interrupção somente pode ocorrer uma vez.

Dentre as diversas hipóteses de interrupção, destaca-se a existência de ato inequívoco, ainda que extrajudicial, que importe reconhecimento do direito pelo devedor.

> **Art. 202.** A interrupção da prescrição, que somente poderá ocorrer uma vez, dar-se-á:
>
> (...)
>
> **VI** - por qualquer ato inequívoco, ainda que extrajudicial, que importe reconhecimento do direito pelo devedor.

Dito isso, imagine a seguinte situação: a empresa A encaminha notificação para empresa B, requerendo o pagamento de uma dívida. Em resposta, a empresa B, supostamente devedora, requer a concessão de prazo para analisar os documentos enviados na notificação, com o fim de verificar a existência de débito. Nesse caso, é possível falar que ocorreu a interrupção da prescrição em função do reconhecimento do direito pelo devedor.

O STJ entendeu que não. Segundo o Tribunal, o pedido de concessão de prazo para analisar documentos com o fim de verificar a existência de débito não tem o condão de interromper a prescrição **(REsp 1.677.895-SP).**

⊖ Qual o fundamento?

Segundo o STJ, para que haja a interrupção com base nesse inciso é preciso que o ato praticado pelo devedor importe em reconhecimento inequívoco do débito. Não é suficiente que haja a possibilidade de reconhecimento. Para o STJ, somente importaria em reconhecimento inequívoco se a empresa tivesse requerido prazo para calcular o valor do débito e não a existência do débito.

28 É possível a alteração do nome em função da morte do marido?

⊖ Qual é o contexto?

No Brasil, o nome civil da pessoa física é disciplinado pela regra da imutabilidade relativa do nome. A regra da inalterabilidade relativa do nome civil preconiza que o nome (prenome e sobrenome) estabelecido por ocasião do nascimento reveste-se de definitividade, admitindo-se sua modificação, excepcionalmente, nas hipóteses previstas em lei ou reconhecidas como excepcionais por decisão judicial, exigindo-se, para tanto, justo motivo e ausência de prejuízo a terceiros.

Uma das hipóteses de alteração do nome é o casamento:

> **Art. 1.565 (...)**
>
> **§ 1º** Qualquer dos nubentes, querendo, poderá acrescer ao seu o sobrenome do outro.

Cumpre ressaltar, sobre o tema, que embora o Código Civil tenha regulado apenas o casamento, o STJ entende que também é possível a alteração na união estável. Como a união estável e o casamento são institutos semelhantes, é possível aplicar a regra de um para o outro, pois "onde impera a mesma razão, deve prevalecer a mesma decisão" (*ubi eadem legis ratio ibi eadem* dispositivo) (**REsp 1.206.656-GO).**

➔ É possível a alteração em razão de viuvez?

A lei não previu o falecimento do cônjuge como uma das hipóteses de alteração do nome. Contudo, o STJ entendeu que isso deve ser permitido (**REsp 1.724.718-MG).**

➔ Qual o fundamento?

O STJ entendeu que, como a lei permite a alteração em caso de divórcio, isso também deveria ser permitido em caso de viuvez. A viuvez e o divórcio são hipóteses muito parecidas e envolvem uma mesma razão de ser: a dissolução do vínculo conjugal.

Assim, não há justificativa plausível para que se trate de modo diferenciado as referidas situações. O dispositivo que apenas autoriza a retomada do nome de solteiro na hipótese de divórcio deverá ser estendido também às hipóteses de dissolução do casamento pela morte de um dos cônjuges.

Portanto, é possível o restabelecimento do nome de solteiro na hipótese de dissolução do vínculo conjugal pelo falecimento do cônjuge.

II. RESPONSABILIDADE CIVIL

01 A demora no ajuizamento de ação buscando a reparação por danos morais pode influenciar no valor da indenização?

O STJ entende que **sim (EREsp 526.299/PR).**

O fundamento do STJ é que a demora pode indicar que o grau de constrangimento sofrido não foi tão intenso.

O STJ, contudo, em recente julgado, entendeu que a demora no ajuizamento da ação não influencia na fixação do valor da indenização quando justificada pela menoridade do autor. Isso porque, antes da maioridade, a parte não pode, sem representação ou assistência, ajuizar a demanda, demonstrando que a demora não no ajuizamento da ação não ocorreu por culpa sua **(REsp 1.529.971).**

Com isso, o STJ entendeu que a redução do montante indenizatório em virtude do grande lapso temporal havido entre o fato danoso e a dedução, em juízo, do correspondente pedido indenizatório só se justifica quando tal circunstância **tiver o condão de revelar verdadeira desídia da parte autora.**

Trata-se de tema extremamente interessante tanto para concursos quanto para quem exerce advocacia.

02 Para fins de responsabilidade civil dos pais pelos ilícitos cometidos pelos filhos menores, diferencie poder familiar e autoridade.

O **poder familiar** constitui no exercício potestativo da autoridade dos pais sobre os filhos menores não emancipados. Cuida-se de instrumento assegurado pelo ordenamento aos genitores para que se desenvolva, no seio familiar, a educação dos filhos, podendo os pais, titulares desse poder, tomar decisões às quais se submetem os filhos.

Já o termo "**autoridade**" é uma expressão **mais restrita** que o poder familiar e pressupõe **uma ordenação**, é dizer, que o pai ou mãe tenha poderes para organizar **de forma mais direta e imediata a vida do filho.**

Com base nesses conceitos, é possível afirmar que todo genitor que possui autoridade possui poder familiar, **mas nem todo genitor que tem poder familiar possui autoridade sobre o menor**.

Em razão dessa distinção, o STJ **(Resp 1.232.011/SC)** já afastou a responsabilidade da genitora pelos atos ilícitos de filho menor, quando resta comprovado que ela reside de forma **permanente** em local distinto daquele em que o menor residia.

No caso, em que pese a mãe continue com o poder familiar sobre o menor (o mero fato de ela residir em local distinto dele não lhe retira essa prerrogativa) ela não possuía autoridade sobre ele.

Assim, como o Art. 932, I, do CC, refere-se aos filhos menores que estiverem sob sua autoridade, o STJ afastou a responsabilidade no caso concreto.

Ressalta-se, ainda, que o mesmo STJ possui precedente (**AgRg no AREsp 220.930/MG) que o mero fato de o menor não residir com o genitor não afasta a responsabilidade civil dele.**

Assim, para seja afastada a responsabilidade no caso concreto, é **preciso investigar com profundidade se o genitor ainda possui autoridade em relação ao menor**, com todos os deveres/poderes de orientação e vigilância que lhe são inerentes.

03 Qual a tríplice função dos danos morais?

A indenização por danos morais possui tríplice função: a **compensatória**, para mitigar os danos sofridos pela vítima; a **punitiva**, para condenar o autor da prática do ato ilícito lesivo; e a **preventiva**, para dissuadir o cometimento de novos atos ilícitos **(REsp nº 1440721/GO).**

04 O dano resultante da teoria da perda de uma chance pode ser classificado como danos emergentes ou como lucro cessante?

Não. Segundo o STJ, trata-se de uma terceira categoria. Isso porque a teoria da perda de uma chance visa à responsabilização do agente causador não de um dano emergente, tampouco de lucros cessantes, mas de algo intermediário entre um e outro, precisamente a perda da possibilidade de se buscar posição mais vantajosa, que muito provavelmente se alcançaria, não fosse o ato ilícito praticado **(Resp 1.190.180/RS)**

05 A habilitação parcial em concurso justifica indenização por lucros cessantes em caso de acidente?

Ao analisar o caso sobre a condenação imposta a um motorista que atropelou um médico-residente que obteve boa classificação na primeira fase de concurso público, o STJ rejeitou a pretensão de que ele fosse obrigado a indenizar o suposto prejuízo sofrido pelo candidato por ter sido impossibilitado de comparecer às provas subsequentes do certame em virtude das sequelas do acidente.

Em que pese o STJ admita a responsabilidade civil e o dever de reparação de possíveis prejuízos com fundamento na chamada "teoria da perda de uma chance", é preciso que fique demonstrado que havia uma real possibilidade de êxito.

A simples inscrição do autor em concurso público ou o fato de estar, no momento do acidente, bem posicionado em lista classificatória parcial do certame não indicam existir situação de real possibilidade de êxito capaz de autorizar a aplicação, no caso, da teoria da perda uma chance, não havendo falar, portanto, na existência de lucros cessantes a serem indenizados (**Resp 1.591.178- RJ**).

06 Qual a natureza da responsabilidade decorrente de ato praticado em abuso de direito?

O artigo 187, do Código Civil, que versa sobre o abuso de direito, consagra uma responsabilidade OBJETIVA, já que, para aferição do abuso, não se analisa culpa ou dolo, mas a própria finalidade do agente, é dizer, se ultrapassou ou não os limites ditados pelo fim social ou econômico, pela boa fé ou bons costumes.

> **Enunciado 37 da I Jornada:** a responsabilidade civil decorrente do abuso do direito independe de culpa e fundamenta-se somente no critério objetivo-finalístico.

07 Qual o fundamento da possibilidade de fixação de danos morais em favor de pessoa jurídica?

Como se sabe, é firme na jurisprudência brasileira (Súmula 227 do STJ) o entendimento segundo o qual a pessoa jurídica pode sofrer dano moral. Mas qual é o fundamento da Súmula 227 do STJ?

O fundamento para tanto é que, se dano moral é lesão a direito da personalidade, o próprio Código Civil, em seu art. 52, admite que a pessoa jurídica possa titularizar tais direitos.

Contudo, esse entendimento não é pacífico na doutrina, havendo forte corrente sustentando o contrário, criticando o reconhecimento deste tipo de dano, pela ausência da dimensão psicológica da pessoa jurídica. Nesse sentido:

> **Enunciado nº 286 da IV Jornada**: os direitos da personalidade são direitos inerentes e essenciais à pessoa humana, decorrentes de sua dignidade, não sendo as pessoas jurídicas titulares de tais direitos.

08 Quais são os critérios para fixação de indenização aos genitores no caso de morte de filho por ato ilícito de terceiros?

Com relação aos danos morais, o STJ vem fixando, em caso de morte, uma indenização entre 300 a 500 salários-mínimos **(AgInt no AREsp 1095017/SP).**

Vale ressaltar, contudo, que este valor não é absoluto, podendo ser estipulado fora desses parâmetros, de acordo com as peculiaridades do caso concreto. Isso porque a indenização por dano moral não está sujeita a tarifação, é dizer, valores fixos, devendo obedecer ao princípio da reparação integral.

Por seu turno, com relação aos danos materiais, o STJ tem condenado o autor do ilícito a pagar um valor a título de danos emergentes e uma pensão aos pais do falecido como lucros cessantes. Esta indenização encontra fundamento no art. 948 do CC:

> **Art. 948.** No caso de homicídio, a indenização consiste, sem excluir outras reparações (dano moral):
>
> **I** - no pagamento das despesas com o tratamento da vítima, seu funeral e o luto da família (danos emergentes);
>
> **II** - na prestação de alimentos às pessoas a quem o morto os devia, levando-se em conta a duração provável da vida da vítima (lucros cessantes).

Segundo o STJ, em se tratando de família de baixa renda, presume-se que o filho contribuiria para o sustento de seus pais, quando tivesse idade para passar a exercer trabalho remunerado, dano este passível de reparação, na forma do inciso II do art. 948.

Para calcular o valor desta pensão e o seu turno final, o STJ utiliza os seguintes critérios:

a) No período em que o falecido teria entre 14 anos e 25 anos: os pais devem receber pensão em valor equivalente a 2/3 do salário-mínimo;

b) No período em que o filho falecido teria acima de 25 anos até 65 anos: os pais devem receber pensão em valor equivalente a 1/3 do salário-mínimo.

A jurisprudência utiliza esses parâmetros de idade e valor pelos seguintes motivos:

a) 14 anos é a idade em que a pessoa pode começar a trabalhar como aprendiz, segundo a CF/88 (Art. 7º, XXXIII). Antes disso ela não poderia ter nenhuma atividade laborativa remunerada.

b) 25 anos é a idade em que a jurisprudência arbitrou na qual normalmente as pessoas se casam e, com isso, constituem novo núcleo familiar e, em razão disso, passam a ajudar menos financeiramente os pais;

c) 65 anos é a expectativa de vida considerada pela jurisprudência.

Vale ressaltar que o autor do delito deverá pagar aos pais do falecido, no final de todos os anos, uma parcela extra desta pensão, como se fosse um 13º salário que teria direito o filho caso estivesse vivo e trabalhando **(Resp 555.036/MT).**

Contudo, para inclusão do 13º salário no valor da pensão indenizatória é necessário a comprovação de que a vítima exercia atividade laboral na época em que sofreu o dano morte **(Resp 1.279.173/SP).**

O STJ entende ainda que é devida a indenização de dano material consistente em pagamento mensal aos genitores de menor falecido, ainda que este não exerça atividade remunerada, considerando que se presume a ajuda mútua entre os integrantes de família de baixa renda **(Agrg no resp 1.228.184/RS)**

Nesse mesmo sentido o STF:

> **STF - Súmula 491:** é indenizável o acidente que cause a morte de filho menor, ainda que não exerça trabalho remunerado.

09 É possível a cumulação de pensão civil e pensão previdenciária por morte, decorrentes do mesmo fato?

O fato de o falecido ter deixado pensão por morte a ser paga pelo INSS não impede a fixação da pensão civil.

A jurisprudência do STJ é pacífica no sentido de que "o benefício previdenciário é diverso e independente da indenização por danos materiais ou morais, porquanto, ambos têm origens distintas. Este, pelo direito comum; aquele, assegurado pela Previdência. A indenização por ato ilícito é autônoma em relação a qualquer benefício previdenciário que a vítima receba **(REsp 776.338-SC)**.

10 O cônjuge traído tem direito a indenização por danos morais a ser paga pelo amante ou pelo outro cônjuge?

Amigos, imaginem que determinada pessoa descobriu que vinha sendo traída por seu cônjuge. Diante disso, ela ingressa com ação de danos morais contra o ex-cônjuge e o amante, em caráter solidário. Essa pretensão é legítima?

Com relação ao amante, o STJ entendeu que não. O cúmplice de cônjuge infiel não tem o dever de indenizar o traído, uma vez que o conceito de ilicitude está imbricado na violação de um dever legal ou contratual, do qual resulta dano para outrem, e não há no ordenamento jurídico pátrio norma de direito público ou privado que obrigue terceiros a velar pela fidelidade conjugal em casamento do qual não faz parte **(REsp 1.122.547/MG)**.

Assim, em que pese o alto grau de reprovabilidade da conduta daquele que se envolve com pessoa casada, o STJ tem entendido que o "cúmplice" do cônjuge infiel não é solidariamente responsável a indenizar o(a) traído(a), pois tal fato não constitui ilícito civil ou penal. Em outras palavras, o "cúmplice" (amante) não é obrigado, por lei ou contrato, a zelar pela incolumidade do casamento alheio ou a revelar ao cônjuge traído(a) que está mantendo relacionamento extraconjugal com a sua esposa/marido.

Para que haja o dever de indenizar, nesse caso, é preciso que o(a) amante tenha feito algo mais, como, por exemplo, divulgar comentários jocosos sobre o cônjuge traído. Em suma, em regra, o amante não tem o dever de indenizar o cônjuge que foi traído.

Por sua vez, em relação ao cônjuge que traiu, o STJ entendeu que o fato de ter havido traição **não autoriza, por si só, a condenação por danos morais**. Isso porque, atualmente, o nosso ordenamento não mais dá importância em identificar o culpado pelo fim de uma relação afetiva.

Além disso, a violação dos deveres impostos por lei para o casamento (art. 1.566 do CC) e para a união estável (art. 1.724 do CC) **não** constitui, por si só, ofensa à honra e à dignidade do consorte, apta a ensejar a obrigação de indenizar. Em suma, em regra, o cônjuge/companheiro que descumpre os seus deveres **não** tem obrigação de pagar indenização.

Não é porque houve o desrespeito a um dos deveres do casamento ou da união estável que haverá, necessariamente, o dever de indenizar. Não há como se impor o dever de amar. Não se pode transformar a desilusão pelo fim dos vínculos afetivos em obrigação indenizatória.

O STJ, contudo, ressalvou que não é possível ignorar que a vida em comum impõe restrições que devem ser observadas, destacando-se o dever de fidelidade nas relações conjugais. O descumprimento a esse dever pode, **diante de peculiaridades do caso concreto,** acarretar danos morais.

Ao analisar a situação em que um cônjuge enganou outro, fazendo acreditar que o filho que estava esperado era seu, quando na verdade era de seu amante, o STJ entendeu que restou configurado o dano moral, considerando que o cônjuge traiu a vítima com seu amigo, fazendo-o, ainda, acreditar que tinha tido um filho biológico que era do outro **(REsp 922.462-SP).**

Resumindo o assunto, em regra, não há o dever de indenizar por uma traição. Isso vale tanto para o amante quanto para o cônjuge que traiu. Para que haja o dever de indenizar é preciso ficar demonstrado no caso concreto que houve "algo a mais", como espalhar comentários jocosos sobre o cônjuge ou mesmo fazer acreditar que o filho que o casal teve era do cônjuge traído, quando na verdade era do amante.

11 Aquele que gratuitamente oferece carona a outra pessoa responde objetivamente em caso de acidente de trânsito?

⊝ Qual é o contexto?

O transporte de pessoas é regulado pelo Código Civil nos seguintes termos:

> **Art. 734.** O transportador responde pelos danos causados às pessoas transportadas e suas bagagens, salvo motivo de força maior, sendo nula qualquer cláusula excludente da responsabilidade.
>
> **Parágrafo único.** É lícito ao transportador exigir a declaração do valor da bagagem a fim de fixar o limite da indenização.

A obrigação assumida pelo transportador é sempre de resultado, justamente pela existência da cláusula de incolumidade, o que fundamenta a sua responsabilização independentemente de culpa (responsabilidade objetiva). O Código não admite a chamada cláusula de não indenizar.

No mesmo sentido:

> **STF – Súmula 161:** em contrato de transporte é inoperante a cláusula de não indenizar.

⊝ Esse entendimento se aplica a quem oferece carona?

Ressalta-se que no transporte por cortesia, não há responsabilidade contratual objetiva daquele que dá carona. Na verdade, a carona não se subordina as normas do contrato de transporte. A responsabilidade aqui é extracontratual, subjetiva, dependendo da prova de culpa.

> **Art. 736.** Não se subordina às normas do contrato de transporte o feito gratuitamente, por amizade ou cortesia.
>
> **Parágrafo único.** Não se considera gratuito o transporte quando, embora feito sem remuneração, o transportador auferir vantagens indiretas.

Vejam, meus amigos, que só se considera transporte de cortesia se não houver nenhum tipo de vantagem, direta ou indireta (Ex.: não se considera de cortesia se a pessoa que recebe carona contribui com parte do combustível).

Sobre o tema, temos a seguinte súmula do STJ:

> **STJ – Súmula 145:** No transporte desinteressado, de simples cortesia, o transportador só será civilmente responsável por danos causados ao transportado quando incorrer em dolo ou culpa grave.

Assim, no transporte desinteressado, de simples cortesia, o transportador só será civilmente responsável por danos causados ao transportado quando incorrer em dolo ou culpa grave. **Em outras palavras, não há responsabilidade objetiva ao caso.**

12 É possível que os danos decorrentes de acidentes de veículos automotores sem vítimas sejam considerados dano moral *in re ipsa*?

⊖ Qual é o contexto?

O dano moral "in re ipsa" **é sinônimo de dano moral presumido.** Isso porque, em regra, a existência de dano moral exige a comprovação de que o ato praticado foi apto a provocar um dano. Em determinadas situações, contudo, presume-se que o dano é inerente ao ato. Nesses casos, basta ao prejudicado que ele demonstre que houve a prática do ato, **sem necessidade de novas provas.**

⊖ É possível que os danos decorrentes de acidentes de veículos automotores sem vítimas sejam considerados dano moral *in re ipsa*?

Não. Segundo o STJ, os danos decorrentes de acidentes de veículos automotores sem vítimas **não caracterizam dano moral *in re ipsa*. (REsp 1.653.413/RJ).**

⊖ Qual fundamento?

Para o STJ, de fato, em casos específicos, é possível aceitar a possibilidade de compensação de danos morais independentemente da demonstração de dor, traduzindo-se, pois, em consequência *in re ipsa*, intrínseca à própria conduta que injustamente atinja a dignidade do ser humano. Contudo, a caracterização do dano moral *in re ipsa* não pode ser elastecida a ponto de afastar a necessidade de sua efetiva demonstração em qualquer situação.

Isso porque ao assim proceder se estaria a percorrer o caminho diametralmente oposto ao sentido da despatrimonialização do direito civil, transformando em caráter meramente patrimonial os danos extrapatrimoniais e fomentando a já bastante conhecida "indústria do dano moral".

Nesse sentido é importante assinalar que, em casos de acidente automobilístico sem vítima, não há a priori a configuração de dano moral. Ao contrário, em casos tais, o comum é que os danos não extrapolem a esfera patrimonial e ensejem indenização por danos materiais, eventualmente, sob as modalidades de lucros cessantes e ressarcimento de despesas correlacionadas.

De outro prisma, certamente haverá casos em que as circunstâncias que o envolvem apontem para um dano que extrapole os limites do mero aborrecimento e que, portanto, deverão ser compensados por meio de indenização que logre realizar o princípio do ressarcimento integral da vítima. Nota-se, portanto, que o dano moral decorrente de acidente de trânsito não corresponde ao dano *in re ipsa* por vezes reconhecido nesta Corte Superior.

Em termos mais simples, os acidentes automobilísticos com vítima são capazes de gerar dano moral, **desde que o dano seja efetivamente comprovado no caso concreto**.

Não se admite aqui é o dano moral presumido.

13 Há responsabilidade civil por danos morais na quebra dos esponsais?

⊖ Esponsais. Que negócio é esse?

Trata-se da promessa de casamento, período anterior ao matrimônio em que é firmado o compromisso de realização do ato nupcial. Em termos mais simples: **é o termo técnico-jurídico para o famoso noivado.**

A etimologia da palavra esponsal deriva do latim *spónsales* ou *sponsalium* e significa o compromisso que antecede ao casamento, também conhecido como noivado.

➔ Há responsabilidade civil por quebra de promessa de noivado?

Ao contrário de outras legislações, o nosso Código Civil não tratou especificamente da matéria. Assim, a responsabilidade civil nesse caso é tema bastante controverso em sede jurisprudencial e doutrinária.

Com relação aos danos materiais, há várias decisões de tribunais admitindo sua incidência como forma de ressarcimento às despesas efetuadas com os preparativos do casamento (Ex.: gastos com enxovais, festa etc.), desde que haja a efetiva comprovação desses gastos **(TJMG, Apelação Cível n.º 1.0079.06.302704-3/001. TJSP - Apelação n. 0005378-26.2011.8.26.0462)**.

Notem, meus amigos, que a jurisprudência somente aceita a reparação material pelos danos emergentes (o prejuízo efetivamente sofrido). **Não é possível se falar em indenização pelos lucros cessantes,** uma vez que não se pode afirmar que o casamento é fonte de lucro e, sendo assim, não há como ressarcir lucros cessantes. Esse também é o posicionamento doutrinário (Maria Berenice Dias e Flávio Tartuce).

Com relação aos danos morais, o tema é bastante polêmico na doutrina. Maria Berenice Dias, por exemplo, entende que não é possível a condenação por danos morais. Por outro lado, parte da doutrina entende que é possível, em circunstâncias excepcionais, a condenação por danos morais nesse caso.

A responsabilidade aqui não surgiria do artigo 186 do Código Civil (que trata da responsabilidade por ato ilícito), mas sim do artigo 187 do mesmo Código, que trata da responsabilidade civil **por abuso de direito.**

Isso porque, efetivamente, o término de um noivado é um direito de ambas as partes, já que não há nenhuma norma em nosso ordenamento que obrigue os noivos a consumarem o casamento. Contudo, o nosso Código pune o chamado abuso de direito estabelecendo que "também comete ato ilícito o titular de um direito que, ao exercê-lo, excede manifestamente os limites impostos pelo seu fim econômico ou social, pela boa-fé ou pelos bons costumes".

Assim, em situações excepcionais, o término do noivado pode implicar numa violação da boa-fé e dos deveres de lealdade, de transparência e de confiança, atraindo, assim, a possibilidade de responsabilização por danos morais. Esse é o posicionamento de Flávio Tartuce[5].

A jurisprudência pátria parece se inclinar para essa segunda corrente, entendendo que, em regra, inexiste o dever de indenizar pelo rompimento do noivado. Isso porque não existe no Brasil qualquer norma que obrigue alguém a se casar e o fim do noivado, por mais doloroso que seja, em regra, configura apenas um mero dissabor. Assim, não haveria ato ilícito e muito menos dano a direito da personalidade.

Contudo, diante de situações excepcionais, a jurisprudência vem reconhecendo a possibilidade de indenização por danos morais, especialmente nos casos em que o término ocorre muito próximo da data marcada para o casamento.

Nesse sentido, o TJRJ já fixou indenização por danos morais no caso em que o noivo não compareceu no dia do próprio casamento:

> APELAÇÃO CÍVEL. AÇÃO INDENIZATÓRIA POR DANOS MATERIAIS E MORAIS. ROMPIMENTO DE NOIVADO. NÃO COMPARECIMENTO DO NOIVO AO MATRIMÔNIO. DANO MORAL CONFIGURADO. AUSÊNCIA DE COMUNICAÇÃO PRÉVIA O QUE EVITARIA MAIORES CONSTRANGIMENTOS. DANOS MATERIAIS, COMPROVADOS. AUSÊNCIA DE IMPUGNAÇÃO ESPECÍFICA. SENTENÇA MANTIDA. NEGADO PROVIMENTO AO RECURSO. **(Apelação Cível nº 0000813-45.2010.8.19.0075, 6ª Câmara Cível, Relator: Des. CLAUDIA PIRES DOS SANTOS FERREIRA).**

Da mesma forma, o TJMG já entendeu que: "são indenizáveis danos morais e materiais causados pelo noivo flagrado pela noiva mantendo relações sexuais com outra mulher, na casa em que morariam, o que resultou no cancelamento do casamento marcado para dias depois e dos serviços contratados para a cerimônia (**Apelação Cível 1.0024.07.529811-7/001. Belo Horizonte, 10ª Câmara Cível, Rel. Des. Mota e Silva, j. 31.08.2010, DJEMG 21.09.2010).**

5. <https://www.migalhas.com.b/amiliaeSucessoes/104,MI266027,41046Responsabilidade+civil+-por+quebra+de+promessa+de+casamento>. Acesso no dia 17 de novembro de 2018.

Assim, ainda que de forma casuística, a nossa jurisprudência tem reconhecido a possibilidade de indenização por danos morais pelo fim de um noivado, desde que fique comprovado que o término se deu em situações anormais, com abuso de direito de uma das partes.

14 Qual é o prazo da prescrição nas ações envolvendo responsabilidade civil contratual?

⊖ Qual é o contexto?

A responsabilidade civil se divide em contratual e extracontratual.

A **Responsabilidade Civil Contratual** é aquela que decorre da presença de um contrato prévio entre as partes envolvidas. Assim, quando a responsabilidade civil se fundamentar na quebra de um dever contratual, ela será considerada responsabilidade civil contratual.

Por sua vez, a **Responsabilidade Civil Extracontratual**, também conhecida como aquiliana, é aquela que decorre não de um contrato, mas da própria lei.

⊖ Qual é a polêmica aqui?

O Código Civil estabeleceu o seguinte:

> **Art. 206.** Prescreve:
>
> **§ 3º** Em três anos:
>
> **V** - a pretensão de reparação civil;

Notem, meus amigos, que o Código Civil falou em reparação civil, não esclarecendo se se tratava de responsabilidade contratual ou extracontratual. Ao analisar o dispositivo, a doutrina majoritária entendia que o prazo se aplicava para ambos os institutos:

> **Enunciado 419 da IV Jornada de Direito Civil**: O prazo prescricional de três anos para a pretensão de reparação civil aplica-se tanto à responsabilidade contratual quanto à responsabilidade extracontratual.

O STJ, contudo, entendeu diferente. Para o referido Tribunal, o prazo de 03 anos somente se aplica a responsabilidade extracontratual (que decorre de lei). Assim, é decenal o prazo prescricional aplicável às hipóteses de pretensão fundamentadas em inadimplemento contratual **(EREsp 1.280.825-RJ)**.

Assim, o prazo da responsabilidade civil contratual é de 10 anos. Por isso, após a decisão do STJ, acabou superado o enunciado 419 das Jornadas de Direito Civil.

➔ Qual foi o fundamento?

Segundo o STJ, no direito privado brasileiro, a responsabilidade extracontratual é historicamente tratada de modo distinto da contratual, por um motivo muito simples: são fontes de obrigações muito diferentes, com fundamentos jurídicos diversos.

Essa diferença fática e jurídica impõe o tratamento distinto do prazo prescricional, pois a violação a direito absoluto e o inadimplemento de um direito de crédito não se confundem nem na tradição jurídica pátria, nem na natureza das coisas.

Com efeito, segundo a Corte Cidadã, é possível encontrar muitas distinções de regime jurídico entre a responsabilidade contratual e a extracontratual, inclusive com relação: à capacidade das partes, quanto à prova do prejuízo; à avaliação da culpa entre os sujeitos envolvidos no dano; aos diferentes graus de culpa para a imputação do dever de indenizar; ao termo inicial para a fixação do ressarcimento; e, por fim, à possibilidade de prefixação do dano e de limitar ou excluir a responsabilidade, pois somente a responsabilidade contratual permite fixar, limitar ou mesmo excluir o dever de indenizar.

Analisando as diferenças fáticas entre a responsabilidade contratual e a extracontratual, há uma sensível diferença quanto ao grau de proximidade entre as partes contratuais nas suas relações sociais.

Na responsabilidade extracontratual, os sujeitos encontram-se no grau máximo de distanciamento. Em realidade, nessas circunstâncias, as partes entram em contato pelo mero fato de viverem em sociedade, sem qualquer negociação ou aproximação prévias.

Contudo, quando se trata de responsabilidade por inadimplemento contratual, há previamente uma relação entre as partes que se protrai no tempo, normalmente precedidas de aproximação e negociação, que ajustam exatamente o escopo do relacionamento entre elas. Essas relações não ocorrem por acaso, ou pelo mero "viver em sociedade", mas derivam de um negócio jurídico. Em regra, há um mínimo de confiança entre as partes, e o dever de indenizar da responsabilidade contratual encontra seu fundamento na garantia da confiança legítima entre elas.

Por fim, o STJ ressaltou ainda que do ponto de vista pragmático, também se mostra adequada a distinção dos prazos. Em contratos mais duradouros, sempre é viável e mais provável que as partes se componham de alguma maneira, de forma a evitar longas e dispendiosas disputas judiciais, o que é improvável de ocorrer na responsabilidade extracontratual.

III. CONTRATOS

01 É possível a homologação de sentença estrangeira de dívida de jogo?

Amigos, imaginem a seguinte situação: determinado empresário brasileiro contraiu uma dívida de 1 milhão de dólares em um torneio de pôquer realizado por um cassino de Las Vegas.

Posteriormente, fugiu para o Brasil sem pagar a dívida e, no momento da homologação da sentença estrangeira, alegou que ela não podia ser homologada, pois os jogos de azar seriam proibidos no Brasil e a homologação violaria a ordem pública.

O STJ, contudo, não aceitou essa tese **(REsp 1628974/SP).** Os fundamentos foram os seguintes:

a) a cobrança só seria impossível caso ofendesse a soberania nacional ou a ordem pública, o que não ficou configurado no caso.

b) Não ofende a soberania nacional a cobrança de dívida de jogo, visto que a concessão de validade a negócio jurídico realizado no estrangeiro não retira o poder do Estado em seu território e nem cria nenhuma forma de dependência ou subordinação a outros Estados soberanos.

c) diversos tipos de jogos de azar são permitidos e regulamentados no Brasil, tais como loterias e raspadinhas. Com esse raciocínio, segundo o STJ, é razoável o pedido de cobrança de um jogo semelhante (pôquer), que é regulamentado no local em que os fatos ocorreram.

d) Ordem pública é um conceito mutável, atrelado à moral e a ordem jurídica vigente em dado momento histórico. Não se trata de uma noção estanque, mas de um critério que deve ser revisto conforme a evolução da sociedade.

e) O Código Civil atual veda expressamente o enriquecimento sem causa. Assim, a matéria relativa à ofensa da ordem pública deve ser revisitada sob as luzes dos princípios que regem as obrigações na ordem contemporânea, isto é, a boa-fé e a vedação do enriquecimento sem causa.

f) Aquele que visita país estrangeiro, usufrui de sua hospitalidade e contrai livremente **obrigações lícitas,** não pode retornar a seu país de origem buscando a impunidade civil. A lesão à boa-fé de terceiro é patente, bem como o enriquecimento sem causa, motivos esses capazes de contrariar a ordem pública e os bons costumes.

02 As hipóteses legais de revogação da doação por ingratidão constituem rol taxativo?

O rol das hipóteses legais de revogação da doação por ingratidão encontra-se previsto no art. 557:

> **Art. 557.** Podem ser revogadas por ingratidão as doações:
>
> **I** - se o donatário atentou contra a vida do doador ou cometeu crime de homicídio doloso contra ele;
>
> **II** - se cometeu contra ele ofensa física;
>
> **III** - se o injuriou gravemente ou o caluniou;
>
> **IV** - se, podendo ministrá-los, recusou ao doador os alimentos de que este necessitava.

A doutrina majoritária entende que o art. 557 contém um rol **meramente exemplificativo** de hipóteses de ingratidão.

> **Enunciado nº 33 da I Jornada:** O novo Código Civil estabeleceu um novo sistema para a revogação da doação por ingratidão, pois o rol legal previsto no art. 557 deixou de ser taxativo, admitindo, excepcionalmente, outras hipóteses.

A jurisprudência também entende nesse sentido. Assim, o STJ já entendeu que é possível revogar a doação de um imóvel com fundamento na ingratidão dos donatários, que ofenderam a integridade psíquica da doadora **(REsp 1.593.857).**

03 Diferencie jogos ilícitos, jogos tolerados e jogos permitidos.

Segundo a doutrina, existem três espécies de jogos ou apostas:

a) **jogos proibidos ou ilícitos:** são aqueles cujo o resultado depende exclusivamente da sorte. São popularmente chamados de "jogos de azar".

Em caso de vitória, o ganhador **não pode** ingressar com ação judicial para compelir a outra parte a pagar. Ademais, sua prática com **intuito lucrativo** é punida a título de contravenção penal (Art. 50, DL 3.688/41). São os casos do jogo do bicho, caça níqueis etc.

b) **jogos tolerados**: o resultado não depende só da sorte, sofrendo influência da habilidade, inteligência ou força dos participantes. Em caso de vitória, o ganhador **não pode** ingressar com ação judicial para compelir a outra parte a pagar. Contudo, sua prática não configura contravenção, uma vez que ela apenas não é regulamentada pelo Poder Público. São os casos dos bolões de aposta realizados entre amigos.

c) **jogos permitidos ou autorizados:** o resultado não depende exclusivamente da sorte, sofrendo influência da habilidade, inteligência ou força dos participantes. Em caso de vitória, o ganhador **pode** ingressar com ação judicial para compelir a outra parte a pagar. Por fim, sua prática é regulamentada e incentivada pelo Poder Público (Ex. Mega Sena).

04 O seguro de vida cobre o suicídio?

A questão do seguro de vida e o suicídio sempre foi alvo de controvérsia. Antes mesmo do advento do Código Civil de 2002, ela já era prevista na jurisprudência:

> **STJ - Súmula 61:** o seguro de vida cobre o suicídio não premeditado.
>
> **STF - Súmula 105:** salvo se tiver havido premeditação, o suicídio do segurado no período contratual de carência não exime o segurador do pagamento do seguro.

O legislador, ao contrário da jurisprudência, preferiu não tratar da questão da premeditação do suicídio, o que dependia de difícil prova. Desse modo, o Código em vigor **traz um prazo de carência de 02 anos**, contados da celebração do contrato:

> **Art. 798.** O beneficiário **não tem direito ao capital estipulado** quando o segurado **se suicida nos primeiros dois anos de vigência inicial do contrato**, ou da sua recondução depois de suspenso, observado o disposto no parágrafo único do artigo antecedente.

Mesmo após o advento do CC 02, ainda houve quem defendesse a possibilidade de recebimento pelo beneficiário do seguro de vida cometido no período de carência de 02 anos, caso não fosse comprovado que o suicídio foi premeditado (Enunciado 187 da III Jornada).

O STJ, contudo, ainda que após alguma vacilação, em seus posicionamentos mais recentes (**Ag Int no REsp 1.584.513/SP e REsp 1.334.005-GO**) tem adotado o critério legal. Assim, **não se discute mais premeditação no suicídio**, apenas analisando-se, para concessão do benefício, se ele ocorreu antes ou após dois anos.

Em suma, caso o suicídio tenha ocorrido **antes de 02 anos do contrato de seguro de vida**, o beneficiário **não terá direito à indenização**, mas receberá o valor da reserva técnica já formada, ou seja, terá direito à quantia que o segurado pagou a título de prêmio para a seguradora.

A seguradora será obrigada a devolver ao beneficiário o montante da reserva técnica já formada mesmo que fique provado que o segurado premeditou o suicídio.

Caso o suicídio ocorra **depois dos dois primeiros anos** do contrato **será devida a indenização**, ainda que exista cláusula expressa em contrário.

Encontram-se superadas as súmulas 61 do STJ e 105 do STF e o enunciado 187 da III Jornada.

Por fim, o STJ editou súmula sobre o tema:

> **STJ - Súmula 610:** O suicídio não é coberto nos dois primeiros anos de vigência do contrato de seguro de vida, ressalvado o direito do beneficiário à devolução do montante da reserva técnica formada.

05 O segurado tem direito a recebimento da cobertura quando o sinistro se deu pelo seu estrado de embriaguez?

O tema é polêmico, contudo, o STJ parece ter finalmente delimitado o assunto. Vamos a ele:

No **seguro de vida (seguro de pessoas),** ocorrendo o sinistro morte do segurado e inexistente a má-fé dele (Ex.: deixar de revelar que possuía doença grave antes de fazer o seguro) ou o suicídio no prazo de carência, a **indenização securitária deve ser paga ao beneficiário**, visto que a cobertura neste ramo é ampla. Assim, é vedada a exclusão de cobertura do seguro de vida na hipótese de sinistro ou acidente decorrente de atos praticados pelo segurado em estado de embriaguez **(REsp 1.665.701-RS).**

O fundamento é que nesse caso a cláusula presente no contrato de seguro de vida que exclua a cobertura em caso de morte decorrente de embriaguez é uma cláusula muito restritiva que acaba contrariando a própria finalidade do contrato.

Posteriormente, inclusive, editou súmula sobre o assunto:

> **STJ – Súmula 620:** A embriaguez do segurado não exime a seguradora do pagamento da indenização prevista em contrato de seguro de vida.

Por sua vez, no **seguro de automóvel** não é devida a indenização securitária decorrente de contrato de seguro de automóvel quando o causador do sinistro estiver em estado de embriaguez, **salvo se o segurado demonstrar que o infortúnio ocorreria independentemente dessa circunstância (REsp 1.485.717/SP).**

06 O espólio tem legitimidade para pleitear indenização do DPVAT no caso de morte da vítima?

⊝ DPVAT. Que negócio é esse?

O DPVAT é um seguro obrigatório contra danos pessoais causados por veículos automotores de via terrestre, ou por sua carga, a pessoas, transportadas ou não. Em razão dele, qualquer um que sofra um dano decorrente de um acidente com veículo automotor tem direito a uma indenização.

➔ **O valor recebido a título de DPVAT deve ser abatido da decisão judicial que eventualmente fixa indenização pelos mesmos fatos?**

Sim, o STJ entende que o valor recebido a título de seguro obrigatório, deve ser deduzido da indenização fixada judicialmente.

> **STJ – Súmula 246:** O valor do seguro obrigatório deve ser deduzido da indenização judicialmente fixada.

➔ **Qual é o prazo prescricional para cobrança do DPVAT?**

O STJ fixou o entendimento de que é de 03 anos:

> **STJ – Súmula 405:** A ação de cobrança do seguro obrigatório (DPVAT) prescreve em três anos.

➔ **O espólio tem legitimidade para pleitear indenização no caso de morte?**

O STJ entendeu que não.

Segundo o tribunal, o espólio, ainda que representado pelo inventariante, não possui legitimidade ativa para ajuizar ação de cobrança do seguro obrigatório (DPVAT) em caso de morte da vítima **(REsp 1.419.814).**

➔ **Qual o fundamento?**

Segundo a Lei do DPVAT, o valor indenizatório deve ser pago metade ao cônjuge não separado judicialmente e o restante aos herdeiros da vítima, segundo a ordem de vocação hereditária **(art. 4º da Lei 6.194/1974).**

Assim, é possível afirmar que o valor oriundo do DPVAT não integra o patrimônio da vítima de acidente de trânsito. Em outras palavras, o valor da indenização não é um crédito da vítima falecida.

Assim, temos que o valor da indenização do DPVAT, em caso de morte, **passa diretamente para os beneficiários (cônjuge supérstite e demais herdeiros).**

07 A Súmula 214 do STJ se aplica aos contratos de locação urbana?

Qual é o contexto?

O Código Civil estabeleceu o seguinte:

> **Art. 819.** A fiança dar-se-á por escrito, e não admite interpretação extensiva.

Nota-se, assim, que a fiança não admite interpretação extensiva. O motivo disso é que a fiança é um contrato gratuito, que não traz nenhum benefício ao fiador.

Assim, havendo alguma dúvida sobre a interpretação do contrato, este deve ser interpretado em favor do fiador, parte vulnerável no contrato.

Com base nesse dispositivo, a fiança não se estende além do período de tempo convencionado. Para que a fiança seja prorrogada, é preciso a concordância expressa do fiador. Nesse sentido:

> **STJ - Súmula 214:** O fiador na locação não responde por obrigações resultantes de aditamento ao qual não anuiu.

Esse entendimento se mantém na locação urbana?

A locação urbana é regulada pela Lei 8.425/91. Nos termos do artigo 39 da aludida lei temos o seguinte:

> **Art. 39.** Salvo disposição contratual em contrário, qualquer das garantias da locação se estende até a efetiva devolução do imóvel, ainda que prorrogada a locação por prazo indeterminado, por força desta Lei.

Assim, em razão do artigo 39 da Lei de Locações, especificamente com relação à fiança em contrato de locação urbana, o entendimento é diverso, não se aplicando a súmula 214 **(EREsp 569.025-TO).**

Isso porque o art. 39 da Lei de Locação estabelece que, salvo disposição contratual em contrário, qualquer das garantias da locação se estende até a efetiva devolucão do imóvel, ainda que prorrogada a locação por prazo indeterminado.

⊕ **Prorrogado o contrato contra sua vontade, o fiador pode fazer algo?**

Sim, ele tem o direito de notificar o credor afirmando que não mais deseja ser fiador, ficando ainda responsável pelos débitos relativos ao imóvel pelo prazo de 120 dias após notificação. A isso se dá o nome de "notificação resilitória", estando prevista no art. 40, X, da Lei 8.425/91:

> **Art. 40.** O locador poderá exigir novo fiador ou a substituição da modalidade de garantia, nos seguintes casos:
>
> **X - prorrogação da locação por prazo indeterminado uma vez notificado o locador pelo fiador de sua intenção de desoneração, ficando obrigado por todos os efeitos da fiança, durante 120 (cento e vinte) dias após a notificação ao locador.**

08 Discorra sobre os deveres anexos de um contrato e sobre a natureza da responsabilidade no caso de descumprimento.

A boa-fé objetiva, cláusula geral de natureza principiológica, baseada no art. 422 do Código Civil, traduz uma regra de conteúdo ético e exigibilidade jurídica. Assim, a boa-fé objetiva é aquela que está no plano da conduta da lealdade dos participantes contratuais. Em suma, é a exigência de comportamento leal dos contratantes.

Uma das principais consequências da boa-fé objetiva está relacionada aos chamados deveres anexos ou colaterais.

Isso porque todo contrato tem um dever principal (que pode ser uma obrigação de dar, fazer ou não fazer). Contudo, a doutrina afirma que, além do dever principal, os contratantes também devem observar os deveres anexos ou colaterais do contrato (Ex.: dever de respeito, cuidado, transparência, informação, colaboração e agir).

O descumprimento desses deveres anexos reveste-se de tamanha gravidade que a doutrina tem sustentado a responsabilidade civil objetiva do infrator:

> **Enunciado nº 24 da I Jornada:** Em virtude do princípio da boa-fé, positivado no art. 422 do novo Código Civil, a violação dos deveres anexos constitui espécie de inadimplemento, independentemente de culpa.

09 Diferencie, no contrato de corretagem, para fins de incidência da comissão, desistência e arrependimento.

No contrato de corretagem, a pessoa que se obriga a obter mais negócios é chamada de corretor ou intermediário, já aquela que busca o serviço do corretor é chamada de comitente. Pelo contrato de corretagem, uma pessoa, não ligada a outra em virtude de mandato, de prestação de serviços ou por qualquer relação de dependência, obriga-se a obter para a segunda um ou mais negócios, conforme as instruções recebidas.

O STJ tem entendido que deve ser feita uma distinção entre desistência e arrependimento. A **desistência** ocorre quando há mera aproximação das partes para que se inicie o processo de negociação no sentido de compra de determinado bem, não justificando o pagamento da comissão.

A desistência, nesse sentido, ocorre antes mesmo de concretizado o negócio **(Resp 1.183.324/SP).** Já o **arrependimento** ocorre quando o resultado útil da atuação do corretor foi alcançado, como no caso em que após a assinatura da promessa de compra e venda e o pagamento do sinal, uma das partes vem a desistir do negócio, sendo devido o pagamento da comissão **(Resp 1.339.642).**

10 O direito de preferência na alienação de imóvel em estado de indivisão se aplica quando a venda é realizada para outro condômino?

O Código Civil estabelece o seguinte:

> Art. 504. **Não pode um condômino** em coisa indivisível vender a sua parte a estranhos, se outro consorte a quiser, tanto por tanto. O condômino, a quem não se der conhecimento da venda, poderá, depositando o preço, haver para si a parte vendida a estranhos, **se o requerer no prazo de cento e oitenta dias, sob pena de decadência.**
>
> **Parágrafo único.** Sendo muitos os condôminos, preferirá o que tiver benfeitorias de maior valor e, na falta de benfeitorias, o de quinhão maior. Se as partes forem iguais, haverão a parte vendida os comproprietários, que a quiserem, depositando previamente o preço.

Assim, a lei, estabeleceu, no condomínio "pro indiviso", uma preempção legal que permite ao condômino a que não se der conhecimento da venda, de, depositando o preço, haver para si a parte vendida a estranhos, no prazo decadencial de 180 dias.

Ao interpretar o dispositivo, o STJ entendeu que ele somente tem aplicabilidade na compra e venda entre um dos condôminos e um terceiro, estranho ao condomínio, **não se aplicando na compra e venda entre integrantes do condomínio.**

Assim, se um condomínio possui 04 condôminos eles podem alienar suas partes entre eles livremente, **sem precisar observar o direito de preferência (REsp 1.137.176-PR).**

11 No depósito necessário o depositário pode exercer o direito de retenção?

Ao contrário do que muitos pensam, o contrato de depósito voluntário, em regra, é gratuito:

> **Art. 628.** O contrato de depósito é gratuito, exceto se houver convenção em contrário, se resultante de atividade negocial ou se o depositário o praticar por profissão.

Por outro lado, no chamado depósito necessário, que é aquele imposto por uma determinação legal, a própria lei já estabelece que ele é oneroso:

> **Art. 651.** O depósito necessário não se presume gratuito. Na hipótese do art. 649, a remuneração pelo depósito está incluída no preço da hospedagem.

A diferença de tratamento entre os institutos ocorre porque no depósito necessário a obrigação surge independente da vontade das partes. Assim, no depósito necessário, estando a parte obrigada a receber o bem, não pode a lei obrigá-lo a prestar seus serviços de forma gratuita.

⊖ Direito de retenção. Que negócio é esse?

O direito de retenção consiste na garantia assegurada a parte que recebeu o depósito de reter o bem até que lhe seja pago a remuneração que lhe é devida.

A polêmica toda ocorre porque o direito de retenção encontra-se previsto na seção do código civil que cuida do depósito voluntário.

Assim, houve quem defendesse que o direito de retenção não seria assegurado ao depósito necessário.

Ao analisar o tema, o STJ entendeu que o direito de retenção é assegurado a qualquer espécie de depósito. Assim, mesmo que o direito de retenção tenha sido assegurado ao depositário voluntário, ele é extensível às hipóteses de depósito determinado judicialmente, dado o direito à remuneração do depositário **(Resp 1.300.584/MT).**

12 Morte decorrente de AVC está abrangida em seguro de acidentes pessoais?

Amigos, imagem que uma pessoa contrate um seguro de acidentes pessoais, pelo qual os seus herdeiros receberiam a indenização caso ele falecesse em decorrência de morte acidental.

⊝ Se essa pessoa falecer por causa de um AVC, os seus herdeiros terão direito a indenização?

O STJ entendeu que não, uma vez que o óbito decorrente do AVC não pode ser caracterizado como morte acidental, sendo hipótese de morte natural.

Por meio da Resolução CNSP nº 117/2004 do Conselho Nacional de Seguros Privados há a definição do que seja acidente pessoal. A distinção básica entre a morte acidental e a morte natural está no fato de que a primeira decorre de um evento diretamente externo enquanto que a segunda é causada por um fator de natureza interna, como é o caso das doenças.

⊝ Para que seus herdeiros tivessem direito a receber a indenização, qual seguro ele o sujeito deveria ter feito?

Para que seus herdeiros tivessem direito à indenização pela morte decorrente do AVC, essa pessoa deveria ter feito um seguro de vida **(Resp 1.443.115-SP).**

13 A capitalização de juros anual deve vir expressamente no contrato?

A capitalização de juros, também chamada de anatocismo ou juros compostos, ocorre quando os juros são calculados sobre os próprios juros devidos. Em outras palavras, é a incorporação dos juros ao valor principal da dívida, sobre a qual incidem novos encargos.

No Brasil, a lei da usura (Decreto 22.626/33) não permite capitalização de juros com periodicidade inferior a um ano. Excepcionalmente, após a MP n.º 1.963-17, editada em 31 de março de 2000, permite-se que as instituições financeiras façam a capitalização de juros com periodicidade inferior a um ano.

> **STJ - Súmula 539:** É permitida a capitalização de juros com periodicidade inferior à anual em contratos celebrados com instituições integrantes do Sistema Financeiro Nacional a partir de 31/3/2000 (MP 1.963-17/00, reeditada como MP 2.170-36/01), desde que expressamente pactuada.

Não sendo o credor uma instituição financeira, somente poderá haver a capitalização anual, nos termos do Código Civil:

> **Art. 591.** Destinando-se o mútuo a fins econômicos, presumem-se devidos juros, os quais, sob pena de redução, não poderão exceder a taxa a que se refere o art. 406, permitida a capitalização anual.

Percebam que o código civil estabelece que os juros são presumidos no caso de mútuo com fins econômicos. Em razão disso, houve quem defendesse a tese de que a capitalização anual dos juros também seria presumida, não precisando constar expressamente no contrato.

O STJ, contudo, não aceitou essa tese, estabelecendo que a cobrança de juros capitalizados nos contratos de mútuo é permitida, mas somente quando houver expressa pactuação **(REsp 1.388.972-SC)**.

Segundo o Tribunal, o art. 591 do Código Civil até permite a capitalização anual, mas não determina a sua aplicação automática. Ao falar que se presumem os juros, são os juros remuneratórios incidentes sobre o mútuo feneratício, ou seja, aqueles recebidos pelo mutuante como compensação pela privação do capital emprestado. São juros simples. Em caso de capitalização, isso deverá ser feito de forma expressa no pacto.

14 O DPVAT cobre acidentes provocados por trem?

O Danos Pessoais Causados por Veículos Automotores de Via Terrestres – DPVAT é um seguro obrigatório de danos pessoais causados por veículos automotores de via terrestre, ou por sua carga, a pessoas, transportadas ou não.

Sobre o tema, o STJ decidiu que o trem/metrô não está abrangido pelo conceito de veículo automotor previsto na Lei 6.194/74, que criou o DPVAT. Isso porque o trem e seus assemelhados (metrô e bonde), apesar de movimentarem por meio de motor, necessitam da utilização de "trilhos", circunstância que o diferencia dos veículos automotores. Assim, embora possuam motor, não são considerados veículos automotores para fins de recebimento do DPVAT.

Segundo o STJ, quando o legislador quis ampliar o conceito de veículo automotor abrangendo meios de transporte que andam sobre trilhos, ele fez isso expressamente. Foi o caso da parte final do anexo I do CTB, na qual o legislador incluiu na expressão "veículo automotor" os veículos "conectados a uma linha elétrica e que não circulam sobre trilhos (ônibus elétrico)".

Dessa forma, se fosse a intenção do legislador incluir os trens para fins de DPVAT, teriam feito de forma expressa, como fez com o ônibus elétrico. Assim, resumindo, para fins de recebimento do DPVAT, o veículo deve apresentar um motor em sua estrutura, que o permita se autolocomover e circular por terra ou por asfalto (via terrestre) (**REsp 1.285.647-SC**).

15 A seguradora é obrigada a conceder indenização por invalidez total pelo simples fato de o segurado receber aposentadoria por invalidez do INSS?

Fulanilson contratou um seguro, no qual teria direito a receber 100 mil em caso de invalidez parcial e 300 mil em caso de invalidez total. Após sofrer um acidente, Fulanilson foi aposentado por invalidez pelo INSS. Em razão disso, pediu o recebimento dos 300 mil contratos com a seguradora.

A seguradora negou o pagamento, tendo Fulanilson ingressado com ação para receber o valor contratado. A seguradora, em sua contestação, requereu a realização de perícia, a fim de verificar a invalidez. O magistrado, contudo, negou a perícia, afirmando que o mero fato de o segurado ser aposentado por invalidez pelo INSS já é suficiente para comprava sua invalidez. Agiu certo o magistrado?

Não. Segundo o STJ a seguradora não é obrigada a conceder indenização por invalidez total pelo simples fato de o segurado estar recebendo aposentadoria por invalidez do INSS (**EREsp 1.508.190-SC**). Segundo o tribunal, o reconhecimento por parte do órgão previdenciário oficial (INSS) de que o segurado tem direito de se aposentar por invalidez não desobriga este segurado de ter que provar, perante a seguradora, que está inválido para fins de recebimento do seguro.

⊖ Qual o fundamento?

O fundamento adotado pelo STJ é que os critérios utilizados pelo INSS para a concessão da aposentadoria por invalidez são diversos dos critérios adotados pelas seguradas.

O INSS analisa somente incapacidade profissional ou laborativa, de modo que a aposentadoria por invalidez não é apta a demonstrar a ocorrência de riscos securitários diversos, como as incapacidades parcial, temporária ou funcional.

Em suma, os critérios utilizados pelo INSS para a concessão do benefício são distintos daqueles utilizados pela seguradora para apurar a incapacidade garantida na apólice contratada, devendo ser permitida a realização de perícia médica específica para não haver o cerceamento de defesa.

16 O falecimento do consignante extingue a dívida decorrente de contrato de crédito consignado em folha de pagamento?

Prática muito comum no Brasil, o crédito consignado é a modalidade onde, antes mesmo de receber, a pessoa que firmou o empréstimo tem descontada a parcela referente ao empréstimo da sua remuneração. Por ser uma modalidade que garante maior segurança as instituições financeiras, ela possui juros mais baixos.

O que se questiona aqui é se, havendo a morte do consignante (pessoa que contraiu o empréstimo), o empréstimo em questão estaria extinto. Os que defendiam essa possibilidade fundamentavam sua pretensão no artigo 16 da Lei 1.046/50:

> **Art. 16.** Ocorrido o falecimento do consignante, ficará extinta a dívida do empréstimo feito mediante simples garantia da consignação em folha.

Ao analisar a situação, o STJ entendeu que o falecimento do consignante não extingue a dívida decorrente de contrato de crédito consignado em folha de pagamento **(REsp 1.498.200-PR).**

O fundamento do STJ foi o seguinte: a Lei 1.046/50 versava sobre a consignação em folha de pagamento de servidores públicos civis e militares. Esse diploma, contudo, foi revogado tacitamente pela Lei 8.112/90, já que ela disciplinou as consignações em pagamento envolvendo servidores públicos federais.

No ponto, temos que a Lei 8.112/90 não repetiu o dispositivo contido na Lei 1.046/50, razão pela qual acabou a regra que autorizava a extinção da dívida em razão da morte do consignante.

⊖ E os Empregados Celetistas?

Aqui, o falecimento do consignante também não implica na extinção do empréstimo. A Lei nº 10.820/2003 regula a consignação em folha de pagamento dos empregados regidos pela CLT e dos titulares de benefícios de aposentadoria e pensão do RGPS (INSS). Assim como na Lei nº 8.112/90, não há na Lei nº 10.820/2003 a previsão de que a morte do consignante extinga a dívida por ele contraída.

17 Se o segurado atrasa o pagamento do prêmio, haverá automaticamente a suspensão ou resolução da cobertura securitária?

⊖ Qual é o contexto?

Para entender corretamente a questão, é preciso saber a diferença entre mora "ex re" e mora "ex persona".

Quando a obrigação tem vencimento certo, a constituição em mora do devedor opera-se de pleno direito, nos termos do Código Civil:

> **Art. 397.** O inadimplemento da obrigação, positiva e líquida, no seu termo, constitui de pleno direito em mora o devedor.
>
> **Parágrafo único.** Não havendo termo, a mora se constitui mediante interpelação judicial ou extrajudicial.

Quando a mora tem vencimento certo, **fala-se em mora *ex re*.** Aqui, a mora ocorre de pleno direito, independentemente de notificação. Ultrapassado o prazo de vencimento, o devedor fica automaticamente em mora. A mora *ex re* **não exige que o credor lhe comunique para constituí-la em mora, posto que ela deriva do próprio vencimento.**

Quando a obrigação não tiver termo certo, necessitando o credor constituir em mora o devedor a mora, será chamada de "ex persona". Apenas depois dessa notificação é que o credor estará desautorizado a cumprir suas obrigações contratuais.

➔ Qual é a relevância prática disso?

Em um contrato de seguro, se a mora for "ex re", o simples atraso do segurado no pagamento do seguro já seria suficiente para se considerar o contrato de seguro suspenso ou resolvido. Contudo, se consideramos que a mora "ex persona", não basta a simples mora do segurado, é preciso ainda que a seguradora constitua o segurado em mora, mediante interpelação extrajudicial.

➔ O que o STJ decidiu?

Segundo o STJ, o simples atraso no pagamento da prestação mensal, sem prévia constituição em mora do segurado, não produz o cancelamento automático ou a imediata suspensão do contrato de seguro firmado entre as partes.

Desse modo, pode-se dizer que a mora, no contrato de seguro, **é classificada como *ex persona* (e não *ex re*).**

Nesse sentido, temos a seguinte súmula do STJ:

> **STJ – Súmula 616:** A indenização securitária é devida quando ausente a comunicação prévia do segurado acerca do atraso no pagamento do prêmio, por constituir requisito essencial para a suspensão ou resolução do contrato de seguro.

No mesmo sentido, temos entendimentos das jornadas de direito civil:

> **Enunciado 376:** Para efeito de aplicação do art. 763 do Código Civil, a resolução do contrato depende de prévia interpelação.

Em resumo, a mora no contrato de seguro é classificada como "ex persona".

⊖ **É possível que no contrato de seguro a seguradora estabeleça que a mora é "ex re"?**

Não, segundo o STJ, **essa cláusula é abusiva.** Considera-se abusiva a cláusula contratual que prevê o cancelamento ou a extinção do contrato de seguro em razão do inadimplemento do prêmio, sem a prévia constituição em mora do segurado, mediante prévia notificação (**AgRg no AREsp 292.544/SP**).

18 A teoria da imprevisão se aplica em contratos aleatórios?

⊖ **Qual é o contexto?**

A teoria da imprevisão pode ser conceituada como a impossibilidade de se exigir o cumprimento do contrato quando este se tornar, em razão de fato superveniente, excessivamente oneroso para uma das partes e de extrema vantagem para a outra.

Em outras palavras, é a doutrina que justifica a revisão ou resolução do contrato, em caso de acontecimento superveniente e imprevisível, que desequilibre a base econômica do negócio, impondo a uma das partes, obrigação excessivamente onerosa.

O tema é tratado pelo Código Civil da seguinte maneira:

> **Art. 478.** Nos contratos de execução continuada ou diferida, se a prestação de uma das partes se tornar excessivamente onerosa, com extrema vantagem para a outra, em virtude de acontecimentos extraordinários e imprevisíveis, poderá o devedor pedir a resolução do contrato. Os efeitos da sentença que a decretar retroagirão à data da citação.

Tecnicamente, o art. 317 do Código Civil trata da revisão do contrato e o art. 478 da resolução do contrato:

> **Art. 317.** Quando, por motivos imprevisíveis, sobrevier desproporção manifesta entre o valor da prestação devida e o do momento de sua execução, poderá o juiz corrigi-lo, a pedido da parte, de modo que assegure, quanto possível, o valor real da prestação

Contudo, segundo o entendimento majoritário o art. 478, apesar de versar sobre resolução, também poderá ser usado para revisar o contrato.

> **Enunciado nº 176 da III Jornada:** Em atenção ao princípio da conservação dos negócios jurídicos, o art. 478 do Código Civil de 2002 deverá conduzir, sempre que possível, à revisão judicial dos contratos e não à resolução contratual.

→ A teoria da revisão se aplica aos contratos aleatórios?

Segundo a doutrina dominante, a teoria da imprevisão, em rega, não se aplica aos contratos aleatórios, porque estes envolvem risco. O risco aqui é da própria essência do negócio realizado.

> **Enunciado nº 439 da V Jornada de Direito Civil:** A revisão do contrato por onerosidade excessiva fundada no Código Civil deve levar em conta a natureza do objeto do contrato. **Nas relações empresariais, observar-se-á a sofisticação dos contratantes e a alocação de riscos por eles assumidas com o contrato.**

Excepcionalmente, contudo, **se o fato superveniente decorrer de fatos estranhos ao risco próprio do contrato**, a doutrina tem aceitado o uso da teoria da imprevisão nos contratos aleatórios:

> **Enunciado nº 440 da V Jornada de Direito Civil:** É possível a revisão ou resolução por excessiva onerosidade em contratos **aleatórios**, desde que o evento superveniente, extraordinário e imprevisível não se relacione com a álea assumida no contrato.

Assim, excepcionalmente, é possível que a aplicação da teoria da imprevisão nos contratos aleatórios.

IV. DIREITO DAS COISAS

01 Usucapião da Liberdade. Que negócio é esse?

Usucapião da liberdade é como alguns doutrinadores (Ex.: Caio Mário) denominam o disposto no artigo 1.485 do CC/02, o qual prevê o prazo máximo de 30 anos para a hipoteca, a qual será extinta nesse prazo caso não seja renovada.

Esgotado esse prazo, devem as partes proceder a nova inscrição. Trata-se de prazo de caducidade, independe do prazo da obrigação garantida e de sua prescrição.

02 A usucapião pode ser reconhecida de ofício?

Tudo bem, amigos. Alguns autores costumam denominar a usucapião de prescrição aquisitiva.

Em razão disso, parte da doutrina passou a defender que a prescrição poderia ser reconhecida de ofício. Isso porque o CPC (Art. 487, II, CPC) determina que o juiz pode reconhece de ofício a prescrição.

O STJ, contudo, entendeu que **não é possível o reconhecimento da usucapião de ofício.**

Isso porque o disposto no CPC está intimamente ligado as causas extintivas. Além disso, a prescrição extintiva e a usucapião **são institutos diferentes**, sendo inadequada a aplicação da disciplina de um deles frente ao outro, uma vez que a expressão "prescrição aquisitiva" como sinônima de usucapião, **tem razões mais ligadas a motivos fáticos/histórico.**

Essa diferenciação é imprescindível, sob pena de ocasionar insegurança jurídica, além de violação aos princípios do contraditório e ampla defesa, pois, **no processo de usucapião, o direito de defesa assegurado ao confinante é impostergável, eis que lhe propicia oportunidade de questionar os limites oferecidos ao imóvel usucapiendo (REsp 1.106.809-RS).**

03 O mero detentor de coisa tem legitimidade para se valer da autotutela ("desforço imediato")?

Nos termos do art. 1.210, § 1º, do Código Civil, a utilização do chamado "DESFORÇO IMEDIATO", segundo o qual o possuidor poderá, por conta própria, no exercício excepcional de uma autotutela permitida pelo Estado, tentar reaver a coisa por sua própria força, contanto que o faça logo, somente é assegurado ao possuidor, estando excluído, portanto, o mero detentor da coisa.

Assim, nos termos da Lei, o mero detentor, assim considerado aquele que exerce poder sobre o bem em nome de outrem, em relação de subordinação, não teria direito de se utilizar da autotutela ("desforço imediato").

A doutrina, contudo, fazendo uma interpretação sistemática desse artigo, **permite que o detentor também faça uso da autotutela prevista na lei,** desde que o faça no interesse do legítimo possuidor. Nesse sentido:

> **Enunciado nº 493 da V Jornada:** O detentor (art. 1.198 do Código Civil) pode, no interesse do possuidor, exercer a autodefesa do bem sob seu poder.

O fundamento para isso é que o mero detentor do bem possui o dever jurídico de vigilância e cuidado para com o possuidor, de forma que a autotutela é uma forma de se assegurar esse dever.

Em suma, apesar da literalidade da lei, o detentor poderá se valer da autodefesa do bem ("desforço imediato), **desde que haja no interesse do possuidor.**

04 Bem de família indireto. Que negócio é esse?

Segundo a doutrina, o bem de família indireto é o único bem do devedor, que se encontra alugado, mas cuja renda obtida com o aluguel é revertida para sua subsistência ou de sua família.

Cuida-se da hipótese descrita na súmula 486 do STJ:

> **STJ – Súmula 486:** É impenhorável o único imóvel residencial do devedor que esteja locado a terceiros, desde que a renda obtida com a locação seja revertida para a subsistência ou a moradia da sua família.

05 Diferencie servidões aparentes e não aparentes, esclarecendo qual é a importância dessa classificação.

⊕ Qual é o contexto?

A servidão é um ônus real, voluntariamente imposto a prédio (o servente) em favor de outro (o dominante), em virtude do qual o proprietário do primeiro perde o exercício de alguns de seus direitos dominiais sobre o seu prédio, ou tolera que dele se utilize o proprietário do segundo, tornando este mais útil, ou pelo menos mais agradável.

Com relação as classificações, temos que as servidões aparentes são aquelas em que a servidão se manifesta por obras exteriores, visíveis e permanentes, como a servidão de passagem e de aqueduto.

Por sua vez, servidões não aparentes são aquelas que não se revelam por obras exteriores, como a de não edificar além de certa altura.

⊖ Qual a importância dessa classificação?

A importância dessa classificação reside no fato de, em regra, somente as servidões aparentes podem ser protegidas por ações possessórias.

> **STF – Súmula 415:** servidão de trânsito não titulada, mas tornada permanente, sobretudo pela natureza das obras realizadas, considera-se aparente, conferindo direito à proteção possessória.

Ademais, o artigo 1.379 do Código Civil entende que somente as servidões contínuas e aparentes dão direito a usucapião.

06 É possível que a posse seja, ao mesmo tempo, injusta e de boa-fé?

⊖ Qual é o contexto?

Para o código, posse justa é aquela que não contém nenhum dos vícios descritos no art. 1.200.

Será **violenta** a posse de quem toma o objeto de alguém, despojando-o à força, ou expulsa de um imóvel, por meios violentos, o antigo possuidor. Isenta de violência, denomina-se a posse de mansa e pacífica. A violência pode ser física ou moral, sendo aplicadas aqui as regras da coação, com as devidas alterações.

Será **clandestina** a posse do que furta um objeto ou ocupa um imóvel de outro às escondidas. É aquela obtida, portanto, furtivamente, que se estabelece de forma oculta da pessoa de cujo poder se tira a coisa e que interesse em conhecê-la. O ladrão que furta estabelece posse clandestina, ao passo que, o ladrão que rouba, estabelece posse violenta.

Será **precári**a a posse quando o agente a obtêm com abuso de confiança, como, por exemplo, no momento em que se nega a devolver a coisa ao final de um contrato.

Por sua vez, é de boa-fé a posse, se o possuidor ignora o vício, ou o obstáculo que impede a aquisição da coisa. O Código Civil, nesse ponto, **adotou a chamada boa-fé subjetiva**, pela qual, para a caracterização da posse de boa-fé, é necessário analisar a crença do possuidor de se encontrar em uma situação legítima (critério subjetivo).

Assim, **é possível** haver posse injusta, mas de boa-fé, **caso o possuidor ignorasse os vícios de sua posse.**

07 Bem de família dado em garantia hipotecária pode ser penhorado?

➔ Qual o contexto?

Inicialmente, cumpre esclarecer que existem duas hipóteses de bem de família em nosso ordenamento:

a) bem de família convencional ou voluntário (arts. 1711 a 1722 do Código Civil).

b) bem de família legal (Lei nº 8.009/90).

O **bem de família convencional** é aquele instituído por ato de vontade do casal ou de entidade familiar, mediante formalização do registro de imóveis. Já o **bem de família legal** recai sobre um único imóvel utilizado pelo casal ou pela entidade familiar para moradia permanente. Caso o casal, ou entidade familiar, seja possuidor de vários imóveis utilizados como residência, a impenhorabilidade recairá sobre o de menor valor, salvo se outro tiver sido registrado, para esse fim, no Registro de Imóveis e na forma do Código Civil (bem de família convencional).

➔ É possível a penhora do bem de família dado em garantia hipotecária?

Em regra, o bem de família legal é impenhorável para qualquer tipo de dívida, não importando o valor. Contudo, em algumas situações, a própria Lei 8.009/90 trouxe algumas situações onde é possível a penhora de um bem de família. Dentre elas, temos a seguinte:

> **Art. 3º** A impenhorabilidade é oponível em qualquer processo de execução civil, fiscal, previdenciária, trabalhista ou de outra natureza, salvo se movido:
>
> (...)
>
> **V** - para execução de hipoteca sobre o imóvel oferecido como garantia real pelo casal ou pela entidade familiar;

Assim, a própria lei estabelece que é possível a execução de bem de família quando o imóvel foi dado como garantia real pelo casal ou pela entidade. Nesse sentido, temos que a hipoteca é uma garantia real, o que permitiria, em tese, a penhora do aludido bem.

O STJ, contudo, ao analisar a situação, fez a seguinte distinção:

a) **Se o imóvel foi dado em garantia de uma dívida que beneficiou o casal ou entidade familiar:** o bem de família é penhorável

b) **Se o imóvel foi dado em garantia de uma dívida que beneficiou um terceiro:** Este bem **não** poderá ser penhorado, pois situação **não** se enquadra no inciso V do art. 3º. **(AgRg no AREsp 4897 /MG).**

Assim, o bem de família somente pode ser penhorado no caso de a dívida que originou a hipoteca tenha sido feita em benefício do casal ou da entidade familiar.

⊕ **Caso o bem de família tenha sido dado pelo casal como garantia de dívida contraída por pessoa jurídica, haverá a possibilidade de penhora?**

Novamente, depende. Para o STJ, é preciso distinguir duas situações:

a) **caso somente um dos cônjuges for sócio da pessoa jurídica:** nesse caso, em regra, o bem é impenhorável. Somente será possível a penhora se o credor comprovar que o valor se reverteu à entidade familiar. **Nesse caso, o ônus é do credor.**

b) **Se os cônjuges forem os únicos sócios da pessoa jurídica devedora:** nesse caso, em regra, o bem é penhorável. Aqui, o ônus se inverte. **Cabe aos devedores** a demonstração de que não se beneficiaram dos valores auferidos.

Assim, é possível a penhora de bem de família dado em garantia hipotecária pelo casal quando os cônjuges forem os únicos sócios da pessoa jurídica devedora **(EAREsp 848.498-PR)**

08 Diferencie frutos de produtos.

Os frutos e os produtos são espécies bens acessórios, pois dependem da coisa principal:

> **Art. 95.** Apesar de ainda não separados do bem principal, os frutos e produtos podem ser objeto de negócio jurídico.

Nesse sentido, a doutrina os diferencia da seguinte forma:

a) **Produtos** são as utilidades que se retiram da coisa, diminuindo-lhes a quantidade, porque não se reproduzem periodicamente, como as pedras preciosas e os metais.

b) **Frutos** são as utilidades que uma coisa periodicamente produz. Nascem e renascem da coisa, sem acarretar-lhe a destruição no todo ou em parte, como as frutas das árvores.

09 Quais são as teorias existentes envolvendo posse?

⊖ Qual é o contexto?

Sobre o tema, existem basicamente três teorias explicativas da posse. São elas:

a) **Teoria subjetiva de Savigny**

Para Savigny, a posse caracteriza-se pela conjunção de dois elementos: o **"corpus"**, elemento objetivo que consiste na detenção física da coisa, e o **"animus"**, elemento subjetivo, que deve ser entendido como a intenção de exercer sobre a coisa um poder no interesse próprio e de defendê-la contra a intervenção de outrem.

Esse elemento objetivo não se confunde com a convicção de ser dono, mas deve ser entendido como o desejo de tê-la como sua, de exercer o direito de propriedade como se fosse o titular.

Nessa teoria, os dois elementos citados são imprescindíveis, pois, se faltar o "corpus", inexiste posse e se faltar o "animus", haverá mera detenção.

Por isso, para essa corrente, o comodatário ou o depositário, não seriam possuidores, visto que não têm a intenção de se tornarem proprietários.

b) Teoria objetiva de Ihering

Para Ihering, para a caracterização da posse basta a presença do "corpus". Para ele, contudo, tal expressão não significa contato físico com a coisa, **mas sim conduta de dono.**

Essa conduta de dono se revela na maneira como o sujeito age em face da coisa, tendo em vista sua função econômica. Tem posse quem se comporta como dono, e nesse comportamento já está incluído o "animus".

A conduta de dono pode ser analisada objetivamente, sem a necessidade de pesquisar a intenção do agente. A posse então **é a exteriorização da propriedade, a visibilidade do domínio, o uso econômico da coisa.**

Dessa forma, o locatário, o usufrutuário, o depositário, o comodatário, etc. são considerados possuidores.

Por fim, para ele, o que distingue a posse da mera detenção é a incidência de algum obstáculo legal, pois a lei desqualifica a relação possessória para mera detenção em determinadas hipóteses. Detenção, para a teoria objetiva, é uma posse degradada, uma posse que, em virtude de lei, transforma-se em detenção.

c) Teoria da Função Social da Posse

Mais avançada que as demais teorias, aqui parte-se da premissa que a posse **é um direito autônomo em relação à propriedade**, entendendo que para que se considere alguém como possuidor não basta a mera conduta de dono, como na teoria objetiva de Ihering, mas a utilização desse poder de dono dirigido ao aproveitamento socioeconômico do bem objeto da posse.

⊝ Qual foi a teoria adotada no Brasil?

O tema é polêmico.

De um modo geral, especialmente na doutrina mais clássica, prevalece que se adotou a teoria objetiva de Ihering, nos termos do artigo 1.196 do Código Civil, que considera possuidor aquele que tem de fato o exercício, pleno ou não, de algum dos poderes inerentes à propriedade.

> **Art. 1.196.** Considera-se possuidor todo aquele que tem de fato o exercício, pleno ou não, de algum dos poderes inerentes à propriedade.

Apesar disso, **tem crescido a corrente doutrinária que defende que o Código Civil adotou a teoria objetiva de Ihering, reconstruída, temperada, com base na teoria da função social da posse.** Nesse sentido:

> **Enunciado nº 492 da V Jornada:** A posse constitui direito autônomo em relação à propriedade e deve expressar o aproveitamento dos bens para o alcance de interesses existenciais, econômicos e sociais merecedores de tutela.

Nesse sentido, em que pese a teoria da função social da posse não tenha sido adotado de forma expressa no Código, parte da doutrina tem afirmado que ela está contida implicitamente nele, pela valorização da posse-trabalho constante dos seguintes dispositivos legais:

> **Art. 1.238, parágrafo único:** Reduz o prazo de usucapião extraordinária de quinze para dez anos se o possuidor tiver estabelecido sua moradia habitual, ou nele realizado obras ou serviços de caráter produtivo.
>
> **Art. 1.242, parágrafo único:** O prazo para a usucapião é reduzido de dez para cinco anos, se os possuidores tiverem estabelecidos sua moradia ou nele realizados investimentos de interesse social e econômico.
>
> **Art. 1.228, §§ 4º e 5º:** consagra a despropriacao judicial privada-por posse-trabalho.

Por fim, cumpre esclarecer que a **Teoria Subjetiva de Savigny foi adotada de forma excepcional em nosso ordenamento**, pelo instituto da usucapião, o qual tem como um dos seus requisitos básicos o exercício da posse com intenção de dono ("animus domini"). É dizer, trata-se do conceito de posse de Savigny, que tem como conteúdo o "corpus" (domínio fático) e o "animus domini" (intenção de dono).

10 O requisito temporal da usucapião poderá ser implementado no curso do processo?

⊝ Usucapião. Que negócio é esse?

A usucapião constitui uma situação de aquisição do domínio, ou mesmo de outro direito real (caso do usufruto ou servidão), pela posse prolongada.

Dessa forma, a lei permite que uma determinada situação de fato alongada por certo intervalo de tempo se transforme em uma situação jurídica (a aquisição originária da propriedade). De certa forma, a função social da propriedade acaba sendo atendida por meio da usucapião.

⊝ Quais os requisitos da usucapião?

Para que haja posse "ad usucapionem", faz-se necessário a ocorrência das seguintes características.

a) **posse com intenção de dono ("animus domini"):** trata-se do conceito de posse de Savigny, que tem como conteúdo o "corpus" (domínio fático) e o "animus domini" (intenção de dono). Essa intenção não está presente, em regra, em casos envolvendo a vigência de contratos, como na locação.

b) **Posse mansa e pacífica:** é a pose exercida sem qualquer manifestada em contrário de quem tenha legítimo interesse, é dizer, sem a oposição do proprietário do bem. Se em algum momento houver contestação dessa posse pelo proprietário, desaparece o requisito da mansidão.

c) **Posse contínua e duradoura, em regra, e com determinado lapso temporal**: em regra, exige-se que a posse seja contínua e duradoura (a exceção é o artigo 1.243 do CC, que admite a some de posse sucessivas ou "acessio possesionis").

Quanto à duração, há prazo estabelecidos em lei, de acordo com a modalidade de usucapião.

d) **Posse justa:** a posse usucapível deve se apresentar sem os vícios objetivos, ou seja, sem a violência, clandestinidade ou a precariedade. Se a situação fática for adquirida por meio de atos violentos ou clandestinos, não induzirá posse, enquanto o vício não cessar.

e) **Posse de boa-fé e com justo título, em regra:** a usucapião ordinária, seja de bem móvel ou imóvel, exige a boa-fé e o justo título (Arts. 1.242 e 1.260). Para outras modalidades de usucapião, tais requisitos podem ser dispensando, pois haverá uma presunção legal da lei de sua presença.

➔ O requisito temporal da usucapião poderá ser implementada no curso do processo?

Sobre o tema, destaca-se que a doutrina majoritária entende que o prazo legal da usucapião pode ser completado dentro do processo, salvo má-fé processual.

> **Enunciado nº 497 da V Jornada:** O prazo, na ação de usucapião, pode ser completado no curso do processo, ressalvadas as hipóteses de má-fé processual do autor.

Ao analisar a situação, o STJ seguiu o entendimento da doutrina e entendeu é possível o reconhecimento da usucapião de bem imóvel com a implementação do requisito temporal no curso da demanda **(REsp 1.361.226-MG).**

➔ Qual o fundamento?

Para o STJ, o fato de o possuidor somente concluir o requisito temporal no curso do processo não é impeditivo, tendo em vista o disposto no artigo 493 do NCPC:

> **Art. 493.** Se, depois da propositura da ação, algum fato constitutivo, modificativo ou extintivo do direito influir no julgamento do mérito, caberá ao juiz tomá-lo em consideração, de ofício ou a requerimento da parte, no momento de proferir a decisão.
>
> **Parágrafo único.** Se constatar de ofício o fato novo, o juiz ouvirá as partes sobre ele antes de decidir.

Isso porque, o próprio sistema jurídico brasileiro admite que o magistrado leve em consideração fatos ocorridos após a propositura da ação, permitindo, assim, que ele reconheça o computo do tempo de posse durante o transcorrer da ação.

➔ **Mas a contestação do réu não pode ser considerada uma "oposição", apta a afastar o reconhecimento da usucapião?**

Não, segundo o STJ a contestação apresentada na ação de usucapião não é apta a interromper o prazo da prescrição aquisitiva e nem consubstancia resistência ao afastamento da mansidão da posse **(AgRg no AREsp 180.559/RS).**

A única forma de o réu interromper a contagem do tempo para usucapião somente é se ele reaver a posse.

11 Diferencie o "constituto possessório" de "traditio brevi manu".

➔ **Qual é o contexto?**

A posse de uma coisa pode ser adquirida de forma originária ou derivada.

Na forma **originária**, a posse é adquirida sem qualquer relação de causalidade com a posse anterior. Se o modo de aquisição da posse é originário, a posse encontra-se livre dos vícios que anteriormente a contaminavam.

Já a aquisição **derivada ou bilateral** quando a posse decorre de um negócio jurídico. Ao contrário dos modos de aquisição originários, na posse adquirida por meios derivados, o adquirente a recebe com todos os vícios que existiam anteriormente.

➔ **"Constituto possessório" e "traditio brevi manu". Que negócio são esses?**

Ocorre constituto possessório quando o possuidor de uma coisa passa a possuí-la em nome alheio. É o caso, por exemplo, quando o vendedor de um imóvel transfere o domínio da coisa à outra pessoa, conservando a coisa em seu poder, agora como locatário.

Seu objetivo é fazer com que o comprador, que não chega a ter a posse real do bem, **possa ter a posse ficta**. Caso não exista cláusula de constituto possessório, o comprador do imóvel não terá a posse dele, não podendo fazer uso das ações possessórias. Terá, assim, que entrar com ação de imissão de posse ou reinvidicatória.

Nesse sentido, o Superior Tribunal de Justiça consolidou o entendimento de que é **cabível a ação de reintegração de posse quando o autor comprova o exercício de posse indireta adquirida mediante constituto possessório (AgInt no AREsp 1081186/GO).**

A cláusula do constituto não se presume, devendo constar expressamente do instrumento de transmissão.

Por fim, a doutrina entende que essa cláusula é possível em bens móveis e imóveis:

> **Enunciado 77 da I Jornada de Direito Civil:** A posse das coisas móveis e imóveis também pode ser transmitida pelo constituto possessório.

Por sua vez, ocorrerá a "traditio brevi manu" quando o possuidor da coisa alheia passa a possuí-la em nome próprio. É o inverso da cláusula constituto (Ex.: locador que adquire o imóvel).

Visa, assim, evitar complicações que decorreriam de duas convenções.

12 Fâmulo da posse. Que negócio é esse?

Segundo a doutrina, o fâmulo da posse, gestor ou servo da posse, é quem detém a coisa em nome de outrem. É dizer, é alguém que, normalmente em virtude de uma subordinação ou dependência econômica com alguém, exercer sobre o bem não uma posse própria, mas a posse de outra pessoa e em nome desta, em obediência a uma ordem ou instrução. É o caso, por exemplo, do detentor.

13 Diferencie posse, detenção e tença.

Como vimos anteriormente, o Código Civil adotou a teoria objetiva de Ihering, reconstruída, temperada, com base na teoria da função social da posse. Assim, o Código conceitua possuidor da seguinte maneira:

> **Art. 1.196.** Considera-se possuidor todo aquele que tem de fato o exercício, pleno ou não, de algum dos poderes inerentes à propriedade.

Assim, posse é o exercício, pleno ou não, de algum dos poderes inerentes à propriedade.

Por sua vez, conforme o art. 1.198 do Código Civil, detentor é aquele que conserva a posse da coisa **em nome de outrem**, de quem recebe ordens e instruções:

> **Art. 1.198.** Considera-se detentor aquele que, achando-se em relação de dependência para com outro, conserva a posse em nome deste e em cumprimento de ordens ou instruções suas.
>
> **Parágrafo único.** Aquele que começou a comportar-se do modo como prescreve este artigo, em relação ao bem e à outra pessoa, presume-se detentor, até que prove o contrário.

Assim, a **detenção** é a situação em que alguém conserva a posse da coisa em nome de outro e em cumprimento às ordens e instruções deste.

Por não ter a posse, não é cabível ao detentor invocar, em nome próprio, as ações possessórias. A doutrina, contudo, permite que o detentor também faça uso da autotutela prevista na lei, desde que o faça no interesse do legítimo possuidor. Nesse sentido:

> **Enunciado nº 493 da V Jornada:** O detentor (art. 1.198 do Código Civil) pode, no interesse do possuidor, exercer a autodefesa do bem sob seu poder.

Sobre o tema, é importante lembrar ainda o seguinte artigo do Código Civil:

> **Art. 1.208.** Não induzem posse os atos de mera permissão ou tolerância assim como não autorizam a sua aquisição os atos violentos, ou clandestinos, senão depois de cessar a violência ou a clandestinidade

Cumpre ressaltar, por fim, que a doutrina entende que a detenção pode se converter em posse, mas desde que rompida a subordinação, na hipótese de exercício em nome próprio dos atos possessórios:

> **Enunciado 301 da IV Jornada:** É possível a conversão da detenção em posse, desde que rompida a subordinação, na hipótese de exercício em nome próprio dos atos possessórios.

Por sua vez, **a tença** seria a mera situação de apreensão física da coisa, **sem qualquer consequência jurídica protetiva.**

V. FAMÍLIA

01 Família Mosaico. Que negócio é esse?

Família mosaico ou Família reconstituída ou Família Pluriparental ou Família ensamblada é a família formada pelos filhos de relacionamento pretéritos dos pais, que convivem como se irmãos fossem.

Por exemplo, duas pessoas que já possuem filhos de outros relacionamentos resolvem se casar. A união desses filhos de outros relacionamentos faz surgir a família mosaico.

Utiliza-se o termo mosaico justamente em razão das várias origens dos membros dessa nova família.

Em termos mais simples, família mosaico é a formada por membros de relacionamentos passados, que se juntam para formar uma nova família.

02 É possível o ajuizamento de ação para conversão de união estável em casamento, sem antes ter tentando a conversão da união no cartório?

Amigos, imaginem a seguinte situação: Paulo e Carolina mantém união estável. Certo dia, sem tentar a via administrativa (cartório), ingressam com ação judicial para converter a união estável em casamento.

O juízo local extinguiu o feito sem resolução do mérito, por entender que faltaria interesse processual. Para ele, com base nos arts. 1.726, do CC, e 8º da Lei 9.278/96, a parte não teria interesse processual para acionar o Judiciário, porque poderia resolver o problema no cartório diretamente.

> **Art. 1.726.** A união estável poderá converter-se em casamento, mediante pedido dos companheiros ao juiz e assento no Registro Civil
>
> **Art. 8º** Os conviventes poderão, de comum acordo e a qualquer tempo, requerer a conversão da união estável em casamento, por requerimento ao Oficial do Registro Civil da Circunscrição de seu domicílio.

Nesse caso, agiu certo o juízo local?

O STJ entendeu que NÃO. Para ele, a conversão da união estável em casamento, mesmo sendo possível em cartório, **não afasta a opção pelo judiciário**, sob pena violação ao art. 5º, XXXV (inafastabilidade da jurisdição), e art. 226, § 3º, também da CF/88, que dispõe sobre o dever do estado de facilitar a conversão da união em casamento **(REsp 1.685.937-RJ).**

Cumpre destacar que esse julgado, em certa maneira, é contrário ao entendimento do STF **(RE 631240).** Na ocasião, o STF entendeu que a exigência do prévio requerimento administrativo em matéria previdenciária não viola o princípio da inafastabilidade do controle jurisdicional.

Assim, diante do entendimento do STJ, é preciso acompanhar como vai decidir o STF nesse caso.

03 Qual será o regime de bens adotado no casamento entre maiores de 70 anos?

Nos termos do art. 1.641, II, é obrigatório o **regime da separação de bens** no casamento da pessoa maior de 70 anos. O aludido dispositivo legal teria como objetivo a "proteção" do idoso, afastando a possibilidade de casamentos apenas por interesses econômicos.

A doutrina em peso considera esse artigo inconstitucional, uma vez que o dispositivo em tela é preconceituoso com o idoso, presumido que o idoso maior de 70 anos é senil, facilmente enganável. Ademais, a norma de uma forma geral não visa resguardar o idoso, mas seus herdeiros.

Nesse sentido, temos enunciado da I Jornada de Direito Civil:

> **Enunciado 125:** A norma que torna obrigatório o regime da separação absoluta de bens em razão da idade dos nubentes não leva em consideração a alteração da expectativa de vida com qualidade, que se tem alterado drasticamente nos últimos anos. Também mantém um preconceito quanto às pessoas idosas que, somente pelo fato de ultrapassarem determinado patamar etário, passam a gozar da presunção absoluta de incapacidade para

> alguns atos, como contrair matrimônio pelo regime de bens que melhor consultar seus interesse.

De todo modo, não há nenhuma decisão judicial acerca da inconstitucionalidade do dispositivo.

Não havendo decisão declarando a inconstitucionalidade do dispositivo e diante do propagado objetivo da norma de proteger o idoso de relacionamentos "fugazes", a doutrina tem defendido que não se aplica o regime de separação de bens no caso de o casamento ser precedido de união estável **iniciada antes dos 70 anos (enunciado 261 da III jornada)**

Recentemente o STJ enfrentou o tema, e seguindo a orientação doutrinária, confirmou **(REsp 1318281)** que a separação de bens no casamento de idosos maiores de 70 anos **não é obrigatória se o casamento é precedido de união estável iniciada antes de haver essa restrição.**

Para o STJ, nesses casos, além de não haver necessidade de proteção ao idoso de relacionamentos fugazes por interesse exclusivamente econômico, haveria uma incoerência do sistema se o casamento fosse necessariamente por separação de bens.

Isso porque na união estável o idoso já estaria submetido ao regime da comunhão parcial de bens. Assim, não faria sentido submeter o casamento a um regime "mais gravoso" de bens, ou seja, o da separação, "sob pena de estimular a permanência na relação informal e penalizar aqueles que buscassem maior reconhecimento e proteção por parte do Estado, impossibilitando a oficialização do matrimônio.

Esse, inclusive, é o entendimento que "melhor compatibiliza" com o sentido da Constituição Federal, **segundo o qual a lei deve facilitar a conversão da união estável em casamento.**

04 No direito de família, em que consiste a chamada cláusula de dureza?

Pela cláusula de dureza, o juiz pode negar o divórcio pleiteada, ou ainda impor sanções a um ou a ambos os cônjuges que o requereram.

Em suma, a cláusula de dureza pode ser conceituada como disposições que, em síntese, buscam dificultar o divórcio.

No Brasil, ela chegou a ser adotada na antiga Lei do Divórcio (Art. 6º, da Lei 6.515/76), que impedia o juiz de decretar a separação-falência ou remédio, se a medida agravasse a situação do outro cônjuge ou prejudicasse a prole. Trata-se de regra com raiz no direito francês e no direito alemão, sem regra de acolhimento no atual Código Civil, que não repetiu o artigo 6º da Lei do Divórcio.

Assim, atualmente, a cláusula de dureza não é mais aplicada em nosso ordenamento.

05 Ao companheiro(a) supérstite é assegurado o direito real de habitação?

Em palavras simples, a pessoa que tem direito real de habitação poderá residir no imóvel. O direito real de habitação tem por objetivo garantir o direito fundamental à moradia (art. 6º, *caput*, da CF/88) e o postulado da dignidade da pessoa humana (art. 1º, III). O instituto é assim regulado pelo Código Civil:

> **Art. 1.831. Ao cônjuge sobrevivente,** qualquer que seja o regime de bens, será assegurado, sem prejuízo da participação que lhe caiba na herança, o direito real de habitação relativamente ao imóvel destinado à residência da família, desde que seja o único daquela natureza a inventariar.

Veja que, em sua redação literal, o direito somente seria assegurado ao cônjuge sobrevivente. Muito embora o código tenha sido omisso, a doutrina entende que também é assegurado ao companheiro o direito real de habitação.

> **Enunciado nº 117 da I Jornada:** O direito real de habitação deve ser estendido ao companheiro, seja por não ter sido revogada a previsão da Lei 9.278, seja em razão da interpretação analógica do artigo 1.831, informado pelo artigo 6º, *caput*, da Constituição de 88.

06 Família multiespécie. Que negócio é esse?

Segundo Maria Berenice Dias, família multiespécie é aquela constituída pelos donos e seus animais de estimação, membros não humanos.

O tema pode parecer essencialmente acadêmico, contudo, ressalta-se que já existem diversas decisões judiciais que, após o fim da convivência entre os tutores, fixam a custódia compartilhada dos animais, inclusive com fixação de alimentos.

Nesse sentido, destaca-se o seguinte enunciado do Instituto Brasileiro de Direito de Família – IBDFAM:

> **Enunciado 11:** na ação destinada a dissolver o casamento ou a união estável, pode o juiz disciplinar a custódia compartilhada do animal de estimação do casal.

Recentemente, inclusive, o STJ garantiu o direito de ex-companheiro visitar animal de estimação após dissolução da união estável.

Na ocasião, o Tribunal afirmou que, apesar de partir da premissa de caracterização dos animais como bens semoventes, a solução de casos que envolvam disputa de animais por ex-conviventes deve levar em consideração a preservação e a garantia dos direitos da pessoa humana. Além disso, apontou também que devem ser observados o bem-estar dos animais e a limitação aos direitos de propriedade que recaem sobre eles, sob pena de abuso de direito.

Por fim, em seu voto, o relator do caso citou expressamente o enunciado nº 11 do IBDFAM, anteriormente mencionado. Por se tratar de processo sigiloso, não foi divulgado o seu número[6].

07 O instituto da separação continua a existir em nosso ordenamento jurídico? Qual a diferença dela para o divórcio?

A **separação judicial** é marcada pela transitoriedade, uma vez que ela é modalidade de extinção da sociedade conjugal, pondo fim aos deveres de coabitação e fidelidade, bem como ao regime de bens (art. 1.571, III, do Código Civil) sem, no entanto, dissolver o casamento. Assim, é uma medida temporária e de escolha pessoal dos envolvidos, que podem optar, a qualquer tempo, por restabelecer a sociedade conjugal ou pela sua conversão definitiva em divórcio.

---

6. http://www.stj.jus.br/sites/STJ/default/pt_BR/Comunica%C3%A7%C3%A3o/noticias/Not%C3%Adcias/STJ-garante-direito-de-ex%E2%80%93companheiro-visitar-animal-de-estima%C3%A7%C3%A3o-ap%C3%B3s-dissolu%C3%A7%C3%A3o-da-uni%C3%A3o-est%C3%A1vel. <acesso no dia 18 de novembro de 2018>.

Já o **divórcio** é marcado pela definitividade, pois é forma de dissolução do vínculo conjugal e extingue o próprio vínculo conjugal, pondo termo ao casamento, refletindo diretamente sobre o estado civil da pessoa e permitindo que os ex-cônjuges celebrem novo casamento, o que não ocorre com a separação. Assim, o divórcio é definitivo. Caso os ex-cônjuges se arrependam e desejem restabelecer o relacionamento, precisaram celebrar novo casamento.

⊖ A separação continua a existir em nosso ordenamento?

A polêmica existe porque, no Brasil, até o ano de 2010, o divórcio necessariamente precisaria passar pela separação judicial ou de fato, nos termos do art. 226, § 6º, da Constituição:

> **Art. 226. (...)**
>
> **§ 6º** O casamento civil pode ser dissolvido pelo divórcio, após prévia separação judicial por mais de um ano nos casos expressos em lei, ou comprovada separação de fato por mais de dois anos.

Contudo, em 2010, por meio da Emenda 66/2010, foi dada nova redação ao § 6º, excluindo essa exigência para fins de divórcio:

> **Art. 226. (...)**
>
> **§ 6º** O casamento civil pode ser dissolvido pelo divórcio.

Em que pese a nova redação do § 6º, do art. 226, da Constituição, o instituto da separação continuou previsto em nosso ordenamento, no artigo 1.571, II, do Código Civil:

> **Art. 1.571.** A sociedade conjugal termina:
>
> **III** - pela separação judicial;

Em razão disso, duas correntes doutrinárias sugerem sobre o instituto:

1ª Corrente: a separação não mais existe em nosso ordenamento. Em que pese o art. 1.571, III, do CC, não ter sido alterado expressamente, foi revogado pela EC 66/2010 (não recepção). Logo, não é mais possível que haja separação judicial, mas apenas o divórcio (Ex.: Pablo Stolze, Maria Berenice Dias, Flávio Tartuce, Cristiano Chaves e Nelson Rosenvald).

2ª Corrente: a separação continua a existir em nosso ordenamento. Isso porque, há pessoas que, por razões religiosas ou filosóficas, não admitem o divórcio e, assim, querem ficar apenas "separadas", mas não "divorciadas. Ademais, a separação é uma alternativa para os casais que não descartam a possibilidade de reatarem, considerando que se estiverem apenas separados poderão restabelecer, a todo tempo, a sociedade conjugal. Ao contrário, se estiverem divorciados e desejarem se reconciliar, teriam que casar novamente, o que seria mais burocrático. Esse foi o posicionamento adotado pelas jornadas de direito civil:

> **Enunciado 514 da V Jornada:** A Emenda Constitucional n. 66/2010 não extinguiu o instituto da separação judicial e extrajudicial.

⊝ O que entendeu o STJ?

O STJ adotou a segunda corrente, **tendo decidido que a EC 66/2010 não revogou, expressa ou tacitamente, a legislação ordinária que trata da separação judicial (REsp 1.431.370-SP e REsp 1.247.098-MS).**

Para tanto, o STJ utilizou os seguintes argumentos:

a) Pela literalidade do art. 226, § 6º, percebe-se que a única alteração promovida pela EC 66/2010 foi a supressão do requisito temporal para divórcio, bem como do sistema bifásico, para que o casamento seja dissolvido pelo divórcio. Ocorreu, portanto, facilitação ao divórcio (e não a abolição da separação judicial).

b) O texto constitucional dispõe que o casamento civil pode ser dissolvido pelo divórcio. Isso significa que a CF conferiu uma faculdade aos cônjuges, não significando, contudo, que tenha extinguido a possibilidade de separação judicial.

c) Se o divórcio é permitido sem qualquer restrição, forçoso concluir que também é possível a separação judicial considerando que, quem pode o mais, pode o menos também.

d) Entender que a alteração promovida pela EC 66/2010 suprimiu a existência da separação extrajudicial ou judicial levaria à interpretação de que qualquer assunto que não fosse mais tratado no texto constitucional por desconstitucionalização estaria extinto, o que seria um absurdo.

e) Não ocorreu a revogação tácita da legislação infraconstitucional que versa sobre a separação, dado que a EC 66/2010 não tratou em momento algum sobre a separação, bem como não dispôs sobre matéria com ela incompatível.

f) Por fim, o novo CPC (Lei nº 13.105/2015) manteve em diversos dispositivos referências ao instituto da separação judicial, inclusive regulando-o no capítulo que trata das ações de família, demonstrando, de forma indiscutível, que a *mens legis* foi a de manter a figura da separação no ordenamento jurídico pátrio.

08 O devedor de alimentos, executado sob a ameaça de prisão, pode comprovar a impossibilidade de pagamento por meio de testemunhas?

Nas ações de alimentos, o CPC estabelece o seguinte:

> **Art. 528.** No cumprimento de sentença que condene ao pagamento de prestação alimentícia ou de decisão interlocutória que fixe alimentos, o juiz, a requerimento do exequente, mandará intimar o executado pessoalmente para, em 3 (três) dias, pagar o débito, provar que o fez ou justificar a impossibilidade de efetuá-lo.

Assim, uma vez citado, sob ameaça de prisão, para o pagamento do débito alimentar, a lei determina que o executado deverá, no prazo máximo de 03 dias, tomar as seguintes condutas: **a)** pagar o débito; **b)** provar que o fez (provar que já pagou a dívida); ou **c)** justificar a impossibilidade de efetuá-lo (provar que não tem condições de pagar).

Ao analisar a possibilidade de comprovação da impossibilidade de pagamento dos alimentos por meio de testemunhas, o STJ afirmou que, em tese, **é possível que isso seja feito por meio de prova testemunhal.**

Neste caso, as testemunhas **terão que ser ouvidas obrigatoriamente no prazo de 3 dias.** Na execução de alimentos pelo rito do art. 528 do CPC/2015, o executado pode comprovar a impossibilidade de pagamento por meio de prova testemunhal, **desde que a oitiva ocorra no tríduo previsto para a justificação (REsp 1.601.338-SP).**

Assim, embora seja possível o uso de testemunhas, é preciso que eles sejam ouvidos perante o juízo dentro do prazo máximo de 03 dias. **Isso significa dizer que o simples requerimento de produção de prova dentro desses 03 dias, sem que as testemunhas sejam ouvidas, não é suficiente para evitar a prisão.**

Trata-se de medida de pouca utilizada prática, considerando que na maioria das comarcas brasileiras, é extremamente improvável que o devedor consiga que as testemunhas sejam ouvidas perante o juízo dentro do prazo de 03 dias.

09 Admite-se a fixação de alimentos em valores distintos para filhos de diferentes relacionamentos?

Amigos, imaginem a seguinte situação: Fulanilson possuí dois filhos, de relacionamentos distintos, razão pela qual paga duas pensões alimentícias. Após questionar os valores dessas pensões na justiça, o Judiciário fixou uma das pensões em 15% e a outra em 20%.

A questão aqui é saber se essa diferenciação é admitida, ou se ela implica em tratamento discriminatório entre os filhos, o que é vedado em nosso ordenamento (Art. 227, § 7º, da CF e 1.596 do CC).

Ao analisar a situação, o STJ entendeu **(REsp 1.624.050/MG)** que, em regra, não se deve fixar a obrigação de alimentos em valor absoluto ou percentual diferente entre a prole, uma vez que os filhos, indistintamente, necessitam ter acesso a condições dignas de sobrevivência em igual medida.

Contudo, essa igualdade não é um princípio inflexível, devendo se avaliar as circunstâncias do caso concreto. Se ficar comprovado, por exemplo, que uma das genitoras possui uma capacidade financeira maior que a da outra, a pensão pode ser menor.

Isso porque é dever de ambos os cônjuges contribuir para a manutenção dos filhos na proporção de seus recursos. Assim, poderá ser justificável a fixação de alimentos diferenciados entre a prole em sendo os filhos oriundos de distintos relacionamentos, se houver melhor capacidade de contribuição de um genitor ou genitora em relação ao outro.

Ademais, é preciso se avaliar ainda as reais necessidades dos filhos, como no caso de um recém-nascido, incapaz de desenvolver quaisquer atividades, e um filho mais velho, capaz de trabalhar, o que pode justificar a diferenciação.

Assim, somente haverá violação ao princípio da igualdade entre os filhos se ficar demonstrado que eles possuem as mesmas necessidades essenciais e que as genitoras possuem as mesmas capacidades de contribuir para a manutenção de tais necessidades. Caso contrário, admite-se a fixação de alimentos em valores distintos para filhos de diferentes relacionamentos.

10 Diferencie união estável de namoro qualificado.

A legislação define a união estável como a convivência pública, contínua e duradoura e estabelecida com o objetivo de constituição de família. (Art. 1.723, CC).

Assim, o legislador exigiu apenas que a união seja pública (não podendo ser oculta, clandestina), contínua (sem que haja interrupções) e duradoura. Além desses três requisitos, exige-se ainda o objetivo dos companheiros ou conviventes de estabelecer uma verdadeira família (*animus familiae*).

Esse último requisito legal (objetivo de constituir família) é o que diferencia a união estável do chamado namoro qualificado. Por namoro qualificado, a doutrina tem chamado aqueles relacionamentos públicos e que se prolongam por muito tempo, mas que não chegam a apresentar todos os requisitos essenciais para que a família presente esteja configurada. Em suma, **falta aos namorados o objetivo de constituir família.**

A presença ou não de objetivo de constituir família, para fins de qualificação do relacionamento como namoro qualificado ou união estável, deverá ser analisada caso a caso, de acordo com as provas produzidas nos autos.

O STJ já adotou essa teoria por ocasião do julgamento do REsp 1.454.643-RJ. Na ocasião, o STJ afirmou o seguinte: o fato de namorados projetarem constituir família no futuro não caracteriza união estável, ainda que haja coabitação. Isso porque essas circunstâncias não bastam à verificação da *affectio maritalis*. O propósito de constituir família, alçado pela lei de regência como requisito essencial à constituição da união estável – a distinguir, inclusive, esta entidade familiar do denominado “namoro qualificado” –, não consubstancia mera proclamação, para o futuro, da intenção de constituir uma família. É mais abrangente.

Deve se afigurar presente durante toda a convivência, a partir do efetivo compartilhamento de vidas, com irrestrito apoio moral e material entre os companheiros. É dizer: a família deve, de fato, estar constituída. Tampouco a coabitação, por si, evidencia a constituição de uma união estável (ainda que possa vir a constituir, no mais das vezes, um relevante indício).

A coabitação entre namorados, a propósito, afigura-se absolutamente usual nos tempos atuais, impondo-se ao Direito, longe das críticas e dos estigmas, adequar-se à realidade social. Por oportuno, convém ressaltar que existe precedente do STJ no qual, a despeito da coabitação entre os namorados, por contingências da vida, inclusive com o consequente fortalecimento da relação, reconheceu-se inexistente a união estável, justamente em virtude da não configuração do *animus maritalis*.

11 A teoria do inadimplemento substancial se aplica ao pagamento de pensão alimentícia?

A teoria do adimplemento substancial defende que não se deve considerar resolvida a obrigação quando a atividade do devedor, embora não tenha sido perfeita ou não atingido plenamente o fim preposto, aproxima-se consideravelmente do fim proposta (Ex.: numa obrigação de 10 parcelas, o devedor pagou 9).

Assim, com base nessa teoria, havendo adimplemento substancial, o credor teria somente uma opção: exigir do devedor o cumprimento das prestações que ficaram inadimplidas e pleitear indenização pelos eventuais prejuízos sofridos pelo inadimplemento.

No caso o que se questiona aqui é se, caso o devedor de pensão alimentícia consiga pagar grande parte do débito, considera-se a obrigação satisfeita? Isso tem implicações importantes, pois caso o débito alimentar não seja considerado satisfeito, o devedor poderá, inclusive, ser preso.

Ao analisar a situação de o devedor de alimentos que pagou 95% da dívida, o STJ entendeu que a teoria do adimplemento substancial não se aplica para pensão alimentícia **(HC nº 439973/MG).**

Os fundamentos foram os seguintes:

a) a par de encontrar estrito espaço de aplicação no Direito contratual, a teoria do adimplemento substancial não tem incidência nos vínculos jurídicos familiares, menos ainda para a resolução de controvérsias de obrigação alimentar.

b) a subtração de qualquer parcela dos alimentos impostos por decisão judicial pode ensejar prejuízo à própria manutenção do alimentado. A subtração de pequeno percentual pode mesmo ser insignificante para um, mas possivelmente não para outro mais necessitado.

c) por fim, o STJ entende que o pagamento parcial do débito alimentar não afasta a possibilidade de prisão civil.

Assim, o STJ negou um HC para um devedor de alimentos que pagou 95% da dívida. A decisão foi bem apertada (3x2), então é possível que seja revista no futuro. Trata-se, assim, de um tema para ser acompanhado.

12 O princípio da não compensação do crédito alimentar é absoluto?

Qual é o contexto?

A compensação **é uma forma de extinção da obrigação** em que as partes são, ao mesmo tempo, credora e devedora uma da outra:

> **Art. 368.** Se duas pessoas forem ao mesmo tempo credor e devedor uma da outra, as duas obrigações extinguem-se, até onde se compensarem.

Sobre o tema, o Código Civil estabelece o seguinte:

> **Art. 1.707.** Pode o credor não exercer, porém lhe é vedado renunciar o direito a alimentos, sendo o respectivo crédito insuscetível de cessão, compensação ou penhora.

Vejam que, nos termos do Código, o **crédito alimentar não é suscetível de compensação.** O objetivo desse art. 1.707 é o de evitar que o credor, ao ser obrigado a compensar, fique sem recursos para poder suprir suas necessidades básicas, conforme entendimento do STJ **(HC 109416/RS).**

Isso implica dizer que, em regra, não é possível a compensação de alimentos fixados em pecúnia com aqueles pagos in natura. Por exemplo, se além da pensão alimentícia fixada judicialmente, o devedor custeou uma viagem de férias, ele não poderá abater o valor gasto com essa viagem da pensão. Em regra, se o devedor pagou de forma diferente da estipulada pelo juízo, isso deve ser entendido como mera liberalidade, uma doação **(AgRg no REsp. 1257779/MG).**

➔ Que dizer então que a vedação do artigo 1.707 é absoluta?

Não. Embora o disposto no artigo 1.707 seja a regra, o STJ tem entendido que, dentro do caso concreto, **é possível,** em sede de execução de alimentos, **a dedução** na pensão alimentícia fixada exclusivamente em pecúnia das despesas pagas "in natura", com o consentimento do credor, referentes a aluguel, condomínio e IPTU do imóvel onde residia o exequente **(REsp 1.501.992/RJ).**

Segundo o STJ, a vedação do artigo 1.707 não é absoluta. Para tanto, o Tribunal tem utilizado dois argumentos:

a) evitar o enriquecimento ilícito de uma das partes **(AgInt no REsp 1560205/RJ).**

b) Nos casos em que o devedor custeia despesas de natureza alimentar (exs: educação, habitação e saúde), mesmo sem que isso estivesse no título judicial, não é possível falar em mera liberalidade. Nesses casos, há o cumprimento, ainda que parcial, da obrigação alimentar. Isso porque **essas são despesas essenciais de qualquer indivíduo** e a pensão certamente serviria para arcar com essas despesas. Neste cenário, **deve ser relativizada a regra da incompensabilidade da verba alimentar para reconhecer a quitação parcial do débito exequendo.**

Cumpre ressaltar, contudo, que o próprio STJ deixou claro que a incompensabilidade é a regra, **somente podendo ser afastada caso a caso.** Para tanto, é preciso que fique claro **se houve o consentimento,** ainda que tácito, do credor, **e se o pagamento in natura** realizado foi destinado, efetivamente, ao atendimento de necessidade essencial do alimentado e **não se configurou como mera liberalidade do alimentante.**

13 No contrato de união estável, é possível fixar que o regime de bens irá produzir efeitos retroativos desde o início da relação?

⊖ União estável. Que negócio é esse?

A união estável é uma entidade familiar, caracterizada pela união entre duas pessoas, do mesmo sexo ou de sexos diferentes, que possuem convivência pública, contínua e duradoura, com o objetivo de constituição de família.

⊖ O que diferencia a união estável de um simples namoro?

O que diferencia uma União Estável de um namoro **é o objetivo de constituir família.** A análise do objetivo de constituir uma família deverá ser feita caso a caso.

⊖ Na União Estável há algum regime de bens?

Sim, na União Estável, o próprio Código Civil estabeleceu que as relações patrimoniais entre o casal **obedecem às regras do regime da comunhão parcial de bens:**

> **Art. 1.725.** Na união estável, salvo contrato escrito entre os companheiros, aplica-se às relações patrimoniais, no que couber, o regime da comunhão parcial de bens.

⊖ É possível a alteração do regime de bens?

Sim, notem que o próprio artigo 1.725 determina que o regime da comunhão parcial de bens só se aplica se não houver um contrato escrito entre os companheiros. Assim, a lei permitiu que os companheiros possam celebrar um contrato escrito entre si estipulando regras patrimoniais específicas que irão vigorar naquela união estável. Dessa forma, é possível, por exemplo, que eles estabeleçam o regime da separação de bens.

Qual é a polêmica aqui?

O STJ analisou a seguinte situação: um casal conviveu em união estável por dois anos sem assinatura de contrato. Após dois anos, eles celebraram um contrato de união estável, sob o regime da separação de bens, bem como afirmaram que o regime da separação de bens valeria desde o início da relação. Em outras palavras, eles atribuíram efeito retroativo ao contrato de união estável.

➔ **O STJ concordou com isso?**

Não, segundo o Tribunal, **não é lícito aos conviventes atribuírem efeitos retroativos ao contrato de união estável, a fim de eleger o regime de bens aplicável ao período de convivência anterior à sua assinatura (REsp 1.383.624-MG)**.

O fundamento foi o seguinte: como o Código Civil estabelece que o regime de bens entre os cônjuges começa a vigorar desde a data do casamento, o regime de bens entre os companheiros também começa a vigorar desde a data da união estável, assim o contrato não pode ter efeitos retroativos:

> **Art. 1.639.** É lícito aos nubentes, antes de celebrado o casamento, estipular, quanto aos seus bens, o que lhes aprouver.
>
> **§ 1º** O regime de bens entre os cônjuges começa a vigorar desde a data do casamento.

Em suma, no contrato de união estável, não é possível fixar que o regime de bens irá produzir efeitos retroativos desde o início da relação.

14 Teoria do desamor. Que negócio é esse?

Teoria do desamor é sinônimo de **responsabilidade civil por abandono afetivo**.

Ocorre o chamado abandono afetivo quando um dos genitores, ainda que materialmente cumpra seus deveres legais, amparando financeiramente o filho, negue ao filho sua convivência. Em termos mais simples, cuida-se do genitor que, mesmo tendo cumprido a obrigação de ajudar financeiramente o filho, não o fez no aspecto emocional.

No âmbito doutrinário, existe forte doutrina entendendo pela possibilidade de responsabilização civil nesse caso (Ex.: Flávio Tartuce e Giselda Maria Hironaka). Argumenta-se que a Constituição reconheceu expressamente a possibilidade de danos extrapatrimoniais, quando previu a possibilidade de condenações por dano moral (5º, incisos V e X.). Ademais, essa possibilidade encontraria amparo ainda no princípio da dignidade da pessoa humana.

No âmbito infraconstitucional, temos ainda o artigo art. 1.634, inciso I, que impõe como atributo do poder familiar a direção da criação dos filhos. Assim, o ordenamento jurídico estabelece um dever aos genitores, de assistir, criar e educar os filhos menores. Havendo violação desse dever, estará configurado o ato ilícito, nos termos do artigo 186 do Código Civil. Nesse sentido, há enunciado do Instituto Brasileiro de Direito de Família – IBDFAM:

> **Enunciado 08.** O abandono afetivo pode gerar direito à reparação pelo dano causado.

No âmbito jurisprudencial, por sua vez, o STJ possui precedente admitindo a responsabilização civil por abandono afetivo **(REsp 1.159.242/SP)**.

Na ocasião, o STJ afirmou que o cuidado como valor jurídico objetivo está incorporado no ordenamento jurídico brasileiro não com essa expressão, mas com locuções e termos que manifestam seus diversos sentidos, como se observa do art. 227 da CF/88.

Apesar das inúmeras hipóteses que minimizam a possibilidade de pleno cuidado de um dos genitores em relação à sua prole, **existe um núcleo mínimo** de cuidados parentais que, para além do mero cumprimento da lei, garantam aos filhos, ao menos quanto à afetividade, condições para uma adequada formação psicológica e inserção social. **Ausente esse cuidado mínimo**, surge a possibilidade de indenização por danos morais por abandono psicológico.

Em julgado mais recente, contudo, o STJ afastou essa possibilidade. Na ocasião, o STJ afirmou que o dever de cuidado compreende o dever de sustento, guarda e educação dos filhos.

Não há dever jurídico de cuidar afetuosamente, de modo que o abandono afetivo, se cumpridos os deveres de sustento, guarda e educação da prole, ou de prover as necessidades de filhos maiores e pais, em situação de vulnerabilidade, não configura dano moral indenizável.

Em suma, a falta de afeto não configura ato ilícito quando a criança ou adolescente estiver amparada "materialmente", **haja vista a impossibilidade de o Judiciário obrigar uma pessoa em dar afeto, amor a outrem. (REsp 1579021/RS)**.

Temos, assim, que **há divergência** no âmbito do STJ sobre a amplitude do "dever de cuidado" imposto aos genitores, de forma a abranger ou não o dever de afeto.

Por fim, com relação ao abandono **MATERIAL**, é dizer, a situação onde o genitor, **dispondo de recursos para tanto**, deliberadamente deixa de prestar assistência material ao filho, não proporcionando a ele condições dignas de sobrevivência, **o STJ tem entendido que ele é passível de reparação moral.**

Conforme recente julgado, o descumprimento da obrigação pelo pai, que, apesar de dispor de recursos, deixa de prestar assistência material ao filho, não proporcionando a este condições dignas de sobrevivência e causando danos à sua integridade física, moral, intelectual e psicológica, configura ilícito civil, nos termos do art. 186 do Código Civil de 2002 **(REsp 1087561/RS).**

15 A existência de casamento válido obsta o reconhecimento da união estável? Qual o contexto?

A legislação define a união estável como a convivência pública, contínua e duradoura e estabelecida com o objetivo de constituição de família. **(Art. 1.723, CC)**.

Assim, o legislador exigiu apenas que a união seja pública (não podendo ser oculta, clandestina), contínua (sem que haja interrupções) e duradoura. Além desses três requisitos, exige-se ainda o objetivo dos companheiros ou conviventes de estabelecer uma verdadeira família (*animus familiae*).

A existência de casamento válido impede o reconhecimento da união estável?

Nem sempre. Segundo o STJ, o requisito da exclusividade de relacionamento sólido é condição de existência jurídica da união estável nos termos da parte final do § 1º do art. 1.723 do Código Civil.

Assim, o maior óbice ao reconhecimento desse instituto não é a existência de matrimônio, mas a concomitância de outra relação afetiva fática duradoura (convivência de fato) - até porque, havendo separação de fato, nem mesmo o casamento constituiria impedimento à caracterização da união estável.

Assim, comprovada a separação de fato ou judicial entre os casados, a existência de casamento válido não obsta o reconhecimento da união estável **(AgInt no REsp 1725214/RSbe AgInt no AREsp 951338/PI).**

O STJ, contudo, **não aceita a tese de uniões estáveis paralelas,** é dizer, o reconhecimento de mais de uma união estável ao mesmo tempo. Exatamente por entender que o maior óbice ao reconhecimento desse instituto não é a existência de matrimônio, mas a concomitância de outra relação afetiva fática duradoura (convivência de fato), é inviável a declaração de mais de uma união estável ao mesmo tempo **(REsp 912.926-RS).**

13

Seguridade Social

20 questões

I. BENEFÍCIOS E BENEFICIÁRIOS PREVIDENCIÁRIOS E ASSISTENCIAIS

01 É possível a inscrição em dívida ativa de benefícios previdenciários indevidamente recebidos?

O STJ possuía entendimento consolidado pela impossibilidade da inscrição em dívida ativa de benefícios previdenciários indevidamente recebidos (REsp 1350804-PR). O fundamento usado pelo STJ é que não havia previsão legal para isso.

Segundo o Tribunal, se o legislador quisesse que o recebimento indevido de benefício previdenciário ensejasse a inscrição em dívida ativa, teria previsto expressamente na Lei nº 8.212/91 ou na Lei nº 8.213/91 (o que não havia).

Ocorre que a MP 780/2017, posteriormente convertida na Lei nº 13.494/2017, acrescentou o § 3º ao art. 115 da Lei nº 8.213/91, prevendo, de forma expressão, a possibilidade de inscrição em dívida ativa do valor correspondente a benefício previdenciário ou assistencial indevidamente recebido e não devolvido ao INSS.

> **Art. 115. (...)**
>
> **§ 3º** Serão inscritos em dívida ativa pela Procuradoria-Geral Federal os créditos constituídos pelo INSS em razão de benefício previdenciário ou assistencial pago indevidamente ou além do

> devido, hipótese em que se aplica o disposto na Lei nº 6.830, de 22 de setembro de 1980, para a execução judicial.

Com isso, após a MP 780/2017, restam superados os fundamentos que amparavam o entendimento do STJ, passando a existir previsão legal a amparar a inscrição em dívida ativa valores recebidos indevidamente de benefícios previdenciários.

Ressalta-se, por fim, que somente poderão ser inscritos em dívida ativa os créditos constituídos a partir da vigência da MP 780/2017.

02 É cabível o pagamento de auxílio-reclusão aos dependentes do segurado preso em prisão domiciliar?

Amigos, o auxílio-reclusão é um benefício pago aos **dependentes** do segurado que se encontra preso. A função do auxílio-reclusão é propiciar a subsistência da família daquele segurado que foi preso, evitando, em última análise, que elas tenham que cometer delitos para sobreviver. Aqui, não basta que a pessoa seja presa para sua percepção. É preciso que ela seja segurada do INSS.

Sempre prevaleceu na doutrina e na jurisprudência que a percepção desse benefício **exigia que o preso estivesse recolhido em uma prisão**, cumprindo os regimes fechados e semiaberto **(AgRg no REsp 1475363/SP).** Isso porque essa é a exigência da Lei 8.213/91:

> **Art. 80.** O auxílio-reclusão será devido, nas mesmas condições da pensão por morte, aos dependentes **do segurado recolhido à prisão,** que não receber remuneração da empresa nem estiver em gozo de auxílio-doença, de aposentadoria ou de abono de permanência em serviço.

Contudo, recentemente, a 1ª Turma entendeu que o gozo do benefício não exige que o segurado esteja recolhido em uma prisão. É possível também nos casos em que ele esteja em prisão domiciliar, uma vez que nesse caso, ele também não tem condições de trabalhar, uma vez encontra-se recluso na sua casa.

Ademais, o próprio INSS reconheceu essa possibilidade, tendo editado, em 19/02/2016, a Instrução Normativa n. 85 PRES/INSS, que alterou a IN 77/PRES/INSS, de 21/01/2015, introduzindo o § 4º ao art. 382, o que estabelece que o cumprimento de pena em prisão domiciliar não impediria a percepção do benefício, **se o regime previsto for o semiaberto ou fechado.** Assim, para o STJ, trata-se de um direito que foi reconhecido pelo próprio INSS.

Com isso, o STJ entendeu que a melhor exegese é a que reconhece que os dependentes de segurado preso em **regime fechado ou semiaberto** fazem jus ao auxílio-reclusão, atendidos os pressupostos do benefício, **ainda que o condenado passe a cumprir a pena em prisão domiciliar (Resp 1.672.295/RS).**

03 O Sindico que é isento do pagamento do condomínio é considerado segurado da Previdência Social?

Em relação ao síndico de condomínio, a Lei 8.213/91 (art. Art. 11, V, "f") determina que ele é segurado obrigatório da previdência social, na modalidade contribuinte individual, sempre que receba remuneração sobre seus serviços.

A grande controvérsia sobre o tema tem relação com as remunerações indiretas recebidos pelo síndico, como nos casos em que ele é isento da taxa condominial.

Ao analisar o tema, o STJ entendeu que síndico ou gestor de condomínio edilício são contribuintes individuais, **mesmo nos casos em que recebam apenas remuneração indireta, ao não pagar as despesas condominiais (Resp 1.064.455).**

04 o estrangeiro, em situação regular no país, tem direito a benefício assistencial?

A Constituição Federal de 1988 previu o seguinte benefício assistencial:

> **Art. 203.** A assistência social será prestada a quem dela necessitar, independentemente de contribuição à seguridade social, e tem por objetivos:
>
> **V** - a garantia de um salário mínimo de benefício mensal à pessoa portadora de deficiência e ao idoso que comprovem não possuir meios de prover à própria manutenção ou de tê-la provida por sua família, conforme dispuser a lei.

Ressalta-se que, por ser benefício assistencial e não previdenciário, o gozo desse benefício independe de qualquer contribuição prévia realizada pelo beneficiário. Em outras palavras, trata-se de benefício de caráter não contributivo.

A questão que chegou ao STF foi saber se esse benefício somente seria assegurado a brasileiros ou se os estrangeiros em situação regular em nosso país também teriam direito a ele, uma que a lei que regulamentou o benefício (Lei 8.742/1993) não previu expressamente essa possibilidade.

O STF entendeu que o benefício também é assegurado ao estrangeiro em situação regular. Segundo o Tribunal, os estrangeiros residentes no país são beneficiários da assistência social prevista no artigo 203, V, da Constituição Federal, uma vez atendidos os requisitos constitucionais e legais.

Para tanto, o STF inicialmente esclareceu que a assistência social brasileira possui caráter universal. Isso quer dizer que a assistência social deve alcançar o maior número possível de pessoas, de modo a englobar não apenas os brasileiros, mas também os estrangeiros.

Ademais, o art. 5º, *caput*, da nossa Lei Maior estabelece que deve haver um tratamento isonômico entre os nacionais e os estrangeiros aqui residentes.

Por fim, também não é impeditivo o fato de que a lei que regulamentou o benefício não ter previsto aos estrangeiros a possibilidade de receber o benefício.

Para o STF, ao delegar ao legislador ordinário a regulamentação do benefício, o texto constitucional o fez tão somente quanto à forma de comprovação da renda e das condições específicas de idoso e portador de necessidades especiais.

Não houve delegação relativamente aos beneficiários, pois esta definição já está contida no inciso V, do artigo 203 da Constituição. No confronto entre visões, deve prevalecer aquela que melhor concretiza o princípio constitucional da dignidade humana, de observância prioritária no ordenamento jurídico.

05 Exige-se incapacidade absoluta para fins de concessão de benefício assistencial?

Como vimos anteriormente, o artigo 203, V, da Constituição deixou a regulamentação do benefício para a lei, o que foi feito pela Lei 8.742/93.

Nesse sentido, o artigo 20, § 2º, da Lei 8.742/93 considera pessoa com deficiência: "Para efeito de concessão do benefício de prestação continuada, considera-se pessoa com deficiência aquela que tem impedimento de longo prazo de natureza física, mental, intelectual ou sensorial, o qual, em interação com uma ou mais barreiras, pode obstruir sua participação plena e efetiva na sociedade em igualdade de condições com as demais pessoas".

Percebam, assim, que em nenhum momento a Constituição ou mesmo a Lei Orgânica da Assistência Social (Lei 8.742/93) exigem a incapacidade absoluta para a concessão do benefício.

Exatamente por isso, o STJ entendeu que a LOAS **não exige incapacidade absoluta de pessoa com deficiência para concessão do benefício de prestação continuada (Resp 1.404.019/SP).**

Assim, para a concessão do benefício, deve se analisar não apenas o grau da deficiência, mas também outros aspectos relevantes, tais como, a condição profissional e cultural do beneficiário, a fim de averiguar se ele pode prover sua subsistência ou tê-la provida pela família.

06 O menor sob guarda é dependente previdenciário?

O instituto da guarda encontra-se previsto no ECA (Arts. 33 a 35). Cuida-se de um instituto que visa a regularizar a posse de fato do menor (Ex.: apesar de ter pais vivos, quem efetivamente cuida dele são aos avôs).

Assim, o menor sob guarda é aquele que é colocado em família substituta, sendo a guarda concedida quando os pais não apresentarem condições de exercer, com plenitude, seus deveres inerentes ao poder familiar, seja por motivos temporários ou permanentes.

O art. 33, § 3º, do ECA estabelece que a guarda confere à criança ou adolescente a condição de dependente, para todos os fins, inclusive previdenciários. Ocorre que, em 1997, foi editada a Lei 9.528/97, que retirou o menor sob guarda da condição de beneficiário previdenciário da Lei 8.213/91.

Diante disso, o INSS passou a defender que o menor sob guarda, após a Lei 9.528/97 não era mais dependente previdenciário. Segundo a mencionada Autarquia Federal, a Lei 8.213/91 com a redação dada pela Lei 9.528/97, é posterior e mais especial que o ECA. Assim, no conflito entre a redação atual da Lei 8.213/91 e o art. 33, § 3º, do ECA, deveria prevalecer o primeiro diploma, ante a natureza específica da norma previdenciária.

O STJ em alguns julgados chegou a adotar a tese do INSS (AgInt no Agint no AREsp 880.230/MG). Contudo, no ano de 2016, por meio de julgamento da Corte Especial, o STJ estabeleceu que ao menor sob guarda deve ser assegurado o direito ao benefício da pensão por morte mesmo se o falecimento se deu após a modificação legislativa promovida pela Lei 0.528/97 na Lei 8.213/91.

O artigo 33, § 3º, do ECA deve prevalecer sobre a modificação legislativa promovida na lei geral da Previdência Social, em homenagem ao princípio da proteção integral e preferência da criança e do adolescente, previsto no artigo 227 da Constituição Federal (Eresp 1.141.788/RS).

O fundamento do STJ é que o ECA não é uma simples lei, uma vez que representa verdadeira política pública de proteção à criança e do adolescente, em cumprimento ao mandamento constitucional previsto no art. 227, da CF/88.

Não é dado ao intérprete atribuir à norma jurídica conteúdo que atente contra a dignidade da pessoa humana e, consequentemente, contra o princípio da proteção integral e preferencial a criança e adolescente, já que esses postulados são a base do estado democrático de direito e devem orientar a interpretação de todo o ordenamento jurídico.

Assim, em que pese a lei previdenciária seja posterior e mais específica, não menos certo é que a criança e adolescente contam com proteção de norma específica que confere ao menor sob guarda a condição de dependente previdenciário, logo prevalece a previsão do ECA, constante no art. 33, § 3º, mesmo sendo anterior à lei previdenciária.

Por fim, ressalta-se que esse entendimento vale tanto para o regime geral quanto para o regime próprio de previdência (RMS 36.034/MT).

07 É possível a concessão de aposentadoria por invalidez em caso de invalidez parcial?

⊖ Qual é o conceito de aposentadoria por invalidez?

A aposentadoria por invalidez é concedida à pessoa que for considerado incapaz e insusceptível de reabilitação para o exercício de atividade que lhe garanta a subsistência, e ser-lhe-á paga enquanto permanecer nesta condição, nos termos do artigo 42 da Lei 8.213/91.

Assim, para a concessão da aposentadoria por invalidez a lei exige que o segurado esteja incapacitado total e permanente para o exercício do trabalho, bem como que não haja possibilidade plausível de ser reabilitado para outra atividade laborativa.

Ocorre que a jurisprudência consolidou o entendimento de que, além das condições clínicas do segurado, será preciso analisar o contexto socioeconômico deste, pois em alguns casos a baixa escolaridade e a idade avançada tornam inviável a reabilitação profissional, sendo necessária a concessão de aposentadoria por invalidez.

Assim, ainda que o perito aponte uma incapacidade para o trabalho apenas parcial, se a análise dos aspectos socioeconômicos, profissionais e culturais do segurado atestarem que sua inserção no mercado de trabalho seria muito difícil, a aposentadoria deve ser deferida **(Resp 1.568.259/SP).**

08 Pode o INSS descontar administrativamente valores pagos por força de decisão judicial posteriormente revogada?

Amigos, imaginem a seguinte situação: Fulanilson ingressa com ação contra o INSS, requerendo o aumento dos valores recebidos a título de Aposentadoria, sob o argumento de que a autarquia errou o cálculo do benefício. O Juiz, ao analisar o caso, defere o pedido de tutela antecipada, obrigando o INSS a depositar um valor maior. Esse depósito a mais ocorre durante 01 ano. Posteriormente, contudo, a decisão foi reformada pela Turma Recursal.

Diante da reforma, o INSS, com fundamento no artigo 115, II, da Lei 8.213/91, passa a descontar administrativamente do benefício os valores desembolsados durante a vigência da tutela antecipada. Agiu certo o INSS?

O STJ entendeu que **não (REsp 1.338.912-SE).**

Segundo o STJ, o inciso II do art. 115 aplica-se apenas para a recuperação de pagamentos feitos pelo INSS na via administrativa, não podendo ser utilizado caso o pagamento tenha sido determinado por decisão judicial.

Quando o valor pago ao segurado ou beneficiário ocorreu por força de decisão judicial, o INSS deverá se valer dos instrumentos judiciais para ter de volta essa quantia.

Assim, o art. 115, II, **não autoriza a Administração Previdenciária a cobrar, administrativamente, valores pagos a título de tutela judicial, sob pena de afronta ao princípio da segurança jurídica.**

09 É necessário o prévio requerimento administrativo para ajuizamento de ação postulando a concessão de benefício previdenciário?

No Brasil, a maioria das demandas previdenciárias são ajuizadas perante os Juizados Especiais Federais. Por serem mecanismos de acesso à justiça, em 1ª instância, o autor não precisa de advogado e não paga custas.

Diante disso, é muito comum que o segurado, sem que antes requeira administrativamente o benefício previdenciário em um dos postos do INSS, opte por já ajuizar direto uma ação no JEF pedindo a concessão de um benefício.

Ao analisar essa situação, o STF entendeu **(RE 631. 240/MG)** que, em regra, esse comportamento do beneficiário não encontra respaldo em nosso ordenamento. Assim, para que proponha a ação pleiteando a concessão do benefício previdenciário é preciso que, antes, tenha ocorrido uma das três situações abaixo:

a) O interessado requereu administrativamente o benefício, mas este foi negado pelo INSS (total ou parcialmente);

b) O interessado requereu administrativamente o benefício, mas o INSS não deu uma decisão em um prazo máximo de 45 dias;

c) O interessado não requereu administrativamente o benefício, **mas é notório que, sobre essa matéria, o INSS tem posição contrária ao pedido feito pelo segurado.** É o caso das situações em que a matéria está pacificada no âmbito da autarquia por meio de instrução normativa ou súmula administrativa.

Em suma, decidiu o STF que a concessão de benefícios previdenciários **depende de requerimento do interessado**, não se caracterizando ameaça ou lesão a direito antes de sua apreciação e indeferimento pelo INSS, ou se excedido o prazo legal para sua análise. É bem de ver, no entanto, que a exigência de prévio requerimento não se confunde com o exaurimento das vias administrativas.

A exigência de prévio requerimento administrativo **não deve prevalecer quando o entendimento da Administração for notória e reiteradamente contrário à postulação do segurado.**

10 O nosso ordenamento jurídico admite a figura da desaposentação?

⊝ Desaposentação. Que negócio é esse?

A desaposentação consiste no ato do segurado de renunciar à aposentadoria que recebe a fim de que possa requerer uma nova aposentadoria (reaposentação), desta vez mais vantajosa, no mesmo regime previdenciário ou em outro.

Trata-se de situação muito comum no Brasil, onde a maioria das pessoas se aposentam e continuam a trabalhar. Com isso, elas continuam a contribuir e, com o tempo, passam a ter direito a uma aposentadoria mais vantajosa.

⊝ Nosso ordenamento admite a desaposentação?

Não. Nos termos da Lei 8.213/91, o aposentado que permanecer em atividade não faz jus a nova aposentadoria:

> **Art. 18 (...)**
>
> **§ 2º** O aposentado pelo Regime Geral de Previdência Social-RGPS que permanecer em atividade sujeita a este Regime, ou a ele retornar, não fará jus a prestação alguma da Previdência Social em decorrência do exercício dessa atividade, exceto ao salário-família e à reabilitação profissional, quando empregado.

O STJ (REsp 1334488/SC), contudo, admitia a desaposentação.

➔ E o STF?

O caso chegou ao STF, que entendeu que, no âmbito do Regime Geral de Previdência Social -RGPS, somente lei pode criar benefícios e vantagens previdenciárias, **não havendo, por ora, previsão legal do direito à "desaposentação", sendo constitucional a regra do art. 18, § 2º, da Lei 8.213/1991 (RE 381367, RE 827833 e RE 661256).**

Os fundamentos do STF foram os seguintes:

a) A Constituição, apesar de não vedar expressamente o direito à "desaposentação", também não a prevê. Logo, cabe ao legislador ordinário estabelecer ou não essa possibilidade e, no caso, o art. 18, § 2º da Lei nº 8.213/91 proíbe.

b) O simples fato de o aposentado continuar contribuindo não lhe garante o direito adquirido a uma nova aposentadoria, mesmo que ela seja mais vantajosa. Isso porque o sistema previdenciário no Brasil **é baseado no princípio da solidariedade**, nos termos do artigo 3º, I, da Constituição.

Isso significa que valor que o indivíduo paga a título de contribuição previdenciária não é empregado apenas para os seus benefícios, sendo também utilizado para custear os benefícios de outras pessoas que ele sequer conhece.

Assim, os aposentados que voltam a trabalhar pagam contribuição previdenciária não porque esses recursos serão utilizados em seu favor, mas sim para ajudar na concessão de benefícios previdenciários de outras pessoas, **nos termos do princípio da solidariedade.**

Por fim, cumpre ressaltar que o STF deixou claro que a desaposentação, por si só, não é proibida. A concessão ou não da desaposentação é uma escolha do legislador, que no momento preferiu não concedê-la. **Nada impede, contudo, que ele a conceda no futuro.**

11 O INSS pode ajuizar ação contra autor do homicídio para ser ressarcido das despesas com a pensão por morte paga aos dependentes do segurado?

⊖ Existe alguma norma que autorize a ação regressiva em caso de acidente de trabalho?

O nosso ordenamento possui regulamento específico em relação as mortes ocasionadas por acidente de trabalho. Nesses casos, o artigo 120 da Lei 8.213/91 permite a cobrança de ação de regresso contra a empresa, mas somente se ficar comprovado que ela foi negligente nos padrões de segurança, o que ocasionou o acidente.

> **Art. 120.** Nos casos de negligência quanto às normas padrão de segurança e higiene do trabalho indicados para a proteção individual e coletiva, a Previdência Social proporá ação regressiva contra os responsáveis.

Nesse caso, a demanda deverá ser proposta perante a Justiça Federal, observado prazo prescricional de 05 anos, cujo o termo inicial é a data de concessão do benefício previdenciário. Por fim, chama-se atenção para o fato de que, passados os 5 anos, haverá a prescrição do próprio fundo de direito (REsp 1.457.646-PR).

⊖ Existe alguma norma que autorize ação regressiva no caso de homicídio?

Não. Em nosso ordenamento não existe nenhuma norma específica no caso em que a pensão por morte é paga em razão de homicídio. Apesar disso, o STJ, afirmou que pode ser aplicado também o art. 120 da Lei nº 8.213/91 por meio de uma interpretação extensiva e sistemática, que envolva também o art. 121 da Lei nº 8.213/91 e os arts. 186 e 927 do Código Civil:

> **Art. 121.** O pagamento, pela Previdência Social, das prestações por acidente do trabalho não exclui a responsabilidade civil da empresa ou de outrem

> **Art. 186.** Aquele que, por ação ou omissão voluntária, negligência ou imprudência, violar direito e causar dano a outrem, ainda que exclusivamente moral, comete ato ilícito.
>
> **Art. 927.** Aquele que, por ato ilícito (arts. 186 e 187), causar dano a outrem, fica obrigado a repará-lo.

Ora, se o art. 120 prevê a ação regressiva em caso de mera negligência do empregador, com muito mais razão deve alcançar hipótese de homicídio doloso praticado contra a segurada do Regime Geral da Previdência Social. Portanto, a especificação do art. 120 da Lei 8.213/91 não é *numerus clausus* (taxativa), e assim não exclui a responsabilidade civil do causador do dano prevista no art. 927 do CC.

É possível que o INSS ajuíze ação regressiva contra o autor do homicídio pedindo o ressarcimento dos valores pagos a título de pensão por morte aos filhos de segurada, vítima de homicídio praticado por seu ex-companheiro **(REsp 1.431.150-RS).**

12 O patrocinador pode ser acionado solidariamente com entidade fechada de previdência em revisão de benefício?

⊝ Patrocinador. Que negócio esse?

O patrocinador pode ser conceituado como a empresa ou grupo de empresas, a União, os Estados, o Distrito Federal, os Municípios, suas autarquias, fundações, sociedades de economia mista e outras entidades públicas que instituam, para seus empregados ou servidores, Plano de Benefícios de caráter previdenciário, administrado por uma Entidade Fechada de Previdência Complementar – EFPC.

Por exemplo, no âmbito da União, a aposentadoria para os servidores que ingressaram no serviço público depois de 2013 é limitada ao teto do INSS. Essas pessoas, **caso queiram se aposentar com rendimentos maiores que o teto do INSS,** deverão contribuir para o regime previdenciário complementar criado pela Lei 12.618/12. Essa entidade complementar criada pela União é chamada de Funpresp.

⊝ Qual é o contexto da pergunta?

Era muito comum na prática a situação em que o beneficiário do regime complementar, quando queria discutir a revisão de algum benefício recebido, ingressava com ações em face da entidade (no nosso exemplo, Funpresp) e contra o patrocinador dessa entidade (no nosso exemplo, a União).

⊖ O que decidiu o STJ?

Ao analisar essa situação, o STJ, em sede de recurso repetitivo, entendeu que o patrocinador não possui legitimidade passiva para litígios que envolvam participante/assistido e entidade fechada de previdência complementar, ligados estritamente ao plano previdenciário, como a concessão e a revisão de benefício ou o resgate da reserva de poupança, em virtude de sua personalidade jurídica autônoma **(REsp nº 1370191 /RJ).**

O fundamento utilizado pelo STJ foi no sentido de que as entidades de previdência complementar são privadas e têm personalidade jurídica e patrimônios próprios, e consoante dispunham os artigos 14 e 39 da Lei 6.435/77 e dispõem os artigos 32 e 36 da Lei Complementar 109/01, operam os planos de previdência privada, não havendo cogitar em formação de litisconsórcio passivo com a patrocinadora e/ou participantes e beneficiários do plano de previdência privada.

13 O adicional de grande invalidez é devido a todos os aposentados que necessitem de assistência permanente?

A Lei 8.213/91 estabelece o seguinte:

> **Art. 45.** O valor da aposentadoria por invalidez do segurado que necessitar da assistência permanente de outra pessoa será acrescido de 25% (vinte e cinco por cento).

Como vemos, a lei estabeleceu um adicional de 25% no valor da aposentadoria aos aposentados por invalidez que necessitem de assistência permanente. Esse adicional de 25% é conhecido na doutrina como adicional de grande invalidez.

Por se tratar de um benefício que tem origem em uma circunstância pessoal do beneficiário, a lei estabeleceu ainda o seguinte:

> **Art. 45. (...).**
>
> **Parágrafo único.** O acréscimo de que trata este artigo:
>
> **a)** será devido ainda que o valor da aposentadoria atinja o limite máximo legal;

> b) será recalculado quando o benefício que lhe deu origem for reajustado;
>
> c) cessará com a morte do aposentado, não sendo incorporável ao valor da pensão.

Em outras palavras, o adicional de grande invalidez será pago ainda que, com a sua percepção, o valor total da aposentadoria supere o teto do INSS. Ademais, o seu pagamento, por ter fundamento na necessidade pessoal do aposentado de cuidados permanentes, cessará com sua morte, não sendo incorporado a eventual pensão por morte.

Nos termos da lei, o referido benefício somente é assegurado aos aposentados por invalidez. **Assim, os demais aposentados não teriam direito.**

Ao analisar o tema, o STJ, após muita vacilação, concluiu que comprovada a necessidade de assistência permanente de terceiro, é devido o acréscimo de 25%, previsto no art. 45 da Lei nº 8.213/91, a todas as modalidades de aposentadoria pagas pelo INSS.

Apesar de o art. 45 da Lei nº 8.213/91 falar apenas em "aposentadoria por invalidez", o STJ entendeu que se pode estender esse adicional para todas as demais espécies de aposentadoria (especial, por idade, tempo de contribuição) **(REsp 1.720.805-RJ e 1648305-RS).**

⊖ Qual o fundamento?

O fundamento do STJ foi humanitário. No caso, a situação de vulnerabilidade e necessidade de auxílio permanente mencionada no art. 45 pode acontecer com qualquer segurado do INSS. Assim, não seria justo que o benefício fosse assegurado apenas aos aposentados por invalidez.

⊖ E o STF?

O STF tinha entendimento de que essa discussão era infraconstitucional. Em outras palavras, a discussão não envolveria ofensa direta à Constituição Federal e, portanto, não caberia recurso extraordinário **(ARE 872458).**

Ocorre que, após a decisão do STJ, **o STF suspendeu todos os processos individuais ou coletivos, em qualquer fase, que versem sobre**

a extensão do auxílio-acompanhante para os segurados aposentados por invalidez às demais espécies de aposentadoria do regime geral da Previdência Social (Pet 8.002).

O caso agora aguarda a decisão do mérito por parte do STF. Diante do grande impacto financeiro da medida é provável que o STF modifique seu entendimento anterior e enfrente o mérito da demanda.

Recomendo que o tema seja acompanhado.

14 É possível o cancelamento administrativo de um benefício assistencial que foi anteriormente concedido judicialmente?

⊝ Qual o contexto?

Amigos, a Lei Orgânica da Assistência Social regulamentou o disposto no artigo 203, V, da Constituição Federal, estabelecendo o benefício de prestação continuada, que é a garantia de um salário-mínimo mensal à pessoa com deficiência e ao idoso com 65 (sessenta e cinco) anos ou mais que comprovem não possuir meios de prover a própria manutenção nem de tê-la provida por sua família.

A discussão aqui **é saber se é aplicável o princípio do paralelismo das formas** no caso em que o benefício é concedido judicialmente. Por esse princípio, a extinção de um ato deverá ocorrer da mesma forma em que ele foi criado. **É dizer, em tendo sido o benefício concedido judicialmente, somente pela forma judicial ele poderia ser cancelado.**

⊝ O que entendeu o STJ?

Ao analisar a situação, **o STJ entendeu (Resp 1.429.976/CE) que o princípio do paralelismo das formas não se aplica ao caso.**

Assim, o INSS, caso verifique que os pressupostos fáticos que autorizaram a concessão do benefício desapareceram, poderá cancelá-lo administrativamente.

Para o STJ, a única coisa que se exige é que seja assegurado ao beneficiário o princípio do contraditório e da ampla defesa, **vedando-se o cancelamento unilateral do ato.**

Assim, sendo instaurado o prévio processo administrativo previdenciário, onde o INSS assegure o contraditório e a ampla defesa ao beneficiário, é permitido o cancelamento administrativo de um benefício assistencial concedido judicialmente.

15 Nos planos de previdência privada, a indicação do beneficiário feita pelo participante é absoluta?

Qual é o contexto?

Nos planos de previdência privada, em regra, o valor do benefício deverá ser pago a pessoa indicada pelo participante. O que se busca analisar aqui é se essa indicação tem um caráter absoluto ou se é possível o pagamento para pessoas que não foram indicadas pelo beneficiário.

No caso concreto, Fulanilson, funcionário da Petrobras, no momento em que ingressou no plano de previdência da empresa, era casado com Joana. Em razão disso, ele indicou Joana como beneficiária do plano. Posteriormente, Fulanilson se separou de Joana e passou a manter união estável com Sofia. Contudo, ele não alterou a beneficiária do plano de previdência complementar.

Posteriormente, Fulanilson faleceu e Sofia requereu o pagamento do benefício junto à previdência complementar, o que foi negado. Na ocasião, a entidade de previdência complementar negou o benefício, afirmando que Sofia não constava como beneficiária do plano. Como Fulanilson indicou apenas Joana, sua ex-cônjuge, somente ela tem direito ao benefício.

O STJ concordou com a tese?

Não. Segundo o STJ, é possível a inclusão de companheiro como beneficiário de suplementação de pensão por morte quando existente, no plano de previdência privada fechada, apenas a indicação de ex-cônjuge do participante **(REsp 1.715.485/RN)**.

Qual foi o fundamento?

A princípio, a indicação de beneficiário é livre. Contudo, essa liberdade não é absoluta, dada a finalidade social do contrato previdenciário.

O ato do participante de indicar quem será o beneficiário funciona como uma forma de facilitar a comprovação de quem deverá receber o benefício, contudo, essa indicação não pode ser interpretada de forma abusiva, sendo possível incluir outro dependente econômico direto no rol de beneficiários mesmo depois da morte do participante.

Dessa forma, se estiver plenamente comprovado que o participante vivia em união estável e que, mesmo assim, a sua companheira não foi incluída como beneficiária no plano, é possível fazer essa inclusão depois da morte do participante.

O STJ ainda afirmou que união estável é reconhecida constitucionalmente como entidade familiar. Assim, dada a finalidade assistencial da suplementação de pensão por morte, não pode haver o favorecimento do cônjuge separado em detrimento da companheira do participante.

Assim, diante dessa situação, o STJ afirmou que é recomendável o rateio igualitário do benefício entre o ex-cônjuge e o companheiro do instituidor da pensão, visto que não há ordem de preferência entre eles.

16 Se o segurado estava desempregado, qual deverá ser considerada a sua renda, para fins de auxílio-reclusão?

⊕ Auxílio-reclusão. Que negócio é esse?

O auxílio-reclusão é um benefício previdenciário. Nos termos da lei 8.213/91, o benefício é pago aos dependentes do segurado recolhido à prisão, que não receber remuneração da empresa nem estiver em gozo de auxílio-doença, de aposentadoria ou de abono de permanência em serviço:

> **Art. 80.** O auxílio-reclusão será devido, nas mesmas condições da pensão por morte, aos dependentes do segurado recolhido à prisão, que não receber remuneração da empresa nem estiver em gozo de auxílio-doença, de aposentadoria ou de abono de permanência em serviço.

Vejam que aqui quem recebe o valor do benefício **não é o preso** e sim seus dependentes (filhos, cônjuges ou companheiros).

⊕ Quem deve ser considerado de baixa renda para recebimento do benefício?

O auxílio-reclusão tem previsão constitucional:

> **Art. 201.** A previdência social será organizada sob a forma de regime geral, de caráter contributivo e de filiação obrigatória, observados critérios que preservem o equilíbrio financeiro e atuarial, e atenderá, nos termos da lei, a
>
> **IV** - salário-família e **auxílio-reclusão para os dependentes dos segurados de baixa renda.**

Vejam que a Constituição determinou que somente os dependentes do segurado de baixa renda é que terão direito ao auxílio-reclusão. Assim, **quem deve ter baixa renda é o segurado preso,** não importando a renda dos dependentes.

Essa disposição é muito criticada pela doutrina, já que quem deveria ser de baixa renda são os dependentes do preso, pois são eles que efetivamente vão receber o benefício.

Apesar das críticas, o STF, no julgamento do **RE 387.265/SC,** sob o regime da repercussão geral, consolidou entendimento no sentido de que a renda a ser considerada para a concessão do auxílio-reclusão é a do segurado de baixa renda, e não a dos seus dependentes.

⊕ Qual deve ser a renda a ser considerada se o segurado estava desempregado no momento da prisão?

Como o benefício somente é pago aos dependentes do segurado de baixa renda, saber o valor do salário de contribuição é extremamente importante. Por exemplo, no ano de 2018 o salário de contribuição máximo para que o segurado ser considerado de baixa renda era R$ 1.319,18. Assim, em regra, o benefício somente vai ser pago se o último salário de contribuição antes de o segurado ser preso foi igual ou menor R$ 1.319,18.

Contudo, chegou ao STJ a seguinte discussão: se o segurado estava desempregado no momento da prisão, como se avalia o critério de baixa renda? Utiliza-se o último salário de contribuição?

Na ocasião, o STJ decidiu que quem estava desempregado no momento da prisão **é considerado automaticamente de baixa renda**. O critério econômico da renda deve ser aferido no momento da reclusão, pois é nele que os dependentes sofrem o baque da perda do provedor. Se, nesse instante, o segurado estava desempregado, **presume-se que se encontrava em baixa renda, sendo, portanto, devido o benefício a seus dependentes.**

Assim, para a concessão de auxílio-reclusão (art. 80 da Lei nº 8.213/91), o critério de aferição de renda do segurado que não exerce atividade laboral remunerada no momento do recolhimento à prisão é a ausência de renda, e não o último salário de contribuição **(REsp 1.485.417/MS).**

17 A superveniência de legislação mais favorável ao segurado permite a revisão do benefício previdenciário?

⊖ Qual o contexto?

Amigos, imaginem que seja editada uma norma previdenciária mais benéfica aos segurados. Nesse caso, podem os segurados requererem a revisão do benefício com base na nova lei?

Prevalece que não. Isso porque os benefícios previdenciários são regidos pelo chamado do princípio do "tempos regit actum".

Trata-se de um princípio geral do direito que estabelece que aos atos jurídicos devem ser regulados pela lei vigente no momento de sua realização (a lei do tempo rege o ato), não se aplicando os novos regramentos que lhe são posteriores, salvo previsão expressa em sentido contrário.

Assim, em regra, a lei nova não se aplicará ao benefício concedido anteriormente, mesmo se melhor para o segurado, **salvo previsão expressa em sentido contrário, para favorecer os beneficiários (AI 625.446/STF).**

Esse também é o entendimento do STJ:

> **STJ – Súmula 340:** A lei aplicável à concessão de pensão previdenciária por morte é aquela vigente na data do óbito do segurado.

⊖ **Esse entendimento se aplica aos planos de previdência privada?**

Sim, segundo o STJ, em que pese os precedentes que deram origem a Súmula 340 tenham sido oriundos de casos envolvendo o INSS, **o entendimento ali exarado também se aplica aos planos de previdência privada.**

Isso porque, assim como no INSS, a concessão de benefícios nos planos de previdência privada **também é regida pelo princípio do *tempus regit actum*.**

Assim, a norma de regulamento de plano de previdência privada aplicável à concessão de complementação de pensão por morte é aquela vigente na data do óbito do participante, **ainda que seja editada norma superveniente mais vantajosa ao beneficiário (REsp 1.404.908-MG).**

18 Os valores recebidos de benefícios previdenciários a título de tutela provisória, posteriormente revogada, podem ser cobrados do beneficiário?

⊖ **Qual é o contexto?**

No Brasil, é muito comum que, ao ingressar com uma demanda previdenciária, a parte requeira uma antecipação de tutela, que normalmente é concedida. Não raras vezes, contudo, no momento da sentença a antecipação de tutela anteriormente concedida é revogada e o pedido do autor julgado improcedente. Nesse caso, os valores que a parte recebeu a título de antecipação de tutela devem ser devolvidos?

O STJ entende que sim. Assim, **a reforma da decisão que antecipa a tutela obriga o autor da ação a devolver os benefícios previdenciários indevidamente recebidos (REsp 1401560/MT).**

⊖ **Qual é o fundamento?**

Segundo o STJ, o pressuposto básico de uma antecipação de tutela é seu caráter reversível. É dizer, **é da essência das antecipações de tutela o caráter precário.**

Assim, a opção pela antecipação da tutela **envolve um risco,** tendo em vista que ela poderá ser reformada posteriormente. Dessa forma, o beneficiário **não pode alegar boa-fé, já que era titular de um direito precário.**

Ademais, o STJ afirmou também que há ainda o reforço do direito material. Um dos princípios gerais do direito é o de que não pode haver **enriquecimento sem causa.** Sendo um princípio geral, ele se aplica ao direito público, e com maior razão neste caso porque o lesado é o patrimônio público.

Por fim, temos que o art. 115, II, da Lei nº 8.213, de 1991, é expresso no sentido de que os benefícios previdenciários pagos indevidamente estão sujeitos à repetição.

⊖ **Esse entendimento se aplica no caso em que a antecipação é confirmada pela sentença, mas reformada pelo Tribunal de segundo grau?**

Sim, segundo o STJ, mesmo nessa hipótese, o beneficiário **continua sendo titular de um direito precário.** Assim, ele deveria saber dos riscos envolvendo o recebimento das verbas, de forma que não poderá alegar boa-fé.

Isso ocorre porque o recurso na 2ª instância **tem ampla devolutividade**, possibilitando livremente o reexame das provas que foram produzidas nos autos.

⊖ **Esse entendimento se aplica também no caso de dupla conformidade?**

Ocorre a chamada "dupla conformidade" **quando a antecipação da tutela é confirmada pela sentenca e pelo tribunal de segundo grau.**

Nesses casos, o STJ **entendeu não está sujeito à repetição os valores recebidos.** É dizer, não está sujeito à repetição o valor do benefício previdenciário recebido por força de sentença que foi confirmada em 2ª instância e, posteriormente, veio a ser reformada no julgamento do recurso especial.

Isso porque essa "dupla conformidade" entre a sentença e o acórdão de 2ª instância **cria no vencedor a legítima expectativa de que é titular do direito, caracterizando a sua boa-fé (REsp 1720338/MG e EREsp 1.086.154/RS).**

⊖ **E se a sentença já havia transitado em julgado, mas foi desconstituída em sede de ação rescisória?**

Nesse caso, mais uma vez **o STJ não admite a devolução.**

Isso porque, se já havia uma decisão transitada em julgado, fruição do que foi recebido indevidamente está acobertada pela boa-fé, **considerando que o segurado poderia supor, de forma legítima, que os valores integraram em definitivo o patrimônio do beneficiário e que não mais iriam ser questionados (AR 3965/SP e AR 3926/RS).**

⊖ **E com relação às antecipações de tutela deferidas em planos de previdência complementar fechada?**

Segundo o STJ, se a antecipação da tutela anteriormente concedida a assistido de plano de previdência complementar fechada houver sido revogada em decorrência de sentença de improcedência do seu pedido, independentemente de culpa ou má-fé, será possível à entidade previdenciária - administradora do plano de benefícios que tenha suportado os prejuízos da tutela antecipada - efetuar descontos mensais no percentual de 10% sobre o montante total de cada prestação do benefício suplementar que vier a ser recebida pelo assistido, até que ocorra a integral compensação, com atualização monetária, da verba que fora antecipada, ainda que não tenha havido prévio pedido ou reconhecimento judicial da restituição **(REsp 1.555.853-RS).**

⊖ **E o que entende o STF?**

O STF **ainda não tem um posicionamento consolidado sobre o tema.**

Em seus julgados, encontramos decisões que estabelecem que os valores recebidos a título de antecipação de tutela revogada não estão sujeitos à repetição de indébito, em razão de seu caráter alimentar **(ARE 734242 AgR).** Por outro lado, há também decisões afirmando que não cabe à Corte analisar o tema, sob o argumento de que a matéria seria de natureza infraconstitucional **(RE798793 AgR).**

Trata-se de tema que vale a pena acompanhar.

19 Qual é o termo inicial para a implantação da aposentadoria por invalidez concedida na via judicial quando ausente a prévia postulação administrativa?

➔ **O segurado pode ingressar diretamente no judiciário, sem prévia postulação administrativa?**

Em regra, não. Segundo o STF **(RE 631. 240/MG)**, para que o segurado proponha a ação pleiteando a concessão do benefício previdenciário é preciso que, antes, tenha ocorrido uma das três situações abaixo:

a) O interessado requereu administrativamente o benefício, mas este foi negado pelo INSS (total ou parcialmente);

b) O interessado requereu administrativamente o benefício, mas o INSS não deu uma decisão em um prazo máximo de 45 dias;

c) O interessado não requereu administrativamente o benefício, mas é notório que, sobre essa matéria, o INSS tem posição contrária ao pedido feito pelo segurado. É o caso das situações em que a matéria está pacificada no âmbito da autarquia por meio de instrução normativa ou súmula administrativa.

Assim, de forma excepcional, é possível que se ingresse diretamente no judiciário, sem antes ter pleiteado o benefício junto ao INSS.

➔ **Nos casos de aposentadoria por invalidez deferida na via judicial, sem prévio pedido administrativo, qual deve ser considerado o termo inicial do benefício?**

Segundo o STJ, termo inicial para a implantação da aposentadoria por invalidez concedida na via judicial, quando ausente a prévia postulação administrativa, **é a citação (REsp 1369165/SP).**

➔ **Qual o fundamento?**

Para o STJ, a **citação válida informa o litígio, constitui em mora a autarquia previdenciária federal** e deve ser considerada como termo inicial para a implantação da aposentadoria por invalidez concedida na via judicial quando ausente a prévia postulação administrativa.

20 O uso do EPI pelo segurado afasta o direito à aposentadoria especial?

⊕ Qual é o contexto?

No Brasil, em regra, é vedado a adoção de critérios especiais para aposentadoria. Contudo, a própria Constituição permitiu a adoção de critérios especiais em duas hipóteses:

> **Art. 201.** A previdência social será organizada sob a forma de regime geral, de caráter contributivo e de filiação obrigatória, observados critérios que preservem o equilíbrio financeiro e atuarial, e atenderá, nos termos da lei, a:
>
> **§ 1º** É vedada a adoção de requisitos e critérios diferenciados para a concessão de aposentadoria aos beneficiários do regime geral de previdência social, **ressalvados os casos de atividades exercidas sob condições especiais que prejudiquem a saúde ou a integridade física e quando se tratar de segurados portadores de deficiência, nos termos definidos em lei complementar.**

Notem que uma das hipóteses de aposentadoria com critérios especiais ocorre no caso de atividades exercidas sob condições especiais que prejudiquem a saúde ou a integridade física.

Essa espécie de aposentadoria foi regulada pela 8.213/91, que embora seja uma lei ordinária, tem status de lei complementar nesse ponto. Nos termos do artigo 57 da referida legislação, a aposentadoria especial será devida, uma vez cumprida a carência exigida nesta Lei, ao segurado que tiver trabalhado sujeito a condições especiais que prejudiquem a saúde ou a integridade física, durante 15 (quinze), 20 (vinte) ou 25 (vinte e cinco) anos, conforme dispuser a lei.

Notem, meus amigos, que o fundamento legal da aposentadoria especial nesse caso é o fato de o segurado estar expostos a condições que prejudiquem sua saúde.

⊕ Diante disso, questiona-se: o uso do EPI pelo segurado afasta o direito à aposentadoria especial?

Para tentar evitar os danos a saúde do segurado, as empresas criaram equipamentos que buscam diminuir ou até mesmo evitar a exposição aos agentes nocivos. A esses equipamentos dá-se o nome de Equipamentos de Proteção Individual (EPI).

➔ **Assim, chegou ao STF a seguinte discussão: se o EPI eliminar totalmente a exposição aos riscos à saúde do segurado, ainda assim ele terá direito a aposentadoria especial?**

O STF entendeu que, em regra, não **(ARE 664.335/SC).**

Assim, **se o EPI é eficaz para neutralizar, eliminar ou reduzir a nocividade para níveis inferiores aos limites de tolerância**, tal como comprovado por perfil profissiográfico previdenciário (PPP), o **tempo de atividade não se caracteriza como especial.**

Aplica-se, nesse caso, o mesmo entendimento da súmula 80 do TST.

> **TST - Súmula 80:** A eliminação da insalubridade mediante fornecimento de aparelhos protetores aprovados pelo órgão competente do Poder Executivo exclui a percepção do respectivo adicional

Especificamente em relação ao ruído (barulho) acima dos limites legais, e somente a ele, ainda que o EPI seja capaz de neutralizá-lo para dentro do limite legal, **ainda assim o tempo de serviço será considerado especial.**

➔ **Por qual motivo o ruído é uma exceção?**

Segundo o STF, os estudos médicos apontam que no caso de ruído o uso de EPI não é capaz de neutralizar totalmente os danos causados a saúde do segurado. Isso porque os danos à saúde do segurado produzidos pelos ruídos **vão muito além dos relacionados à função auditiva.**

Dessa forma, o uso do EPI aqui **não elimina totalmente os danos causados a saúde.** Assim, na hipótese de exposição do trabalhador a ruído acima dos limites legais de tolerância, a declaração do empregador no âmbito do Perfil Profissiográfico Previdenciário (PPP), no sentido da eficácia do Equipamento de Proteção Individual (EPI), não descaracteriza o tempo de serviço especial para a aposentadoria.

⊕ A partir de quantos decibéis o ruído é considerado atividade especial?

No caso de exposição a ruído, deverão ser observadas as seguintes regras para enquadramento da atividade como especial, conforme a regulamentação em vigor na época da prestação do serviço:

a) antes de 05/03/1997, é considerada nociva a atividade sujeita a ruídos superiores a 80 DB, conforme previsão do Decreto 53.831/64;

b) A partir de 06/03/1997 até 18/11/2003, por força do Decreto 2.172/97, deve ser considerado o nível acima de 90 DB;

c) A partir de 19/11/2003, somente se considera nocivo o ruído superior a 85 DB, conforme alteração perpetrada no Decreto 3.048/99, feita pelo decreto 4.882/2003.

Nesse sentido, é o entendimento administrativo da Advocacia-Geral da União:

Súmula 29 da AGU: Atendidas as demais condições legais, considera-se especial, no âmbito do RGPS, a atividade exercida com exposição a ruído superior a 80 decibéis até 05/03/97, superior a 90 decibéis desta data até 18/11/2003, e superior a 85 decibéis a partir de então.

Da mesma forma entende o STJ, já tendo decidido o referido Tribunal que é considerada especial a atividade exercida com exposição a ruídos superiores a 80 decibéis até a edição do Decreto 2.171/1997. Após essa data, o nível de ruído considerado prejudicial é o superior a 90 decibéis. A partir da entrada em vigor do Decreto 4.882, em 18.11.2003, o limite de tolerância ao agente físico ruído foi reduzido para 85 decibéis **(REsp 1320470/RS).**

14
Urbanístico

8 questões

01 A gratuidade em ação de usucapião especial urbana tem natureza objetiva? Disserte.

Amigos, imaginem a seguinte situação: Carolina, rica empresária e *digital influencer* do ramo da moda, ingressa com ação de usucapião especial urbana.

No bojo da petição inicial, requereu a concessão dos benefícios da justiça gratuita, nos termos do art. 12, § 2º, do Estatuto da Cidade (§ 2º - autor terá os benefícios da justiça e da assistência judiciária gratuita, inclusive perante o cartório de registro de imóveis.)

Recebida a inicial, o juiz indeferiu a gratuidade requerida, em razão da evidente capacidade financeira da parte autora. Indignada, Carolina interpõe recurso contra a decisão, afirmando que a gratuidade em questão é objetiva, é dizer, independeria da situação econômica do autor no caso concreto.

O STJ concordou com a tese de Carolina? Não.

Segundo o tribunal da cidadania (**RESP 1.517.822/SP**) é inadmissível conferir isenções pecuniárias àquele que tem condições de arcar com as despesas de ação de usucapião especial urbana, mesmo que o § 2º do artigo 12 da Lei 10.257/01 o permita, visto que tal dispositivo deve ser interpretado conciliando-se com a norma especial que regula a matéria, a Lei 1.060/50, e, a partir de 18 de março de 2016, com o novo código de processo civil.

A Lei 10.257/01 **concede ao autor da ação uma presunção relativa de hipossuficiência,** ou seja, de que aquele que pleiteia seja uma pessoa de baixa renda. Em razão disso, o benefício somente não será concedido se houver prova de que ele não é "necessitado", nos termos do parágrafo 2º da Lei 1.060/50.

02 Qual a diferença entre aglomeração urbana e região metropolitana?

Os conceitos em questão estão previstos na Lei nº 13.089/2015, que criou o chamado Estatuto da Metrópole.

Nos termos do art. 2º da aludida lei, **aglomeração urbana** é o agrupamento de dois ou mais Municípios limítrofes ("fazem fronteira"), que possuem entre si uma relação de complementaridade funcional, estando integrados (ligados) por vínculos geográficos, ambientais, políticos e socioeconômicos.

Em suma: aglomeração urbana é o conjunto de dois ou mais Municípios que mantêm estreitas relações entre si.

Por sua vez, a **região metropolitana** é uma aglomeração urbana que configure uma metrópole.

Nesse sentido, a lei conceitua **metrópole** é o espaço urbano que, em razão de sua população e de sua relevância política e socioeconômica, tem influência nacional ou pelo menos em uma região que abranja uma capital regional, conforme critérios do IBGE divulgados na internet.

Em suma: região metropolitana é uma aglomeração urbana com influência nacional ou regional, a ponto de se transformar em uma metrópole.

03 Direito de Laje. Que negócio é esse?

O direito de sobrelevação, conhecido também como superfície em segundo grau ou direito de laje, prática muito comum nas favelas brasileiras, cuida-se da permissão de o titular da propriedade superficiária construir ou conceder a um terceiro que construa sobre a sua propriedade superficiária. (Ex.: eu sou dono do andar de baixo e permito que meu vizinho construa no andar de cima. Apesar de ser no meu andar de cima, são cômodos separados e distintos. São na prática duas residências diferentes.)

O direito de laje produz uma verdadeira tripartição de propriedades autônomas: a propriedade do solo, de titularidade do concedente; a propriedade da superfície, pertencente ao superficiário; e a propriedade da sobrelevação, que ingressaria no patrimônio do segundo concessionário.

Havia certa controvérsia sobre sua aplicação em nosso ordenamento, embora prevalecesse na doutrina que o direito de laje era permitido (Enunciado 568 da VI Jornada).

Essa controvérsia, contudo, restou completamente superada com a edição da Lei 13.465/17, que acrescentou o artigo 1.510-A no Código Civil, o qual consagrou o direito real de laje em nosso ordenamento.

04 No âmbito da Lei de Parcelamento do Solo, em que consiste o concurso voluntário ou a doação legal?

Após a apresentação do projeto, a prefeitura vai indicar ao empreendedor as várias informações constantes do art. 7º da lei, dentre elas **a localização aproximada dos terrenos destinados a equipamento urbano e comunitário e das áreas livres de uso público (Ex.: escolas, postos de saúde, praças etc.).**

Caso o projeto seja aprovado pela Prefeitura, o interessado deverá submetê-lo ao cartório de registro de imóveis da região (Art. 18) que, se aprovar o projeto, legalizará o empreendimento, estando ele pronto para ser comercializado (Art. 37).

O registro também acarreta importantes efeitos para o Município, uma vez que, a partir da sua conclusão, a propriedade das áreas destinadas à afetação pública, previstas no projeto, **são automaticamente transferidas ao poder público**, nos termos do art. 22, que assim determina: "desde a data de registro do loteamento, passam a integrar o domínio do Município as vias e praças, os espaços livres e as áreas destinadas a edifícios públicos e outros equipamentos urbanos, constantes do projeto e do memorial descritivo".

No ponto, cumpre esclarecer que o STJ **(Resp 900.873/SP)** entende que o ato translativo do domínio é o registro do projeto na serventia imobiliária, de forma que a transferência **não depende de título aquisitivo e de transcrição**. Sendo tais áreas de natureza pública, não é possível haver usucapião.

Essa transferência automática de bens do loteamento para o Município é chamada pela doutrina de **"concurso voluntário" ou "doação legal"**.

05 Diferencie loteamento irregular do loteamento clandestino.

Os **irregulares** são aqueles aprovados pela Prefeitura, mas que não foram objeto de registro público no cartório de registro de imóveis. Também são classificados como irregulares os loteamentos que são implantados de forma diversa daquela aprovada na Prefeitura e registrada no Cartório.

Por seu turno, **os clandestinos** são aqueles implantados sem sequer receber a aprovação da Prefeitura.

O Poder Público tem o dever de combater ambos os loteamentos ilegais.

06 Diferencie os institutos do loteamento, desmembramento, remembramento e do desdobro.

O loteamento e o desmembramento **são espécies de parcelamento do solo**. A diferença entre eles está na criação de espaços públicos.

Enquanto o **loteamento** cria ruas, praças, alterando o desenho urbano da região, o **desmembramento** apenas divide o espaço privado em unidades menores, não alterando a configuração da cidade.

Ademais, temos que o loteamento somente surge de forma voluntária, ao passo que o desmembramento pode ocorrer por força de decisão judicial, como ocorre na hipótese de partilha ou arrematação de bens. Nesses casos, não é necessário a elaboração de projeto a ser submetido à Prefeitura e levado a registro, por se tratar de formas mais singelas de parcelar o solo urbano.

O **loteamento** é objeto de registro público, ao passo que o **desmembramento** é averbado, na forma do art. 167, III, 4, da Lei 6.015/73.

Por seu turno, o **remembramento** é o oposto do desmembramento. Consiste na União de duas unidades, criando uma área maior. Assim como desmembramento, não cria espaço público.

Por fim, o **desdobro** é a repartição do lote, sem necessidade de urbanização ou venda por oferta pública. Não gera alteração no desenho urbano da cidade, nem representa a criação de um novo aglomerado populacional. Difere do desmembramento por incidir apenas sobre o lote e não necessariamente se destinar a edificação.

07 Gentrificação. Que negócio é esse?

Gentrificação é o fenômeno que afeta uma região ou bairro pela alteração das dinâmicas da composição do local, tal como a instalação de novos pontos comerciais, realização de obras públicas, como a instalação de metrô, ou mesmo a construção de novos edifícios, valorizando a região e afetando a população de baixa renda local.

Isso porque a valorização é seguida de um aumento de custos de bens e serviços, dificultando a permanência de antigos moradores de renda insuficiente para sua manutenção no local cuja realidade foi alterada.

Esse fenômeno vem ocorrendo, por exemplo, em algumas regiões do chamado "centro expandido" da cidade de São Paulo. Isso porque, com a revitalização de algumas áreas, os custos de ser morar no local aumentou bastante, o que acabou expulsando do local diversos moradores com baixa condições financeiras. Com a realização das olimpíadas na cidade do Rio de Janeiro, esse fenômeno também foi observado em várias regiões.

08 A regularização de loteamentos irregulares é uma faculdade ou um dever dos Municípios?

⊖ Qual é o contexto?

Nos termos da Lei de Parcelamento do Solo, antes da elaboração do projeto em si, o loteador deverá informar à municipalidade suas pretensões na área e a descrição exata do imóvel para que o órgão municipal, por sua vez, passe as informações necessárias à elaboração projeto aprovado de loteamento:

> **Art. 6º.** Antes da elaboração do projeto de loteamento, o interessado deverá solicitar à Prefeitura Municipal, ou ao Distrito Federal quando for o caso, que defina as diretrizes para o uso do solo, traçado dos lotes, do sistema viário, dos espaços livres e das áreas reservadas para equipamento urbano e comunitário, apresentando, para este fim, requerimento e planta do imóvel contendo, pelo menos:

Uma vez elaborado, o projeto de loteamento deverá ser aprovado pela Municipalidade:

> **Art. 12.** O projeto de loteamento e desmembramento deverá ser aprovado pela Prefeitura Municipal, ou pelo Distrito Federal quando for o caso, a quem compete também a fixação das diretrizes a que aludem os arts. 6º e 7º desta Lei, salvo a exceção prevista no artigo seguinte.

Cumpre ressaltar ainda que o projeto deverá ser executado dentro do cronograma apresentado para o município, **sob pena de caducidade da aprovação**:

> **Art. 12. (...)**
>
> **§ 1º** O projeto aprovado deverá ser executado no prazo constante do cronograma de execução, sob pena de caducidade da aprovação.

Após a aprovação pela municipalidade, o registro do loteamento ou do desmembramento deverá ser feito no Registro Geral de Imóveis no prazo de 180 dias (prazo decadencial).

> **Art. 18.** Aprovado o projeto de loteamento ou de desmembramento, o loteador deverá submetê-lo ao registro imobiliário dentro de 180 (cento e oitenta) dias, sob pena de caducidade da aprovação, acompanhado dos seguintes documentos:

Somente após a conclusão desse procedimento é que os lotes estarão regulares. Ocorre que, não raras vezes, os loteadores não seguem esses procedimentos, comercializando lotes sem a aprovação do município. Em razão disso, a Lei do Parcelamento do Solo estabeleceu o seguinte:

> **Art. 40.** A Prefeitura Municipal, ou o Distrito Federal quando for o caso, se desatendida pelo loteador a notificação, **poderá** regularizar loteamento ou desmembramento não autorizado ou executado sem observância das determinações do ato administrativo de licença, para evitar lesão aos seus padrões de desenvolvimento urbano e na defesa dos direitos dos adquirentes de lotes.

Vejam, meus amigos, que a legislação permitiu a regularização do loteamento pela Municipalidade.

⊖ A regularização em questão é uma faculdade ou um dever?

Em que pese a lei tenha utilizado o termo "poderá", no caso de o loteador não cumprir com sua obrigação de implantar os serviços públicos necessários ao loteamento, o município deverá assumir tal ônus, urbanizando o local e integrando-o a cidade.

O STJ possui entendimento pacífico de que a regularização do loteamento não é uma faculdade, **mas um poder-dever do Município**, pois é o responsável pelo parcelamento, uso e ocupação do solo urbano, atividade essa que é vinculada, e não discricionária **(Resp 1.170.929).**

15

Financeiro

11 questões

01 Pode o Poder Executivo alterar unilateralmente a proposta orçamentária de outros poderes?

No Brasil, por expressa disposição Constitucional, compete **privativamente** ao Presidente o envio das leis orçamentárias **(Art. 84, XXIII).**

Essa competência ocorre mesmo em relação aos orçamentos dos demais poderes, MP e Defensoria. Assim, esses entes devem encaminhar seus respectivos orçamentos para o Poder Executivo para que ele os encaminhe ao legislativo em um só documento.

Esse ato de receber os orçamentos dos demais entes e transformar em um só documento se chama **consolidação**.

Assim, o que se questiona é se o Poder Executivo pode promover mudanças nos orçamentos dos demais entes, antes de encaminhá-los ao Legislativo?

Para a resposta da pergunta, chama-se atenção às duas hipóteses possíveis:

a) Se os órgãos dotados de autonomia, ao elaborarem suas propostas orçamentárias **não observarem os limites estipulados conjuntamente na LDO,** o Poder Executivo poderá proceder aos ajustes necessários para fins de consolidação da proposta orçamentária anual **(Art. 99, § 4º e art. 127, § 5º, ambos da CF/88)**;

b) No entanto, se houve observância dos limites estipulados na LDO, mas, mesmo assim, o Executivo não concordou com a proposta encaminhada pelos demais poderes, **ele não pode consolidar a proposta de acordo com sua visão e encaminhar ao legislativo um projeto de loa diferente daquele recebido**.

Nesse caso, ele deve consolidar da forma como encaminhado pelos demais Poderes, DP e MP, e, querendo, propor uma emenda modificativa à Comissão Mista Permanente **(Art. 166, § 5º, da CF)** a fim de permitir que o legislativo discuta a matéria.

O que não pode é o Executivo alterar unilateralmente a proposta orçamentária dos demais poderes **(ADI 5287/PB).**

02 O Poder Legislativo tem competência para iniciar lei orçamentária?

Segundo a Constituição **(art. 84, XXIII, c/c o art. 61, § 1º, II "b")**, as leis orçamentárias serão elaboradas sempre por iniciativa do Poder Executivo. Cuida-se de uma iniciativa privativa e indelegável.

Tem-se, assim, que falece ao Legislativo a competência para **iniciar** um projeto de lei orçamentária.

A doutrina (Harrison Leite), contudo, defende que o legislativo poderá, por meio de leis tributárias, especialmente as concessivas de benefícios fiscais, **alcançar reflexamente o orçamento**, sem com isso ferir a competência privativa do Executivo para tratar do orçamento, visto que está dentro da competência do Poder Legislativo a iniciativa de lei tributária que reduz receita pública.

03 Caso o Chefe do Executivo não encaminhe a proposta de lei orçamentária dentro do prazo fixado na Constituição, como fica a situação do orçamento?

A hipótese de não envio da lei orçamentária pelo Executivo foi assim regulada pela Lei 4.320/64:

> **Art. 32.** Se não receber a proposta orçamentária no prazo fixado nas Constituições ou nas Leis Orgânicas dos Municípios, o Poder Legislativo considerará como proposta a Lei de Orçamento vigente.

Assim, não sendo enviado por parte do Executivo o projeto de lei, compete ao legislativo apreciar novamente o orçamento vigente, como se nova proposta fosse.

04 Discorra sobre a aplicação do princípio da intranscendência no âmbito das transferências voluntárias entre entes federativos?

O descumprimento de alguma das exigências previstas no § 1º do art. 25, da Lei de Responsabilidade Fiscal impede o ente descumpridor de receber transferências voluntárias.

Para diminuir a burocracia, a Administração criou uma forma simplificada de reunir a comprovação de todas exigências legais, por meio do sistema chamado Cadastro Único de Convênio (CAUC), disponibilizado na internet, no sítio do Tesouro Nacional.

Trata-se de um sistema que serve como uma espécie de "SPC" dos entes governamentais, através do qual a União verifica se há alguma pendência em relação ao ente a ser beneficiado por transferência voluntárias por parte da União.

Sobre o tema, dúvidas poderiam surgir quanto à penalidade que sofre os cidadãos/munícipes quando o ente federativo (Estado ou Município) fica impedido de celebrar convênio por conta de erros e má gerência da coisa pública realizados por ex-gestor.

É dizer, assumindo um novo gestor o seu mandato, ficaria o Município penalizado, sem celebrar convênios, por conta das restrições do ente no CAUC em virtude do descumprimento dos requisitos do art. 25 da LRF?

Aplicando-se o princípio da intranscendência das sanções, **é de se entender que sanções e restrições de ordem jurídica não podem superara dimensão estritamente pessoal do infrator, alcançando todos os cidadãos vinculados ao ente federativo**. Nesse sentido, já decidiu o STF (AC 3.040/DF).

Contudo, a jurisprudência vai além, exigindo que o novo gestor adote as medidas cabíveis para a responsabilização do autor do ato que gerou as restrições, a fim de que o ente federativo não seja lesado com as novas transferências. Aplica-se aqui o princípio da continuidade administrativa.

Assim, havendo procedimento visando a responsabilização do ex-gestor, especialmente com o ajuizamento de ação judicial, **é possível que o ente receba novas transferências voluntárias, visto que as providências visando ao ressarcimento do erário já foram tomadas.**

Posteriormente, o STJ editou súmula disciplinando o tema:

> **STJ - Súmula 615:** Não pode ocorrer ou permanecer a inscrição do município em cadastros restritivos fundada em irregularidades na gestão anterior quando, na gestão sucessora, são tomadas as providências cabíveis à reparação dos danos eventualmente cometido.

05 Em qual fase da despesa pública o interessado passa a ter direito subjetivo de concretizar o gasto previsto no orçamento?

Para responder corretamente à pergunta, é preciso dominar as fases da despesa pública, vamos a elas:

Conforme a doutrina dominante, as fases ou estágios da despesa pública são: empenho, liquidação e pagamento.

O ato de empenho consiste na reserva de parte da dotação orçamentária para um futuro pagamento, conforme arts. 58 e 59, *caput*, da Lei 4.320/64.

A despeito da literalidade do art. 58 da Lei 4.320/64 indicar a criação de obrigação de pagamento, prevalece a interpretação de que **o empenho não assegura, isoladamente, o direito subjetivo ao pagamento**.

Isso porque, ainda que já realizado o empenho, se o credor não cumprir com sua prestação, não existirá para o poder público o dever de pagar. Nesta hipótese, inclusive, o empenho deverá ser cancelado.

Assim, o direito do beneficiário à despesa pública **surge com o cumprimento do pactuado com a administração, após o empenho.**

É a conclusão que se chega da definição do ato de liquidação previsto no art. 63 da Lei 4.320/64, que **é dotado de eficácia preponderantemente declaratória**, é dizer, a liquidação apenas declara o direito adquirido do beneficiário, não o constituindo.

Com base nas conclusões acima, o STJ considera que o empenho juntamente com a realização da prestação empenhada pelo particular constitui o fato gerador do direito do beneficiário à despesa pública e do correlato dever de pagamento do estado. Surgiria daí uma relação obrigacional certa, líquida e exigível. Pensar de modo diverso geraria o enriquecimento ilícito da fazenda pública **(REsp 801.632/AC).**

Caso não haja pagamento voluntário por parte da Administração, o STJ entende, inclusive, que a nota de empenho (juntamente com o comprovante de cumprimento da obrigação) **é título executivo extrajudicial**, autorizando o particular a ingressar com ação de execução contra a Fazenda, com fundamento no art. 784, II, do CPC **(REsp 894726/RJ).**

06 Pode o Poder Legislativo rejeitar os projetos de leis orçamentárias encaminhados pelo Poder Executivo?

Antes de enfrentar o tema, vamos fazer uma pequena revisão:

➔ Quais são as leis orçamentárias?

Segundo a CF (Art. 165), as leis orçamentárias são as seguintes:

a) Plano Plurianual - PPA,

b) Lei de Diretrizes Orçamentárias - LDO e

c) Lei Orçamentária Anual - LOA.

Cada uma delas possui um objetivo próprio.

➔ De quem é a competência para iniciar o processo legislativo?

É exclusiva do Poder Executivo (Art. 165, CF/88).

➔ Pode o Legislativo rejeitar os projetos de leis orçamentárias encaminhados pelo Executivo?

Segundo a doutrina (Harrison Leite), é juridicamente impossível que o Poder Legislativo rejeite os projetos do plano plurianual - PPA e da lei de diretrizes orçamentária – LDO. Isso porque a Constituição estabeleceu, tanto para o PPA (Art. 35, § 1º, do ADCT) quanto para a LDO (Art. 57, § 2º, da CF), a obrigação de que os projetos devem ser votados e aprovados:

> **Art. 35. (...)**
>
> **§ 2º (...) I** – o projeto do plano plurianual, para vigência até o final do primeiro exercício financeiro do mandato presidencial subsequente, será encaminhado até quatro meses antes do encerramento do primeiro exercício financeiro e DEVOLVIDO PARA SANÇÃO até o encerramento da sessão legislativa;
>
> **Art. 57. § 2º** – A sessão legislativa não será interrompida sem a APROVAÇÃO do projeto de lei de diretrizes orçamentárias.

Por seu turno, com relação a Lei Orçamentária Anual – LOA, a Constituição previu o seguinte:

> **Art. 166. (...)**
>
> **§ 8º** Os recursos que, em decorrência de veto, emenda ou rejeição do projeto de lei orçamentária anual, ficarem sem despesas correspondentes poderão ser utilizados, conforme o caso, mediante créditos especiais ou suplementares, com prévia e específica autorização legislativa.

Assim, ainda que seja uma hipótese rara, haveria a possibilidade de rejeição do projeto da LOA e, nesse caso, o Poder Executivo precisaria enviar projeto de lei específica para efetuar quaisquer gastos, que ocorreriam por meio da abertura de créditos especiais e suplementar.

Contudo, a doutrina (Harrison Leite) defende haver uma impossibilidade normativa de o legislativo rejeitar todo o projeto de lei orçamentária, já que a Constituição restringiu o poder de emendar do Legislativo **(Art. 166, § 6º, CF),** o que significa que há um dever de aprovação daquilo que sequer pode ser emendado.

07 Qual é o regime contábil adotado no Brasil em relação as despesas públicas?

Regime contábil é o procedimento ou técnica adotada para a realização dos registros dos fatos aplicados à ciência contábil. Segundo a doutrina, os regimes contábeis podem ser classificados em três tipos: regime de caixa, de competência e regime misto.

No regime de competência, as receitas e as despesas devem ser incluídas na apuração do resultado do período em que ocorrem, independentemente de recebimento ou pagamento.

Já no regime de caixa, são consideradas receitas e despesas do exercício tudo o que foi recebido ou pago durante o ano financeiro, mesmo que se trate de receitas e despesas referentes a exercícios anteriores.

Por fim, no regime misto adota-se ao mesmo tempo o de caixa e o de competência, sendo esse o regime adotado pela contabilidade pública no Brasil.

Segundo a redação do art. 35 da Lei 4.320/64, pertencem ao exercício financeiro as receitas nele arrecadadas e as despesas legalmente empenhadas.

Com essa redação, a Lei 4.320/64 instituiu o regime contábil de caixa para as receitas e o regime de competência para as despesas.

Pelo regime de caixa, consideram-se como RECEITAS do exercício as efetivamente recebidas, independentemente do fato gerador deles ou de quando o seu ingresso estava previsto para ocorrer. Assim, uma receita, embora prevista para o mês de janeiro, caso tenha ingressado nos cofres públicos no mês de março, será considerada como receita do mês de março.

O regime de competência considera o exercício em que a DESPESA foi empenhada e não o que foi efetivamente paga. Assim, se a despesa foi empenhada em um ano e paga no ano seguinte, será contabilizada como despesa do ano em que foi empenhada. Dessa forma, não se onera o novo exercício financeiro com despesas de exercícios anteriores.

08 As leis orçamentárias podem ser objeto de controle de constitucionalidade?

Inicialmente, o STF entendia não ser possível o controle em abstrato do orçamento, por ser a lei do orçamento uma lei de efeitos concretos **(ADI 2.925).**

Posteriormente, no julgamento da ADI nº 2.925, em que se discutia a possibilidade de aplicação dos recursos da CIDE-Combustíveis em locais distintos do previsto no art. 174, § 4º, da CF, o STF pronunciou-se pela possibilidade de controle abstrato de constitucionalidade da lei orçamentária, sob o entendimento que, neste caso, diferentemente das demais leis orçamentárias, esta lei apresentava o caráter abstrato e genérico, na medida em que previa normas que regulamentavam a aplicação de outras normas. Daí que, por encontrar aspectos de generalidade e abstração na lei orçamentária em questão, o STF pela primeira vez julgou uma lei orçamentária em controle abstrato.

Por fim, no julgamento da ADI nº 4.048, o STF superou completamente o entendimento anterior, passando a entender ser possível o controle em abstrato das leis orçamentárias pelo simples fato de ser uma lei, independentemente de haver caráter geral ou específico, concreto ou abstrato em seu julgado.

Dessa forma, atualmente a lei orçamentária poderá ser objeto de controle concentrado de constitucionalidade, **não importando se ela é de efeito concreto ou não.**

09 Quais as modalidades de empenho existentes?

Nos termos do artigo 58 da Lei 4.320/64, o empenho de despesa é o ato emanado de autoridade competente que cria para o Estado obrigação de pagamento pendente ou não de implemento de condição.

Com o empenho, há o comprometimento e, assim, a vinculação de receita orçamentária com aquela despesa específica.

A doutrina afirma, com base na Lei 4.320/64, que existem três modalidades de empenho:

1º Empenho ordinário: é aquele que ocorre sempre que a administração já tem conhecimento prévio do montante da despesa, que deverá ser paga de uma vez só.

2º Empenho por estimativa: é aquele que não é possível precisar o valor exato da despesa. Contudo, pelo que comumente ocorre, é possível ter uma noção aproximada da despesa (Ex.: consumo de água dos servidores). Nesse tipo de empenho, utiliza-se um documento chamado nota de subempenho, que é o registro do valor efetivo a ser deduzido da importância total empenhada por estimativa. Se a estimativa for menor que o valor exato, faz-se o empenho complementar da diferença; se for maior, anula-se a parte referente à diferença, revertendo-se o saldo à dotação originária.

3º Empenho Global: Assemelha-se ao empenho ordinário, uma vez que atende a despesas com montante definido. Contudo, em razão do objeto contratado, o seu pagamento geralmente é feito em parcelas, pois se espera a conclusão de etapas de obras ou entrega e bens para que a quitação ocorra. Assim, sua diferença será apenas no histórico, pois enquanto no empenho ordinário é pago de uma vez, no global a obrigação assumida será paga em diversas parcelas, conforme definição legal ou contratual.

10 Restos a pagar. Que negócio é esse?

Após o empenho, é preciso que seja feita a verificação se o credor possui direito ao recebimento do valor acordado com a Administração, baseado nos títulos e documentos comprobatórios do suposto crédito.

Contudo, se por algum motivo a despesa já empenhada não for paga até o término do exercício financeiro (dia 31 de dezembro), o crédito poderá ser inscrito como "restos a pagar", a fim de que o pagamento se realize no próximo exercício financeiro. Nesses termos, estabelece a Lei 4.320/64:

> **Art. 36.** Consideram-se Restos a Pagar as despesas empenhadas mas não pagas até o dia 31 de dezembro distinguindo-se as processadas das não processadas.

Em outras palavras, restos a pagar são despesas já empenhadas, mas não pagas até o dia 31 de dezembro do exercício em que houve o empenho.

11 No âmbito do controle das despesas públicas, diferencie limite de alerta de limite prudencial.

⊖ Qual é o contexto?

Cumprindo com o estabelecido pelo art. 169 da Constituição, a Lei de Responsabilidade Fiscal – LRF estabeleceu o limite máximo da despesa com pessoal por ente da federação, o que foi feito em seu artigo 19:

> **Art. 19.** Para os fins do disposto no *caput* do art. 169 da Constituição, a despesa total com pessoal, em cada período de apuração e em cada ente da Federação, não poderá exceder os percentuais da **receita corrente líquida,** a seguir discriminados:
>
> **I** - União: 50% (cinqüenta por cento);
>
> **II** - Estados: 60% (sessenta por cento);
>
> **III** - Municípios: 60% (sessenta por cento).

Nesse sentido, o cumprimento do art. 19 deve levar em conta o conceito de despesa com pessoal, previsto no art. 18:

> **Art. 18.** Para os efeitos desta Lei Complementar, entende-se como despesa total com pessoal: o somatório dos gastos do ente da Federação com os ativos, os inativos e os pensionistas, relativos a mandatos eletivos, cargos, funções ou empregos, civis, militares e de membros de Poder, com quaisquer espécies remuneratórias, tais como vencimentos e vantagens, fixas e variáveis, subsídios, proventos da aposentadoria, reformas e pensões, inclusive adicionais, gratificações, horas extras e vantagens pessoais de qualquer natureza, bem como encargos sociais e contribuições recolhidas pelo ente às entidades de previdência.
>
> **§ 1º** Os valores dos contratos de terceirização de mão-de-obra que se referem à substituição de servidores e empregados públicos serão contabilizados como "Outras Despesas de Pessoal".
>
> **§ 2º** A despesa total com pessoal será apurada somando-se a realizada no mês em referência com as dos onze imediatamente anteriores, adotando-se o regime de competência.

É de se ressaltar ainda que os percentuais de 50% para União e 60% para os Estados e os Municípios, devem ser aplicados **sobre a receita corrente líquida de cada ente,** cujo conceito está positivado no art. 2º, IV, da LRF:

> **Art. 2º Para os efeitos desta Lei Complementar, entende-se como:**

> **IV** - receita corrente líquida: somatório das receitas tributárias, de contribuições, patrimoniais, industriais, agropecuárias, de serviços, transferências correntes e outras receitas também correntes, deduzidos:
>
> **a)** na União, os valores transferidos aos Estados e Municípios por determinação constitucional ou legal, e as contribuições mencionadas na alínea a do inciso I e no inciso II do art. 195, e no art. 239 da Constituição;
>
> **b)** nos Estados, as parcelas entregues aos Municípios por determinação constitucional;
>
> **c)** na União, nos Estados e nos Municípios, a contribuição dos servidores para o custeio do seu sistema de previdência e assistência social e as receitas provenientes da compensação financeira citada no § 9º do art. 201 da Constituição.

Assim, é possível afirmar que a LRF estabeleceu um limite máximo de gastos com pessoal.

⊖ O que acontece se o ente passar do limite?

Caso o ente supere os limites de gastos com pessoal previsto na LRF, ele passa a sofrer uma série de consequências legais. Nesse caso, ele deverá eliminar o excesso nos dois quadrimestres seguintes, sendo pelo menos um terço no primeiro, adotando-se, entre outras, as providências previstas nos §§ 3º e 4º do art. 169 da Constituição:

> **Art. 169. (...)**
>
> **§ 3º** Para o cumprimento dos limites estabelecidos com base neste artigo, durante o prazo fixado na lei complementar referida no *caput*, a União, os Estados, o Distrito Federal e os Municípios adotarão as seguintes providências
>
> **I** - redução em pelo menos vinte por cento das despesas com cargos em comissão e funções de confiança
>
> **II** - exoneração dos servidores não estáveis.
>
> **§ 4º** Se as medidas adotadas com base no parágrafo anterior não forem suficientes para assegurar o cumprimento da determinação da lei complementar referida neste artigo, o servidor estável poderá perder o cargo, desde que ato normativo motivado de cada um dos Poderes especifique a atividade funcional, o órgão ou unidade administrativa objeto da redução de pessoal.

Caso o ente não consiga eliminar o limite nos dois quadrimestres seguintes, ele passa a sofrer as seguintes consequências enquanto perdurar o excesso:

> **Art. 23.** (...)
>
> **§ 3º** Não alcançada a redução no prazo estabelecido, e enquanto perdurar o excesso, o ente não poderá:
>
> **I** - receber transferências voluntárias;
>
> **II** - obter garantia, direta ou indireta, de outro ente;
>
> **III** - contratar operações de crédito, ressalvadas as destinadas ao refinanciamento da dívida mobiliária e as que visem à redução das despesas com pessoal.
>
> **§ 4º** As restrições do § 3º aplicam-se imediatamente se a despesa total com pessoal exceder o limite no primeiro quadrimestre do último ano do mandato dos titulares de Poder ou órgão referidos no art. 20.

→ Beleza, mas afinal qual a diferença entre limite de alerta e limite prudencial?

Meus amigos, tudo que vimos agora não foi em vão. Todo esse angustiante passeio pela LRF foi necessário para que vocês tivessem como entender a diferença entre os dois institutos.

O **limite de alerta** encontra-se previsto no art. 59, § 1º, II, da LRF. Ele estabelece que os Tribunais de Contas alertarão os poderes ou órgãos referidos no art. 20 quando constatarem que o montante da despesa total com pessoal **ultrapassou 90% do limite:**

> **Art. 59.** O Poder Legislativo, diretamente ou com o auxílio dos Tribunais de Contas, e o sistema de controle interno de cada Poder e do Ministério Público, fiscalizarão o cumprimento das normas desta Lei Complementar, com ênfase no que se refere a:
>
> **§ 1º** Os Tribunais de Contas alertarão os Poderes ou órgãos referidos no art. 20 quando constatarem:
>
> **II** - que o montante da despesa total com pessoal ultrapassou 90% (noventa por cento) do limite;

Até este momento **não há restrição alguma**. É como se os tribunais de contas estivessem dizendo para os entes: "Parem de gastar".

Já o **limite prudencial** encontra-se previsto no parágrafo único do artigo 22 da LRF:

> Art. **22.** A verificação do cumprimento dos limites estabelecidos nos arts. 19 e 20 será realizada ao final de cada quadrimestre.
>
> **Parágrafo único.** Se a despesa total com pessoal exceder a 95% (noventa e cinco por cento) do limite, **são vedados ao Poder ou órgão referido no art. 20 que houver incorrido no excesso:**

Com isso, o limite prudencial ocorre **quando a despesa com pessoal excede a 95%,** mas ainda não extrapolou os limites totais do artigo 19 (50% para União. 60% para Estados e Municípios), sendo necessária a adoção das medidas constantes das alíneas do parágrafo único. Contudo, **não se tratam de sanções, mas sim vedações, ou seja, restrições para evitar que os destinatários atinjam limites previstos nos arts. 19 e 20 da LRF.** Então, o limite prudencial é de 95% do total que se pode gastar com pessoal. Esse limite prudencial é acompanhado dos seguintes atos restritivos:

> **Art. 22. (...)**
>
> **Parágrafo único.** Se a despesa total com pessoal exceder a 95% (noventa e cinco por cento) do limite, **são vedados ao Poder ou órgão referido no art. 20 que houver incorrido no excesso:**
>
> **I** - concessão de vantagem, aumento, reajuste ou adequação de remuneração a qualquer título, salvo os derivados de sentença judicial ou de determinação legal ou contratual, ressalvada a revisão prevista no inciso X do art. 37 da Constituição;
>
> **II** - criação de cargo, emprego ou função;
>
> **III** - alteração de estrutura de carreira que implique aumento de despesa;
>
> **IV** - provimento de cargo público, admissão ou contratação de pessoal a qualquer título, ressalvada a reposição decorrente de aposentadoria ou falecimento de servidores das áreas de educação, saúde e segurança;
>
> **V** - contratação de hora extra, salvo no caso do disposto no inciso II do § 6º do art. 57 da Constituição e as situações previstas na lei de diretrizes orçamentárias.

16
Ambiental

18 questões

01 A ampliação dos limites de uma unidade de conservação pode ser feita mediante decreto do Executivo?

O artigo 22 da Lei 9.985/2000 estabeleceu que a criação de uma unidade de conservação poderá ser feita por meio de ato do Poder Público.

Como a lei não definiu a natureza do ato de criação das unidades de conservação, é possível concluir que as unidades de conservação podem ser criadas tanto por lei **quanto por decreto do chefe do poder executivo.**

A ampliação dos limites de uma unidade também pode ser feita por meio de decreto do chefe do executivo ou mediante lei específica, nos termos do § 6º, do art. 22 da aludida lei.

Contudo, é preciso prestar atenção em um importante detalhe: a ampliação dos limites de uma unidade mediante decreto **somente é admitida quando há estrita manutenção da sua delimitação originária**.

Isso porque pode ocorrer uma situação em que haja ampliação da área total de uma unidade via supressão de parcela de sua área originária, compensando a parte suprimida com a nova área acrescida.

Nesse caso, em que há supressão de parte da unidade conservação original, **a referida alteração somente será permitida via lei específica**, em respeito ao art. 225, § 1º, III, da CF, e não por decreto, eis que a delimitação originária de uma unidade de conservação somente pode ser reduzida por lei formal, nos termos do § 7º, do art. 22 da Lei 9.985/2000.

02 O que são unidades de conservação atípicas?

Segundo Frederico Amado, são unidades de conservação que, embora não referidas na Lei do SNUC (art. 08 e art. 14), encaixam-se perfeitamente na definição enunciada pelo legislador no art. 2º, I.

Esses espaços não incluídos expressamente pela lei amoldam-se ao conceito geral e dispõem de ato normativo do Poder Público.

Tratam-se de modalidades tradicionais e já amplamente difundidas como as hortas florestais, jardins botânicos, parques públicos urbanos e jardins zoológicos.

03 Existe alguma relação entre a competência de licenciamento e a competência de fiscalização?

Antes da LC 140/11, não havia uma determinação legal entre a competência para licenciar e a competência para fiscalizar um empreendimento. Embora em regra coubesse ao órgão ambiental que emitiu a licença a competência para fiscalizar, caso houvesse uma inércia dela na fiscalização, o art. 10, § 3º, da Lei 6.938/81, autorizava o IBAMA a atua supletivamente na fiscalização do empreendimento.

Contudo, o art. 10, § 3º, da Lei 6.938/81, foi revogado pela LC 140/11. Nesse sentido, a LC criou um sistema onde o poder de polícia ambiental deverá ser exercido pelo órgão responsável pelo licenciamento (Art. 17).

Essa disposição, contudo, **não impede o exercício da fiscalização pelos demais entes federativos**, nos termos da previsão constitucional da competência comum de proteção do meio ambiente (Art. 23, VI, da CF). Assim, é possível que, em caso de inércia do ente federado licenciador, outro ente atue supletivamente no exercício do poder de polícia ambiental.

Contudo, a LC 140/11 determinou que, nos casos de atuação de mais de um órgão ambiental, prevalecerá o auto de infração ambiental lavrado por aquele órgão que detenha a atribuição de licenciamento:

> **Art. 17.** (...)
>
> **§ 3º** O disposto no *caput* deste artigo não impede o exercício pelos entes federativos da atribuição comum de fiscalização da conformidade de empreendimentos e atividades efetiva ou potencialmente poluidores ou utilizadores de recursos naturais com a legislação ambiental em vigor, **prevalecendo o auto de infração ambiental lavrado por órgão que detenha a atribuição de licenciamento ou autorização a que se refere o caput.**

Em suma:

a) a LC 140/11 determinou que o poder de polícia ambiental deverá ser exercido pelo órgão responsável pelo licenciamento;

b) Tal determinação, contudo, não impede o exercício do poder de polícia pelos demais entes federativos, nos termos da Constituição;

c) Em caso do exercício de poder de polícia por mais de um ente da federação, prevalecerá o auto de infração ambiental lavrado por aquele órgão que detenha a atribuição de licenciamento.

04 Discorra sobre a prescrição da reparação dos danos ambientais e a prescrição da pretensão de cobrança de multas oriundas de danos ambientais.

Com relação aos prazos prescricionais em matéria ambiental, é necessário fazer a seguinte distinção.

A obrigação civil de reparar os danos ambientais não se sujeita a prazo prescricional, é dizer, é imprescritível, conforme entendimento do STJ (**AgRg no REsp 1.466.096/RS**).

Isso porque, não raras vezes, as consequências nocivas dos danos ambientais são suportadas não apenas pela geração atual, mas também pelas futuras gerações.

Cuida-se, assim, de uma aplicação concreta do princípio da solidariedade intergeracional ou equidade intergeracional.

Contudo, não se pode confundir a reparação dos danos ambientais, que é imprescritível, com a pretensão administrativa envolvendo penalidades aplicadas em relação a prática de ilícitos ambientais, cuja o prazo de prescrição é de 05 anos:

> **STJ – Súmula 467:** Prescreve em cinco anos, contados do término do processo administrativo, a pretensão da administração pública de promover a execução da multa por infração ambiental.

05 Os municípios podem legislar sobre direito ambiental?

Em uma análise literal da Constituição, somente a União, os Estados e o DF teriam legitimidade para legislar sobre Direito Ambiental, de forma concorrente, nos termos do art. 24, VI.

O STF, contudo, fazendo uma interpretação sistemática Constituição entendeu **(ARE 748.206 AgR/SC)** que os Municípios podem legislar sobre matéria ambiental, uma vez que lhe foi outorgada a competência para legislar sobre assuntos de interesse local, bem como para suplementar a legislação federal e estadual no que couber.

Assim, pode-se afirmar que os Municípios podem legislar sobre Direito Ambiental, desde que o façam fundamentadamente, respeitado a disciplina estabelecida pelos demais entes.

06 Qual é o fundamento maior do Estudo de Impacto Ambiental - EIA?

Antes de responder à questão, vamos fazer uma pequena revisão sobre os princípios da prevenção e precaução.

a) **princípio da prevenção:** é aquele que determina que diante de um risco conhecido, justificado com base em informações/pesquisas científicas, deve-se agir antecipadamente ao dano. O princípio da prevenção é o fundamento maior, por exemplo, do Estudo de Impacto Ambiental realizado pelos interessados antes de iniciar uma atividade potencialmente degradadora do meio ambiente.

b) **princípio da precaução:** é aquele aplicado quando houver ameaça de danos sérios ou irreversíveis, não podendo a ausência de absoluta certeza científica ser utilizada para postergar medidas eficazes e economicamente viáveis para prevenir a degradação ambiental.

Assim, é certo que o fundamento maior do Estudo de Impacto Ambiental é o **princípio da PREVENÇÃO.**

07 A natureza da responsabilidade civil por danos ambientais é pessoal ou "propter rem"?

A polêmica aqui é saber se a responsabilidade civil de reparação por danos ambientais e pessoal ou *propter rem*. Em sendo pessoal, a responsabilidade de reparar os danos ambientais deve ser imposta aquele que efetivamente causou o dano.

Por outro lado, caso seja considerada *propter rem*, a responsabilidade civil de reparar os danos ambientais deve ser imputada ao atual proprietário do imóvel degradado, independentemente de ter sido ele o real causador dos danos.

O STJ tem entendido que a obrigação de reparar os danos ambientais é *propter rem*. A consequência disso é que a obrigação de reparar os danos será do atual proprietário do imóvel onde está a área degrada, mesmo que não tenha sido ele quem tenha provocado o dano **(Resp 948.921).**

Por fim, cumpre ressaltar que esse entendimento do STJ representa um afastamento de um dos elementos essenciais da teoria clássica da responsabilidade civil, permitindo a responsabilidade de alguém, ainda que não haja nexo causal.

Posteriormente, o STJ editou súmula sobre o tema:

> **STJ – Súmula 623:** As obrigações ambientais possuem natureza *propter rem*, sendo admissível cobrá-las do proprietário ou possuidor atual e/ou dos anteriores, à escolha do credor.

08 Qual a justiça competente para julgar crimes cometidos contra patrimônio nacional?

Os patrimônios nacionais encontram-se previsto na Constituição:

> **Art. 225.** (...)
>
> **§ 4º** A Floresta Amazônica brasileira, a Mata Atlântica, a Serra do Mar, o Pantanal Mato-Grossense e a Zona Costeira são patrimônio nacional, e sua utilização far-se-á, na forma da lei, dentro de condições que assegurem a preservação do meio ambiente, inclusive quanto ao uso dos recursos naturais.

O STJ entendeu que não há que se confundir patrimônio nacional com bem da União. Aquela locução revela proclamação de defesa de interesses do Brasil diante de eventuais ingerências estrangeiras.

Assim, os crimes cometidos contra a Floresta Amazônica, Mata atlântica etc. (Ex.: desmatamento) são, em regra, de competência da Justiça Estadual **(STJ - CC 99.294/RO).**

09 Em Direito Ambiental, admite-se a dupla afetação?

Segundo a doutrina, ocorre dupla afetação quando incidem, no Direito Ambiental, 02 regimes protetivos ao mesmo tempo sobre um mesmo território (Ex.: a criação de unidade de conservação e o tombamento federal sobre uma mesma área). A doutrina (Romeu Thomé) entende que é possível.

Inclusive, já existem hipóteses que a própria lei prevê - a Lei do SNUC prevê, em seu artigo 57, a possibilidade de eventuais superposições entre áreas indígenas e unidades de conservação.

> **Art. 57.** Os órgãos federais responsáveis pela execução das políticas ambiental e indigenista deverão instituir grupos de trabalho para, no prazo de cento e oitenta dias a partir da vigência desta Lei, propor as diretrizes a serem adotadas com vistas à regularização das eventuais superposições entre áreas indígenas e unidades de conservação.

O Supremo Tribunal Federal, no julgamento sobre a demarcação das terras indígenas denominadas "Raposa Serra do Sol", firmou o entendimento de que "há perfeita compatibilidade entre meio ambiente e terras indígenas, ainda que estas envolvam áreas de "conservação" e "preservação" ambiental. Essa compatibilidade é que autoriza a dupla afetação, sob a administração do competente órgão de defesa ambiental" **(STF - Pet 3388/RR).**

10 O Sistema da dupla imputação ainda é aplicado nos crimes ambientais?

Pelo sistema da dupla imputação, nos crimes ambientais, apesar de a pessoa jurídica ser um ente autônomo e distinto de seus membros, dotada de vontade própria, não pratica crimes, mas pode ser responsabilizada penalmente nas infrações ambientais. Para tanto, **faz-se necessário que a denúncia seja proposta simultaneamente contra a pessoa jurídica e contra as pessoas físicas responsáveis pela sua direção.**

Por muitos anos, o sistema da dupla imputação foi adotado de forma pacífica perante o STJ. Ocorre que o STF, ao analisar a possibilidade de a pessoa jurídica ser autora de crime ambiental, entendeu o seguinte: a pessoa jurídica pode ser autora de crime, e, portanto, responsabilizada penalmente nas infrações ambientas, uma vez que: **a)** trata-se de responsabilidade objetiva prevista na própria CF; **b)** a pessoa jurídica deve responder por seus atos, adaptando-se o juízo de culpabilidade; **c)** não viola o princípio da personalidade da pena, transmitindo-se, eventualmente, os efeitos da condenação.

Na ocasião, o STF **(RE 548181/PR)** afirmou ainda que a responsabilidade penal da pessoa jurídica nos crimes ambientais **é independente da pessoa física**, é dizer, a pessoa jurídica pode ser punida penalmente por crimes ambientais ainda que não haja responsabilização de pessoas físicas, excluindo, assim, o critério da dupla imputação exigido pelo STJ para a caracterização dos crimes ambientais. **Assim, é possível o oferecimento da denúncia apenas contra a pessoa jurídica.**

Em razão do entendimento do STF, o STJ alterou sua jurisprudência, de forma a permitir que a pessoa jurídica possa ser punida independentemente da responsabilização das pessoas físicas **(RMS 39173/BA).**

Assim, atualmente prevalece que as pessoas jurídicas podem ser responsabilizadas penalmente independentemente da responsabilização de pessoas físicas, **de forma que o sistema da dupla imputação não mais é aplicado no Brasil.**

11 Espécies não autóctones. Que negócio é esse?

Segundo a doutrina (Romeu Thomé), espécies não autóctones são aquelas não originadas do local em que vivem. É dizer, são espécies não nativas do local. Em regra, a lei veda a presença desse tipo de espécie em unidades de conservação, pois a presença de plantas ou animais exóticos em uma unidade de conservação pode ocasionar severos danos ao ecossistema local. Nesse sentido, a Lei do SNUC:

> **Art. 31.** É proibida a introdução nas unidades de conservação de espécies não autóctones.

Excepcionalmente, a lei permitiu a presença nos casos do § 1º, do artigo 31 da Lei 9.985/00, sempre de acordo com Plano de Manejo da unidade:

> **§ 1º** Excetuam-se do disposto neste artigo as Áreas de Proteção Ambiental, as Florestas Nacionais, as Reservas Extrativistas e as Reservas de Desenvolvimento Sustentável, bem como os animais e plantas necessários à administração e às atividades das demais categorias de unidades de conservação, de acordo com o que se dispuser em regulamento e no Plano de Manejo da unidade.

Sobre o tema, cumpre ressaltar que o STF tem precedente no sentido de que, em algumas situações, a atividade de reflorestamento, com a presença de espécies não autóctones, pode ocasionar dano ambiental **(ADI 1.086).**

Na ocasião, ao julgar dispositivo da Constituição do Estado de Santa Catarina, que dispensava a elaboração de estudo prévio de impacto ambiental no caso de áreas de florestamento ou reflorestamento para fins empresariais, o STF entendeu que esse dispositivo era inconstitucional, pois conflitava com o disposto no artigo 225, § 1, IV, que exige o estudo sempre que existir obra ou atividade potencialmente causadora de significativa degradação do meio ambiente.

No caso, o STF entendeu que as atividades de reflorestamento e florestamento podem causar dano ambiental, especialmente quando utilizarem espécies não nativas, o que pode afetar o equilíbrio ambiental do local.

12 É constitucional redução de área preservada por meio de medida provisória?

⊖ Como uma unidade de conservação pode ser criada?

Nos termos da Lei 9.985/00, as unidades de conservação são criadas por ato do Poder Público (Art. 22).

A lei não definiu a natureza do ato de criação das unidades de conservação, estabelecendo apenas que serão criadas por ato do poder público. Dessa forma, a doutrina majoritária entende que as unidades de conservação podem ser criadas tanto por lei quanto por decreto do Chefe do Poder Executivo.

⊖ Como uma unidade de conservação pode ser extinta ou alterada?

Diante da importância das unidades de conservação, o tema foi regulamentado pela própria Constituição:

> **Art. 225. (...)**
>
> **III** - definir, em todas as unidades da Federação, espaços territoriais e seus componentes a serem especialmente protegidos, **SENDO A ALTERAÇÃO E A SUPRESSÃO PERMITIDAS SOMENTE ATRAVÉS DE LEI**, vedada qualquer utilização que comprometa a integridade dos atributos que justifiquem sua proteção;

Vejam que a Constituição estabeleceu que a alteração ou supressão de uma unidade de conservação somente pode ocorrer mediante lei, o que desde logo exclui a possibilidade de uso de decretos.

Contudo, chegou a STF a seguinte discussão: tendo em vista que as medidas provisórias possuem força de lei, é constitucional a redução de uma área de preservação por meio de medida provisória?

O analisar a situação, o STF entendeu que não **(ADI 4717).** Para o Tribunal, apesar de medida provisória ter força de lei, no caso concreto – que trata da supressão de regime jurídico protetivo do meio ambiente – deve ser observado o princípio da reserva legal. Isso ocorre até mesmo para possibilitar uma maior discussão do tema, pois o processo legal pode incluir a realização de audiências públicas e a análise de impacto ambiental, o que não ocorre na Medida Provisória.

Em suma, é inconstitucional redução de área preservada por meio de medida provisória.

13 A teoria do fato consumado se aplica em matéria ambiental?

⊖ Teoria do Fato Consumado. Que negócio é esse?

Essa teoria defende que as situações jurídicas consolidadas pelo decurso do tempo, amparadas por decisão judicial ou administrativa, não devem ser desconstituídas, em razão do princípio da segurança jurídica e da estabilidade das relações sociais. Em outras palavras, caso haja uma decisão judicial ou administrativa autorizando determinada situação jurídica e, após muitos anos, constata-se que a decisão era inadequada, não deverá a situação ser desconstituída. Com isso, ela visa uma convalidação das situações jurídicas pelo decurso do tempo.

⊖ Qual é a relação dessa teoria com o direito ambiental?

No direito ambiental, é muito comum a construção de empreendimentos com autorização dos órgãos ambientais competentes e que, com o passar dos anos, comprova-se que a autorização dada era inadequada. Nesse cenário, é comum que seja invocada a teoria do fato consumado para impedir a demolição da construção.

⊖ O STJ concorda com essa teoria?

Não, o STJ não aplica a teoria do fato consumado em direito ambiental. Isso porque, caso ela fosse aceita, **isso significaria que se estaria admitindo a perpetuação do direito de poluir, degradar o meio ambiente (AgInt no REsp 1355428/MS).**

Em outras palavras, constatado que houve edificação irregular em área de preservação permanente, o fato de ter sido concedido licenciamento ambiental, por si só, não afasta a responsabilidade pela reparação do dano causado ao meio ambiente, mormente quando reconhecida a ilegalidade do aludido ato administrativo.

Nesse sentido também temos a seguinte súmula:

> **STJ – Súmula 613:** Não se admite a aplicação da teoria do fato consumado em tema de Direito Ambiental.

⊖ E o STF?

Cumpre ressaltar que o STF também tem entendimento nesse sentido **(RE 609748 AgR).**

14 No âmbito do processo de criação de uma unidade de conservação, o resultado da consulta pública é vinculante?

⊖ Qual é o contexto?

A Lei do Sistema Nacional de Unidades de Conservação da Natureza - SNUC (Lei 9.985/2000) estabeleceu uma série de procedimentos a serem seguidos para a criação de uma unidade de conservação. Nesse sentido, a criação de qualquer tipo de unidade de conservação deve ser precedida de estudos técnicos:

> **Art. 22. (...)**
>
> **§ 2º** A criação de uma unidade de conservação **deve ser precedida** de **estudos técnicos** e **de consulta pública** que permitam identificar a localização, a dimensão e os limites mais adequados para a unidade, conforme se dispuser em regulamento.
>
> **§ 3º** No processo de consulta de que trata o § 2º, o Poder Público é obrigado a fornecer informações adequadas e inteligíveis à população local e a outras partes interessadas.

Além dos estudos técnicos, na maioria dos casos, a lei também exigiu consulta pública, **com exceção da Estação Ecológica ou Reserva Biológica:**

> **Art. 22.**
>
> **(...)**
>
> **§ 4º** Na criação de Estação Ecológica ou Reserva Biológica não é obrigatória a consulta de que trata o § 2º deste artigo.

A consulta pública é regulamentada pelo Decreto 4.340/02:

> **Art.5º** A consulta pública para a criação de unidade de conservação tem a finalidade de subsidiar a definição da localização, da dimensão e dos limites mais adequados para a unidade.
>
> **§ 1º** A consulta consiste em reuniões públicas ou, a critério do órgão ambiental competente, outras formas de oitiva da população local e de outras partes interessadas.
>
> **§ 2º** No processo de consulta pública, o órgão executor competente deve indicar, de modo claro e em linguagem acessível, as implicações para a população residente no interior e no entorno da unidade proposta.

➔ Os procedimentos deverão ser realizados ao mesmo tempo?

Nesse ponto, convém ressaltar que não há relação de precedência entre a consulta pública e os estudos técnicos. A realização dessas duas providências pode ocorrer de forma simultânea ou sucessiva, não sendo obrigatório que os estudos antecedam a consulta ou vice-versa. O importante é que, ao ser editado o ato criado da unidade de conservação, ambos já estejam finalizados.

➔ O resultado da consulta pública é vinculante?

Não, o resultado da consulta pública não é vinculante. Contudo, embora a consulta pública não seja vinculante, ela não poderá ser dispensada, sob pena de invalidade do ato de criação.

Assim, por não ser vinculante, é possível inclusive que a unidade de conservação seja criada mesmo contra a vontade da população local **(STF - MS 25.347-DF).**

Segundo entendeu o STF, a consulta pública, embora seja um instrumento essencialmente democrático, não tem a natureza de plebiscito.

15 Diferencie unidades de conservação de proteção integral de unidades de conservação de uso sustentável.

As **unidades de proteção integral** possuem o objetivo de **preservar a natureza,** sendo admitido apenas o uso indireto dos seus recursos naturais, com exceção dos casos previstos nesta Lei. Percebe-se, assim, que nas unidades de proteção integral a proteção ambiental é mais forte, visando deixar o ecossistema livra da ação humanada, admitindo, nesse ponto, apenas o uso indireto dos recursos naturais, é dizer, aquele que não envolve consumo, coleta, dano ou destruição dos recursos naturais.

Já as **unidades de uso sustentável** possuem o objetivo básico de compatibilizar a **conservação** da natureza com o uso sustentável de parcela dos seus recursos naturais. Assim, tem-se que intensidade da proteção nas unidades de uso sustentável é menor que as de proteção integral.

16 Qual a natureza do contrato que regulamenta a posse e o uso das áreas ocupadas pelas populações tradicionais nas Reservas Extrativistas e Reservas de Desenvolvimento Sustentável?

➔ Qual é o contexto?

A Lei 9.985/2000 estabelece o seguinte:

> **Art. 23.** A posse e o uso das áreas ocupadas pelas **populações tradicionais** nas Reservas Extrativistas e Reservas de Desenvolvimento Sustentável **serão regulados por contrato,** conforme se dispuser no regulamento desta Lei.
>
> **§ 1º** As populações de que trata este artigo obrigam-se a participar da preservação, recuperação, defesa e manutenção da unidade de conservação.
>
> **§ 2º** O uso dos recursos naturais pelas populações de que trata este artigo obedecerá às seguintes normas:
>
> **I** - proibição do uso de espécies localmente ameaçadas de extinção ou de práticas que danifiquem os seus habitats;
>
> **II** - proibição de práticas ou atividades que impeçam a regeneração natural dos ecossistemas;
>
> **III** - demais normas estabelecidas na legislação, no Plano de Manejo da unidade de conservação e no contrato de concessão de direito real de uso.

Vejam que a lei estabeleceu que a posse e o uso das áreas ocupadas pelas populações tradicionais nas Reservas Extrativistas e Reservas de Desenvolvimento Sustentável **serão regulados por contrato**.

Isso ocorre porque, nos termos dos artigos 18, § 1º e 20, § 3º, da Lei 9.985/2000, as áreas de Reservas Extrativistas e de Reservas de Desenvolvimento Sustentável são de domínio público, com uso concedido às populações extrativistas e tradicionais, **o qual deve ser regulado por contrato.**

⊖ O que são populações tradicionais?

Inicialmente, convém esclarecer que **a lei não definiu o que são populações tradicionais,** o que somente foi feito pelo Decreto 6.040/2007, que, em seu art. 3º, I, assim os definiu: "grupos culturalmente diferenciados e que se reconhecem como tais, que possuem formas próprias de organização social, que ocupam e usam territórios e recursos naturais como condição para sua reprodução cultural, social, religiosa, ancestral e econômica, utilizando conhecimentos, inovações e práticas gerados e transmitidos pela tradição".

Já o conceito de **populações extrativistas**, também denominadas pela Lei 9.985/2000, de populações extrativistas tradicionais, foi trazido pela própria lei do SNUC:

> **Art. 18.** A Reserva Extrativista é uma área utilizada por populações extrativistas tradicionais, cuja subsistência baseia-se no extrativismo e, complementarmente, na agricultura de subsistência e na criação de animais de pequeno porte, e tem como objetivos básicos proteger os meios de vida e a cultura dessas populações, e assegurar o uso sustentável dos recursos naturais da unidade.

Assim, **população extrativista tradicional** é aquela cuja subsistência baseia-se no extrativismo e, complementarmente, na agricultura de subsistência e na criação de animais de pequeno porte.

⊖ Qual a espécie de contrato a ser firmado?

Apesar do silêncio com relação à espécie de contrato a ser firmado entre o poder público e os particulares (populações tradicionais e populações extrativistas tradicionais), o Decreto nº 4.340/2002, que regulamenta a Lei 9.985/2000, refere-se expressamente **ao contrato de concessão de direito real de uso**, instrumento mais adequado a conciliar os interesses das partes envolvidas:

> **Art.13. O contrato de concessão de direito real de uso** e o termo de compromisso firmados com populações tradicionais das Reservas Extrativistas e Reservas de Uso Sustentável devem estar de acordo com o Plano de Manejo, devendo ser revistos, se necessário.

Trata-se de um contrato administrativo pelo qual o poder público confere ao particular o direito real resolúvel de uso de terreno público ou sobre o espaço aéreo que o recobre, pra os fins que, prévia e determinadamente, o justificarem.

17 O delito previsto na primeira parte do art. 54 da Lei 9.605/98 é formal ou material?

O artigo 54 da Lei de Crimes Ambientais previu o seguinte delito:

> **Art. 54.** Causar poluição de qualquer natureza em níveis tais que resultem ou possam resultar em danos à saúde humana, ou que provoquem a mortandade de animais ou a destruição significativa da flora:
>
> **Pena** - reclusão, de um a quatro anos, e multa.

⊕ Qual o contexto?

Havia uma certa controvérsia sobre a natureza do crime previsto na primeira parte do artigo 54. A controvérsia consistia em saber se o crime em questão é formal ou material.

Se o crime **fosse material,** era necessária a comprovação do dano ambiental, o que somente poderia ocorrer mediante perícia. Se o crime **fosse formal,** seria suficiente a mera potencialidade do dano, sendo desnecessária a perícia.

⊕ O que entendeu o STJ?

Dentro do STJ havia uma certa polêmica. A sexta turma entendia que o delito previsto na primeira parte do art. 54 da Lei n. 9.605/1998 exigia prova do risco de dano, sendo insuficiente para configurar a conduta delitiva a mera potencialidade de dano à saúde humana **(REsp 1417279/SC).**

Já a quinta turma entendia que a parte inicial do art. 54 da Lei n. 9.605/1998, exigia apenas a mera possibilidade de causar dano à saúde humana evidenciada sua natureza formal ou, ainda, de perigo abstrato **(AgRg no AREsp 956780 / AM).**

Diante da polêmica, o caso foi parar na 3ª seção do STJ, que é composta pela 5ª e 6ª turmas do tribunal, ocasião que ficou decidido que o delito previsto na primeira parte do artigo 54 da Lei nº 9.605/1998 **possui natureza formal,** sendo suficiente a potencialidade de dano à saúde humana para configuração da conduta delitiva, **não se exigindo, portanto, a realização de perícia (EREsp 1417279/SC).**

18 A assinatura de Termo de Ajustamento de Conduta – TAC, em matéria ambiental, impede a propositura de ação penal?

⊖ Qual é o contexto?

A Lei da Ação Civil Pública estabelece o seguinte:

> **Art. 5º** - Têm legitimidade para propor a ação principal e a ação cautelar:
>
> (...)
>
> **§ 6°** Os órgãos públicos legitimados poderão tomar dos interessados compromisso de ajustamento de sua conduta às exigências legais, mediante cominações, que terá eficácia de título executivo extrajudicial

Assim, temos que a lei permitiu aos legitimados a possibilidade de celebração com o causador de um dano ambiental de um acordo extrajudicial. Nesse acordo, é possível estabelecer multas pelo seu descumprimento. Ademais, a lei estabelece que ele terá eficácia de título executivo judicial.

⊖ A celebração de um TAC é obrigatória?

Não, o ordenamento jurídico brasileiro não confere ao TAC o caráter obrigatório, a ponto de exigir que o MP o proponha antes do ajuizamento da ACP **(Resp 895.443/RJ).**

⊖ A assinatura de Termo de Ajustamento de Conduta - TAC, em matéria ambiental, impede a propositura de ação penal?

Não, segundo o STJ a assinatura do TAC **não obsta a instauração da ação penal (STJ, HC 82.911/MG).**

⊛ Qual o fundamento?

Segundo o STJ a assinatura do TAC tem efeitos administrativos/civis, não impedindo, assim, a propositura de ação penal, **tendo em vista que vigor em nosso ordenamento o princípio da independência entre as instâncias penais, cíveis e administrativas (APn 888-DF).**

Assim, o fato de réu ter assinado e ter cumprido o TAC, **irá apenas influenciar na dosimetria da pena,** que será diminuída em virtude disso, caso ele seja condenado.

17

Direitos Humanos, Estatuto da Criança e do Adolescente, Estatuto do Idoso e outros direitos difusos

15 questões

01 O menor infrator tem direito de aguardar em liberdade o julgamento da apelação interposta contra a sentença que lhe impôs a medida de internação?

O STJ entendeu que, em regra, não **(HC 346.380/SP).** Assim, é possível que o adolescente infrator inicie o cumprimento imediato da medida socioeducativa de internação que lhe foi imposta na sentença, mesmo que ele tenha interposto recurso de apelação e esteja aguardando seu julgamento.

O fundamento é o seguinte: em regra, o recurso de apelação nos procedimentos regidos pelo ECA é recebido apenas no efeito devolutivo. Isso porque o art. 215 do ECA afirma que o juiz poderá conferir efeito suspensivo ao recurso, para evitar dano irreparável à parte. Ora, se o juiz pode conferir efeito suspensivo ao recurso é porque, obviamente, ele é recebido apenas no efeito devolutivo.

Outro fundamento utilizado pelo STJ foi que as medidas socioeducativas não têm o caráter de pena e possuem o objetivo primordial de proteção dos direitos do adolescente, de modo a afastá-lo da conduta infracional e de uma situação de risco. Isso atende aos princípios da proteção integral e da propriedade absoluta (Art. 227 da CF/88 e arts. 3º e 4º do ECA).

Assim, retardar o início de cumprimento da medida socioeducativa imposta na sentença acaba reduzindo a atualidade da reposta estatal, enfraquecendo o objetivo ressocializador e permitindo que o adolescente permaneça em situação de risco, uma vez que ele continuará exposto às mesmas circunstâncias que o levaram à prática infracional.

Por fim, o STJ asseverou que não há ofensa ao princípio da não culpabilidade (presunção de inocência) uma vez que, conforme já ressaltado, a medida socioeducativa não é pena.

02 Para que seja aplicada ao menor a medida de internação são necessárias a reiteração de quantas infrações?

A medida de internação é a mais severa das medidas socioeducativas do ECA. Nos termos do art. 122 do Estatuto, a internação constitui medida privativa da liberdade, sujeita aos princípios de brevidade, excecionalidade e respeito à condição peculiar de pessoa em desenvolvimento.

⊕ Quais são as hipóteses que permitem a internação?

> **Art. 122.** A medida de internação só poderá ser aplicada quando:
>
> **I** - tratar-se de ato infracional cometido mediante grave ameaça ou violência a pessoa;
>
> **II** - por reiteração no cometimento de outras infrações graves;
>
> **III** - por descumprimento reiterado e injustificável da medida anteriormente imposta.

De início, cumpre esclarecer que as três hipóteses **não são cumulativas**. Assim, por exemplo, no caso em que menor cometa ato infracional análogo ao crime de roubo, que é cometido mediante violência ou grave ameaça, a medida de internação pode ser aplicada independentemente de haver reiteração na conduta.

Especificamente em relação ao inciso II, veja que ele permite a internação do menor que tenha reiteradamente cometido uma infração grave. Nesse ponto, a doutrina entende que infração grave não necessariamente é aquela que envolve violência ou grave ameaça, mas tão somente aquela infração que comine pena de reclusão. Assim, estão excluídos desse inciso as contravenções penais, e os crimes com previsão de detenção, prisão simples e/ou multa.

⊖ **Mas para que se aplique a internação é preciso que o menor cometa quantas condutas?**

Por muitos anos, o STJ entendeu que esse inciso somente se aplicava quando o menor incidisse em reiteração de conduta infracional, no mínimo, por 03 ou mais vezes **(HC 57.641).**

⊖ **Esse entendimento ainda se mantém?**

Não. Esse entendimento encontra-se superado. Atualmente, o STJ entende que a depender das particularidades e circunstâncias do caso concreto, pode ser aplicada com fundamento no art. 122, II, do ECA, medida de internação ao adolescente infrator que antes cometido apenas uma outra infração grave **(HC 347.434/SP). Em outras palavras, bastam duas infrações.**

03 Em relação ao sistema interamericano de direitos humanos, explique a tese da quarta instância.

Nos termos da doutrina e da jurisprudência da Corte Interamericana de Direitos Humanos – CIDH, a tese da quarta instância determina que a CIDH não substituirá o papel das autoridades nacionais, transformando-se em uma corte de apelação de quarto grau, capaz de corrigir erros interpretativos de fato e direito supostamente cometidos no exercício de suas jurisdições.

As interpretações realizadas pelas cortes nacionais, desde que não violem direitos humanos convencionais, não podem ser reformadas ou submetidas à jurisdição da CIDH sob a alegação de que foram erradas ou injustas.

Em resumo, no tocante à reavaliação das decisões de direito interno, a regra da quarta instância determina que a CIDH não pode analisar as valorações e irregularidades das decisões judiciais, assim como as interpretações de normas processuais de direito interno de cada estado, com efeito de determinar se estas foram ou não corretamente aplicadas pelos tribunais internos.

Assim, para que uma petição seja aceita no âmbito da CIDH, é preciso demonstrar que o caso não se submete a regra da quarta instância, do contrário a petição não será conhecida.

04 Qual a diferença entre Direitos do Homem, Direitos Fundamentais e Direitos Humanos?

Direitos do homem foi a primeira expressão surgida no contexto dos direitos humanos, remetendo a época do jusnaturalismo.

Eram aqueles direitos inerentes ao ser humano, e que por isso não precisavam estar formalizados. É uma concepção ultrapassada, já que a doutrina entende que os direitos humanos são frutos de um processo histórico, não sendo inerentes ao homem.

Os **direitos fundamentais** são direitos reconhecidos na ordem jurídica interna do Estado, positivados em sua **Constituição e nas leis nacionais.**

Finalmente, os **direitos humanos** são aqueles direitos universalmente aceitos, reconhecidos **na ordem jurídica internacional**, que transcendem à ordem jurídica interna do Estado.

Assim, direitos humanos e direitos fundamentais representam essencialmente os mesmos direitos. A única diferença entre eles diz respeito ao plano onde estão positivados.

05 É possível a aplicação de medida socioeducativa a pessoa maior de 18 anos?

⊝ Qual é o contexto?

No Brasil, os menores de 18 anos não cometem crime, **mas sim ato infracional**. Assim, os menores não se submetem a sanção penal.

Se não se submetem a sanção penal, o que acontece com os menores que praticam ato infracional?

Inicialmente, convém esclarecer que o Estatuto da Criança e do Adolescente – ECA, diferencia os menores de 18 anos em crianças e adolescentes. Nos termos do ECA temos que:

a) **Criança:** é a pessoa que tem até 12 anos de idade incompletos.

b) **Adolescente:** é a pessoa que tem entre 12 e 18 anos de idade.

Essa distinção é importante, uma vez que, as crianças que eventualmente praticarem ato infracional **se sujeitam apenas as medidas protetivas (art. 101 do ECA)**. Já o Adolescente se sujeita as medidas socioeducativas (art. 112 do ECA) e/ou medidas protetivas (art. 101 do ECA).

Quais são as medidas socioeducativas?

Nos termos do ECA, são medidas socioeducativas:

> **Art. 112.** Verificada a prática de ato infracional, a autoridade competente poderá aplicar ao adolescente as seguintes medidas:
>
> **I** - advertência;
>
> **II** - obrigação de reparar o dano;
>
> **III** - prestação de serviços à comunidade;
>
> **IV** - liberdade assistida;
>
> **V** - inserção em regime de semi-liberdade;
>
> **VI** - internação em estabelecimento educacional;

Beleza, já entendi. Mas e aí, é possível a aplicação de medida socioeducativa a pessoa maior de 18 anos?

Uma vez cometido um ato infracional, a aplicação da medida socioeducativa deve ser precedida de um processo de apuração, o que, obviamente, demanda um certo tempo.

Diante disso, é possível que um adolescente que tenha cometido um ato infracional atinja a maioridade durante a tramitação do processo. Nesse sentido, havia uma certa controvérsia se a ele poderia ser aplicada uma medida socioeducativa.

O STJ entendeu que sim, a medida socioeducativa pode ser aplicada ao indivíduo maior de 18 anos, **desde que o ato infracional tenha sido praticado antes, ou seja, quando ele ainda era adolescente.**

Outra situação que gerava muitas discussões era a seguinte. Se durante o período de aplicação da medida socioeducativa o menor atinge a maioridade, essa medida socioeducativa automaticamente era extinta ou era possível sua continuidade mesmo o menor tendo atingido a maioridade?

O STJ entendeu que a medida socioeducativa **não se extingue com a maioridade.** Em outras palavras, a superveniência da maioridade penal **não interfere na aplicabilidade de medida socioeducativa.** Assim, o fato de o adolescente ter completado 18 anos durante o cumprimento da medida socioeducativa não extingue automaticamente a medida. Ela poderá continuar normalmente até o Juiz entenda que a medida já cumpriu a sua finalidade **ou até que o indivíduo complete 21 anos.**

➔ Qual foi o fundamento do STJ?

O STJ se fundamentou no próprio ECA. Isso porque o Estatuto deixa claro que é possível, em casos expressos em lei, a aplicação do ECA a pessoas maiores de 18 anos:

> **Art. 2º** Considera-se criança, para os efeitos desta Lei, a pessoa até doze anos de idade incompletos, e adolescente aquela entre doze e dezoito anos de idade.
>
> **Parágrafo único.** Nos casos expressos em lei, aplica-se excepcionalmente este Estatuto às pessoas entre dezoito e vinte e um anos de idade.
>
> **Art. 121.** A internação constitui medida privativa da liberdade, sujeita aos princípios de brevidade, excepcionalidade e respeito à condição peculiar de pessoa em desenvolvimento.
>
> **§ 5º** A liberação será compulsória aos vinte e um anos de idade.

Nesse sentido, considerando que a medida socioeducativa de internação **é a mais gravosa permitida pelo ECA,** o STJ passou a entender que todas as medidas socioeducativas podem ser aplicadas até o limite de 21 anos de idade. Isso porque **seria ilógico considerar que é**

possível a incidência das medidas mais gravosas e, ao mesmo tempo, proibida a aplicação das mais brandas

Em suma, tudo que vimos até agora é a explicação da seguinte súmula:

> **STJ – Súmula 605:** A superveniência da maioridade penal não interfere na apuração de ato infracional nem na aplicabilidade de medida socioeducativa em curso, **inclusive na liberdade assistida,** enquanto não atingida a idade de 21 anos.

06 A adoção de pessoa maior de 18 anos necessita do consentimento dos genitores?

É possível a adoção de pessoa maior de 18 anos?

Sim, o assunto é regulado pelo Código Civil:

> **Art. 1.619.** A adoção de maiores de 18 (dezoito) anos dependerá da assistência efetiva do poder público e de sentença constitutiva, aplicando-se, no que couber, as regras gerais da Lei no 8.069, de 13 de julho de 1990 - Estatuto da Criança e do Adolescente.

Assim, conforme determinação do artigo 1.619 do Código Civil, aplica-se, no que couber, as regras gerais do ECA no processo de adoção de pessoa maior de 18 anos. Nesse sentido, o ECA estabeleceu que a adoção depende do consentimento dos pais ou do representante legal do adotando.

> **Art. 45.** A adoção depende do consentimento dos pais ou do representante legal do adotando.

Assim, o que se questiona aqui é se, tendo o Código Civil afirmando que se aplica ao processo de adoção de pessoa maior de 18 anos, no que couber, as regras do ECA, o artigo 45 do estatuto se aplica as adoções de pessoas maiores de 18 anos?

O STJ entendeu que não **(Resp 1.444.747/DF).** Para tanto, afirmou o STJ que a adoção de pessoas maiores de 18 anos é regida pelo ECA. Contudo, no caso, não se aplica a exigência do "*caput*" do artigo 45 do referido diploma legal, porque o § 1º do mesmo artigo afirma que esse consentimento dos genitores é dispensado quando eles tenham sido destituídos do poder familiar.

> **Art. 45.** (...)
>
> **§ 1º.** O consentimento será dispensado em relação à criança ou adolescente cujos pais sejam desconhecidos ou tenham sido destituídos do poder familiar.

O poder familiar termina quando o filho atinge a maioridade. **Logo, sendo o filho maior de 18 anos, os genitores não possuem mais poder familiar sobre ele, não sendo necessário seu consentimento para a adoção.**

07 A prioridade, assegurada aos idosos na tramitação processual, alcança o advogado?

⊕ Qual é o contexto?

O Estatuto do Idoso estabeleceu uma prioridade ao idoso na tramitação dos processos:

> **Art. 71.** É assegurada prioridade na tramitação dos processos e procedimentos e na execução dos atos e diligências judiciais em que figure como parte ou interveniente pessoa com idade igual ou superior a 60 (sessenta) anos, em qualquer instância.

Posteriormente, esse benefício também foi assegurado pelo NCPC:

> **Art. 1.048.** Terão prioridade de tramitação, em qualquer juízo ou tribunal, os procedimentos judiciais:
>
> **I** - em que figure como parte ou interessado pessoa com idade igual ou superior a 60 (sessenta) anos ou portadora de doença grave, assim compreendida qualquer das enumeradas no art. 6º, inciso XIV, da Lei no 7.713, de 22 de dezembro de 1988;

⊕ Qual é o alcance dessa prioridade?

Conforme estabelece o próprio CPC, essa prioridade valerá toda vez que o idoso for parte ou interessado no processo.

⊕ Essa prioridade abrange o advogado idoso que não é parte?

Amigos, o que se questiona aqui é se, caso não haja entre as partes e os interessados nenhum idoso, mas alguma dessas partes ou interessado seja patrocinada em juízo por um advogado idoso, haverá alguma preferência na tramitação?

O STJ **entendeu que não.** A prioridade na tramitação processual não alcança o causídico que não figura como parte ou interveniente, e nem está a executar honorários decorrentes de sucumbência definitivamente fixada **(AgRg no REsp 285812/ES).**

⊖ Essa prioridade cessa com a morte do idoso?

Por fim, cumpre ressaltar que o Estatuto do Idoso somente assegurava a extensão do benefício da prioridade ao cônjuge ou companheiro do idoso falecido nos casos em que eles também fossem idosos:

> **Art. 71.**
>
> **§ 2º** A prioridade não cessará com a morte do beneficiado, estendendo-se em favor do cônjuge supérstite, companheiro ou companheira, com união estável, maior de 60 (sessenta) anos.

Esse parágrafo, contudo, foi tacitamente revogado pelo NCPC, na medida em que ele estabeleceu que a prioridade concedida a idoso ou pessoa portadora de grave doença NÃO cessa com a morte do beneficiado, estendendo-se ao cônjuge/ companheiro independentemente da sua idade.

> **Art. 1.048. (...)**
>
> **§ 3º** Concedida a prioridade, essa não cessará com a morte do beneficiado, estendendo-se em favor do cônjuge supérstite ou do companheiro em união estável.

Assim, por ser norma posterior, prevalece a norma de que a prioridade permanece mesmo que o cônjuge ou companheiro não tenha idade igual ou superior a 60 anos.

08 Pode o magistrado modificar a proposta de remissão pré-processual?

⊖ Remissão. Que negócio é esse?

A remissão do processo consiste no ato de perdoar um ato infracional praticado pelo adolescente. Dependendo da fase em que a remissão for concedida, ela poderá gerar o seguinte:

a) a exclusão;

b) a extinção;

c) a suspensão do processo.

A remissão pode ser concedida antes mesmo de o processo inicial, ocasião em que será uma causa de exclusão, sendo conhecida como remissão pré-processual. Nesse caso, a remissão é concedida pelo membro do Ministério Público e depende de homologação do magistrado:

> **Art. 126.** Antes de iniciado o procedimento judicial para apuração de ato infracional, o representante do Ministério Público poderá conceder a remissão, como forma de exclusão do processo, atendendo às circunstâncias e consequências do fato, ao contexto social, bem como à personalidade do adolescente e sua maior ou menor participação no ato infracional.

Existe ainda a remissão concedida após o início do processo, ocasião em que será uma causa de extinção ou suspensão do processo, sendo conhecida como remissão processual ou judicial. Nesse caso, a remissão é concedida pelo próprio magistrado, após oitiva do Ministério Público:

> **Art. 126 (...)**
>
> **Parágrafo único**. Iniciado o procedimento, a concessão da remissão pela autoridade judiciária importará na suspensão ou extinção do processo.

➔ É possível, na remissão pré-processual, incluir a obrigação de que o adolescente cumpra alguma medida socioeducativa?

Sim, a lei permite a inclusão pelo membro do Ministério Público, na proposta de remissão, da exigência de que o adolescente cumpra medida socioeducativa, **desde que essa medida não seja semiliberdade ou internação:**

> **Art. 127.** A remissão não implica necessariamente o reconhecimento ou comprovação da responsabilidade, nem prevalece para efeito de antecedentes, podendo incluir eventualmente a aplicação de qualquer das medidas previstas em lei, exceto a colocação em regime de semi-liberdade e a internação.

➔ Caso o juiz discorde dos termos da remissão, ele poderá modificar a proposta?

Chegou ao STJ o seguinte caso: determinado magistrado, discordando da inclusão de uma medida socioeducativa, alterou os termos da proposta, excluindo a inclusão da medida socioeducativa e homologando apenas a remissão. Agiu certo o magistrado?

Não, segundo o STJ, o **magistrado não pode alterar os termos da proposta de remissão pré-processual, uma vez que esse poder, antes de iniciado o processo, compete apenas ao Ministério Público (REsp 1.392.888-MS).**

Dessa forma, caso discorde da proposta, o Magistrado deverá se valer do § 2º, do artigo 181 do ECA:

> **Art. 181.** Promovido o arquivamento dos autos ou concedida a remissão pelo representante do Ministério Público, mediante termo fundamentado, que conterá o resumo dos fatos, os autos serão conclusos à autoridade judiciária para homologação.
>
> § **2º** Discordando, a autoridade judiciária fará remessa dos autos ao Procurador-Geral de Justiça, mediante despacho fundamentado, e este oferecerá representação, designará outro membro do Ministério Público para apresentá-la, ou ratificará o arquivamento ou a remissão, que só então estará a autoridade judiciária obrigada a homologar.

Assim, nos termos do ECA, discordando o magistrado da proposta oferecida pelo membro do MP, ele deverá remeter os autos ao Procurador-Geral de Justiça, mediante despacho fundamentado. Nesse caso, o PGJ tem as seguintes opções:

a) discordar da remissão e oferecer a representação;

b) designar outro membro do Ministério Público para apresentá-la;

c) ratificar a remissão, hipótese na qual o juiz estaria obrigado a homologar.

09 É possível a revogação de adoção?

⊕ Qual é o contexto?

A adoção no Brasil pode ser bilateral ou unilateral.

A **adoção bilateral** é aquela que altera as duas linhas de parentesco do adotado (materna e paterna), atribuindo-se a condição de filho ao adotado a duas pessoas novas, não existentes em seu registro civil de nascimento. A lei disciplina essa espécie de adoção da seguinte forma:

> **Art. 42. (...)**
>
> **§ 2º** Para adoção conjunta, é indispensável que os adotantes sejam casados civilmente ou mantenham união estável, comprovada a estabilidade da família.

Já **adoção unilateral** é aquela que altera apenas uma linha de parentesco do adotando (materna ou paterna). Ela ocorre nas hipóteses de falecimento de um dos genitores do adotado, quando um dos genitores é destituído do poder familiar ou, então, quando não há pai registral:

> **Art. 41.** A adoção atribui a condição de filho ao adotado, com os mesmos direitos e deveres, inclusive sucessórios, desligando-o de qualquer vínculo com pais e parentes, salvo os impedimentos matrimoniais.
>
> **§ 1º** Se um dos cônjuges ou concubinos adota o filho do outro, mantêm-se os vínculos de filiação entre o adotado e o cônjuge ou concubino do adotante e os respectivos parentes.

Por fim, cumpre ressaltar que a adoção unilateral não é muito bem-vista pela doutrina. Isso porque, o simples fato de um dos genitores ter falecido, não é motivo suficiente para alterar a paternidade do menor, excluindo o genitor falecido de sua vida.

⊖ É possível a revogação da adoção?

Nos termos do Estatuto da Criança e do Adolescente, temos o seguinte:

> **Art. 39.** A adoção de criança e de adolescente reger-se-á segundo o disposto nesta Lei.
>
> **§ 1º** A adoção é medida excepcional **e irrevogável,** à qual se deve recorrer apenas quando esgotados os recursos de manutenção da criança ou adolescente na família natural ou extensa, na forma do parágrafo único do art. 25 desta Lei.

Vejam, meus amigos, que nos termos do ECA, a adoção é medida irrevogável.

➔ O STJ concorda com isso?

Chegou ao STJ a seguinte situação: determinado jovem foi adotado por seu padrasto. Posteriormente, contudo, ele mudou-se de cidade, passando a morar com seus avós paternos biológicos, perdendo o contato com o padrasto. Contudo, como ele foi adotado por seu padrasto, os familiares de seu pai biológico não eram legalmente seus parentes. Assim, ele requereu a revogação da adoção unilateral e o retorno aos seus laços biológicos.

Diante dessa situação, o STJ entendeu que, no caso de adoção unilateral, a irrevogabilidade prevista no art. 39, § 1º do Estatuto da Criança e do Adolescente **pode ser flexibilizada** no melhor interesse do adotando **(REsp 1.545.959-SC)**

➔ Qual foi o fundamento?

O STJ ressaltou que o fundamento da proibição da revogação da adoção é a proteção do menor, visando sua proteção de possíveis alternâncias comportamentais de seus adotantes, rupturas conjugais ou outras atitudes que recoloquem o menor adotado novamente no limbo sócio emocional que vivia antes da adoção.

Contudo, se no caso concreto a adoção unilateral não proporciona reais vantagens para o adotado, é possível imaginar a possibilidade de se permitir a sua revogação, desde que haja uma análise individualizada por parte do Poder Judiciário se os motivos alegados são justificáveis. A razão de ser da proibição da revogação da adoção existe para proteger o menor.

Nesse sentido, considerando que a adoção busca resguardar o menor, se no caso concreto não há vantagem, o princípio do interesse superior do menor, ou melhor interesse, possibilita retirar a obrigatoriedade de qualquer texto legal atinente aos interesses da criança ou do adolescente, submetendo-o a um crivo objetivo de apreciação judicial da situação concreta onde se analisa.

Sob esse ângulo, observa-se que há espaço para, diante de situações singulares onde se constata que talvez a norma protetiva esteja, na verdade, vulnerando direitos do seu beneficiário, ser flexibilizada a restritiva regra fixada no art. 39 § 1º, do ECA.

Em suma, é possível a revogação da adoção em caso de adoção unilateral, mas desde que, no caso concreto, a adoção não tenha trazido vantagem reais ao adotado, que será melhor resguardado com a revogação.

10 É possível decretar a regressão sem a oitiva do menor?

⊖ Qual é o contexto?

Quando um adolescente deixa de cumprir **reiterada e injustificadamente** a medida socioeducativa anteriormente imposta, o magistrado deverá substituir a medida mais branda imposta por uma mais gravosa. **Essa substituição é conhecida por regressão.**

O que se questiona aqui é saber se é possível que o magistrado decrete a regressão sem antes proceder a oitiva do menor, a fim de saber os motivos pelo qual ele deixou de cumprir a medida anteriormente imposta?

O STJ entende que não:

> **STJ Súmula nº 265** - É necessária a oitiva do menor infrator antes de decretar-se a regressão da medida socioeducativa.

⊖ Qual é o fundamento?

A decretação de uma medida socioeducativa deve seguir o disposto no ECA. Sobre o tema, o ECA estabelece o seguinte:

> **Art. 111.** São asseguradas ao adolescente, entre outras, as seguintes garantias:
>
> **V** - direito de ser ouvido PESSOALMENTE pela autoridade competente;

Assim, como o ECA estabeleceu como uma garantia processual do adolescente o direito de ser ouvido pessoalmente, o STJ entende que é necessária a oitiva do menor infrator antes de decretar-se a regressão da medida socioeducativa, até mesmo para que ele possa apresentar sua explicação para o descumprimento, o que pode afastar a própria decretação da medida de regressão no caso concreto.

11 Pode o Poder Judiciário editar portaria estabelecendo "toque de recolher", determinando o recolhimento de crianças e adolescentes nas ruas, desacompanhados dos pais ou responsáveis, a partir de determinado horário?

⊖ Qual é o contexto?

O Estatuto da Criança e do Adolescente estabeleceu um poder normativo ao Poder Judiciário, a quem compete disciplinar por meio de portaria a entrada e permanência de criança ou adolescente, desacompanhado dos pais ou responsável nos seguintes locais:

> **Art. 149.** Compete à autoridade judiciária disciplinar, através de **portaria,** ou autorizar, mediante alvará:
>
> I - a entrada e permanência de criança ou adolescente, desacompanhado dos pais ou responsável, em:
>
> *a)* estádio, ginásio e campo desportivo;
>
> *b)* bailes ou promoções dançantes;
>
> *c)* boate ou congêneres;
>
> *d)* casa que explore comercialmente diversões eletrônicas;
>
> *e)* estúdios cinematográficos, de teatro, rádio e televisão.
>
> § 1º Para os fins do disposto neste artigo, a autoridade judiciária levará em conta, dentre outros fatores:
>
> *a)* os princípios desta Lei;
>
> *b)* as peculiaridades locais;
>
> *c)* a existência de instalações adequadas;
>
> *d)* o tipo de frequência habitual ao local;
>
> *e)* a adequação do ambiente a eventual participação ou frequência de crianças e adolescentes;
>
> *f)* a natureza do espetáculo.

Com base nesse poder normativo, diversos juízos passaram a editar portaria estabelecendo verdadeiros "toques de recolher", pois determinavam o recolhimento de qualquer criança ou adolescente, flagrados na rua, desacompanhado dos pais ou responsável (Ex.: determino o recolhimento de qualquer criança e de adolescente desacompanhado dos pais ou responsável que seja flagrada em via pública após as 23 horas).

⊝ **Esse tipo de portaria encontra respaldo legal?**

Não, **segundo o STJ esse tipo de portaria é ilegal (HC 251225/MS, HC 207720/SP e REsp 1046350/RJ).**

⊝ **Qual é o fundamento?**

Segundo o Tribunal, ao contrário do regime estabelecido pelo revogado Código de Menores (Lei 6.697/79), que atribuía à autoridade judiciária competência para, mediante portaria ou provimento, editar normas "de ordem geral, que, ao seu prudente arbítrio, se demonstrarem necessárias à assistência, proteção e vigilância ao menor" (art. 8º), atualmente é bem mais restrito esse domínio normativo.

Nos termos do art. 149 do Estatuto da Criança e do Adolescente (Lei 8.069/90), a autoridade judiciária pode disciplinar, por portaria, "a entrada e permanência de criança ou adolescente, desacompanhada dos pais ou responsável", nos locais e eventos discriminados no inciso I, devendo essas medidas "ser fundamentadas, caso a caso, vedadas as determinações de caráter geral" (§ 2º).

Assim, **o próprio ECA vedou ao Poder Judiciário a edição de medidas de caráter geral, como a edição de portarias estabelecendo "toques de recolher":**

> **Art. 149. (...)**
>
> **§ 2º** As medidas adotadas na conformidade deste artigo deverão ser fundamentadas, caso a caso, vedadas as determinações de caráter geral.

Com isso, o legislador teve o propósito de, por um lado, enfatizar a responsabilidade dos pais de, no exercício do seu poder familiar, zelar pela guarda e proteção dos menores em suas atividades do dia a dia, e, por outro, preservar a competência do Poder Legislativo na edição de normas de conduta de caráter geral e abstrato.

Assim, **é ilegal a edição, pelo Poder Judiciário, de portarias estabelecendo horários de recolhimento de crianças e adolescente da rua, dado o seu caráter geral e abstrato.**

12 É possível que o assistente de acusação interponha recurso nos procedimentos do ECA?

⊖ Assistente da acusação. Que negócio é esse?

No Brasil, em regra, compete ao Ministério Público à propositura da ação penal. Nesse sentido, quando a ação penal for pública, o Código de Processo Penal permitiu o ingresso do ofendido ou de seus representantes legais:

> **Art. 268.** Em todos os termos da ação pública, poderá intervir, como assistente do Ministério Público, o ofendido ou seu representante legal, ou, na falta, qualquer das pessoas mencionadas no Art. 31.

⊖ O assistente da acusação pode interpor recurso nos procedimentos regidos pelo ECA?

O STJ entende que não **(REsp 605.025/MG. REsp 1089564/DF)**

⊖ Qual o fundamento?

Segundo o STJ, a Lei 8.069/90, em seu art. 198 (capítulo referente aos recursos), prevê a aplicação subsidiária das regras do Código de Processo Civil, motivo pelo qual não cabe estender a aplicação dos arts. 268 a 273 do Código de Processo Penal, que trata da figura do assistente da acusação, ao procedimento contido no ECA.

13 Qual é a justiça competente para autorizar trabalho artístico de crianças e adolescentes?

⊖ É possível o trabalho artístico de crianças e adolescentes?

A Constituição estabelece o seguinte:

> **Art. 7º** (..)
>
> **XXXIII** - proibição de trabalho noturno, perigoso ou insalubre a menores de dezoito e de qualquer trabalho a menores de dezesseis anos, salvo na condição de aprendiz, a partir de quatorze anos;

Pela redação da Constituição, temos o seguinte:

a) Criança não pode trabalhar em nenhuma situação;

b) Adolescente, a partir dos 14 anos, pode trabalhar como aprendiz. Aos 16 anos pode exercer trabalho comum, desde que não seja trabalho noturno, perigoso ou insalubre. Após os 18 anos, pode trabalhar normalmente.

Apesar do texto da Constituição, a doutrina e a jurisprudência, com fundamento no artigo 8º, 1, da Convenção 138 da OIT, que autoriza a participação de crianças e adolescentes em "representações artísticas", tem entendido que essa vedação não se aplica ao trabalho artístico de crianças e adolescentes.

É de se ressaltar, contudo, que o trabalho em questão não pode ser exercido livremente, pois o Estatuto da Criança e do Adolescente estabelece que **é preciso uma autorização judicial** para esse tipo de trabalho:

> **Art. 149.** Compete à **autoridade judiciária** disciplinar, através de portaria, ou autorizar, mediante alvará:
>
> **II** - a participação de criança e adolescente em:
>
> **a)** espetáculos públicos e seus ensaios;
>
> **b)** certames de beleza.

⊖ **De quem é a competência para autorizar esse tipo de trabalho?**

O próprio ECA estabelece que essa competência é do Juízo da Infância e da Juventude:

> **Art. 146.** A autoridade a que se refere esta Lei é o Juiz da Infância e da Juventude, ou o juiz que exerce essa função, na forma da lei de organização judiciária local.

Ocorre que, em 2004, por meio da emenda constitucional 45, a competência da Justiça do Trabalho foi alterada, tendo sido incluído seguinte inciso:

> **Art. 114.** Compete à Justiça do Trabalho processar e julgar:
>
> (...)
>
> **IX** - outras controvérsias decorrentes da relação de trabalho, na forma da lei.

Assim, houve quem defendesse que, após a emenda 45, a competência para autorizar esse tipo de trabalho seria da Justiça do Trabalho, pois ele se enquadraria na expressão "outras controvérsias decorrentes da relação de trabalho".

➔ O STF concordou com essa tese?

Não. Segundo o STF, **compete à Justiça Comum Estadual (juízo da infância e juventude)** apreciar os pedidos de alvará visando à participação de crianças e adolescentes em representações artísticas **(ADI 5326/DF).**

➔ Qual foi o fundamento?

Inicialmente, o STF esclareceu que o ECA foi editado para concretizar o artigo 227 da nossa Constituição:

> **Art. 227.** É dever da família, da sociedade e do Estado assegurar à criança, ao adolescente e ao jovem, com absoluta prioridade, o direito à vida, à saúde, à alimentação, à educação, ao lazer, à profissionalização, à cultura, à dignidade, ao respeito, à liberdade e à convivência familiar e comunitária, além de colocá-los a salvo de toda forma de negligência, discriminação, exploração, violência, crueldade e opressão.

Ao regulamentar esse artigo, o ECA criou a chamada "Justiça da Infância e da Juventude", a qual tem sua competência fixada em razão da matéria, de caráter absoluto, e em proveito da especial tutela requerida pelo grupo de destinatários: crianças e adolescentes.

Dentre as competências criadas pelo ECA para a Justiça da Infância e da Juventude encontra-se justamente a autorização da participação de menores em eventos artísticos, cuja possibilidade não foi excluída no ECA.

Ademais, segundo o STF, **o trabalho em questão tem natureza de um contrato civil e não trabalhista.** Isso porque, os parâmetros a serem observados quando da autorização, na forma do § 1º do art. 149 do ECA, evidenciam a inequívoca natureza cível da cognição desempenhada pelo magistrado, ausente relação de trabalho a ser julgada. A análise se faz acerca das condições da representação artística. O juiz deve investigar se essas condições atendem à exigência de proteção do melhor interesse do menor, contida no art. 227 da CF.

Assim, a competência da Justiça do Trabalho deve ser afastada.

14 No procedimento de apuração de ato infracional o interrogatório é o último ato?

⊝ Qual é o contexto?

Em 2008, por meio da Lei 11.719, o Código de Processo Penal foi alterado, ficando estabelecido que o interrogatório é o último ato da instrução:

> **Art. 400.** Na audiência de instrução e julgamento, a ser realizada no prazo máximo de 60 (sessenta) dias, proceder-se-á à tomada de declarações do ofendido, à inquirição das testemunhas arroladas pela acusação e pela defesa, nesta ordem, ressalvado o disposto no art. 222 deste Código, bem como aos esclarecimentos dos peritos, às acareações e ao reconhecimento de pessoas e coisas, interrogando-se, em seguida, o acusado.

⊝ Qual foi a razão dessa mudança?

Essa mudança surgiu para beneficiar o réu, fortalecendo seu contraditório e ampla defesa. Isso porque, em sendo o interrogatório o último ato, o réu já sabe exatamente o que existe de prova contra si. Assim, diante dessa situação, ele pode decidir melhor o que fazer durante o interrogatório.

Por exemplo, quando não houver provas testemunhais sólidas contra ele, pode entender que o melhor caminho é negar a autoria do delito ou mesmo ficar em silêncio. Já se entender que as provas produzidas são suficientes para sua condenação, poderá optar pela confissão e assim obter uma atenuante da sua pena.

⊝ Essa regra se aplica aos procedimentos especiais?

A regra do interrogatório como último ato da instrução somente foi introduzida no Brasil em 2008. Até então o interrogatório era o primeiro ato. Assim, diversas legislações especiais, editadas antes de 2008, continuam a prever que o interrogatório é o primeiro ato.

Ocorre que no julgamento do HC 127900/AM, o STF fixou a tese de que o interrogatório como último ato da instrução se aplica em todos os procedimentos penais. Assim, a regra do artigo 400 do CPP se aplica aos seguintes procedimento: a) nos processos penais militares; b) nos processos penais eleitorais e c) em todos os procedimentos penais regidos por legislação especial (Ex.: lei de drogas).

⊖ O artigo 400 do CPP se aplica aos procedimentos regidos pelo ECA?

O STJ tem entendido que não (**HC 43490/MG**).

⊖ Qual o fundamento?

Para ele, o art. 184 do ECA dispõe que, oferecida a representação, a autoridade judiciária deve designar audiência especialmente para a apresentação do adolescente, tratando-se de norma especial em relação à prevista no art. 400 do Código Penal, não havendo nulidade quanto à oitiva do adolescente antes do depoimento das testemunhas.

15 A prescrição penal é aplicável nas medidas socioeducativas?

⊖ Qual é o contexto?

No Brasil, os menores de 18 anos não cometem crime, mas sim ato infracional. Assim, os menores não se submetem a sanção penal.

Apesar de não se submeterem as sanções penais previstas no Código Penal, os menores estão submetidos às sanções previstas no Estatuto da Criança e do Adolescente, dentre as quais se destaca as medidas socioeducativas.

A grande polêmica aqui é que o ECA foi omisso em relação a eventual prescrição dos atos infracionais praticados por menores. Assim, duas correntes surgiram:

a) Não é possível falar em prescrição, tendo em vista a natureza distinta das medidas socioeducativas em relação às sanções penais As medidas socioeducativas possuem o objetivo de promover a ressocialização educativa do adolescente, impondo-lhe medidas de caráter eminentemente pedagógico, sem cunho punitivo.

b) Aplica-se a prescrição em relação aos atos infracionais. As medidas socioeducativas, induvidosamente protetivas, são também de natureza retributiva e repressiva, não existindo razão lógica para excluí-las do campo da prescrição, até porque, em sede de reeducação, a imersão do fato infracional no tempo reduz a um nada a tardia resposta estatal.

Ademais, o instituto da prescrição responde aos anseios de segurança, sendo induvidosamente cabível relativamente a medidas impostas coercitivamente pelo Estado, enquanto importam em restrições à liberdade. Tem-se, pois, que o instituto da prescrição penal é perfeitamente aplicável aos atos infracionais praticados por menores.

O STJ adotou a segunda corrente:

> **STJ – Súmula 338:** A prescrição penal é aplicável nas medidas sócio-educativas.

O STF também adota esse entendimento **(HC 95982 MC).**

⊖ Qual é o parâmetro para se contar a prescrição?

Embora o STF e o STJ concordem em relação à aplicação da prescrição ao instituto das medidas socioeducativas, os tribunais têm divergido em relação ao parâmetro para análise da prescrição.

Para o STF, o critério para se analisar a prescrição **é a pena máxima cominada em abstrato ao tipo penal correspondente ao ato infracional praticado pelo adolescente,** combinado com a regra do art. 115 do Código Penal, que reduz à metade o prazo prescricional quando o agente é menor de vinte e um anos à época dos fatos **(HC 95982 MC).**

Nesse sentido: "É firme a jurisprudência do Supremo Tribunal Federal no sentido de que a prescrição das medidas socioeducativas segue as regras estabelecidas no Código Penal aos agentes menores de 21 (vinte e um) anos ao tempo do crime, ou seja, o prazo prescricional dos tipos penais previstos no Código Penal é reduzido de metade quando aplicado aos atos infracionais praticados pela criança ou pelo adolescente" **(HC 96520/RS).**

Por outro lado, o STJ tem entendido que o parâmetro, em regra, **é o prazo máximo de internação, que é de 03 anos (REsp 1187090/RS)**, combinado com a regra do art. 115 do Código Penal, que reduz à metade o prazo prescricional quando o agente é menor de vinte e um anos à época dos fatos. Assim, o prazo prescricional seria, na hipótese, de 4 (quatro) anos (artigos 109, inciso IV, e 115 do CP).

Excecionalmente, contudo, se a pena máxima aplicada ao delito praticado pelo adolescente for menor que 03 anos, aplica-se, nesse caso, a pena máxima em abstrato do crime cometido e não o prazo de 03 anos (**HC 192312/SP**).

18
Fazenda Pública em juízo

50 questões

01 A estabilização dos efeitos da tutela se aplica ao Poder Público?

Uma das grandes novidades do NCPC foi a chamada estabilização dos efeitos da tutela. Requerida uma tutela provisória satisfativa antecedente, a decisão pode se estabilizar.

Na estabilização, o juiz concede uma tutela provisória satisfativa de urgência antecedente. Não havendo recurso do réu, a decisão estabiliza-se, com extinção do processo.

A estabilização somente ocorre na tutela provisória de urgência satisfativa requerida em caráter antecedente. Não há estabilização na tutela provisória cautelar, nem na tutela de evidência. Também não é possível a estabilização da tutela provisória requerida em caráter incidental.

Segundo a doutrina (Leonardo Carneiro da Cunha), a tutela de urgência satisfativa antecedente pode ser proposta contra a Fazenda Pública, estando a decisão apta a estabilizar-se. Em outras palavras, é possível que haja a estabilização da tutela provisória contra a Fazenda Pública.

Cumpre destacar que existem algumas situações em que o ordenamento jurídico veda a concessão de tutela provisória contra a Fazenda. Obviamente, nesses casos, não há que se falar em estabilização dos efeitos da tutela.

A estabilização dos efeitos da tutela também não é incompatível com o regime da remessa necessária. Isso porque a estabilização não produz coisa julgada e a remessa necessária somente se faz imprescindível para a obtenção da coisa julgada.

Cumpre esclarecer, contudo, que embora permitida a estabilização dos efeitos tutela provisória contra a Fazenda, essa estabilização não permite a expedição de precatório ou RPV. Isso porque, ambos os institutos exigem a prévia ocorrência da coisa julgada, o que não ocorre na estabilização.

02 É necessário o esgotamento das instâncias para alegar violação à decisão do STF que decidiu pela constitucionalidade do art. 71, § 1º, da Lei 8.666/93?

O artigo 71, § 1º, da Lei 8.666/93 estabelece que a inadimplência do contratado com relação aos encargos trabalhistas, fiscais e comerciais não transfere para a Administração Pública a responsabilidade por seu pagamento.

Por muitos anos, o TST considerou esse dispositivo inconstitucional, entendendo que o mero inadimplemento dos encargos trabalhistas já era suficiente para atrair a responsabilidade da Administração. Contudo, o STF, no julgamento da ADC 16 declarou que esse dispositivo é constitucional.

Várias decisões da Justiça do Trabalho continuaram entendendo de forma diferente do art. 71, § 1º. Contra essas decisões, o Poder Público ajuizava diretamente reclamações no STF, que era obrigado a recebê-las considerando que de uma decisão, até mesmo de 1ª instância, que viola o que o STF deliberou em sede de ADI, ADC ou ADPF, cabe reclamação.

Ocorre que no ano de 2017 o STF, por meio do RE 760931/DF, submetido ao sistema da repercussão geral reafirmou o entendimento de que o art. 71, § 1º, da Lei nº 8.666/93 é constitucional e deve ser aplicado.

O problema é que, com isso, o STF entendeu que o **RE 760.931/DF** substituiu a decisão proferida na ADC 16. Isso implicou em uma grande mudança na prática: as decisões proferidas em sede de controle concentrado produzem efeitos vinculantes, permitindo a interposição de reclamação diretamente ao STF, sem a necessidade de esgotamento de instâncias.

Por outro lado, os RE submetidos a sistemática da repercussão geral, até permitem a interposição de reclamação, mas somente quando esgotados os recursos existentes nas instâncias ordinárias (1º e 2º grau), nos termos do artigo 988, § 5º, II, do NCPC.

Assim, como o STF entendeu que o RE 760931/DF substituiu a decisão proferida na ADC 16, agora, caso queira interpor reclamação nos casos envolvendo o descumprimento do artigo 71, § 1º, da Lei 8.666/93, a Fazenda Pública terá que esgotar as instâncias ordinárias para ajuizar reclamação, já que vimos que a reclamação contra decisão em recurso extraordinário exige esgotamento das instâncias ordinárias, ao contrário de reclamação contra decisão em ADC (Rcl. 27789 AgR/BA).

03 Os honorários advocatícios recebidos pelos membros da advocacia pública se submetem ao teto constitucional?

Ao analisar a situação dos honorários percebidos pelos membros da Procuradoria-Geral do Município de São Paulo (PGM/SP), o STF entendeu que sim **(Emb. Decl. no recurso extraordinário 380.538).**

O fundamento é que os honorários advocatícios devidos aos procuradores municipais, **por constituírem vantagem conferida indiscriminadamente a todos os integrantes da categoria**, possuem natureza geral, razão pela qual se incluem no teto remuneratório constitucional.

Esse entendimento foi proferido antes da entrada em vigor do NCPC. Contudo, é provável que o entendimento do STF se mantenha , posto que seus fundamentos não se alteraram com o NCPC.

Por fim, cumpre ressaltar que a doutrina entende que a lei regulamentadora do ente público não pode excluir a titularidade dos honorários por parte dos advogados públicos:

> **Enunciado 384 do Fórum Permanente dos Processualistas Civis:** A lei regulamentadora não poderá suprimir a titularidade e o direito à percepção dos honorários de sucumbência dos advogados públicos.

04 É cabível execução provisória em face da Fazenda Pública?

Para responder corretamente pergunta, é preciso diferenciar as obrigações de pagar quantia certa e obrigações de fazer.

Nas obrigações de pagar quantia certa, vai incidir a regra do artigo 100 da Constituição, o qual estabelece o regime dos precatórios. Nesse sentido, é preciso esclarecer que, em regra, o precatório somente pode ser expedido após o trânsito em julgado da ação, de forma que, em regra, não cabe execução provisória contra a Fazenda para pagamento de quantia certa (**RE 463.936 ED**).

Excepcionalmente, contudo, é possível a expedição de precatório e, consequentemente a execução provisória, nos casos de parcela incontroversa (Ex.: a parte alega que tem que receber 100, a Fazenda diz que é 40. Assim, são possíveis a expedição de precatório e a execução provisória sobre esses 40, prosseguindo o processo em relação aos 60) (**RE 511.126 AGR/PR e AgInt no Resp 1.598.706/PR**).

Por sua vez, em relação as obrigações de fazer, o STF entendeu que elas não se submetem ao regime constitucional de precatórios, sendo possível, assim, a execução provisória contra a Fazenda Pública (**RE 573.872/RS**).

05 As vedações a concessão de tutela antecipada em face da Fazenda Pública se aplicam as tutelas de evidências?

O ordenamento jurídico pátrio previu uma série de restrições para a concessão de tutela de urgência contra o Poder Público, como, por exemplo, as previstas na Lei 8.437/92, que disciplina a concessão de medidas cautelares contra o Poder Público e na Lei 9.494/97, que disciplina a concessão de tutela antecipada.

Tem prevalecido na doutrina que essas vedações não se aplicam as tutelas de evidência:

> **Enunciado nº 35 do Fórum Permanente de Processualistas Civis:** As vedações à concessão de tutela provisória contra a Fazenda Pública limitam-se às tutelas de urgência.

Contudo, conforme entendimento doutrinário (Leonardo Carneiro da Cunha), as vedações a tutela provisória de urgência se aplicam ao inciso IV, do art. 311.

Assim, o enunciado 35 do FPPC deve ser lido da seguinte forma, "ressalvado os casos de vedação legal quanto à hipótese do inciso IV do art. 311 do CPC, as vedações à concessão de tutela provisória contra a Fazenda Pública limitam-se às tutelas de urgência."

06 Cabe pedido de suspensão contra decisão proferida em sede de controle abstrato de constitucionalidade?

O STF, ao julgar o pedido de suspensão de liminar concedida pelo TJ estadual no exercício do controle abstrato de constitucionalidade norma municipal, entendeu que não **(SL 73-AgR).**

Para tanto, argumentou que a ação direta de inconstitucionalidade tem como propósito a defesa da ordem constitucional vigente, seja ela federal ou estadual. É instrumento, portanto que já se encontra, nessa ótica, no mesmo plano finalístico do instituto da suspensão, qual seja, a defesa da ordem pública, exatamente na sua acepção jurídico-constitucional.

Ao revigorar, em sede de pedido de suspensão, a eficácia de uma norma estadual ou municipal, a Presidência do Supremo Tribunal Federal nada mais estaria fazendo do quer avaliar, numa espécie de instância revisional cautelar, o próprio juízo preliminar de existência de lesão à ordem constitucional local levada a efeito no Tribunal de Justiça estadual.

07 É possível afirmar que o princípio do "solve et repete" foi excluído do nosso ordenamento jurídico?

A cláusula do "solve et repete" significa "pagar para poder reclamar". No direito tributário, essa cláusula era usada para obrigar ao contribuinte a realizar o prévio depósito do tributo discutido para só então poder reclamá-lo.

O STF, ao analisar o tema, entendeu pela impossibilidade de se exigir depósito prévio para interposição de recurso administrativo exatamente com base na vedação ao "solve et repete":

> **STF – Súmula Vinculante 21:** É inconstitucional a exigência de depósito ou arrolamento prévios de dinheiro ou bens para admissibilidade de recurso administrativo.

Contudo, a edição da súmula vinculante 21 não acarretou o fim total da cláusula "solve et repete" no direito brasileiro, já que ela ainda sobrevive, ainda que de forma excepcional, em nosso ordenamento.

Um dos resquícios da aludida cláusula é justamente a necessidade de prévia garantia do juízo para interposição de embargos à execução submetidos ao rito da Lei de execuções Fiscais.

Isso porque, conforme anteriormente visto, segundo o STJ, ao contrário dos embargos submetidos ao rito do CPC, no âmbito da LEF subsiste a necessidade de prévia garantia do juízo para imposição dos embargos, sendo, assim, um dos últimos resquícios da cláusula "solve et repete" em nosso ordenamento jurídico.

08 É possível a impetração de mandado de segurança para fazer valer o direito constitucional da razoável duração do processo?

A Constituição estabeleceu como uma garantia fundamental ao alcance de todos, no âmbito judicial e administrativo, a razoável duração do processo e os meios que garantam a celeridade de sua tramitação (Art. 5º, LXXVIII).

Com base nisso, questiona-se: havendo uma grande demora no julgamento de determinado processo, é cabível a impetração de mandado de segurança para fazer valer o direito a razoável duração do processo?

O STJ entendeu que não **(MS 22.006)**.

O fundamento para tanto é que o MS é o remédio processual adequado para proteger direito líquido e certo do impetrante. Por direito líquido e certo do impetrante. Por direito líquido e certo deve-se entender aquela situação jurídica cuja demonstração e comprovação pode ser feita de plano, mediante prova documental, sem necessidade de dilação probatória.

Conforme o STJ, conquanto seja legítima a cobrança do jurisdicionado por julgamentos mais céleres, em prazos razoáveis, o cumprimento desse objetivo pelo Poder Judiciário, hoje, esbarra em inúmeros fatores que comprometem a rapidez da prestação jurisdicional.

Verificar, caso a caso, se a demora é ou não razoável demanda inevitável incursão na seara fático-probatória, razão pela qual não pode tal pretensão ser deduzida na via do mandado de segurança, que exige prova pré-constituída, não admitindo dilação probatória.

Assim, o mandado de segurança não é instrumento adequado para fazer valer o princípio da razoável duração do processo.

09 É possível propor mandado de segurança com prova documentada?

Ao ter como pressuposto o direito líquido e certo, o mandado de segurança somente admite a produção de prova documental. Caso as alegações feitas no MS não possam ser comprovados por meio de documentos, não será possível ao juiz examinar o mérito da questão.

No ponto, é preciso ficar bem claro a distinção de prova documental e documentada. A doutrina distingue a prova documental da prova documentada, sendo a primeira somente aquela através da qual se tem a representação imediata e concomitante do fato, ao passo que a segunda consiste no registro por escrito e retrospectivo do fato que, com a prova, visa-se reconstruir.

Assim, a prova testemunhal e a prova pericial, por exemplo, mesmo registradas por escrito nos autos judiciais, não são prova documental, e sim prova documentada.

O mandado de segurança somente é viável se houver prova documental, e não documentada. Assim, mesmo que uma prova testemunhal seja documentada não poderá ser utilizada como comprovação de direito líquido e certo. É que a prova documentada comprova apenas a declaração feita e não o fato em si.

Daí por que não cabe mandado de segurança fundado em justificação prévia de prova testemunhal. É que a prova produzida na justificação prévia é testemunhal, inviável como meio para provar o direito líquido e certo. Também não cabe mandado de segurança fundado em laudo médico particular, por estar ausente a prova do direito líquido e certo **(STJ - RMS 30.746/MG).**

10 O prazo para impetração de mandando de segurança é contado em dias úteis?

Uma das grandes novidades do NCPC foi estabelecer que, na contagem dos prazos processuais, computam-se apenas os dias úteis **(Art. 219, NCPC).**

Essa regra somente se aplica aos prazos processuais, é dizer, àqueles prazos para prática de atos dentro do processo, sendo nele contados.

Assim, considerando que o prazo para impetração do mandado de segurança não é processual, o prazo de 120 dias para sua impetração é corrido, não sendo contando em dias úteis.

Contudo, a doutrina (Leonardo Carneiro da Cunha) entende que, excepcionalmente, nos casos de mandado de segurança contra ato judicial, o prazo é processual, sendo sua contagem feita em dias úteis.

11 No mandado de segurança, se o impetrante morre, os seus herdeiros podem se habilitar para continuar o processo (sucessão processual)?

O direito líquido e certo discutido no mandado de segurança **é personalíssimo** e intransferível, ainda que para efeito de habilitação nos autos.

Dessa forma, não cabe sucessão processual em sede de mandado de segurança, de forma que se o impetrante morre, não é possível a habilitação dos herdeiros. Com isso, falecendo o impetrante, o mandado de segurança deve ser extinto sem resolução do mérito, ainda que já esteja em fase recursal **(MS 11.581/DF).**

➔ **Quer dizer então que os sucessores do falecido não mais podem discutir o direito alegado?**

Não é bem assim. Nos termos do entendimento do STJ, o que se veda é a discussão em sede de mandado de segurança, contudo, **ainda é**

possível a discussão do caso nas vias ordinárias, se assim for cabível (MS 17.372/DF).

12 É possível a estabilização dos efeitos da tutela em sede de mandado de segurança?

Nas hipóteses em que a urgência for contemporânea à propositura da demanda, a parte autora pode requerer a tutela antecipada em caráter antecedente, limitando sua petição inicial ao requerimento da providência provisória **(CPC, art. 303).**

Deferida, a medida torna-se estável se a parte demandada não interpuser, no prazo legal, o respectivo recurso (CPC, art. 304).

A doutrina entende que é plenamente possível a estabilização dos efeitos da tutela contra a Fazenda Pública. Contudo, a estabilização da tutela de urgência **somente ocorre no procedimento comum, não sendo adequada aos procedimentos especiais.**

É por isso, não há estabilização da tutela de urgência no mandado de segurança, cujo procedimento é específico, a ele não se aplicando o disposto nos arts. 303 e 304 do CPC.

Com efeito, o procedimento do mandado de segurança não comporta a aplicação de tais dispositivos do CPC, não sendo possível haver, no âmbito do mandado de segurança, a estabilização da tutela de urgência.

13 É cabível estabilização dos efeitos da tutela no âmbito dos juizados especiais federais e da fazenda pública?

A doutrina (Leonardo Carneiro da Cunha) entende que não. De início, cumpre ressaltar que a estabilização somente ocorre no procedimento comum, não sendo adequada aos procedimentos especiais.

Por essa razão, não há estabilização da tutela de urgência nos Juizados Especiais, cujo procedimento é específico, não comportando a aplicação dos arts. 303 e 304 do CPC.

Ademais, é próprio do procedimento de estabilização a possibilidade de ingressar com ação, no prazo de 02 anos após a estabilização, a para revê-la, reformá-la ou invalidá-la (CPC, art. 304, § 2º). Só que a Fazenda Pública não pode ser autora nos Juizados Especiais, o que constitui mais um motivo para afastar a aplicação da regra no seu âmbito.

14 É possível a discussão de culpa no confisco constitucional?

Nos termos do art. 243 da CF, as propriedades onde forem localizadas culturas ilegais de plantas psicotrópicas ou a exploração de trabalho escravo na forma da lei serão expropriadas sem qualquer indenização ao proprietário.

Alguns autores (Ex.: Carvalho Filho) costumam chamar esse dispositivo de "desapropriação confiscatória". Contudo, ao analisar o dispositivo, o STF **(RE 635.336/PE)** entendeu que se trata de um confisco constitucional.

Nos termos do voto do Min. Gilmar Medes, "O instituto previsto no art. 243 da Constituição Federal não é verdadeira espécie de desapropriação, mas uma penalidade imposta ao proprietário que praticou a atividade ilícita de cultivar plantas psicotrópicas, sem autorização prévia do órgão sanitário do Ministério da Saúde. Portanto, a expropriação é espécie de confisco constitucional e tem caráter sancionatório.

Apesar do caráter sancionatório, o confisco constitucional não dispensa a comprovação da culpa do proprietário. Para o STF, a aplicação do artigo 243 não exige que o proprietário do bem tenha participado efetivamente do cultivo das drogas. Contudo, exige-se que haja algum grau de culpa dele para sua aplicação, é dizer, o artigo 243 consagra uma responsabilidade subjetiva.

Assim, para aplicação do confisco constitucional, é essencial que o titular tenha agido com culpa *in eligendo* (culpa na escolha) ou in vigilando (culpa na fiscalização, em não zelar pelo correto uso do bem por parte de terceiros que detenham sua posse.

Por fim, segundo o STF, compete ao proprietário, e não a União, o ônus de provar que não agiu de forma culposa.

15 No âmbito da ação de desapropriação por utilidade pública, a citação do marido dispensa a citação da esposa?

O artigo 16, do Decreto-Lei 3.365/41, que regulamenta o procedimento judicial da desapropriação por utilidade pública determina o seguinte:

> **Art. 16.** A citação far-se-á por mandato na pessoa do proprietário dos bens; a do marido dispensa a dá mulher (...).

A doutrina (Leonardo Carneiro da Cunha) sempre defendeu que esse artigo não foi recepcionado pela atual constituição, por ofensa ao princípio do devido processo legal, deixando de conferir à parte um processo justo, com resultado efetivo.

Para ele, se se propõe a demanda apenas em face do marido, eventual sentença de procedência não seria efetiva, não havendo como ser cumprida, pois não poderia ser imposta a mulher, que também é titular do bem, não sendo ela atingida pela coisa julgada, por não ter sido parte no processo.

O STJ, contudo, proferiu decisão pela aplicabilidade do dispositivo, afastando o disposto no art. 73, § 1º, I do CPC, o qual determina que, nas ações que versem sobre direitos reais imobiliários, tanto o réu como o seu cônjuge devem ser citados.

Segundo entendeu o STJ, o artigo 42 do Decreto-Lei 3.365/41 afirma que o CPC somente incidirá na hipótese em for omissa a lei das desapropriações. Portanto, havendo expressa previsão quanto à matéria, não se aplicaria a norma geral **(REsp 1.404.085-CE).**

16 É possível a desapropriação de um cadáver?

Amigos, por incrível que pareça existe divergência doutrinária nesse tema. Carvalho Filho, por exemplo, entende que, em situações excepcionalíssimas, é possível a desapropriação do cadáver, como, por exemplo, para pesquisa científica e proteção da sociedade.

Por outro lado, **Rafael Oliveira** entende que isso não é possível. De início, tal situação se revelaria desproporcional, uma vez o Estado pode se utilizar de cadáveres de indigentes para a pesquisa científica, respeitadas as limitações legais. Ademais, não haveria possibilidade de fixação de indenização nesse caso, uma vez que o cadáver não é um bem posto à disposição do comércio.

17 Haverá remessa necessária no caso de apelação parcial da Fazenda Pública?

A remessa necessária também chamado de "duplo grau de jurisdição obrigatório" ou "remessa ex officio" é um instituto típico do direito público. Tem como objetivo levar uma sentença proferida em desfavor do ente público ao conhecimento do tribunal.

A remessa necessária **não possui natureza recursal**. Segundo a doutrina majoritária, tem natureza jurídica de **condição de eficácia da sentença**, porque, enquanto NÃO houver a remessa necessária, a sentença NÃO transita em julgado (Súmula 423 do STF).

Nos casos em que a Fazenda apela da sentença, haverá reexame necessário?

NÃO. O NCPC, alterando o entendimento anterior, dispõe que havendo recurso da Fazenda, não haverá reexame necessário (Art. 496, § 1º).

Contudo, essa não vai ser a pergunta que vai cair no concurso de vocês. Respondê-la é tranquilo, basta ler o CPC.

A pergunta que vai cair é a seguinte: havendo apelação parcial da Fazenda (Ex.: o ente público é condenado em danos materiais e morais. Contudo, só recorre dos danos morais) haverá reexame necessário? Para a doutrina majoritária, SIM.

> **Enunciado nº 432 do FPPC: (art. 496, § 1º)** A interposição de apelação **parcial** NÃO impede a remessa necessária.

Perceba que a orientação doutrinária é contrária ao CPC, pois o § 1º do Art. 496 do CPC, pela sua literalidade, estabelece que havendo apelação, ainda que parcial, não haveria reexame necessário.

Cumpre agora ao STJ encerra a polêmica.

Além da hipótese de apelação parcial, a doutrina também defende que haverá remessa necessária **quando a apelação da Fazenda não for conhecida,** por ausência dos pressupostos de admissibilidade.

Nesse caso, como a apelação não foi conhecida, **é como se ela não tivesse sido proposta,** possibilitando a remessa necessária.

18 É possível a fixação de honorários advocatícios em recurso proferido em procedimento de mandado de segurança?

O NCPC, com intuito de evitar a interposição de recursos protelatórios, previu a possibilidade de aplicação de honorários em sede recursal, desde que respeitado o teto de 20% (Art. 80, § 11).

Contudo, ao analisar a questão, o STJ **(RMS 52.024/RJ)** e o STF **(ARE 948578 AgR/RS)** decidiram que a possibilidade de fixação de honorários em sede recursal somente é possível nos casos em que o próprio rito processual permita a fixação.

É dizer, não é possível fixar honorários recursais quando o processo originário não preveja condenação em honorários.

O maior exemplo desta situação é o mandado de segurança, cujo procedimento não admite condenação em honorários advocatícios (art. 25 da Lei nº 12.016/2009, súmula 105-STJ e súmula 512-STF).

Dessa forma, se for interposto um recurso ordinário constitucional ou um recurso extraordinário neste processo, o Tribunal não fixará honorários recursais.

Assim, pode-se dizer que o art. 25 da Lei nº 12.016/2009, que veda a condenação em honorários advocatícios "no processo mandamental", afasta a incidência do regime do art. 85, § 11, do CPC/2015.

19 É possível ingressar, ao mesmo tempo e em face de uma mesma decisão, com agravo de instrumento, pedido de suspensão e reclamação?

Sobre o tema proposto, **é perfeitamente possível**, e até mesmo recomendável, a interposição das três medidas contra uma mesma decisão interlocutória.

Isso ocorre porque os institutos possuem natureza e fins distintos.

Nesse sentido, temos que o **agravo de instrumento** possui natureza recursal e tem como objetivo a **reforma** da decisão. É dizer, a decisão do órgão julgador nesse caso vai substituir a decisão recorrida.

O pedido de suspensão, ao seu turno, tem natureza de incidente processual e visa tão somente sustar a eficácia de decisão até o trânsito em julgado do processo. Aqui, não se alega que a decisão está errada, mas apenas que ela pode ocasionar danos à ordem, à saúde, à segurança e à economia públicas.

Por fim, na **reclamação**, busca-se, em regra, assegurar a autoridade das decisões de um tribunal. É instituto bastante utilizado para assegurar a autoridade de uma decisão proferida em sede de controle abstrato de constitucionalidade, já que elas possuem efeitos vinculantes aos demais órgãos do judiciário.

Nesse caso, o pedido é de **cassação** da decisão, é dizer, o tribunal anula a decisão reclamada e determina que outra seja proferida, seguindo-se a jurisprudência daquele Tribunal, sob pena de responsabilização pessoal nas esferas cível, administrativa e penal.

Em suma:

a) **agravo de instrumento (natureza de recurso)** – reforma da decisão (a decisão do agravo substitui a decisão recorrida)

b) **pedido de suspensão (natureza de incidente processual) –** suspensão da decisão (a decisão é válida, mas tem sua eficácia suspensa)

c) **reclamação (controverso. Natureza de direito de petição ou de ação)** – cassação da decisão (a decisão é anulada, sendo determinado que o órgão prolator da decisão produza outra decisão, agora seguindo a jurisprudência do tribunal, sob pena de responsabilização pessoal).

20 Discorra sobre os efeitos da revelia nas ações de desapropriação.

A revelia, que é a ausência de contestação, produz dois efeitos: **material (CPC, art. 344)** e um **processual (CPC, art. 346)**, é dizer, não apresentada a contestação, presumem-se verdadeiros os fatos alegados pelo autor, passando os prazos a fluir da data de publicação do ato decisório no órgão oficial para o réu que não tenha patrono constituído nos autos.

Havendo revelia na desapropriação, o **efeito processual** aplica-se normalmente. Se o réu for revel e não tiver advogado constituído nos autos, os prazos terão início na data de publicação do ato decisório no órgão oficial, independentemente de intimação.

Contudo, em relação ao **efeito material** da revelia, é dizer, o valor ofertado pelo ente público, este não ocorre, de forma que o valor não é tido como certo.

Isso porque o procedimento de desapropriação exige a realização de perícia para se aferir a correção do valor ofertado, a fim de se concluir se ele é justo, em atendimento a exigência constitucional. **Somente não haverá perícia se o réu concordar expressamente com o preço (DL 3.365/42, art. 23).**

> **Art. 23.** Findo o prazo para a contestação e não havendo **concordância expressa** quanto ao preço, o perito apresentará o laudo em cartório até cinco dias, pelo menos, antes da audiência de instrução e julgamento.

Ora, logicamente, em sendo o réu revel, **não haverá concordância expressa**, de forma que não se deve entender que a revelia gera presunção de aceitação do preço.

21 De quem é a legitimidade passiva no mandado de segurança?

A questão da legitimidade passiva no MS é objeto de divergências doutrinárias.

No passado, prevalecia o entendimento de que a legitimação passiva no MS era da autoridade coatora, é dizer, o agente público que praticava o ato reputado como ilegal ou abusivo.

Atualmente, **o posicionamento majoritário defende que o polo passivo é ocupado pela pessoa jurídica a qual a autoridade coatora pertence.** Isso porque o agente não atua em nome próprio, mas sim em nome da entidade.

É a entidade, e não o servidor, que responderá pelas eventuais consequências jurídicas e financeiras da demanda. Da mesma forma, a coisa julgada se forma entre o impetrante e a pessoa jurídica.

A doutrina cita ainda como indicativo de que a autoridade coatora não é ré do MS, o fato de ela ser notificada para prestar informações (Art. 7º, I). As aludidas informações são apresentadas pela autoridade coatora sem a necessidade de advogado e não devem ser vistas como peça de defesa jurídica do ato, mas meio de prova para exame do juízo.

Nas informações prestadas, não se fazem pedidos, não se deduzem pretensões. Como a própria lei determina, a autoridade coatora apenas **informa**. Por isso, não precisam ser elaborados por advogado público. Assim, conclui-se que o demandado no MS é a pessoa jurídica de cujo quadro pertença a autoridade coatora.

➔ **Mas se a autoridade coatora não é parte, por qual motivo ela é chamada ao processo para dar informações?**

Além das informações servirem, obviamente, como meio de prova, visando esclarecer os fatos, a Lei do MS permite a participação da autoridade coatora porque ela poderá ser demandada regressivamente pela entidade a quem representa no caso de eventual procedência do MS. Assim, apesar dela não ser parte no MS, pode vim a ser afetada por ele.

Esse é outro indicativo de que autoridade coatora não é legitimado passivo no mandado de segurança. Fosse assim, a lei não precisaria prever dispositivo expresso autorizando a autoridade coatora a recorrer. Se ela fosse parte, isso seria óbvio.

22 Qual é o prazo prescricional aplicável às ações de indenização contra a Fazenda Pública?

Com o advento do Código Civil de 2002, a prescrição das pretensões envolvendo reparação civil foi reduzida para 03 anos **(Art. 206, § 3º, V).**

Diante disso, a doutrina passou a se questionar: nas ações de reparação, a Fazenda mantém-se submetida ao prazo prescricional de 5 (cinco) anos, ou deve submeter-se à nova regra encartada no Código Civil?

Inicialmente, poderia se alegar que o prazo de 05 anos é previsto na legislação especial. Assim, a legislação especial deveria prevalecer sobre a geral. Contudo, é preciso sempre lembrar que o artigo 10 do Decreto 20.910/32 estabelece que o prazo de 05 anos se aplica, ressalvado os casos em que a lei estabeleça prazos menores. Assim, a doutrina (Leonardo Carneiro da Cunha) passou a defender a aplicação do prazo de 03 anos previsto no Código do Civil.

Ademais, além do disposto no artigo 10, do Decreto 20.910/32, argumenta-se ainda que o disposto no Código Civil, por ser lei posterior, revogou o Decreto 20.910/32 neste aspecto. É que como se sabe, lei posterior revoga a anterior.

O STJ, contudo, em sede recurso repetitivo, entendeu que o prazo prescricional, mesmo para as pretensões de reparação civil exercidas contra o Poder Público, é de 5 (cinco) anos.

Segundo entendimento manifestado pelo STJ, o Decreto 20.910, de 1932, encerra norma especial, a prevalecer sobre a legislação geral. Ademais, de acordo com o entendimento manifestado pelo STJ, o art. 10 do Decreto 20.910, de 1932, refere-se a prazos anteriores, existentes quando de sua edição, não alcançando prazos posteriores, estabelecidos posteriormente **(REsp 1.251.993/PR).**

23 É possível a concessão de vitaliciedade aos advogados públicos?

Ao analisar a Lei Complementar 240/2002, do Estado do Rio Grande do Norte, que concedia vitaliciedade aos procuradores estaduais, o STF **(ADI 2.729-8/RN)** entendeu que a garantia da vitaliciedade não se coaduna com a estrutura hierárquica a que se submete as Procuradorias Estaduais, subordinadas diretamente aos governadores de estado.

A vitaliciedade tem como objetivo preservar a autonomia e a independência de determinados agentes. Se não há autonomia e independência a serem asseguradas, nada justifica a concessão de vitaliciedade, que acabaria em resultar em verdadeiro óbice ao exercício regular do poder hierárquico inerente à Administração Pública.

Em que pese a decisão do STF tenha sido proferida em um julgamento envolvendo procuradores estaduais, é certo que seus fundamentos se aplicam a toda advocacia pública.

24 É constitucional a previsão de foro por prerrogativa de função aos procuradores estaduais?

Ao analisar o tema, o STF (**ADI 2.759/RN e ADI 2.587/GO**) entendeu que é constitucional a previsão de foro por prerrogativa de função aos procuradores estaduais, desde que essa previsão esteja contida na própria Constituição Estadual ou na Lei Orgânica, no caso do Distrito Federal.

Isso porque, nos termos do art. 125, § 1º, da Constituição Estadual, a competência dos tribunais de justiça será definida na Constituição do Estado. Assim, a previsão de foro por prerrogativa de função aos procuradores mediante simples lei é inconstitucional.

Em resumo, segundo o STF, é constitucional a previsão de foro por prerrogativa aos procuradores estaduais, mas somente quando essa previsão esteja contida na própria Constituição Estadual ou na Lei Orgânica, no caso do Distrito Federal.

Por fim, não custa nada relembrá-los do enunciado da súmula vinculante 45:

> **STF - Súmula vinculante 45:** A competência constitucional do tribunal do júri prevalece sobre o foro por prerrogativa de função estabelecido exclusivamente pela Constituição Estadual.

Atenção, mudança de entendimento: em maio de 2019, por meio do julgamento da ADI 2.553, o STF alterou seu entendimento, passando a entender que a prerrogativa de foro de função é uma excepcionalidade, que somente pode ser prevista na Constituição Federal. Nesse sentido, todos os casos de prerrogativa já estão previsto na Lei Maior, não podendo as Constituições Estaduais preverem novas hipóteses.

Assim, com base nesse novo entendimento, são inconstitucionais as previsões de foro por prerrogativa de função a membros da advocacia pública em Constituições Estaduais. O mesmo vale para qualquer outra categoria que não esteja contemplada na própria Constituição de 88.

25 Lei estadual pode conceder porte de armas a advogados públicos?

O STF, ao analisar o dispositivo da Lei Complementar estadual (LC) 240/2002, do Rio Grande do Norte, que previa o porte de armas aos procuradores do estado, independente de qualquer ato formal de licença ou autorização, julgou tal dispositivo inconstitucional (**ADI 2729**).

O fundamento adotado pela Corte Suprema foi o seguinte: o porte de armas retira o caráter criminoso da conduta de portar armas. Assim, a concessão ou não de porte de arma a determinada categoria é matéria penal, que nos termos da Constituição Federal é matéria de competência federal.

Assim, é formalmente inconstitucional a previsão de porte de armas para determinada categoria apenas por legislação estadual.

26 Os estados estrangeiros possuem o benefício do prazo em dobro para se manifestar nos autos (Art. 183, NCPC)?

O argumento utilizado para defender a possibilidade de o estado estrangeiro fazer jus ao benefício do prazo em dobro para se manifestar nos autos foi o princípio da igualdade entre os estados, previsto no art. 4º, V, da Constituição. Ademais, alegou-se que o estado estrangeiro possui as mesmas dificuldades típicas da burocracia administrativa.

O STJ, contudo, no âmbito do CPC de 73, não acatou essa tese. Na ocasião, ele asseverou que o princípio da igualdade entre os estados é acolhido na Carta Magna. Contudo, a sua aplicabilidade restringe-se à vida internacional das soberanias estatais.

O citado art. 4º refere-se a princípio de relações internacionais que afetam os estados enquanto convivem no meio que lhes é comum. É cabível, assim, o preceito apenas nas relações internacionais, uma vez que elas são regidas por um conjunto de normas jurídicas comuns a todos os estados. De modo diverso, se uma legislação nacional concede privilégios de ordem processual interna a entidades públicas domésticas, não se pode falar da extensão dos benefícios a entes externos.

Finalmente, em relação ao argumento de dificuldades típicas da burocracia administrativa, o STJ o afastou, especialmente porque o estado estrangeiro precisa contratar um escritório de advocacia particular para sua defesa **(AG 297.723/SP).**

Embora essa decisão tenha sido tomada no âmbito do CPC passado, os fundamentos dela não se alteraram, de forma que ela continua válida.

27 O advogado da parte contrária pode promover diretamente a intimação de membro da advocacia pública?

O NCPC trouxe uma grande novidade, facultando ao advogado promover a intimação do advogado da outra parte por meio do correio, juntando aos autos, em seguida, cópia do ofício de intimação e do aviso de recebimento. O ofício de intimação deve ser instruído com cópia da decisão:

> **Art. 269.** (...)
>
> **§ 1º** É facultado aos advogados promover a intimação do advogado da outra parte por meio do correio, juntando aos autos, a seguir, cópia do ofício de intimação e do aviso de recebimento.
>
> **§ 2º** O ofício de intimação deverá ser instruído com cópia do despacho, da decisão ou da sentença.

Segundo a doutrina (Daniel Amorim), trata-se de faculdade aplicável a qualquer tipo de decisão, proferida em qualquer grau de jurisdição.

Cumpre ressaltar, contudo, **nos termos do entendimento de Leonardo Carneiro da Cunha, que essa faculdade não se aplica quando a parte contrária for um advogado público.** É que a Fazenda Pública possui a prerrogativa de intimação pessoal, por carga, remessa ou autos eletrônicos.

Assim, se a intimação da Fazenda deve ser pessoal e essa somente é considerada pessoal se for realizada por meio de carga, remessa ou autos eletrônicos, não é possível realizar intimação da Fazenda Pública por ofício expedido pelo advogado da parte contrária. Não se aplica, enfim, o disposto no § 10, do art. 269 do CPC para intimação da Fazenda Pública.

28 Os advogados públicos se submetem ao ônus da impugnação específica dos fatos?

A regra do **ônus da impugnação específica dos fatos o**briga o réu a manifestar-se precisamente sobre os fatos narrados na petição inicial, presumindo-se verdadeiros aqueles não impugnados:

> **Art. 341.** Incumbe também ao réu manifestar-se precisamente sobre as alegações de fato constantes da petição inicial, presumindo-se verdadeiras as não impugnadas, salvo se:

Essa presunção, contudo, não ocorre nas seguintes hipóteses:

> **Art. 341.** (...)
>
> **I** - não for admissível, a seu respeito, a confissão;
>
> **II** - a petição inicial não estiver acompanhada de instrumento que a lei considerar da substância do ato;
>
> **III** - estiverem em contradição com a defesa, considerada em seu conjunto.
>
> **Parágrafo único.** O ônus da impugnação especificada dos fatos não se aplica ao defensor público, ao advogado dativo e ao curador especial.

Conforme se vê, a impugnação específica dos fatos não se aplica quando se tratar de matéria em que não é admissível confissão. Como os direitos defendidos em juízo pela Fazenda, em regra, são indisponíveis, não cabe confissão.

Em razão desse fato, grande parte da doutrina (Ex.: Leonardo Carneiro da Cunha) defende que o ônus da impugnação específica dos fatos não se aplica a Fazenda Pública.

Além da indisponibilidade dos direitos discutido, a não submissão da fazenda a regra do ônus da impugnação específica tem outro fundamento, decorrendo também da presunção de legitimidade dos atos administrativos.

Conforme se sabe, os atos administrativos gozam de presunção relativa de legitimidade. Assim, o ônus de afastar essa presunção é do autor.

Assim, mesmo que não impugnado especificamente determinado fato, deve o autor comprová-lo, pois a ausência de impugnação não fará com que se opere a presunção de veracidade prevista no *caput* do art. 341 do CPC.

Fredie Didier Jr., em posição contrária[7], defende que a Fazenda Pública se submete argumenta que não há razão para dispensas os advogados públicos deste ônus, até mesmo por uma questão ética: ao advogado particular cabe a tarefa de manifestar-se precisamente sobre o que afirma a parte adversária; o advogado público, qualificado após a aprovação em concursos públicos concorridíssimos, poderia, simplesmente, não manifestar-se sobre as afirmações da parte adversária, sem qualquer consequência.

7. DIDIER JR., Fredie. Disponível em: < http://www.frediedidier.com.br/editorial/editorial-89/>. Acesso em 25 de outubro de 2017.

O papel do advogado na construção da decisão judicial justa não pode ser desprezado; a incidência da regra aos advogados dos entes públicos seria verdadeira *capitis deminutio* desses profissionais. Veja-se o exemplo da ação civil pública em que um ente público é réu: nessa situação, o interesse público está, preponderantemente, do lado ativo, não se admitindo a negação geral, conduta que se pode reputar temerária, quando provinda de ente público.

Guilherme Freire de Barros propõe uma situação intermediária. Para ele, nos casos em que o litígio verse sobre direitos disponíveis, é dever do advogado público impugnar especificamente os fatos alegados. Por outro lado, no caso de direitos indisponíveis, o ônus da impugnação específica não se aplica a Fazenda.

29 O Poder Público pode condicionar a desistência da ação a renúncia do direito do autor?

A desistência e a renúncia são formas de extinção do processo com consequências absolutamente distintas. Enquanto a desistência produz a extinção do feito sem julgamento do mérito **(Art. 485, VIII, CPC)** a renúncia produz a extinção do feito com julgamento do mérito (**Art. 487, III, "c", CPC).**

Nesse sentido, cumpre esclarecer que o art. 3º, da Lei 9.469/97 autoriza a Fazenda Pública Federal a concordar com a desistência do autor, desde que ele renuncie expressamente ao direito a que se funda a ação:

> **Art. 3º** As autoridades indicadas no *caput* do art. 1º poderão concordar com pedido de desistência da ação, nas causas de quaisquer valores desde que o autor renuncie expressamente ao direito sobre que se funda a ação

Em razão de tal dispositivo, a Fazenda Pública Federal na condição de ré, somente deve concordar com a desistência caso o autor transmude em renúncia ao direito o qual se funda a ação.

A doutrina (Leonardo Carneiro da Cunha) entende que tal postura é inconstitucional, uma vez que exigir, na desistência, que o autor renuncie ao direito a que se funda a ação é atitude desproporcional, que não encontra amparo em nosso ordenamento.

A regra contida no referido art. 3° da Lei 9.469/1997 atenta contra o princípio da razoabilidade, que constitui a positivação do princípio da isonomia. O estabelecimento de um direito que se afaste do padrão normal de condutas deve ser razoável, contendo fundamento plausível.

As peculiaridades que fazem da Fazenda Pública um ente merecedor de tratamento diferenciado não justificam a regra que lhe permite concordar com a desistência da ação somente se o autor renunciar ao direito sobre o qual se funda sua demanda. Tal regra não é razoável. Sendo, portanto, inconstitucional.

O STJ, contudo, de forma diversa da doutrina, entendeu, em sede de recurso repetitivo, que a exigência prevista no art. 9.469/97 é legítima **(Resp 1.267.995/PB).** Assim, para o STJ, a fazenda pode condicionar a desistência a renúncia do direito discutido na ação.

Embora a Lei 9.469/97 se refira apenas a União, **nada impede que os demais entes (Estados, DF e Municípios) editem lei nesse sentido.**

30 Incidem honorários na chamada execução invertida?

Ocorre a chamada execução invertida quando a própria Fazenda toma a inciativa da execução, apresentado em juízo os valores que julga ser devidos ao credor. Nesse caso, havendo a concordância do credor, é expedido a Requisição de Pequeno Valor – RPV.

Aqui, a Fazenda Pública, em vez de aguardar que o credor proponha a execução, já se antecipa e apresenta os cálculos da quantia devida. Assim, Poder Público, sem necessidade de processo de execução, cumpre voluntariamente o julgado.

É justamente por se considerar que a Fazenda cumpriu voluntariamente o julgado, que o STJ não admite a fixação de honorários advocatícios contra a Fazenda Pública nas execuções invertidas, mesmo em se tratando de RPV (**AgRg no AREsp 630.235-RS).**

Em resumo, em regra, é cabível a fixação de verba honorária nas execuções contra a Fazenda Pública, ainda que não embargadas, quando o pagamento da obrigação for feito mediante RPV.

Contudo, nos casos de "execução invertida", em razão do cumprimento espontâneo da execução, com a apresentação espontânea dos cálculos, na fase de liquidação, não há a condenação em honorários advocatícios. Isso porque o Poder Público cumpriu voluntariamente a execução, não dando causa à instauração de processo de execução.

31 As hipóteses de dispensa da remessa necessária, previstas no CPC, se aplicam ao mandado de segurança?

A sentença que conceder a segurança está sujeita à remessa necessária, somente transitando em julgado depois de reexaminada pelo tribunal, nos termos da Lei 12.019/09:

> **Art. 14.** Da sentença, denegando ou concedendo o mandado, cabe apelação.
>
> **§ 1º** Concedida a segurança, a sentença estará sujeita obrigatoriamente ao duplo grau de jurisdição.

Existe uma controvérsia aqui acerca da aplicabilidade das causas de dispensa da remessa necessária, previstas no CPC, ao mandado de segurança.

A doutrina majoritária entende que, como o direito material discutido na ação de mandado de segurança é absolutamente o mesmo daqueles discutidos nas ações regidas pelo CPC, as causas de dispensa previstas no CPC d**everiam se aplicar ao MS.** Quando o CPC previu as causas de dispensa da remessa necessária foi por entender que não havia relevância no direito material ali discutido. Assim, como a única mudança no âmbito do MS é o procedimento e não o direito material, não faz sentido não se aplicar as causas de dispensa.

O STJ, ainda no âmbito do CPC de 73, proferiu entendimento diferente, entendendo que as causas de dispensa previstas no CPC não se aplicam ao MS **(Resp 739.684/PR).** O fundamento foi que a lei do MS, ao regular a matéria, não previu exceção, estabelecendo que concedida a segurança, a sentença estará sujeita obrigatoriamente ao duplo grau de jurisdição

Como o fundamento para a decisão do STJ não mudou, é provável que ele se mantenha no atual CPC.

32 A interposição de pedido de suspensão de segurança é capaz de impedir a estabilização dos efeitos da tutela em face da Fazenda Pública?

A decisão que deferir a tutela provisória de urgência satisfativa requerida em caráter antecedente torna-se estável, se o réu não a impugnar no prazo legal:

> **Art. 304.** A tutela antecipada, concedida nos termos do art. 303, torna-se estável se da decisão que a conceder não for interposto o respectivo recurso.
>
> **Art. 303.** Nos casos em que a urgência for contemporânea à propositura da ação, a petição inicial pode limitar-se ao requerimento da tutela antecipada e à indicação do pedido de tutela final, com a exposição da lide, do direito que se busca realizar e do perigo de dano ou do risco ao resultado útil do processo

Para a doutrina, para que haja a estabilização dos efeitos da tutela, é preciso os seguintes requisitos:

a) É preciso que o autor tenha requerido a concessão de tutela provisória satisfativa (tutela antecipada) **em caráter antecedente**. Somente ela tem aptidão para estabilizar-se nos termos do art. 304 do CPC.

b) é preciso que o autor tenha, em sua petição inicial, manifestado expressa opção pelo procedimento (CPC, art. 303, § 5º):

> **Art. 303. (...)**
>
> **§ 5º** O autor indicará na petição inicial, ainda, que pretende valer-se do benefício previsto no *caput* deste artigo.

Esse requisito decorre dos princípios da cooperação e da boa-fé processual, pois é somente após a expressa indicação do autor pelo procedimento da estabilização é que o réu tem como saber se sua inércia provocará a estabilização da tutela provisória satisfativa de urgência.

c) É preciso que haja decisão concessiva da tutela provisória satisfativa (tutela antecipada) em caráter antecedente.

d) Por fim, é necessária a inércia do réu diante da decisão que concede tutela antecipada antecedente.

Com relação a esse último requisito, há grande controvérsia doutrinária:

Leonardo Carneiro da Cunha entende, em uma interpretação literal do art. 304 do CPC, que a estabilização da tutela requerida somente não vai ocorrer nos casos em que o réu interpôs recursos:

> **Art. 304.** A tutela antecipada, concedida nos termos do art. 303, torna-se estável se da decisão que a conceder não for interposto o respectivo recurso.

Segundo o citado autor: "O texto normativo refere-se a recurso, que é, aliás, o único meio que impede a preclusão. A estabilização decorre, portanto, da ausência de agravo de instrumento, que é o recurso cabível contra a decisão que versa sobre tutela provisória (CPC, art. 1.015, I). Qualquer outro meio de impugnação não impede a estabilização." (A Fazenda Pública em Juízo, 13ª Edição, página 313).

Por outro lado, Didier, entende que qualquer meio de impugnação é capaz de afastar a estabilização. Estão dentro desse conceito o pedido de suspensão e o pedido de reconsideração da decisão, desde que sejam apresentados dentro do prazo recursal: "Embora o art. 304 do CPC fale apenas em não interposição de recurso, a inércia que se exige para a estabilização da tutela antecipada vai além disso: é necessário que o réu não se tenha valido de recurso nem de nenhum outro meio de impugnação da decisão (ex.: suspensão de segurança ou pedido de reconsideração, desde que apresentados no prazo de que dispõe a parte para recorrer)" (Curso de direito Processual Civil – Vol. II, 10ª edição, página 607).

Recentemente **o STJ analisou o tema e adotou o posicionamento de Didier.** Na ocasião, o STJ entendeu que a tutela antecipada antecedente (art. 303 do CPC) somente se torna estável se não houver nenhum tipo de impugnação formulada pela parte contrária, de forma que a mera contestação tem força de impedir a estabilização **(REsp 1.760.966-SP).**

33 Os Órgãos Públicos tem legitimidade para propor pedido de suspensão segurança?

Existem alguns entes, embora não possuam personalidade jurídica, possuem a chamada personalidade judiciária. Tais entes não são pessoas, mas são sujeitos de direito, podendo ser titulares de poderes, deveres, direitos, ônus e faculdades, de índole material ou processual.

É o caso, por exemplo, das Câmaras Municipais, Assembleias Legislativas, Tribunais de Contas. Nesse sentido, inclusive, o STJ editou verbete sumular defendendo a possibilidade de as Câmaras Municipais ingressarem em juízo para a defesa de seus direitos institucionais.

> **STJ – Súmula 525:** A Câmara de vereadores não possui personalidade jurídica, apenas personalidade judiciária, somente podendo demandar em juízo para defender os seus direitos institucionais.

Assim, a doutrina (Leonardo Carneiro da Cunha) defende que, da mesma forma que podem impetrar mandado de segurança, podem igualmente ajuizar pedido de suspensão ao presidente do tribunal.

A legitimidade desses órgãos decorre da circunstância de a decisão que se pretende suspender interferir diretamente na sua atividade ou afetar diretamente alguma de suas prerrogativas institucionais, ou, ainda, em casos de conflito interno entre órgãos da pessoa jurídica de direito público.

O STJ já apreciou pedido de suspensão formulado por Câmara Municipal, o qual foi conhecido, mas indeferido, em razão da ausência de lesão à ordem pública (AgRg na SS 2.465/BA).

34 Cabe recurso especial das decisões proferidas em sede de pedido de suspensão de segurança?

Depende. Para o STJ, o pedido de suspensão ostenta um juízo político a respeito da lesividade do ato judicial à ordem, à saúde, à segurança e à economia públicas. Com base nesse entendimento que o STJ não admite recurso especial contra decisões proferidas no âmbito do pedido de suspensão de segurança.

A 1ª Turma do STF entendeu que a decisão em sede de suspensão de segurança não é estritamente política, possuindo conteúdo jurisdicional.

Com base nessa compreensão, a 1ª Turma do STF chegou à conclusão que é cabível, em tese, recurso especial contra decisões proferidas no âmbito do pedido de suspensão de segurança **(RE 798.740 AgR/DF).**

35 Doutrina Chenery. Que negócio é esse?

A chamada "Doutrina Chenery" (Chenery Doctrine) é assunto essencial para quem estuda o pedido de suspensão. Trata-se de tese surgida por meio de julgamento da Suprema Corte Norte-Americana (SEC Vs. Chenery Corp, 318 US 80, 1943).

De acordo com essa teoria, o Judiciário não pode anular um ato político adotado pela Administração sob o argumento de que ele não se valeu de metodologia técnica.

O fundamento para tanto é que em temas envolvendo questões técnicas e complexas, os Tribunais não possuem qualificação técnica para concluir se os critérios adotados pela Administração são corretos ou não.

Assim, as escolhas políticas dos órgãos governamentais, desde que não sejam revestidas de reconhecida ilegalidade, não podem ser invalidades pelo Poder Judiciário.

A "Doutrina Chenery" foi utilizada recentemente pelo STJ como fundamento para deferir o pedido de suspensão de segurança contra decisão judicial que havia impedido o reajuste das tarifas de transporte público (Agint no Agint na SLS 2.240/SP).

36 O prefeito regularmente inscrito na OAB pode, diretamente, representar o Município em juízo?

Os Municípios, nos termos do art. 182 do CPC, são, em regra, representados em juízo pela Advocacia Pública. O NCPC, contudo, manteve a antiga regra (Art. 75, III), a qual também permite a representação em juízo, ativa e passivamente, por seu prefeito ou procurador.

Diante desse quadro, temos que inicialmente a representação do Município em juízo é atribuída ao prefeito. Somente se houver uma lei municipal criando o cargo de procurador, com função expressa de representação do município em juízo, é que sua representação será feita por procurador.

Isso ocorre porque, em diversos municípios brasileiros, não há cargo de procurador. Assim, não havendo procurador no local, a citação inicial será feita na pessoa do prefeito. Posteriormente, será necessário que o prefeito contrate um advogado, que, para atuar, precisará de uma procuração dada pelo Prefeito, como representante do Município.

Onde existir o cargo de Procurador, com poderes expressos, a citação inicial será feita em seu nome. Aqui, obviamente, o procurador não depende de mandato para atuar nas causas em que for parte o Município, já que sua atuação decorre de lei.

Há quem defenda a possibilidade de, sendo o prefeito advogado regularmente inscrito na OAB, a defesa da Fazenda Municipal ser feita por ele mesmo, comparecendo em juízo na sua pessoa.

Prevalece (Leonardo Carneiro da Cunha), contudo, que não é possível ao prefeito, mesmo que ele seja advogado regularmente inscrito na OAB, promover, diretamente, a defesa dos interesses do Município.

Isso porque, nos termos do art. 28, I, do Estatuto da OAB, a função de Chefe do Poder Executivo é incompatível com o exercício da advocacia, estando suprimida, enquanto durar o mandato eletivo, a capacidade postulatória.

Dessa forma, embora o prefeito possa receber a citação, ele deverá constituir advogado para representar o Município, caso não haja cargo próprio de procurador judicial.

37 A fazenda Pública pode reconhecer o pedido do autor?

A doutrina mais tradicional entende que não é possível que a Fazenda reconheça a procedência do pedido do autor. Em sendo indisponível o direito da Fazenda, seria impossível o reconhecimento da procedência o pedido do autor.

A doutrina mais moderna, contudo, não concorda com esse posicionamento (Leonardo Carneiro da Cunha). Em razão do princípio da legalidade, a Administração, constando a procedência das alegações do autor, tem o dever de dar cumprimento ao direito da parte contrária. Se não há direito em favor do Poder Público, **não se pode falar em interesse público, justamente porque atender o interesse público é cumprir deveres e reconhecer e respeitar direitos do administrado**.

A circunstância de a questão ter sido judicializada não é impedimento para esse reconhecimento, justamente porque a Administração encontra-se sujeita ao princípio da legalidade. Assim, é possível o reconhecimento do pedido do autor. Para tanto, a doutrina (Leonardo Carneiro da Cunha) defende que dever haver os seguintes procedimentos:

a) prévio processo administrativo, no qual a Administração tenha investigado a situação, concluindo objetivamente que o autor tem direito.

b) haver prévia autorização da autoridade administrativa competente para o cumprimento da obrigação exigida pelo particular (não sendo um ato autônomo do advogado público);

c) que o reconhecimento seja objeto de fiscalização pelos órgãos de controle, a exemplo do Poder Legislativo, do Tribunal de Contas, entre outros;

d) respeitar a isonomia e a impessoalidade, de forma que, havendo demandas repetitivas ou diversos casos em idêntica situação de conflito com a Administração Pública, o reconhecimento deve ocorrer em todos os casos, não sendo possível haver escolha ou seleção arbitrária de apenas alguns dos casos. Nessa hipótese, é cabível até mesmo um ato geral regulando as condições da autocomposição.

Atendidas essas diretrizes, **é possível haver o reconhecimento da procedência do pedido.**

38 As associações são substitutas processuais dos associados?

Não. Conforme entendimento do STF, (RE 573232), o art. 5º, XXI, da CF/88 traz hipótese de representação processual:

> **Art. 5º (...) XXI** - as entidades associativas, quando expressamente autorizadas, têm legitimidade para representar seus filiados judicial ou extrajudicialmente;

Assim, as associações **representam direito alheio em nome alheio.** É justamente por isso que elas precisam de **autorização específica** dos associados para ingressar em juízo. No caso concreto, essa autorização, inclusive, existia.

⊛ O que entendeu o STJ?

O STJ entendeu que a associação em questão não possui legitimidade ativa para tutelar em juízo direitos e interesses das pessoas jurídicas de direito público.

O fundamento foi o seguinte: como vimos, as associações atuam como representes processuais dos seus associados. Contudo, a representação judicial dos Municípios, ativa e passivamente, **somente pode ser exercida por seu Prefeito ou Procurador,** conforme previsto no art. 75, III, do CPC/2015:

> **Art. 75.** Serão representados em juízo, ativa e passivamente: (...)
>
> **III** - o Município, por seu prefeito ou procurador;

Assim, **não é possível que essa regra expressa seja alterada para que a representação se faça por associação de municípios.**

A representação do ente municipal não pode ser exercida por associação de direito privado, haja vista que se submete às normas de direito público. Assim sendo, não se pode admitir que haja uma delegação para que uma pessoa jurídica de direito privado (associação) possa tutelar interesses de pessoa jurídica de direito público (Município).

Em qualquer tipo de ação, permitir que os Municípios sejam representados por associações equivaleria a autorizar que eles dispusessem de uma série de privilégios materiais e processuais estabelecidos pela lei em seu favor. E, como esses privilégios visam a tutelar o interesse público, não há como os Municípios disporem deles ajuizando suas ações por meio de associações, pois o interesse público é indisponível **(REsp 1.503.007-CE).**

39 Exige-se a indicação do RG e do CPF do devedor nas ações de execuções fiscais?

O juiz não pode indeferir a petição inicial em ação de execução fiscal com o argumento de que não houve indicação do RG, CPF ou CNPJ da parte executada, uma vez que tais informações **não são exigidas pelo art. 6º da Lei nº 6.830/80 (LEF).**

Assim, em ações de execução fiscal, descabe indeferir a petição inicial sob o argumento da falta de indicação do RG, CPF ou CNJP da parte executada (pessoa física ou jurídica), visto tratar-se de requisito não previsto no art. 6º da Lei 6.830/80 (LEF) (REsp 1.450.819-AM e 1.455.091-AM).

Posteriormente esse entendimento foi sumulado pelo STJ:

> **STJ – Súmula 558:** Em ações de execução fiscal, a petição inicial não pode ser indeferida sob o argumento da falta de indicação do CPF e/ou RG ou CNPJ da parte executada.

40 As execuções fiscais tributárias devem ser suspensas por causa do deferimento de uma recuperação judicial?

Em relação ao deferimento de recuperação judicial, o Superior Tribunal de Justiça tem jurisprudência consolidada no sentido de que o deferimento de recuperação judicial NÃO suspende o curso das execuções fiscais.

Contudo, **os atos de constrição do patrimônio do devedor devem ser efetuados no juízo da recuperação**, e não no competente para os executivos fiscais, em atenção princípio da preservação da empresa, que norteia toda a lei de falências e recuperação judicial **(Ag-Int no CC 140.021/MT).**

Explica-se: a lei de recuperação judicial e falência tem como principal objetivo a preservação da empresa, da sua função social, com a manutenção dos empregos. Nesses termos, eventual ato de constrição e alienação de bens do devedor em recuperação judicial poderia frustrar o próprio procedimento recuperacional, prejudicando o plano de reorganização da empresa, deferido pelo juízo de recuperação e falência, o que poderia provocar, ao fim, a falência da empresa.

Em razão disso, entende o STJ que, apesar de a execução não se suspender em face do deferimento do pedido de recuperação judicial (art. 6º, § 7º, da Lei n. 11.105/2005, art. 187 do CTN e art. 29 da Lei n. 6.830/1980), submetem-se ao crivo do juízo universal os atos de alienação voltados contra o patrimônio social das sociedades empresárias em recuperação, em homenagem ao princípio da preservação da empresa **(AgRg no CC 136.844/RS).**

Em suma, após o deferimento da recuperação judicial, compete ao juízo das execuções fiscais a pratica dos de todos os atos processuais relativos a execução, inclusive o julgamento de eventuais embargos e a ordem de citação, exceto os atos relativos a apreensão e alienação de bens, os quais deverão ser julgados pelo juízo de recuperação judicial.

41 Incidem juros da mora entre a data da realização dos cálculos e a da requisição ou do precatório?

Amigos, como é de conhecimento geral, o pagamento de decisões judiciais que condenem a Fazenda Pública ao pagamento de obrigações de pagar ocorre por meio de precatórios ou RPV, a depender do valor. Esse pagamento não é automático e exige um procedimento a ser seguido.

Inicialmente, a parte apresenta ao juiz uma requisição para pagamento, contendo os cálculos atualizados do débito. Não havendo impugnação por parte da Fazenda ou ela sendo rejeitada, o juiz oficiará ao Presidente do Tribunal respectivo para que ele expeça o precatório e intime o ente público da necessidade de inclui-lo no orçamento.

Notem que há um procedimento a ser seguido desde a apresentação dos cálculos pelo exequente e a requisição do precatório pelo Presidente (Ex.: apresentação dos cálculos no dia 10 fevereiro de 2018. Requisição no dia 10 de maio de 2018).

Em razão disso, o STF (**RE 579431/RS**) e o STJ (**EREsp 1.150.549-RS**) decidiram que incidem juros da mora entre a data da realização dos cálculos e a da requisição ou do precatório. Nosso exemplo, incidiriam juros do dia 10 de fevereiro a 10 de maio 2018. Mas atenção: esse entendimento não anula a súmula vinculante 17:

A súmula vinculante 17 possui a seguinte redação: Durante o período previsto no parágrafo 1º (atual § 5º) do artigo 100 da Constituição, não incidem juros de mora sobre os precatórios que nele sejam pagos.

A súmula vinculante trata de uma situação posterior a que estamos estudando. Ela, na verdade, regula o seguinte: pelo artigo 100 da CF, se o precatório for apresentado entre os dias 01/01/18 e 01/07/18, a Fazenda tem até o dia 31/12/19 para pagar o precatório. Assim, os juros de mora só voltam a correr a partir de 01/01/2020.

Se for apresentado entre os dias 02/07/18 a 31/12/18, a Fazenda tem até 31/12/2020 para pagar, só corrento juros a partir de 01/01/2021.

Vejam assim que a decisão que estamos estudando não anula o entendimento da súmula vinculante 17, justamente por cuidar de uma situação ANTERIOR a regulada pela súmula.

42 É possível que os Estados alterem a quantia considerada como pequeno valor, para fins de RPV, prevista no art. 87 do ADCT?

⊝ Qual o contexto?

As obrigações de pagar quantia certa impostas contra a Fazenda Pública deverão ser executadas por meio do sistema de precatórios. Excepcionalmente, contudo, a própria Constituição permitiu o pagamento por um sistema mais facilitado, conhecido como requisição de pequeno valor.

⊝ Qual é o valor da requisição de pequeno valor?

A Constituição (§ 4º do art. 100) afirmou que esse valor poderá ser estabelecido por cada um dos entes federados (União, Estado, DF, Município) por meio de leis específicas. Não havendo lei específica, vai valer o disposto no ADCT da CF/88, que, em seu artigo 87, estabelece os seguintes valores para as requisições de pequeno valor:

> **Art. 87. (...)**
>
> **I** – 40 salários mínimos para Estados e para o Distrito Federal;
>
> **II** – 30 salários mínimos para Municípios.

⊝ Os estados podem diminuir esse valor?

Sim. Ao analisar lei estadual de Rondônia, que diminuiu o valor da RPV para 10 salários-mínimos, o STF entendeu que os Estados-membros podem editar leis reduzindo a quantia considerada como de pequeno valor, para fins de RPV, prevista no art. 87 do ADCT da CF/88 **(ADI 4332/RO).**

O fundamento adotado é que a norma do art. 87 do ADCT tem caráter transitório e ela própria afirma que somente tem eficácia enquanto o Estado-membro não editar sua lei regulamentando o tema.

Os estados são livres para fixar qualquer valor?

Não, sobre o tema, a Constituição assim tratou do tema:

> **Art. 100 (...)**
>
> **§ 4º** Para os fins do disposto no § 3º, poderão ser fixados, por leis próprias, valores distintos às entidades de direito público, segundo as diferentes capacidades econômicas, sendo o mínimo igual ao valor do maior benefício do regime geral de previdência social.

Assim, há dois parâmetros a serem observados na fixação do RPV:

a) o RPV não poderá ser menor que o valor do maior benefício do regime geral de previdência social (Em 2018 esse valor era de R$ 5.645,80).

b) deverá haver uma proporcionalidade na fixação do valor, tendo em vista que a própria Constituição determinou que ele deverá ser feito tendo em vista a capacidade econômica do ente. Assim, o Estado de São Paulo, por exemplo, que possui o maior PIB entre os Estados da Federação não poderá fixar um valor muito baixo, próximo ao teto do INSS, sob pena de violação do princípio da proporcionalidade.

Ressalta-se que o mesmo raciocínio se aplica aos municípios.

43 Desapropriação judicial privada por posse trabalho. Que negócio é esse?

A chamada desapropriação judicial privada por posse trabalho encontra-se prevista no artigo 1.228, § 4º, do Código Civil:

> **Art. 1.228. (...)**
>
> **§ 4º** O proprietário também pode ser privado da coisa se o imóvel reivindicado consistir em extensa área, na posse ininterrupta e de boa-fé, por mais de cinco anos, de considerável número de pessoas, e estas nela houverem realizado, em conjunto ou separadamente, obras e serviços considerados pelo juiz de interesse social e econômico relevante.
>
> **§ 5º** No caso do parágrafo antecedente, o juiz fixará a justa indenização devida ao proprietário; pago o preço, valerá a sentença como título para o registro do imóvel em nome dos possuidores.

Trata-se de um importante instrumento, sem precedentes no direito comparado, é dizer, é uma criação genuinamente brasileira.

A natureza jurídica desse instituto é alvo de controvérsia na doutrina. Parte dela defende que se trata de mais uma espécie de usucapião. Contudo, prevalece na doutrina civil (Flávio Tartuce) que o instituto na verdade é uma espécie de desapropriação.

Isso porque o § 5º consagra o pagamento de uma justa indenização, não admitindo o nosso sistema jurídico a usucapião onerosa.

Com relação a responsabilidade pelo pagamento da indenização reclamada pelo dispositivo, prevalece na doutrina que, em regra, compete aos próprios possuidores o seu pagamento (Enunciado nº 84).

Contudo, nos casos de possuidores de baixa renda, a doutrina civilista defende que é possível que o pagamento da indenização seja suportada pela Administração, em um contexto de políticas públicas sociais de moradia urbana ou rural e desde que tenha havido sua intervenção no processo judicial.

> **Enunciado nº 308 da IV Jornada:** A justa indenização devida ao proprietário em caso de desapropriação judicial (art. 1.228, § 5º) somente deverá ser suportada pela Administração Pública no contexto das políticas públicas de reforma urbana ou agrária, em se tratando de possuidores de baixa renda e desde que tenha havido intervenção daquela nos termos da lei processual. Não sendo os possuidores de baixa renda, aplica-se a orientação do Enunciado 84 da I Jornada de Direito Civil.

44 O AGU pode se manifestar contra a constitucionalidade da lei nas ações de controle concentrado?

➔ Qual é o contexto?

Nas ações de controle concentrado de constitucionalidade, o papel atribuído pela Constituição ao Advogado-Geral da União foi o de exercer a defesa da lei ou ato normativo impugnado, independentemente de sua natureza federal ou estadual. O Advogado-Geral da União está, portanto, regra geral, impedido constitucionalmente de manifestar-se contra a lei ou ato normativo impugnado.

> **Art. 103. § 3º** - Quando o Supremo Tribunal Federal apreciar a inconstitucionalidade, em tese, de norma legal ou ato normativo, citará, previamente, o Advogado-Geral da União, que defenderá o ato ou texto impugnado.

Contudo, existe na doutrina uma forte discussão a respeito da obrigatoriedade do AGU se pronunciar sempre em defesa do ato imputado como inconstitucional. Defendem esses doutrinadores (Ex.: Pedro Lenza) que o AGU possuiria o chamado "**direito de manifestação**". Assim, o AGU não deveria ser obrigado a passar pelo constrangimento de defender ato normativo contrário à Constituição.

Pedro Lenza, destacando a evolução jurisprudencial do STF, analisa a discussão sobre o tema no julgamento da ADI 3.916, afirmando que, com base na interpretação sistemática, o STF entendeu que o AGU tem o direito de manifestação, não necessariamente a favor da lei, mas na defesa da Constituição e, assim, dos interesses da União (art. 131). Ademais, uma questão prática pesou para esse entendimento, qual seja, a inexistência de sanção prevista na Constituição em caso de não ser defendida a lei, inclusive de caráter processual, já que, mesmo que o AGU não se manifeste a favor da lei, **essa sua atitude não acarretaria a nulidade processual ou o impedimento de julgamento da matéria.**

Essa evolução doutrinária acerca do papel do AGU parece, inclusive, ter sido acompanhada pelo legislador infraconstitucional, conforme se denota da redação do art. 8º da lei nº 9.868/1999, a qual trata sobre o processo e julgamento da ADI e da ADC perante o STF:

> **Art. 8º.** Decorrido o prazo das informações, serão ouvidos, sucessivamente, o Advogado-Geral da União e o Procurador-Geral da República, que deverão manifestar-se, cada qual, no prazo de 15 dias.

Note que o dispositivo legal fala que o AGU deve se manifestar. Contudo, em momento nenhum ele se refere expressamente ao conteúdo da manifestação do AGU.

Assim, em termos mais simples, embora a regra é que o AGU exerça o papel de curador das leis, defendendo a sua constitucionalidade, também é possível defender o direito de manifestação do AGU, no sentido de afastar o texto literal do § 3º do art. 103 da Constituição Federal, o qual obriga o AGU a sempre defender a constitucionalidade da norma, nos seguintes casos:

1º - Existência de posicionamento anterior do STF pela inconstitucionalidade da norma.

2º - Quando os interesses da União coincidem com os daquele que ajuizou a ADI, porque seria irracional exigir que o AGU defendesse o ato impugnado, até porque, ao fazer isso, ele estaria indo contra a sua função primordial que é defender os interesses da União.

45 A Fazenda Pública pode propor ação monitória?

O grande problema da propositura da monitória pela Fazenda diz respeito ao fato de ser permitido a ela formar um título executivo unilateralmente, por meio da inscrição em dívida ativa e correspondente expedição da certidão de dívida ativa.

Assim, diante da possibilidade de se emitir um título executivo de forma unilateral, poderia se afirmar que falta interesse para o ajuizamento da ação monitória pela Fazenda Pública.

Contudo, esse argumento é muito simples, e não serve como óbice a propositura de ações monitórias pela Fazenda.

Inicialmente, temos apenas as obrigações pecuniárias estão sujeitas a inscrição em dívida ativa. Assim, somente com esse argumento, já seria possível ações monitórias para os casos envolvendo a entrega de coisa fungível ou infungível ou de bem móvel ou imóvel e adimplemento de obrigação de fazer ou de não fazer.

Ademais, é preciso ainda ficar claro que dentre as obrigações pecuniárias, apenas as obrigações fiscais (tributárias e não tributárias) podem ser inscritas em dívida ativa, com a respectiva emissão da CDA.

Assim, também em relação aos créditos pecuniários "não fiscais" (decorrentes da atividade privada exercida pela Fazenda Pública), é permitido o ingresso de ação monitória.

Com relação as fiscais, a doutrina (Leonardo Carneiro da Cunha) entende que nada impede que a Fazenda Pública, em vez de inscrever o crédito em dívida ativa, proponha ação monitória, desde que disponha de prova escrita do crédito, a fim de obter um título judicial e promover, em seguida, um cumprimento de sentença.

Isso porque, nos termos do artigo 785 do NCPC, quem dispõe de título executivo extrajudicial, pode, mesmo assim, propor ação monitória.

46 É possível a defesa de agentes públicos por procuradores estatais?

O Brasil adotou a chamada **teoria do órgão**, de forma que a pessoa jurídica manifesta a sua vontade através de órgãos, que são partes integrantes da própria estrutura da pessoa jurídica.

Ocorre que, faticamente, o órgão não existe, é uma ficção jurídica. Efetivamente, as pessoas jurídicas se manifestam no mundo dos fatos jurídicos por meio de seus agentes, eleitos ou investidos nos termos da lei, no exercício de uma função pública.

Ocorre que, não raras vezes, um agente público pode vir a ser demandado judicial em razão de uma manifestação tomada na representação de um órgão. O que se questiona aqui é se agente público pode ser defendido judicialmente por um advogado público ou se terá que contratar um advogado particular para a realização de sua defesa.

Há quem faça uma interpretação literal do artigo 131 e entenda que os advogados públicos somente podem realizar a defesa de instituições:

> **Art. 131.** A Advocacia-Geral da União é a instituição que, diretamente ou através de órgão vinculado, representa a União, judicial e extrajudicialmente, cabendo-lhe, nos termos da lei complementar que dispuser sobre sua organização e funcionamento, as atividades de consultoria e assessoramento jurídico do Poder Executivo.

Note que, em sua redação literal, o art. 131 da CF/88 **não menciona expressamente** a possibilidade de defesa de agentes que atuam em nome dos órgãos públicos. Assim, com base em uma interpretação literal do texto da Constituição, há quem sustente que a defesa de agentes pela advocacia pública representaria uma ampliação indevida de suas atribuições constitucionais. Foi, por exemplo, com base nesse fundamento, que o Conselho Federal da OAB ajuizou a Ação Direta de Inconstitucionalidade nº 2.888, na qual requereu a declaração de inconstitucionalidade do artigo 22 da Lei 9.028/95.

> **Art.22.** A Advocacia-Geral da União e os seus órgãos vinculados, nas respectivas áreas de atuação, ficam autorizados a representar judicialmente os titulares e os membros dos Poderes da República, das Instituições Federais referidas no Título IV, Capítulo IV, da Constituição, bem como os titulares dos Ministérios e demais órgãos da Presidência da República, de autarquias e fundações públicas federais, e de cargos de natureza especial, de direção e assessoramento superiores e daqueles efetivos, inclusive promovendo ação penal privada ou representando perante o Ministério Público, quando vítimas de crime, quanto a atos praticados no exercício de suas atribuições constitucionais, legais ou regulamentares, no interesse público, especialmente da União, suas respectivas autarquias e fundações, ou das Instituições mencionadas, podendo, ainda, quanto aos mesmos atos, impetrar habeas corpus e mandado de segurança em defesa dos agentes públicos de que trata este artigo

Uma outra corrente, contudo, defende que o art. 131 da Constituição Federal, ao prever que compete à advocacia pública a representação dos entes da federação, incluiu também, como mero desdobramento lógico desta atribuição, a defesa dos agentes que atuam em seu nome. Isso porque seria extramente oneroso impor aos agentes públicos o ônus de custear defesas em ações em face de incontáveis atos presumidamente legítimos, inseridos em seu rol de competências.

Ao analisar a possibilidade de defesa de agentes públicos por procuradores estatais o STJ acabou adotado uma corrente intermediária entre as duas anteriormente expostas.

Quando do julgamento do **REsp 681.571/GO**, o STJ, em pese tenha admitido a possibilidade de defesa de agentes públicos por procuradores estatais, diferenciou os atos dos agentes públicos entre atos praticados por aqueles "quando agem como tal" e atos "voltados contra o órgão público", concluindo que, "quando se tratar da defesa de um ato pessoal do agente político, voltado contra o órgão público, não se pode admitir que, por conta do órgão público, corram as despesas com a contratação de advogado".

Assim, pode-se concluir que, embora seja legítima a representação de agentes públicos por procuradores estatais, essa representação somente é possível quando o ato praticado não tenha sido praticado contra o próprio órgão público.

47 Intervenção anódina. Que negócio é esse?

A doutrina denomina de intervenção anômala, intervenção anódina ou intervenção especial dos entes público o disposto no art. 5º, parágrafo único, da Lei 9.469/97:

> **Art. 5º** A União poderá intervir nas causas em que figurarem, como autoras ou rés, autarquias, fundações públicas, sociedades de economia mista e empresas públicas federais.
>
> **Parágrafo único.** As pessoas jurídicas de direito público poderão, nas causas cuja decisão possa ter reflexos, ainda que indiretos, de natureza econômica, intervir, independentemente da demonstração de interesse jurídico, para esclarecer questões de fato e de direito, podendo juntar documentos e memoriais reputados úteis ao exame da matéria e, se for o caso, recorrer, hipótese em que, para fins de deslocamento de competência, serão consideradas partes.

⊖ Em que essa forma de intervenção se diferencia das demais?

Em regra, para que seja possível uma intervenção de terceiro em nosso ordenamento, **exige-se que haja interesse jurídico dele no processo.** A Lei 9.469/97 criou, contudo, uma nova espécie de intervenção de terceiros em nosso ordenamento jurídico. Isso porque ela se contenta com a simples potencialidade da decisão ter reflexo, ainda que indireto, de natureza econômica.

Em outras palavras, o parágrafo único do art. 5º **dispensa a demonstração do interesse jurídico, bastando o interesse econômico na causa**.

⊖ Qual é o objetivo dessa intervenção?

Conforme o texto legal, a intervenção do poder público ocorre para esclarecer questões de fato e de direito, podendo juntar documentos e memoriais que julgar úteis para matéria. Assim, a lei não assegurou poderes para o Poder Público, por exemplo, formular perguntas a qualquer das partes em seu depoimento pessoal. Sua atuação é limitada ao esclarecimento de questões de fato e de direito, bem como na juntada de documentos ou de memoriais reputados úteis ao exame da matéria.

Em resumo, a doutrina (Leonardo Carneiro da Cunha) afirma que, além da possibilidade de juntar documentos e memoriais que repute úteis ao esclarecimento do fato, a lei assegurou ao Poder Público, na intervenção anômala, apenas o poder de recorrer.

➔ **Essa intervenção é cabível em todos os tipos de processo?**

A intervenção anômala é cabível no processo de conhecimento, tendo lugar em qualquer dos tipos de procedimento e em todos os graus de jurisdição. Contudo, seu cabimento não será cabível em procedimentos especiais que limitam a cognição do juiz ou a dilação probatória.

É o caso, por exemplo, do mandado de segurança, **onde o STJ não admite a intervenção anômala, por não ser possível a intervenção de terceiros em seu procedimento (AgRg no MS 16.702/DF e AgRg no MS 15.298/DF).**

No âmbito dos Juizados Especiais Cíveis, também não é possível a intervenção fundada no parágrafo único do art. 5° da Lei 9.469/1997. É que ali se veda a adoção de intervenções de terceiros, salvo o incidente de desconsideração da personalidade jurídica.

48 É possível a adoção de arbitragem em demandas envolvendo o Poder Público?

Ao longo do tempo, houve três correntes sobre a possibilidade de arbitragem para a Fazenda Pública:

a) não se admite arbitragem contra a Fazenda;

b) admite-se sempre, mesmo que não haja lei específica, bastando autorização na lei de arbitragem;

c) a que admite, desde que haja lei específica para determinada atividade pública.

A primeira corrente funda-se na ideia de indisponibilidade do interesse público, enquanto a segunda defende que o interesse da Administração Pública não equivale ao interesse público. Já a terceira apoia-se na necessidade de respeito ao princípio da legalidade.

A maioria da doutrina se divide entre a segunda e a terceira corrente. De todo modo, já há autorização legal para que a Fazenda se sujeite a arbitragem, nos termos do art. 1º, da Lei 9.307/96, alterado pela Lei 13.129, de 2015:

Art. 1º (...)

> **§ 1º** A administração pública direta e indireta poderá utilizar-se da arbitragem para dirimir conflitos relativos a direitos patrimoniais disponíveis.
>
> **§ 2º** A autoridade ou o órgão competente da administração pública direta para a celebração de convenção de arbitragem é a mesma para a realização de acordos ou transações.

Antes mesmos da alteração legal da Lei de Arbitragem, já haviam outras leis que previam a arbitragem, a exemplo da Lei nº 11.079, de 30 de dezembro de 2004, que institui normas gerais para licitação e contratação de parceria público-privada no âmbito da Administração Pública, dispõe, em seu art. 11, III, que o instrumento convocatório conterá minuta do contrato, indicará expressamente a submissão da licitação às normas ali previstas, podendo ainda prever o emprego dos mecanismos privados de resolução de disputas, inclusive a arbitragem, a ser realizada no Brasil e em língua portuguesa, nos termos da lei de arbitragem, para dirimir conflitos decorrentes ou relacionados ao contrato.

O próprio STJ já possuía entendimento autorizado a arbitragem no âmbito da Fazenda Pública **(REsp 904.813/PR).**

Em suma, **o Poder Público se submete a lei de arbitragem.** Apesar de se submeter a lei de arbitragem, é preciso ficar claro que o procedimento de arbitragem envolvendo a Administração Pública **possui algumas particularidades.**

De início, cumpre ressaltar que em observância ao princípio da legalidade, a arbitragem envolvendo a Fazenda Pública **não pode ser confidencial.**

Temos ainda que a arbitragem pode ser de equidade e de direito. A arbitragem por equidade é aquela que não precisa seguir necessariamente as normas jurídicas, podendo as partes convencionarem sobre a aplicação do direito, podendo afastar a aplicação de uma norma no caso concreto, nos termos do art. 2º, §§ 1º e 2º:

> **§ 1º** Poderão as partes escolher, livremente, as regras de direito que serão aplicadas na arbitragem, desde que não haja violação aos bons costumes e à ordem pública.
>
> **§ 2º** Poderão, também, as partes convencionar que a arbitragem se realize com base nos princípios gerais de direito, nos usos e costumes e nas regras internacionais de comércio.

Em virtude do princípio da legalidade, **a doutrina entende que não é possível arbitragem por equidade**, quando o Poder Público figurar como uma das partes envolvidas, só é possível a arbitragem de direito. Nesse sentido, o artigo 2º, da Lei da Arbitragem:

> **§ 3º** A arbitragem que envolva a administração pública **será sempre de direito** e respeitará o princípio da publicidade.

⊖ **Questiona-se, ainda, se a Fazenda Pública, em razão do princípio da impessoalidade, deve escolher o juízo arbitral por meio de licitação?**

Tem prevalecido que não. Trata-se de situação de inexigibilidade de licitação.

A sentença em sede de procedimento arbitral não se submete a remessa necessária:

> **Enunciado 164 FPPC:** A sentença arbitral contra a Fazenda Pública não está sujeita à remessa necessária.

Por fim, esclarece ainda que uma sentença arbitral que imponha uma condenação pecuniária ao Poder Público deve acarretar a expedição de precatório, em razão do que dispõe o art. 100 da Constituição Federal, regra que não pode ser afastada, ainda que se trate de arbitragem.

Caso a condenação seja de pequeno valor, não se expede não se expede precatório, mas Requisição de Pequeno Valor, a ser paga em sessenta dias, nos termos da legislação de regência.

Só não haverá necessidade de precatório ou de RPV se o ente que integra a Administração Pública for uma sociedade de economia mista ou uma empresa pública, cujo regime jurídico é de direito privado, não estando, em regra, sujeitas ao precatório.

49 O recolhimento da multa do § 2º do art. 557 do CPC/1973 (§ 4º do art. 1.021 do CPC/2015) e requisito para o conhecimento de recurso interposto pela Fazenda Pública?

O NCPC previu a imposição de multa no caso de agravo interno, que seja declarado manifestamente inadmissível ou improcedente em votação unânime, pelo órgão colegiado, em decisão fundamentada. Aqui, o tribunal condenará o agravante a pagar ao agravado multa fixada entre um e cinco por cento do valor atualizado da causa.

> **Art. 1.021.** (...)
>
> **§ 4º** Quando o agravo interno for declarado manifestamente inadmissível ou improcedente em votação unânime, o órgão colegiado, em decisão fundamentada, condenará o agravante a pagar ao agravado multa fixada entre um e cinco por cento do valor atualizado da causa.

Nesse caso, em regra, a interposição de qualquer outro recurso fica condicionada ao depósito prévio da multa aplicada:

> **§ 5º** A interposição de qualquer outro recurso está condicionada ao depósito prévio do valor da multa prevista no § 4º, **à exceção da Fazenda Pública** e do beneficiário de gratuidade da justiça, que farão o pagamento ao final.

Essa imposição, contudo, expressamente não se aplica a Fazenda Pública.

→ E no CPC de 73?

No CPC passado o assunto era tratado da seguinte maneira:

> **Art. 557.** (...)
>
> **§ 2º** Quando manifestamente inadmissível ou infundado o agravo, o tribunal condenará o agravante a pagar ao agravado multa entre um e dez por cento do valor corrigido da causa, ficando a interposição de qualquer outro recurso condicionada ao depósito do respectivo valor.

Vejam que o CPC passado não previa de forma expressa a dispensa da Fazenda Pública ao pagamento. Apesar disso, grande parte da doutrina defendia que Fazenda não era obrigada ao pagamento da multa como condição para o conhecimento do recurso, em virtude da Lei 9.494/1997, que dispõe:

> **Art.1º-A.** Estão dispensadas de depósito prévio, para interposição de recurso, as pessoas jurídicas de direito público federais, estaduais, distritais e municipais.

O STF, contudo, entendeu de forma diversa, afirmando que multa não é depósito prévio e negou recurso da Fazenda sem a efetiva demonstração do recolhimento da multa.

Segundo o STF, é requisito de admissibilidade para interposição de recurso extraordinário o recolhimento de multa imposta ao recorrente no Tribunal "a quo", com base no art. 557, § 2º, do CPC/1973, exigência que se impõe inclusive à Fazenda Pública **(ARE 931830 AgR/PB).**

Assim, com relação à necessidade de pagamento pela Fazenda da multa como requisito para interposição de qualquer outro recurso, temos o seguinte:

a) **No âmbito do CPC de 73:** o prévio depósito da multa era condição para conhecimento do recurso (ARE 931830 AgR/PB).

b) **No âmbito do CPC de 2015**: a Fazenda é dispensada do depósito prévio, nos termos do artigo 1.021, § 5º, do NCPC.

50 Teoria da encampação. Que negócio é esse?

➔ Qual é o contexto?

Em algumas situações, no âmbito do mandado de segurança, é muito difícil indicar qual autoridade de fato tem competência para a prática do ato reputado ilegal. Assim, muitas vezes o impetrante indica a autoridade coatora errada no mandado de segurança.

Para evitar a extinção do mandado de segurança, nesses casos, a jurisprudência construiu ao longo dos anos a chamada teoria da encampação, **a qual permite o processamento do mandado de segurança mesmo nos casos de indicação errada da autoridade.** Contudo, para aplicação da teoria da encampação é preciso três requisitos:

a) existência de vínculo hierárquico entre a autoridade que prestou informações e a que ordenou a prática do ato impugnado;

b) ausência de modificação de competência estabelecida na CF/1988;

c) manifestação a respeito do mérito nas informações prestadas.

Cumprido esses três requisitos, o mandado de segurança não será extinto, mesmo que a autoridade coatora alegue sua ilegitimidade **(STJ - RMS 21.775-RJ).**

Posteriormente, o STJ editou súmula sobre o tema:

> **STJ – Súmula 628:** A teoria da encampação é aplicada no mandado de segurança quando presentes, cumulativamente, os seguintes requisitos: a) existência de vínculo hierárquico entre a autoridade que prestou informações e a que ordenou a prática do ato impugnado; b) manifestação a respeito do mérito nas informações prestadas; e c) ausência de modificação de competência estabelecida na Constituição Federal.

19
Defensorias

10 questões

01 Um rico empresário foi denunciado pelo Ministério Público. Devidamente citado, não constitui advogado, razão pela qual foi nomeado defensor público para sua defesa. Foi correta essa nomeação, considerando que ele possui excelentes condições financeiras?

Sobre o tema, a doutrina defende que as atribuições da Defensoria Pública - DP descritas na Constituição não são um rol exaustivo, constituindo-se, em verdade, **uma atribuição mínima da Defensoria.** A DP, assim, não está impedida de exercer outras funções, não descritas na Constituição, nas quais a condição financeira do assistido é irrelevante.

Ademais, a doutrina também defende que se deve dar uma interpretação ampliativa aos termos "insuficiência de recursos" e "necessitados", de **forma a se abranger também outras hipóteses de hipossuficiência.**

Os termos em questão possuem um significado maior do que a mera impossibilidade econômica de arcar com os custos da assistência.

Uma dessas espécies de hipossuficiência é a jurídica, a qual decorre, em regra, do fato de a parte não estar representada por um advogado em um processo judicial.

No processo penal, por exemplo, o réu jamais poderá ser processado sem que lhe seja dada oportunizada a defesa técnica, independentemente dele, voluntariamente, ter se negado a constituir um advogado para sua defesa. A defesa técnica, inclusive, pode ser imposta no processo até mesmo contra a vontade do réu.

Assim, ainda que o réu possua excelentes condições financeiras, caso não constitua advogado para sua defesa em juízo, é dever da Defensoria Pública a sua representação, uma vez que, sem a presença do advogado, ele se encontra em estado de hipossuficiência jurídica.

Aqui, o fundamento da atuação da Defensoria Pública não é a incapacidade financeira da parte, **mas sim sua vulnerabilidade jurídica.**

Ressalta-se, contudo, que o ordenamento jurídico (CPP) permitiu que sejam fixados honorários advocatícios em favor da Defensoria Pública na hipótese em que a parte dispõe de capacidade financeira para constituir advogado e assim não o faz:

> **Art. 263. (...)**
>
> **Parágrafo único.** O acusado, que não for pobre, será obrigado a pagar os honorários do defensor dativo, arbitrados pelo juiz.

02 De quem é a competência para fiscalizar a insuficiência de recursos para fins de patrocínio pela Defensoria Pública?

O serviço público de assistência jurídica integral e gratuita prestada pelo Estado tem como o único requisito jurídico a necessidade de comprovação de insuficiência de recursos financeiros.

No ponto, cumpre esclarece que, ao contrário do benefício da justiça gratuita, em que basta a afirmação ou a declaração de incapacidade, a Constituição exigiu a efetiva comprovação da incapacidade financeira para o gozo do benefício.

A atribuição de fiscalizar a incapacidade financeira da parte compete as próprias Defensorias Públicas. Segundo a doutrina, a assistência jurídica, integral e gratuita jamais pode ser deferida pelo Poder Judiciário.

Ao Judiciário compete, tão somente, analisar e deferir o benefício da justiça gratuita. Por essa razão, compete a Defensoria Pública, de forma exclusiva, com fundamento em sua independência funcional, exercer a função de avaliar a alegação de hipossuficiência.

03 Quais são os modelos de assistência judiciária gratuita existentes?

No mundo, existem os seguintes modelos de assistência judiciária gratuita (em juízo):

a) "Pro bono"

Nesse modelo, a prestação gratuita de assistência judiciária é feita por profissionais liberais (advogados), sem nenhuma espécie de contraprestação por parte do Estado.

Esse modelo ainda é utilizado nos dias atuais. A criação de um sistema público de assistência judiciária gratuita não impede que advogados, interessados em ajudar de determinadas pessoas, sejam conhecidos ou até mesmo pessoas mais humildes em momentos de dificuldades, assim o faça.

A principal ferramenta para o exercício da advocacia "pro bono" é o mecanismo da justiça gratuita, já que ele permite que a parte, mesmo sendo patrocinada por um advogado particular, não arque com as despesas processuais.

A grande crítica que se faz a esse modelo é que nele a assistência judiciária gratuita não é considerada um direito do hipossuficiente econômico, os quais contam com a boa vontade dos advogados particulares para ingressar no judiciário.

b) "Judicare"

Nesse modelo, a assistência judiciária gratuita é considerada um direito para todas as pessoas que se enquadrem nos requisitos legais. A assistência judiciária é prestada por advogados particulares, os quais posteriormente são remunerados pelo Estado. Segundo a doutrina, a finalidade desse sistema é proporcionar aos mais pobres a mesma representação que teriam se tivessem condições financeiras de arcar com um advogado.

O sistema "judicare" aproxima-se do "pro bono" por também ser prestado por advogados particulares. Contudo, diferencia-se na medida em que no "judicare" a assistência judiciária gratuita é um direito do cidadão e, também, pelo fato de no "judicare" o advogado particular receber uma remuneração estatal por seus por seus serviços.

A grande crítica doutrinária a esse sistema é que ele não proporciona uma especialização dos serviços prestados. Ademais, as remunerações pagas pelo estado usualmente estão defasadas em relação aos mesmos serviços prestados por particulares.

Também não existe um efetivo acesso aos tribunais superiores, já que os advogados recebem um valor fixo por causa, bem como inexiste acesso à advocacia consultiva e as instâncias administrativas e extrajudiciais. Em suma, a assistência prestada não é integral.

No Brasil, o sistema "judicare" ainda é utilizado de forma excepcional em locais em que a Defensoria Pública ainda não se encontra instalada ou não dispõe materialmente de recursos para fazer frente a demanda existente no local. Nesses casos, usualmente existe a nomeação de advogados dativos pelo Judiciário, a serem pagos posteriormente pelo Estado.

c) **"Salaried Staff"**

Cuida-se do modelo adotado como regra em nosso país. Nele, existe a remuneração de agentes públicos pelo Estado para que prestem a assistência judiciária gratuita.

Segundo a doutrina, o termo "assalariado" deve ser entendido no sentido de haver uma remuneração fixa e jornada de trabalho pré-fixada em lei, independentemente do serviço prestado. Esse sistema se divide em duas modalidades:

a) na primeira delas, o próprio poder público opta pela criação de organismos estatais destinados a prestação direta de serviços de assistência judiciária. Aqui, o Estado contrata agentes públicos remunerados para prestar os serviços em nome de organismos estatais que, usualmente, são chamados de Defensorias Públicas.

b) na segunda modalidade, os serviços podem ser prestados por entidades privadas, em regra sem fins lucrativos, que recebem subsídios públicos para custeio de suas despesas (Ex.: Os núcleos de prática jurídica das faculdades de direito). No Brasil, adotou-se o primeiro modelo como regra, embora permita-se a existência do segundo modelo.

d) Misto ou híbrido

É o sistema que combinam as fórmulas anteriores.

04 Diferencie os seguintes termos: justiça gratuita, assistência judiciária gratuita e assistência jurídica gratuita.

Os três termos não se confundem. **A justiça gratuita** refere-se apenas a isenção do pagamento das custas judiciais.

Já a expressão **assistência judiciária gratuita** engloba o patrocínio gratuito em JUÍZO de uma causa, podendo ser prestada por órgãos públicos (Ex.: DPE) ou por particulares (Ex.: advocacia "pro bono"). Esse conceito, contudo, limita-se a defesa dos interesses do assistido na esfera judicial.

Por fim, o conceito mais amplo é o de **assistência jurídica gratuita**, uma vez que ela envolve, além do patrocínio em juízo, a assessoria de demandas nas esferas extrajudiciais, administrativas e consultivas.

➔ A constituição determinou que a Defensoria Pública preste que espécie de assistência?

> **Art. 5º (...)**
>
> **LXXIV** – o Estado prestará assistência **jurídica** integral e gratuita aos que comprovarem insuficiência de recursos.

Nos termos da Constituição, compete a Defensoria Pública prestar assistência JURÍDICA integral e gratuita. Assim, sua atuação não se restringe ao âmbito judicial, abrangendo também a atuação fora do Judiciário.

05 Os honorários são devidos à Defensoria Pública quando ela atua contra a pessoa jurídica de direito público à qual pertença?

O que se questiona aqui é o seguinte: caso a DPE/CE atue contra o Estado do Ceará, ela terá direito a honorários em caso de vitória.

O STJ entende que não:

> **STJ – Súmula 421:** Os honorários advocatícios não são devidos à Defensoria Pública quando ela atua contra a pessoa jurídica de direito público à qual pertença.

Ressalta-se que esse entendimento também valia quando a Defensoria atuava contra um ente da Administração Indireta (**Resp 1.199.715/RJ**), é o caso da DPU contra o INSS.

O fundamento da decisão era o seguinte: se o ente público fosse condenado a pagar honorários para a DP ele estaria pagando um valor que seria para ele mesmo, uma vez que orçamento da defensoria seria oriundo do ente público. Dessa forma, nos casos em que o Estado do Ceará fosse condenado a pagar honorários para a DPE haveria confusão.

A confusão, nos termos do artigo 381 do CC, ocorre quando, na mesma obrigação, se reúne numa mesma pessoa a qualidade de credor e devedor. É uma das causas de extinção de uma obrigação.

Ocorre que o STF recentemente proferiu uma decisão em sentido contrário (AR 1.937 AGR). Para o STF, após as emendas constitucionais 45/2004, 74/2013 e 80/2014, que asseguraram autonomia funcional, orçamentária e administrativa as defensorias estaduais e da União, **elas passaram a ter orçamento próprio,** não sendo mais mantidas pelas pessoas jurídicas da qual fazem parte.

Assim, **não há mais que se falar em confusão, de modo que é possível a condenação em honorários quando a defensoria atue contra o ente público da qual faça parte**.

06 Em que momento se aperfeiçoa a intimação dos membros da Defensoria Pública?

A Lei Complementar 80/94 (Lei Orgânica da Defensoria Pública) estabeleceu como uma das prerrogativas dos Defensores Públicos, que eles devem receber intimação pessoal (arts. 44, I, 89, I e 128, I).

Em razão disso, no âmbito penal, ainda que o Defensor Público esteja na audiência no momento em que a decisão ou sentença é proferida, não é possível afirmar que ele foi intimado pessoalmente, devendo haver o envio dos autos à Defensoria para que a intimação se torne perfeita (**STF - HC 125270/DF e STJ HC 296.759-RS**).

Isso ocorre porque ao longo de um dia um mesmo Defensor o poderá realizar inúmeras audiências criminais, não sendo razoável que, em relação a todas as decisões que foram ali proferidas já se inicie o prazo recursal sem que ele tenha carga dos autos para fazer um exame detalhado.

Ademais, não raras, o Defensor que participou da audiência não é o mesmo que irá preparar o recurso, o que reforça a necessidade de que o termo inicial da contagem do prazo somente se inicie com a entrega dos autos na Instituição.

Ressalta-se, por fim, que o prazo tem início quando o processo entrou no órgão e nem quando ele chegou na mesa do defensor.

➔ **Esse entendimento vale para o âmbito cível?**

Ainda não há decisão judicial sobre o tema, mas tem prevalecido na doutrina que não, em razão do disposto no CPC:

> **Art. 1.003.** O prazo para interposição de recurso conta-se da data em que os advogados, a sociedade de advogados, a Advocacia Pública, a Defensoria Pública ou o Ministério Público são intimados da decisão.
>
> **§ 1º** Os sujeitos previstos no *caput* considerar-se-ão intimados em audiência quando nesta for proferida a decisão.

07 O defensor público que atua como curador especial tem direito ao recebimento de honorários advocatícios?

Em algumas situações, o ordenamento jurídico brasileiro não aceita que o réu fique sem defesa técnica. Nessas ocasiões, é nomeado um curador especial, que será o responsável por sua defesa. As hipóteses que autorizam a nomeação do curador especial foram previstas no artigo 72 do CPC:

> **Art. 72.** O juiz nomeará curador especial ao:
>
> **I** - incapaz, se não tiver representante legal ou se os interesses deste colidirem com os daquele, enquanto durar a incapacidade;
>
> **II** - réu preso revel, bem como ao réu revel citado por edital ou com hora certa, enquanto não for constituído advogado.

A função de curador especial é exercida pela Defensoria Pública, sendo essa uma de suas funções institucionais, nos termos da Lei Complementar 80/94:

> **Art. 4º** São funções institucionais da Defensoria Pública, dentre outras:
>
> **XVI** – exercer a curadoria especial nos casos previstos em lei;

Essa situação, inclusive, foi expressamente reconhecida pelo NCPC, que no parágrafo único do artigo 72 estabeleceu que:

> **Parágrafo único.** A curatela especial será exercida pela Defensoria Pública, nos termos da lei.

Diante dessa situação, o STJ decidiu que o Defensor Público não faz jus ao recebimento de honorários pelo exercício da curatela especial por estar no exercício das suas funções institucionais, para o que já é remunerado mediante o subsídio em parcela única. Em outras palavras, ao exercer a curatela especial, o defensor público está fazendo apenas seu trabalho, pelo qual já é remunerado pela defensoria pública **(REsp 1.201.674-SP).**

Ressalta-se, contudo, que se, ao final do processo, o réu se sagrar vencedor da demanda, a instituição Defensoria Pública terá direito aos honorários sucumbenciais, o qual irá para um fundo e não para o defensor que atuou no processo.

08 O estrangeiro não residente no Brasil tem direito ao benefício da assistência judiciária gratuita?

A assistência judiciária gratuita era regulamentada pela Lei nº 1.060/50:

> **Art. 2º** Gozarão dos benefícios desta Lei os nacionais ou **estrangeiros residentes no país**, que necessitarem recorrer à Justiça penal, civil, militar ou do trabalho.

Vejam que a própria lei excluía do benefício os estrangeiros não residentes no país. Contudo, o assunto passou a ser regulado pelo NCPC, passando a ser tratado da seguinte forma:

> **Art. 98.** A pessoa natural ou jurídica, brasileira ou estrangeira, com insuficiência de recursos para pagar as custas, as despesas processuais e os honorários advocatícios tem direito à gratuidade da justiça, na forma da lei.

Em razão do NCPC não ter feito qualquer distinção em relação ao fato de o estrangeiro ser ou não residente no país, o STJ passou a entender a gratuidade da justiça passou a poder ser concedida a estrangeiro não residente no Brasil após a entrada em vigor do CPC/2015 **(Pet 9.815-DF).**

09 Em quais hipóteses é legitima a nomeação de advogado dativo no processo penal?

Os direitos discutidos no âmbito do processo penal são indisponível, razão pela qual o réu SEMPRE terá um defensor. Esse defensor, por sua vez, poderá ser constituído ou nomeado. Será constituído quando for contratado pelo réu, segundo sua livre escolha. Por sua vez, será nomeado quando o réu não indicar ou não tiver condições de financeiras de indicar um defensor. Assim, será nomeado pelo juiz um defensor para sua defesa.

Em regra, essa nomeação deverá recair sobre a Defensoria Pública. Contudo, em algumas hipóteses, pode ser nomeado um defensor dativo, função realizada por advogados, nomeados por meio de convênios firmados entre a OAB e o Estado.

Atualmente, a jurisprudência do STF **(RHC 106.394/MG)** e do STJ **(HC 332.895/SC e HC 457.443/GO)** consolidou o entendimento que a nomeação de defensor dativo somente é válida nas seguintes hipóteses:

a) Quando não há Defensoria Pública instalada na comarca.

b) Quando, embora haja a Defensoria Pública na comarca, sua atuação não é plena devido à deficiência estrutural do órgão. Em outras palavras, a estrutura da Defensoria não é suficiente para atender a demanda do local.

Há ainda uma última exceção, menos conhecida, em que o STJ entende legitima a nomeação do defensor dativo, mesmo quando há defensoria estruturada na comarca. Isso ocorre nos casos em que o advogado constituído não comparece na audiência e o juiz promove a nomeação **apenas para a realização daquele ato (AgRg no HC 420465/SC).** Após a realização do ato, deverá haver a intimação da defensoria para o acompanhamento dos demais atos do processo.

10 "Custos vulnerabilis". Que negócio é esse?

Custos vulnerabilis significa "guardião dos vulneráveis". Trata-se de uma tese que vem sendo bastante difundida pela Defensoria Pública. A instituição defende que, enquanto o Ministério Público tem a função de *custos iuris* (guardião do ordenamento jurídico), a Defensoria Pública possui a função de *custos vulnerabilis.*

Para os que defendem essa tese[8], a figura do *custos vulnerabilis* autoriza a intervenção da Defensoria Pública em qualquer processo onde se discuta interesses dos vulneráveis independentemente de haver ou não advogado particular constituído.

A atuação da Defensoria, nesse caso, ocorre não como representante da parte em juízo, mas sim como protetor dos interesses dos necessitados em geral. É dizer, ela busca representar o interesse de todos vulneráveis.

Sua atuação, *custos vulnerabilis*, visa trazer para os autos argumentos, documentos e outras informações que reflitam o ponto de vista das pessoas vulneráveis, permitindo que o juiz ou tribunal tenha mais subsídios para decidir a causa.

Os defensores dessa tese defendem que, desde a Lei nº 12.313/2010, que alterou a Lei de Execuções Penais, a figura do *custos vulnerabilis* encontra-se prevista em nosso ordenamento jurídico:

> **Art. 81-A.** A Defensoria Pública velará pela regular execução da pena e da medida de segurança, oficiando, no processo executivo e nos incidentes da execução, para a defesa dos necessitados em todos os graus e instâncias, de forma individual e coletiva.

➔ "Custos vulnerabilis" seria sinônimo de "amicus curiae"?

Para os que defendem essa teoria não. Inicialmente, somente a Defensoria Pública pode intervir como *custos vulnerabilis*. Ademais, o *custos vulnerabilis* possui legitimidade para propor qualquer tipo de recurso, ao contrário do *amicus curiae*, que em regra não pode recorrer.

➔ Essa teoria já foi usada pela jurisprudência?

No julgamento do HC 143.641/SP (HC coletivo em favor das mulheres presas), diversas Defensorias Públicas requereram a intervenção no feito como "Custos vulnerabilis". O relator, contudo, apesar de ter deferido a participação das defensorias, assim o fez como *amici curiae*. Dessa forma, tal teoria ainda não foi expressamente adotada pelo STF, mas parece muito próxima de ser.

8. <https://www.conjur.com.br/2018-abr-04/legitimidade-defensoria-intervir-custos-vulnerabilis>. Acesso em 29 de julho de 2018. 2081.

20

Ministério Público

11 questões

01 É obrigatória a intervenção do Ministério Público nas ações de ressarcimento ao erário?

Para responder a essa pergunta, é preciso distinguir o interesse público primário do secundário. Nesse sentido, o interesse público propriamente dito, ou interesse público primário, pode ser definido como sendo o interesse geral da sociedade, o bem comum da coletividade.

Numa segunda acepção, observa-se que o Estado, na prática, atua por meio de pessoas jurídicas. Esse interesse concretamente manifestado pelo Estado-Administração, como pessoa jurídica, é denominado interesse público secundário.

Feito isso, temos que o CPC estabeleceu que o Ministério Público deve atuar nos seguintes processos:

> **Art. 178.** O Ministério Público será intimado para, no prazo de 30 (trinta) dias, intervir como fiscal da ordem jurídica nas hipóteses previstas em lei ou na Constituição Federal e nos processos que envolvam:
>
> **I** - interesse público ou social;

Ao analisar o dispositivo, o STJ entendeu que o interesse público citado pelo CPC é o interesse público primário. Por sua vez, as ações em que se discute o ressarcimento ao erário envolvem o interesse público secundário.

Diante disso, entendeu o STJ que o Ministério Público não deve obrigatoriamente intervir em todas as ações de ressarcimento ao erário propostas por entes públicos. Em regra, nas ações de ressarcimento está sendo discutido apenas o interesse patrimonial do ente público (interesse público secundário ou interesse da Administração). Sendo esse o caso, não haverá intervenção do MP (**EREsp 1.151.639-GO**).

02 O Ministério Público tem legitimidade para promover diretamente investigações penais?

Ao analisar a situação, o STF entendeu que o Ministério Público pode realizar diretamente a investigação de crimes.

Adota-se aqui a teoria dos poderes implícitos. Segundo essa doutrina, nascida nos EUA (Mc CulloCh vs. Maryland - 1819), se a Constituição outorga determinada atividade-fim a um órgão, significa dizer que também concede todos os meios necessários para a realização dessa atribuição. Ou seja, como a CF/88 confere ao MP as funções de promover a ação penal pública, é lógico se deduzir que ela também atribui ao Parquet todos os meios necessários para o exercício da denúncia, dentre eles a possibilidade de reunir provas para que fundamentem a acusação (art. 129, I).

Ademais, a CF/88 não outorgou à Polícia o monopólio da atribuição de investigar crimes. Desse modo, não é inconstitucional a investigação realizada diretamente pelo MP. Esse é o entendimento do STF e do STJ.

➔ Quais foram os fundamentos constitucionais utilizados?

Além da doutrina dos poderes implícitos, a doutrina cita como fundamento constitucional que autoriza, de forma implícita, o poder de investigação do MP os seguintes dispositivos constitucionais:

> **Art. 129.** São funções institucionais do Ministério Público:
>
> I - promover, privativamente, a ação penal pública, na forma da lei;
>
> (...)

> VI - expedir notificações nos procedimentos administrativos de sua competência, requisitando informações e documentos para instruí-los, na forma da lei complementar respectiva;
>
> VII - exercer o controle externo da atividade policial, na forma da lei complementar mencionada no artigo anterior;
>
> VIII - requisitar diligências investigatórias e a instauração de inquérito policial, indicados os fundamentos jurídicos de suas manifestações processuais;
>
> IX - exercer outras funções que lhe forem conferidas, desde que compatíveis com sua finalidade, sendo-lhe vedada a representação judicial e a consultoria jurídica de entidades públicas.

Fundamentos Legais

Além dos fundamentos constitucionais, a doutrina também cita alguns fundamentos legais a autorizar Lei Complementar n.° 75/1993, também de forma implícita, autoriza a realização de atos de investigação nos seguintes termos:

> **Art. 8º** Para o exercício de suas atribuições, o Ministério Público da União poderá, nos procedimentos de sua competência:
>
> I - notificar testemunhas e requisitar sua condução coercitiva, no caso de ausência injustificada;
>
> (...)
>
> V - realizar inspeções e diligências investigatórias;
>
> (...)
>
> VII - expedir notificações e intimações necessárias aos procedimentos e inquéritos que instaurar;

Parâmetros que devem ser respeitados para que a investigação conduzida diretamente pelo MP seja legítima:

Segundo o STF **(RE 593727/MG)**, para que as investigações realizadas diretamente pelo Ministério Público sejam válidas, é preciso que sejam seguidos os seguintes parâmetros:

1) Devem ser respeitados os direitos e garantias fundamentais dos investigados;

2) Os atos investigatórios devem ser necessariamente documentados e praticados por membros do MP;

3) Devem ser observadas as hipóteses de reserva constitucional de jurisdição, ou seja, determinadas diligências somente podem ser autorizadas pelo Poder Judiciário nos casos em que a CF/88 assim exigir (Ex.: interceptação telefônica, quebra de sigilo bancário etc.);

4) Devem ser respeitadas as prerrogativas profissionais asseguradas por lei aos advogados;

5) Deve ser assegurada a garantia prevista na Súmula vinculante 14 do STF ("É direito do defensor, no interesse do representado, ter acesso amplo aos elementos de prova que, já documentados em procedimento investigatório realizado por órgão com competência de polícia judiciária, digam respeito ao exercício do direito de defesa");

6) A investigação deve ser realizada dentro de prazo razoável;

7) Os atos de investigação conduzidos pelo MP estão sujeitos ao permanente controle do Poder Judiciário.

03 Qual é o termo inicial da intimação do Ministério Público?

O termo inicial da contagem do prazo para impugnar decisão judicial é, para o Ministério Público, a data da entrega dos autos na repartição administrativa do órgão, sendo irrelevante que a intimação pessoal tenha se dado em audiência, em cartório ou por mandado **(REsp 1.349.935-SE).**

04 A simples presença do Ministério Público Federal na lide já é suficiente para atrair a competência da Justiça Federal?

O STJ tem posicionamento pacífico que a simples presença do MPF já é suficiente para determinar a competência da Justiça Federal, o que, contudo, não dispensa o juiz de verifica sua legitimação ativa para a causa (**CC 112.137/SP, AgRg no CC 107.638/SP e Resp 1.283.737-DF**).

Isso porque, segundo o STJ, o MPF é um órgão da União, o que, por si só, atrai o disposto no art. 109, I, da Constituição. O que se deve discutir, portanto, não é a competência para causa e sim se o MPF possui **legitimidade** para defender aquela determinada causa em juízo

O entendimento do STJ é encapado por parte relevante da doutrina, que afirma (Ex.: Teori Albino Zavascki) que:

> "Com efeito, para fixar a competência da Justiça Federal, basta que a ação civil pública seja proposta pelo Ministério Público Federal. É que, assim ocorrendo, bem ou mal, figurará como autor um órgão da União, o que é suficiente para atrair a incidência do art. 109, inc. I, da Constituição.
>
> Embora sem personalidade jurídica própria, o Ministério Público está investido de personalidade processual, e a sua condição de personalidade processual federal é por si só bastante para determinar a competência da Justiça Federal.".

O STF possui entendimento antigo no sentido contrário (RE 596.836/AGR).

Em seus mais recentes entendimentos, o STF tem seguido a mesma linha de pensamento do STJ, também entendendo que a mera presença do MPF já é suficiente para firmar a competência da Justiça Federal (RE 822.816 AGR).

05 É possível a permuta entre membros de Ministério Público de Estados Diversos?

Apesar de inexistir qualquer autorização legal para tanto, o CNMP aprovou a possibilidade de permuta entre membros vitalícios dos Ministérios Públicos Estaduais, desde que as remoções sejam regulamentadas, por lei ou ato normativo, pelas unidades dos MP's permutantes (processo nº 229/2015-39).

O STF, contudo, por meio da ADPF 482 suspendeu liminarmente a resolução do CNMP. Assim, atualmente, o caso encontra-se pendente de análise no mérito.

06 De quem é a atribuição para resolver conflito de atribuições entre membros do MPE e do MPF ou entre membros de Ministério Públicos de estados diversos?

⊕ Conflito de atribuição. Que negócio é esse?

Segundo a doutrina (Renato Brasileiro), o conflito de atribuições não se confunde com o conflito de competência. Cuidando-se de **ato de**

natureza jurisdicional, o conflito será de competência; tratando-se de controvérsia entre órgãos do Ministério Público sobre ato que caiba a um deles praticar, ter-se-á um conflito de atribuições.

Em suma, o conflito de atribuição envolve procedimentos q**ue ainda não foram judicializados.** Se o procedimento já estiver no âmbito jurisdicional, o conflito será de competência.

Isso ocorre porque o Ministério Público, respeitado as garantias constitucionais, pode iniciar procedimentos de investigação próprios, dentro do órgão. O conflito de atribuição pode ser ocorrer em matérias cíveis e criminais.

O STF já entendeu que a competência para dirimir a controvérsia nesse caso seria do próprio STF. O fundamento era que o Ministério Público é um órgão, juntamente com seus membros. Um Promotor de Justiça é um órgão estadual. Um Procurador da República é um órgão da União. Se dois Promotores de Justiça de Estados diferentes estavam divergindo sobre a atuação em uma causa, o que nós tínhamos era uma divergência entre dois órgãos de Estados diferentes. Se um Promotor de Justiça e um Procurador da República discordavam sobre quem deveria atuar no caso, o que nós tínhamos era uma dissonância entre um órgão estadual e um órgão federal. Logo, nestas duas situações, quem deveria resolver este conflito seria o STF, conforme previsto no art. 102, I, "f", da CF/88.

Contudo, o STF, atualmente, **entende que compete ao PGR**, na condição de órgão nacional do ministério público, dirimir conflitos de atribuições entre membros do MPF e de Ministérios Públicos estaduais ou entre membros de Ministério Público de estados diversos (**ACO 924/PR).**

Segundo restou decidido, não cabe ao STF julgar conflitos de atribuição entre o Ministério Público Federal e os Ministérios Públicos dos estados ou entre membros do Ministério Público de estados diversos. O argumento utilizado pelos Ministros foi no sentido de que a questão não é jurisdicional, e sim administrativa, e, por isso, a controvérsia deverá ser remetida ao Procurador-Geral da República.

Tal posicionamento, contudo, é criticado pela doutrina, **uma vez que o PGR não tem ingerência sobre os membros do MP estadual.** O

STF, contudo, argumentou que a opinião do MPF sobrepõe-se à manifestação do MP estadual, assim como prevê a súmula 150 do Superior Tribunal de Justiça – STJ, segundo a qual cabe ao juiz federal dizer se há ou não interesse da União em determinado processo.

Assim, haveria a aplicação dessa súmula do STJ por analogia ao caso. Além disso, o STF afirmou que os conflitos de atribuição são uma questão interna da instituição. Por outro lado, as competências do STF e do STJ deteriam caráter taxativo, e em nenhuma delas estaria previsto dirimir os conflitos de atribuições em questão. Por fim, não se extrairia dessa situação conflito federativo apto a atrair a competência do STF.

Ademais, o STF argumentou que o MP é uma instituição una e indivisível, e conta com um órgão central, o procurador-geral da República. Assim, o PGR exerce a posição de chefe nacional do Ministério Público. O MP, apesar de ter suas atribuições separadas entre distintos órgãos, é uma instituição una, nacional e indivisível.

Quando os §§ 1º e 3º do art. 128 da CF/88 distribuem a chefia dos respectivos ramos do Ministério Público, o que eles pretendem é apenas fazer a ordenação administrativa, organizacional e financeira de cada um dos órgãos. Assim, não existe hierarquia entre os órgãos federais e estaduais do Ministério Público nacional. Contudo, é possível atribuir ao PGR a responsabilidade para dirimir os conflitos de atribuições. Vale ressaltar que, quando o PGR age assim, ele está atuando não como chefe do MPU, mas sim como órgão nacional do Ministério Público.

07 O Ministério Público tem legitimidade para pleitear remédios e tratamentos para beneficiários individualizados?

A polêmica a respeito do tema tem origem no fato de a Constituição, ao disciplinar as atribuições do Ministério Público, somente permitiu a atuação do Órgão Ministerial na defesa de direitos individuais, **quando eles ostentarem a natureza de indisponíveis.**

> **Art. 127.** O Ministério Público é instituição permanente, essencial à função jurisdicional do Estado, incumbindo-lhe a defesa da ordem jurídica, do regime democrático e dos interesses sociais **e individuais indisponíveis.**

Na prática, é bastante comum que o MP ingresse com demandas em juízo pleiteando remédios ou tratamentos para beneficiários individualizados. É dizer, o MP estaria em juízo na defesa de um direito individual da parte.

De um modo geral, a Fazenda Pública alegava, em sua defesa, que faltaria legitimidade ao Ministério Público na demanda, uma vez que se tratava de direito individual. Assim, a ação deveria ser proposta pela Defensoria Pública ou por advogados particulares.

Ao analisar a situação, o STJ chegou a conclusão, de forma óbvia, que o direito a saúde é indisponível, razão pela qual o Ministério Público tem legitimidade para as demandas envolvendo direito à saúde.

Em resumo, o Ministério Público é parte legítima para pleitear tratamento médico ou entrega de medicamentos nas demandas de saúde propostas contra os entes federativos, mesmo quando se tratar de feitos contendo beneficiários individualizados, porque se refere a direitos individuais indisponíveis, na forma do art. 1º da Lei n. 8.625/1993 (Lei Orgânica Nacional do Ministério Público) **(REsp nº 1681690/SP).**

08 Os membros do Ministério Público podem exercer função no Poder Executivo?

⊖ Qual é contexto?

O Conselho Nacional do Ministério Público, por meio da Resolução 72/2011, passou a permitir que, se houver autorização do Conselho Superior do respectivo Ministério Público, seria possível ao membro do *Parquet* se afastar temporariamente de suas funções para ocupar cargo junto ao Poder Executivo.

⊖ Qual foi o fundamento do CNMP?

Segundo o CNMP, essa possibilidade encontra amparo na Constituição, na medida em que ela permite aos membros do Ministério Público exercer outras funções que lhe forem conferidas, desde que compatíveis com sua finalidade

> **Art. 129. São funções institucionais do Ministério Público:**
> (...)

> **IX - exercer outras funções que lhe forem conferidas,** desde que compatíveis com sua finalidade, sendo-lhe vedada a representação judicial e a consultoria jurídica de entidades públicas.

⊖ Essa disposição é constitucional?

O STF analisou o caso por meio da ADPF 388, ocasião em que concluiu que **os Membros do Ministério Público não podem ocupar cargos públicos fora do âmbito da Instituição, salvo cargo de professor e funções de magistério.**

A Resolução 72/2011 do CNMP, ao permitir que membro do Ministério Público exerça cargos fora do MP, é contrária ao art. 128, § 5º, II, "d", da CF/88.

Segundo a Suprema Corte, a Constituição proibiu expressamente aos membros do Ministério o exercício de qualquer outra função pública, salvo de magistério:

> **Art. 128 (...)**
>
> **§ 5º** - Leis complementares da União e dos Estados, cuja iniciativa é facultada aos respectivos Procuradores-Gerais, estabelecerão a organização, as atribuições e o estatuto de cada Ministério Público, observadas, relativamente a seus membros:
>
> **II** - as seguintes vedações:
>
> **d)** exercer, ainda que em disponibilidade, qualquer outra função pública, salvo uma de magistério;

Segundo o STF, o artigo 129, IX, apenas deixa claro que **o rol de atribuições da instituição não é taxativo,** é dizer, é possível criar novas atribuições ao Ministério Público. Isso não significa, contudo, que se permitam aos membros dessa instituição o exercício outras funções que não sejam a de magistério, pois, ressalta-se, **essa disposição constitucional é dirigida a instituição e não aos membros.**

É de se ressaltar ainda que, ao exercer um cargo no Poder Executivo, o membro do Ministério Público **passa a se subordinado ao Chefe do Executivo,** o que acaba por fragilizar a própria instituição, uma vez que fragiliza a independência da instituição em face do Executivo.

09 O Ministério Público tem legitimidade para propor ações coletivas envolvendo direitos individuais homogêneos?

⊖ Direitos individuais homogêneos. Que negócio é esse?

O conceito de direitos individuais homogêneos está previsto no inciso III, parágrafo único, do art. 81 do Código de Defesa do Consumidor:

> **Art. 81.** A defesa dos interesses e direitos dos consumidores e das vítimas poderá ser exercida em juízo individualmente, ou a título coletivo.
>
> **Parágrafo único.** A defesa coletiva será exercida quando se tratar de:
>
> (...)
>
> **III** - interesses ou direitos individuais homogêneos, assim entendidos os decorrentes de origem comum.

Ao analisar seu conceito, a doutrina afirma que direitos individuais homogêneos são, meramente, direitos subjetivos individuais. A qualificação de homogêneos não possui o condão de alterar e nem pode desvirtuar essa sua natureza. Assim, quando se fala em "defesa coletiva" ou em "tutela coletiva" de direitos homogêneos, o que se está qualificado como coletivo não é o direito material tutelado, mas apenas o modo de tutelá-lo, o instrumento de sua defesa.

⊖ Qual é polêmica aqui?

A Constituição somente previu, expressamente, legitimidade para tutela de direitos difusos e coletivos:

> **Art. 129.** São funções institucionais do Ministério Público:
>
> **III** - promover o inquérito civil e a ação civil pública, para a proteção do patrimônio público e social, do meio ambiente e de outros interesses difusos e coletivos;

Ademais, a mesma Constituição somente atribuiu legitimidade ao MP na tutela de direitos individuais que forem indisponíveis:

> **Art. 127.** O Ministério Público é instituição permanente, essencial à função jurisdicional do Estado, incumbindo-lhe a defesa da ordem jurídica, do regime democrático e dos interesses sociais e **individuais indisponíveis.**

Diante desse contexto, houve quem defendesse que o MP não teria legitimidade para tutelar direitos individuais homogêneos. Contudo, prevaleceu na doutrina que o MP possui sim legitimidade para tutelar direitos individuais homogêneos, mas desde que haja relevante interesse social na defesa desses direitos, o que atrai o disposto no artigo 127 da Constituição:

> **Art. 127.** O Ministério Público é instituição permanente, essencial à função jurisdicional do Estado, incumbindo-lhe a defesa da ordem jurídica, do regime democrático **e dos interesses sociais** e individuais indisponíveis.

Vejam, meus amigos, que a defesa dos interesses individuais homogêneos também tem previsão Constitucional, mas de forma implícita, sempre que sua violação implicar na violação de relevante interesse social.

⊖ Quando é que haveria interesse social na defesa desses direitos?

Há certos interesses individuais que quando considerados em conjunto passam a ter significado ampliado, de resultado maior que a simples soma das posições individuais, e cuja lesão comprometem os valores previstos e protegidos pela própria Carta Política de 1988. Por exemplo, o STJ tem entendido que há relevante interesse social sempre que houve o risco de multiplicidade de demandas sobre o mesmo tema. É melhor que o tema seja resolvido por apenas um processo do que seja discutido em milhares, tendo em vista o custo de um processo no Brasil.

Assim, o STJ já entendeu que o MP tem legitimidade para tutelar ações envolvendo benefícios previdenciários e direitos do consumidor **(REsp 990922/RS).**

⊖ E a jurisprudência?

A jurisprudência também entende assim. Recomendo, sobre o tema, a leitura do RE 631111 GO.

Esse também é o fundamento da seguinte súmula do STJ:

> **Súmula 601:** O Ministério Público tem legitimidade ativa para atuar na defesa dos direitos difusos, coletivos e individuais homogêneos dos consumidores, ainda que decorrentes da prestação de serviços públicos.

10 É indispensável a intimação do Ministério Público nas ações de mandado de segurança?

⊖ Qual é o contexto?

O mandado de segurança é disciplinado pela Lei 12.016/2009. Nos termos do referido diploma legal temos o seguinte:

> **Art. 12.** Findo o prazo a que se refere o inciso I do *caput* do art. 7º desta Lei, o juiz ouvirá o representante do Ministério Público, que opinará, dentro do prazo improrrogável de 10 (dez) dias.
>
> **Parágrafo único.** Com ou sem o parecer do Ministério Público, os autos serão conclusos ao juiz, para a decisão, a qual deverá ser necessariamente proferida em 30 (trinta) dias.

Vejam, meus amigos, que a lei determina a oitiva obrigatória do Ministério Público. A própria lei, contudo, deixa claro que o obrigatório é a intimação do Ministério Público e não o parecer da instituição. Assim, o juiz pode decidir a demanda com ou sem parecer do Ministério Público.

⊖ Quer dizer então que a intimação é sempre obrigatória?

Ao interpretar o dispositivo, o STF deu uma nova interpretação.

Para o Tribunal, como regra, é indispensável a intimação do Ministério Público para opinar nos processos de mandado de segurança. **Contudo, essa intimação é desnecessária nos casos que tratem de controvérsia acerca da qual o tribunal já tenha firmado jurisprudência.**

Em outras palavras, **não há nulidade pela ausência de intimação do Ministério Público nos casos de assuntos em que há jurisprudência consolidada dentro do tribunal. Nesses casos, é legítima** a apreciação de pronto pelo relator. **(RMS 32.482/DF).**

11 O Ministério Público tem legitimidade para ajuizar ação contra aposentadoria que lesa patrimônio público?

⊖ Qual é o contexto?

No âmbito da Constituição de 1988, o legislador imaginou um novo papel para o Ministério Público, buscando torná-lo independente dos demais órgãos públicos.

Em razão disso, o próprio Constituinte vedou ao Ministério Público o papel de realizar a representação judicial ou a consultoria jurídica de entidades públicas:

> **Art. 129.** São funções institucionais do Ministério Público:
>
> **IX** - exercer outras funções que lhe forem conferidas, desde que compatíveis com sua finalidade, **sendo-lhe vedada a representação judicial e a consultoria jurídica de entidades públicas.**

Em razão desse dispositivo, houve quem defendesse que o MP não teria legitimidade para ajuizar ação contra aposentadoria que lesa patrimônio público. Isso porque, nesse caso, estaria fazendo a representação judicial de um ente público. Assim, para eles, somente a própria entidade prejudicada, por meio de seus advogados públicos, poderia ingressar com esse tipo de ação.

⊖ O STJ concordou com a tese?

Não, segundo o STF, o Ministério Público tem legitimidade para ajuizamento de ação civil pública que visa anular ato administrativo de aposentadoria que importe em lesão ao patrimônio público **(RE 409356).**

⊖ Qual o fundamento?

Para o STF, ao ajuizar ação coletiva para a tutela do erário, não age como representante da entidade pública, e "sim como substituto processual de uma coletividade indeterminada", ou seja, de toda a sociedade,

Ademais, o MP é titular do direito à boa administração do patrimônio público, da mesma forma, salientou que qualquer cidadão pode ajuizar ação popular com o mesmo objetivo.

A dilapidação ilegal do erário, sob esse aspecto, configura atividade de defesa da ordem jurídica, dos interesses sociais e do patrimônio público, todas elas funções institucionais atribuídas ao MP nos artigos 127 e 129, da Constituição Federal.

Cumpre ressaltar que o STJ tem o mesmo entendimento, entendendo haver legitimidade ao MP para a defesa do patrimônio público:

> **STJ - Súmula 329:** O Ministério Público tem legitimidade para propor ação civil pública em defesa do patrimônio público.

A própria legislação também aceita essa atuação, uma vez que a Lei da Ação Civil Pública foi alterada, por meio da Lei nº 13.004/2014), estabelecendo que é possível ação civil pública em defesa do patrimônio público:

> **Art. 1º** Regem-se pelas disposições desta Lei, sem prejuízo da ação popular, as ações de responsabilidade por danos morais e patrimoniais causados:
>
> **VIII** - ao patrimônio público e social.

Bibliografia

ALEXANDRE, Ricardo. Direito Tributário Esquematizado. 11ª Edição. Salvador: Juspodivm, 2017.

ALEXANDRINO, Marcelo. PAULO, Vicente. Direito Administrativo Descomplicado. 22ª Edição Rio de Janeiro: Forense; São Paulo, Método, 2014.

AMADO, Frederico. Direito Ambiental. 8ª Edição. Salvador: Juspodivm, 2017.

__________________. Sinopses para Concursos - v.27 - Direito Previdenciário. 9ª Edição. Salvador: Juspodivm, 2018.

BARROS, Guilherme Freire de Melo. Poder Público em Juízo Para Concursos. 6ª Edição. Salvador: Juspodivm, 2016.

________________________________. Leis Especiais para Concursos - v.2 – ECA. 12ª Edição. Salvador: Juspodivm, 2018.

BRASILEIRO, Renato. Legislação Criminal Especial Comentada (2016) - Volume único. 4ª. Edição. Salvador: Juspodivm, 2016.

______________________________. Manual de Processo Penal. 5ª Edição. Salvador: Juspodivm, 2017.

CARDOSO, Fernanda Lousada. Leis Especiais para Concursos - V.19 – Direito Urbanístico. 9ª Edição. Salvador: Juspodivm, 2018.

CARVALHO, Matheus. Manual de Direito Administrativo. 4ª Edição. Salvador: Juspodivm, 2017.

CASSAR, Vólia Bomfim. Direito do Trabalho. 14ª Edição. Rio de Janeiro: Forense; São Paulo: Método, 2016.

CAVALCANTE, Márcio André Lopes. Dizer o Direito <http://www.dizerodireito.com.br/>.

____. Súmulas do STF e do STJ anotadas e organizadas por assunto. 4ª edição. Salvador: Juspodivm, 2018.

CORREIA, Henrique. MIESSA, Élisson. Manual da Reforma Trabalhista: O que Mudou?.. 1ª Edição. Salvador: Juspodivm, 2017.

CUNHA, Leonardo Carneiro da. A Fazenda Pública em Juízo. 13ª Edição. Rio de Janeiro: Forense, 2016.

DIDIER JR., Fredie. Curso de direito Processual Civil – Vol. II. 10ª edição. Salvador: Juspodivm, 2015.

FARIAS, Cristiano Chaves de; ROSENVALD, Nelson; e NETTO, Felipe Braga. Manual de Direito Civil - Volume único - 3ª Edição. Salvador: Juspodivm, 2018.

FERNANDES, Bernado Gonçalves. Curso de Direito Constitucional. 10ª Edição. Salvador: Juspodivm, 2018

FILHO, Marçal Justen. Comentários a Lei De Licitações e Contratos Administrativos - 17ª Edição. São Paulo: Revista dos Tribunais, 2016.

GARCIA, Leonardo. Leis Especiais para Concursos - V.1 - Direito do Consumidor. 11ª Edição. Salvador: Juspodivm, 2017.

GARCIA, Leonardo. JR, Hermes Zaneti. Leis Especiais Para Concursos - V.28 - Direitos Difusos e Coletivos. 9ª Edição. Salvador: Juspodivm, 2018.

GARCIA, Leonardo. THOMÉ, Romeu. Leis Especiais para Concursos - v.10 - Direito Ambiental. 11ª Edição. Salvador: Juspodivm, 2018.

GAGLIANO, Pablo Stolze; FILHO, Rodolfo Pamplona. Manual De Direito Civil - Vol. Único - 2ª Ed. São Paulo: Saraiva, 2018.

GONÇALVES, Carlos Roberto. Direito Civil Brasileiro - Vol. 3. 15ª Edição, São Paulo: Saraiva, 2018.

______________________________. Direito Civil Brasileiro - Vol. 5. 12ª Edição, São Paulo: Saraiva, 2017.

HABIB, Gabriel. Leis Especiais para Concursos – v.12. 9º Edição. Salvador: Juspodivm, 2017.

JR. André Jackson de Holanda. TORRES, Ronny Charles L. de. Improbidade Administrativa. 2ª Edição. Salvador: Juspodivm, 2016.

JR, Antônio Augusto Dias. Impostos Federais para concursos. 2ª Edição. Salvador: Juspodivm, 2017.

JÚNIOR, Dirley da Cunha. NOVELINO, Marcelo. Constituição Federal para Concursos. 8ª Edição. Salvador: Juspodivm, 2017.

LEITE, Harrison. Manual de Direito Financeiro. 6º Edição. Salvador: Juspodivm, 2016.

LEITE, Rodrigo. Leis Especiais Para Concurso – V. 36 – Tombamento. 2º Edição. Salvador: Juspodivm, 2018.

LENZA, Pedro. Direito Constitucional Esquematizado. 21ª Edição. São Paulo: Saraiva, 2017.

LUSTOZA, Helton Kramer. Impostos Municipais para concursos. 1ª Edição. Salvador: Juspodivm, 2015.

MADUREIRA, Cláudio Penedo. ANDRADE, José Arildo Valadão de. Execução Fiscal. 5ª edição. Salvador: Juspodivm, 2014.

MARINONI, Luiz Guilherme. MITIDIERO, Daniel. SARLET, Ingo Wolfgang. Curso de Direito Constitucional. 6ª Edição. São Paulo: Saraiva, 2017.

MASSON, Cléber. Código Penal Comentado 6ª Edição. Rio de Janeiro: Forense; São Paulo: Método, 2018.

MASSON, Nathalia. Manual de Direito Constitucional. 4ª Edição. Salvador: Juspodivm, 2016.

MAZZILLI, Hugo Nigro. A Defesa dos Direitos Difusos em Juízo. 20. ed. São Paulo: Saraiva, 2007.

MELLO, Leonardo Botelho Bandeira de. Leis Especiais para Concursos - V.30 - Lei das Sociedades Anônimas – S/A. 3ª edição. Salvador: Juspodivm, 2017.

MOURA, Marcelo. Consolidação das Leis do Trabalho (CLT) para concursos. 9ª edição. Salvador: Juspodivm, 2018.

NEVES, Daniel Amorim Assumpção. Manual de Processo Civil – Volume Único. 9ºª Edição, Salvador: Juspodivm, 2017.

NOVELINO, Marcelo. Curso de Direito Constitucional. 12ª Edição, Salvador: Juspodivm, 2017.

OLIVEIRA, Bruna Pinotti Garcia. LAZARI, Rafael de. Manual de Direitos Humanos - Volume único. 4ª Edição. Salvador: Juspodivm, 2018.

OLIVEIRA, Rafael Carvalho Rezende. Curso de Direito Administrativo. 4ª Edição. Rio de Janeiro: Forense; São Paulo: Método, 2016.

PINHEIRO, Rogério Neiva. Direito e Processo do Trabalho-Aplicados à Administração Pública e Fazenda Pública. 2ª Edição. Rio de Janeiro: Forense; São Paulo: Método, 2016.

PISCITELLI, Tathiane. Direito Financeiro. 6ª Edição. Rio de Janeiro: Forense; São Paulo: Método, 2017.

RAMOS, André Luiz Santa Cruz. Direito Empresarial Esquematizado. 7ª Edição. Rio de Janeiro: Forense; São Paulo: Método, 2017.

ROQUE, Fábio. TÁVORA, Nestor. Código de Processo Penal para Concursos. 8ª Edição, Salvador: Juspodivm, 2017.

SABBAG, Eduardo. Manual de Direito Tributário. 10ª Edição: São Paulo: Saraiva, 2018

SANCHES, Rogério. Código Penal Para Concursos. 10ª Edição, Salvador: Juspodivm, 2017.

_________________. Manual de Parte Geral – Volume Único. 5ª Edição, Salvador: Juspodivm, 2017.

TARTUCE, Flávio. Manual de Direito Civil - Volume Único - 4ª Edição. Rio de Janeiro: Forense; São Paulo: Método, 2014.

THOMÉ, Romeu. Manual de Direito Ambiental. 8ª Edição, Salvador: Juspodivm, 2018.

TORRES, Ronny Charles L. de. Leis de Licitações Públicas Comentadas. 9ª Edição, Salvador: Juspodivm, 2018.

ZAVASCKI, Teori Albino. Processo Coletivo: Tutela dos direitos coletivos e tutela coletiva de direitos. 2ª Edição. São Paulo: Revista dos Tribunais, 2007.